中国

商事诉讼

裁判规则

金融卷

天同码

中国案例

钥匙码

系列

7

天同律师事务所 出品

蒋勇 陈枝辉 主编

陈耀权 彭卿 副主编

法律出版社
LAW PRESS·CHINA

编辑说明

这套“天同码”：

1. 装帧形式是平装，但内容和品质没有降低。
2. 定价比精装书低，可以只买一本，也可以统统收入囊中。
3. 最新修订，修正了原精装版本的一些错漏。
4. 继承并保留了“天同码”精装版本的所有优点。

各位读者朋友在使用本书时，请一定先浏览凡例，因为小编拿到书稿的时候，也常被这些个数字、符号搞晕。

书中的很多地方都和以往法律书有所不同，包括页码的位置、内容段落划分等。书中每个案例被划分为几个模块，信息很快很清晰就能传达，而小小的几个数字，又会让我们直接就能掌握这个案例的来源、级别、发布时间等信息。

此版本“天同码”共有十卷，按合同、担保、公司、金融、程序进行划分，每一大类下根据案例要点不同又进行了归类，有的案例可能既出现在A类中，又出现在B类中，并不是编辑错误导致的重复，而是我们有意为之，是为了方便您的查找与使用。

书中所附的三个序言为原精装版序言，未做改动，原汁原味呈现，让您能更加清晰了解天同码的体系与架构。序言中所指的“五卷天同码”，就是我们这十卷本的母本，目录卷和法官类案裁判标准卷没有收录于本套书中，如果有读者想要，可购买精装版或者致电我们。

对于本书存在的错误和不足，衷心欢迎广大读者朋友批评指正。

2016年4月

序言

现代法治，以公力救济为原则、自力救济为例外。一切民商事争议，除自行协商解决外，主要依赖于法官裁判。法官不仅是各类案件的裁判者，而且负有引导法律解释与适用，促进法律生长与发展的特别使命。立法者依据科学理论制定法律，只是完成了三分之一的工作，剩下的工作有赖于法官去完成，有赖于法官将“纸上的法律”，变成现实生活中真正发挥作用的“活法”。

我国最高人民法院，除发布司法解释文件之外，主要通过发布指导性案例、刊发公报案例及编选重要案例等形式，解释现行法律，填补法律漏洞，并创设裁判规则。特别是在民商事审判领域，已经累积了许多典型案例，产生了一批具有创造性、对社会生活有重大影响的判例规则。有的是结合具体个案如何适用某个法律条文所作阐释，有的是对法律没有规定的空白地带进行漏洞填补。从这些裁判规则的汇集中，我们可以看到一个从“纸上的法律”向“活法”演进的过程，认识到立法者创制的法律如何通过裁判者的智慧而获得、彰显其生命力。

我国法学教育，仍着重于使法科学生掌握一套以法律概念为中心的理论体系，这是大陆法系传统的教学方法。但法官裁判案件并不直接适用法律概念和理论，而是直接适用法律条文。而要正确适用法律条文，除需要掌握立法者创制该法律条文所针对的社会问题、所确定的立法目的、所采用的法律概念和法律理论之外，特别需要掌握裁判实践中法官是如何解释适用该法律条文的，司法解释和案例是否对该条文作了某种补充、扩张或者限缩，是否已针对法律条文的不足创设了某项裁判规则。有鉴于此，我近年提倡，在掌握法律概念体系基础上，采用第三种学习方法，即以法律条文为中心，贯穿立法（立法目的和政策）、理论（法律概念和法理）、实务（司法解释和典型案例）的学习方法。

天同律师事务所耗时两年，投入大量人力、物力，对权威典型民商事案件的裁判规则进行精心梳理，形成这套《中国商事诉讼裁判规则》，对十几年来代表中国商事裁判最高水准的案例进行再加工，化繁为简，将其中最具实践价值和理论意义的内容呈现给读者。在全面、系统整理过往案例的基础上，天同所还探索出一种案例知识的体系化结构，以实现对以往裁判实务经验的便捷检索。不仅极大地方便了法律实务中运用案例，同时也方便了法律教学和学术研究。

是为序。

中国社会科学院学部委员

梁慧星

2015年4月29日

于北京南城清芷园

以分享

和传承的

方式

向裁判者致敬

在更加注重“司法公开”和“司法独立”的新一轮司法改革中，保证司法尺度和裁判标准的统一，正越来越成为法院系统的共识。尤其在裁判文书全面公开、最高人民法院设立巡回法庭等举措实施之后，“同案同判”的呼声比以往任何一个时期都要强烈。让相同或相类似的案件得到同样或同类的裁判结果，不仅符合广大社会民众朴素的正义观，也是维护司法公信和司法权威的应有之义。可以想见，裁判规则统一必然成为未来司法改革的重中之重。

早在上个世纪80年代，最高人民法院就建立起通过公报向社会发布典型案例的制度。到今天，最高人民法院公报案例已发布220多期。近几年来，最高人民法院又着手建立和规范了案例指导制度。从2011年12月20日至2015年4月15日，发布了十批共52个指导性案例。这些公报案例或指导性案例所蕴含的裁判规则，是法律条文在生活中实际运用的结果，也是司法实践中裁判智慧与经验的系统归纳，对于规范司法自由裁量权、统一裁判规则，发挥了举足轻重的作用。

了解裁判者对法律的理解与运用，是律师尤其是诉讼律师执业中不可忽视的一项工作。天同作为专注于高端民商事争议解决的律师事务所，对于此项工作一直给予高度的关注，这既是做好诉讼业务的必然要求，也是培养年青律师快速成长的路径。天同一直尝试以知识管理的方式为律师执业提供智力支持，从而为客户提供更为精准、可靠的法律服务。得益于司法公开的全面铺开，以及司法机关对典型案例的披露，尤其是新一轮司法改革中对于裁判文书的全面公开，天同经过反复的思考和论证，在借鉴国外做法的基础上，形成了对于法院典型案例类型化整理的方式，历时两年，形成了这套“天同码”图书。

蕴含于过往裁判文书中的处理结果及裁判规则，显然都是裁判者司法智慧的结晶。裁判者通过对个案的处理，将抽象的法律规范适用于具体案件，呈现出一个个司法裁判的真实场景。大量相同或类似个案的裁判结果汇集，就能从中观察或抽绎出类案处理裁判规则。熟悉并掌握这些规则不仅是后来的裁判者做到“同案同判”必不可少的工作，同样也是其他诉讼参与人预判案件、说服法官的技术保障。

尽管如此，在过去很长一段时间里，这些裁判规则的价值很难被挖掘、利用。原因在于，我们缺乏统一的案例信息发布系统，也缺少便捷的案例查询平台，即便有了部分发布的案例，往往也都是完整的裁判文书，或基于裁判文书的更复杂的研究分析，这导致裁判者的核心观点、利益衡量、技巧方法等常常淹没在长篇累牍的文字中。一个巨大的需求正在被期待满足，即用专业化、规范化的语言对法律文书进行加工，精炼其中的裁判规则和方法理念，确保案情归纳详略得当，实务要点的提炼准确、严谨。在此基础上，通过行之有效的检索方法，使之具有便捷的回溯查询功能。这无疑是一项非常有意义的工作。我们希望通过天同码这样的案例整理方式，将散落在法海里的珍珠串起来。

起初我们也遇到了很多困难，但我们把这项工作坚持了下来，支撑我们的理由主要在于：第一，天同“三大诉讼法宝”之模拟法庭、诉讼图表、知识管理和案例大数据，需要天同码这样一套全面、系统的知识管理项目来完成案例大数据的梳理。第二，天同码在微信公众号“天同诉讼圈”连续刊发之后所受的欢迎，以及由此引发的法律人对案例的梳理热潮，也让我们看到，天同码带给法律人的正能量。时代向前发展，科技手段更新，法律人潜心钻研、用心码字的精神仍具有意义。第三，我们希望天同码能成为整个法律人传承的一项事业。天同码的编排体例体现了缜密的法律逻辑，其对法律问题的研究方法可能比成果本身更值得借鉴和推广。虽然这种案例编撰方法以“天同”命名，但未来，我们希望能吸引、号召更多的法律人加入我们的队伍，一起来完成这一项浩大工程，尤其在互联网时代，我们希望有更多相互分享、交流的方式来扩大这项工作的规模。

分享始终是天同追求的价值之一。今天，天同码结集出版，煌煌五卷，凡六百万言，每个字都凝结着我们的心血。我们将内部工作流程中所形成的些许成果以此种方式向所有法律人展示，并非为了炫技，而是因为始终相信，分享能让整个法律共同体变得更好。

饮水思源，没有司法机关尤其是最高人民法院制度性地发布公报案例及指导案例，没有裁判文书的上网公开，天同码也难以形成如此规模。即便在案例梳理方面取得了一些成绩，那也是因为我们站在了裁判者的肩膀上，采撷了他们的智慧。正是这些裁判者对法律善良、公正地运用，才让我们的法治进程一直向前。故在五卷天同码之外，我们以裁判者姓名为序，编排了《最高人民法院法官类案裁判标准指引》。我们希望这部图书对于法律人分类检索最高人民法院裁判者观点有所帮助，也希望通过这样的形式，向以最高人民法院法官为代表的一线裁判者致敬。

最后，需要强调的是，荣誉属于裁判者，如有谬误，责任由我们承担。

蒋勇

2015年7月5日

天同码

中国案例

知识体系的

实践探索

浩如烟海的案例标本库，其中必定有一个或几个，在以前发生，由众人思考，而此刻正成为你我求解某个问题的Key——过往案例所蕴藏的经验和智慧，是我们解决当下问题的重要参考。

但我们却不得不常常面临这样的场景：隐约地知道有过那样一个案例，却没有查找线索，功篑于大海捞针；或者，对方代理人提供给法官参阅的案例，我们原本可提供能推翻此案例的更权威的案例知识素材，却因无处着手寻找而作罢。

是的，我们知道它已成定论、极具说服力且一定将启迪我们的智慧，但我们不知道它藏身何处。

所有这些，都使得对案例进行梳理、规整、解构、编排——在案例的海洋中探索规律，显得极为有意义。

“天同码”的编撰正是在这样的背景下启动的。作为天同知识管理与大数据近年来规划的重要项目，“天同码”旨在打造“天网”（天同智库），通过静态和动态数据库的建设，最终为天同胜算系统的建设完善、天同对案件处置能力的进步提升乃至整个诉讼行业的向前发展，发挥其不可替代的作用。

什么是Key Number？

成文法背景下的案例知识钥匙码具有不同于判例法钥匙码的诸多区别。其中最大的区别在于判例的适用在英美法系具有非常正当、充分的理由，而大陆法系法院受限于法律条文明确规定，引用判例并加以比较说明，在相当长时期内，都会被认为是离经叛道之事。随着对成文法与判例法各自优劣及取长补短必要性的清晰认识，也随着我国在裁判文书公开及裁判规则统一上的制度进步，同案同判愈发成为体制内外的共识。这实质也是任何民主法治社会的必然要求。

英美判例法国家有一套完整的“钥匙码”案例编码方式，在此基础上形成钥匙码体系，即Westlaw Key Number System。该系统将所有法律分为400个法律主题，再按级细分为10多万个法律内容，每个内容对应一个钥匙码。Westlaw的法律编辑将每个判例中的法律问题都提炼出来做眉批，每个眉批对应一个或多个钥匙码。通过钥匙码，使用者能快速获取某一具体法律领域的判例。

天同码借鉴了这种“钥匙码”的编码方式，并加以改造，形成“中国案例钥匙码”编码体系。相较而言，天同码的最大不同，在于对重点目标知识的再加工、深加工。在此基础上，以多种便于查阅和检索的方式，实现对过往和现时权威、典型案例的快速回溯。同样的案例码单元，天同码分别提供了“关键词→标题→副标题→裁判要旨→法院处理要点→案情简介”等诸多案例内容还原方式，基本上属于对原案例的重新改造，将原裁判文书出处置于索引部分而不收录，以减轻篇幅上的赘负。天同码希望做到提纲挈领同时，能对以往案例智慧进行最原汁原味的呈现。

一个天同码案例，包括以下七要素：1.标题（核心焦点提炼）；2.副标题（对标题的进一步扩展阅读）；3.标签（关键词体系分检）；4.案情简介（案例个性）；5.法院认为（个案处理结果）；6.实务要点（同类案件裁判规则）；7.索引（深度阅读的检索指示）。

一般而言，一份万字判决书，经整理后，将只有300—600字的核心内容；标题在保证提炼焦点内容准确的情况下，统一成22字；副标题系对标题的扩展阅读，统一为50个字。标签词归类则参照教科书式体系标准，兼顾各类实务情形，以期建立逻辑准确的树形结构。

如何保证案例的完整？

尽管如何建码、如何编码是十分有技巧的一环，但如何保证案例素材的完整同等重要。我们通过地毯式搜索，分领域网罗并整理业界普遍认可的公报案例、指导案例、典型案例、参阅案例，尽最大的努力去打造天同码案例知识体系的完整性。

现在呈现在大家面前的，就是天同码近两年来的一个阶段性整理成果，汇集了近十五年来中国商事诉讼领域发生过的典型疑难案例。主要以银行金融业务为主线，涵盖了合同、担保、公司、金融、程序等领域，囊括了最高院公报系列，商事审判、民事审判、审判监督、立案工作、执行工作指导系列，最高院商事审判指导案例系列、最高院商事审判裁判规范与指导案例、全国法院再审改判案例，以及《人民法院案例选》、《人民司法》、《中国审判案例要览》（民、商事卷系列）、《人民法院报》等权威载体上所出现的案例。下一步，我们冀望能将市面上主要权威图书所涉及案例一网罗尽，提炼观点、精炼结构，在此基础上借用独创检索方式，将实务中的疑难焦点快速与天同码案例知识库对接。

天同码有何独到之处？

由是，天同码最大的价值，在于将海量的历史数据进行浓缩。其区别于传统数据库（包括国内法律人常用的数据检索系统，以及国外Westlaw Key Number）之处，在于不是简易数据库建立，而是在精选、深加工基础上，建立自己的回溯查找体系。因此，天同码的检索方法与内容整理同样重要。在保证全面、科学整理的基础上，我们希望通过多种直观、有效的检索途径，使用户在最短时间提纲挈领、按图索骥。为此，我们将全部天同码案例按专题层级进行第一次分类；在同一专题项下的天同码案例，我们按效力级别，赋予不同的数值代码；在同一效力级别类，又按案例裁判作出或发布年份，进行第三次分类。这样，读者在同一专题项下，查找优先级别的天同码案例，就能获得便捷的逻辑甄别次序。

“天同码”自不必机械受囿于“钥匙码”的应然解读，所谓“钥匙”、“编码”均应系法律最微实务层面解决疑难的路径探索，更多体现在案例整理意旨的契合。在此意义上，“天同码”当然可以称为“中国案例钥匙码”。只是，它自始至终都需要更人性化、更友好、更完美、更突破用户心智，更需要有一种从大至微、无处不在的变革气息。

困惑与前路为何？

自然，我们会遇到困惑。比如，资料收集全面性、整理方法科学性及检索手段的便捷性是始终要重视的方面，如何做到完善与完美，也是我们经常思考的问题。我们也一直在试图凸显“码元素”的逻辑性，希望使之更具说服力。天同码的微观样态层面，成千上万个案例码、知识码，何种体例更严谨、更务实？其宏观层面，在当下信息技术与人们生活和工作方式发生急剧改变的情况下，天同码最后以何种形态来呈现，才能最为适应时代的需求？

总之，我们理想的中国钥匙码——天同码，它是应该在形式上（体系、体例、包装）有比普通知识产品更非同一般的创新之处。如无新思维，能让天同码具有革新性的实用性以及形式美、逻辑美，惟因思想太俗、框架太多，所以无成，怎么都是一件沮丧的事。基于此，我们先在天同内部发起了“天同码好点子奖”活动，通过天同同仁尤其业务部门一线律师的了解、试用，不断提出针对性的改进意见，以保证在检索方法上，实现最短时间提纲挈领、直指目标。同时，我们也对天同码的文字做到了精益求精，以“零废字”的原则来要求我们的案例整理工作，并对天同码的文稿进行了长达数月、数轮的挑错活动，使之接受了最严格的专业审查。

我们相信，国外的案例钥匙码方法及体系，并不一定是最好的。在中国，探索一种全新的案例知识编码形式，没有框架，没有止境。任何一种可能的进步，无论要走多少弯路，都是值得向前探索的。

陈枝辉

2015年6月8日

凡 例

级别	代码	案例来源	举例	释义
1	1.1	最高人民法院公报[1]	1.1(2013:360)-2011	2013年卷第360页，2011年案例[2]
			1.1(201503/221:36)-2013	2015年第3期总第221期第36页，2013年案例
2	2.1	商事审判指导[3]	2.1(201402/38:136)-2013	2014年第2辑总第38辑第136页，2013年案例
	2.2	民事审判指导与参考[4]	2.2(201402/58:92)-2014	2014年第2辑总第58辑第92页，2014年案例
	2.3	立案工作指导[5]	2.3(201401/40:68)-2014	2014年第1辑总第40辑第68页，2014年案例
	2.4	审判监督指导[6]	2.4(201402/48:117)-2014	2014年第2辑总第48辑第117页，2014年案例
	2.5	执行工作指导[7]	2.5(201402/50:70)-2014	2014年第2辑总第50辑第70页，2014年案例
	2.6	最高人民法院商事审判指导案例系列[8]		
		合同卷	2.6(v.1:31)-2007	第1卷第31页，2007年案例
		借款担保卷	2.6(v.2:40)-2006	第2卷第40页，2006年案例
		公司卷	2.6(v.3:66)-2005	第3卷第66页，2005年案例
		金融卷	2.6(v.4:41)-2005	第4卷第41页，2005年案例
		第五卷	2.6(v.5:3)-2010	第5卷第3页，2010年案例
		合同与借贷担保卷	2.6(v.6:608)-2010	第6卷第608页，2010年案例
		公司与金融卷	2.6(v.7:380)-2010	第7卷第380页，2010年案例
		合同与借贷担保	2.6(v.8:41)-2012	第8卷第41页，2012年案例
		公司与金融	2.6(v.9:358)-2011	第9卷第358页，2011年案例
	2.7	最高人民法院商事审判裁判	2.7(2011:53)-2007	2011年版第53页，2007年案例
		规范与案例指导系列[9]	2.7(2010:170)-2006	2010年版第170页，2006年案例
	2.8	全国法院再审典型案例评注[10]	2.8(2011:91)-2011	2011年版第91页，2011年案例
	2.9	司法研究与指导[11]	2.9(2014/4:135)-2014	2014年版总第4辑第135页，2014年案例
3	3.1	人民法院案例选·季版[12]	3.1(201401/87:19)-2012	2014年第1辑总第87辑第19页，2012年案例
	3.2	人民法院案例选·月版[13]	3.2(201003/15:79)-2009	2010年第3辑总第15辑第79页，2009年案例
	3.3	中国审判案例要览[14]	3.3(2011商:27)-2010	2011年商事专辑第27页，2010年案例
	3.4	人民司法·案例版[15]	3.4(201302:39)-2011	2013年第2期第39页，2011年案例
	3.5	人民法院报·案例指导[16]	3.5(20130725:06)-2013	2013年7月25日第6版，2013年案例
	3.6	江苏高院公报[17]	3.6(200902/2:50)-2008	2009年第2辑总第2辑第50页，2008年案例
	3.7	天津高院公报[18]	3.7(201102/5:41)-2011	2011年第2辑总第5辑第41页，2011年案例
	3.8	北京高院公报[19]	3.8(201402/3:32)-2014	2014年第2辑总第3辑第32页，2014年案例
4	4.1	中国裁判文书网[20]	4.1(20150113)-2014	2015年1月13日发布，2014年案例

[1]《最高人民法院公报》，最高人民法院公报编辑部编，人民法院出版社，1995年11月~2015年2月。
[2] 指该案例生效日期或发布日期为2011年。
[3]《商事审判指导》（原《民商审判指导与参考》、《民商事审判指导》），最高人民法院民事审判第二庭编，人民法院出版社，2002年5月~2014年12月。
[4]《民事审判指导与参考》，最高人民法院民事审判第一庭编，人民法院出版社（早期1-14卷、15-44集为法律出版社），2002年5月~2014年12月。
[5]《立案工作指导》（原《立案工作指导与参考》），最高人民法院民事审判立案庭编，人民法院出版社，2002年10月~2014年12月。
[6]《审判监督指导》（原《审判监督指导与研究》），最高人民法院民事审判监督庭编，人民法院出版社，2001年7月~2014年12月。
[7]《执行工作指导》（原《强制执行指导与参考》），最高人民法院执行局（早期为执行工作办公室）编，人民法院出版社（早期1-16辑为法律出版社），2002年5月~2014年12月。
[8]《最高人民法院商事审判指导案例》（系列），最高人民法院民事审判第二庭编，中国法制出版社（《合同与借贷担保》、《公司与金融》由中国民主法制出版社出版），2011年1月~2013年10月。
[9]《最高人民法院商事审判裁判规范与案例指导》（系列），最高人民法院民事审判第二庭编，法律出版社，2010年8月~2011年10月。
[10]《全国法院再审典型案例评注》，最高人民法院审判监督庭编，江必新主编，中国法制出版社，2011年1月。
[11]《司法研究与指导》，最高人民法院研究室编，人民法院出版社，2012年5月~2014年11月。
[12]《人民法院案例选·季版》，最高人民法院中国应用法学研究所编，人民法院出版社，2000年9月~2014年9月。
[13]《人民法院案例选·月版》，最高人民法院中国应用法学研究所编，中国法制出版社，2009年1月~2010年10月。
[14]《中国审判案例要览》，国家法官学院、中国人民大学法学院编，中国人民大学出版社，2002年3月~2011年12月。
[15]《人民司法·案例版》，人民司法杂志社编，人民司法杂志社出版，2007年2月~2015年8月。
[16]《人民法院报·案例指导》（2006年1月~2015年5月），人民法院报社。
[17]《江苏省高级人民法院公报》，江苏省高级人民法院编，法律出版社，2009年~2014年12月。
[18]《天津市高级人民法院公报》，天津市高级人民法院编，法律出版社，2010年10月~2014年6月。
[19]《北京市高级人民法院公报》，北京市高级人民法院编，法律出版社，2014年7月~2014年12月。
[20] 中国裁判文书网：http://www.court.gov.cn/zgcpwsw/zxhz/。

目录

不良资产	C 003	1-216
破产	C 033	217-369
票据	C 054	370-529

7 金融卷

7

不良资产 003

合同效力 003

1	**违反部门规章规定的批准程序，并不导致合同无效** ——不能仅以违反部门规章而当然否定不良资产转让合同的效力，还必须以资产管理公司是否应履行审批程序而认定。	1.1 2007:366 2.6 v.2:242 2006	003
2	**资产公司拍卖抵债划拨土地，仍属于不良资产处置** ——金融资产管理公司通过拍卖抵债的原债务人名下国有划拨土地，仍属于不良债权处置范畴，应适用特殊政策规定。	2.6 v.7:430 2011	004
3	**买受人自愿承担不良债权拍卖标的瑕疵风险的认定** ——买受人自愿承担不良金融债权的法律风险，嗣后以拍卖标的未办过户、未经批准转让诉请拍卖无效的，不予支持。	2.6 v.7:430 2011	005
4	**不良债权再转让，未通知优先购买权人的，应无效** ——资产公司向非国有金融机构转让不良债权，未通知国有企业债务人注册登记地的优先购买权人的，应认定为无效。	2.6 v.7:455 2011	007
5	**优先购买权人视为弃权，前提是知悉债权处置方案** ——金融资产管理公司未履行通知义务，优先购买权人并未知悉债权处置的具体方案，不应“视为放弃优先购买权”。	2.6 v.7:455 2011	008
6	**国有事业单位，亦有权诉请确认金融债权转让无效** ——国有事业单位法人可依司法解释关于防止国有资产流失的精神，享有提起要求确认不良债权转让合同无效的诉权。	2.6 v.6:158 2010	009
7	**《纪要》发布前，已完成转让的，丧失优先购买权** ——金融资产管理公司在2009年4月3日前已完成不良债权转让的，地方政府等主张优先购买权的，法院不予支持。	2.6 v.6:158 2010	010

8	**能提不良债权转让合同效力之诉的，仅限特定主体** ——金融机构系基于债权人主张其出具虚假验资证明而作为债权转让合同的被告，故其无权提出转让合同的效力之辩。	2.6 v.7:14 2010	011
9	**金融资产公司受第三人委托收购银行债权，应有效** ——金融资产公司受第三人委托收购债权并向第三人交付债权，可视为商业银行处置金融不良资产特殊方式，应有效。	2.5 201003/35:86 2009	012
10	**未经国务院专项审批的不良资产转让合同，仍有效** ——《金融资产管理公司条例》规定收购不良资产超出确定的范围和额度要由国务院专项审批，系基于行政管理作出。	2.1 200401/5:159 2004	012
11	**国务院内部通知文件，不属于法律法规禁止性规定** ——国务院内部批复文件，不属于法律、行政法规禁止性规定。不依该文件转让不良金融债权并不导致权利转让无效。	2.1 200401/5:203 2004	013

7

12	**商业银行向社会主体转让金融债权，应系合法有效** ——商业银行向社会主体转让金融债权属于将合同权利义务转让给第三人，不违反法律法规禁止性规定，应认定有效。	3.6 201306/30:73 2013	014
13	**银行不能将非法人下属单位的贷款作不良债权剥离** ——金融机构对其不具有法人资格的下属单位所享有的债权，因债权债务混同，该债权不应属于不良债权剥离范围。	3.4 200912:36 2008	014

法律关系 015

14	**借贷双方同时又是合作双方，不能单主张借贷关系** ——借贷双方同时又是合作双方，一方将借款合同与合作合同割裂开来，独立请求另一方承担贷款本息的，不予支持。	1.1 2009:419 2008	015
15	**有关联关系的共同债务人，应当承担连带清偿责任** ——借款人与关联企业之间存在借款人身份混同事实，两者构成共同债务人的关系，应共同承担偿还	1.1 2003:277 2003	017

	贷款的法律责任。		
16	**对非法借贷关系自行清结的协议，不应认定为无效** ——当事人之间对非法借贷所产生的资金返还责任在责任人内部如何分担作出的自主安排所签协议，不应认定为无效。	2.6 v.8:338 2012	017
17	**先受偿后转让的虚假债权转让，不属法院受理范围** ——不良金融债权“先受偿、后转让”一般构成虚假债权转让，因此而提起的诉讼与不当得利返还之诉存在根本区别。	2.1 201201/29:54 2011	018
18	**如何认定行社脱钩期间的贷款是否属于指令性贷款** ——认定涉案贷款是否属于指令性贷款，应根据最初贷款、以后相互转收贷、直接贷款和更换保证人等直接证据认定。	2.1 201102/26:180 2.6 v.5:640 2010	020
19	**违规向自办经济实体放贷，不影响借款合同的效力** ——金融机构违反国务院通知精神和人民银行规定向自办企业放贷，但并不违反法律法规禁止性规定，不宜认定无效。	2.1 201102/26:200 2010	021
20	**一方以保息分利方式获取固定利润，应认定为借款** ——一方提供资金但不参与共同经营，亦不承担风险，并按比例收取利润，应认定双方关系名为合作开发，实为借款。	2.1 200903/19:159 2009	022

不当得利 023

21	**非国企债务人已向原国有银行清偿的可对抗受让人** ——本着民商法平等保护当事人的理念，在债务人为非国有企业时，如果国有银行构成不当得利，亦可提起返还之诉。	2.1 201004/24:45 2.7 2011:20 2010	023
22	**受让人提不当得利之诉，应先确认债务人清偿行为** ——不良债权受让人对国有银行提起返还不当得利之诉，应经法院生效判决认定债务人或担保人已向原国有银行清偿。	2.1 201004/24:45 2.7 2011:20	024

2010

23 **银行与资产管理公司间不当得利纠纷，法院应受理** 025
——资产管理公司与金融机构之间非就转让协议发生纠纷，而是对金融机构是否取得不当得利产生争议，法院应受理。
2.1
201001/21:155
2.7
2010:73
2010

24 **剥离前依法院以物抵债裁定实现债权不属不当得利** 025
——不良债权剥离前，已经法院裁定以物抵债形式收回并处分，该抵债物转让后，受让人主张不当得利的，不予支持。
2.4
201101/35:152
2009

25 **转让未通知债务人，不影响让与人与受让人间约定** 026
——债权转让未通知债务人的，不影响债权让与人与受让人之间的合同效力，让与人应将转让后的债权交付给受让人。
2.4
200904/30:101
2007

26 **以物抵债协议解除后，此前履行所得，属不当得利** 027
——债权人和债务人达成以物抵债协议解除后，债务人依据该协议而取得的相关利益失去了合法依据，构成不当得利。
2.1
200501/7:260
2004

7

法院受理 028

27 **因占用政策性贷款形成借款合同纠纷，法院应受理** 028
——当事人因占有使用国家基本建设经营性基金而发生借款合同纠纷而向法院提起民事诉讼的，法院依法应予以受理。
1.1
2007:372
2.1
200702/12:240
2007

28 **先受偿后转让的虚假债权转让，不属法院受理范围** 030
——不良金融债权“先受偿、后转让”一般构成虚假债权转让，因此而提起的诉讼与不当得利返还之诉存在根本区别。
2.1
201201/29:54
2011

29 **基于行政划拨过程中的纠纷提起诉讼，应不予受理** 031
——政府主管部门在对企业国有资产进行行政性调整、划拨过程中发生的纠纷，法院应裁定不予受理或裁定驳回起诉。
2.1
201003/23:172
2.7
2011:129

2010

30 **银行与资产管理公司间不当得利纠纷，法院应受理** 2.1 032
——资产管理公司与金融机构之间非就转让协议发生纠纷，而是对金融机构是否取得不当得利产生争议，法院应受理。
201001/21:155
2.7
2010:73
2010

31 **债务人列入政策性关闭破产名单，不免除担保责任** 2.7 032
——债务人被列入全国企业政策性关闭破产规划的，担保人担保责任并不当然免除，债权人可对相关担保人提起诉讼。
2011:348
2.6
v.2:371
2009

32 **债务人政策性关闭破产，债权人仍可主张担保责任** 2.7 033
——主债务人虽已被列入国家政策性关闭破产企业，但没有证据证明其已进入破产程序的，债权人仍可主张担保责任。
2011:357
2.6
v.2:682
2009

33 **政策性资产转让协议产生纠纷，不属法院受案范围** 2.1 034
——金融资产管理公司与国有商业银行就政策性金融资产转让协议发生纠纷起诉到法院的，不属于法院受理案件范围。
200501/7:45
2005

34 **债权人可单独向负连带保证责任的保证人提起诉讼** 2.1 035
——债务人逾期未履行债务的，债权人既可要求债务人履行，亦可要求连带责任保证人在其保证范围内承担保证责任。
200202/2:225
2002

合并审理 036

35 **同一债权人多笔债权有多个担保人的，应分开审理** 1.1 036
——原告据以提起诉讼的基础法律关系涉及多份借款合同，担保人、担保对象、金额、方式均不相同，不应合并审理。
2008:447
2007

36 **银行可以合并起诉拖欠两笔到期债权的同一债务人** 1.1 037
——债权人就两笔到期债务一并起诉，法院未经当事人同意就该客体合并审理并作出判决的，不违反
2006:279
2005

	法律禁止性规定。		
37	**担保人与债务人相同的，诉的合并与否，法院决定** ——诉的合并既可基于当事人的申请，亦可由法院决定。担保人与债务人系同一人的，诉的合并与否，可由法院决定。	1.1 2004:197 2.2 200304/16:412 2003	038
38	**同一保证人为同一债权人数笔债担保，可合并审理** ——同一债权人因同一保证人为数个不同主债务人提供连带保证责任而诉请保证人承担保证责任，法院可以合并审理。	2.6 v.9:463 2012	038
39	**原审判决遗漏债权人享有抵押物优先受偿权的处理** ——当事人变更诉讼请求增加主张对抵押物的优先受偿权，法院对借款抵押事实又予确认的，应判决确认优先受偿权。	2.6 v.6:327 2011	039
40	**债权人可将同一债务人和多个保证人列为共同被告** ——债权人和债务人相同的多笔借款合同，尽管借款期限、金额，保证人不同，各保证人仍可作为共同被告合并审理。	2.6 v.2:782 2007	040
41	**同一债权人但债务人、担保人不同的合并审理特例** ——对于案件的诉讼标的属于同一种类，法院认为可以合并审理并经各方当事人同意的，可以作为共同诉讼合并审理。	2.1 200501/7:248 2004	041
42	**债权人可单独向负连带保证责任的保证人提起诉讼** ——债务人逾期未履行债务的，债权人既可要求债务人履行，亦可要求连带责任保证人在其保证范围内承担保证责任。	2.1 200202/2:225 2002	041

7

	管辖		042
43	**不良资产受让方起诉，受限于原借款合同管辖约定** ——不良债权虽几经转让，但新的债权人均未与债务人、保证人重新约定管辖法院，原协议管辖约定应认定继续有效。	1.1 2007:270 2006	042

44	**关于主体资格异议，非属应以裁定驳回的管辖异议** ——当事人以原告不具备诉讼主体资格，应由适格原告主体所在地的法院管辖为由提出异议的，不应属于管辖权异议。	2.6 v.9:414 2012	043
45	**基于行政划拨过程中的纠纷提起诉讼，应不予受理** ——政府主管部门在对企业国有资产进行行政性调整、划拨过程中发生的纠纷，法院应裁定不予受理或裁定驳回起诉。	2.1 201003/23:172 2.7 2011:129 2010	044
46	**金融不良资产剥离中，先行提交行政处理约定有效** ——商业性金融不良资产剥离转让当事人约定了前置行政调解的争端解决程序，当事人直接向法院起诉的，应予驳回。	2.6 v.5:766 2009	045
47	**原债权人与借款人管辖条款，对债权受让人仍有效** ——原债权银行与债务人之间约定“向贷款人所在地法院起诉”的管辖条款，如不违反法律规定，该约定仍继续有效。	2.6 v.1:664 2007	046
48	**兵团直属股份公司为被告案件，应由兵团分院管辖** ——对于兵团直属股份制公司作被告，且其住所地位于兵团集中办公区的案件，应由新疆高院生产建设兵团分院管辖。	2.6 v.1:668 2006	046
49	**连带责任担保合同纠纷，由担保人住所地法院管辖** ——因借款担保人承担连带责任的担保合同发生纠纷，债权人向担保人主张权利的，应当由担保人住所地的法院管辖。	2.6 v.1:671 2006	047
50	**担保纠纷由担保人住所地法院管辖，非属专属管辖** ——担保纠纷由担保人住所地法院管辖不是专属管辖性质。当事人在合同中关于合同履行地法院管辖的约定应为有效。	2.6 v.2:386 2005	048
	公证债权文书		049
51	**公证债权文书基础事实，不属于法院实体审查范围** ——法院对公证债权文书实体审查的对象原则上应	1.1 2011:443	049

	限定于公证债权文书本身，而不涉及公证债权文书形成的基础事实。	2.5 201302/46:71 3.4 201308:60 2011	
52	**债务人超申请执行期限出具询征函，应视为新协议** ——公证债权文书约定的申请执行期限经过后，债务人向债权人出具询征函，可认定双方重新达成协议，可据此起诉。	2.1 201003/23:58 2.7 2011:613 2010	050
53	**延期履行协议，可依主合同认定具有强制执行效力** ——当事人未对延期后的主合同另行制定公证债权文书，在当事人无相反约定时，可认定公证书直接约束延期后合同。	2.1 201003/23:58 2.7 2011:613 2010	051
54	**债务人未承诺愿接受强制执行的公证，属确有错误** ——未记载当债务人不履行或不适当履行义务时，债务人愿意接受强制执行的承诺的公证文书，应属于确有错误情形。	2.1 201003/23:58 2.7 2011:613 2010	052
55	**公证债权文书进入执行程序后，债权人不得再起诉** ——债权人对同一笔借款申请具有强制执行效力的公证后，又以其他理由就该款项起诉，属一事再诉，法院不应受理。	2.1 201003/23:58 2.7 2011:613 2008	053
	主体资格		054
56	**关于主体资格异议，非属应以裁定驳回的管辖异议** ——当事人以原告不具备诉讼主体资格，应由适格原告主体所在地的法院管辖为由提出异议的，不应属于管辖权异议。	2.6 v.9:414 2012	054
57	**进入再审程序后，债权受让人可申请变更诉讼主体** ——不良金融债权的债权人将生效判决确认的债权	2.6 v.7:226	055

7

	转让给受让人，进入再审程序后，受让人可以申请变更再审申请人。	2011	
58	**生效判决确定的债权转让后，受让人无权申请再审** ——当事人将生效判决确认的债权再转让，债权受让人对该判决不服提出再审申请的，应认定其不具有申请主体资格。	2.2 201103/47:147 2011	056
59	**公司债务清偿完毕并注销前，有权转让债权给股东** ——公司债务清偿完毕后注销前，可将其债权转让给股东；公司不具有申请再审人资格的，受让股东亦无权申请再审。	2.2 201103/47:147 2011	057
60	**能提不良债权转让合同效力之诉的，仅限特定主体** ——金融机构系基于债权人主张其出具虚假验资证明而作为债权转让合同的被告，故其无权提出转让合同的效力之辩。	2.6 v.7:14 2010	058
61	**一审已转让债权，二审才告知，仍可变更诉讼主体** ——当事人在二审期间才被告知债权已于一审期间转让的事实，二审法院在审判程序中仍可直接依申请变更诉讼主体。	2.1 201001/21:140 2010	059
62	**机动车抵押贷款信托型资产证券化转让合同的效力** ——机动车抵押贷款信托型资产证券化转让合同有效。该转让需在全国性公开媒体公告，不以通知债务人为生效要件。	3.4 200912:32 2009	060
63	**商业银行处置分支机构金融不良资产，应认定有效** ——商业银行与其分支机构在法律上是同一主体，分支机构在总行授权范围内处置辖区内资产，民事责任由总行承担。	2.5 201003/35:86 2009	060
64	**金融资产公司受第三人委托收购银行债权，应有效** ——金融资产公司受第三人委托收购债权并向第三人交付债权，可视为商业银行处置金融不良资产特殊方式，应有效。	2.5 201003/35:86 2009	061
65	**债权连续转让后，最后受让人可直接为申请执行人** ——债权连续转让情况下，只要转让过程明确、连续，法院可依当事人申请直接裁定变更最后的受让人为申请执行人。	2.5 201003/35:86 2009	062

66	**从资产公司受让债权受让人，可变更为申请执行人** ——从金融资产公司受让债权后，将债权再行转让给其他普通受让人的，执行法院可依申请，裁定变更申请执行主体。	2.5 200902/30:124 2009	063
67	**签约及公告行系不同分支机构，不影响债权同一性** ——借款合同中约定的贷款行与其后公告中的贷款行是同一法人内部不同级别的分支机构，不影响该笔债权的同一性。	2.6 v.2:198 2008	064
68	**金融资产管理公司的办事处，有权以自己名义起诉** ——依最高人民法院司法解释规定，资产管理公司在各地设立的办事处，有权以自己的名义就其办理的金融业务起诉。	2.6 v.1:664 2007	065
69	**一审判决后，经公告通知的债权受让人，有权上诉** ——不良债权转让行为发生在一审判决之前，但公告转让通知在一审判决之后，故新的债权受让人可以自己名义上诉。	2.1 200602/10:287 2.6 v.4:11 2006	065
70	**不良金融债权剥离，不同于《合同法》上债权转让** ——剥离收购不良金融资产协议属于行政性的资产划拨合同，区别于一般意义上的债权转让，不应受《合同法》调整。	3.1 200601/55:306 2005	066
71	**担保人承担担保责任后，向债务人的追偿权可转让** ——担保人就其已承担担保责任后向债务人的追偿权可转让，受让人起诉债务人时，担保人不属于必须追加的当事人。	2.6 v.1:415 2005	067
72	**商业银行分支机构，可基于法人授权代行主张债权** ——商业银行分支机构基于法人授权代行主张其他分支机构债权，并未发生债权转让事实，不属于违反法律规定情形。	2.6 v.2:378 2004	068
73	**债权转让时对债务人的通知义务，可在起诉时进行** ——《合同法》第80条规定了债权人转让债权的通知义务，但未规定须在什么时间内通知，故可在起诉过程中进行。	2.1 200401/5:245 2003	068
74	**资产管理公司可以自己名义，代其下属办事处起诉** ——资产管理公司作为其所属办事处实体权利的最	2.1 200301/3:232	069

7

	终承受者，有权代替其下属的办事处直接以自己名义提起民事诉讼。	2003	
	再转让		070
75	**同时约定质押和再转让的，视为质权人同意再转让** ——不良债权转让协议既约定债权质押，同时亦约定了债权再行转让的条款，应视为双方同意对该质押债权再行转让。	1.1 2005:353 2.6 v.2:428 2004	070
76	**向外国投资者转让不良债权，需逐笔办理备案登记** ——外国投资者受让我国不良金融债权及其抵押权，应向国家外汇管理相关部门办理备案登记并注明担保的具体情况。	2.1 201204/32:221 2.6 v.8:461 2012	071
77	**注册资本二十万元公司，亦有权受让巨额金融债权** ——因公司注册资本与不良债权转让合同标的差额而产生的经营风险，由当事人自行承担，不属于合同无效法定情形。	2.1 201204/32:221 2.6 v.8:461 2012	072
78	**外资曾参与的金融债权转让，不必然适用涉外程序** ——国外法人将受让金融债权转让后，对受让人所提不良债权追索诉讼无法律上利害关系，不属于必须追加的第三人。	2.1 201204/32:221 2.6 v.8:461 2012	073
79	**不良债权再转让，未通知优先购买权人的，应无效** ——资产公司向非国有金融机构转让不良债权，未通知国有企业债务人注册登记地的优先购买权人的，应认定为无效。	2.6 v.7:455 2011	074
80	**债权连续转让后，最后受让人可直接为申请执行人** ——债权连续转让情况下，只要转让过程明确、连续，法院可依当事人申请直接裁定变更最后的受让人为申请执行人。	2.5 201003/35:86 2009	075

81 **不良债权债务人，无权以欺诈为由，主张撤销合同** 2.1 076
——不良债权转让合同当事人转让行为如构成欺诈，应由合同相对人主张权利，债务人主张行使撤销权的，应予驳回。
200801/13:240
2.7
2010:65
2.6
v.1:373
2007

涉外转让 077

82 **向外国投资者转让不良债权，需逐笔办理备案登记** 2.1 077
——外国投资者受让我国不良金融债权及其抵押权，应向国家外汇管理相关部门办理备案登记并注明担保的具体情况。
201204/32:221
2.6
v.8:461
2012

7

83 **注册资本二十万元公司，亦有权受让巨额金融债权** 2.1 078
——因公司注册资本与不良债权转让合同标的差额而产生的经营风险，由当事人自行承担，不属于合同无效法定情形。
201204/32:221
2.6
v.8:461
2012

84 **外资曾参与的金融债权转让，不必然适用涉外程序** 2.1 079
——国外法人将受让金融债权转让后，对受让人所提不良债权追索诉讼无法律上利害关系，不属于必须追加的第三人。
201204/32:221
2.6
v.8:461
2012

85 **域外证据的公证机关，应指证据形成地的公证机关** 2.1 080
——域外证据经“所在国公证机关”公证，系指证据形成地所在国公证机关，而不是指法人注册地所在国的公证机关。
201204/32:221
2.6
v.8:461
2012

86 **对外转让不良金融债权合同效力，法院应主动审查** 2.1 080
——由于合同无效问题是国家干预范畴，即使当事人未提出合同效力问题，法院亦应对合同是否无效的事实进行审查。
201001/21:140
2010

	转让通知		082
87	**银行转让金融债权，对债务人通知义务可当庭进行** ——金融资产公司受让国有银行债权后，原债权银行转让债权履行通知义务可在嗣后法庭审理中以现场通知方式进行。	1.1 2006:177 2.6 v.2:890 2005	082
88	**债权转让未通知债务人，不影响债权转让协议效力** ——债权转让未通知债务人的，债务人享有对抗受让人的抗辩权，但不影响转让人与受让人之间债权转让协议的效力。	1.1 2005:353 2.6 v.2:428 2004	083
89	**转让未通知债务人，不影响让与人与受让人间约定** ——债权转让未通知债务人的，不影响债权让与人与受让人之间的合同效力，让与人应将转让后的债权交付给受让人。	2.4 200904/30:101 2007	084
90	**保证合同约定禁止债权变更，不包括禁止债权转让** ——不良金融债权的保证人以保证合同中债权变更的禁止性约定为由，主张债权转让应免除其担保责任的，不应支持。	2.6 v.8:580 2012	084
91	**对优先购买权人的通知，不能以公告取代直接通知** ——资产公司向非国有金融机构法人转让债权，不宜采用公告的方式通知国有企业债务人注册登记地的优先购买权人。	2.6 v.7:455 2011	085
	公告		087
92	**自然人受让金融债权，可通过报纸公告通知债务人** ——债权人以登报形式通知债务人并不违反法律规定。只要债权人实施了有效通知行为，债权转让就应对债务人生效。	1.1 2004:197 2.2 200304/16:412 2003	087
93	**公告催收中断时效主体，仅为国有银行或资产公司** ——刊登催收公告方式的适用主体仅为国有商业银	2.2 201103/47:192	088

	行或金融资产管理公司，并非所有的受让主体均可以适用上述规定。	2011	
94	**金融资产公司公告债权转让同时催收，属有权催收** ——金融资产公司转让债权，在未通知债务人前，仍系合法债权人，其有权以自己名义向债务人公告通知转让和催收。	2.6 v.6:425 2011	089
95	**资产管理公司可登报发催收公告，以中断诉讼时效** ——金融资产管理公司对已承接的不良金融债权，可以在特定报纸上以发布催收公告的方式取得诉讼时效中断的证据。	2.6 v.7:420 2011	090
96	**债权转让合同与公告内容不一致时，应以合同为准** ——债权转让公告不同于物权登记，不产生物权登记公示效力。当公告登载内容与合同不一致时，应以合同约定为准。	2.4 201002/32:85 2010	091
97	**签约及公告行系不同分支机构，不影响债权同一性** ——借款合同中约定的贷款行与其后公告中的贷款行是同一法人内部不同级别的分支机构，不影响该笔债权的同一性。	2.6 v.2:198 2008	092
98	**公告中保证人排列方式，不能推定为连带共同保证** ——金融资产管理公司在报纸上发布催收公告，不能仅以公告中两个保证人名称的排列方式而推定其为连带共同保证。	2.6 v.2:198 2008	092
99	**催收贷款时，可将借款合同中的美元换算成人民币** ——借款合同中约定贷款本金系美元，催收公告中载明的贷款本金是人民币，并不因此影响资产公司受让债权同一性。	2.6 v.2:198 2008	093
100	**资产公司公告催收中断诉讼时效，可溯及至受让日** ——金融资产管理公司在特定报纸上发布有催收内容的债权转让公告或通知构成的诉讼时效中断，可溯及至受让之日。	2.6 v.2:198 2008	094
101	**对优先购买权人的通知，不能以公告取代直接通知** ——资产公司向非国有金融机构法人转让债权，不宜采用公告的方式通知国有企业债务人注册登记地的优先购买权人。	2.6 v.7:455 2011	095

7

102 **不良债权转让公告超过诉讼时效，不构成时效中断** 3.1 096
——金融资产公司在报纸上发布有催收内容的债权转让公告或通知，对已超过时效期间的债权，不产生时效中断效果。 201001/71:141 2009

利息 097

103 **受让银行金融不良资产，同时取得法定或约定利息** 1.1 097
——银行利息作为主债权的收益，属于法定孳息，一般情况下，债权人取得孳息的权利随着主物所有权的转移而转移。 2006:267 2.6 v.2:362 2005

104 **不良债权受让人向非国企债务人主张全额债权处理** 2.5 098
——非金融机构受让金融不良债权后向非国企债务人主张全额债权，应参照最高法院法发〔2009〕19号文件精神处理。 201402/50:79 2013

105 **金融资产受让人权利，包括受让债权后的逾期利息** 2.1 099
——不良资产再次受让人受让债权后可主张的本息范围，既包括第一受让人受让债权本息，也包括受让后的逾期利息。 201204/32:221 2.6 v.8:461 2012

106 **债务催收通知所载利息明显不合理的，应重新计算** 2.6 100
——金融机构单方制作的催款通知书载明债务数额，利息计算明显不合理，债务人不予认可时，应对该利息重新核算。 v.9:275 2012

107 **借款人占有、使用贷款期间，应依法依约支付利息** 2.6 100
——借款人逾期偿还贷款本金，其占有、使用资金处于持续状态，理应基于合同约定或法律规定，支付该期间的利息。 v.9:414 2012

108 **债务人破产的，破产债权停止计息的法律适用问题** 2.6 101
——对于计息的破产债权，破产宣告早于《企业破产法》实施的，根据当时法律规定，利息应计算到破产宣告之日止。 v.7:420 2011

109	**表外利息属债权一部分，催收表外利息可中断时效** ——金融机构分阶段、分步骤通过债权转让方式剥离不良债权，公告催收转让表外利息产生诉讼时效中断的法律效力。	2.8 2011:420 2011	102
110	**利息的计算标准，应划分合同期内与期外两种情况** ——催收通知已明确列明贷款利息并为债务人签收的，其计算依据可不予审查。之后的利息标准，应按规定继续计算。	2.6 v.5:237 2010	103
111	**承接债务是否包含全部利息应依实际履行行为确定** ——债务重组后的新债务人与债权人仅确认贷款本金，而对利息未作约定的情况下，应当依双方的实际履行行为确定。	2.6 v.5:247 2010	104
112	**债务转移未约定履行期间利息，债务人无义务支付** ——不良金融资产处置过程中，第三人债务承担协议未明确约定支付履行期间利息的，债务承担人并无义务支付利息。	2.1 201001/21:198 2.7 2010:146 2.6 v.2:110 2007	105
113	**非金融机构以打包形式受让金融债权后可全额主张** ——不良金融债权资产包的价格并非单个债权数额的简单相加，故非金融机构打包受让后，可向债务人主张全额债权。	2.1 200303/15:192 2.7 2011:47 2.6 v.2:47 2006	106
114	**商业银行继受典当债权的同时，不能受让典当资质** ——商业银行继受典当公司对债务人的典当债权，同时约定受让典当经营资质的，因属于变相经营典当业务应为无效。	3.3 2011 商 :27 2010	107
115	**不良债权的个人受让人无权主张受让日之后的利息** ——受让人受让的不良债权，其权利范围仅限于受让日之前原始债权人所享有的本息，其无权再主张受让日后的利息。	3.4 201104:36 2009	108

7

	债务减免		109
116	**约定内部审批为生效条件，一方怠于报批视为生效** ——双方当事人约定以一方的上级主管部门批准作为合同生效条件的，该方当事人怠于履行的，应当认定合同已生效。	1.1 2007:366 2.6 v.2:242 2006	109
117	**违反部门规章规定的批准程序，并不导致合同无效** ——不能仅以违反部门规章而当然否定不良资产转让合同的效力，还必须以资产管理公司是否应履行审批程序而认定。	1.1 2007:366 2.6 v.2:242 2006	110
118	**银行与债务人达成减免债务性质的约定，应当遵守** ——金融机构与债务人达成具有减免债务性质的约定具有合同法律效力，属于建立新的法律关系，当事人应予以遵守。	2.1 201103/27:219 2011	111
119	**债务人经执行和解放弃部分到期债权，不应被撤销** ——债务人在另案诉讼中以放弃部分权利为代价达成的执行和解协议，债权人不能证明恶意串通的，无权行使撤销权。	2.4 200803/25:210 2008	112
	债务核销		114
120	**政策性破产的国企债务核销，不影响担保责任承担** ——政策性破产企业债务作为拟核销债务由金融机构予以核销，非合同权利义务终止；相应担保责任的承担不受影响。	2.1 201202/30:237 2.6 v.7:265 2011	114
121	**债权人或债务人内部核销债务，并不具有对外效力** ——债权人内部是否核销债权并不影响其对外向债务人和保证人主张权利，亦不属于保证人可免除其保证责任的理由。	2.6 v.6:455 2011	115
122	**银行对债务作呆坏账核销，不导致担保人责任免除** ——企业债务作为拟核销的呆坏账由债权银行予以	2.7 2011:348	116

	核销，担保人对担保债务仍应按法律规定和合同约定承担相应责任。	2.6 v.2:371 2009	
123	**金融机构是否核销不良债权，不导致对外债权消灭** ——对呆坏账等不良资产的核销是金融机构的内部程序，即使内部已做核销处理，亦不构成金融机构对外债权的消灭。	2.1 200803/15:21 2007	117
	资产包		118
124	**整体出售的资产包，在合同需解除时，应整体解除** ——以资产包形式整体出售转让不良资产的，即使需要解除，亦须整体解除，即将具有不可分割性的资产包整体返还。	1.1 2010:363 2.3 201003/26:106 2009	118
125	**债权转让合同无不动产转让之意，不导致合同无效** ——当事人受让不良资产后以该债权经法院裁定含有以物抵债内容，而转让人无权处分不动产为由反悔的，不予支持。	2.1 201101/25:171 2.6 v.7:445 2010	120
126	**将已处置的资产包裁决单笔撤销的，构成显失公平** ——仲裁裁决将不良贷款打包交易的债权进行分割，并裁决撤销其中单笔不良债权的转让交易的，应认定为显失公平。	3.3 2008 商 :524 2007	121
127	**非金融机构以打包形式受让金融债权后可全额主张** ——不良金融债权资产包的价格并非单个债权数额的简单相加，故非金融机构打包受让后，可向债务人主张全额债权。	2.1 200303/15:192 2.7 2011:47 2.6 v.2:47 2006	122
128	**不良金融债权剥离，不同于《合同法》上债权转让** ——剥离收购不良金融资产协议属于行政性的资产划拨合同，区别于一般意义上的债权转让，不应受	3.1 200601/55:306 2005	123

7

	《合同法》调整。		
129	**未办理登记的抵债财产，不能作为物权转让标的物** ——金融机构将其不享有物权的抵债不动产通过不良资产剥离而签订物权转让协议，资产管理公司不能据此取得物权。	2.1 200302/4:130 2003	124

不动产转让　125

130	**资产公司拍卖抵债划拨土地，仍属于不良资产处置** ——金融资产管理公司通过拍卖抵债的原债务人名下国有划拨土地，仍属于不良债权处置范畴，应适用特殊政策规定。	2.6 v.7:430 2011	125
131	**拍卖取得不良债权后，主张地块错误的，不予支持** ——金融不良资产拍卖涉及国有划拨土地使用权，买受人嗣后以拍卖过程中地块指认错误主张拍卖无效的，不予支持。	2.6 v.7:430 2011	126
132	**债务重组方案经债权人同意并实际履行的，应有效** ——债务重组后，债权人对债务重组方案中的债务分割方案，向相关部门出具了同意函并实际履行的，应认定为有效。	2.6 v.5:247 2010	127
133	**债权转让合同无不动产转让之意，不导致合同无效** ——当事人受让不良资产后以该债权经法院裁定含有以物抵债内容，而转让人无权处分不动产为由反悔的，不予支持。	2.1 201101/25:171 2.6 v.7:445 2010	128
134	**受让物权的实现存在法律障碍，受让方可中止履行** ——受让人从资产管理公司受让债权，但所受让的债权主要以物权为基础，因物权无法实现的，受让人有权中止履行。	2.6 v.1:364 2007	129
135	**抵押权随同金融债权一并转移，无须重办登记手续** ——金融资产公司受让有抵押担保的债权后，取得对债权的抵押权，原抵押权登记继续有效，无须重新办理登记手续。	2.6 v.2:604 2006	130

136	**未办理登记的抵债财产，不能作为物权转让标的物** ——金融机构将其不享有物权的抵债不动产通过不良资产剥离而签订物权转让协议，资产管理公司不能据此取得物权。	2.1 200302/4:130 2003	131
137	**担保债权随主债权移转而移转，无须经保证人同意** ——商业银行将最高额抵押担保债权转让后，该债权转让行为发生债权确定的效果，最高额抵押权随该特定债权转让。	3.6 201306/30:73 2013	132

抵押

133

138	**调解书涉及案外人抵押房产处分，不构成再审条件** ——调解书虽涉及案外人享有抵押权的不动产处分，但案外人基于抵押权的追及效力可为追偿，不能亦无需提起再审。	1.1 2006:314 2006	133
139	**案外人毁损执行标的，不属法定追加被执行人情形** ——案外人毁损执行标的物行为不符合法律法规关于“追加或变更被执行主体”的法定情形，不应被追加为被执行人。	2.5 201304/48:37 2013	134
140	**抵押权人可以在主债权诉讼时效期间内行使抵押权** ——抵押权人有权在被担保主债权诉讼时效结束后两年内行使抵押权，主债权诉讼时效未完成或届满，抵押权不消灭。	2.6 v.6:483 2011	135
141	**第三人善意有偿取得抵押物，可认定其取得所有权** ——第三人善意有偿取得抵押物，在已办过户登记或经生效判决确认买卖合同有效情况下，应认定取得抵押物所有权。	2.6 v.6:483 2011	135
142	**抵押权人可就债务人擅自出售的抵押物行使抵押权** ——第三人善意有偿取得已办理登记的抵押物所有权，抵押权人仍可依抵押权追及力行使对转让抵押物的优先受偿权。	2.6 v.6:483 2011	136
143	**《物权法》实施前，未登记抵押权，仍具法律效力** ——《物权法》实施前，依《担保法》司法解释规定，办理抵押物登记只是对抗要件，而非认定为抵	2.1 201004/24:260 2010	137

7

	押合同生效要件。		
144	**抵押合同成立未办理抵押物登记，不得对抗第三人** ——抵押合同签订能证明双方抵押合意达成，还需通过其他证据证明在登记部门完成了抵押登记才能证明享有抵押权。	2.1 200903/19:193 2.7 2010:213 2009	138
145	**抵押权人可就抵押房产拆迁补偿金行使优先受偿权** ——抵押物的代位物补偿金已被与抵押人存在代表关系的共同经营体领取的，抵押权人应向实际领取人主张优先受偿。	2.1 200902/18:129 2009	139
146	**未登记抵押权人以普通债权申报，视为放弃抵押权** ——主债务人破产时，抵押权人仅以普通债权人身份申报债权，应视为放弃抵押权，保证人有权就放弃部分免除责任。	2.7 2011:351 2.6 v.2:673 2009	140
147	**怠于履行保证义务致抵押物减值，不免除保证责任** ——债权人积极主张逾期债权，保证人因怠于履行保证义务所造成抵押物价值的减损，应由债务人和保证人自行承担。	2.7 2011:387 2.6 v.2:475 2009	141
148	**抵押人吊销营业执照，并不丧失承担担保责任资格** ——债权人基于错误的法律事实认识，撤销要求被吊销营业执照的抵押人责任承担的诉讼请求，应承担相应法律后果。	2.6 v.2:583 2006	142
149	**抵押财产转移不影响抵押权行使，行为人无需担责** ——企业改制过程中，即使全部或部分抵押物被投入到改制后的企业，债权人对抵押物的优先受偿权均不应受到影响。	2.6 v.2:583 2006	143
150	**抵押权证书原件是否移交，不影响是否取得抵押权** ——债权转让时，抵押权应随同债权一并转移，但抵押权证书原件是否移交，对抵押权的转移和取得均不应产生影响。	2.6 v.2:604 2006	144
151	**抵押权随同金融债权一并转移，无须重办登记手续** ——金融资产公司受让有抵押担保的债权后，取得对债权的抵押权，原抵押权登记继续有效，无须重	2.6 v.2:604 2006	145

	新办理登记手续。		
152	**同一物担保的多个债权分开转让的抵押权存续规则** ——同一抵押物担保不同的主债权情形，主债权分别转让时，并未对抵押物进行分割，抵押物所担保的仍系全部借款。	2.6 v.2:604 2006	146
153	**抵押权不成立，亦就不存在债权人放弃抵押权问题** ——抵押物未经登记，抵押合同依当时法律规定不生效，不能视为抵押权人放弃物的担保，不能以此免除保证人责任。	2.1 200401/5:203 2004	146
154	**抵押物受让人并无直接对抵押权人债权的清偿义务** ——抵押权人行使权利是依据其对抵押财产享有的物权，而不应由抵押物受让人在受让财产范围内直接承担偿还责任。	2.1 200602/10:217 2003	147
155	**抵押人擅自转让抵押物，抵押权人仍可行使抵押权** ——根据《担保法》司法解释第67条规定，在抵押存续期间，抵押人转让抵押物未通知抵押权人的，仍可行使抵押权。	2.1 200301/3:429 2002	148
156	**担保债权随主债权移转而移转，无须经保证人同意** ——商业银行将最高额抵押担保债权转让后，该债权转让行为发生债权确定的效果，最高额抵押权随该特定债权转让。	3.6 201306/30:73 2013	149

7

	最高额抵押		150
157	**最高额抵押项下担保债权数额是否确定，如何认定** ——《物权法》第206条关于最高额抵押权所担保债权确定事由规定，新的债权不可能发生的，视为担保债权已确定。	2.1 200803/15:228 2.7 2010:261 2012	150
158	**最高额抵押权所担保不特定债权特定后，可以转让** ——最高额抵押权所担保不特定债权特定后，债权已届清偿期的，最高额抵押权人可根据普通抵押权规定行使抵押权。	3.6 201306/30:73 2013	151

	保证时效		152
159	**担保债务起算诉讼时效时，不再适用保证期间规定** ——在担保债务已开始计算诉讼时效的情形下，不再适用“债权人在破产程序终结后6个月内向保证人主张”的规定。	1.1 2009:401 2008	152
160	**《担保法》生效前成立的金融债权保证期间的认定** ——债权人自最高人民法院〔2002〕144号通知发布之日起6个月内，向保证人主张权利，视为中断保证债权诉讼时效。	1.1 2006:177 2.6 v.2:890 2005	153
161	**144号文保证责任承担，适用“举重以明轻”原则** ——符合144号文适用条件、但在该文颁发前已提起诉讼的，得同样适用该文认定债权人有权要求保证人承担保证责任。	2.6 v.8:491 2012	155
162	**债权人向保证人之一主张权利效力及于其他保证人** ——债权人在保证期间内，向保证人之一主张权利，该主张行为对另一连带共同保证人也同样发生诉讼时效中断效力。	2.1 201203/31:217 2.6 v.6:476 2011	156
163	**主债务诉讼时效中断效力不及于连带责任保证时效** ——连带责任保证的债权人应在保证期间届满前要求保证人承担责任，主债务时效中断不引起保证债务时效中断效果。	2.1 200801/13:297 2.7 2010:278 2007	157
164	**分期偿还债务，保证期间应从债务最后到期日起算** ——分期偿还债务的保证期间，应根据最高人民法院法函〔2004〕23号的答复意见规定，从合同债务最后到期日起算。	2.1 200602/10:300 2005	158
165	**连带责任保证期限届满前主张权利，始算诉讼时效** ——连带责任保证的债权人在保证期间届满前要求保证人承担保证责任的，从主张债权之日起计算保证合同诉讼时效。	2.1 200501/7:248 2004	158
166	**保证发生在《担保法》实施前，诉讼时效特殊规则** ——保证行为发生《担保法》实施前，债权人行权	3.3 2005 商 :75	159

	可能超过保证期间或诉讼时效，可在特定宽限期向保证人主张责任。	2004	
167	**《担保法》生效前无效担保保证期间约定不明情形** ——最高人民法院《关于处理担保法生效前发生保证行为的保证期间问题的通知》亦适用保证期间不明的无效担保合同。	3.3 2004 商 :100 2003	160

诉讼时效 161

168	**放弃优先受偿权转为借款关系，适用普通诉讼时效** ——享有对破产财产优先受偿权的债权人，嗣后又通过协议转为对第三人的借款债权的，应适用一般的诉讼时效规定。	2.6 v.9:360 2012	161
169	**就同一债权中的部分起诉，时效中断效力及于全部** ——债权人对同一债权中部分债权主张权利，时效中断的效力及于剩余债权，但权利人明确表示放弃剩余债权的除外。	2.2 201103/47:192 2011	162
170	**起诉后又撤诉的，诉讼时效从准予撤诉之日起重算** ——当事人向法院起诉，应视为诉讼时效中断，撤诉后再次起诉的，诉讼时效期间应从裁定准予撤诉之日起重新计算。	2.2 201103/47:192 2011	163
171	**资产管理公司派出机构催收行为，能引起时效中断** ——金融资产管理公司派出机构根据法人授权向债务人催收，应视为履行职责的民事行为，产生诉讼时效中断的效力。	2.6 v.6:455 2011	164
172	**金融机构分支机构向债务人催收，应视同法人行为** ——金融机构与其分支机构属同一法人，分支机构向债务人的催收行为视同法人行为，产生诉讼时效中断的法律效力。	2.6 v.6:483 2011	164
173	**资产管理公司可登报发催收公告，以中断诉讼时效** ——金融资产管理公司对已承接的不良金融债权，可以在特定报纸上以发布催收公告的方式取得诉讼时效中断的证据。	2.6 v.7:420 2011	165

174	**表外利息属债权一部分，催收表外利息可中断时效** ——金融机构分阶段、分步骤通过债权转让方式剥离不良债权，公告催收转让表外利息产生诉讼时效中断的法律效力。	2.8 2011:420 2011	166
175	**资产公司公告催收中断诉讼时效，可溯及至受让日** ——金融资产管理公司在特定报纸上发布有催收内容的债权转让公告或通知构成的诉讼时效中断，可溯及至受让之日。	2.6 v.2:198 2008	167
176	**证人未出庭，但其经合法公证证言，应有证据效力** ——证人因病不能出庭，但出具书面证言，并经公证处公证的，其做法符合法律规定，应认定该证人证言具有证明力。	2.1 200903/19:239 200303/15:192 2.7 2010:131 2.6 v.2:47 2006	168
177	**向债务人二级法人企业催收，应认定诉讼时效中断** ——债务人的二级法人企业在催收通知上签字盖章，证明债权人在诉讼时效期间内主张了债权，应构成诉讼时效中断。	2.1 200502/8:249 2.7 2010:795 2004	169
178	**承诺偿还到期债务的事后担保，构成新的债权债务** ——第三人对到期债务所作承担连带偿还责任承诺有效。未明确约定履行期间的，诉讼时效自债权人主张权利时起算。	2.1 200401/5:159 2004	170
179	**诉讼时效已届满债权，转让通知不生中断时效效果** ——债权转让协议签订时，如果被转让的债权已经超过法律规定的两年诉讼时效期间，则不产生时效中断的法律后果。	3.5 20120531:06 2011	171
	债务重生		172
180	**在明确记载保证内容的催收单上签字，构成新保证** ——保证债务催收通知清楚、明确记载保证债务金	2.6 v.6:455	172

	额、保证责任方式及保证期间等内容的，应认定成立新的保证合同。	2011	
181	**保证期间经过后，又达成新的担保合意，应为有效** ——保证期间经过，债权人与保证人就担保责任达成新的合意形成新的保证关系，如对保证期间约定不明可依法确定。	2.1 200903/19:230 2007	173
182	**对超诉讼时效债务，保证人承担责任条件如何认定** ——保证人收到催款通知及债权转让通知后，明确作出继续履行的承诺，应认定当事人之间成立了新的保证合同关系。	2.1 200501/7:160 2005	174
183	**超保证期限的催款通知，不构成保证债务时效中断** ——债权人如不能证明保证人对超过保证期限的债务重新作出担保承诺，即使有催收行为，亦不构成完整的保证合同。	2.1 200501/7:248 2004	175
184	**债务人同意转让，不构成对超过时效债务重新确认** ——诉讼时效已届满的债权转让不产生中断时效效果，债务人同意债权转让的意思表示亦不构成对原债务的重新确认。	3.5 20120531:06 2011	176
185	**不良债权转让公告超过诉讼时效，不构成时效中断** ——金融资产公司在报纸上发布有催收内容的债权转让公告或通知，对已超过时效期间的债权，不产生时效中断效果。	3.1 201001/71:141 2009	176
186	**债务承担情形，保证债务重生后时效届满如何认定** ——免责的债务承担中，债务人主体发生变更，但其债务性质和内容均不变更，已超过履行期限的债务转移仍然有效。	3.4 200812:32 2007	177

7

出资责任 179

187	**企业国有资产产权登记证是确认产权归属法律凭证** ——《企业国有资产产权登记证》应作为确认企业产权归属的法律凭证以及政府对企业授权经营国有资本的基本依据。	2.6 v.9:347 2012	179

188	**债权受让人行使权利，不得超越其所受让权利范围** ——债权转让后，其仅在债权转让合同当事人之间发生效力，债权受让人行使权利不得超越其所受让的原权利的范围。	2.1 201204/32:165 2.6 v.6:135 2011	180
189	**开办单位如无法定事由，不直接承担债务清偿责任** ——作为独立民事主体的企业法人的开办人和主管单位，如无法定事由，其不应直接承担该企业法人的民事法律责任。	2.6 v.6:425 2011	181
190	**不良资产受让人，有权向出让人主张出资不实责任** ——银行同时作为债务企业的债权人和出资人，在不良金融债权已转让情况下，仍应对其不足出资向受让人承担责任。	2.1 200402/6:338 2004	182
191	**政府部门同意债务人的偿债方案，不构成债务转移** ——政府职能部门为解决企业债务问题与债权人签订同意债务人偿债方案的协议，不能认定为债务转移的法律性质。	3.4 201022:90 2010	183
192	**所开办企业不具备法人资格时，国家机关所负责任** ——国家机关开办的企业不具备企业法人资格时，国家机关应对开办企业的债务在其注册资金不到位范围内承担责任。	3.3 2008 商 :47 2007	183
	债转股		185
193	**担保人对债权转股权后剩余本息，仍承担担保责任** ——主债务人与债权人签订债权转股权协议后对剩余部分利息确认，不构成新的合同关系，保证人仍应承担连带责任。	2.3 201202/33:85 2012	185
194	**因债转股形成股权置换协议，应继续履行报批手续** ——在仅系股权转让条款未经批准而未生效情形下，法院应依当事人诉请，判令当事人办理报批手续以促使合同生效。	2.1 200903/19:219 2007	186
195	**债权转为股权后，再作为不良贷款转让的，应无效** ——商业银行将其对借款人贷款转为股权后，再作	3.1 200201/39:263	187

	为不良债权转让给资产管理公司的，资产公司无权要求偿还原贷款。	2001	
	企业改制		188
196	**无偿接收债务人全部资产，应连带承担原企业债务** ——企业因全部资产被整体划拨而变更产权关系的，无偿接受资产的新公司应在接受范围内对原有债务承担连带责任。	1.1 2004:279 2004	188
197	**债务人依规拨转国债专项资金，不属无偿转让财产** ——债务人获得国债项目专项资金，嗣后因项目实施主体发生变更而转拨付新项目承担单位的，不属于无偿转让财产。	2.6 v.6:279 2011	189
198	**基于行政划拨过程中的纠纷提起诉讼，应不予受理** ——政府主管部门在对企业国有资产进行行政性调整、划拨过程中发生的纠纷，法院应裁定不予受理或裁定驳回起诉。	2.1 201003/23:172 2.7 2011:129 2010	190
199	**未实际接收企业重组改制财产的，不应负清偿责任** ——企业改制过程中，改制后企业应在接收资产范围内承担连带责任，反之，未实际接收原企业财产主体不承担责任。	2.1 200902/18:147 2009	190
200	**债权人明知债务人资产置换未提异议的，视为同意** ——在债务人与第三人的资产置换行为中，如有证据证明债权人事先明知且未提异议，应视为债权人同意该置换行为。	2.6 v.2:284 2007	191
201	**企业之间的资产置换，系平等市场主体间民事行为** ——企业之间的资产置换行为是平等市场主体之间的民事法律行为，不属于在企业产权制度改造中所发生的民事纠纷。	2.6 v.2:284 2007	192
202	**抵押财产转移不影响抵押权行使，行为人无需担责** ——企业改制过程中，即使全部或部分抵押物被投入到改制后的企业，债权人对抵押物的优先受偿权均不应受到影响。	2.6 v.2:583 2006	193

7

203	**公司此前所负债务，不因股份制改造或上市而免除** ——因股份制改制前后民事主体同一性，故改制前企业法人债务由改制后公司承担，不因其股份制改造或上市而免除。	2.1 200601/9:177 2006	194
204	**特种金融债券系证券资产，信证分离时归证券公司** ——特种金融债券作为专门用于清偿证券回购债务的有价证券，信证分离时应作为应剥离的证券类资产进入证券公司。	2.1 200502/8:277 2.6 v.4:31 2004	196
205	**转让优质资产而保留债务的约定，不能对抗债权人** ——名为兼并，实为优质资产转让，而债务留在原企业，接收原企业优质资产的公司应在所接收范围内承担连带责任。	2.1 200301/3:332 2003	197
	破产		198
206	**放弃优先受偿权转为借款关系，适用普通诉讼时效** ——享有对破产财产优先受偿权的债权人，嗣后又通过协议转为对第三人的借款债权的，应适用一般的诉讼时效规定。	2.6 v.9:360 2012	198
207	**债务人破产的，破产债权停止计息的法律适用问题** ——对于计息的破产债权，破产宣告早于《企业破产法》实施的，根据当时法律规定，利息应计算到破产宣告之日止。	2.6 v.7:420 2011	199
208	**债权人已申报破产债权的，可以同时主张保证债权** ——债权人已在债务人破产程序中申报债权，同时又就该借款起诉保证人，法院仍可有条件判决保证人履行保证责任。	2.6 v.7:420 2011	200
209	**债务人被政策性关闭破产前，以物抵债，协议有效** ——债务人被国务院列入总体规划拟实施关闭破产企业之前，与债权人达成以物抵债协议的，不违反国务院文件规定。	2.5 201003/35:98 2009	200
210	**起诉被列入政策性关闭破产规划国企的，不予受理** ——债权人向已列入政策性关闭破产总体规划并拟	2.7 2011:348	201

	实施关闭破产的国有企业债务人主张清偿债务的，法院应不予受理。	2.6 v.2:371 2009	
211	**未登记抵押权人以普通债权申报，视为放弃抵押权** ——主债务人破产时，抵押权人仅以普通债权人身份申报债权，应视为放弃抵押权，保证人有权就放弃部分免除责任。	2.7 2011:351 2.6 v.2:673 2009	202
212	**债权人退出破产债权申报后，可向保证人主张权利** ——债务人破产程序开始后，债权人向法院申报债权后可以撤回申报，而选择向承担一般保证责任的保证人主张权利。	2.5 200804/28:90 2008	203
213	**债务人进入破产程序后，债权人代位权应受到限制** ——在债务人已进入破产程序情况下，债权人以债务人怠于行使权利提起代位权诉讼的，应在债务人破产程序中解决。	2.1 200701/11:298 2.6 v.1:236 2006	204
214	**已申报债权的债权人，可诉请保证人承担清偿责任** ——在担保人承担连带责任的案件中，债务人破产的，债权人有选择申报债权或向保证人主张权利或同时主张的权利。	2.1 200501/7:152 2005	205
215	**地方政府单方面转移破产企业债务的，应属于无效** ——未经债权人同意，地方政府承诺原企业不再承担偿还义务而从重组后企业上缴地方的税金中逐年偿还的行为无效。	2.1 200502/8:235 2.6 v.2:390 2004	206
216	**借用外国政府贷款未清偿企业，不能进入破产程序** ——借用外国政府贷款未偿或未落实债务企业，不能进入破产程序，即便已进入或完成破产程序，亦不因此消灭债权。	2.1 200502/8:235 2.6 v.2:390 2004	207

	破产		209
	一般规定		209
217	**破产程序终结后，管理人仍可对未决事宜申请再审** ——在破产程序终结、破产企业注销的情况下，管理人仍可依法代表债务人处理诉讼或仲裁未决事宜，包括申请再审。	2.6 v.9:233 2012	209
218	**诉讼时效因破产中断，并非中止，故时效重新计算** ——法院受理债务人破产申请之日构成诉讼时效中断，诉讼时效应当重新计算，并不因该中断的法定事由延续而中止。	2.6 v.9:489 2012	209
219	**股权转让合同签订后，并不因目标公司破产而解除** ——股权转让合同签订后，目标公司破产的，不影响股权转让合同继续履行。股权贬值损失，应属于正常的商业风险。	2.6 v.8:267 2012	210
220	**法院受理破产申请后，债务人不得再进行个别清偿** ——法院受理破产申请后，债务人不得再为个别清偿，债权人应通过向管理人申报债权的方式在破产程序中获得清偿。	2.6 v.7:3 2010	211
221	**证券资产债权因债务人诉讼中破产，变成破产财产** ——法院受理破产申请后，债权人正进行的诉讼所确认的对债务人的债权应作为破产债权向债务人的破产管理人申报。	3.3 2010 商 :177 2009	212
222	**《企业破产法》实施后，破产清算组可转为管理人** ——清算组依法转为管理人后，新旧清算组织对外追收破产企业债权的行为对该破产企业的债务人均应具有法律效力。	3.4 201010:105 2008	212
	破产条件		213
223	**公司未投入注册资金不具备法人资格的，仍可破产** ——企业开办的其他企业领取了营业执照，但未实	2.5 201302/46:53	213

	际投入注册资金，虽应认定不具备法人资格，但仍可进入破产程序。	2011	
224	**民办学校因资不抵债无法继续办学的破产清算问题** ——民办学校因资不抵债被终止，应参照适用《企业破产法》规定的程序，并依《民办教育促进法》规定的顺序清偿。	2.9 201201/1:36 2010	214
225	**如何认定国有划拨土地是否系破产企业的破产财产** ——国有划拨土地使用权若用于出资，需履行相应的审批、登记手续，在此基础上判断注册资金是否到位及能否破产。	2.6 v.3:336 2005	215
226	**借用外贷尚未落实的国有企业暂不受理其破产申请** ——依司法解释相关规定，借用外国政府贷款或转贷款偿还债务尚未落实的国有工业企业，法院暂不受理其破产申请。	2.6 v.3:342 2005	216
227	**借用外国政府贷款未清偿企业，不能进入破产程序** ——借用外国政府贷款未偿或未落实债务企业，不能进入破产程序，即便已进入或完成破产程序，亦不因此消灭债权。	2.1 200502/8:235 2.6 v.2:390 2004	216
228	**农村合作基金会作为社会团体法人，不能申请破产** ——鉴于现有法律、法规尚无将农村合作基金会登记为企业法人相关规定，故其不能以资不抵债向法院申请宣告破产。	2.1 200202/2:124 2002	218
229	**可提起破产清算申请的债权，应为确定无争议债权** ——“不能清偿到期债务”须满足该债务履行期已届满、债务人明显缺乏清偿能力且呈持续状态，同时该债务无争议。	3.3 2010 商 :188 2009	218
230	**资产总额大于债务总额情形，亦可被裁定宣告破产** ——不能清偿到期债务是认定企业破产的必要且充分条件。资不抵债仅系辅助判断债务人是否缺乏清偿能力依据之一。	3.4 201102:42 2009	219
231	**企业不能清偿职工到期债务，职工可申请企业破产** ——关于职工债权能否申请企业破产，现行《企业破产法》对此无禁止性规定，职工作为企业债权人可申请企业破产。	3.3 2008 商 :518 2006	220

232	**民办学校因资不抵债无法办学而被终止的清算问题** ——《企业破产法》实施后，民办学校因资不抵债无法继续而被终止，由法院组织清算的，适用《企业破产法》处理。	3.4 200820:38 2005	220
233	**债务人转移财产后，为逃避债务申请破产，应驳回** ——债务人有隐匿、转移财产等行为，为了逃避债务而申请破产的，人民法院应裁定不予受理或裁定驳回其破产申请。	3.3 2007 商 :363 2005	221
234	**是否符合破产条件，应以查清资产负债状况为前提** ——债权人或债务人对破产宣告有异议的可申诉。破产企业是否符合法定破产条件，应以查清资产和负债状况为前提。	3.3 2006 商 :382 2005	222
235	**申请破产企业，须提交材料，证明其已达破产条件** ——债务人申请破产的，必须就其符合该法定破产条件提供相关材料加以证明，且材料必须齐全、具体、客观、真实。	3.3 2006 商 :387 2005	223
	合并破产		224
236	**关联公司资产、管理及经营混同，应合并破产清算** ——关联公司资产混同、管理混同、经营混同，以致无法个别清算的，可将数个关联公司作为一个企业整体合并清算。	1.1 2013:531 2012	224
237	**以人格混同追回的破产财产，亦不能优先个别清偿** ——破产管理人应追收包括因人格混同产生的破产财产。债权人以人格混同诉请对追回的财产优先清偿的，不予支持。	2.1 201301/33:238 2013	225
238	**合并破产主体，可作为债务人诉讼代表人参加诉讼** ——债务人系破产人的关联公司，存在人格上和财产上的混同而合并破产的，清算组可作为共同破产管理人参与诉讼。	2.6 v.5:694 2006	226
239	**企业集团及下属关联公司人格混同的，可整体破产** ——企业集团及其下属所有公司属于组织机构混同、经营业务混同、资产财务混同关联企业的，可申请	3.3 2011 商 :243 2009	227

整体破产重整。

240 **高度关联公司破产案件实体合并审理必要性及程序** 3.1 227
——出于规制关联企业违规行为、有效审理相关破产案件等的考虑，关联企业破产实体合并的有条件适用具有正当性。
201103/77:214
3.4
201016:33
2008

241 **经国家批准实施政策性破产的军工企业的特殊程序** 3.3 228
——经批准实施政策性破产的两个军工企业，虽系各自独立的法人，但在审理中因其关联性可作为一案分别组织清算。
2003 商 :347
2002

破产重整 229

242 **争议债权未受实质损害，可强制批准重整计划草案** 3.3 229
——债权人经重整计划调整权益后可获清偿等于或高于预期清偿分配情况下，法院强制批准重整计划草案具有正当性。
2011 商 :240
2009

243 **债务人应否重整，证据能适当体现出资不抵债即可** 3.4 230
——认定是否符合重整条件，债权人所举证据只要适当体现债务人资不抵债和明显缺乏清偿能力两者的有机联系即可。
201020:26
2009

244 **债务人重整期间，可创设业务托管制度维持其经营** 3.4 231
——进行重整程序的债务人，可在重整管理人之外，实行业务托管制度，公开选聘专业机构负责重整期间的经营管理。
201020:26
2009

245 **债务人重整期间，重整计划草案制订、表决与批准** 3.3 232
——表决组均通过重整计划草案时，重整计划即为通过。法院经审查认为符合规定的，应裁定批准，并终止重整程序。
2009 商 :493
2008

246 **企业重整计划安排出资人权益为零，符合法律规定** 3.3 233
——因企业资不抵债，重整计划草案将出资人权益调整为零，在其他债权人组均通过草案表决后，法院可予裁定批准。
2009 商 :497
2008

7

247 **破产清算债务人被宣告破产前，可向重整程序转化** 3.4 234
——债务人濒临破产时，破产清算或重整、和解由当事人自主选择，被宣告破产前，清算程序与重整程序可相互转化。 200912:83 2007

248 **债务人破产重整中，可采取第三方公司承债式收购** 3.4 235
——债务人破产清算过程中，由新设第三方公司进行承债式收购，从而实现债务人破产重整，符合法律法规相关规定。 200912:86 2007

表决程序 236

249 **职工债权能获全额清偿时，对该组表决的变通处理** 3.3 236
——即使职工债权组未通过重整计划草案，但在职工债权将获得全额清偿时，管理人亦可申请法院批准重整计划草案。 2011 商 :243 2009

250 **债务人重整期间，重整计划草案制订、表决与批准** 3.3 237
——表决组均通过重整计划草案时，重整计划即为通过。法院经审查认为符合规定的，应裁定批准，并终止重整程序。 2009 商 :493 2008

251 **企业重整计划安排出资人权益为零，符合法律规定** 3.3 237
——因企业资不抵债，重整计划草案将出资人权益调整为零，在其他债权人组均通过草案表决后，法院可予裁定批准。 2009 商 :497 2008

破产和解协议 239

252 **破产和解协议约定承担并转移部分债务的，应有效** 2.6 239
——债权银行通过与担保债务人破产和解协议部分受偿，并就余下债权达成由实际借款人偿还协议的，应当认定有效。 v.5:279 2010

253 **破产和解后，清偿剩余债务的担保人无权再行追偿** 2.6 240
——担保人承担清偿责任后，因执行和解协议导致主债务消灭的，担保人不能再向破产和解、破产重 v.5:613 2010

整的债务人追偿。

	破产财产		241
254	**实际出资人破产，应依出资关系确定破产财产属性** ——实际出资人为享受政策优惠而安排其全资子公司为股东，在实际出资人破产时，应依实际出资确定破产财产属性。	1.1 2003:341 2003	241
255	**判决经以物抵债确权的财产，不应再列入破产财产** ——法院生效判决产生物权转移的法律后果，并不以登记为物权转移唯一标准，经法院确权财产不应再列入破产财产。	2.5 200503/15:76 2005	242
256	**因错误判决和错误执行的金钱债权，列入破产财产** ——债务人是否符合宣告破产条件，不涉及债权人申请债务人执行回转程序如何处理及债务人破产财产如何界定问题。	2.6 v.3:339 2005	242
257	**债务人所持经营许可证，破产时不应列入资产总额** ——经营许可证依法不得转让，属于禁止流通物，其本身并不具备资产价值，故债务人破产时，不应列入债务人财产。	2.6 v.3:339 2005	243
258	**破产程序终结后，法院不得再认定和处理破产财产** ——破产程序终结，法院不能再通过另案审理，对已有破产裁定作出认定的法律关系和已处分的财产再作认定和处理。	2.6 v.3:507 2003	244
259	**裁定以物抵债后，被执行人破产的，不算破产财产** ——房地产权利转移具体时间应以法院判决或裁定生效时间为准。裁定以物抵债后被执行人破产的不应视为破产财产。	2.5 200201/1:289 2001	244
260	**破产企业福利性设施房产，原则上不计入破产财产** ——破产企业清算组以企业福利性房地产抵偿银行债务，嗣后当事人以破产财产为由否认抵债协议效力的，不予支持。	3.2 200909/9:157 2009	245
261	**破产清算期间抽逃出资股东返还出资，属破产财产** ——企业破产清算期间，个别债权人从抽逃出资股	3.4 201206:100	246

7

	东处获得清偿应认定为无效，该部分财产应作为破产财产重新分配。	2008	
262	**经国家批准实施政策性破产的军工企业的特殊程序** ——经批准实施政策性破产的两个军工企业，虽系各自独立的法人，但在审理中因其关联性可作为一案分别组织清算。	3.3 2003 商 :347 2002	247
263	**国有企业破产清算中，低价转让破产财产，应无效** ——国有企业破产清算中，当事人约定的资产转让价格远低于实际价格，且未经债权人会议通过的，依法应确认无效。	3.3 2003 商 :356 2002	248
	破产债权		249
264	**股东及公司均破产时，股东应补缴出资属破产债权** ——瑕疵出资股东实际承担补充赔偿责任前公司被裁定宣告破产的，该补缴出资应属于破产债权，不能用于个别清偿。	1.1 2012:370 2012	249
265	**对执行标的物享有债权的案外人，无资格申请再审** ——案外人申请再审的构成要件之一是以其对执行标的物能够主张权利，但并不包括对执行标的物享有债权这一情形。	1.1 2012:370 2012	250
266	**欠缴税款滞纳金应列入破产债权，但不能优先受偿** ——税务机关就破产企业欠缴税款产生的滞纳金提起的债权确认之诉，法院应依法受理，但税款滞纳金不能优先受偿。	2.9 201203/3:135 2012	251
267	**政策性破产的国企债务核销，不影响担保责任承担** ——政策性破产企业债务作为拟核销债务由金融机构予以核销，非合同权利义务终止；相应担保责任的承担不受影响。	2.1 201202/30:237 2.6 v.7:265 2011	252
268	**法院生效法律文书证明力，一般高于其他书面证据** ——法院针对破产程序所作生效法律文书、破产债权申报、破产审计报告等法律文件的证明力一般高于其他书面证据。	2.7 2011:341 2.6 v.2:716	253

		2009	
269	**地方政府单方面转移破产企业债务的，应属于无效** ——未经债权人同意，地方政府承诺原企业不再承担偿还义务而从重组后企业上缴地方的税金中逐年偿还的行为无效。	2.1 200502/8:235 2.6 v.2:390 2004	254
270	**并存式债务承担的债权人，可分配债务人破产财产** ——债权人与第三人达成债务承担协议后，又通过债务人破产程序获得部分清偿的，第三人可就该清偿部分进行抵销。	2.1 200501/7:337 2004	255
271	**利害关系人对司法审查确认的债权不享有异议诉权** ——重整计划一经法院裁定批准，重整程序即行终止，法律并未赋予利害关系人可就重整计划已确认债权的异议诉权。	3.1 201401/87:276 2013	256

7

证券资产 257

272	**委托资产以谁名义，决定带保底委托理财合同效力** ——委托资产系以委托人名义开设的独立账户资产，带保底的委托理财合同有效，保底条款无效不影响委托人取回权。	1.1 2013:531 2012	257
273	**证券公司挪用客户账户资产，在破产时取回权处理** ——证券公司挪用独立证券账户内运作的委托证券，管理人追回后，委托人能否行使取回权，取决于该证券是否混同。	1.1 2013:531 2012	258
274	**委托证券机构代管保证金，股民可行使破产取回权** ——保证金是股民委托证券交易营业部代理买卖股票的结算资金，在证券交易机构破产后，股票所有人可取回保证金。	1.1 2003:341 2003	259
275	**证券违规融、配资，应用于弥补客户结算资金缺口** ——证券公司破产管理人追回的违规融、配资资金，应用于弥补经纪账户的透支，减少客户证券交易结算资金的缺口。	2.6 v.7:307 2011	259

276	**证券公司挪用客户资金形成侵权之债，属破产债权** ——证券公司违规挪用客户资金或国债，案件审理中证券公司破产的，法院应将该侵权之债归入破产债权并予以确认。	2.7 2011:564 2.6 v.5:595 2010	260
277	**是否属应收购的客户交易结算资金，不由法院确认** ——有关债权是否属于应收购的客户交易结算资金范畴，应由相关部门予以甄别确认，不属法院民商事案件审理范围。	2.7 2011:564 2.6 v.5:595 2010	261
278	**取回权标的物客观存在，是行使该权利的必要前提** ——取回权标的物客观存在是行使该权利的必要前提，在标的物灭失的情况下，权利人只能向破产企业主张赔偿损失。	2.6 v.5:606 2010	262
279	**中国证券投资者保护基金有限责任公司专有代位权** ——中国证券投资者保护基金有限公司因垫付证券客户交易结算资金而行使专有代位权所获财产，应退回其专用账户。	2.6 v.5:676 2010	263
280	**股票被挪用后，仍可识别，或有代位物的，可取回** ——证券公司违规挪用客户资金和证券法律关系清楚，财产未混同，管理人追回后可由相关权利人行使代偿性取回权。	2.7 2010:571 3.1 201001/71:47 2009	264
281	**挪用客户证券被追回后，行使代偿性取回权的条件** ——取回权所指向的标的物被损毁、灭失、转让时，该财产权利人享有自破产管理人处取得该标的代偿替代物的权利。	2.6 v.7:277 2009	265
282	**擅自将客户托管国债用于回购质押，券商责任承担** ——证券公司对擅自将客户国债进行回购质押登记造成的损失，应按托管期限届满后应返还国债市值及利息标准赔偿。	3.3 2011 商 :225 2010	267
283	**证券资产债权因债务人诉讼中破产，变成破产财产** ——法院受理破产申请后，债权人正进行的诉讼所确认的对债务人的债权应作为破产债权向债务人的破产管理人申报。	3.3 2010 商 :177 2009	268

	信托财产		269
284	**信托存款人申报破产债权，但对信托财产无取回权** ——名为信托存款，实为普通债权债务关系的存款人在信托公司破产时，可以申报破产债权，但对信托存款无取回权。	1.1 2003:341 2003	269
285	**信托公司从事避险性衍生金融工具交易，应为有效** ——信托公司因从事避险性衍生金融工具交易造成的损失，在信托公司破产清算时，债权人可作为破产债权进行申报。	1.1 2003:341 2003	269
	劳动债权		270
286	**破产企业管理人确定的职工经济补偿金过低的更正** ——破产企业应支付给职工的经济补偿金标准违反《劳动合同法》的，职工可在破产程序中提起要求更正的确认之诉。	3.6 201104/16:50 2011	270
287	**职工对劳动债权公示内容提异议，非起诉前置程序** ——职工对破产管理人公示的职工债权清单记载可行使异议权，不应绝对化地理解为该异议是其提起诉讼的必经程序。	3.6 201206/24:50 2011	272
288	**职工债权能获全额清偿时，对该组表决的变通处理** ——即使职工债权组未通过重整计划草案，但在职工债权将获得全额清偿时，管理人亦可申请法院批准重整计划草案。	3.3 2011 商 :243 2009	273
289	**企业不能清偿职工到期债务，职工可申请企业破产** ——关于职工债权能否申请企业破产，现行《企业破产法》对此无禁止性规定，职工作为企业债权人可申请企业破产。	3.3 2008 商 :518 2006	273

7

	房地产抵押		274
290	**以自有房产单独抵押，无需办土地使用权抵押登记** ——当事人以自有房产抵押并办登记，并未将该房产所附着的、以划拨取得的国有土地使用权一并抵押的，应为有效。	1.1 2008:276 2.1 200801/13:272 2.7 2010:207 2.6 v.2:576 2006	274
291	**债务人被政策性关闭破产前，以物抵债，协议有效** ——债务人被国务院列入总体规划拟实施关闭破产企业之前，与债权人达成以物抵债协议的，不违反国务院文件规定。	2.5 201003/35:98 2009	276
292	**国有划拨土地上房屋抵押，并不导致抵押合同无效** ——以划拨方式取得的国有土地使用权之上的房屋抵押合同只要合法履行了房屋抵押手续，就应认定该抵押合同有效。	2.1 200802/14:184 2.7 2010:235 2.6 v.2:516 2008	277
293	**抵押物权因法定原因被撤销不免除保证人保证责任** ——破产程序中，抵押权因设立时间的法定原因而非抵押合同各方当事人的过错被撤销，不能免除保证人的保证责任。	3.1 201103/77:181 2010	278
	优先受偿权		279
294	**债权人部分放弃保证债权，仍可就抵押物优先受偿** ——在物保与人保共存、保证人进入破产程序后，债权人同意保证人重整方案并作部分让步的，不代表放弃保证债权。	2.5 201301/45:128 2012	279

295	**放弃优先受偿权转为借款关系，适用普通诉讼时效** ——享有对破产财产优先受偿权的债权人，嗣后又通过协议转为对第三人的借款债权的，应适用一般的诉讼时效规定。	2.6 v.9:360 2012	280
296	**未登记抵押权人以普通债权申报，视为放弃抵押权** ——主债务人破产时，抵押权人仅以普通债权人身份申报债权，应视为放弃抵押权，保证人有权就放弃部分免除责任。	2.7 2011:351 2.6 v.2:673 2009	280
297	**企业未破产时，普通债权不享有优先或比例受偿权** ——普通债权不具有优先性，在企业未破产情况下，不能限制企业的债务清偿顺序或要求其对所有债权人按比例清偿。	2.1 200802/14:158 2.7 2010:695 2008	281
298	**监理单位对一般债权的监理费，不享有优先受偿权** ——监理单位与建设单位本质上是一种委托关系，监理费不属于建设工程款，故监理单位对监理费不享有优先受偿权。	3.3 2011 商 :232 2010	282
299	**普通债权涉及特殊群体利益，可特别安排优先受偿** ——企业破产重整过程中，虽不属于法定第一清偿顺序的债权，但属于涉及特殊群体利益的普通债权可优先安排受偿。	3.3 2011 商 :243 2009	283
300	**出口退税应收款作为质押标的，具有优先受偿效力** ——出口退税款作为应收款时，其产生、行使并不以权利凭证的存在为要件，属于一般债权性质，可作为质押标的物。	3.3 2003 商 :343 2002	284
301	**让与担保权人在担保人破产时，应享有优先受偿权** ——名为抵押，实为让与担保，在当事人办理过户登记手续后，在担保人破产的情况下，担保权人得行使优先受偿权。	3.1 200003/33:185 1999	285

7

	取回权		286
302	**委托资产以谁名义，决定带保底委托理财合同效力** ——委托资产系以委托人名义开设的独立账户资产，带保底的委托理财合同有效，保底条款无效不影响委托人取回权。	1.1 2013:531 2012	286
303	**证券公司挪用客户账户资产，在破产时取回权处理** ——证券公司挪用独立证券账户内运作的委托证券，管理人追回后，委托人能否行使取回权，取决于该证券是否混同。	1.1 2013:531 2012	287
304	**委托人行使委托资产取回权时，如何计算利息损失** ——委托人对在独立封闭证券账户和资金账户内运行的委托资产行使取回权的，不涉及固定回报、利息损失等的计算。	1.1 2013:531 2012	288
305	**委托证券机构代管保证金，股民可行使破产取回权** ——保证金是股民委托证券交易营业部代理买卖股票的结算资金，在证券交易机构破产后，股票所有人可取回保证金。	1.1 2003:341 2003	289
306	**债权人对未依法交付的动产设备，不应享有取回权** ——当事人之间仅就动产物权转移达成协议，但未现实交付的，不构成《物权法》上占有改定，不发生物权转移效力。	1.1 2012:452 3.4 201220:9 2011	290
307	**取回权标的物客观存在，是行使该权利的必要前提** ——取回权标的物客观存在是行使该权利的必要前提，在标的物灭失的情况下，权利人只能向破产企业主张赔偿损失。	2.6 v.5:606 2010	290
308	**股票被挪用后，仍可识别，或有代位物的，可取回** ——证券公司违规挪用客户资金和证券法律关系清楚，财产未混同，管理人追回后可由相关权利人行使代偿性取回权。	2.7 2010:571 3.1 201001/71:47 2009	291
309	**挪用客户证券被追回后，行使代偿性取回权的条件** ——取回权所指向的标的物被损毁、灭失、转让时，该财产权利人享有自破产管理人处取得该标的代偿	2.6 v.7:277 2009	292

替代物的权利。

310 **破产程序终结后，侵害取回权的清算组，应当赔偿** 2.1 293
——破产宣告后，取回权标的灭失的，权利人享有特别取回权；特别取回权无法行使时，清算组应承担过错赔偿责任。 200501/7:32 2005

311 **让与担保权人在担保人破产时，应享有优先受偿权** 3.1 294
——名为抵押，实为让与担保，在当事人办理过户登记手续后，在担保人破产的情况下，担保权人得行使优先受偿权。 200003/33:185 1999

抵销权

295

312 **实际出资人破产，应依出资关系确定破产财产属性** 1.1 295
——商业银行及其分支机构对信托公司拥有的债权总额及所负债务总额，可在信托公司破产清算前进行统一等额抵销。 2003:341 2003

7

313 **破产债务人抵销权与应收账款质权，冲突如何解决** 2.3 296
——应收账款质权优先于出质人的债务人享有的抵销权不仅要设立时间在先，还要求出质人的债务人未提出合理抗辩。 201304/39:117 2013

314 **破产企业福利性设施房产，原则上不计入破产财产** 3.2 297
——破产企业清算组以企业福利性房地产抵偿银行债务，嗣后当事人以破产财产为由否认抵债协议效力的，不予支持。 200909/9:157 2009

315 **应收账款债务人，可优先行使对出质人债务抵销权** 3.4 298
——应收账款债务人破产清算程序中，其对出质人拥有的法定抵销权应优于应收账款质权人享有的质权得到法律保护。 201214:88 2011

撤销权

299

316 **以借新债形式为旧债提供担保，属破产撤销权范畴** 3.1 299
——法院受理破产申请前一年内，债权人将其对债 201301/83:218

	务人普通债权以借新债形式为旧债提供担保，属于破产撤销权范畴。	2012	
317	**破产撤销权制度，未否定债权人享有的普通撤销权** ——《企业破产法》规定的破产撤销权制度，并未否定债权人在破产程序中可依《合同法》第74条享有的普通撤销权。	3.1 201302/84:285 2011	300
318	**抵押权因法定原因被撤销，不免除保证人保证责任** ——破产程序中，抵押权因设立时间的法定原因而非抵押合同各方当事人的过错被撤销，不能免除保证人的保证责任。	3.1 201103/77:181 2010	301
319	**破产撤销权，不适用债权人善意受偿个别清偿情形** ——法院受理破产申请前的6个月内，债务人不能清偿到期债务，仍对个别债权人进行清偿的，管理人有权请求撤销。	3.4 201006:32 3.3 2010 商 :193 2009	301
320	**国企改制，以实物安置职工，不属撤销权行使范畴** ——亏损破产国企按省政府批复以其房产实物安置职工方案，先清偿职工工资、下岗安置费用，不属撤销权行使范畴。	3.3 2003 商 :8 2001	302

代位权 303

321	**中国证券投资者保护基金有限责任公司专有代位权** ——中国证券投资者保护基金有限公司因垫付证券客户交易结算资金而行使专有代位权所获财产，应退回其专用账户。	2.6 v.5:676 2010	303
322	**债务人进入破产程序后，债权人代位权应受到限制** ——在债务人已进入破产程序情况下，债权人以债务人怠于行使权利提起代位权诉讼的，应在债务人破产程序中解决。	2.1 200701/11:298 2.6 v.1:236 2006	305
323	**债务人破产时，代位执行债权系债务人的破产财产** ——在债务人及次债务人均破产情况下，债务人的对外债权包括代位执行财产应属于破产财产，应由	3.4 201222:82 1.1	306

	全体债权人享有。	2012:370 2011	

租赁权 307

324	**租赁房变卖，承租人未报名，视为放弃优先购买权** ——承租人在出租人破产变卖租赁房屋过程中，未按清算组要求提交报名手续和交纳保证金，应视为放弃优先购买权。	2.3 201304/39:108 2013	307
325	**承租人擅自以融资租赁物设定抵押，不宜认定有效** ——承租人擅自对融资租赁物设定抵押后申请破产，出租人申报债权的行为及主张抵押权均不影响融资租赁合同效力。	2.3 201103/30:165 2011	308
326	**破产企业所签出租合同，企业破产时，可宣告解除** ——破产企业签订的房屋租赁合同在宣告破产时尚未履行完毕，破产管理人有权决定解除，承租人的损失可申报债权。	3.4 201012:45 2006	308

7

动产 310

327	**债权人对未依法交付的动产设备，不应享有取回权** ——当事人之间仅就动产物权转移达成协议，但未现实交付的，不构成《物权法》上占有改定，不发生物权转移效力。	1.1 2012:452 3.4 201220:9 2011	310
328	**破产程序终结后，侵害取回权的清算组，应当赔偿** ——破产宣告后，取回权标的灭失的，权利人享有特别取回权；特别取回权无法行使时，清算组应承担过错赔偿责任。	2.1 200501/7:32 2005	310

	利息		312
329	**委托人行使委托资产取回权时，如何计算利息损失** ——委托人对在独立封闭证券账户和资金账户内运行的委托资产行使取回权的，不涉及固定回报、利息损失等的计算。	1.1 2013:531 2012	312
330	**债务人破产的，破产债权停止计息的法律适用问题** ——对于计息的破产债权，破产宣告早于《企业破产法》实施的，根据当时法律规定，利息应计算到破产宣告之日止。	2.6 v.7:420 2011	313
331	**附利息的担保债权，应自破产申请受理时停止计息** ——依《企业破产法》第46条规定，附利息债权自破产申请受理时停止计息。担保债务具有从属性，应同样停止计息。	2.6 v.6:310 2010	313
332	**未按借款合同约定按季结息，不等于放弃利息债权** ——借款合同约定“按季结息”，但该内容并非债权人行使权利期限，不能以此认为债权人未按季结息即为放弃利息。	2.6 v.5:581 2010	314
	违约金		315
333	**债务人破产后，违约赔偿应以债权人实际损失为限** ——委托理财保底条款无效，不影响其他内容效力。在债务人破产情况下，违约赔偿应以债权人实际损失为计算原则。	2.6 v.7:272 2011	315
334	**按日计付违约金，自破产申请受理后，应停止计算** ——除法律特别规定外，破产申请受理后新发生债权不属于破产债权，按日计付的违约金自破产申请受理时停止计算。	2.6 v.7:3 2010	316

保证债权 317

335	**债权人已申报破产债权的，可以同时主张保证债权** ——债权人已在债务人破产程序中申报债权，同时又就该借款起诉保证人，法院仍可有条件判决保证人履行保证责任。	2.6 v.7:420 2011	317
336	**破产和解后，清偿剩余债务的担保人无权再行追偿** ——担保人承担清偿责任后，因执行和解协议导致主债务消灭的，担保人不能再向破产和解、破产重整的债务人追偿。	2.6 v.5:613 2010	318
337	**债务人列入政策性关闭破产名单，不免除担保责任** ——债务人被列入全国企业政策性关闭破产规划的，担保人担保责任并不当然免除，债权人可对相关担保人提起诉讼。	2.7 2011:348 2.6 v.2:371 2009	319
338	**银行对债务作呆坏账核销，不导致担保人责任免除** ——企业债务作为拟核销的呆坏账由债权银行予以核销，担保人对担保债务仍应按法律规定和合同约定承担相应责任。	2.7 2011:348 2.6 v.2:371 2009	320
339	**债权人退出破产债权申报后，可向保证人主张权利** ——债务人破产程序开始后，债权人向法院申报债权后可以撤回申报，而选择向承担一般保证责任的保证人主张权利。	2.5 200804/28:90 2008	321
340	**已申报债权的债权人，可诉请保证人承担清偿责任** ——在担保人承担连带责任的案件中，债务人破产的，债权人有选择申报债权或向保证人主张权利或同时主张的权利。	2.1 200501/7:152 2005	321
341	**银行申报保证债权后，可再另诉主债务人主张债权** ——债权人在连带责任保证人破产程序中进行了债权申报后，可同时另行起诉要求主债务人承担还款及抵押担保责任。	3.1 200904/70:123 2008	322

7

	保证期间		323
342	**担保债务起算诉讼时效时，不再适用保证期间规定** ——在担保债务已开始计算诉讼时效的情形下，不再适用“债权人在破产程序终结后6个月内向保证人主张”的规定。	1.1 2009:401 2008	323
343	**外国政府贷款债务人和担保人明确的，无需再确定** ——国有企业虽经多次重组、改组，但所欠外国政府贷款债务主体和责任明确，无需政府再重新确定债务人和担保人。	1.1 2004:291 2004	325
344	**债权人可在破产程序终结后六个月内主张担保债权** ——破产程序终结后，债权人对其在破产程序中未受清偿部分债权继续向保证人主张权利的，保证人应承担法律责任。	1.1 2004:247 2003	325
345	**《担保法》生效前，主债务人破产终结的保证期间** ——〔2002〕144号文第2条规定中“主债务人进入了破产程序”不应包括“曾经进入破产程序且已经终结”的情形。	2.3 200804/19:76 2008	327
346	**《担保法》前未约定保证期间，包括约定不明情形** ——《担保法》实施之前的司法解释规定“保证合同未约定保证责任期限的”应同时包含“保证期限约定不明”情形。	2.3 200804/19:76 2008	328
347	**加快《担保法》实施前，保证期限约定不明时法律适用** ——《担保法》实施前保证责任期间约定不明，主债务未超诉讼时效，对保证期间认定，应优先适用〔2002〕144号文。	2.3 200804/19:76 2008	329
348	**债权申报后，至破产程序终结日，诉讼时效应中断** ——主债务人破产的，债权人自申报债权之日起至破产程序终结，诉讼时效中断，破产程序终结后重新开始计算时效。	2.3 200804/19:76 2008	330
349	**保证发生在《担保法》实施前，诉讼时效特殊规则** ——保证行为发生《担保法》实施前，债权人行权可能超过保证期间或诉讼时效，可在特定宽限期向保证人主张责任。	3.3 2005 商 :75 2004	330

350	**保证诉讼时效不受债务人破产程序终结六个月限制** ——债权人在保证合同诉讼时效期间主张连带保证责任的，不受《担保法》司法解释第44条关于“六个月”期限限制。	3.3 2005 商 :83 2003	331

执行 333

351	**对执行标的物享有债权的案外人，无资格申请再审** ——案外人申请再审的构成要件之一是以其对执行标的物能够主张权利，但并不包括对执行标的物享有债权这一情形。	1.1 2012:370 2012	333
352	**对开办单位的执行程序，因被开办企业破产而中止** ——破产宣告后，基于被执行人开办单位注册资金不实而追加为被执行人的执行应依法中止，并可作为破产债权申报。	2.5 201302/46:53 2011	334
353	**破产和解后，清偿剩余债务的担保人无权再行追偿** ——担保人承担清偿责任后，因执行和解协议导致主债务消灭的，担保人不能再向破产和解、破产重整的债务人追偿。	2.6 v.5:613 2010	335
354	**中国证券投资者保护基金有限责任公司专有代位权** ——中国证券投资者保护基金有限公司因垫付证券客户交易结算资金而行使专有代位权所获财产，应退回其专用账户。	2.6 v.5:676 2010	335
355	**债务人被政策性关闭破产前，以物抵债，协议有效** ——债务人被国务院列入总体规划拟实施关闭破产企业之前，与债权人达成以物抵债协议的，不违反国务院文件规定。	2.5 201003/35:98 2009	337
356	**破产程序终结，对破产债务人执行程序，亦应终结** ——法院裁定终结破产程序后，执行法院应裁定对债务人的执行终结，而不能以债务人主体资格保留而恢复执行程序。	2.5 200702/22:42 2007	337
357	**被执行人破产时，执行回转财产应比照取回权制度** ——在执行回转案件中，被执行人破产情况下，可比照取回权制度，认定应执行回转部分的财产数额	2.5 200701/21:57 2007	338

7

	不属于破产财产。		
358	**被执行人被执行期间进入破产程序的，应中止执行** ——执行期间，被执行人破产的，法院应中止执行，并告知债权人持生效法律文书申报债权，参与破产企业财产分配。	2.5 200603/19:112 2006	339
359	**判决经以物抵债确权的财产，不应再列入破产财产** ——法院生效判决产生物权转移的法律后果，并不以登记为物权转移唯一标准，经法院确权财产不应再列入破产财产。	2.5 200503/15:76 2005	340
360	**债务人破产宣告后，在其财产上的执行措施应解除** ——债务人宣告破产后，受理破产法院应通知采取查封、扣押、冻结等诉讼保全措施的法院予以解除并办理移交手续。	2.6 v.3:338 2005	340
361	**因错误判决和错误执行的金钱债权，列入破产财产** ——债务人是否符合宣告破产条件，不涉及债权人申请债务人执行回转程序如何处理及债务人破产财产如何界定问题。	2.6 v.3:339 2005	341
362	**裁定以物抵债后，被执行人破产的，不算破产财产** ——房地产权利转移具体时间应以法院判决或裁定生效时间为准。裁定以物抵债后被执行人破产的不应视为破产财产。	2.5 200201/1:289 2001	342
363	**债务人破产时，代位执行债权系债务人的破产财产** ——在债务人及次债务人均破产情况下，债务人的对外债权包括代位执行财产应属于破产财产，应由全体债权人享有。	3.4 201222:82 1.1 2012:370 2011	342
364	**监理单位对一般债权的监理费，不享有优先受偿权** ——监理单位与建设单位本质上是一种委托关系，监理费不属于建设工程款，故监理单位对监理费不享有优先受偿权。	3.3 2011 商 :232 2010	343
365	**针对债务人的个别清偿执行程序，因裁定破产中止** ——债务人不能清偿到期债务，不因其作为被执行人的多起案件处于执行或和解阶段而认定破产申请不符合法律规定。	3.1 201104/78:208 2009	344

管辖 345

366 **按破产还债程序审理的案件，当事人不得申请再审** 2.6 345
——当事人对破产实体权利存在争议应另诉解决，v.6:608
破产程序中除不予受理和驳回申请裁定外，不存在 2010
上诉或申诉程序。

367 **是否属应收购的客户交易结算资金，不由法院确认** 2.7 346
——有关债权是否属于应收购的客户交易结算资金 2011:564
范畴，应由相关部门予以甄别确认，不属法院民商 2.6
事案件审理范围。v.5:595
2010

368 **起诉被列入政策性关闭破产规划国企的，不予受理** 2.7 347
——债权人向已列入政策性关闭破产总体规划并拟 2011:348
实施关闭破产的国有企业债务人主张清偿债务的，2.6
法院应不予受理。v.2:371
2009

369 **债务人政策性关闭破产，债权人仍可主张担保责任** 2.7 348
——主债务人虽已被列入国家政策性关闭破产企业，2011:357
但没有证据证明其已进入破产程序的，债权人仍可 2.6
主张担保责任。v.2:682
2009

票据 349

票据签发 349

370 **银行不能以签发汇票系受骗为由，对抗合法持票人** 1.1 349
——票据关系与原因关系各自独立，不以后者成立 1995-1999:614
和有效为前提。银行不能以受骗签发承兑汇票为由 1994
对抗合法持票人。

371 **银行经理违规提供支票，与本案损失并无因果关系** 2.1 350
——资金存管协议生效前，账户资金因客户犯罪行 200702/12:263

	为造成损失，银行违规操作与损失无直接因果的，客户应自担损失。	2007	
372	**银行签发承兑汇票时，应对基础关系进行形式审查** ——银行签发承兑汇票时对基础法律关系进行了必要的形式审查，即使资金用途与申请的原因不符，票据权利仍有效。	2.1 200701/11:276 2005	351
373	**银行对票据原因关系应尽通常意义上形式审查义务** ——出票人据以申请签发汇票的基础合同系复印件非原件，应认定银行对原因关系未尽到通常意义上的形式审查义务。	2.1 200202/2:249 2002	352
374	**经办人伪造担保单位印章，不影响银行的出票效力** ——出票是创设票据权利的唯一票据行为。经办人伪造担保单位印章骗取银行开具承兑汇票的，不影响出票行为效力。	2.4 200404/16:61 2001	353
375	**出票人完成出票行为后，不能向后手主张票据权利** ——出票行为一经完成，出票人作为票据债务人即不再享有票据上权利，其只能基于合同关系向其直接后手主张权利。	3.1 200201/39:230 2000	353
	空白票据		354
376	**交付空白支票，视为出票人对支票内容补充的授权** ——出票人将欠缺收款人名称的空白支票交付他人后，该他人即为授权补记人，补记内容推定为符合出票人授权意图。	2.4 200601/19:112 3.1 200703/61:274 2004	354
377	**以空白背书票据方式交付资金时，如何确定用资人** ——以存单为表现形式的违法借贷中，银行将出资人以空白背书的承兑汇票形式交给用资人，应认定银行指定用资人。	2.4 200402/14:88 2004	355
378	**票据空白背书中，被背书人名称补记，应合法有效** ——背书人未记载被背书人名称，即将汇票交付他人的，持票人在票据被背书人栏内记载自己名称与背书人记载同效。	2.4 200403/15:111 2004	356

379	**空白支票有当事人合意变更债务到期日的推定效力** ——空白支票虽系未完成票据，但仍发生基础关系当事人合意变更基础债务到期日为概括性不确定到期日的推定效力。	3.4 201220:36 2011	357
380	**持票人对空白背书汇票补记他人名称，属伪造票据** ——持票人对空白背书的汇票进行补记仅限自己名称，如持票人补记其前手之前的空白被背书人，则应视为票据伪造。	3.1 201102/76:195 2009	358
381	**持票人对空白票据补记被背书人后成为合法持票人** ——背书人未记载被背书人名称即将票据交付他人的，票据付款人不能以空白背书无效为由拒绝履行其兑付票款义务。	3.4 201014:90 2007	358
382	**空白支票未记载票面金额又未补记，仍可公示催告** ——未记载票面金额，又未经出票人授权补记的空白支票，理论上应为无效，但实践中，仍可适用公示催告程序处理。	3.3 2002 商 :619 2001	359

7

	签章缺陷		360
383	**银行兑付缺少预留印章的转账支票，并不一定赔偿** ——银行违规将缺少一枚出票人预留印章的支票予以兑付，但该付款为出票人真实意思表示的，银行不承担赔偿责任。	2.4 201004/34:180 2010	360
384	**承兑签章形式上缺陷，不影响签章人所负票据责任** ——商业汇票付款人签章未同时使用该法人印鉴加其法定代表人签章，但承兑意思表示明确，依法仍应承担票据责任。	2.4 200303/11:161 2003	361
385	**对存在时空瑕疵的背书票据贴现，未构成重大过失** ——持票人申请贴现时，银行虽对案涉票据背书签章的时空瑕疵未引起足够警觉，存在疏忽，但不应认定为重大过失。	3.4 201304:91 2010	361
386	**付款行未核对预留印鉴，导致瑕疵付款的，应赔偿** ——票据出票人在票据上的签章与出票人预留印鉴不一致，付款人未进行核对，由此造成当事人损失	3.1 200801/63:316 2006	362

	应由付款人承担。		
387	**背书误写遭拒付，可通过诉讼或票据涂销更正解决** ——背书人名称和印章错误的持票人可以其他证据如调解协议，或通过票据涂销及更正等惯例等证明其享有票据权利。	3.1 200604/58:306 2006 商 :313 2005	363
388	**票据和粘单之间未加盖骑缝章不必然导致票据无效** ——票据和粘单均由同一前手持有且一并交出，粘单未加盖骑缝章并不必然导致票据无效，形式瑕疵不影响票据效力。	3.3 2000 商 :257 1999	364

名称瑕疵 365

389	**被背书人栏内名称不全并不必然导致票据绝对无效** ——持票人所持票据上所盖印章与预留印鉴一致的情况下，付款人不能以名称不全拒绝付款，除非付款人有重大过失。	2.3 200201/1:241 2002	365
390	**被背书人名称填写采加盖公章方式应视同有效记载** ——被背书人名称采取在被背书人栏加盖被背书人公章做法，因单位公章足以表明被背书人名称，故应视同有效记载。	2.4 200203/7:161 2002	366
391	**被背书人名称简写或其他瑕疵，不必然致票据失权** ——银行承兑汇票上被背书人的名称记载用简称或其他表述瑕疵，只要前后签章记载基本一致，仍可认定为背书连续。	2.4 200302/10:129 2001	366
392	**伪造签章的假背书，与包含错别字背书连续性认定** ——银行承兑汇票上被背书人的名称与签章显示的相应背书人是否具有同一性，应以一般公众是否认可作为判断标准。	3.3 2009 商 :312 2008	367
393	**背书误写遭拒付，可通过诉讼或票据涂销更正解决** ——背书人名称和印章错误的持票人可以其他证据如调解协议，或通过票据涂销及更正等惯例等证明其享有票据权利。	3.1 200604/58:306 3.3 2006 商 :313 2005	368

394	**持票人笔误造成背书不连续，不因此丧失票据权利** ——票据持有人因笔误导致被背书人顺序错误造成背书不连续，但以其他证据证实票据权利的，应视为背书有连续性。	3.1 200204/42:259 3.3 2001 商 :428 2000	369
395	**支票付款人错误，但符合习惯的，不影响票据效力** ——转账支票上付款行名称虽然错误，但系付款行与出票人之间的习惯做法，双方不发生歧义，该支票应为有效票据。	3.3 1999 经 :236 1998	370
	票据要式性		371
396	**底联复印件加盖银行汇票专用章，亦不能视为有效** ——持票人持有银行承兑汇票虽满足《票据法》对绝对记载事项的文义要求，但因系复印件，亦不能认定为有效票据。	1.1 1995-1999:656 1998	371
397	**汇票出票日和背书或申请贴现日的间隔，并无规定** ——汇票未写背书日期，及出票日和背书或申请贴现日在间隔一日内完成贴现，均不能据此认定贴现行具有重大过失。	2.6 v.7:352 2011	372
398	**支票欠缺绝对必要记载事项之出票日期，应为无效** ——出票日期属支票绝对必要记载事项，否则支票无效。以支票结算的交易，收款人实际划转款项才算完成收款行为。	2.8 2011:557 2011	372
	票据无因性		373
399	**贷款人取得抵押票据并更名收款人，形成票据关系** ——票据关系一经成立，即与票据取得原因关系相脱离，无论其原因关系是否存在及是否有效，均不影响票据的效力。	1.1 1985-1994:749 1993	373
400	**背书人与被背书人签章是否伪造，不影响票据效力** ——票据上的绝对记载事项完全即为有效。背书人、	2.6 v.7:352	374

7

	被背书人签章是否伪造，并不影响票据本身及其他票据行为效力。	2011	
401	**直接交付方式下空白背书票据权利取得合法性认定** ——持票人仅对其直接前手转让票据的合法性负责，无需对其前手取得票据的合法性或交易关系真实性承担举证责任。	3.1 201401/87:287 2012	375
402	**公安机关的冻结通知，不免除承兑行兑付本息义务** ——合法持票人享有票据权利，其行使权利时不受越权公权行为限制。即使公安机关的冻结通知亦不免除其兑付义务。	3.4 201322:88 2013	376
403	**后手接受前手票据，无需审查票据交付人真实身份** ——票据的效力与签发票据的原因关系分离，只要票据具备法定形式，即使原因行为不合法或不存在，票据仍然有效。	3.3 2007 商 :348 2006	377
404	**付款行不得以其与出票人间抗辩事由，对抗持票人** ——银行作为出票人的债权人同时亦系票据付款人，不得以其与出票人或与持票人前手之间的抗辩事由，对抗持票人。	3.1 200302/44:287 2003	378

票据交付 378

405	**汇票委托书回单，只能证明出票，不能证明已付款** ——汇票委托书银行回单及对账单只能证明签发人委托银行签发汇票的行为，不足以证明汇票款已支付到相对方账户。	2.6 v.9:311 2012	378
406	**贴现行对承兑汇票是否真正交付，无实质审查义务** ——票据记载有收款人、且有收款人背书转让、背书亦连续的，贴现行可推定收款人已实际收到票据并进行背书转让。	2.6 v.7:352 2011	379
407	**受让人以汇票支付股权价款真实性的司法审查边界** ——股权受让人可以商业承兑汇票形式支付转让款。法院审理买卖合同纠纷案件不应对案外人票据民事权利作出决断。	2.6 v.9:284 2.7 2011:136 2011	380

408	**认定案外人参与恶意串通损害债权的，应证据充分** ——第三人以商业承兑汇票形式支付股权转让款，在无充分证据证明情况下，不宜据此认定案外人与第三人恶意串通。	2.7 2011:136 2.6 v.7:341 2009	381
409	**指定第三方账户进行交付，款项偿还责任如何认定** ——合同在特定的合同当事人之间发生拘束力，指定第三方账户进行非直接交付款项的，仍应由借款人承担偿还责任。	2.1 200601/9:298 2.6 v.4:124 2005	382
410	**以空白背书票据方式交付资金时，如何确定用资人** ——以存单为表现形式的违法借贷中，银行将出资人以空白背书的承兑汇票形式交给用资人，应认定银行指定用资人。	2.4 200402/14:88 2004	383
411	**付款行按收款人指示，开出转账汇票，不构成侵权** ——付款行未按出票人指定账号将汇票转账，而是按收款人财务人员指示，转入其他账户导致损失，不承担赔偿责任。	3.1 200502/52:312 2000	384

7

票据保证 385

412	**汇票承兑合同无效形成的债权，保证人应承担责任** ——即便汇票承兑协议无效，金融机构仍有权对其因有效票据而进行的承兑所产生的债务，向主债务人主张损害赔偿。	1.1 2008:291 2.1 200801/13:281 2.7 2010:267 2007	385
413	**承兑行可以持票人违反约定的保证义务，拒绝付款** ——对不履行约定保证义务的与自己有直接债权债务关系的持票人，汇票承兑行依法可以票据基础关系对抗票据关系。	1.1 2000:239 2000	386
414	**票据或粘单上未记载“保证”字样，不是票据保证** ——当事人未在票据或粘单上记载“保证”字样，	2.2 200604/28:129	387

	所出具的担保函不构成票据保证，而构成《担保法》上的保证担保。	2.6 v.4:144 2005	
415	**担保票据支付的保证人抗辩权，可延伸到基础关系** ——对商业承兑汇票承兑支付的保证人，基于主债务人可就基础关系提出抗辩的前提，其抗辩权可以延伸至基础关系。	2.2 200604/28:129 2.6 v.4:144 2005	388
416	**贴现保证不属票据保证，应按《担保法》规定处理** ——保证人承诺为票据贴现人的付款行为承担连带责任，该"贴现保证"非为票据保证，应按《担保法》的规定处理。	3.1 200101/35:185 1998	389

票据质押 390

417	**以银行汇票出质并获银行确认的，应认定质押有效** ——当事人以银行汇票为质押凭证，以书面形式另行设定了该汇票质权，且得到出票银行确认的，应认定该质押有效。	1.1 2004:419 2002	390
418	**信用证开立银行，可诉请确认申请人质押票据效力** ——信用证开立申请人有权通过质押背书，将以其为收款人、标明"不得转让"的银行承兑汇票交付并设定权利质押。	1.1 1995-1999:625 1996	391
419	**金融机构接受禁止用作质押物的汇票，构成非善意** ——金融机构接受明令禁止用作质押物的承兑汇票，且票面记载内容有瑕疵的，不应认定为善意，不应享有票据权利。	2.4 200701/21:187 2006	392
420	**存单质押权人债权到期后，可向已核押行要求兑付** ——质权人债权到期未获清偿，可直接向已对质押存单核押的金融机构要求兑付，其权利可不依赖出质人而独立行使。	2.4 200601/19:119 2006	393
421	**汇票未记载"质押"字样且基础合同无效时的处理** ——银行接受无"质押"字样的票据能否取得质权不能一概而论。对因质押贷款造成损失，应按公平	2.4 200404/16:61 2001	393

	和过错原则处理。		
422	**交付质押支票未载“质押”字样，属一般债权质押** ——质押人以未记载“质押”字样的支票出质的，虽为交付，亦不符合票据质押的全部生效要件，应系一般债权质押。	3.3 2007 商 :206 2006	394
	票据托收		396
423	**基于托收而持有商业承兑汇票，无权主张票据权利** ——国际托收业务中，银行因办理业务需要而持有汇票，此时银行为托收当事人而非票据当事人，无权主张票据权利。	3.4 201116:98 2008	396
424	**托收行因快递原因，导致单据递交失误的赔偿责任** ——债权人可选择不真正连带债务人中一个或多个债务人起诉，若选择多个起诉，法院应对不同债务人分别作出判决。	3.1 200703/61:284 2006	397
425	**托收行填写地址错误，导致委托人损失的，应赔偿** ——汇票托收行制作的汇票提示清单发生收件行地址错误导致托收事故，造成委托人损失的，托收行应承担赔偿责任。	3.3 2002 商 :219 2001	397
426	**涉票据国际托收，不一定适用《票据法》冲突规范** ——国际托收纠纷争议问题根本在于托收行和代收行是否违反托收指令，故应按债法而非票据法冲突规范确定准据法。	3.3 2002 商 :462 2000	398
	票据贴现		399
427	**委托办理民间票据贴现，票款被骗，损失谁来承担** ——前手持票人因受托人的原因导致贴现票款流失的，无权向因办理贴现而善意取得票据的后手持票人主张票据权利。	2.1 201402/38:244 2014	399
428	**贴现行违反内部规程，未验发票原件，属重大过失** ——贴现行未遵守内部贴现规定，应认定其未依据	2.6 v.7:352	400

7

	正常工作规程操作，未尽合理审查义务，有可能被认定为重大过失。	2011	
429	**贴现行对承兑汇票是否真正交付，无实质审查义务** ——票据记载有收款人、且有收款人背书转让、背书亦连续的，贴现行可推定收款人已实际收到票据并进行背书转让。	2.6 v.7:352 2011	402
430	**贴现行有重大过错，但非损失根本原因，不应赔偿** ——贴现款损失并非贴现行为所致，即使贴现行在贴现过程中存在重大过失行为，亦不应承担赔偿出票人损失的责任。	2.6 v.7:352 2011	402
431	**贴现行查询汇票真伪时间，可能早于申请贴现时间** ——贴现行对汇票是否真实有效进行查询的时间早于申请贴现时间，该事实不足以认定贴现行在贴现时存在重大过失。	2.6 v.7:352 2011	404
432	**贴现行就汇票到期支付与转贴现行的约定，应有效** ——贴现银行就转贴现的承兑汇票在到期无法收到票款时享有的追索权，与转贴现银行的相关违约责任约定应为有效。	2.7 2011:123 2.6 v.4:79 2.6 v.7:388 2009	404
433	**贴现银行未审查基础交易材料，不影响其票据权利** ——贴现银行在接受票据贴现时，未按相关规定审查可以证明签发票据真实贸易背景的书面材料，不影响其票据权利。	2.7 2011:108 2.6 v.4:66 2009	405
434	**贴现行受让记载“禁止背书转让”汇票，仍合法** ——在汇票背面记载“不得背书转让”，在无法确定该内容真实记载人的情况下，不应认定贴现行有重大过失或故意。	2.7 2011:108 2.6 v.4:66 2009	406
435	**银行为无基础交易关系申请人承兑贴现，实为借贷** ——银行在明知申请贴现人无基础交易背景情况下，对其尚未持有的承兑汇票办理贴现，应认定为事实上的借贷关系。	2.1 200902/18:259 2.7 2010:755	407

		2.6 v.3:393 2008	
436	**以汇票贴现套取资金致合同无效，应承担过错责任** ——贴现行工作人员与犯罪嫌疑人以汇票业务套取银行资金，导致贴现协议无效的，应根据各方的过错合理分担损失。	2.6 v.4:87 2003	408
437	**银行为背书不连续的汇票办贴现，不享有票据权利** ——金融机构对持票人持有的背书不连续的银行承兑汇票办理贴现业务，应该认定金融机构取得该票据存在重大过失。	2.4 200601/19:79 2.3 200601/12:121 2001	409
438	**贴现行不能同时以票据追索权和侵权损害赔偿起诉** ——票据贴现行行使追索权时，又起诉因除权判决获得票据金额的申请失票人，因涉不同法律关系，故不应一案起诉。	3.4 201018:34 2010-104	410
439	**贴现行已审查基本交易背景材料，不构成重大过失** ——持票人申请贴现时，提交增值税发票事后证明系伪造，但因贴现行已尽基本的审慎注意义务，故仍享有票据权利。	3.4 201304:91 2010	411
440	**贴现行应审查申请人与其前手之间基础交易真实性** ——银行办理票据贴现时须对申请贴现人与其前手之间是否具有真实的商品交易即该申请是否符合贴现条件进行审查。	3.3 2005 商 :331 2004	412
441	**贴现行依伪造汇票和查询电报办理贴现，应担损失** ——贴现行依犯罪嫌疑人伪造的查询电报办理贴现后，因其在贴现过程中存在重大过失，应自负贴现汇票的付款责任。	3.1 200001/31:195 1998	413

7

	票据承兑		415
442	**承兑汇票到期日超授信期限，不影响保证责任承担** ——授信额度使用期限不是承兑汇票兑付期限，故承兑汇票的到期日超出授信额度使用期限并不影响	2.7 2011:411 2.6	415

	保证责任的承担。	v.2:405 2009	
443	**票据承兑协议因欺诈无效时，保证人应负过错责任** ——以欺诈手段办理银行承兑汇票，导致承兑协议及保证合同无效的，保证人违规提供担保，依法应当承担过错责任。	2.6 v.4:132 2005	416
444	**基础交易关系真实性不影响承兑形成债务的合法性** ——银行与承兑汇票申请人之间是否存在真实的基础交易关系，并不影响汇票承兑行为形成的承兑票款债务的合法性。	2.1 200302/4:250 2002	417
445	**银行疏于审查致持票人损失扩大的，应负赔偿责任** ——银行受托办理票据查询业务时疏于审查，未能发现伪造票据，造成持票人损失扩大，应就扩大损失承担赔偿责任。	2.2 200003/3:214 2000	418
446	**只有对外付款或承兑通知而无签章不构成付款承诺** ——付款人只有在汇票上加盖相关印章后才构成承兑，之前其所作出的任何承诺与保证均不能令其成为汇票的承兑人。	3.4 201116:98 2008	418

票据伪造

	票据伪造		419
447	**折角核对未能鉴别假章，致存款损失，银行应赔偿** ——银行以其工作人员已按规定折角核对，但没有发现印章系伪造为由，主张其对存款被冒领无过错的，理由不成立。	1.1 2000:250 3.3 1999 民 :241 1997	419
448	**银行按内部规定折角核对方法错误付款，不能免责** ——银行按内部规章要求的折角核对方法核对印鉴未能识别出伪造、变造的票据或身份证件而错误付款，应承担责任。	2.3 201301/36:146 3.4 201310:35 2011	420
449	**银行未识别伪造印鉴错误付款，应负相应过错责任** ——为平衡各方利益，第三人及受害人过错属于减免付款人责任的事由，应根据各方过错在票据当事	2.3 201301/36:146 3.4	421

	人之间分配损失。	201310:35 2011	
450	**背书人与被背书人签章是否伪造，不影响票据效力** ——票据上的绝对记载事项完全即为有效。背书人、被背书人签章是否伪造，并不影响票据本身及其他票据行为效力。	2.6 v.7:352 2011	422
451	**银行未能识别伪造印鉴致错误付款，属于重大过失** ——认定付款人的过错和责任，应依《票据法》和最高人民法院《关于审理票据纠纷案件若干问题的规定》规定处理。	2.1 200201/1:110 2001	423
452	**持票人对空白背书汇票补记他人名称，属伪造票据** ——持票人对空白背书的汇票进行补记仅限自己名称，如持票人补记其前手之前的空白被背书人，则应视为票据伪造。	3.1 201102/76:195 2009	424
453	**伪造签章的假背书，与包含错别字背书连续性认定** ——银行承兑汇票上被背书人的名称与签章显示的相应背书人是否具有同一性，应以一般公众是否认可作为判断标准。	3.3 2009 商 :312 2008	424

7

票据变造 426

454	**银行对应发现而未识别的变造票据付款的，应赔偿** ——金融机构对应当发现而未识别的变造票据进行付款的，应认定为存在重大过失，依法应承担相应的民事赔偿责任。	3.4 200701:61 2005	426
455	**未写单位及大写金额的支票被变造的损失责任承担** ——出票人出具的留白支票给持票人变造支票提供了可乘之机，应依法与付款银行依各自过错分别承担相应民事责任。	3.3 2002 商 :455 2001	426
456	**银行形式审查，看不出变造票据的，非为重大过失** ——银行办理付款结算业务中，只对票据进行形式审查，用肉眼从票面上看不出变造痕迹的，银行仍应办理结算业务。	3.3 2000 商 :270 1999	427

457	**银行对有明显污迹的变造支票付款，构成重大过失** ——付款行对支票被变造后出现的明显污迹未能发现，应认定重大过失，不能解除其对真正的出票人所应承担的责任。	3.3 1999 经 :236 1998	428
	公示催告		429
458	**非权利凭证的空白存单遗失，不适用公示催告程序** ——空白存单不属于法定票据范畴，亦非法定可申请公示催告事项，不具有权利凭证特征，不符合公示催告受理范围。	2.4 200303/11:126 2003	429
459	**失票人主张票据返还但不能证明失票合理情形处理** ——失票人要求他人返还票据，有义务说明票据丧失的合理情形，并举证证实自己不持有票据确属被盗、遗失或灭失。	3.1 201303/85:292 2012	430
460	**最后合法持票人享有的票据权利优于失票人的权利** ——善意第三人通过前手合法取得票据，在票据被背书人栏内记载自己名称，应认定与背书人记载具有同等法律效力。	3.4 201224:85 2012	430
461	**空白支票未记载票面金额又未补记，仍可公示催告** ——未记载票面金额，又未经出票人授权补记的空白支票，理论上应为无效，但实践中，仍可适用公示催告程序处理。	3.3 2002 商 :619 2001	431
462	**支票失票人登报作废的，对持票人并不产生约束力** ——支票出票人失票后挂失止付，但未申请公示催告或起诉，而是采取登报作废方法，该行为对合法持票人无约束力。	3.3 1999 民 :189 1998	432
	除权判决		433
463	**合法持票人在除权判决后可依基础关系行使抵销权** ——汇票持票人因法院除权判决丧失票据权利，仍可依基础合同主张其民事权利，行使基础合同履行	1.1 2011:521 3.1	433

	中的债务抵销权。	201102/76:201 3.4 201114:33 3.6 201103/15:51 2011	
464	**票据除权后，持票人不能向其前手行使票据追索权** ——票据除权后，公示催告后受让票据的持票人，而非公示催告前受让的持票人可依基础关系向其前手主张民事权利。	3.4 201316:53 2013	434
465	**谎称遗失，申请公示催告，获除权判决，构成侵权** ——当事人谎称票据遗失，滥用公示催告申请除权判决侵害持票人合法权利，主观上存在过错，应承担侵权民事责任。	3.1 201202/80:237 2011	435
466	**虚构失票事实并凭除权判决获得汇票金额构成侵权** ——最后的合法持票人的前手虚构失票事实，导致法院作出除权判决，从而影响合法持票人权利的，应承担侵权责任。	3.1 201201/79:310 3.4 201114:29 2010	435
467	**除权判决不能对抗利害关系人按普通程序起诉权利** ——经公示催告程序作出除权判决并非创设新的票据权利，非为失票申请人对利害关系人按普通程序起诉的抗辩依据。	3.4 201016:99 3.6 201002/8:70 2010	436
468	**票据债务人以伪报遗失方式获取除权判决，应撤销** ——票据债务人以伪报票据遗失的方式获取除权判决，阻碍票据债权人行使票据权利的，法院应依法撤销该除权判决。	3.3 2009 商 :319 3.4 200908:82 2008	437
469	**善意持票人因除权判决丧失票据权利后的救济途径** ——善意持票人在除权判决作出后，其因此将已办理贴现的贴现款退还的，可以票据损害赔偿向付款人提起侵权之诉。	3.4 200824:86 2007	438
470	**持票人在除权判决被撤销后，可向付款行请求兑付** ——按公示催告程序审理并作出错误的除权判决，	3.1 200204/42:251	439

7

	可按审判监督程序由院长提起再审，撤销除权判决后，汇票仍有效。	2001	

非背书取得

			440
471	**以承兑汇票方式非法融资，应依各自过错承担责任** ——当事人以商业承兑汇票方式进行融资，应依案件客观事实确定用资人，并在认定各方当事人过错基础上明确责任。	2.1 201003/23:153 2004	440
472	**非经出票或背书，而是售货取得支票，亦有票据权** ——持票人能证明其持票的合法性，系通过一般法律行为直接交付、占有而合法取得票据，仍可认定其享有票据权利。	3.1 201303/85:287 2013	441
473	**债权人不享有出票人因代偿债务而出具票据的权利** ——出票人因代偿债务向债权人出具票据，因无对价，亦不存在真实交易和债权债务关系，故债权人不享有票据权利。	3.4 201018:40 2010	441
474	**票据取得须给付票据双方当事人认可的相对应代价** ——票据的合法取得须给付对价。对于对价的界定及如何视为已给付对价，法律未明确规定，实务审判中应严格把握。	3.4 201108:45 2009	442
475	**最后持票人丧失票据，可主张不当得利返还请求权** ——非背书受让的持票人失票后，可主张票据权利，亦可主张不当得利，但应就其合法持有票据承担严格的举证责任。	3.4 201022:28 2009	443
476	**不能以非法借贷获得的票据对抗背书连续的持票人** ——申请公示催告的失票人以非法借贷取得银行承兑汇票的事实和理由，不能对抗申报权利且背书连续的合法持票人。	3.6 201001/7:85 2009	443
477	**未经背书受让并转让票据由此导致经济损失的承担** ——持票人未经背书受让票据，且又非背书转让给后手，造成背书缺陷的，应认定其在票据流转过程中存在一定过失。	3.3 2008 民 :480 2007	444

478	**前后手无直接业务关系不影响后手成为票据权利人** ——汇票争议双方当事人虽无直接业务关系，但持票人通过受让合法取得票据且背书连续的，应认定其享有票据权利。	3.3 2007 商 :354 2006	445
	善意取得		446
479	**明知票据系违规套现而非善意取得不享有票据权利** ——银行明知票据系违规套现，仍违反银行结算制度受理该票据承兑付款业务，依法不应享有票据无因性抗辩的权利。	2.4 200903/29:108 2008	446
480	**金融机构接受禁止用作质押物的汇票，构成非善意** ——金融机构接受明令禁止用作质押物的承兑汇票，且票面记载内容有瑕疵的，不应认定为善意，不应享有票据权利。	2.4 200701/21:187 2006	447
481	**持票人证明其合法取得票据或补记，视为背书连续** ——非因背书而是依善意取得制度取得票据的持票人，只要持票人能够证明其取得票据的合法性，亦应视为背书连续。	2.4 200404/16:61 2001	448
482	**持有合法善意取得背书连续的票据，系合法持票人** ——持票人给付相应对价后，以合法手段善意取得表面形式上背书连续的票据，应认定系合法持票人，享有票据权利。	3.1 201003/73:244 2008	449
483	**无记名支票合法持票人，有权要求出票人给付款项** ——持票人以其他合法方式取得无记名支票，出票人不能以与其发生基础关系的当事人之间的债权债务关系作为抗辩。	3.1 200004/34:226 1999	449
	直接抗辩权		450
484	**出票人有权向具有直接基础法律关系的持票人抗辩** ——持票人请求付款时遭拒，可向出票人行使票据追索权。此时，出票人有权以双方之间的基础法律	2.6 v.6:401 2011	450

	关系无效来抗辩。		
485	**票据债务人可以基础关系对其后手持票人进行抗辩** ——票据无因性是相对的，不及于票据直接前后手关系，持票人应对自己一方履行了基础关系中的约定义务进行举证。	3.1 201302/84:304 2011	451
486	**票据当事人直接前后手之间，应存在真实基础关系** ——票据债务人对与其有直接债权债务关系的持票人提出抗辩，持票人应提供相应的证据证明其已履行了约定的义务。	3.1 200604/58:300 2005	452
487	**支票出票人可对其直接后手持票人以基础关系抗辩** ——未经背书转让的票据，作为票据债务人即出票人可对与其存在直接债权债务关系的持票人的基础关系来进行抗辩。	3.3 2006 商 :316 2005	453
488	**票据前后手原因债务部分履行，致票据款分割给付** ——票据直接前手后之间，在具备对票据款分割给付的基础时，法院可就原因债务的部分履行支持票据款的分割给付。	3.3 2005 商 :325 2004	453
489	**持票人可基于真实交易关系向出票人主张票据金额** ——持票人通过真实交易关系取得支票，在付款请求权无法行使并追索不能时，可基于出票原因关系主张价金请求权。	3.1 2004 商 :326 2004	454

票据利益返还 455

490	**票据返还请求权纠纷，应由被告住所地的法院管辖** ——票据返还请求权纠纷，因其未直接涉及票据付款请求权和追索权，应属非票据权利纠纷，由被告住所地法院管辖。	2.3 201203/21:187 2012-100	455
491	**票据利益返还请求权不以存在基础关系为必要条件** ——行使票据利益返还请求权不以存在基础关系为必要条件，除非债务人能够证明其与持票人之间有直接的基础关系。	3.4 201318:99 2012	456
492	**超过票据权利时效，仍可主张票据利益返还请求权** ——持票人因超过票据权利时效而丧失票据权利的，	3.3 2006 商 :320	456

	仍可请求出票人或承兑人返还其与未支付的票据金额相当的利益。	2005	
493	**持票人在利益返还请求权诉讼中，应证明基础关系** ——票据债务人对与其有直接债权债务关系的持票人提出抗辩的，持票人应当提供相应的证据证明其履行了约定义务。	3.1 200201/39:241 2001	457
494	**向恶意持票人主张票据利益返还，非票据侵权纠纷** ——第三人以欺骗手段取得票据，不享有票据权利；持票人因票据记载事项欠缺而丧失票据权利的，仍享有民事权利。	3.3 2000 商 :265 1999	458

票据解付

	票据解付		459
495	**指定收款人与实际收款人名称不符，结算行有无责** ——指定收款人与实际收款人名称之间表面上不完全一致，但根据法律规定，并不导致产生歧义的，不应认定为不符。	1.1 201412/218:39 2013	459
496	**银行解付汇票时未尽必要审查义务，应负赔偿责任** ——代理付款银行解付汇票过程中，未审查汇票背书连续性及提示付款身份，导致资金流失的，应承担相应赔偿责任。	2.3 200303/4:104 2001	460
497	**银行向虚假股东注册的公司解付款不承担责任情形** ——汇票解付行解付时已尽审查义务，即使提示付款人系以虚假股东身份注册成立的公司，解付行亦不承担民事责任。	3.3 2003 商 :420 2002	461
498	**付款银行违法解付汇票，应承担全部损失赔偿责任** ——付款行未审查汇票背书连续性及提示付款人合法身份证明或有效证件，恶意或重大过失付款的，应自行承担责任。	3.1 200202/40:233 2000	462
499	**银行形式审查，看不出变造票据的，非为重大过失** ——银行办理付款结算业务中，只对票据进行形式审查，用肉眼从票面上看不出变造痕迹的，银行仍应办理结算业务。	3.3 2000 商 :270 1999	463

	付款义务		464
500	**承兑行因第三方申请查封，致逾期付款，仍应赔偿** ——承兑汇票因第三人申请查封导致到期不能向持票人兑付，承兑银行履行清偿义务后，可向其他汇票债务人再追索。	2.7 2011:108 2.6 v.4:66 2009	464
501	**公安机关的冻结通知，不免除承兑行兑付本息义务** ——合法持票人享有票据权利，其行使权利时不受越权公权行为限制。即使公安机关的冻结通知亦不免除其兑付义务。	3.4 201322:88 2013	465
502	**银行因过错未完成转账支票指示付款义务，应赔偿** ——银行受理支票转账业务后，发现收款人名称有误仍加盖转讫章，因其过错未完成指示付款义务的，应负赔偿责任。	3.3 2007 商 :357 2006	465
503	**持票人未在到期日前提示付款，票据权利并未丧失** ——远期商业承兑汇票的持票人未在规定期限提示付款的，在持票人作出说明后，承兑人或付款人仍应承担付款责任。	3.3 2003 商 :424 2002	466
504	**支票付款银行不得以持票人与他人债务纠纷而拒付** ——支票付款银行不得以持票人与他人存在债务纠纷而拒付款项，并以该应付票据款顶抵该他人所欠银行的逾期贷款。	3.3 2003 民 :461 2002	467
505	**银行受理支票提示付款申请后又退票给出票人违法** ——银行受理支票后出示加盖业务公章的受理回单，银行与持票人之间形成票据法律关系，不应再以非法定理由退票。	3.1 200003/33:199 1999	468
506	**支票付款银行不能以出票人存款涉嫌诈骗案而拒付** ——支票付款行在出票人有足够存款情况下，仅以其认为该款属诈骗案范围拒付，应对由此产生的票据纠纷承担责任。	3.3 2000 民 :534 1998	468

	票据追索权		469
507	**因同一票据流转所生纠纷，应合并由一地法院审理** ——基于同一票据流转产生的票据追索权和票据侵权纠纷，被两地法院分别受理的，应合并由先受理的一地法院审理。	2.1 200201/1:122 2001	469
508	**票据除权后，持票人不能向其前手行使票据追索权** ——票据除权后，公示催告后受让票据的持票人，而非公示催告前受让的持票人可依基础关系向其前手主张民事权利。	3.4 201316:53 2013	470
509	**贴现行不能同时以票据追索权和侵权损害赔偿起诉** ——票据贴现行行使追索权时，又起诉因除权判决获得票据金额的申请失票人，因涉不同法律关系，故不应一案起诉。	3.4 201018:34 2010	471
510	**因背书不连续而代偿前手，享有对其前手再追索权** ——银行承兑汇票因背书不连续而遭拒付，前手在被追索而清偿汇票金额并取得票据后，可向出票人等债务人再追索。	3.1 201002/72:154 2009	471
511	**已获拒付证明持票人退票后，不得主张票据追索权** ——票据权利行使须以权利人现实占有票据为前提。已获拒绝证明的持票人在自愿转移票据占有后不享有票据追索权。	3.1 200702/60:320 2005	472
512	**银行办理汇票贴现后，有权向贴现人和出票人追索** ——金融机构对商业承兑汇票办理贴现，给付对价后，未获出票人付款，有权请求贴现人和出票人连带承担付款义务。	3.1 200003/33:208 1998	473
	刑民交叉		474
513	**银行负责人犯票据诈骗罪，不免除单位的民事责任** ——银行负责人持伪造手续办理转贴现构成票据犯罪，银行不因相对人对该负责人职务行为合理信赖而免除民事责任。	2.6 v.9:296 2012	474

7

514	**金融机构为企业非法吸储提供便利的，应过错赔偿** ——金融机构为非法吸储活动提供办公场所，并为票据交换提供方便的，应根据其过错程度承担相应的民事赔偿责任。	2.6 v.4:230 2005	475
515	**票据贴现行负责人涉嫌犯罪，不免除单位民事责任** ——承兑汇票贴现行负责人以本单位名义对外签订汇票转贴现协议，不因该负责人涉嫌犯罪而影响民事法律关系成立。	2.6 v.4:87 2003	476
516	**以背书转让他人汇票换存单，应认定存款关系虚假** ——存款人将已背书转让给他人的银行汇票作为存款，金融机构在汇票解付前开出储蓄存单的，应认定存款关系虚假。	2.4 200203/7:161 2002	477
517	**经办人伪造担保单位印章，不影响银行的出票效力** ——出票是创设票据权利的唯一票据行为。经办人伪造担保单位印章骗取银行开具承兑汇票的，不影响出票行为效力。	2.4 200404/16:61 2001	477
518	**汇票因涉犯罪被公安机关调取，不能作为拒付理由** ——银行承兑汇票经出票、承兑后，即与票据原因关系相分离，并不因涉嫌犯罪被公安机关调取而成为银行拒付理由。	3.1 200202/40:226 1999	478

管辖 479

519	**因同一票据流转所生纠纷，应合并由一地法院审理** ——基于同一票据流转而产生的由两地法院分别受理的票据追索权和票据侵权纠纷，应合并由先受理的一地法院审理。	2.1 200201/1:122 2001	479
520	**票据返还请求权纠纷，应由被告住所地的法院管辖** ——票据返还请求权纠纷，因其未直接涉及票据付款请求权和追索权，应属非票据权利纠纷，由被告住所地法院管辖。	2.3 201203/21:187 2012	480
521	**企业间以电汇方式借贷，按一般债务纠纷确定管辖** ——企业间以电汇方式借贷，不属票据请求权纠纷，亦不属借款合同纠纷，应按一般债务纠纷由被告住	2.3 200501/10:93 2005	481

	所地法院管辖。		
522	**票据背书转让后，出票人不能依票据关系诉收款人** ——票据收款人将出票人交付的票据背书质押给银行后，出票人只能依据基础合同关系起诉收款人并以此来确定管辖。	2.3 200302/3:108 2002	481
523	**以汇票质押作担保，引起的借款纠纷管辖确定原则** ——借款质押合同纠纷中，虽然承兑银行作为利害关系人参加诉讼，但并不影响本案依据借款担保合同纠纷确定管辖。	2.4 200701/21:187 2006	482
524	**贴现行诉请兑付票据不能同时向持票人追索贴现款** ——贴现行因票据被冻结而向持票人主张退款，同时向承兑银行请求兑付票款，两者属不同法律关系，不应合并审理。	2.4 200601/19:79 2.3 200601/12:121 2001	483
525	**贴现行不能同时以票据追索权和侵权损害赔偿起诉** ——票据贴现行行使追索权时，又起诉因除权判决获得票据金额的申请失票人，因涉不同法律关系，故不应一案起诉。	3.4 201018:34 2010	484

7

案由时效

	案由时效		485
526	**担保函至债务全部履行即自动失效，视为约定不明** ——对汇票项下资金支付提供保证的担保函约定保证人承担责任“直至主债务本息还清时为止”的，应视为约定不明。	2.2 200604/28:129 2.6 v.4:144 2005	485
527	**超过票据权利时效，仍可主张票据利益返还请求权** ——持票人因超过票据权利时效而丧失票据权利的，仍可请求出票人或承兑人返还其与未支付的票据金额相当的利益。	3.3 2006 商 :320 2005	486
528	**银行在承兑付款后，以错账冲正扣回的，构成侵权** ——代理付款行对汇票持票人提示付款票据审查后予以兑付，整个票据行为结束，嗣后以错账冲正扣回的，构成侵权。	3.3 2000 商 :257 1999	487

529	**向恶意持票人主张票据利益返还，非票据侵权纠纷** ——第三人以欺骗手段取得票据，不得享有票据权利，持票人可向恶意持票人主张票据利益返还，而非票据侵权纠纷。	3.3 2000 商 :265 1999	488

天同码

中国案例
钥匙码

系列

7

7

不良资产

合同效力

1 违反部门规章规定的批准程序，并不导致合同无效

——不能仅以违反部门规章而当然否定不良资产转让合同的效力，还必须以资产管理公司是否应履行审批程序而认定。

标签：不良资产 | 合同效力 | 行政规章 | 债务减免 | 规章效力

案情简介：2003年12月，资产公司兰州办与化工集团签订《不良贷款债权转让协议》，约定化工集团以1120万元收购资产公司对化工厂的全部债权2800万余元，扣除支付的800万元，剩余320万元由化工集团10日内一次付清，资产公司将其对化工厂抵押担保权利转移给化工集团，同时约定协议“经资产公司批准后生效”。月底化工集团为履行协议，支付200万元，该款已包括在前述800万元中。2004年，化工厂破产。2005年10月，资产公司兰州办以《不良贷款债权转让协议》未经上级主管部门即资产公司批准，违反财政部2000年11月8日公布的《金融资产管理公司资产处置管理办法》的规定：“涉及100万元（含100万元）以上的资产处置损失（按单个债务人全部债务合并计算，下同）的资产处置方案，必须经

法院认为：《资产处置管理办法》是财政部对资产管理公司作出的部门规章，而非对市场经济中所有主体作出的规定，亦非法律禁止性规定，故不能仅以该规定而当然确认《不良贷款债权转让协议》未生效，尚须以资产管理公司是否履行了内部审批手续或应履行审批程序而认定。《不良贷款债权转让协议》虽约定了资产公司批准后生效的条件，但因批准协议是资产公司与其分支机构资产公司兰州办内部审批程序，且合同约定了资产公司兰州办单方促使合同生效的义务，故资产公司兰州办不得违反约定拖延报批甚至不报批来对抗合同的相对方，以使协议不发生法律效力。如果一方既未履行合同义务又以内部程序使得效力待定的合同未生效，而获得合同未生效后的更大利益，这将使得合同相对方处于不利境地。故合同约定以一方内部因素为生效条件的，负有促使协议生效义务一方未履行约定义务，在合同约定内容不违反法律禁止性规定和损害他人利益并经双方签字盖章成立，且已部分履行的前提下，则应当认定合同已经生效。资产公司兰州办关于《不良贷款债权转让协议》仅为一份意向性草签协议且未经资产公司批准，未发生法律效力的上诉主张，因与事实和其应承担的义务要求不符，法院不予支持，故判决化工集团向资产公司兰州办偿还320万元本息。

实务要点：《金融资产管理公司资产处置管理办法》是财政部对资产管理公司作出的部门规章，而非对市场经济中所有主体作出的规定，亦非法律禁止性规定，故不能仅以该规定而当然确认

公司资产处置专门审核机构审查通过后，由公司总裁批准”，主张《不良贷款债权转让协议》未生效，化工集团应偿还债务2000万余元。

不良资产转让合同效力，还须以资产管理公司是否应履行审批程序而认定。

案例索引： 最高人民法院（2006）民二终字第159号“某资产公司与某化工集团借款合同纠纷案”，见《中国信达资产管理公司兰州办事处与甘肃亚盛盐化工业（集团）有限责任公司借款合同纠纷案》（审判长贾纬，代理审判员沙玲、苑多然），载《最高人民法院公报·裁判文书选登》（2007:366）；另见《合同约定以一方内部因素为生效条件的效力问题》，载《最高人民法院商事审判指导案例·借款担保卷（上）》（2011:242）。

1.1

2007:366

2.6

v.2:242

2006

7

2 资产公司拍卖抵债划拨土地，仍属于不良资产处置

——金融资产管理公司通过拍卖抵债的原债务人名下国有划拨土地，仍属于不良债权处置范畴，应适用特殊政策规定。

标签： 不良资产 | 合同效力 | 不动产转让 | 执行 | 土地 | 拍卖 | 国有划拨土地

案情简介： 2007年，受让银行不良金融债权的资产公司将依法院执行裁定取得的债务人棉织厂的国有划拨土地使用权委托拍卖公司拍卖。开发公司以1800万元竞拍成功，嗣后以资产公司隐瞒该土地性质、转让划拨土地未经审批、登记使用权人仍系棉织厂为由，诉请确认拍卖合同无效。

2.6

v.7:430

2011

法院认为： 案涉合同明确约定委托拍卖及拍卖标的为抵贷权益，其性质究竟是土地使用权还是债权，需在金融不良债权处置的特殊背景和特殊政策下予以分析认定。本案系资产管理公司处置不良资产引发的纠纷。资产管理公司收购和处置银行不良金融债权，具有较强的政策性。不良资产或债权的交易关系，不是一般意义上的资产买卖（包括拍卖）关系，而是对特定历史时期形成的特别债权或资产权益的处置。尽管处置时在形式上遵循了市场交易形式，但其价格与价值之间存在较大偏离。不良金融债权处置往往以低价格成交，体现了不良金融债权处置的特殊性。这也决定了该类不良资产处置交易不仅应适用以基本等价有偿为原则的《合同法》及《物权法》规则，更应适用特殊政策规定。案涉《委托拍卖合同》与《拍卖成交确认书》，不完全等同于一般民事主体之间的委托拍卖与拍卖民事行为，而具有高风险、高收益，与普通的等价交换的市场交易行为有较为明显的区别；案涉抵贷权益拍卖成交价格虽明显高于拍卖底价，却系拍卖过程中当事人不断竞价的结果。案涉土地使用权人虽仍为棉织厂，而非他人包括银行与资产公司，但应注意到，金融资产管理公司非房地产开发企业，国家设立金融资产管理公司目的在于尽

快接收国有商业银行上市前必须剥离的不良资产，并及时采取各种方式予以处置，借以提高国有商业银行的国际竞争力。无论不良资产是以单笔债权或其他民事权益体现，还是以包含债权、物权、版权、知识产权等整体资产包的方式体现，以最高人民法院《关于审理涉及金融不良债权转让案件工作座谈会纪要》为代表的司法政策，均将不良资产作为不良债权来对待，并适用该会议纪要所规定的特殊司法政策。案涉拍卖标的是资产公司依民事裁定书对抵贷资产享有的请求权，属金融不良债权，并非土地使用权本身，只是该不良债权对应的权益对象具有相关土地使用权内容。虽然《物权法》第28条对因法院生效法律文书引起物权变动作出规定，但该法系2007年10月1日起施行，对本案并无溯及力。本案不良债权的处置交付并非物权意义上所有权或使用权转移，而是交付不良债权对应物的权利凭证，包括法院的判决、裁定、土地使用权证、借款合同、保证合同等，故本案拍卖合同有效。

实务要点： 金融不良资产处置合同纠纷不仅适用《物权法》、《合同法》，而更应纳入国家处置不良资产的大背景下考量。不良债权的处置交付并非物权意义上所有权或使用权转移，而是交付不良债权对应物的权利凭证，包括法院判决、裁定、土地使用权证、借款合同、保证合同等，故金融资产管理公司拍卖抵债的原债务人名下的国有划拨土地，仍属于不良债权处置范畴。

案例索引： 最高人民法院（2011）民提字第46号“某资产公司与某拍卖公司等拍卖纠纷案”，见《金融不良资产处置合同纠纷不仅适用物权法、合同法，而更应纳入国家处置不良资产的大背景下考量——中国华融资产管理公司石家庄办事处与承德市兴业房地产开发有限公司及秦皇岛竞择拍卖有限公司拍卖纠纷案》（审判长王闯，审判员李京平，代理审判员王富博），载《最高人民法院商事审判指导案例-7·公司与金融卷》（2012:430）。

3 买受人自愿承担不良债权拍卖标的瑕疵风险的认定

——买受人自愿承担不良金融债权的法律风险，嗣后以拍卖标的未办过户、未经批准转让诉请拍卖无效的，不予支持。

标签：不良资产 | 合同效力 | 执行 | 执行拍卖 | 拍卖 | 瑕疵风险

法院认为： 案涉拍卖标的既然是不良债权，该权益对应的土地使用权价值内容能否最终实现，自然存在不确定性

案情简介：2007年，受让银行不良金融债权的资产公司将依法院执行裁定取得债务人棉织厂的国有划拨土地使用权委托拍卖公司拍卖。开发公司以1800万元竞拍成功，嗣后以资产公司隐瞒该土地性质、转让划拨土地未经审批、登记使用权人仍系棉织厂为由，诉请确认拍卖合同无效。

2.6

v.7:430

2011

7

风险，最终取决于土地管理部门的依法审批及受让人是否补交土地出让金等多种因素。本案各方当事人均明知上述划拨土地使用权价值及其能否最终实现所具备的不确定性，通过委托拍卖方式将不良债权变现与通过签约拍卖获取可能取得该土地使用权价值的权利和机会，系委托人资产公司与买受人开发公司各自的签约目的。基于此，资产公司与拍卖公司签订《委托拍卖合同》，将该金融不良债权予以变现；拍卖公司接受委托通过拍卖程序向买受人出卖该金融不良债权，获取佣金；开发公司则通过竞买支付对价后获取该金融不良债权，并获得申请土地管理部门变更该土地使用权至自己名下的权利与机会。亦正因如此，《委托拍卖合同》、《竞买规则》、《瑕疵声明》及《拍卖成交确认书》等案涉相关法律文件均明确约定委托拍卖标的、拍卖标的皆为棉织厂的抵贷权益（对应土地使用权面积6万余平方米），并未约定系该土地使用权。在瑕疵声明、土地出让金的缴纳、包括土地使用权证及法院裁判文书的移交等方面亦均作出了明确约定；特别是大量地、反复地提示拍卖标的风险（包括实际存在的瑕疵与可能存在的瑕疵），不仅与上述当事人的签约背景、目的相吻合，同时亦证明本案拍卖合同标的不同于通常意义上的土地使用权拍卖，而是带有不确定的土地使用权价值实现风险内容的金融不良债权的拍卖。在拍卖公司反复提示拍卖风险的情形下，开发公司作为拍卖合同的买受人，依然签订案涉《拍卖成交确认书》，其以民事法律行为方式表达了自愿承担受让该不良金融债权的法律风险。上述委托拍卖及拍卖不良债权行为系当事人真实意思表示，合同内容不违反国家法律、行政法规效力性强制规定，且符合国家不良资产处置方面的政策精神，应依法认定合法有效。开发公司应依其所签《拍卖成交确认书》就案涉不良金融债权的买受行为自行承担风险。

实务要点：金融不良资产处置合同纠纷不仅适用《物权法》、《合同法》，而更应纳入国家处置不良资产的大背景下考量。在拍卖公司反复提示拍卖风险的情形下，买受人依然签订案涉《拍卖成交确认书》，其以民事法律行为的方式表达了自愿承担受让该不良金融债权的法律风险，嗣后以拍卖标的未办过户、未经批准转让为由，诉请拍卖合同无效的，不予支持。

案例索引：最高人民法院（2011）民提字第46号“某资产公司与某拍卖公司等拍卖纠纷案”，见《金融不良资产处置合同纠纷不仅适用物权法、合同法，而更应纳入国家处置不良资产的大背景下考量——中国华融资产管理公司石家庄办事处与承德市兴业房地产开发有限公司及秦皇岛竞择拍卖有限公司拍卖纠纷案》（审判长王闯，审判员李京平，代理审判员王富博），载《最高人民法院商事审判指导案例-7·公司与金融卷》（2012:430）。

4 不良债权再转让，未通知优先购买权人的，应无效

——资产公司向非国有金融机构转让不良债权，未通知国有企业债务人注册登记地的优先购买权人的，应认定为无效。

标签：不良资产 | 合同效力 | 再转让 | 拍卖 | 优先权 | 国有资本出资人

案情简介：2008年，受让银行不良金融债权的资产公司致函债务人机械厂是否回购债权后，通过委托拍卖程序将该债权转让给投资公司。嗣后，持有《企业国有资产产权登记证》的电子公司以侵害其优先购买权为由，主张转让合同无效。

2.6

v.7:455

2011

法院认为：根据最高人民法院《关于审理涉及金融不良债权转让案件工作座谈会纪要》规定，金融资产管理公司向非国有金融机构法人转让不良债权的处置方案、交易条件以及处置程序、方式确定后，应当通知国有企业债务人注册登记地的优先购买权人。《金融资产管理公司资产处置管理办法（修订）》第20条明确规定“资产公司对持有国有企业（包括国有全资和国有控股企业）的债权资产进行出售时，应提前15天书面告知国有企业及其出资人或国有资产管理部门”。本案中，国资委为电子公司颁发的《企业国有资产产权登记证》上注明其为机械厂的企业集团或企业管理部门，并为机械厂全部国有资本出资人。由此说明其虽未改制成功，但并不影响市国资委对其出资人地位的认定。因此，电子公司作为经国资委批准并依法注册登记的国有资本出资人，属于法定的优先购买权人。资产公司在处置不良债权时未按规定尽到通知义务，存在程序瑕疵，而该瑕疵造成优先购买权人丧失行使权利的基础，使优先购买制度失去平衡各方利益的核心价值，对依照公开、公平、公正和竞争、择优原则处置不良资产造成实质性影响，可能造成国有资产流失、国有企业生存发展受阻、职工利益失去保障进而影响社会稳定等多种不利后果，违背了法律设立优先购买权制度的立意初衷。按前述纪要关于不良债权转让合同无效事由的认定中“转让不良债权公告违反《金融资产管理公司资产处置公告管理办法（修订）》规定，对依照公开、公平、公正和竞争、择优原则处置不良资产造成实质性影响的”相关规定，应认定资产公司与投资公司债权转让协议无效。因不良债权处置有其特殊价值取向，事关我国金融体制改革乃至国有资产管理体制改革目的能否顺利实现，是我国当前非常重要的社会公共利益之一，不能单纯地以意思自治为由并以保护私权处分的名义来评断不良债权转让行为。资产公司违反《纪要》规定，未通知

优先购买权人，在与投资公司缔约时亦未尽到谨慎和善意告知义务，投资公司作为善意第三人，可另案向资产公司主张损害赔偿。

实务要点： 金融资产管理公司向非国有金融机构法人转让不良债权，未通知国有企业债务人注册登记地的优先购买权人，违反《金融资产管理公司资产处置公告管理办法》规定，对依照公开、公平、公正和竞争、择优原则处置不良资产造成实质性影响的，即使买受人系善意第三人，不良债权转让合同亦应认定无效。

案例索引： 最高人民法院（2011）民二终字第98号“某资产公司与某开发公司等合同纠纷案”，见《金融不良债权转让中优先购买权的行使及合同效力问题——哈尔滨市胜达房地产综合开发有限责任公司、中国长城资产管理公司哈尔滨办事处与哈尔滨电子仪表工业总公司确认合同效力及优先购买权纠纷案》（审判长王闯，代理审判员王富博、张颖），载《最高人民法院商事审判指导案例-7·公司与金融卷》（2012:455）。

7

5 优先购买权人视为弃权，前提是知悉债权处置方案

——金融资产管理公司未履行通知义务，优先购买权人并未知悉债权处置的具体方案，不应“视为放弃优先购买权”。

标签： 不良资产 | 合同效力 | 拍卖 | 优先权 | 视为弃权 | 债权处置方案

案情简介： 2008年，受让银行不良金融债权的资产公司与机械厂多次协商、洽谈债权回购条件，并在报纸上刊登《资产出售公告》后，通过委托拍卖程序将该债权转让给投资公司。嗣后，持有《企业国有资产产权登记证》的电子公司以侵害其优先购买权为由，主张转让合同无效。

2.6

法院认为： 本案中资产公司自受让债权至拍卖转让债权历经四年，其间虽与机械厂进行多次协商、洽谈及往来文函，并发布数次处置公告，但始终未采取书面或口头等通知形式与市政府、市国资委及电子公司等优先购买权人直接联系，告知其债权处置的处置方案、交易条件及处置程序、方式，最终通过拍卖程序转让债权时亦未通知优先购买权人行使权利，违背了最高人民法院《关于审理涉及金融不良债权转让案件工作座谈会纪要》中规定的金融资产管理公司对优先购买权人的通知义务，而该司法文件关于“优先购买权人收到通知后明确表示不予购买或者在收到通知之日起30日内未就是否行使优先购买权做出书面答复，或者未在公告确定的拍卖、招标日之前做出书面答复或者未按拍卖公告、招标公告的规定时间和条件参加竞拍、竞标的，视为放弃优先购买权”的规定，建立在优先购买权人知悉债权处置的基础之上。故本案中资产公司未履行通知义务，优先购买权人并未知悉债权处置的具体方案，亦未参与债权处置过程，从根本上丧失了行使优先购买

v.7:455

2011

权的可能。资产公司作为国家授权处置不良债权的专业金融资产管理公司，应熟知国家处置金融不良债权相关规定和政策的精神实质和操作规程，投资公司与资产公司认为根据其发布的历次公告及机械厂数次回函内容，推定市政府、市国资委等优先购买权人知悉债权处置事宜并已放弃优先购买权的主张，混淆了债务人回购债权及优先购买权人行使权利的本质区别，亦违反了法定的通知义务，应认定转让合同无效。

实务要点： 最高人民法院《关于审理涉及金融不良债权转让案件工作座谈会纪要》中优先购买权人“视为放弃优先购买权”的规定，建立在优先购买权人知悉债权处置基础之上。故金融资产管理公司未履行通知义务，优先购买权人并未知悉债权处置具体方案，亦未参与债权处置过程，从根本上丧失了行使优先购买权的可能。

案例索引： 最高人民法院（2011）民二终字第98号“某资产公司与某开发公司等合同纠纷案”，见《金融不良债权转让中优先购买权的行使及合同效力问题——哈尔滨市胜达房地产综合开发有限责任公司、中国长城资产管理公司哈尔滨办事处与哈尔滨电子仪表工业总公司确认合同效力及优先购买权纠纷案》（审判长王闯，代理审判员王富博、张颖），载《最高人民法院商事审判指导案例-7·公司与金融卷》（2012:455）。

6 国有事业单位，亦有权诉请确认金融债权转让无效

——国有事业单位法人可依司法解释关于防止国有资产流失的精神，享有提起要求确认不良债权转让合同无效的诉权。

标签： 不良资产 | 合同效力 | 国有事业单位 | 国有企业

案情简介： 1997年，国有事业单位性质的体育馆向银行借款1000万元。2005年，银行将该不良债权转让给资产公司。2007年，矿业公司从资产公司受让该不良债权。2009年，体育馆起诉，请求确认资产公司与矿业公司签订的债权转让合同无效。资产公

法院认为： 根据最高人民法院《关于审理涉及金融不良债权转让案件工作座谈会纪要》第12条关于“《纪要》的内容和精神仅适用于在《纪要》发布之后尚在一审或者二审阶段的涉及最初转让方为国有银行、金融资产管理公司通过债权转让方式处置不良资产形成的相关案件”规定，本案符合该纪要的适用范围。该纪要第5条规定国有企业债务人享有提起不良债权转让合同无效的诉权，而本案债务人体育馆为事业单位法人，确实与国有企业在组织类型上存在差异，但从所有制性质上看，二者均属国有性质，并无不同。前述规定赋予国有企业债务人以诉权，目的在于借此启动法院对债权转让合同效力的审查，防止国有资产流

司和矿业公司认为体育馆非国有企业，不具有提起不良债权转让合同无效的诉权。

失。认定同属国有性质的事业单位债务人享有该项诉权，与前述纪要的上述精神完全相符，故体育馆具备主张不良债权转让合同无效的主体资格。

2.6

v.6:158

2010

实务要点： 国有事业单位法人虽不属于最高人民法院《关于审理涉及金融不良债权转让案件工作座谈会纪要》第5条规定的国有企业债务人，但仍可依该纪要防止国有资产流失的精神，享有提起不良债权转让合同无效的诉权。

案例索引： 最高人民法院（2010）民二终字第25号“某资产公司与某矿业公司等债权转让合同纠纷案”，见《对〈纪要〉发布前已完成转让的不良债权主张优先购买权的效力——西宁体育馆与中国华融资产管理公司兰州办事处、青海庆威矿业有限公司债权转让无效纠纷案》（审判长王闯，代理审判员王富博、杜军），载《最高人民法院商事审判指导案例·合同与借贷担保卷（6）》（2012:158）。

7

7 《纪要》发布前，已完成转让的，丧失优先购买权

——金融资产管理公司在2009年4月3日前已完成不良债权转让的，地方政府等主张优先购买权的，法院不予支持。

标签： 不良资产 | 合同效力 | 优先购买权

案情简介： 1997年，国有事业单位性质的体育馆向银行借款1000万元。2005年，银行将该不良债权转让给资产公司。2007年，矿业公司从资产公司受让该不良债权。2009年，体育馆起诉，以侵害地方政府对该不良金融债权的优先购买权为由，请求确认资产公司与矿业公司签订的债权转让合同无效。

法院认为： 根据最高人民法院2009年4月3日发布的《关于审理涉及金融不良债权转让案件工作座谈会纪要》规定，在通过债权转让方式处置不良债权过程中，地方政府等享有优先购买权，但金融资产管理公司在该纪要发布之前已经完成不良债权转让，优先购买权人主张行使优先购买权的，法院不予支持。本案中，资产公司和矿业公司之间的金融不良债权转让合同签订时间早于前述纪要发布时间，故对于体育馆关于应由市政府行使优先购买权的主张，不予支持。

实务要点： 金融资产管理公司在最高人民法院《关于审理涉及金融不良债权转让案件工作座谈会纪要》发布前已完成不良债权转让的，地方政府等主张优先购买权的，法院不予支持。

2.6

案例索引： 最高人民法院（2010）民二终字第25号“某资产公司与某矿业公司等债权转让合同纠纷案”，见《对〈纪要〉发布前已完成转让的不良债权主张优先购买权的效力——西宁体育馆

v.6:158

2010

与中国华融资产管理公司兰州办事处、青海庆威矿业有限公司债权转让无效纠纷案》（审判长王闯，代理审判员王富博、杜军），载《最高人民法院商事审判指导案例·合同与借贷担保卷（6）》（2012:158）。

8 能提不良债权转让合同效力之诉的，仅限特定主体

——金融机构系基于债权人主张其出具虚假验资证明而作为债权转让合同的被告，故其无权提出转让合同的效力之辩。

标签：不良资产 | 合同效力 | 主体资格 | 诉讼程序 | 诉讼主体 | 出资责任 | 资金证明

案情简介：1994年，供销社申请开办注册资金为1200万元的美食城。同年，美食城更名为商场。1996年，商城向银行借款550万元。2000年，银行将该不良债权转让给资产公司。2002年，商城注销。2006年，投资公司从资产公司受让该债权。2008年，投资公司以美食城工商登记档案材料附件中银行1994年8月31日出具1200万元的《资金来源证明》为据，诉请银行承担出具虚假资金证明的民事责任。银行就该不良债权转让合同效力提出异议。

法院认为：根据最高人民法院《关于审理涉及金融不良债权转让案件工作座谈会纪要》规定，在审理不良债权转让合同效力的诉讼中，法院应根据《合同法》和《金融资产管理公司条例》等法律法规，并参照国家相关政策规定，重点审查不良债权的可转让性、受让人的适格性以及转让程序的公正性和合法性；提出债权转让合同效力诉讼的主体应仅限于国有企业或非国有企业债务人。本案银行作为被告参加诉讼，系基于原告投资公司主张其为债务人出具虚假验资证明，并非系因其作为债权转让合同的债务主体，故其无权在本案中提出债权转让合同的效力异议。银行关于法院未对不良债权的可转让性、受让人的适格性以及转让程序的公正性和合法性予以审查的理由，没有事实和法律依据，不予采信。

实务要点：提出不良金融债权转让合同效力诉讼的主体应仅限于国有企业或非国有企业债务人。金融机构作为被告参加诉讼，系基于债权人主张其为债务人出具虚假验资证明，并非系因其作为债权转让合同的债务主体，故其无权提出债权转让合同的效力抗辩。

2.6

v.7:14

2010

案例索引：最高人民法院（2010）民提字第136号“某银行与某资产公司等借款合同纠纷案”，见《当事人出具〈资金来源证明〉的性质认定及是否应为出资不实承担责任——中国农业银行股份有限公司溧阳市支行与江苏耀德资产管理有限公司、溧阳市供销合作总社、溧阳众诚会计师事务所有限公司借款合同纠纷案》（审判长宫邦友，审判员朱海年，代理审判员张雪楳），载《最高人民法院商事审判指导案例-7·公司与金融卷》（2012:14）。

9　金融资产公司受第三人委托收购银行债权，应有效

——金融资产公司受第三人委托收购债权并向第三人交付债权，可视为商业银行处置金融不良资产特殊方式，应有效。

标签：不良资产 | 合同效力 | 主体资格 | 信托 | 委托收购 | 间接转让

法院认为： 债权由商业银行转让给信托公司后，再由受让的信托公司授权原转让人商业银行以自己的名义对外转让给华融资产公司，可视为商业银行处置金融不良资产的一种特殊方式，其实质法律效果与商业银行直接将债权转让给资产公司，并无差异。此种转让符合最高人民法院《关于审理涉及金融资产管理公司收购、管理、处置国有银行不良贷款形成的资产的案件适用法律若干问题的规定》。资产公司受第三人委托收购债权并向第三人交付债权，其实质法律效果与资产公司自己收购债权后再行转让给第三人，也无实质差异，此种转让符合最高人民法院《关于金融资产管理公司收购、处置银行不良资产有关问题的补充通知》的规定，故商业银行和资产公司在报纸上刊登债权转让通知即应视为已通知了债务人。

案情简介： 2005年，建行济南某支行据生效判决申请强制执行后，建行山东分行因统一管理辖区不良资产，与信托公司签署资产转让协议，嗣后由信托公司授权建行山东分行以自己名义对外转让给华融资产公司。投资公司委托华融资产公司济南办事处以后者名义向建行山东分行收购本案债权。建行山东分行、华融资产公司济南办事处发布了转让公告。经投资公司申请，山东高院2008年裁定变更投资公司为申请执行人。被执行人提出信托公司受让银行债权及华融公司济南办事处受托收购上述债权均非金融资产公司收购、处置国有银行不良贷款行为，不符合相关规定。

7

实务要点： 债权由商业银行转让给第三人后，再由受让人授权原转让人商业银行以自己名义对外转让给金融资产公司，或金融资产公司受第三人委托收购债权并向第三人交付债权，其实质法律效果与资产公司自己收购债权后再行转让给第三人无实质差异，均可视为商业银行处置金融不良资产的特殊方式，均为有效。

2.5

201003/35:86

2009

案例索引： 最高人民法院（2009）执复字第1号"山东齐鲁投资管理有限公司与济南中银实业有限公司、济南鲁泰物流有限公司执行异议案"，见《齐鲁投资管理有限公司、济南中银实业有限公司不服变更申请执行人异议裁定申请复议案》（黄金龙、林莹，最高院执行局；审判长黄金龙，审判员闫燕，代理审判员范向阳），载《执行工作指导·典型案例》（201003/35:86）。

10　未经国务院专项审批的不良资产转让合同，仍有效

——《金融资产管理公司条例》规定收购不良资产超出确定的范围和额度要由国务院专项审批，系基于行政管理作出。

标签：不良资产 | 合同效力 | 未经审批 | 专项审批 | 国务院条例

法院认为： 资产公司与银行所签债权转让协议，所转让贷款债权虽系1996年以后发放，依国务院《金融资产

案情简介：2000年3月至9月，机床公司共向银行贷款4亿余元，开发公司提供担保。2000年，资产公司受让该债权并通知了债务人和担保人。在资产公司诉请偿债时，担保人开发公司提出国务院办公厅〔1999〕6号文件及国务院《金融资产管理公司条例》规定，1996年后发放的逾期贷款不属于不良资产剥离的范围，也明确规定了金融资产管理公司在收购不良资产时要按照国务院确定的范围和额度进行收购，超过范围和额度的，要由国务院专项审批，故本案收购行为应为无效。

管理公司条例》规定，不属于不良资产剥离范畴，但依《合同法》第79条规定，该笔债权作为普通债权，除按合同性质和当事人约定不得转让，以及依法律规定不得转让外，债权人可将合同权利全部或部分转让给第三人。资产公司和银行系平等民事主体，经协商一致将银行享有的上述债权转让给资产公司，不违反法律强制性规定，应为有效。且该债权转让已依法通知债务人，故该转让对机床公司发生法律效力。《金融资产管理公司条例》关于金融资产管理公司收购不良资产时要按照国务院规定的范围和额度进行收购，超出应由国务院专项审批的规定，系基于行政管理作出的规定，违反该规定并不必然导致债权转让合同无效。开发公司关于上述债权转让未经国务院专项审批，转让协议应无效的上诉理由，于法无据，不予支持。

实务要点：《金融资产管理公司条例》关于金融资产管理公司收购不良资产时要按照国务院规定的范围和额度进行收购，超出应由国务院专项审批的规定，系基于行政管理作出的规定，违反该规定并不必然导致债权转让合同无效。

2.1

200401/5:159

2004

案例索引：最高人民法院判决“某资产公司与某开发公司等借款担保合同纠纷案”，见《债务到期后提供担保的法律认定——北京地鑫房地产开发有限责任公司与中国华融资产管理公司北京办事处、中国机床总公司、中国轻工集团公司、北京正一机电技术公司借款担保合同纠纷上诉案》（刘敏，最高院民二庭），载《民商事审判指导·民商事审判》（200401/5:159）。

11 国务院内部通知文件，不属于法律法规禁止性规定

——国务院内部批复文件，不属于法律、行政法规禁止性规定。不依该文件转让不良金融债权并不导致权利转让无效。

标签：不良资产 | 合同效力 | 国务院文件

案情简介：2001年，受让银行债权的信达资产公司起诉追索贷款本息，保证人化纤厂认为银行转让的债权不属于国务院办公厅国办发〔1999〕33号

法院认为：国务院《关于组建中国信达资产管理公司的通知》属于银行向信达公司剥离不良资产的内部文件，不属于法律法规禁止性规定。不依该文件转让债权并不导致权利转让无效。依《合同法》规定，债权转让只需通知债务人即可，本案债权转让已通知各债务人，债权转让协议内容亦未侵害国家及第三人利益，故该转让协议有效。

《关于组建中国信达资产管理公司意见的通知》规定的剥离不良资产范畴，主张债权转让无效。

实务要点： 国务院内部批复文件，不属于法律法规的禁止性规定。不依该文件转让不良金融债权并不导致权利转让无效。

案例索引： 最高人民法院判决“九江化学纤维总厂与中国信达资产管理公司、九江化工厂等借款保证合同纠纷案”，见《借款保证合同的几个问题》（王洪光，最高院民二庭），载《民商事审判指导·民商事审判》（200401/5:203）。

2.1

200401/5:203

2004

12 商业银行向社会主体转让金融债权，应系合法有效

——商业银行向社会主体转让金融债权属于将合同权利义务转让给第三人，不违反法律法规禁止性规定，应认定有效。

标签： 不良资产 | 合同效力 | 债权转让 | 转让效力

7

案情简介： 2011年，银行与投资公司签订债权转让协议，将对阀门公司的到期债权150万元转让给投资公司并通知了阀门公司。阀门公司以商业银行向社会投资者转让贷款债权为由，主张该债权转让行为无效。

法院认为： 依《合同法》第79条规定，债权人可将合同权利全部或部分转让给第三人，但依法律规定不得转让的除外。目前对商业银行向社会投资者转让贷款债权无禁止性规定，本案银行将所涉已形成清偿风险的债权转让给投资公司并收取对价，未违反法律、行政法规强制性规定，亦未损害国家金融资产安全，故应认定转让合同合法有效。

实务要点： 商业银行向社会主体转让金融债权属于将合同权利义务转让给第三人，不违反法律禁止性规定，只要第三人支付了相应对价，则该债权转让未损害国家金融资产安全，应认定有效。

3.6

201306/30:73

2013

案例索引： 江苏盐城中院（2013）盐商终字第0270号“滨海县金汇农村小额贷款有限公司与江苏奇尔乐阀门有限公司、滨海保盛阀门制造有限公司等债权转让纠纷案”，见《金汇公司诉奇尔乐公司等金融债权转让纠纷案》，载《江苏省高级人民法院公报》（201306/30:73）。

13 银行不能将非法人下属单位的贷款作不良债权剥离

——金融机构对其不具有法人资格的下属单位所享有的债权，因债权债务混同，该债权不应属于不良债权剥离范围。

标签： 不良资产 | 合同效力 | 债权转让 | 转让效力 | 借款合同

法院认为： 商贸公司虽以银行所属工会名义开办，但其无独立财产、组织机构和经营场所，且与银行在人员、资产、

案情简介：2000年，银行向其下属工会开办的商贸公司发放贷款490万余元。但商贸公司无独立财产、组织机构和经营场所，且与银行在人员、资产、财物等方面存在混同。2005年，从资产公司受让该不良债权的运输公司起诉商贸公司，并要求银行承担责任。

3.4

200912:36

2008

财物等方面存在混同，应认定商贸公司系银行直接投资开办的不具有法人资格的公司。银行与商贸公司签订借款合同，将款借给商贸公司，实际是银行将借款借给自办公司，属《合同法》规定的债权债务归于一人，双方所签合同权利义务终止情形。银行将其自办公司债权作为不良债权转让给资产公司的行为，不属于财政部、中国人民银行等规定的剥离不良贷款的范围，故双方债权转让行为应确认无效，判决驳回运输公司诉讼请求。

实务要点：银行对其不具有法人资格的下属单位所享有的债权，因债权债务混同而不属于不良债权剥离的范围。

案例索引：重庆五中院（2008）渝五中民再终字第53号“中国农业银行重庆市万盛支行桃子营业所与重庆市万盛融盛商业公司等借款合同纠纷案”，见《混同在不良债权转让中的法律适用》（王中伟、王伯文），载《人民司法·案例》（200912:36）。

法律关系

14 借贷双方同时又是合作双方，不能单主张借贷关系

——借贷双方同时又是合作双方，一方将借款合同与合作合同割裂开来，独立请求另一方承担贷款本息的，不予支持。

标签：不良资产 | 法律关系 | 借款合同 | 合同性质 | 出资责任 | 证据规则

案情简介：1992年5月至1993年11

法院认为：开发公司与银行在原《经济合作合同书》基础上，又签《合作兴建度假村合同书》等合同，表明双方在度假村等房地产开发项目上存在分工明确的合作关系，体现了收益共享、风险共担的合作原则。资产公司主张本案借款合同与合作

月，开发公司与银行签订总额为4400万元的借款或转贷合同。1992年11月，开发公司与银行签订《经济合作合同书》，约定共同寻找、合作项目，银行以贷款形式进行融资。1993年1月，双方签订《合作兴建度假村合同书》等合同，约定银行负责房地产开发所需的资金筹措工作。随后，开发公司、银行等筹建项目公司，银行以合作项目中的部分权益作为对价认购项目公司股份1100万股。1999年，银行将借款本息共计5700万余元转让给资产公司。后资产公司诉请开发公司归还贷款本息。法院将银行追加为第三人。

7

1.1

2009:419

2008

合同之间无关联性，系两个独立的法律关系，但其起诉要求开发公司返还借款的重要证据是开发公司与银行所签借款合同，本案贷款亦确用于合作项目。当事人签订民事合同具有复杂动机、目的和作用，该合同可具有规范和指引作用，即当事人通过要约承诺方式规范和指引以后发生的权利义务关系；合同亦可具有确认和评价作用，即双方通过合同方式对双方既往发生的民事法律行为性质、目的和作用作出评价，进行确认、补充和完善。本案当事人正是通过签订合作合同和转贷合同等民事法律行为，对先前发生的借款合同性质、内容和作用进行了确认。资产公司以借款合同发生在前、合作合同签订在后为由，否认两者之间的关联性缺乏事实和法律依据。同时资产公司未能提供证据证明本案借款合同项下借款是独立于合作合同之外的其他借款，其关于开发公司应按借款合同约定偿还借款而不受合作合同影响的诉讼主张不能成立。此种情况下，无论银行所认购的项目公司股份的出资来源问题查明与否，均不影响本案最终处理结果，但上述事实认定可能影响当事人其他民事法律关系的认定。资产公司系债权受让人，非合作合同当事人，其在本案诉讼中仅主张借款合同法律关系，未提出有关合作合同的诉讼请求。银行与开发公司系合作合同当事人，双方在本案借款纠纷诉讼中未提有关合作合同的诉讼请求，法院不能超出当事人的诉讼请求范围进行判决，有关当事人因签订和履行债权转让合同、合作合同而引起的民事责任问题可另案解决。本案中借款合同签订和履行是合作合同履行内容一部分。依合作合同约定内容，合作双方对合作项目应共担风险、共享利润，且双方在合作合同中对资金分配顺序做了明确规定。现资产公司将借款合同与合作合同割裂开来，独立请求开发公司承担贷款本息无事实依据，故应驳回其诉请。

实务要点： 借款合同的借贷双方同时又是合作开发合同的合作双方，借款合同的签订和履行是合作合同履行内容的一部分，一方将借款合同与合作合同割裂开来，独立请求另一方承担贷款本息的，不予支持。

案例索引： 最高人民法院（2008）民二终字第118号“某资产公司与某开发公司借款纠纷案”，见《中国信达资产管理公司西安办事处与海南华山房地产开发总公司、中国建设银行股份有限公司西安曲江支行借款合同纠纷案》（审判长钱晓晨，代理审判员刘敏、杨征宇），载《最高人民法院公报·裁判文书选登》（2009:419）。

15 有关联关系的共同债务人，应当承担连带清偿责任

——借款人与关联企业之间存在借款人身份混同事实，两者构成共同债务人的关系，应共同承担偿还贷款的法律责任。

标签：不良资产 | 法律关系 | 借款合同 | 关联公司 | 公司人格否认 | 人格混同

案情简介：1993年，畜产公司作为组建单位，成立畜牧集团。畜产公司成为畜牧集团的唯一核心企业，两公司法定代表人和办公地点同一。1995年1月，畜产公司向银行贷款200万美元。1995年7月，贷款到期后，畜牧集团向银行申请展期，申请书载明该款由畜牧集团用于进口原材料加工出口服装。2002年，银行起诉畜产公司和畜牧集团共同承担偿还贷款责任。

1.1

2003:277

2003

法院认为：畜牧集团系畜产公司申请组建，畜产公司为畜牧集团唯一核心企业，畜牧集团的注册资金，包含有畜产公司及其分公司的固定资产，两家公司也曾经有办公地点和法人代表同一的事实，故可认定两家公司之间存在一定的关联关系。案涉贷款到期后，畜牧集团向银行发出展期申请，根据该申请载明的内容，畜牧集团为贷款的实际使用人，且在该申请书中畜牧集团也承认自己为贷款人。故根据畜牧集团与畜产公司之间存在一定关联关系的基本事实，以及畜牧集团向银行发出的贷款展期申请，可认定畜牧集团与畜产公司之间存在借款人身份混同的事实，两者之间构成了共同债务人关系，故畜牧集团应与畜产公司共同承担偿还该笔贷款的法律责任。

实务要点：借款人与存在关联关系的企业之间存在借款人身份混同的事实，且关联企业承认使用了借款，两者之间构成了共同债务人关系，应共同承担偿还贷款的法律责任。

案例索引：最高人民法院（2003）民二终字第93号“某资产公司诉某畜牧集团等借款担保纠纷案”，见《中国东方资产管理公司大连办事处诉辽宁华曦集团公司等借款担保纠纷上诉案》（审判长江必新，审判员宋晓明、曹士兵），载《最高人民法院公报·裁判文书选登》（2003:277）。

16 对非法借贷关系自行清结的协议，不应认定为无效

——当事人之间对非法借贷所产生的资金返还责任在责任人内部如何分担作出的自主安排所签协议，不应认定为无效。

标签：不良资产 | 法律关系 | 存单 | 自行清结协议 | 合同效力

案情简介：1996年，航空公司开具5400万元银行本票，银行行长周某以银行名义出具存单后未将该本票入

法院认为：航空公司、银行、开发公司之间行为属于最高人民法院《关于审理存单纠纷案件的若干规定》第6条规定的以存单为表现形式的企业间借贷行为。出资人为航空公司，用资人为开发公司。案涉资金不仅实际进入开发公司账户，且开发公司还将其中540万余元支付给了案外人作为参与融资的报酬，即开发公司对所借资金进行了实际处分。

账，而是背书给开发公司，开发公司转给案外人“融资奖励”540万余元。航空公司亦据此获得一张217万元定期存单作为高息，后被证明该高息存单虚假。1997年，周某及开发公司财务经理胡某案发后携款潜逃。为解决存单问题，银行与开发公司签订《协议书》，约定“鉴于存单资金转入开发公司账户，为理顺有关法律关系，约定由开发公司向银行申请借款，所借款项仅用于兑付存单本金及利息”。双方依该协议签订《借款合同》。2005年，受让该不良债权的资产公司诉请开发公司依《协议书》、《借款合同》偿还贷款本金5100万余元。开发公司以企业间非法借贷合同应为无效抗辩。

7

银行与开发公司共同参与企业间借贷活动，与二者之间为解决借贷资金偿还问题而签订协议是两种不同的法律行为，前者属于违反现行金融政策和相关法规的违法行为，后者则系当事人之间对非法借贷所产生的资金返还责任在责任人内部如何分担作出的自主安排，目的在于协调如何还款。无论从缔约目的还是履行结果看，《协议书》、《借款合同》均不违反法律强制性规定，不损害第三人合法权利，亦无证据证明当事人具有掩盖非法目的的动机，故应认定有效。

实务要点： 当事人之间对非法借贷所产生的资金返还责任在责任人内部如何分担作出的自主安排所签协议，不应认定无效。

案例索引： 最高人民法院（2012）民提字第19号“某资产公司与某房地产公司等借款合同纠纷案”，见《对非法借贷法律后果自行清结的协议不应认定为无效——中国东方资产管理公司上海办事处与上海万都房地产有限公司、上海万都中心大厦有限公司借款合同纠纷案》（审判长王闯，审判员王富博，代理审判员张颖），载《最高人民法院商事审判指导案例（2012）· 合同与借贷担保》（2013:338）。

2.6

v.8:338

2012

17 先受偿后转让的虚假债权转让，不属法院受理范围

——不良金融债权“先受偿、后转让”一般构成虚假债权转让，因此而提起的诉讼与不当得利返还之诉存在根本区别。

标签： 不良资产 | 法律关系 | 法院受理 | 债权转让 | 虚假转让

案情简介： 1998年，法院判决轻骑集团偿还银行借款5000万元，保证人轻骑公司承担连带清偿责任。执行期间，轻骑公司破产，银行就其对轻骑公司的保证债权获得40%比例清偿共

法院认为： 最高人民法院《关于审理涉及金融不良债权转让案件工作座谈会纪要》第2条规定了国有商业银行因获得不当得利而被起诉时法院应予受理的两种例外情形：不良债权已剥离至金融资产管理公司又被转让给受让人后，国有企业债务人知道或应当知道不良债权已转让而仍向原国有银行清偿的，不得对抗受让人对其提起的追索之诉，国有企业债务人在对受让人清偿后向原国有银行提起返还不当得利之诉的，法院应予受理；国有企业债务人不知道不良债权已转让而向原国有银行清偿的，可

计2000万元。但银行2004年4月收到该款后，以之作为轻骑集团及案外人的贷款清偿，故案涉5000万元借款债务并未销户。2004年6月，银行将该不良金融债权转让给信达资产公司。2004年11月，信达资产公司将该债权转让给东方资产公司。东方资产公司因追索未果，遂以不当得利诉请信达资产公司和银行返还2000万元。

2.1

201201/29:54

2011

对抗受让人对其提起的追索之诉，受让人向国有银行提起返还之诉的，法院应予受理。本案行使追索权的主体系资产公司，追索返还的利益系银行在剥离不良债权前即已接受的清偿，故不符合该司法文件的适用条件，不属于法院应受理的案件类型。最高人民法院负责人2010年8月17日于济南召开的全国法院商事审判工作会议上的讲话中，关于审理涉及金融不良债权转让案件有关问题，第4条对法院应予受理的受让人起诉国有银行请求不当得利情形做了进一步细化和完善，但其所针对的是以下两种情况：一是债务人明知或应知不良债权已转让而仍向原债权人国有银行清偿，二是所转让债权已进入执行程序，因当事人未申请变更执行主体，导致国有银行获取不当得利。上述两种情况共性在于银行均因不良债权“先转让、后清偿”而获得不当得利，与本案“先清偿、后转让”类型不同，故该司法文件亦不应作为处理本案的政策依据。不良金融债权“先受偿、后转让”一般构成虚假债权转让，因此而提起的诉讼与不当得利返还之诉存在根本区别。资产管理公司与银行之间因此类“先受偿、后转让”的不良债权处置行为而引发的纠纷，仍属于银行与资产管理公司之间因转让协议而发生的纠纷，当此类纠纷发生于资产管理公司的后手受让人与银行之间时，则属于受让人与银行之间因不良债权瑕疵而产生的纠纷，根据司法政策，以上两种情形，法院均不应受理。

实务要点： 不良金融债权“先受偿、后转让”一般构成虚假债权转让，因此而提起的诉讼与不当得利返还之诉存在根本区别。资产管理公司与银行之间因此类“先受偿、后转让”的不良债权处置行为而引发的纠纷，仍属于银行与资产管理公司之间因转让协议而发生的纠纷，当此类纠纷发生于资产管理公司的后手受让人与银行之间时，则属于受让人与银行之间因不良债权瑕疵而产生的纠纷，根据司法政策，以上两种情形，法院均不应受理。

案例索引： 最高人民法院（2011）民二他字第3号《〈关于二次受让商业性不良债权的资产管理公司起诉国有商业银行请求返还不当得利应否受理问题的请示〉之答复》，见最高人民法院答复山东高院请示“东方资产管理公司青岛办事处与中国建设银行股份有限公司济南历下支行、信达资产管理公司济南办事处不当得利返还纠纷案”，见《金融不良债权“先受偿、后转让”引发的资产管理公司诉银行返还不当得利纠纷，人民法院是否受理》（王富博，最高院民二庭），载《商事审判指导·请示与答复》（201201/29:54）。

18 如何认定行社脱钩期间的贷款是否属于指令性贷款

——认定涉案贷款是否属于指令性贷款，应根据最初贷款、以后相互转收贷、直接贷款和更换保证人等直接证据认定。

标签： 不良资产 | 法律关系 | 借款合同 | 证据规则 | 行社脱钩 | 指令性贷款

案情简介： 1995年12月6日，油脂厂向信用社贷款2000万元。同年12月25日至1996年5月，双方结转贷款余额为1750万元。1997年，信用社与油脂厂通过票据置换以新还旧。1996年9月，信用社与农行脱离行政隶属关系。2008年，信用社以前述1750万元贷款系农行指令性贷款无法收回造成其损失为由，诉请农行偿付。

7

2.1

201102/26:180

2.6

v.5:640

2010

法院认为： 行社脱钩纠纷不是平等民事主体之间发生的纠纷，行社脱钩之间债权债务纠纷，根据国务院关于农村金融体制改革决定和人民银行相关文件规定，应在国家层面由人民银行主导行政解决。认定涉案贷款是否属于指令性贷款，应根据最初贷款、以后相互转收贷、直接贷款、继续贷款和更换保证人、收贷管理等直接证据来认定，而不能从证明力不足、尚未形成证据链的间接证据来认定。农业银行领导管理信用社以及行社一体是长达16年的历史事实，在无直接证据情况下，不能仅以农行与信用社人事组成、行社账户存在资金转换而认定农行指令行为存在，进而判令农业银行对脱钩划断以前的信用社名下不良债权承担责任。本案现有证据不能证明信用社对油脂厂的贷款行为，是在农行指令下发生的。即使有证据证明信用社按照农行意志发放涉案贷款，也由于该行为发生在1995年12月29日脱钩划断之前，故本案信用社收不回来的贷款损失不应由农行承担。

实务要点： 认定涉案贷款是否属于指令性贷款，应根据最初贷款、以后相互转收贷、直接贷款、继续贷款和更换保证人、收贷管理等直接证据来认定，而不能从证明力不足、尚未形成证据链的间接证据来认定。农业银行领导管理信用社以及行社一体是长达16年的历史事实，在无直接证据情况下，不能仅以农行与信用社人事组成、行社账户存在资金转换而认定农行指令行为存在，进而判令农业银行对脱钩划断以前的信用社名下不良债权承担责任。

案例索引： 最高人民法院（2010）民申字第279号、（2010）民提字第109号“某农行与某信用社债权纠纷案”，见《正确认定农业银行与农村信用社脱钩前指令贷款行为——中国农业银行股份有限公司讷河支行与讷河市农村信用合作联社债权纠纷申请再审案》（贾纬，最高院民二庭），载《商事审判指导·商事审判案例分析》（201102/26:180）；另参见《审理行社脱钩以后的债务纠纷，应依据国家正式生效的文件判定》，载《最高人民法院商事审判指导案例·第五卷（下）》（2011:640）。

19 违规向自办经济实体放贷，不影响借款合同的效力

——金融机构违反国务院通知精神和人民银行规定向自办企业放贷，但并不违反法律法规禁止性规定，不宜认定无效。

标签：不良资产 | 法律关系 | 借款合同 | 合同效力

案情简介：1993年7月，全国金融工作会议提出“约法三章”，要求金融机构立即停止向银行兴办的经济实体注入资金并实行彻底脱钩。中国人民银行于当年下半年开始落实该政策。1997年，为规避前述政策，建行与农行根据双方扶持各自所属企业的约定，分别与对方自办经济实体签订借款合同，借款金额、期限、用途约定均相同，利率相差无几。同时约定“如不能按期归还，由双方主管行负责”。2008年，从资产公司二次受让建行2800万元金融不良债权的投资公司，起诉借款人开发公司，并以农行与建行存在“双方主管行负责”的约定，追加农行为连带清偿主体。违规借款合同是否有效，以及农行应否承担责任成为焦点。

法院认为：案涉两份借款合同在借款金额、借款期限、借款用途方面均对等作出了相同约定，利率亦相差无几，应认定涉案贷款系两家银行交叉放贷，实质上等同于中国人民银行禁止的金融机构向自办企业发放的贷款。尽管该合同内容违反了国务院的通知精神与中国人民银行的相关规定，但并不违反国家法律与行政法规的禁止性规定，且上述借款合同均不存在《合同法》第52条规定的合同无效情形，系当事人真实意思表示，故应为有效。两家银行所签借款合同存在违规行为，属于中国人民银行行政管理处罚的范畴，不应影响本案合同效力的认定。两家银行所签借款合同核心内容是为各自兴办企业交叉放贷，协议中就可能产生的贷款债务处理作出了“如不能按期归还，由双方主管行负责”的约定，应解释为双方以对方名义向各自兴办企业提供资金支持，而双方贷款债权相互抵销、不相互追究，在贷款无法按期归还时，应由两家银行自行消化处理，互不追究责任。既然两家银行存在债权抵销、互不追究责任的本意，建行将案涉债权转让给资产公司，实际转让了一个已消灭的空债权，而投资公司从资产公司二次受让的案涉债权也是实际不存在的空债权，故判决驳回投资公司向开发公司及农行主张债权的诉讼请求。

实务要点：金融机构向自办企业发放贷款，违反国务院通知精神和中国人民银行禁止性规定，但并不违反国家法律与行政法规的禁止性规定，不宜认定合同无效。

2.1

201102/26:200

2010

案例索引：最高人民法院（2010）民申字第279号“某银行与某信用社债权纠纷案”，见《金融机构违规向自办经济实体发放贷款是否影响该实体借款行为的法律效力——中国东方资产管理公司南京办事处与徐州市金穗房屋开发公司、徐州市运通设备租赁公司、中国农业银行股份有限公司徐州分行、中国建设银行股份有限公司徐州分行、中国信达资产管理股份有限公司江苏省分公司借款合同纠纷案》（李京平，最高院民二庭），载《商事审判指导·商事审判案例分析》（201102/26:200）。

20　一方以保息分利方式获取固定利润，应认定为借款

——一方提供资金但不参与共同经营，亦不承担风险，并按比例收取利润，应认定双方关系名为合作开发，实为借款。

标签： 不良资产 | 法律关系 | 借款合同 | 合同性质 | 名为合作 | 保息分利

案情简介： 1992年，开发公司与银行签订《房地产投资协议书》，约定双方合作开发房地产项目，银行以保息分利方式向开发公司投资。随后双方签订借款合同。1996年，因国家政策变化，开发公司与银行就在建房产达成分割协议。2002年，银行及受让该不良债权的资产公司多次向开发公司送达1.2亿余元贷款本息的催收函，开发公司均予签收。

法院认为： 从案涉《房地产投资协议书》内容看，该协议是双方拟建立借款合同关系的约定，借款合同则是双方根据前述投资协议约定所建立的具体借款法律关系，确立了双方贷款人、借款人的法律地位，故本案双方当事人实质为借款合同关系，符合当事人之间的真实意思表示。至于房产分割协议，从内容上看，系对双方原合作意向中利润分配等问题的处理，且未改变双方所建立的借款合同关系。从全案事实看，收取贷款利息、取得部分房屋产权、低价购买房产等均属于银行发放贷款给开发公司开发房地产后获得利益的方式。这些约定内容虽不具备借款合同关系的典型特征，但不应以此认定本案法律关系性质系合作投资关系。其后银行和资产公司多次催收，开发公司均予确认，故开发公司应偿付资产公司借款本息。

7

实务要点： 一方提供资金，并不参与共同经营，亦不承担风险责任，不论房地产开发项目盈亏，均以"保息分利"方式按期收回本金、利息并按比例收取利润，应认定双方关系名为合作开发，实为借款合同关系。

2.1

200903/19:159

2009

案例索引： 最高人民法院判决"某资产公司与某开发公司借款合同纠纷案"，见《如何甄别房地产开发中的借款合同关系与合作投资关系——上诉人西安东光房地产综合开发有限公司与被上诉人中国华融资产管理公司西安办事处借款纠纷案》（李京平，最高院民二庭），载《商事审判指导·案例分析》（200903/19:159）。

不当得利

21　非国企债务人已向原国有银行清偿的可对抗受让人

——本着民商法平等保护当事人的理念，在债务人为非国有企业时，如果国有银行构成不当得利，亦可提起返还之诉。

标签： 不良资产 | 不当得利 | 非国有企业债务人 | 平等保护

案情简介： 1999年，生效判决确认保证人房产公司对电器公司的350万美元银行债务提供承担连带清偿责任。2007年，投资公司从资产公司受让该金融不良债权后，得知银行已于2001年从查封的房产公司土地使用权拍卖款中获得清偿。投资公司依据最高人民法院《关于审理涉及金融不良债权转让案件工作座谈会纪要》起诉银行按债权清偿比例返还1100万余元本息，银行认为本案债务人和保证人均非国企，不适用该会议纪要。

法院认为： 最高人民法院《关于审理涉及金融不良债权转让案件工作座谈会纪要》（法发〔2009〕19号）规定国有企业债务人不知道不良债权已转让而向原国有银行清偿时，不良债权受让人可以不当得利起诉国有银行。本着民商法平等保护当事人的理念，在债务人为非国有企业时，如果国有银行构成不当得利，亦不应有所差别。且最高人民法院民二庭在〔2009〕民二他字第21号对云南省高院的请示答复中表明“根据《纪要》的精神和目的，涉及非国有企业债务人的金融不良债权转让纠纷案件，亦应参照适用《纪要》的规定”。故即使债务人为非国有企业，当其不知道不良债权已转让而向原国有银行清偿后，其可以对抗受让人追索之诉，此时受让人仍可以向国有银行提起返还不当得利之诉。

实务要点： 最高人民法院《关于审理涉及金融不良债权转让案件工作座谈会纪要》（法发〔2009〕19号）适用范围包括涉及非国有企业债务人的金融不良债权转让纠纷案件。

案例索引： 最高人民法院（2010）民二他字第11号《关于广州中谷投资有限公司与中国银行股份有限公司茂名分行、中国东方资产管理公司广州办事处、顺威联合资产管理有限公司不当得利纠纷一案请示的答复》，见《金融不良债权转让〈会议纪要〉在非国企债务人情形下的适用及不良债权受让人不当得利请求权的行使》（杜军，最高院民二庭），载《商事审判指导·请示与答复》

2.1

201004/24:45

2.7

2011:20

2010　（201004/24:45）；另载《最高人民法院商事审判裁判规范与案例指导·专题研讨》（2011:20）。

22　受让人提不当得利之诉，应先确认债务人清偿行为

——不良债权受让人对国有银行提起返还不当得利之诉，应经法院生效判决认定债务人或担保人已向原国有银行清偿。

标签： 不良资产 | 不当得利 | 起诉前提 | 清偿行为确认

案情简介： 1999年，生效判决确认保证人房产公司对电器公司的350万美元银行债务提供承担连带清偿责任。2007年，投资公司从资产公司受让该金融不良债权后，得知银行已于2001年从查封的房产公司土地使用权拍卖款中获得清偿。投资公司依据最高人民法院《关于审理涉及金融不良债权转让案件工作座谈会纪要》起诉银行按债权清偿比例返还1100万余元本息，银行认为其受偿的并非该笔债权。

法院认为： 对因不良债权转让引发的相关案件，受让人起诉国有银行返还不当得利时，法院立案过程中须先判断国有银行是否构成最高人民法院《关于审理涉及金融不良债权转让案件工作座谈会纪要》（法发〔2009〕19号）中的不当得利，只有在国有银行构成该不当得利时，受让人的起诉才能被受理。故本案不良债权受让人的投资公司应先行向保证债务人房产公司提起债权债务追索之诉，经法院生效判决认定担保人已向原国有银行清偿的，方可对国有银行提起返还不当得利之诉。

7

实务要点： 根据最高人民法院《关于审理涉及金融不良债权转让案件工作座谈会纪要》（法发〔2009〕19号）中关于"国有企业债务人不知道不良债权已经转让而向原国有银行清偿的，可以对抗受让人对其提起的追索之诉。受让人向国有银行提起返还不当得利之诉的，人民法院应予受理"的规定及精神，不良债权受让人应先行向债务人提起债权债务追索之诉，经法院生效判决认定债务人或担保人已向原国有银行清偿的，方可对国有银行提起返还不当得利之诉。

2.1

201004/24:45

2.7

2011:20

2010

案例索引： 最高人民法院（2010）民二他字第11号《关于广州中谷投资有限公司与中国银行股份有限公司茂名分行、中国东方资产管理公司广州办事处、顺威联合资产管理有限公司不当得利纠纷一案请示的答复》，见《金融不良债权转让〈会议纪要〉在非国企债务人情形下的适用及不良债权受让人不当得利请求权的行使》（杜军，最高院民二庭），载《商事审判指导·请示与答复》（201004/24:45）；另载《最高人民法院商事审判裁判规范与案例指导·专题研讨》（2011:20）。

23 银行与资产管理公司间不当得利纠纷，法院应受理

——资产管理公司与金融机构之间非就转让协议发生纠纷，而是对金融机构是否取得不当得利产生争议，法院应受理。

标签：不良资产 | 不当得利 | 法院受理

案情简介：2004年，资产公司受让银行不良金融债权并约定2003年12月31日为转让债权划转时点。2006年，资产公司催收债务中获悉，2004年7月，银行依据同年5月的生效仲裁裁决从债务人处执行回4100万余元。资产公司以不当得利诉请银行返还。银行提出本案法院不应受理。

法院认为：本案资产公司与银行之间不是就金融资产转让协议发生的纠纷，而是对银行是否取得不当得利产生争议，不属于最高人民法院《关于人民法院是否受理金融资产管理公司与国有商业银行就政策性金融资产转让协议发生的纠纷问题的答复》（〔2004〕民二他字第25号）适用的范围；双方当事人之间的金融债权转让性质上也不属于政策性金融资产转让，不符合前述答复适用的对象，故本案应由人民法院受理。

实务要点：资产管理公司与金融机构之间对金融机构是否取得不当得利产生争议的，法院应当受理。

案例索引：最高人民法院（2013）民申字第1315号“某资产公司与某银行金融债权转让合同纠纷案”，见《金融不良债权转让中发生的不当得利纠纷人民法院应当受理——中国信达资产管理公司济南办事处与中国银行股份有限公司淄博市周村支行金融债权转让合同纠纷案》（王富博，最高院民二庭），载《商事审判指导·案例分析》（201001/21:155）；另载《最高人民法院商事审判裁判规范与案例指导·案例指导》（2010:73）。

2.1

201001/21:155

2.7

2010:73

2010

24 剥离前依法院以物抵债裁定实现债权不属不当得利

——不良债权剥离前，已经法院裁定以物抵债形式收回并处分，该抵债物转让后，受让人主张不当得利的，不予支持。

标签：不良资产 | 不当得利 | 执行 | 以物抵债 | 所有权转移

案情简介：1998年3月，生效判决判令粮油公司偿还银行贷款3000万余元。1998年12月，执行法院裁定债务人以房产抵债。1999年12月，银行将上述不良债权转让给资产公司。

法院认为：国有银行不良债权在经资产管理公司转让给受让人之前，已由债务人向银行清偿，受让人向国有银行提起返还不当得利之诉的，根据最高人民法院《关于审理涉及金融不良债权转让案件工作座谈会纪要》规定，人民法院应不予支持。况且根据《物权法》第28条、最高人民法院、国土资源部、建设部《关于依法规范人民法院执行和国土资源房地产管理部门协助执行若干问题的通知》第27条规定，法院1998年12月作出以物抵债裁定生效时，银行即已取得涉案房产所有权，该行

2003年，银行将债务人抵债房产处分共得款2000万余元。2005年，投资公司从资产公司受让前述不良债权。2007年，投资公司以不当得利起诉银行要求返还或折价返还抵债房产。

为发生在银行与资产公司达成债权转让协议之前。本案银行处分抵债房产发生在2003年，亦早于投资公司从资产公司受让不良债权时间。故银行处分涉案房产是行使其所有权权能的体现，具有合法根据，并非不当得利，亦未损害投资公司相关权利。投资公司在不良债权转让中所受损失与银行之间没有法律上的直接利害关系，可另寻途径解决。

2.4

实务要点： 金融机构不良债权剥离至资产管理公司之前，即已由法院裁定通过以物抵债形式收回，其在处分抵债物后，从资产管理公司受让不良债权的受让人以金融机构不当得利起诉的，不予支持。

201101/35:152

2009

案例索引： 广东高院（2009）粤高法审监民提字第10号“某银行与某投资公司等不当得利纠纷案”，见《不良债权受让人向国有银行提起返还不当得利之诉，人民法院一般不予支持——中国建设银行股份有限公司佛山分行与佛山市嘉达投资有限公司、中国信达资产管理公司广州办事处不当得利纠纷抗诉案》（付庆海，广东高院审监庭），载《审判监督指导·案例评析》（201101/35:152）。

7

25 转让未通知债务人，不影响让与人与受让人间约定

——债权转让未通知债务人的，不影响债权让与人与受让人之间的合同效力，让与人应将转让后的债权交付给受让人。

标签： 不良资产 | 不当得利 | 债权转让 | 转让通知

案情简介： 2000年5月，银行将对实业公司的78万元不良贷款债权转让给资产公司但未通知实业公司。同年12月，实业公司向银行偿还该贷款。2005年，从资产公司受让该不良债权的投资公司发现银行已接受清偿后，诉请返还不当得利。

法院认为： 银行作为债权人将案涉债权转让给资产公司，但未通知债务人，依《合同法》第80条规定，“该转让对债务人不发生效力”，并不影响债权让与人与受让人之间行为的效力，即对让与人与受让人仍然有效。债权转让通知债务人的法律后果是使该转让协议对债务人产生法律效力。即一经通知，债务人应依转让协议向受让人履行，债务人不得再向原债权人履行。如未通知债务人，债务人仍可向让与人履行，但让与人接受履行后，应将接受履行的款项转付给受让人。本案实业公司在未接到银行债权转让通知的情况下，向银行清偿贷款债务并无不当。银行在转让债权后接受实业公司履行，无权占有该款，应作为不当得利返还。投资公司受让案涉债权应受法律保护。

2.4

实务要点： 债权转让未通知债务人的，不影响债权让与人与受让人之间行为效力，让与人应将转让后债务人向其支付的款

200904/30:101

2007

项交付给受让人。

案例索引： 湖北高院（2007）鄂民监一再终字第00016号“某银行与某投资公司等破产清算债务纠纷案”，见《武汉宝捷投资顾问有限公司与中国农业银行安陆市支行、安陆市福兴有限公司破产清算组债务纠纷案》（审判长李玉高，审判员程鸣、杨志斌），载《审判监督指导·裁判文书》（200904/30:101）。

26 以物抵债协议解除后，此前履行所得，属不当得利

——债权人和债务人达成以物抵债协议解除后，债务人依据该协议而取得的相关利益失去了合法依据，构成不当得利。

标签： 不良资产 | 不当得利 | 合同解除 | 解除后果 | 以物抵债 | 部分履行

案情简介： 2000年，受让银行不良金融债权的资产公司与工程公司签订以物抵债协议，约定由工程公司用价值3000万余元的房产抵偿所欠资产公司2000万余元债权，就超过抵债部分的1000万元工程公司对资产公司的债权，由水泥厂向工程公司提供水泥以冲抵水泥厂所欠银行债务。2004年，因工程公司未缴交土地出让金，转让房产无法办理房产证，资产公司催告履行无果情况下，诉请解除合同，并偿还贷款。

法院认为： 工程公司在签约之后长达4年的时间里虽经多次催告仍未将抵债房产过户给资产公司，违反了以物抵债协议约定的主要义务，资产公司的合同目的没有实现。根据《合同法》第94条第1款规定，工程公司的行为已构成根本性违约，资产公司依据法律规定及合同约定有权行使合同解除权并主张违约金。依照我国法律规定，房屋产权证书和土地使用权证书是房产所有人的合法权利凭证，工程公司仅与资产公司签订《商品房预售（预购）合同》，而未将上述房产过户登记至资产公司名下，不能确认资产公司是该抵债房产的合法所有人。资产公司没有对该房屋的占有、使用、收益和处分的权利，本案抵债协议并未履行完毕。资产公司、工程公司在以物抵债协议的基础上分别与水泥厂签订《资产置换协议》，以资产公司减免水泥厂部分债务为条件，水泥厂向工程公司提供了部分水泥实现冲抵。现以物抵债协议解除，工程公司依据上述协议而取得的相关利益失去了合法依据，构成不当得利。工程公司应以现金方式将其依据上述协议所取得的资产公司债权及利息返还给资产公司。

2.1

200501/7:260

2004

实务要点： 债权人和债务人达成以物抵债协议，在以物抵债协议解除后，债务人依据该协议而取得的相关利益失去了合法依据，构成不当得利。

案例索引： 最高人民法院（2004）民二终字第168号“某资产公司与某工程公司等借款合同纠纷案”，见《重庆中建工程公司与中国信达资产管理公司重庆办事处等借款合同纠纷上诉案》

（审判长姜伟，代理审判员钱晓晨、杨征宇），载《民商事审判指导·判决书选登》（200501/7:260）。

7 法院受理

27 因占用政策性贷款形成借款合同纠纷，法院应受理

——当事人因占有使用国家基本建设经营性基金而发生借款合同纠纷而向法院提起民事诉讼的，法院依法应予以受理。

标签： 不良资产 | 法院受理 | 借款合同 | 政策借款 | 国家基本建设经营性基金

案情简介： 1989年至1992年，矿产公司向国资公司申请“国家基本建设经营性基金部门贷款”2100万余元。1999年，国家计委、财政部针对国资公司报告以批复形式明确列明对矿产公司所欠借款本息2500万余元作为国资公司的国家资本金，随后国资公司将该出资人债权进行登记取得《企业国有资产产权登记证》、财政部审核的《企业国有资产占有产权登记表》。2005年，国资公司追索债权时，矿产公司主张其占用国家基本建设经营性基金已按有关国家“贷改投”政策转变为企业的国家资本金、本案纠

法院认为： 国家计委、财政部、中国人民银行《关于下达〈关于国家预算内基本建设投资全部由财政拨款改为贷款的暂行规定〉的通知》（1984年12月10日计资〔1984〕2580号），国家计委《国家基本建设基金管理办法》（1988年6月24日），国务院《批转国家计委、财政部、国家经贸委〈关于将部分企业“拨改贷”资本本息余额转为国家资本金的意见〉》（1995年7月12日国发〔1995〕20号），国家计委、财政部《关于中央级基本建设经营性基金本息余额转为国家资本金的实施办法》（1998年5月12日计投资〔1998〕815号），财政部《关于中央级“拨改贷”资金经营性基金本息余额转为国家资本金后有关问题的通知》（1999年11月29日财管字〔1999〕365号）都强调对于国家基本建设经营性基金转变为国家资本金时需要办理批复文件以及办理产权变动登记手续，即“贷改投”必须存在一个审批程序，同时还有一个必须明确的出资人问题。但矿产公司于1998年就其利用国家基本建设经营性基金向国资公司申请转为矿产公司的注册资本金时，并未得到国资公司的同意，更无向当时的国家计委、财政部报批有关证据材料。相反，1999年，国家计委、财政部针对国资公司的报告以批复形式明确列明对矿产公司所欠借款本息2500万

纷实为股权之争，不应由法院受理。

1.1

2007:372

2.1

200702/12:240

2007

余元作为国资公司的国家资本金。另外，国资公司提交的《企业国有资产产权登记证》、财政部审核的《企业国有资产占有产权登记表》，证明本案所涉的国家基本建设经营性基金，已经作为国资公司的国家资本金在国务院国资委进行了产权登记，确认了国资公司对该国有资产的占有使用权。故矿产公司与国资公司之间因国家基本建设经营性基金使用而发生的借款关系仍然合法有效存在，双方对此债权债务关系的性质并没有发生根本性改变。本案纠纷性质是对因占有使用国家基本建设经营性基金而发生的借款关系引起的争议纠纷案件，而并非最高人民法院《关于因政府调整划转企业国有资产引起的纠纷是否受理问题的批复》（1996年4月2日法复〔1996〕4号）第1条所明确的因政府及其所属主管部门在对企业国有资产调整、划转过程中引起相关国有企业之间的纠纷，应由政府或所属国有资产管理部门处理，国有企业作为当事人向人民法院提起民事诉讼的，人民法院不予受理的情形，亦不应直接适用1993年12月21日国家国有资产管理局《国有资产产权界定和产权纠纷处理暂行办法》（国资法规发〔1993〕68号）有关国有资产产权纠纷处理程序的规定。判决矿产公司向国资公司支付欠款本息余额2500万余元。

实务要点： 当事人因占有使用国家基本建设经营性基金而发生的借款合同纠纷，不属于最高人民法院《关于因政府调整划转企业国有资产引起的纠纷是否受理问题的批复》（1996年4月2日法复〔1996〕4号）第1条所规定的，"因政府及其所属主管部门在对企业国有资产调整、划转过程中引起相关国有企业之间的纠纷，应由政府或所属国有资产管理部门处理，国有企业作为当事人向人民法院提起民事诉讼的，人民法院不予受理"的情形。当事人就上述借款合同纠纷向法院提起民事诉讼的，法院应当依法受理。

案例索引： 最高人民法院（2007）民二终字第19号"某矿产公司与某国资公司借款合同纠纷案"，见《峰峰集团有限公司与中国节能投资公司借款合同纠纷案》（审判长裴莹硕，代理审判员朱海年、宫邦友），载《最高人民法院公报·裁判文书选登》（2007:372）；另载《民商事审判指导·判决书选登》（200702/12:240）。

28 先受偿后转让的虚假债权转让，不属法院受理范围

——不良金融债权"先受偿、后转让"一般构成虚假债权转让，因此而提起的诉讼与不当得利返还之诉存在根本区别。

标签：不良资产 | 法院受理 | 法律关系 | 债权转让 | 虚假转让

案情简介：1998年，法院判决轻骑集团偿还银行借款5000万元，保证人轻骑公司承担连带清偿责任。执行期间，轻骑公司破产，银行就其对轻骑公司的保证债权获得40%比例清偿共计2000万元。但银行2004年4月收到该款后，以之作为轻骑集团及案外人的贷款清偿，故案涉5000万元借款债务并未销户。2004年6月，银行将该不良金融债权转让给信达资产公司。2004年11月，信达资产公司将该债权转让给东方资产公司。东方资产公司因追索未果，遂以不当得利诉请信达资产公司和银行返还2000万元。

法院认为：最高人民法院《关于审理涉及金融不良债权转让案件工作座谈会纪要》第2条规定了国有商业银行因获得不当得利而被起诉时法院应予受理的两种例外情形：不良债权已剥离至金融资产管理公司又被转让给受让人后，国有企业债务人知道或应当知道不良债权已转让而仍向原国有银行清偿的，不得对抗受让人对其提起的追索之诉，国有企业债务人在对受让人清偿后向原国有银行提起返还不当得利之诉的，法院应予受理；国有企业债务人不知道不良债权已转让而向原国有银行清偿的，可对抗受让人对其提起的追索之诉，受让人向国有银行提起返还之诉的，法院应予受理。本案行使追索权的主体系资产公司，追索返还的利益系银行在剥离不良债权前即已接受的清偿，故不符合该司法文件的适用条件，不属于法院应受理的案件类型。最高人民法院负责人2010年8月17日于济南召开的全国法院商事审判工作会议上的讲话中，关于审理涉及金融不良债权转让案件有关问题，第4条对法院应予受理的受让人起诉国有银行请求不当得利情形做了进一步细化和完善，但其所针对的是以下两种情况：一是债务人明知或应知不良债权已转让而仍向原债权人国有银行清偿，二是所转让债权已进入执行程序，因当事人未申请变更执行主体，导致国有银行获取不当得利。上述两种情况共性在于银行均因不良债权"先转让、后清偿"而获得不当得利，与本案"先清偿、后转让"类型不同，故该司法文件亦不应作为处理本案的政策依据。不良金融债权"先受偿、后转让"一般构成虚假债权转让，因此而提起的诉讼与不当得利返还之诉存在根本区别。资产管理公司与银行之间因此类"先受偿、后转让"的不良债权处置行为而引发的纠纷，仍属于银行与资产管理公司之间因转让协议而发生的纠纷，当此类纠纷发生于资产管理公司的后手受让人与银行之间时，则属于受让人与银行之间因不良债权瑕疵而产生的纠纷，根据司法政策，以上两种情形，法院均不应受理。

实务要点：不良金融债权"先受偿、后转让"一般构成虚假债权转让，因此而提起的诉讼与不当得利返还之诉存在根本区别。资产管理公司与银行之间因此类"先受偿、后转让"的不良债权处置行为而引发的纠纷，仍属于银行与资产管理公司之间因转让协议

7

2.1

201201/29:54

2011

而发生的纠纷，当此类纠纷发生于资产管理公司的后手受让人与银行之间时，则属于受让人与银行之间因不良债权瑕疵而产生的纠纷，根据司法政策，以上两种情形，法院均不应受理。

案例索引： 最高人民法院（2011）民二他字第3号《〈关于二次受让商业性不良债权的资产管理公司起诉国有商业银行请求返还不当得利应否受理问题的请示〉之答复》，见最高人民法院答复山东高院请示“东方资产管理公司青岛办事处与中国建设银行股份有限公司济南历下支行、信达资产管理公司济南办事处不当得利返还纠纷案”，见《金融不良债权“先受偿、后转让”引发的资产管理公司诉银行返还不当得利纠纷，人民法院是否受理》（王富博，最高院民二庭），载《商事审判指导·请示与答复》（201201/29:54）。

29 基于行政划拨过程中的纠纷提起诉讼，应不予受理

——政府主管部门在对企业国有资产进行行政性调整、划拨过程中发生的纠纷，法院应裁定不予受理或裁定驳回起诉。

标签：不良资产 | 法院受理 | 企业改制 | 管辖 | 借款合同

案情简介：1998年，桃园粮库向银行借款1亿余元。2005年，南山粮库基于区政府行政划拨，取得桃园粮库1.8万平方米的国有土地使用权。受让银行不良债权的资产公司起诉桃园粮库偿付借款，并以“债随资产走”为由，同时诉请南山粮库承担连带责任。

法院认为： 南山粮库通过区政府行政划拨行为无偿取得桃园粮库享有的国有土地使用权，即其取得该国有土地使用权是基于行政划拨行为。根据最高人民法院《关于审理与企业改制相关的民事纠纷案件若干问题的规定》第3条的规定，政府主管部门在对企业国有资产进行行政性调整、划拨过程中发生的纠纷，当事人向人民法院提起民事诉讼的，人民法院不予受理。故本案资产公司与南山粮库之间的纠纷，法院不应作为民事案件受理。同时，根据最高人民法院《关于适用〈民事诉讼法〉若干问题的意见》相关规定，起诉不符合受理条件的，人民法院应裁定不予受理；立案后发现起诉不符合受理条件的，裁定驳回起诉。故本案应裁定驳回资产公司对南山粮库的起诉。

实务要点： 针对政府主管部门在对企业国有资产进行行政性调整、划拨过程中发生的纠纷，当事人向法院提起民事诉讼的，法院不予受理；立案后发现起诉不符合受理条件的，裁定驳回起诉。

2.1

201003/23:172

2.7

2011:129

案例索引： 最高人民法院（2010）民二终字第71号“某资产公司诉某粮库等借款合同纠纷案”，见《上诉人中国长城资产管理公司沈阳办事处与被上诉人锦州南山粮食储备库、辽宁锦州国

2010

家粮食储备库、原审被告锦州桃园粮库金融借款合同纠纷案》（审判长宫邦友，审判员朱海年，代理审判员张雪棣），载《商事审判指导·商事裁判文书选登》（201003/23:172）；另载《最高人民法院商事审判裁判规范与案例指导·裁判文书》（2011:129）。

30 银行与资产管理公司间不当得利纠纷，法院应受理

——资产管理公司与金融机构之间非就转让协议发生纠纷，而是对金融机构是否取得不当得利产生争议，法院应受理。

标签：不良资产 | 法院受理 | 不当得利

案情简介：2004年，资产公司受让银行不良金融债权并约定2003年12月31日为转让债权划转时点。2006年，资产公司催收债务中获悉，2004年7月，银行依据同年5月的生效仲裁裁决从债务人处执行回4100万余元。资产公司以不当得利诉请银行返还。银行提出本案法院不应受理。

7

法院认为：本案资产公司与银行之间不是就金融资产转让协议发生的纠纷，而是对银行是否取得不当得利产生争议，不属于最高人民法院《关于人民法院是否受理金融资产管理公司与国有商业银行就政策性金融资产转让协议发生的纠纷问题的答复》（〔2004〕民二他字第25号）适用的范围；双方当事人之间的金融债权转让性质上也不属于政策性金融资产转让，不符合前述答复适用的对象，故本案应由人民法院受理。

实务要点：资产管理公司与金融机构之间对金融机构是否取得不当得利产生争议的，法院应当受理。

案例索引：最高人民法院（2013）民申字第1315号“某资产公司与某银行金融债权转让合同纠纷案”，见《金融不良债权转让中发生的不当得利纠纷人民法院应当受理——中国信达资产管理公司济南办事处与中国银行股份有限公司淄博市周村支行金融债权转让合同纠纷案》（王富博，最高院民二庭），载《商事审判指导·案例分析》（201001/21:155）；另载《最高人民法院商事审判裁判规范与案例指导·案例指导》（2010:73）。

2.1

201001/21:155

2.7

2010:73

2010

31 债务人列入政策性关闭破产名单，不免除担保责任

——债务人被列入全国企业政策性关闭破产规划的，担保人担保责任并不当然免除，债权人可对相关担保人提起诉讼。

标签：不良资产 | 法院受理 | 破产 | 保证债权 | 保证 | 担保效力

法院认为：最高人民法院《关于审理涉及金融不良债权转让案件工作座谈会纪要》（法发〔2009〕19号）对此类案件受理问题作出专门规定，

案情简介：2007年11月，全国企业兼并破产和职工再就业工作领导小组将实业公司列入《全国企业关闭破产项目表》。同年12月，受让银行金融债权的资产公司起诉实业公司偿还借款，并要求保证人化工集团承担担保责任。

2.7

2011:348

2.6

v.2:371

2009

明确"债权人向已列入经国务院批准的全国企业政策性关闭破产总体规划并拟实施关闭破产的国有企业债务人主张清偿债务的"，法院不予受理。根据《民事诉讼法》规定，当事人起诉必须属于法院受理民事诉讼的范围。故资产公司对实业公司的起诉因不符合上述法律和司法政策的规定，依法应予驳回。但前述纪要仅针对被列入政策性破产企业债务人作为被告的案件，并不排除债权人对相关担保人提起诉讼的情形。同时，担保人的担保责任亦不因主债务人进入破产程序而当然免除。政策性破产企业的债务作为拟核销的呆坏账由债权银行予以核销，系金融企业对呆坏账按照国家政策性破产所实施的特殊财务处理方式，并不因此导致从债务即担保法律关系的消灭，担保人对担保债务仍应按法律规定和合同约定承担相应责任。故资产公司对担保人化工集团的起诉符合法律规定，亦不与前述纪要和相关政策相冲突，其诉权应受法律保护。

实务要点：债权人向已列入全国企业政策性关闭破产总体规划并拟实施关闭破产的国有企业债务人主张债务的，法院不予受理，但并不排除债权人对相关担保人提起诉讼的，担保人的担保责任亦不因主债务人进入破产程序而当然免除。

案例索引：最高人民法院（2009）民二终字第28号"某资产公司与某化工公司等借款担保合同纠纷案"，见《中国长城资产管理公司乌鲁木齐办事处与新疆昆仑股份有限公司、新疆化工（集团）有限责任公司、新疆新化化肥有限公司借款担保合同纠纷案》（审判长裴莹硕，审判员宫邦友，代理审判员刘崇理），载《最高人民法院商事审判裁判规范与案例指导·裁判文书》（2011:348）；另见《政策性破产企业的债务作为拟核销的呆坏账由债权银行予以核销的，担保法律关系并不因此而消灭》，载《最高人民法院商事审判指导案例·借款担保卷（上）》（2011:371）。

32 债务人政策性关闭破产，债权人仍可主张担保责任

——主债务人虽已被列入国家政策性关闭破产企业，但没有证据证明其已进入破产程序的，债权人仍可主张担保责任。

标签：不良资产 | 法院受理 | 破产 | 管辖 | 保证 | 担保效力

案情简介：2003年，东北特钢为抚

法院认为：根据最高人民法院《关于审理涉及金融不良债权转让案件工作座谈会纪要》的有关精神，债权人向国家政策性关闭破产的国有企业债务人主张清偿债务的，法院不予受理。抚顺特钢虽已被列入国家政策

顺特钢向银行先后贷款7835万元提供担保。2007年9月，受让银行该金融债权的资产公司起诉东北特钢要求承担担保责任。二审中，东北特钢提出抚顺特钢已被全国企业兼并破产和职工再就业工作领导小组列入国家政策性关闭破产企业，故法院不应受理此案。

2.7

2011:357

2.6

v.2:682

7

2009

性关闭破产企业，但没有证据证明其已进入破产程序，更何况本案债权人是要求债务人抚顺特钢的担保人东北特钢承担担保责任，而非向债务人抚顺特钢自身主张清偿债务，故法院受理本案并无不当。

实务要点： 债务人虽已被列入国家政策性关闭破产企业，但没有证据证明其已进入破产程序，在债权人要求债务人的担保人承担担保责任，而非向债务人自身主张清偿债务的，法院应予受理。

案例索引： 最高人民法院（2009）民二终字第51号“某资产公司与某钢材公司等借款担保合同纠纷案”，见《东北特殊钢集团有限责任公司与中国长城资产管理公司沈阳办事处借款及担保合同纠纷案》（审判长刘竹梅，审判员宫邦友，代理审判员刘崇理），载《最高人民法院商事审判裁判规范与案例指导·裁判文书》（2011:357）；另见《在公司章程并未明确规定一定额度以下为股东提供担保是否需要董事会或者股东会决议通过，且当公司债权人与公司股东的利益发生冲突时，应当优先保护公司债权人的利益》，载《最高人民法院商事审判指导案例·借款担保卷（下）》（2011:682）。

33 政策性资产转让协议产生纠纷，不属法院受案范围

——金融资产管理公司与国有商业银行就政策性金融资产转让协议发生纠纷起诉到法院的，不属于法院受理案件范围。

标签： 不良资产 | 法院受理 | 政策性资产转让

案情简介： 2000年，银行将生效判决确定的500万元债权及利息转让给资产公司，资产公司支付500万元转让对价后，发现该债权已超过法定申请执行期限。清收无望的资产公司以欺诈为由诉请确认转让协议无效。

2.1

200501/7:45

法院认为： 国有商业银行按不良资产的账面价值和表内利息从国家财政全额取得转让对价，故不良资产剥离实质上是根据国家政策而实施的，具有政府指令划转国有资产的性质。双方签订的资产转让协议虽然形式表现为民事合同，但其具有深刻的政策背景，承载着一定宏观经济目标，与民事关系当事人基于自身利益的考虑进行的民事交易行为不同，并未体现出民事活动“自愿、公平和等价有偿”的原则。根据最高人民法院《关于因政府调整划转企业国有资产引起的纠纷是否受理问题的批复》（法复〔1996〕4号）第1条规定“因政府及其所属主管部门对企业国有资产调整、划转过程中引起相关国有企业之间的纠纷，应由政府或所属国有资产管理部门处理。国有企业作为当事人向人民法院提起民事诉讼的，人民法院不予受理。”金融资产管理公司与国有商业银行就政策性金融资产转让协议产生的纠纷不属法院受案范围，法院不应予以受理。应特别强调的是，近年来商业银行不良资产处置

2005

方式的变化，许多银行不良资产的处置已不再采用指令性划拨的方式，而是采取招标等方式，这类处置方式运用的是民事交易的规则，与政策性的资产剥离有区别，上述不予受理的案件范围应严格限定在政策性资产转让范围内。

实务要点： 金融资产管理公司接收国有商业银行的不良资产是国家根据有关政策实施的，具有政府指令划转国有资产的性质。金融资产管理公司与国有商业银行就政策性金融资产转让协议发生纠纷起诉到法院的，法院不予受理。但采取招标等方式处置不良资产的，运用的是民事交易规则，与政策性的资产剥离有区别，不予受理的案件范围应严格限定在政策性资产转让范围内。

案例索引： 最高人民法院《关于人民法院是否受理金融资产管理公司与国有商业银行就政策性金融资产转让协议发生的纠纷问题的答复》（2005年6月17日〔2004〕民二他字第25号）；最高人民法院答复"中国农业银行武汉市汉口支行与中国长城资产管理公司武汉办事处债权转让合同纠纷案"，见《人民法院是否受理金融资产管理公司与国有商业银行就政策性金融资产转让协议发生的纠纷》（张树明，最高院民二庭），载《民商事审判指导·请示与答复》（200501/7:45）。

34 债权人可单独向负连带保证责任的保证人提起诉讼

——债务人逾期未履行债务的，债权人既可要求债务人履行，亦可要求连带责任保证人在其保证范围内承担保证责任。

标签： 不良资产 | 法院受理 | 合并审理 | 保证 | 保证责任主张

案情简介： 1999年，烟草公司向银行贷款，卷烟厂提供连带责任保证。2001年，烟草公司进入破产还债程序。同年，受让银行不良债权的资产公司单独起诉卷烟厂要求对偿还贷款本息承担保证责任。

法院认为： 卷烟厂向银行提供的保证系连带责任保证，债权人银行既可要求债务人烟草公司履行债务，亦可要求保证人卷烟厂承担连带保证责任。是否向债务人烟草公司提起诉讼，是债权人银行的权利。卷烟厂关于追加债务人烟草公司为本案共同被告的理由，不予支持。

实务要点： 根据《担保法》第18条第2款规定，连带责任保证的债务人在主合同规定的债务履行期届满未履行债务的，债权人可要求债务人履行债务，亦可要求保证人在其保证范围内承担保证责任。

2.1

200202/2:225

2002

案例索引： 最高人民法院判决“某资产公司与某卷烟厂担保合同纠纷案”，见《保证合同是否有效及债务人是否应为本案共同被告——利川卷烟厂与中国长城资产管理公司武汉办事处担保合同纠纷上诉案》（刘敏），载《民商审判指导与参考·案例评析》（200202/2:225）。

合并审理

7

35 同一债权人多笔债权有多个担保人的，应分开审理

——原告据以提起诉讼的基础法律关系涉及多份借款合同，担保人、担保对象、金额、方式均不相同，不应合并审理。

标签： 不良资产 | 合并审理 | 管辖 | 抵押 | 诉讼程序 | 共同诉讼

案情简介： 2007年，从资产公司受让不良债权3200万余元的投资公司起诉债务人矿业集团和矿产公司，同时起诉为数份债务提供担保的农机公司等6个担保人，包括自然人和法人，保证方式包括保证和抵押。农机公司提出管辖权异议，并称不能合并审理。一审法院裁定认为本案不属于合并审理的共同诉讼，应根据每个借款合同分别起诉，各自分开审理。

法院认为： 投资公司据以起诉的基础法律关系涉及多份借款合同，借款人为矿业集团和矿产公司两家公司，为借款合同提供担保的担保人既有多个自然人又有多个法人，各担保人所提供担保的对象、金额、方式也不相同。根据《民事诉讼法》第53条规定，此类诉的合并需要当事人同意和法院许可。而作为本案当事人之一的农机公司对投资公司在原审法院提起的诉讼明确提出了管辖权异议且不同意合并审理，原审法院亦不认为本案可合并审理，故投资公司在原审法院所提起的诉讼不具备法定的合并审理条件，依法应予驳回。

实务要点： 原告据以提起诉讼的基础法律关系涉及多份借款合同，虽然借款人为同一主体，但多份借款合同提供担保的担保人均系多人，各担保人所提供担保的对象、金额、方式也不相同。根据《民事诉讼法》的规定，此类诉讼的合并需要当事人同意并经法院许可，否则法院对此类案件不予合并审理。

1.1

2008:447

2007

案例索引： 最高人民法院（2007）民四终字第28号“某投资公司与某矿业集团等借款担保合同纠纷案”，见《瑞华投资控股公司与山东鲁祥铜业集团有限公司、山东省嘉祥景韦铜业有限公司、陈中荣、高学敏等借款担保合同纠纷案》（审判长陆效龙，代理审判员陈纪忠、奚向阳），载《最高人民法院公报·裁判文书选登》（2008:447）。

36 银行可以合并起诉拖欠两笔到期债权的同一债务人

——债权人就两笔到期债务一并起诉，法院未经当事人同意就该客体合并审理并作出判决的，不违反法律禁止性规定。

标签： 不良债权 | 合并审理 | 抵押 | 借款合同 | 法院受理 | 客体合并

案情简介： 2001年和2003年，开发公司两次为实业公司与银行签订的两笔共计4700万元借款提供抵押担保。2005年，两笔借款到期后，银行起诉开发公司和实业公司。实业公司认为，两笔借款时间、数额、期限及利率均不相同，不应合并审理。

法院认为： 虽然银行本案中所主张的4700万元债务原系两份借款合同形成，但鉴于其向法院提起诉讼时，该两笔借款均已到期，其一并提起诉讼并不违反法律强制性规定。《民事诉讼法》规定的须经当事人同意人民法院方可合并审理的共同诉讼系指主体合并的情形，其前提是当事人一方或者双方主体必须为二人以上。而本案当事人一方或者双方主体均为一人，故不存在主体合并的问题，而应是事实上的客体合并。因我国法律并未规定因客体合并审理的共同诉讼亦须以当事人同意为前提条件，故法院根据银行的诉请将基于两个合同形成的债务合并审理并作出一份判决并无不当。

实务要点： 《民事诉讼法》关于“当事人一方或者双方为二人以上，其诉讼标的是共同的，或者诉讼标的是同一种类、人民法院认为可以合并审理并经当事人同意的，为共同诉讼”的规定，是指诉讼主体合并审理，其前提是当事人一方或者双方必须为二人以上。我国法律并无客体合并审理必须经当事人同意的强制性规定。债权人就两笔到期债务一并提起诉讼，法院合并审理并作出一份判决并不违反法律规定。

1.1

2006:279

2005

案例索引： 最高人民法院（2005）民二终字第186号“某实业公司与某银行等抵押借款合同纠纷案”，见《吉庆公司、华鼎公司与农行西藏分行营业部抵押借款合同纠纷案》（审判长吴庆宝，代理审判员宫邦友、刘敏），载《最高人民法院公报·裁判文书选登》（2006:279）。

37 担保人与债务人相同的，诉的合并与否，法院决定

——诉的合并既可基于当事人的申请，亦可由法院决定。担保人与债务人系同一人的，诉的合并与否，可由法院决定。

标签： 不良资产 | 合并审理 | 管辖 | 担保合同 | 保证 | 借款合同 | 法院受理

案情简介： 1994年至1997年，水泥厂先后5次向银行借款1260万元，建材公司与化工公司分别作为保证人。2000年，银行将该5笔不良金融债权本息转让给资产公司。2003年，何某受让债权后起诉。化工公司认为本案担保人不同，不应合并审理。

法院认为： 诉的合并既可基于当事人的申请，亦可由法院决定。本案中涉及的两个债务纠纷，债权人均为何某，债务人均为水泥厂，债权债务的性质相同，且均属于一审法院管辖范围，法院将两个债务纠纷合并审理并无不当。化工公司仅以债务的担保人不同，提出不应合并审理，其主张应予驳回。

实务要点： 诉的合并既可基于当事人的申请，亦可由法院决定；担保人与债务人系同一人的，由法院决定是否合并审理。

案例索引： 最高人民法院（2003）民一终字第46号“何某诉某化工公司等债务纠纷案”，见《何荣兰诉海科公司等清偿债务纠纷案》（审判长俞宏武，代理审判员贾劲松、关丽），载《最高人民法院公报·裁判文书选登》（2004:197）；另见《东营市海科化学工业有限责任公司与何荣兰、东营水泥制品厂、东营市黄河口建材开发总公司清偿债务纠纷上诉案》，载《民事审判指导与参考·最高人民法院裁判文书选登》（200304/16:412）。

7

1.1

2004:197

2.2

200304/16:412

2003

38 同一保证人为同一债权人数笔债担保，可合并审理

——同一债权人因同一保证人为数个不同主债务人提供连带保证责任而诉请保证人承担保证责任，法院可以合并审理。

标签： 不良资产 | 合并审理 | 管辖 | 担保合同 | 保证 | 诉的客体合并

案情简介： 1998年至2000年期间，电子公司分别为实业公司等4个不同的债务人向银行借款提供连带责任保证。2011年，受让银行该不良债权的资产公司起诉电子公司，要求承担上述4

法院认为： 本案中，资产公司仅起诉电子公司，符合最高人民法院《关于适用〈担保法〉若干问题的解释》第126条“连带责任保证的债权人可以将债务人或者保证人作为被告提起诉讼，也可以将债务人和保证人作为共同被告提起诉讼”规定。依《民事诉讼法》第56条关于“对当事人双方的诉讼标的，第三人虽然没有独立请求权，但案件处理结果同他有法律上的利害关系的，可以申请参加诉讼，或者由人民法院通知他参加诉讼”规定，基于查清案涉主债务数额等相关事实，

笔总计1.6亿余元的保证债务。电子公司在二审提出管辖权异议，法院以应追加主债务人作为无独立请求权第三人为由发回重审。重审过程中，电子公司以4笔债务不同，且均不符合一审高院级别管辖的数额为由，提出管辖权异议。

2.6

v.9:463

2012

明确担保责任范围需要，应将案涉主债务人追加为第三人。依最高人民法院《关于适用〈民事诉讼法法〉若干问题的意见》第66条“在诉讼中，无独立请求权的第三人有当事人的诉讼权利义务，判决承担民事责任的无独立请求权的第三人有权提出上诉。但该第三人在一审中无权对案件的管辖权提出异议，无权放弃、变更诉讼请求或者申请撤诉”规定，即使主债务人作为无独立请求权的第三人参加本案诉讼，其在诉讼中亦无独立的诉讼请求，无权提出管辖权异议。《民事诉讼法》第53条主要是对诉的主体合并的规定，其适用条件之一是当事人一方或双方应为二人以上。本案双方均为单一主体，实质上是诉的客体合并。关于诉的客体合并，我国法律并无“必须经当事人同意”的强制性规定。依审判惯例，法院将此类案件合并审理，可节约诉讼成本，减少当事人诉累，且不损害当事人合法权益。电子公司一审未提出管辖权异议，法院据此进行了实体审理，在二审以未追加主债务人参加诉讼发回重审过程中，基于管辖恒定原则，不宜再改变管辖法院。故本案应继续由原审法院审理。

实务要点： 同一债权人因同一保证人为数个不同主债务人提供连带保证责任而诉请保证人承担保证责任引起的保证合同纠纷，法院基于诉的客体合并，在法律并无“必须经当事人同意”的强制性规定情况下，可以合并审理。

案例索引： 最高人民法院（2012）民二终字第117号“某资产公司与电子公司保证合同纠纷案”，见《关于诉的客体的合并，我国法律中并无“必须经当事人同意”的强制性规定——中国长城资产管理公司长春办事处与吉林华星电子集团有限公司保证合同纠纷案》（审判长王东敏，审判员刘崇理，代理审判员曾宏伟），载《最高人民法院商事审判指导案例（2012）·公司与金融》（2013:463）。

39 原审判决遗漏债权人享有抵押物优先受偿权的处理

——当事人变更诉讼请求增加主张对抵押物的优先受偿权，法院对借款抵押事实又予确认的，应判决确认优先受偿权。

标签：不良资产 | 合并审理 | 抵押 | 遗漏优先受偿权

案情简介：1996年至2003年，实业

法院认为： 资产公司提起本案诉讼时及向原审法院提交诉讼请求变更申请中，均提出其对实业公司名下的两宗房产享有优先受偿的权利。原审判决对实业公司以上述两宗房产为对应的借款合同提供抵押担保，并到

公司先后向银行14次贷款共计2亿余元。2010年，受让该金融债权的资产公司提起诉讼，就其中1笔借款，在增加的诉讼请求中提出了优先受偿权主张。一审判决亦对该借款抵押登记事实予以确认，但判决主文未确认资产公司对该抵押物享有优先受偿权。

相关部门办理了房产抵押登记手续的事实亦予确认。根据《担保法》第33条第1款规定，在实业公司不履行债务时，资产公司有权以该财产折价或者以拍卖、变卖该财产的价款优先受偿。原审判决未就资产公司对该抵押物享有优先受偿权作出判定，显属不当，故予纠正。

实务要点： 当事人变更诉讼请求增加提出对抵押物的优先受偿权主张，法院对借款抵押事实又予确认的，应在判决主文中就当事人享有的优先受偿权予以确认。

2.6

v.6:327

2011

案例索引： 最高人民法院（2011）民二终字第57号“某资产公司与某实业公司等借款合同纠纷案”，见《借款担保合同纠纷中对担保物的优先受偿权——中国东方资产管理公司广州办事处与广州市永大集团公司、广州三兴纤维板企业有限公司借款合同纠纷案》（审判长王宪森，审判员殷媛，代理审判员张雪楳），载《最高人民法院商事审判指导案例·合同与借贷担保卷（6）》（2012:327）。

7

40 债权人可将同一债务人和多个保证人列为共同被告

——债权人和债务人相同的多笔借款合同，尽管借款期限、金额，保证人不同，各保证人仍可作为共同被告合并审理。

标签： 不良资产 | 合并审理 | 保证 | 共同被告

案情简介： 2002年至2004年，开发公司先后四次向银行借款，分别由不同保证人提供担保。2005年，受让该金融债权的公司以开发公司和各保证人为共同被告一并起诉。

法院认为： 最高人民法院《关于适用〈民事诉讼法〉若干问题的意见》第53条规定：“因保证合同纠纷提起的诉讼，债权人向保证人和被保证人一并主张权利的，人民法院应当将保证人和被保证人列为共同被告。”故本案法院将各保证人列为共同被告进行合并审理，符合法律规定。

实务要点： 债权人和债务人相同的多笔借款合同，尽管借款期限、金额，保证人主体、期限、方式不同，各保证人仍可作为共同被告，由法院合并审理。

2.6

v.2:782

2007

案例索引： 最高人民法院（2007）民二终字第180号“某资产公司与某实业公司等借款担保合同纠纷案”，见《因保证合同纠纷提起的诉讼，债权人向保证人和被保证人一并主张权利的，人民法院应当将保证人和被保证人列为共同被告——西藏海特实业开发有限公司与中国长城资产管理公司成都办事处、成都海成实业开发有限公司、成都市兴泰装饰工程有限公司、成都市公交瑞阳实业有限公司借款担保合同纠纷案》（审判长付金联，审判员张树明，代理审判员王涛），载《最高人民法院商事审判指导案例·借款担保卷（下）》（2011:782）。

41 同一债权人但债务人、担保人不同的合并审理特例

——对于案件的诉讼标的属于同一种类，法院认为可以合并审理并经各方当事人同意的，可以作为共同诉讼合并审理。

标签：不良资产 | 合并审理 | 管辖 | 担保合同 | 保证

案情简介： 1989年至1996年，银行分别向电石厂、冶炼厂发放三批贷款，并分别由胶带厂、油漆厂、矿产公司提供连带责任保证。2004年，受让该批不良金融债权的资产公司以借款担保合同纠纷合并起诉。一审以超过诉讼时效或无证据原件判决驳回，资产公司上诉要求改判，同时提出一审合并审理三个不同的法律关系存在程序瑕疵。

法院认为： 本案涉及三个不同的法律关系，除了债权人为同一主体即资产公司外，债务人、担保人均不相同，诉讼标的不同，但属于同一种类。根据《民事诉讼法》相关规定，对诉讼标的为同一种类，法院认为可以合并审理并经当事人同意的，为共同诉讼。本案三个被上诉人虽在一审答辩期间未提出管辖异议，但对原审法院合并审理提出过异议，未被原审法院采纳。鉴于本案是上诉人作为一审原告提起的共同诉讼，已经原审开庭审理，上诉人在具体上诉请求中又要求二审改判三被上诉人分别承担连带保证责任，应视为上诉人同意本案由二审法院审理并作出实体判决。故对上诉人关于原审法院合并审理案件存在程序瑕疵的问题，本院不再审理。

实务要点： 对诉讼标的为同一种类，法院认为可以合并审理并经当事人同意的，可以作为共同诉讼合并审理。

2.1

200501/7:248

2004

案例索引： 最高人民法院（2004）民二终字第208号“某资产公司与某进出口公司等借款担保合同纠纷案”，见《中国信达资产管理公司银川业务部与宁夏五金矿产进出口公司等借款担保合同纠纷上诉案》（审判长吴庆宝，代理审判员宫邦友、刘敏），载《民商事审判指导·判决书选登》（200501/7:248）。

42 债权人可单独向负连带保证责任的保证人提起诉讼

——债务人逾期未履行债务的，债权人既可要求债务人履行，亦可要求连带责任保证人在其保证范围内承担保证责任。

标签：不良资产 | 合并审理 | 法院受理 | 保证 | 保证责任主张

案情简介： 1999年，烟草公司向银

法院认为： 卷烟厂向银行提供的保证系连带责任保证，债权人银行既可要求债务人烟草公司履行债务，亦可要求保证人卷烟厂承担连带保证责任。是否向债务人烟草公司提起诉讼，是债权人银行的权利。卷烟厂关于

行贷款，卷烟厂提供连带责任保证。2001年，烟草公司进入破产还债程序。同年，受让银行不良债权的资产公司单独起诉卷烟厂要求对偿还贷款本息承担保证责任。

追加债务人烟草公司为本案共同被告的理由，不予支持。

实务要点： 根据《担保法》第18条第2款规定，连带责任保证的债务人在主合同规定的债务履行期届满未履行债务的，债权人可要求债务人履行债务，亦可要求保证人在其保证范围内承担保证责任。

2.1

200202/2:225

2002

案例索引： 最高人民法院判决“某资产公司与某卷烟厂担保合同纠纷案”，见《保证合同是否有效及债务人是否应为本案共同被告——利川卷烟厂与中国长城资产管理公司武汉办事处担保合同纠纷上诉案》（刘敏），载《民商审判指导与参考·案例评析》（200202/2:225）。

7

管辖

43 不良资产受让方起诉，受限于原借款合同管辖约定

——不良债权虽几经转让，但新的债权人均未与债务人、保证人重新约定管辖法院，原协议管辖约定应认定继续有效。

标签： 不良资产 | 管辖 | 债权转让 | 保证 | 借款合同 | 概括转让

案情简介： 2000年，位于河南的化工公司与银行签订借款合同，由位于北京的化工集团提供保证担保，借款合同和保证合同均由银行所在地法院管辖。之后，受让银行该不良资产的资

法院认为： 投资公司主张的债权受让自资产公司，资产公司又受让自银行。本案所涉原始借款保证合同约定，如发生纠纷由银行所在地法院通过诉讼方式解决。本案所涉主债权经过两次转让，相关的债权转让合同当事人均未与主债务人和保证人约定新的管辖法院，亦未排除原借款保证合同中对管辖权的约定。根据最高人民法院法释《关于审理涉及金融资产管理公司收购、管理、处置国有银行不良贷款形成的资产的案件适用法律若干问题的规定》第3条第2款“原债权银行与债务人有

产公司又将该债权转让给位于北京的投资公司。投资公司在北京起诉，化工集团主张应按原始借款保证合同约定的地域管辖确定，即河南高院才有管辖权。北京高院一审认为：债权再次转让形成新的债权债务关系，原借款保证合同就地域管辖约定对新的法律关系主体不具有约束力，故驳回化工集团管辖异议。化工集团向最高人民法院上诉称：两次债权转让均属于原合同权利义务的概括转让，新的受让人应承继履行让与人在原合同中的全部义务，包括约定管辖。

协议管辖约定的，如不违反法律规定，该约定继续有效"之规定，及最高人民法院法《关于金融资产管理公司收购、处置银行不良资产有关问题的补充通知》第1条"金融资产管理公司受让不良贷款后，通过债权转让方式处置不良资产的，可以适用本院发布的上述规定"之规定，可认定各原始借款保证合同约定的纠纷解决方式对本案双方当事人仍然具有约束力。另外，审理化工集团与投资公司之间因保证合同产生的纠纷，应以相关的借款关系为基础，而原债权人银行与主债务人化工公司住所地均在河南省，由河南省的有关法院审理本案便于查清案件事实。依最高人民法院《关于各高级人民法院受理第一审民事、经济纠纷案件问题的通知》有关规定，本案争议金额达到河南高院受理标准，故裁定移送河南高院审理。

实务要点： 当事人在订立合同中，为解决可能发生的纠纷而明确约定了管辖法院。此后基于合同形成的债权几经转让，但新的债权人均未与债务人、保证人重新约定管辖法院，亦未排除原合同关于管辖法院约定的，只要原协议管辖约定不违反法律规定，则应认定继续有效。

1.1

2007:270

2006

案例索引： 最高人民法院（2006）民二终字第186号"某化工集团诉某投资公司借款合同纠纷案"，见（《中国昊华化工（集团））总公司与中企国际投资有限公司借款合同纠纷案》（审判长贾纬，代理审判员沙玲、苑多然），载《最高人民法院公报·裁判文书选登》（2007:270）。

44 关于主体资格异议，非属应以裁定驳回的管辖异议

——当事人以原告不具备诉讼主体资格，应由适格原告主体所在地的法院管辖为由提出异议的，不应属于管辖权异议。

标签： 不良资产 | 管辖 | 主体资格 | 借款合同 | 办事处

案情简介： 2011年，受让银行不良债权的资产公司办事处起诉债务人钢铁公司清偿借款。钢铁公司以办事处不具有主体资格，应由资产公司所在地法院管辖为由提出异议，原审法院口

法院认为： 《民事诉讼法》（2007年修正）第38条规定："人民法院受理案件后，当事人对管辖权有异议的，应当在提交答辩状期间提出。人民法院对当事人提出的异议，应当审查。异议成立的，裁定将案件移送有管辖权的人民法院；异议不成立的，裁定驳回。"依该规定，法院裁定驳回前提是当事人所提异议属于管辖权异议。如异议内容本身不属管辖权异议，则不符合该条规定的裁定驳回条件。钢铁公司以资产公司办事处非独立法人、不具备诉讼主体资格，应由资产公司作为

头驳回。钢铁公司认为未以裁定形式驳回管辖权异议属于程序违法。

2.6

v.9:414

2012

原告，并由资产公司所在地法院管辖为由提出异议，不属于管辖权异议，而是对资产公司办事处是否具有诉讼主体资格的异议，故不适用前述法律规定。对此项异议，法律并未规定单独的裁定驳回程序。原审法院对此予以释明并以口头形式驳回钢铁公司异议申请并无不当。根据最高人民法院《关于审理涉及金融资产管理公司收购、管理、处置国有银行不良贷款形成的资产的案件适用法律若干问题的规定》第1条、第3条规定，资产公司办事处具备诉讼主体资格，原审法院拥有管辖权。

实务要点： 当事人以原告不具备诉讼主体资格，应由适格主体作为原告，并以适格主体所在地法院管辖为由提出异议，不属于管辖权异议，不适用《民事诉讼法》有关对管辖权异议应以书面裁定驳回的规定。

案例索引： 最高人民法院（2012）民二终字第24号“某资产公司与某钢铁公司等借款合同纠纷案”，见《以原告主体不适格为由提出的异议不属于应以裁定方式驳回的管辖权异议——乌兰浩特钢铁有限责任公司与中国长城资产管理公司呼和浩特办事处借款合同纠纷案》（审判长雷继平，审判员陈明焰，代理审判员李志刚），载《最高人民法院商事审判指导案例（2012）·公司与金融》（2013:414）。

7

45 基于行政划拨过程中的纠纷提起诉讼，应不予受理

——政府主管部门在对企业国有资产进行行政性调整、划拨过程中发生的纠纷，法院应裁定不予受理或裁定驳回起诉。

标签： 不良资产 | 法院受理 | 企业改制 | 管辖 | 借款合同

案情简介： 1998年，桃园粮库向银行借款1亿余元。2005年，南山粮库基于区政府行政划拨，取得桃园粮库1.8万平方米的国有土地使用权。受让银行不良债权的资产公司起诉桃园粮库偿付借款，并以“债随资产走”为由，同时诉请南山粮库承担连带责任。

法院认为： 南山粮库通过区政府行政划拨行为无偿取得桃园粮库享有的国有土地使用权，即其取得该国有土地使用权是基于行政划拨行为。根据最高人民法院《关于审理与企业改制相关的民事纠纷案件若干问题的规定》第3条的规定，政府主管部门在对企业国有资产进行行政性调整、划拨过程中发生的纠纷，当事人向人民法院提起民事诉讼的，人民法院不予受理。故本案资产公司与南山粮库之间的纠纷，法院不应作为民事案件受理。同时，根据最高人民法院《关于适用〈民事诉讼法〉若干问题的意见》相关规定，起诉不符合受理条件的，人民法院应裁定不予受理；立案后发现起诉不符合受理条件的，裁定驳回起诉。

2.1 故本案应裁定驳回资产公司对南山粮库的起诉。

201003/23:172 **实务要点：** 政府主管部门在对企业国有资产进行行政性调整、划拨
2.7 过程中发生的纠纷，当事人向法院提起民事诉讼的，法
2011:129 院不予受理；立案后发现起诉不符合受理条件的，裁定驳回起诉。

2010 **案例索引：** 最高人民法院（2010）民二终字第71号“某资产公司诉某粮库等借款合同纠纷案”，见《上诉人中国长城资产管理公司沈阳办事处与被上诉人锦州南山粮食储备库、辽宁锦州国家粮食储备库、原审被告锦州桃园粮库金融借款合同纠纷案》（审判长宫邦友，审判员朱海年，代理审判员张雪楳），载《商事审判指导·商事裁判文书选登》（201003/23:172）；另载《最高人民法院商事审判裁判规范与案例指导·裁判文书》（2011:129）。

46 金融不良资产剥离中，先行提交行政处理约定有效

——商业性金融不良资产剥离转让当事人约定了前置行政调解的争端解决程序，当事人直接向法院起诉的，应予驳回。

标签： 不良资产 | 管辖 | 先行行政处理约定 | 先行调解

案情简介： 2009年，资产管理公司以债权转让纠纷起诉银行。银行提出依照相关政策规定剥离金融不良资产时，双方所签债权转让协议约定：“如发生纠纷，无法通过协商达成一致时，双方应将有关纠纷提交人民银行和财政部进行调解；如经调解仍不能达成一致，任何一方均有权向有管辖权的法院提起诉讼。”故银行认为本案依约应先行调解处理。

法院认为： 我国银行业剥离和转让不良资产，属于重大财政金融政策，事关国家金融秩序与金融安全。银行与资产管理公司之间的不良金融资产转让，实质上是国家金融政策调整的结果，与平等市场主体按照意思自治和等价有偿原则进行的交易行为有所区别。本案当事人双方约定：“如发生纠纷，无法通过协商达成一致时，双方应将有关纠纷提交人民银行和财政部进行调解；如经调解仍不能达成一致，任何一方均有权向有管辖权的法院提起诉讼。”资产管理公司未依约将有关纠纷提交人民银行和财政部进行调解，违反约定。故应驳回资产管理公司的起诉。

实务要点： 在有专门政策调整的商业性金融不良资产剥离转让法律关系中，当事人约定了提交人民银行和财政部进行调解的争端解决程序，当事人直接向法院起诉的，法院应驳回其起诉。

2.6 **案例索引：** 最高人民法院（2009）民申字第1205号“某资产公司
v.5:766 与某银行债权转让合同纠纷案”，见《在有专门政策调整的法律关系中，当事人按相关政策约定了争端解决程序又向人民法

2009

院起诉的，应不予受理——中国长城资产管理公司大连办事处与中国工商银行股份有限公司辽宁省分行债权转让合同纠纷案》（审判长叶小青，审判员陈明焰、王闯），载《最高人民法院商事审判指导案例·第五卷（下）》（2011:766）。

47 原债权人与借款人管辖条款，对债权受让人仍有效

——原债权银行与债务人之间约定“向贷款人所在地法院起诉”的管辖条款，如不违反法律规定，该约定仍继续有效。

标签：不良资产 | 管辖 | 借款合同 | 协议管辖 | 贷款人所在地

案情简介： 2007年，受让银行金融债权的信达资产公司南京办事处在江苏法院起诉债务人铝厂。铝厂认为办事处不具有法人资格，应由信达公司住所地的北京法院管辖。

7

法院认为： 根据最高人民法院《关于审理涉及金融资产管理公司收购、管理、处置国有银行不良贷款形成的资产的案件适用法律若干问题的规定》第1条规定，金融资产管理公司在各地设立的办事处有权以自己名义就其办理的金融业务提起诉讼。本案诉争借款合同对地域管辖权均有明确约定，即发生争议时“依法直接向贷款人所在地人民法院起诉”，而这里的贷款人银行地处江苏省，根据前述规定第3条第2款规定：“原债权银行与债务人有协议管辖约定的，如不违反法律规定，该约定继续有效”，故即使按铝厂意见本案应由信达资产公司起诉，江苏高院亦有地域管辖权。

2.6

v.1:664

2007

实务要点： 根据最高人民法院《关于审理涉及金融资产管理公司收购、管理、处置国有银行不良贷款形成的资产的案件适用法律若干问题的规定》第3条第2款规定，原债权银行与债务人有协议管辖约定的，如不违反法律规定，该约定继续有效。

案例索引： 最高人民法院（2007）民二终字第177号“某资产公司与某加工厂等管辖权异议案”，见《地域管辖与级别管辖的确定——华东铝加工厂与中国信达资产管理公司南京办事处、江苏索普（集团）有限公司借款合同纠纷管辖权异议案》（审判长钱晓晨，代理审判员刘敏、杨征宇），载《最高人民法院商事审判指导案例·合同卷（下）》（2011:664）。

48 兵团直属股份公司为被告案件，应由兵团分院管辖

——对于兵团直属股份制公司作被告，且其住所地位于兵团集中办公区的案件，应由新疆高院生产建设兵团分院管辖。

法院认为： 农垦公司系兵团直属股份制公司，该公司住所地系18家兵团单位的

标签：不良资产 | 管辖 | 专属管辖 | 兵团分院管辖 | 借款合同

案情简介：2005年，受让银行金融债权的资产公司在新疆高院起诉农垦公司要求偿还借款。农垦公司以其系兵团直属股份制公司为由，提出应由新疆高院兵团分院管辖。经查，农垦公司住所地在兵团18家单位集中办公区，除工商、税务外的其他各方面事务均由兵团统一管理。

集中办公区，其余8家私营企业以租赁形式入驻该大厦，农垦公司的劳动人事、党务、社会保障、进出口业务、生产经营、物业等方面事务由兵团统一进行管理。根据最高人民法院《关于新疆生产建设兵团人民法院案件管辖权问题的若干规定》第3条规定，本案应由新疆高院生产建设兵团分院管辖。

实务要点：对于兵团直属股份制公司作为被告，且其住所地位于兵团单位集中办公区的案件，应由新疆高院生产建设兵团分院管辖。

2.6

v.1:668

2006

案例索引：最高人民法院（2005）民二终字第189号“某资产公司与某进出口公司等借款担保合同管辖纠纷案”，见《兵团人民法院管辖案件的范围——新疆农垦进出口（集团）股份有限公司与中国东方资产管理公司兰州办事处借款担保合同管辖纠纷案》（审判长徐瑞柏，审判员张树明，代理审判员张雪楳），载《最高人民法院商事审判指导案例·合同卷（下）》（2011:668）。

49 连带责任担保合同纠纷，由担保人住所地法院管辖

——因借款担保人承担连带责任的担保合同发生纠纷，债权人向担保人主张权利的，应当由担保人住所地的法院管辖。

标签：不良资产 | 管辖 | 担保合同 | 保证 | 主合同 | 从合同

案情简介：2006年，受让银行金融债权的长城资产公司南昌办事处在江西高院起诉位于景德镇的陶瓷公司及担保人煤气厂。煤气厂以办事处不具有法人资格为由，主张应由长城资产公司所在地即北京高院受理。

2.6

v.1:671

法院认为：长城资产公司南昌办事处持有中国银监会江西监督局颁发的《金融许可证》，并向江西省工商局办理了工商登记。根据最高人民法院《关于审理涉及金融资产管理公司收购、管理、处置国有银行不良贷款形成的资产的案件适用法律若干问题的规定》第1条规定，长城公司南昌办事处具备诉讼主体资格。本案系办事处与陶瓷公司之间成立的资金拆借合同关系，属于借款合同纠纷。根据《民事诉讼法》关于“因合同纠纷提起的诉讼，由被告住所地或者合同履行地人民法院管辖”的规定，以及最高人民法院《关于如何确定借款合同履行地问题的批复》关于贷款方所在地为合同履行地的规定，本案贷款方及借款方住所地均在江西省境内，故江西高院受理该案符合法律规定。煤气厂是上述借款合同的连带责任保证人，根据最高人民法院《关于适用〈担保法〉若干问题的解释》第129条第1款关于“主合同和担保合同发生纠纷提起诉讼的，应当根据主合同确定案件管辖。担保人承担连

2006

带责任的担保合同发生纠纷，债权人向担保人主张权利的，应当由担保人住所地的法院管辖”的规定，本案亦应由江西高院管辖。故裁定驳回陶瓷公司的管辖异议。

实务要点： 主合同和担保合同发生纠纷提起诉讼的，应根据主合同确定案件管辖。担保人承担连带责任的担保合同发生纠纷，债权人向担保人主张权利的，应当由担保人住所地的法院管辖。

案例索引： 最高人民法院（2006）民二终字第170号“某资产公司与某煤气公司借款合同管辖异议案”，见《主合同和担保合同纠纷管辖法院的确定——景德镇市焦化煤气总厂与中国长城资产管理公司南昌办事处借款合同纠纷案件管辖权异议案》（审判长裴莹硕，审判员朱海年，代理审判员宫邦友），载《最高人民法院商事审判指导案例·合同卷（下）》（2011:671）。

7

50 担保纠纷由担保人住所地法院管辖，非属专属管辖

——担保纠纷由担保人住所地法院管辖不是专属管辖性质。当事人在合同中关于合同履行地法院管辖的约定应为有效。

标签：不良资产 | 管辖 | 担保管辖 | 专属管辖 | 保证 | 担保合同

案情简介：2002年，投资公司向银行借款，实业公司、开发公司等担保人分别与银行签订质押合同或保证合同，所有合同均约定由乙方即银行所在地法院管辖。2004年，受让银行该不良债权的资产公司在银行和资产公司所在地即北京高院起诉，实业公司认为本案应由第一被告投资公司所在地即新疆高院管辖。

2.6

v.2:386

法院认为： 根据《民事诉讼法》关于“因合同纠纷提起的诉讼，由被告住所地或者合同履行地人民法院管辖”和最高人民法院《关于如何确定借款合同履行地问题的批复》（法复〔1993〕10号）关于“除当事人另有约定外，应确定贷款方所在地为合同履行地”之规定，本案所涉借款合同履行地应为银行所在地即北京市，案件可由北京法院管辖。尽管最高人民法院《关于适用〈担保法〉若干问题的解释》第129条第1款规定：“担保人承担连带责任的担保合同发生纠纷，债权人向担保人主张权利的，应当由担保人住所地的法院管辖”，但该规定并非专属管辖的规定。根据《民事诉讼法》关于“合同的双方当事人可以在书面合同中协议选择被告住所地、合同履行地、合同签订地、原告住所地、标的物所在地人民法院管辖，但不得违反本法对级别管辖和专属管辖的规定”之规定，由于本案当事人关于管辖的约定并未违反法律关于级别管辖和专属管辖的规定，故本案诉讼管辖约定应为有效。鉴于银行与资产公司签订债权转让协议并受让债权，合同中关于诉讼管辖的约定亦应对资产公司产生效力。由于本案中，无论贷款人还是债权受让人住所地皆在北京，故北京高院对本案享有管辖权。

2005

实务要点： 最高人民法院《关于适用〈担保法〉若干问题的解释》第129条第1款规定："担保人承担连带责任的担保合同发生纠纷，债权人向担保人主张权利的，应当由担保人住所地的法院管辖。"该规定并非专属管辖的规定。当事人在合同中约定合同履行地法院管辖的，只要不违反级别管辖和专属管辖的规定，应为有效。

案例索引： 最高人民法院（2005）民二终字第125号"某投资公司与某实业公司等借款合同纠纷案"，见《担保人承担连带责任时由担保人住所地法院管辖的规定，并非专属管辖——重庆国际实业投资股份有限公司与北京首创资产管理有限责任公司、德隆国际战略投资有限公司、新疆航空公司、武汉华策投资有限公司、新疆德隆（集团）有限责任公司借款合同纠纷案》（审判长叶小青，审判员陈明焰，代理审判员王闯），载《最高人民法院商事审判指导案例·借款担保卷（上）》（2011:386）。

公证债权文书

51 公证债权文书基础事实，不属于法院实体审查范围

——法院对公证债权文书实体审查的对象原则上应限定于公证债权文书本身，而不涉及公证债权文书形成的基础事实。

标签：不良资产 | 公证债权文书 | 执行 | 基础事实 | 执行异议

案情简介： 2003年，开发公司向银行借款1.8亿余元用于偿还旧贷。2008年，资产公司受让该不良债权，并与开发

法院认为： 依《民事诉讼法》第214条及最高人民法院《关于当事人对具有强制执行效力的公证债权文书的内容有争议提起诉讼人民法院是否受理问题的批复》精神，法院在执行程序中，因被执行人提出不予执行抗辩的，应对公证债权文书的内容是否确有错误进行审查，该审查应当包括公证债权文书的程序和实体问题。除非涉及明显违背当事人真

公司签订还款协议，由开发公司的关联公司即地产公司提供抵押担保，并办理了公证，赋予还款协议强制执行效力。2009年，法院受理资产公司执行申请，开发公司申请不予执行，被驳回后又以债权不真实、不合法，及违法收取高息为由提出执行异议。

1.1

2011:443

2.5

201302/46:71

7

3.4

201308:60

2011

实意愿以及损害社会公共利益或第三人利益的问题，执行程序中应将实体审查的对象限定于被赋予强制执行效力的债权文书本身。案涉还款协议虽系以贷还贷，但在该协议签订前及执行程序开始前，开发公司既未向债权人提出异议，亦未向国家机关寻求救济，而在5年后与资产公司就欠款本息在还款协议中进行确认，并明确表示自愿偿还。该协议内容并不涉及损害社会公共利益或第三人合法权益问题，亦无证据表明违背开发公司和担保人的真实意愿，且该协议系以解决或防止三方当事人之间就欠款及数额等的争执目的而达成，债务人不得再行就此前的基础法律关系提出主张，故法院无需对还款协议前的借款合同实体问题进行审查，裁定驳回开发公司异议。

实务要点： 法院在审查处理不予执行公证债权文书的案件时，应全面审查公证债权文书的内容是否确有错误，包括审查程序问题和实体问题；实体审查的对象原则上应限定于被赋予强制执行效力的公证债权文书本身，而不涉及公证债权文书形成的基础事实。

案例索引： 最高人民法院（2011）执复字第2号“重庆德艺房地产开发有限公司与重庆华信资产管理有限公司、重庆恒通房地产发展有限公司执行纠纷案”，见《重庆德艺房地产开发有限公司不服执行裁定复议案》（审判长黄金龙，代理审判员于泓、司艳丽），载《最高人民法院公报·案例》（2011:443）；另见《驳回申请不予执行公证债权文书裁定的救济方式与审查范围》（司艳丽），载《执行工作指导·案例分析》（201302/46:71）；另载《人民司法·案例》（201308:60）。

52 债务人超申请执行期限出具询征函，应视为新协议

——公证债权文书约定的申请执行期限经过后，债务人向债权人出具询征函，可认定双方重新达成协议，可据此起诉。

标签： 不良资产 | 公证债权文书 | 执行 | 诉讼时效 | 主债时效 | 申请执行期限

案情简介： 1998年，铁路集团向银行借款3900万余元，约定“履行期限至2003年4月5日”，并办理了赋予

法院认为： 最高人民法院《关于当事人对具有强制执行效力的公证债权文书的内容有争议提起诉讼人民法院是否受理问题的批复》（法释〔2008〕17号）是关于程序问题的规定，不是实体规定，不应用程序规定剥夺实体权利。申请强制执行期限经过后，尤其是在申请强制执行期限虽已经过，但诉讼时效尚未经过的情形，应当赋予权利人的救济途径，允许债权人放弃其原选择的公证

强制执行效力的债权文书公证。2006年11月15日，铁路集团向受让该金融不良债权的资产公司发出《借款询征函》，载明“本公司聘请的会计师事务所正对本公司会计报表进行审计……应当征询本公司对贵行的欠款余额”。资产公司在该函说明栏对借款本息数额予以明确并加盖公章，随后提起诉讼。

2.1

201003/23:58

2.7

2011:613

2010

程序进行诉讼。同时，根据最高人民法院《关于当事人对人民法院生效法律文书所确定的给付事项超过申请执行期限后又重新就其中的部分给付内容达成新的协议的应否立案的批复》（民立他字〔2001〕第34号）规定精神，本案情形，应视为当事人之间形成了新的民事法律关系，当事人就该新协议向法院提起诉讼的，只要符合《民事诉讼法》立案受理的有关规定的，法院应受理。本案公证债权文书申请强制执行期限经过后，债务人主动向债权人出具《借款询征函》，尽管其表明系为审计需要，但应从其主动发出该询征函的行为推出债务人认可该债务的存在并不否定履行该债务。尽管前述批复针对的是经过裁判文书确定的给付事项的执行期限经过的情形，而本案涉及的是具有强制执行效力的给付事项的申请强制执行期限经过的情形，但两者法理相同，故应认定当事人重新达成了新的协议，银行向法院起诉符合诉的要件，法院应予受理。

实务要点： 具有强制执行效力的公证债权文书约定的申请执行期限经过后，债务人向债权人出具询征函，根据最高人民法院《关于当事人对人民法院生效法律文书所确定的给付事项超过申请执行期限后又重新就其中的部分给付内容达成新的协议的应否立案的批复》（民立他字〔2001〕第34号）规定的精神，可认定双方当事人之间重新达成协议，可以据此提起诉讼。

案例索引： 最高人民法院判决“上诉人黑龙江省铁路集团有限责任公司与被上诉人中国长城资产管理公司哈尔滨办事处借款合同纠纷案”，见《当事人对具有强制执行效力的公证债权文书的内容有争议提起诉讼，人民法院应否受理——兼论公证程序与诉讼程序的衔接以及法释〔2008〕17号批复的理解与适用》（张雪楳，最高院民二庭），载《商事审判指导·庭推纪要》（201003/23:58）；另载《最高人民法院商事审判裁判规范与案例指导·诉讼程序》（2011:613）。

53　延期履行协议，可依主合同认定具有强制执行效力

——当事人未对延期后的主合同另行制定公证债权文书，在当事人无相反约定时，可认定公证书直接约束延期后合同。

标签： 不良资产 | 公证债权文书 | 执行 | 法释〔2008〕17号 | 延期履行

法院认为： 延期协议除履行期限与原合同不同外，当事人名称以及债权债务关系等内容与主合同均相同，其只是主合同的延续。公证的目的主要是

案情简介：1998年，铁路集团向银行借款3900万余元，约定“履行期限至2003年4月5日”，并办理了债权文书公证，公证书载明“本公证书具有强制执行的效力”。后双方签订展期协议，将借款期限最终展期至2005年9月19日，但展期后的主合同未办理公证。未办公证的延期履行协议是否具有强制执行效力成为争议焦点之一。

2.1

201003/23:58

7

2.7

2011:613

2010

证明债权的存在，故履行期限变更与否，并不影响债权的合法存在。在当事人无相反约定的情形下，可以认定公证书的效力直接约束延期后的合同。当然，申请强制执行期限应从延期后的履行期限届满之日起算。

实务要点：当事人虽未对延期后的主合同另行制定公证债权文书，但原公证债权文书约定的债权仍合法存在，在无相反约定的情况下，可以认定公证债权文书的强制执行效力直接约束延期后的主合同。

案例索引：最高人民法院判决“上诉人黑龙江省铁路集团有限责任公司与被上诉人中国长城资产管理公司哈尔滨办事处借款合同纠纷案”，见《当事人对具有强制执行效力的公证债权文书的内容有争议提起诉讼，人民法院应否受理——兼论公证程序与诉讼程序的衔接以及法释〔2008〕17号批复的理解与适用》（张雪楳，最高院民二庭），载《商事审判指导·庭推纪要》（201003/23:58）；另载《最高人民法院商事审判裁判规范与案例指导·诉讼程序》（2011:613）。

54 债务人未承诺愿接受强制执行的公证，属确有错误

——未记载当债务人不履行或不适当履行义务时，债务人愿意接受强制执行的承诺的公证文书，应属于确有错误情形。

标签：不良资产 | 公证债权文书 | 执行 | 法释〔2008〕17号 | 确有错误情形

案情简介：1998年，铁路集团向银行借款3900万余元并办理了公证，公证书载明“本公证书具有强制执行的效力”。银行认为本案公证债权文书确有错误，故直接向法院提起诉讼。

2.1

法院认为：仅凭公证书中载明该公证书具有强制执行效力就当然推定是办理了具有强制执行效力的公证，有违客观事实。尽管最高人民法院《关于当事人对具有强制执行效力的公证债权文书的内容有争议提起诉讼人民法院是否受理问题的批复》（法释〔2008〕17号）规定的是应有债务人不履行或不适当履行义务时，债务人愿意接受强制执行的承诺，从该文字表述上进行文义分析，似乎只要债务人不予否定，认可其不履行或不适当履行义务时，债务人愿意接受强制执行的承诺即可认定该公证为具有强制执行效力的公证。但究其实质，认定公证是否为具有强制执行效力的公证，不仅影响到债务人的权利，也影响到债权人的权利实现。债权人申请进行具有强制执行效力的公证，可以尽快落实其债权，但在现有制度规定框

201003/23:58

2.7

2011:613

2010

架下，如在申请强制执行期限届满前其并未申请强制执行的，其民事诉权不被保护，故亦存在对其不利的情形。如在当事人未约定或约定不明情形，仅凭债务人的意思表示就认定是具有强制执行效力的公证，则可能出现申请强制执行期限经过后，债务人恶意承认其是申请具有强制执行效力的公证的事实。这样，债权人申请强制执行及起诉均不被支持，债务人就可以不履行债务。故在无充分证据证明当事人确有办理具有强制执行效力的公证的情形下，公证文书上载明其具有强制执行的效力，属于确有错误的情形。在债权人未申请法院执行部门通过裁定否定其强制执行效力前提下，应当允许债权人直接向法院起诉，通过法院审判部门审查认定公证债权文书的性质。

实务要点： 未记载当债务人不履行或不适当履行义务时，债务人愿意接受强制执行的承诺的公证文书，属于确有错误情形。在确有错误情形下，应区分公证书的性质进行认定，不能一概认定必须经法院执行机构裁定文书确有错误，不予执行。

案例索引： 最高人民法院判决“上诉人黑龙江省铁路集团有限责任公司与被上诉人中国长城资产管理公司哈尔滨办事处借款合同纠纷案”，本案经调解，由铁路集团给付资产公司1800万元。见《当事人对具有强制执行效力的公证债权文书的内容有争议提起诉讼，人民法院应否受理——兼论公证程序与诉讼程序的衔接以及法释〔2008〕17号批复的理解与适用》（张雪楳，最高院民二庭），载《商事审判指导·庭推纪要》（201003/23:58）；另载《最高人民法院商事审判裁判规范与案例指导·诉讼程序》（2011:613）。

55 公证债权文书进入执行程序后，债权人不得再起诉

——债权人对同一笔借款申请具有强制执行效力的公证后，又以其他理由就该款项起诉，属一事再诉，法院不应受理。

标签： 不良资产 | 公证债权文书 | 执行 | 管辖 | 一事不再理

案情简介： 2006年，银行与物流公司签订《借款合同》、《债权转让及信托协议》，随后向物流公司发放贷款7000万元并经公证赋予强制执行力，

法院认为： 银行作为赋予强制执行效力的公证书的权利人，因公证书已在法院执行程序中，而本案诉讼标的，正是上述执行中赋予强制执行效力的公证债权文书所确定的给付内容即7000万元债务。无论该债务如何经过重组或转让，银行应向重组方或新债务人主张债权，而不得既向原债务人主张，取得执行依据后转而再向债务重组方物流公司主张债权。如果法院予以受理并确认上述债权，则必然会形成两个标的相

贸易公司提供连带保证担保。在物流公司逾期未偿时，银行向法院申请执行并被受理。2008年，银行以借款担保纠纷起诉物流公司、贸易公司被终审裁定驳回起诉。2009年银行又以物流公司为被告起诉，以土地使用权抵押未办登记为由，请求确认借款协议无效，由物流公司返还7000万元。

同的可执行依据，从而可能形成重复执行。银行作为赋予强制执行力的公证债权文书权利人申请法院强制执行，在该公证债权文书已进入执行程序的情况下，试图通过诉讼再次对该债权进行重复确认是不当的，故裁定驳回银行起诉。

实务要点： 债权人对同一笔借款申请具有强制执行效力的公证后，又以其他理由就该款项提起诉讼，因诉讼主体与诉讼内容与公证债权文书所载明的当事人和法律关系实质同一，应认定属于“一事”，故法院不应受理。

2.1

201003/23:58

2.7

2011:613

2008

7

案例索引： 最高人民法院判决“上诉人贵阳市商业银行与被上诉人贵州红华物流有限公司、原审第三人贵阳红华贸易有限公司、贵州红华房地产开发有限公司借款担保合同纠纷案”，见《当事人对具有强制执行效力的公证债权文书的内容有争议提起诉讼，人民法院应否受理——兼论公证程序与诉讼程序的衔接以及法释〔2008〕17号批复的理解与适用》（张雪楳，最高院民二庭），载《商事审判指导·庭推纪要》（201003/23:58）；另载《最高人民法院商事审判裁判规范与案例指导·诉讼程序》（2011:613）。

Ⅰ 主体资格

56 关于主体资格异议，非属应以裁定驳回的管辖异议

——当事人以原告不具备诉讼主体资格，应由适格原告主体所在地的法院管辖为由提出异议的，不应属于管辖权异议。

标签：不良资产 | 主体资格 | 管辖 | 借款合同 | 办事处

法院认为： 《民事诉讼法》（2007年修正）第38条规定：“人民法院受理案件后，当事人对管辖权有异议的，

案情简介：2011年，受让银行不良债权的资产公司办事处起诉债务人钢铁公司清偿借款。钢铁公司以办事处不具有主体资格，应由资产公司所在地法院管辖为由提出异议，原审法院口头驳回。钢铁公司认为未以裁定形式驳回管辖权异议属于程序违法。

2.6

v.9:414

2012

应当在提交答辩状期间提出。人民法院对当事人提出的异议，应当审查。异议成立的，裁定将案件移送有管辖权的人民法院；异议不成立的，裁定驳回。”依该规定，法院裁定驳回前提是当事人所提异议属于管辖权异议。如异议内容本身不属管辖权异议，则不符合该条规定的裁定驳回条件。钢铁公司以资产公司办事处非独立法人、不具备诉讼主体资格，应由资产公司作为原告，并由资产公司所在地法院管辖为由提出异议，不属于管辖权异议，而是对资产公司办事处是否具有诉讼主体资格的异议，故不适用前述法律规定。对此项异议，法律并未规定单独的裁定驳回程序。原审法院对此予以释明并以口头形式驳回钢铁公司异议申请并无不当。根据最高人民法院《关于审理涉及金融资产管理公司收购、管理、处置国有银行不良贷款形成的资产的案件适用法律若干问题的规定》第1条、第3条规定，资产公司办事处具备诉讼主体资格，原审法院拥有管辖权。

实务要点：当事人以原告不具备诉讼主体资格，应由适格主体作为原告，并以适格主体所在地法院管辖为由提出异议，不属于管辖权异议，不适用《民事诉讼法》有关对管辖权异议应以书面裁定驳回的规定。

案例索引：最高人民法院（2012）民二终字第24号“某资产公司与某钢铁公司等借款合同纠纷案”，见《以原告主体不适格为由提出的异议不属于应以裁定方式驳回的管辖权异议——乌兰浩特钢铁有限责任公司与中国长城资产管理公司呼和浩特办事处借款合同纠纷案》（审判长雷继平，审判员陈明焰，代理审判员李志刚），载《最高人民法院商事审判指导案例（2012）·公司与金融》（2013:414）。

57 进入再审程序后，债权受让人可申请变更诉讼主体

——不良金融债权的债权人将生效判决确认的债权转让给受让人，进入再审程序后，受让人可以申请变更再审申请人。

标签：不良资产｜主体资格｜债权转让｜诉讼主体｜诉讼程序｜企业改制

案情简介：1995年至1997年，棉纺

法院认为：本案二审判决载明的“债权人”仍是投资公司，且二审卷宗中未存有该《债权转让通知书》、《催收函》的原件或复印件。投资公司述称“其是在二审判决作出后将《债权转让通知书》、《催收函》送达棉纺厂的”，而棉纺厂未能证明其

厂向银行贷款共计2000万余元。2006年8月，二审判决支持该不良债权受让人投资公司要求棉纺厂偿还该贷款本息的诉讼请求，但驳回投资公司要求改制后的纺织公司承担责任的诉请。投资公司申请再审。2008年，该案裁定提审。再审期间，纺织公司、棉纺厂提交了一份投资公司致棉纺厂的《债权转让通知书》及一份《催收函》。其中，《债权转让通知书》上记载投资公司将债权转让给实业公司的时间是2006年4月。棉纺厂未能证明其向二审法院递交了该《债权转让通知书》等相关证据。实业公司向再审法院要求变更其为申请再审人。

7

向二审法院递交了该《债权转让通知书》的相关证据。二审判决确认了投资公司对棉纺厂享有借款债权，此后，投资公司将该债权转让给了实业公司，并书面通知了棉纺厂。该债权转让行为合法，亦未加重债务人的偿债负担。实业公司承继投资公司债权后，作为本案债权人申请再审主张债权，诉讼主体适格。

实务要点： 判决生效后，不良金融债权的债权人申请再审，并在随后将判决确认的债权转让给受让人，受让人在再审程序中申请变更再审申请人的，应认定该受让人享有诉讼主体资格。

案例索引： 最高人民法院（2011）民提字第52号“某投资公司与某纺织公司等股权合同纠纷案”，见《企业改制时承诺的偿债义务应当履行——青岛泓海投资有限公司与山东北斗星纺织有限公司、淄博第四棉纺厂、桓台县经济贸易局债权转让合同纠纷案》（审判长王宪森，审判员殷媛，代理审判员张雪楳），载《最高人民法院商事审判指导案例-7·公司与金融卷》（2012:226）。

2.6

v.7:226

2011

58 生效判决确定的债权转让后，受让人无权申请再审

——当事人将生效判决确认的债权再转让，债权受让人对该判决不服提出再审申请的，应认定其不具有申请主体资格。

标签： 不良资产 | 主体资格 | 债权转让 | 诉讼主体 | 诉讼程序

案情简介： 1998年，五交化公司向银行贷款600万元，商贸公司提供连带责任保证。2000年，一审判决商贸公司就五交化公司的借款本息偿还承担连带责任。二审维持。期间，该金融债权被转让给资产公司。因商贸公司

法院认为： 本案中实业公司既非原借款和担保关系的当事人，亦非原审案件当事人，而是资产公司转让的生效判决确认的债权受让人，依最高人民法院《关于判决生效后当事人将判决确认的债权转让债权受让人对该判决不服提出再审申请人民法院是否受理问题的批复》（法释〔2011〕2号）、最高人民法院《关于适用〈民事诉讼法〉审判监督程序若干问题的解释》（法释〔2008〕14号）第41条的规定，此时其不具有申请再审人主体资格。王某系实业公司注销后的权利承继人，其承继的权利以实业公司权利范围为限，在实业公司不具有诉讼主体资

不服，向中院申请再审，再审免除了商贸公司的保证责任。资产公司不服向高院申请再审，被裁定驳回。2006年，受让资产公司该不良债权的实业公司向最高人民法院申请再审。2007年，最高人民法院裁定指令高院再审。2009年，高院维持中院再审判决。实业公司不服继续申诉。期间，实业公司注销，股东会决议成立清算组清算，并决定由股东王某承继实业公司前述判决所有利益。2010年，最高人民法院裁定提审本案。王某以再审申请人身份参与诉讼并提出再审请求。

格的情况下，王某当然亦不具有申请再审的权利。但鉴于实业公司已注销，主体已不存在，应列王某为申诉人，裁定驳回申诉人王某的再审申请。

实务要点： 当事人将生效判决确认的债权转让，受让人对该判决不服提出再审申请的，法院不应受理，已经受理的应裁定驳回再审申请。前手债权人不具有申请再审人主体资格的，后手债权人亦不应具有该主体资格。

案例索引： 最高人民法院判决“王某与某投资公司借款纠纷案”，见《公司清偿债务后注销前可以将其债权分配给股东——王磊与民生投资管理股份有限公司借款纠纷申诉案》（张进先，最高院民一庭），载《民事审判指导与参考·最高人民法院案件解析》（201103/47:147）。

2.2

201103/47:147

2011

59 公司债务清偿完毕并注销前，有权转让债权给股东

——公司债务清偿完毕后注销前，可将其债权转让给股东；公司不具有申请再审人资格的，受让股东亦无权申请再审。

标签： 不良资产 | 主体资格 | 公司清算 | 债权转让 | 诉讼主体

案情简介： 1998年，五交化公司向银行贷款600万元，商贸公司提供连带责任保证。2000年，生效判决认定商贸公司就五交化公司的借款本息偿还承担连带责任。但再审免除了商贸公司的保证责任。2006年，受让资产公司该不良债权的实业公司向最高人民法院申请再审。2007年，最高人民法院裁定指令高院再审。2009年，高院

法院认为： 根据王某提供的材料，在实业公司债务清偿完毕并办理注销前，公司股东会决定将涉案债权转让给股东王某，不违反法律规定，其受让债权的行为合法有效。实业公司注销后，其法人人格虽已消灭，但公司债权不因其主体消灭而消灭。本来王某作为实业公司原股东可以一般债权人身份主张其权利，但鉴于本案债权性质属于法院生效判决确认后转让的债权，实业公司受让资产公司涉案债权后，已不具有申请再审人主体资格。前手债权人不具有申请再审人主体资格的，后手债权人不可能恢复该主体资格。基于王某合法受让实业公司涉案债权的事实，王某可以自己名义委托代理人，故应将本案申诉人变更为王某，认定其委托代理人的行为有效。根据最高人民法院《关于判决生效后当事人将判决确认的债权转让债权受让人对该判决不服提出再审

维持中院再审判决。实业公司不服继续申诉。期间，实业公司注销，股东会决议成立清算组清算，并决定由股东王某承继实业公司前述判决所有利益。2010年，最高人民法院裁定提审本案。王某以再审申请人身份参与诉讼并提出再审请求。

申请人民法院是否受理问题的批复》（法释〔2011〕2号）、最高人民法院《关于适用〈民事诉讼法〉审判监督程序若干问题的解释》（法释〔2008〕14号）第41条的规定，裁定驳回申诉人王某的再审申请。

实务要点： 公司解散前应对经营期间的债权债务依法进行清算。公司债务清偿完毕后注销前，股东会有权对其剩余债权进行处分。公司注销标志着公司法人人格消灭，不再具有民事权利能力和民事行为能力，此后原有的债权也随之消灭。

2.2

201103/47:147

2011

案例索引： 最高人民法院判决“王某与某投资公司借款纠纷案”，见《公司清偿债务后注销前可以将其债权分配给股东——王磊与民生投资管理股份有限公司借款纠纷申诉案》（张进先，最高院民一庭），载《民事审判指导与参考·最高人民法院案件解析》（201103/47:147）。

7

60 能提不良债权转让合同效力之诉的，仅限特定主体

——金融机构系基于债权人主张其出具虚假验资证明而作为债权转让合同的被告，故其无权提出转让合同的效力之辩。

标签： 不良资产 | 主体资格 | 合同效力 | 诉讼程序 | 诉讼主体 | 出资责任 | 资金证明

案情简介： 1994年，供销社申请开办注册资金为1200万元的美食城。同年，美食城更名为商场。1996年，商城向银行借款550万元。2000年，银行将该不良债权转让给资产公司。2002年，商城注销。2006年，投资公司从资产公司受让该债权。2008年，投资公司以美食城工商登记档案材料附件中银行1994年8月31日出具1200万元的《资金来源证明》为据，诉请银行承担出具虚假资金证明的民事责任。银行就该不良债权转让合同效力提出异议。

法院认为： 根据最高人民法院《关于审理涉及金融不良债权转让案件工作座谈会纪要》规定，在审理不良债权转让合同效力的诉讼中，法院应根据《合同法》和《金融资产管理公司条例》等法律法规，并参照国家相关政策规定，重点审查不良债权的可转让性、受让人的适格性以及转让程序的公正性和合法性；提出债权转让合同效力诉讼的主体应仅限于国有企业或非国有企业债务人。本案银行作为被告参加诉讼，系基于原告投资公司主张其为债务人出具虚假验资证明，并非系因其作为债权转让合同的债务主体，故其无权在本案中提出债权转让合同的效力异议。银行关于法院未对不良债权的可转让性、受让人的适格性以及转让程序的公正性和合法性予以审查的理由，没有事实和法律依据，不予采信。

实务要点： 提出不良金融债权转让合同效力诉讼的主体应仅限于国有企业或非国有企业债务人。金融机构作为被告参加诉讼，系基于债权人主张其为债务人出具虚假验资证明，并非系因其作为债权转让合同的债务主体，故其无权提出债权转让合同的效力抗辩。

2.6

v.7:14

2010

案例索引： 最高人民法院（2010）民提字第136号"某银行与某资产公司等借款合同纠纷案"，见《当事人出具〈资金来源证明〉的性质认定及是否应为出资不实承担责任——中国农业银行股份有限公司溧阳市支行与江苏耀德资产管理有限公司、溧阳市供销合作总社、溧阳众诚会计师事务所有限公司借款合同纠纷案》（审判长宫邦友，审判员朱海年，代理审判员张雪楳），载《最高人民法院商事审判指导案例-7·公司与金融卷》（2012:14）。

61 一审已转让债权，二审才告知，仍可变更诉讼主体

——当事人在二审期间才被告知债权已于一审期间转让的事实，二审法院在审判程序中仍可直接依申请变更诉讼主体。

标签： 不良资产 | 主体资格 | 债权转让 | 诉讼主体 | 诉讼程序 | 二审变更

案情简介： 2007年11月，受让不良金融债权的资产公司起诉造革公司偿还贷款本息共计3900万余元。几天后，资产公司将债权再转让给外国公司并办理相关备案审批手续。一审宣判后，造革公司提起上诉，直到二审期间，资产公司和外国公司才告知转让事宜并申请变更诉讼主体。

法院认为： 经审查，外国公司受让不良债权有效。根据最高人民法院《关于金融资产管理公司收购、处置银行不良资产有关问题的补充通知》第3条关于"金融资产管理公司转让、处置已经涉及诉讼、执行或者破产等程序的不良债权时，人民法院应当根据债权转让协议和转让人或者受让人的申请，裁定变更诉讼或者执行主体"的规定，本案中，转让人和受让人均提出了变更诉讼主体的申请，债权转让协议合法有效，故本案二审可直接将诉讼主体由资产公司变更为外国公司。当然，本案一审期间，资产公司已将本案所涉债权转让给外国公司，其在二审才予以告知并申请变更诉讼主体存在不当，但由于本案诉讼主体变更是基于债权转让法律行为所致，变更前后的主体均为合法债权人，两者是承继关系，故尽管一审时资产公司与受让人未及时申请变更诉讼主体，但外国公司依据资产转让协议享有实体权利，同时，无论债权人为转让前还是转让后的主体，于债务人而言，均有义务清偿债务。在本案并非一审终审情形下，一审程序结束，本案权利义务关系并未固定，二审变更诉讼主体亦不会损害债务人利益。另外，债权转让虽发生在一审期间，但起诉时资产公司仍是债权人，为适格原告，且外国公司和资产公司对债权转让后仍以资产公司名义代外国公司主张本案债权无异议，故债务人以债权转让后资产公司不具有诉讼主体资格应驳回其请求的理由不成立。

2.1

201001/21:140

2010

实务要点： 二审期间当事人才被告知债权已于一审期间转让的事实，二审法院在审判程序中仍可直接根据债权转让协议和转让人、受让人的申请变更诉讼主体。

案例索引： 最高人民法院判决“某造革公司与某外国公司借款合同纠纷案”，见《二审期间当事人才告知债权已于一审期间转让的事实，二审法院能否直接裁决变更诉讼主体——辽源市佳林造革有限责任公司与DAC China SOS（Barbados）SRL借款合同纠纷案》（张雪楳，最高院民二庭），载《商事审判指导·案例分析》（201001/21:140）。

62 机动车抵押贷款信托型资产证券化转让合同的效力

——机动车抵押贷款信托型资产证券化转让合同有效。该转让需在全国性公开媒体公告，不以通知债务人为生效要件。

标签： 不良资产 | 主体资格 | 信托 | 信托型资产证券化 | 通知债务人

7

案情简介： 2007年，金融公司与陈某签订汽车贷款抵押合同。随后，金融公司与信托公司签订抵押贷款证券化信托合同，将上述贷款债权及相关权利信托给信托公司，并经中国人民银行、中国银监会批准，同时，在中国债券信息网、中国货币网等全国性媒体上进行了刊登。2008年，因陈某逾期未偿按揭贷款，信托公司以自己名义起诉陈某。

3.4

200912:32

2009

法院认为： 所谓信托法律关系是指委托人基于对受托人信任，将其财产权委托给受托人，为受益人利益或特定目的，进行管理和处分过程中所形成的法律关系。信托关系成立后，受托人依法可以自己名义向债务人主张债权。本案中，金融公司与信托公司签订抵押贷款证券化信托合同系双方真实意思表示，并获得了中国人民银行和中国银监会批准，同时按《信托法》等规范性法律文件对通过设立特定目的的信托转让相关资产应依法进行公告的有关规定，在中国债券信息网、中国货币网等全国性媒体上进行了刊登，故案涉贷款债权构成信托法律关系，信托公司可基于与金融公司的信托合同主张系争贷款债权。

实务要点： 抵押贷款资产证券化采用信托关系的法律构架，依《信托法》规定，信托关系成立并登记后，受托人信托公司可以自己名义为发起人的利益对贷款债权进行管理或处分。金融债权的信托转让需在全国性公开媒体上进行公告，不以通知债务人为生效要件。

案例索引： 上海浦东新区法院（2009）浦民二（商）初字第1700号“华宝信托有限责任公司与陈碰兴信托纠纷案”，见《信托类资产证券化案件的司法审查标准》（顾权），载《人民司法·案例》（200912:32）。

63 商业银行处置分支机构金融不良资产，应认定有效

——商业银行与其分支机构在法律上是同一主体，分支机构在

法院认为： 根据《商业银行法》第22条规定，

总行授权范围内处置辖区内资产，民事责任由总行承担。

标签：不良资产 | 主体资格 | 信托 | 分支机构资产

案情简介：2005年，建行济南市中区支行据生效判决申请强制执行后，建行山东分行因统一管理辖区不良资产，与信托公司签署资产转让协议，投资公司委托华融资产公司济南办事处以后者名义向建行山东分行收购本案债权。建行山东分行、华融资产公司济南办事处发布了转让公告。经投资公司申请，山东高院2008年裁定变更投资公司为申请执行人。被执行人提出建行山东分行与其他支行非同一法律主体，没有资格向山东高院申请变更申请执行人。

商业银行对其分支机构实行全行统一核算，统一调度资金，分级管理的财务制度。商业银行分支机构不具有法人资格，在总行授权范围内依法开展业务，其民事责任由总行承担。故银行与其分支机构在法律上是同一主体，银行总行有权处置其分支机构资产，分行也有权在总行授权范围内处置支行的资产。故本案裁定变更申请执行人符合法律规定。

实务要点：商业银行与其分支机构在法律上是同一主体，商业银行总行有权处置分支机构资产，分支机构有权在总行授权范围内处置辖区内的资产，相应的民事责任由总行承担。

案例索引：最高人民法院（2009）执复字第1号“山东齐鲁投资管理有限公司与济南中银实业有限公司、济南鲁泰物流有限公司执行异议案”，见《齐鲁投资管理有限公司、济南中银实业有限公司不服变更申请执行人异议裁定申请复议案》（黄金龙、林莹，最高院执行局；审判长黄金龙，审判员闫燕，代理审判员范向阳），载《执行工作指导·典型案例》（201003/35:86）。

2.5

201003/35:86

2009

64 金融资产公司受第三人委托收购银行债权，应有效

——金融资产公司受第三人委托收购债权并向第三人交付债权，可视为商业银行处置金融不良资产特殊方式，应有效。

标签：不良资产 | 主体资格 | 合同效力 | 信托 | 委托收购 | 间接转让

案情简介：2005年，建行济南某支行据生效判决申请强制执行后，建行山东分行因统一管理辖区不良资产，与信托公司签署资产转让协议，嗣后由信托公司授权建行山东分行以自己名义对外转让给华融资产公司。投资公

法院认为：债权由商业银行转让给信托公司后，再由受让的信托公司授权原转让人商业银行以自己的名义对外转让给华融资产公司，可视为商业银行处置金融不良资产的一种特殊方式，其实质法律效果与商业银行直接将债权转让给资产公司，并无差异。此种转让符合最高人民法院《关于审理涉及金融资产管理公司收购、管理、处置国有银行不良贷款形成的资产的案件适用法律若干问题的规定》。资产公司受第三人委托收购债权并向第三人交付债权，其实质法律效果与资产公司自己收购债权后再行转让给第三人，也无实质差异，此种转让符合最高人

司委托华融资产公司济南办事处以后者名义向建行山东分行收购本案债权。建行山东分行、华融资产公司济南办事处发布了转让公告。经投资公司申请，山东高院2008年裁定变更投资公司为申请执行人。被执行人提出信托公司受让银行债权及华融公司济南办事处受托收购上述债权均非金融资产公司收购、处置国有银行不良贷款行为，不符合相关规定。

民法院《关于金融资产管理公司收购、处置银行不良资产有关问题的补充通知》的规定，故商业银行和资产公司在报纸上刊登债权转让通知即应视为已通知了债务人。

实务要点： 债权由商业银行转让给第三人后，再由受让人授权原转让人商业银行以自己名义对外转让给金融资产公司，或金融资产公司受第三人委托收购债权并向第三人交付债权，其实质法律效果与资产公司自己收购债权后再行转让给第三人无实质差异，均可视为商业银行处置金融不良资产的特殊方式，均为有效。

案例索引： 最高人民法院（2009）执复字第1号“山东齐鲁投资管理有限公司与济南中银实业有限公司、济南鲁泰物流有限公司执行异议案”，见《齐鲁投资管理有限公司、济南中银实业有限公司不服变更申请执行人异议裁定申请复议案》（黄金龙、林莹，最高院执行局；审判长黄金龙，审判员闫燕，代理审判员范向阳），载《执行工作指导·典型案例》（201003/35:86）。

2.5

201003/35:86

7 2009

65 债权连续转让后，最后受让人可直接为申请执行人

——债权连续转让情况下，只要转让过程明确、连续，法院可依当事人申请直接裁定变更最后的受让人为申请执行人。

标签： 不良资产 | 主体资格 | 再转让 | 执行 | 申请执行人 | 债权转让

案情简介： 2005年，建行济南市中区支行据生效判决申请强制执行后，建行山东分行因统一管理辖区不良资产，与信托公司签署资产转让协议。期间，投资公司委托华融资产公司济南办事处以后者名义向建行山东分行收购本案债权。建行山东分行、华融资产公司济南办事处发布了转让公告。经投资公司申请，山东高院2008年裁定变更投资公司为申请执行人。被执行人提出该直接变更申请执行人裁定不符合规定。

法院认为： 最高人民法院《关于金融资产管理公司收购、处置银行不良资产有关问题的补充通知》第3条明确规定：“金融资产管理公司转让、处置已经涉及诉讼、执行或者破产等程序的不良债权时，人民法院应当根据债权转让协议和转让人或者受让人的申请，裁定变更诉讼或者执行主体。”本案债权转让在信托公司受让债权阶段，并未提出变更执行申请人的申请，故执行法院无须作出变更执行主体裁定。在债权连续转让的情况下，只要债权转让过程是明确的、连续的，则执行法院直接裁定变更最后受让人为申请人，符合最高人民法院上述补充通知的精神。同时，现行法律和司法解释并未要求执行中作出的裁定必须经过开庭质证，执行法院有权经审查当事人各方提供的材料，直接作出裁定。

实务要点： 在债权转让第一次转让受让人未提出变更申请执行人的，法院无须作出变更执行主体裁定。在债权连续转让的情

2.5
201003/35:86
2009

况下，只要该债权转让的过程是明确的、连续的，法院可根据债权转让人或受让人的申请直接裁定变更最后受让人为申请执行人。

案例索引： 最高人民法院（2009）执复字第1号“山东齐鲁投资管理有限公司与济南中银实业有限公司、济南鲁泰物流有限公司执行异议案”，见《齐鲁投资管理有限公司、济南中银实业有限公司不服变更申请执行人异议裁定申请复议案》（黄金龙、林莹，最高院执行局；审判长黄金龙，审判员闫燕，代理审判员范向阳），载《执行工作指导·典型案例》（201003/35:86）。

66 从资产公司受让债权受让人，可变更为申请执行人

——从金融资产公司受让债权后，将债权再行转让给其他普通受让人的，执行法院可依申请，裁定变更申请执行主体。

标签： 不良资产 | 主体资格 | 执行 | 申请执行人 | 债权转让 | 诉讼程序 | 诉讼主体

案情简介： 银行诉债务人借款合同纠纷案生效后，受让该金融不良债权的金融资产公司申请强制执行。后该资产经多次转让，由投资公司取得。投资公司向执行法院申请变更其为申请执行人。

2.5
200902/30:124
2009

法院认为： 最高人民法院《关于人民法院执行工作若干问题的规定（试行）》已对申请执行人的资格予以明确，其中第18条第1款规定：“人民法院受理执行案件应当符合下列条件：……（2）申请执行人是生效法律文书确定的权利人或继承人、权利承受人。”该条中“权利承受人”，包含通过债权转让方式承受债权的人。依法从金融资产管理公司受让债权的受让人将债权再行转让给其他普通受让人的，执行法院可依上述规定，依债权转让协议及受让人或转让人申请，裁定变更申请执行主体。最高人民法院《关于金融资产管理公司收购、处置银行不良资产有关问题的补充通知》第3条虽只就金融资产管理公司转让金融不良债权环节可变更申请执行主体作了专门规定，但并未排除普通受让人再行转让给其他普通受让人时变更申请执行主体。此种情况下裁定变更申请执行主体，亦符合该通知及其他相关文件中关于支持金融不良资产债权处置工作的司法政策，但对普通受让人不能适用诉讼费减半收取和公告通知债务人等专门适用于金融资产管理公司处置不良债权的特殊政策规定。

实务要点： 依法从金融资产管理公司受让债权的受让人将债权再行转让给其他普通受让人的，执行法院可依最高人民法院《关于人民法院执行工作若干问题的规定（试行）》第18条第1款规定，依债权转让协议及受让人或转让人申请，裁定变更申请执行主体。

案例索引： 最高人民法院《关于判决确定的金融不良债权多次转让，人民法院能否裁定变更申请执行主体请示的答复》（2009年6月16日〔2009〕执他字第1号），见《判决确定的债权多次转让，人民法院能否变更申请执行主体的请示与答复》（黄金龙，最高院执行局），载《执行工作指导·案例分析》（200902/30:124）。

67 签约及公告行系不同分支机构，不影响债权同一性

——借款合同中约定的贷款行与其后公告中的贷款行是同一法人内部不同级别的分支机构，不影响该笔债权的同一性。

标签： 不良资产 | 主体资格 | 公告 | 诉讼时效 | 催收主体 | 分支机构

7

案情简介： 2003年，铝业公司与工行河南省分行营业部签订360万美元的借款合同，银行加盖的公章为“中国工商银行河南省分行营业部国际业务专用章”。借款到期后，工行河南省分行营业部并入工行郑州市紫荆支行。2005年，工行河南分行将上述不良债权转让给资产公司，联合发布的公告中，载明贷款行为工行郑州市紫荆支行。2006年，资产公司起诉时，铝业公司以债权人主体不适格抗辩。

法院认为： 公告中载明的贷款行与借款合同、保证合同约定的贷款行虽不一致，使用的公章亦不一致，但贷款行名称的变化系因实际签约部门合并所致。根据《商业银行法》第22条第2款规定：“商业银行分支机构不具有法人资格，在总行授权范围内依法开展业务，其民事责任由总行承担”，商业银行实行一级法人体制。其内设机构、分支机构之间的合并属于法人内部行为，最终承受民事权利义务的主体没有发生变化。借款合同中约定的贷款行与其后公告中的贷款行是同一法人内部不同级别的分支机构，因此这一变化不影响该笔债权的同一性。故本案催收公告有效，产生诉讼时效中断的效力。

实务要点： 商业银行内设机构、分支机构之间的合并属于法人内部行为，最终承受民事权利义务的主体没有发生变化，故借款合同中约定的贷款行与其后公告中的贷款行是同一法人内部不同级别的分支机构，这一变化不影响该笔债权的同一性。

2.6

v.2:198

2008

案例索引： 最高人民法院（2008）民二终字第75号“某资产公司与某铝业公司等借款合同纠纷案”，见《金融资产管理公司对已承接的债权可以在全国或省级有影响的报纸上以发布催收公告的方式取得诉讼时效中断的法律效果——中国长城铝业公司与中国长城资产管理公司郑州办事处、河南长城铝业鑫旺有限公司、河南鑫旺铝业有限公司其他借款合同纠纷案》（审判长金剑锋，代理审判员殷媛、潘勇锋），载《最高人民法院商事审判指导案例·借款担保卷（上）》（2011:198）。

68 金融资产管理公司的办事处，有权以自己名义起诉

——依最高人民法院司法解释规定，资产管理公司在各地设立的办事处，有权以自己的名义就其办理的金融业务起诉。

标签：不良资产 | 主体资格 | 办事处主体地位 | 法人资格

案情简介：2007年，受让银行金融债权的信达资产公司南京办事处起诉债务人铝厂。铝厂认为办事处不具有法人资格，无权以自己提起诉讼。

2.6

v.1:664

2007

法院认为：信达资产公司南京办已办理了《金融机构营业许可证》和《营业执照》，可以从事相关的金融业务，本案所涉债权即是以该办事处名义与原贷款银行签订的债权转让协议。最高人民法院《关于审理涉及金融资产管理公司收购、管理、处置国有银行不良贷款形成的资产的案件适用法律若干问题的规定》第1条内容就是解决金融资产管理公司在各地设立的办事处因相关金融业务发生争议时的诉讼主体资格问题，尽管信达资产公司是企业法人、办事处不具有法人资格，不影响信达资产公司南京办以自己名义就其办理的金融业务提起诉讼的权利。

实务要点：根据最高人民法院《关于审理涉及金融资产管理公司收购、管理、处置国有银行不良贷款形成的资产的案件适用法律若干问题的规定》第1条规定，金融资产管理公司在各地设立的办事处有权以自己名义就其办理的金融业务提起诉讼。

案例索引：最高人民法院（2007）民二终字第177号“某资产公司与某加工厂等管辖权异议案”，见《地域管辖与级别管辖的确定——华东铝加工厂与中国信达资产管理公司南京办事处、江苏索普（集团）有限公司借款合同纠纷管辖权异议案》（审判长钱晓晨，代理审判员刘敏、杨征宇），载《最高人民法院商事审判指导案例·合同卷（下）》（2011:664）。

69 一审判决后，经公告通知的债权受让人，有权上诉

——不良债权转让行为发生在一审判决之前，但公告转让通知在一审判决之后，故新的债权受让人可以自己名义上诉。

标签：不良资产 | 主体资格 | 债权转让 | 诉讼主体 | 诉讼程序

案情简介：2004年，银行作为原告追索债权。2005年7月，银行将不良金融债权转让给资产公司。同年10月，一审判决部分支持银行诉讼请求。随

法院认为：银行与资产公司签订的债权转让协议，是双方当事人真实意思表示，且按国家有关国有商业银行股份改制并发行上市的政策进行，目的是剥离商业银行的不良资产和债权，故合法有效。债权转让之后，银行与资产公司联合在《河南商报》上公告，通知债权转让事项并要求所有债务人从公告之日起向资产公司履行义务。依《合同法》第80条规定，银行与资产公司之间的债权转让合法有效，资产公司自联合

后，银行与资产公司联合在当地的《河南商报》上公告债权转让及催告履行事宜，资产公司以自己名义提起上诉。

公告之日起享有本案债权。虽然债权转让行为发生在一审判决前，但因公告通知在一审判决后，故有权对一审判决提起上诉的，只能是新的债权人资产公司。此时，债权转让已对本案债务人发生法律效力，资产公司作为新的债权人有权对债务人主张自己的合法权益，债务人亦应对资产公司承担相应民事责任。

2.1

实务要点： 虽然金融不良债权转让行为发生在一审判决之前，但因公告转让通知在一审判决之后，故新的债权受让人对一审判决不服，可以自己名义提起上诉。

200602/10:287

2.6

v.4:11

2006

案例索引： 最高人民法院（2006）民二终字第85号"某资产公司与某财务公司等债券认购款返还纠纷案"，见《郑州市财务开发公司、中国长城资产管理公司郑州办事处与郑州市人民政府、郑州市财政局、中国工商银行河南省分行营业部债券认购款返还纠纷案》（审判长吴庆宝，审判员贾纬，代理审判员沙玲），载《民商事审判指导·判决书选登》（200602/10:287）；另见《未获批准而发行融资债券，发行人和代理人承担无效发行的全部过错责任》，载《最高人民法院商事审判指导案例·金融卷》（2011:11）。

7

70 不良金融债权剥离，不同于《合同法》上债权转让

——剥离收购不良金融资产协议属于行政性的资产划拨合同，区别于一般意义上的债权转让，不应受《合同法》调整。

标签： 不良资产 | 主体资格 | 资产包 | 债权转让 | 法律关系 | 合同相对性

案情简介： 2000年，银行将某笔不良贷款1.2亿元剥离给资产公司，投资公司通过竞拍以450万元取得该资产包，后发现该笔债权无法实现，于是诉请返还财产。

法院认为： 银行在剥离不良资产时，提供了其与债务人的借款协议、借据等债权凭证，这些债权凭证形式上符合不良资产的剥离条件，作为国家出资设立的专门收购、管理、处置不良资产的金融机构，资产公司对于符合剥离条件的不良资产不能拒绝。银行与资产公司之间的不良资产剥离与收购，非为平等主体间形成的权利义务关系，而是依据国家政策所作的财产划转行为，区别于一般意义上的债权转让。同时涉案债权以资产包形式转让，当事人之间权利义务内容具有特殊性，受让人相对于出让人的合同权利应以其支付的对价为限，而不能以受让的债权标的额为限，故本案当事人之间的权利义务应遵循合同相对性原则，投资公司无权向银行追索债权。至于银行转让给资产公司的不良贷款认定条件及转让债权真实性，因均不属本案审理范围，故驳回投资公司诉讼请求。

3.1

200601/55:306

2005

实务要点： 剥离收购不良资产协议属于行政性的资产划拨合同，区别于一般意义上的债权转让，不属于平等主体之间的民事合同，不应受《合同法》调整。

案例索引： 江苏高院（2005）苏民二终字第013号“某银行与某投资公司返还财产纠纷案”，见《连云港市文翔投资管理有限公司诉中国农业银行连云港分行返还财产纠纷案》（葛晓燕），载《人民法院案例选》（200601/55:306）。

71 担保人承担担保责任后，向债务人的追偿权可转让

——担保人就其已承担担保责任后向债务人的追偿权可转让，受让人起诉债务人时，担保人不属于必须追加的当事人。

标签： 不良资产 | 主体资格 | 债权转让 | 转让效力 | 保证 | 追偿权

案情简介： 1997年，国资公司向银行贷款1.42亿元，实业公司提供担保。2000年，受让该金融债权的资产公司起诉，生效调解书确认实业公司向资产公司支付了2000万元借款和90万元诉讼费。2004年，实业公司对国资公司的前述担保责任追偿债权中的1206万元转让给投资公司，并公证送达通知给国资公司。随后，投资公司起诉国资公司主张该债权。

法院认为： 生效裁判文书已认定实业公司支付2000万元款项系履行担保义务。根据《担保法》第31条规定，担保人向债权人履行担保义务后，享有对原债务人的追偿权，即实业公司在其承担担保责任范围内享有对国资公司的追偿权。实业公司与投资公司签订书面债权转让协议，约定将其对国资公司享有的部分债权转让给投资公司并履行了通知债务人的义务，该合同应为有效。投资公司作为债权受让人有权行使原债权人实业公司的债权权利，国资公司针对原债权人实业公司的抗辩理由亦可向投资公司提出，故实业公司是否参加本案并不影响事实认定。实业公司就其已明确转让的债权不享有独立的请求权，不属于必须追加的当事人。故判决国资公司偿还投资公司欠款1206万元。

实务要点： 担保人就其已承担担保责任后向债务人的追偿权可以转让，受让人起诉债务人时，债务人针对担保人的抗辩理由及于受让人，担保人作为转让人不属于必须追加的当事人。

2.6

v.1:415

2005

案例索引： 最高人民法院（2005）民二终字第54号“某投资公司与某投资集团债权转让合同纠纷案”，见《债权转移后债务人的抗辩——新疆维吾尔自治区投资公司与新疆宏景投资有限责任公司债权转让合同纠纷案》（审判长姜伟，代理审判员陈百灵、杨征宇），载《最高人民法院商事审判指导案例·合同卷（上）》（2011:415）。

72　商业银行分支机构，可基于法人授权代行主张债权

——商业银行分支机构基于法人授权代行主张其他分支机构债权，并未发生债权转让事实，不属于违反法律规定情形。

标签：不良资产 | 主体资格 | 借款合同 | 分支机构

案情简介：1998年至1999年，武汉农行下属青山支行某分理处、武昌支行某分理处、办事处分别与商贸公司签订借款合同，实业公司、经贸公司分别提供保证担保。2002年，湖北农行下发通知组建专业清收支行，案涉三份债权由江城支行行使。2004年，江城支行起诉主张上述贷款本息。

7

2.6

v.2:378

2004

法院认为：因我国商业银行实行一级法人制度，各分支机构均不具备法人资格，故本案三个银行分支机构作为出借方形成的债权均为中国农业银行所享有。按商业银行管理制度，上级行有权行使下级行的有关职能，省分行相关文件明确规定，由江城支行负责包括本案三笔债权在内的不良资产清收管理工作，该规定属法人内部职能分工，不违反法律规定。根据《民事诉讼法》第49条关于“公民、法人和其他组织可以作为民事诉讼的当事人”和最高人民法院《关于适用〈民事诉讼法〉若干问题的意见》第40条关于“其他组织包括法人依法设立并领取营业执照的分支机构”的规定，江城支行有权作为本案原告对上述三笔债务提起诉讼。江城支行基于法人授权代行主张其他分支机构的债权，并未发生债权转让的法律事实，三笔债权的权利人始终为中国农业银行这一民事主体，故实业公司关于该三笔设有最高额抵押担保的债权转让违反法律禁止性规定的理由无法律依据，不予支持。

实务要点：商业银行分支机构基于法人授权代行主张其他分支机构的债权，并未发生债权转让的法律事实，不属于违反法律禁止性规定的最高额抵押担保债权转让情形。

案例索引：最高人民法院（2004）民二终字第202号“某银行与某实业公司等借款抵押合同纠纷案”，见《银行分支机构基于法人授权代行主张其他分支机构的债权，并未发生债权转让的法律事实，不属于最高额抵押担保的债权转让违反法律禁止性规定的情形——武汉黄鹤集团股份有限公司与中国农业银行武汉市江城支行、武汉黄鹤大洲商城有限公司、武汉华中商城借款抵押合同纠纷案》（审判长吴庆宝，代理审判员宫邦友、刘敏），载《最高人民法院商事审判指导案例·借款担保卷（上）》（2011:378）。

73　债权转让时对债务人的通知义务，可在起诉时进行

——《合同法》第80条规定了债权人转让债权的通知义务，但未规定须在什么时间内通知，故可在起诉过程中进行。

法院认为：根据《合同法》第80条“债权人转让权利的，应当通知债务人。未

标签：不良资产 | 主体资格 | 转让通知 | 债权转让

案情简介：2002年，银行根据内部不良资产风险分级管理的方案，将原属南四支行对酒厂的逾期贷款业务划归北环支行管理。随后，北环支行以自己名义起诉。债务人认为债权转让未尽通知义务，北环支行不具有诉讼主体资格。

2.1

200401/5:245

2003

经通知，该转让对债务人不发生效力”的规定，债权人的义务是通知债务人，但并未规定须在什么时间内通知。北环支行向法院起诉，以债权人的身份向实业集团主张权利，实业集团并未证明原债权人亦向其行使了权利，故其以新债权人非本案借款合同当事人，非适格主体，无权向其主张权利的理由不能成立。

实务要点：《合同法》第80条规定的债权人转让债权的通知义务，可以在起诉过程中进行。

案例索引：最高人民法院（2003）民二终字第56号“某银行与某实业集团等借款合同纠纷案”，见《三九企业集团与中国工商银行哈尔滨市北环支行借款合同纠纷上诉案》（审判长张勇健，代理审判员王东敏、殷媛），载《民商事审判指导·裁判文书选登》（200401/5:245）。

74 资产管理公司可以自己名义，代其下属办事处起诉

——资产管理公司作为其所属办事处实体权利的最终承受者，有权代替其下属的办事处直接以自己名义提起民事诉讼。

标签：不良资产 | 主体资格 | 办事处

案情简介：2002年，资产管理公司以自己名义，就其下属办事处受让的银行不良金融债权对冶金公司提起诉讼。冶金公司认为资产管理公司不具备原告的诉讼主体资格。

2.1

200301/3:232

2003

法院认为：根据最高人民法院《关于审理涉及金融资产管理公司收购管理、处置国有银行不良贷款形成的资产的案件适用法律若干问题的规定》第1条规定，金融资产管理公司办事处领取中国人民银行颁发的《金融机构营业许可证》，并向工商行政管理部门依法办理登记的，可以作为诉讼主体参加诉讼。故本案受让债权的办事处与本案具有法律上的直接利害关系，可作为原告提起诉讼，资产管理公司作为办事处的上级法人单位，同时作为实体权利的最终承受者代替其下属的办事处直接以自己名义提起民事诉讼，诉讼主体适格。

实务要点：资产管理公司作为其所属的办事处实体权利的最终承受者，有权代替其下属的办事处直接以自己名义提起民事诉讼。

案例索引：最高人民法院判决“某资产公司与某冶金公司等借款担保合同纠纷案”，见《新贷和旧贷为同一个保证人的，

保证人承担保证责任的法律适用——中国信达资产管理公司与中国第二十二冶金建设公司、唐山钢铁集团有限责任公司借款担保合同纠纷上诉案》（朱海年），载《民商审判指导与参考·案例评析》（200301/3:232）。

再转让

7

75 同时约定质押和再转让的，视为质权人同意再转让

——不良债权转让协议既约定债权质押，同时亦约定了债权再行转让的条款，应视为双方同意对该质押债权再行转让。

标签： 不良资产 | 再转让 | 债权转让 | 转让效力 | 质押 | 质押债权

案情简介： 2002年，投资集团以3亿余元受让资产公司44亿余元不良金融债权资产包。协议中将投资集团履行支付首付款及将债权设定质权人为资产公司的质押等作为转让协议生效的先决条件。2003年，投资集团将部分债权再转让给投资公司。2004年2月，资产公司向不良资产的债务人和担保人寄出《债权转让及质押通知书》。同年3月，投资公司以债权再转让时尚处质押状态诉请确认其与投资集团签订的《债权转让协议》无效。2004年4月，资产公司致函投资集团

法院认为： 根据双方所签《债权转让协议》约定，拟转让的债权在满足该协议约定的先决条件时即从资产公司转让给投资集团。而在签约当日，投资集团即与资产公司签订了先决条件约定的《管理服务商及资金帐户监管协议》、《债权质押合同》、《连带责任保证合同》、《服务及协助协议》、《优先权及回购期权协议》，并向资产公司支付了首期转让款。至此，投资集团已满足了协议约定的先决条件，本案债权从资产公司转让给了投资集团。资产公司向借款人及担保人发出的《债权转让及质押通知书》，仅仅是对借款人及担保人就债权质押予以通知，并不能得出其向借款人及担保人主张质押权的结论，且资产公司在2004年4月的函件中对其不再享有质押权的事实予以确认。即使在投资集团与投资公司签订《债权转让协议》之时，资产公司对该转让债权的质押权仍存在，投资集团仍可转让该债权。因《担保法》并未禁止出质人转让质物，即便是对股票等质权人对质物不加以占有之标的，该法规定经出质人和质权人协商同意的，亦可转让。本案中，投资集团和资产公司所签《债权转让协议》既约定了债权质押，同时亦约定了

称“在上述债权转让时即解除该等债权的质押担保，对该等债权不再享有质押权”。债权再行转让的条款，故双方实际上同意对该质押债权可再行转让。故应认定资产公司对投资集团转让该部分债权已放弃质押权，投资集团有权转让本案债权，其与投资公司所签《债权转让协议》效力不因该债权的出质而受影响，判决驳回投资公司诉讼请求。

1.1

2005:353

2.6

v.2:428

2004

实务要点：《担保法》并未禁止出质人转让质物，即便是对股票等质权人对质物不加以占有的标的，该法规定经出质人和质权人协商同意的，亦可转让。《债权转让协议》既约定了债权质押，同时亦约定了债权再行转让的条款，应视为双方实际上同意对该质押的债权可再行转让。

案例索引：最高人民法院（2004）民二终字第212号“某投资公司与某投资集团债权转让合同纠纷案”，见《佛山市顺德区太保投资管理有限公司与广东中鼎集团有限公司债权转让合同纠纷案》（审判长张勇健，审判员王东敏，代理审判员殷媛），载《最高人民法院公报·裁判文书选登》（2005:353）；另载《最高人民法院商事审判指导案例·合同卷（上）》（2011:428）。

76 向外国投资者转让不良债权，需逐笔办理备案登记

——外国投资者受让我国不良金融债权及其抵押权，应向国家外汇管理相关部门办理备案登记并注明担保的具体情况。

标签：不良资产 | 再转让 | 涉外转让 | 抵押 | 债权转让 | 备案登记

案情简介：2006年10月，信达资产公司武汉办将受让银行的9笔不良金融债权及其抵押权转让给香港高士通公司。同年12月，国家外汇管理局湖北分局对该债权及其抵押权予以备案登记，登记表未列明债权抵押情况，但提交登记材料附件中列明了抵押情况。2010年11月，高士通公司将该债权及其抵押权再次转让给物业公司。2012年，国家外汇管理局湖北分局应高士通公司申请，办理了补交担保逐

法院认为：最高人民法院《关于审理金融资产管理公司利用外资处置不良债权案件涉及对外担保合同效力问题的通知》第1条将该通知的适用范围限定为“2005年1月1日之后金融资产管理公司利用外资处置不良债权，向外国投资者出售或转让不良资产，外国投资者受让债权之后向人民法院提起诉讼，要求债务人及担保人直接向其承担责任的案件”，本案投资公司虽非外国投资者，但其债权及其抵押权系从香港高士通公司取得，其享有本案债权及其抵押权应以香港高士通公司取得本案债权及其抵押权为前提。因高士通公司属于涉外法人，故对高士通公司是否受让本案债权及其抵押权的问题，应适用前述通知的规定。高士通公司于2006年12月向相关主管部门就此次债权转让登记备案，并以附件形式列明了本案债权及其抵押情况，符合前述通知第2条“外国投资者或其代理人办理不良资产转让备案登记时，向国家外汇管理局分局、管理部提交的材料中应逐笔列明担保的情况”的规

笔明细清单。债务人及抵押人旅游公司认为涉外债权转让因抵押担保未办理备案登记，依照最高人民法院《关于审理金融资产管理公司利用外资处置不良债权案件涉及对外担保合同效力问题的通知》规定，抵押应为无效。

定，且主管部门于2012年9月又应高士通公司要求为其办理了补交担保逐笔明细清单，据此可认定高士通公司受让本案债权及其抵押权业已经过了外汇管理部门的审批，故对旅游公司关于本案属涉外债权转让，因未审批而应认定抵押无效的诉请，不予支持。

实务要点： 外国投资者受让不良金融债权及其抵押权，应向国家外汇管理局分局、管理部办理备案登记并注明担保的具体情况，否则担保合同无效，当事人在一审法庭辩论终结前补交担保具体情况的不良资产备案材料的除外。

2.1

201204/32:221

2.6

v.8:461

2012

7

案例索引： 最高人民法院（2012）民二终字第56号“某旅游公司与某物业公司借款担保合同纠纷案”，见《湖北莲花湖旅游发展有限责任公司与武汉世纪宏祥物业管理有限公司、湖北莲花湖物业有限公司借款担保合同纠纷案》（审判长雷继平，审判员苑多然，代理审判员李志刚），载《商事审判指导·商事裁判文书选登》（201204/32:221）；另见《当事人约定先办理抵押登记后签订主债权债务合同的，抵押登记不因其先于主合同债权成立而无效》，载《最高人民法院商事审判指导案例（2012）·合同与借贷担保》（2013:461）。

77 注册资本二十万元公司，亦有权受让巨额金融债权

——因公司注册资本与不良债权转让合同标的差额而产生的经营风险，由当事人自行承担，不属于合同无效法定情形。

标签： 不良资产 | 再转让 | 涉外转让 | 债权转让 | 转让效力 | 恶意串通

案情简介： 2004年，银行将总计2500万元人民币及300万美元的不良金融债权转让给资产公司。2007年，资产公司将该金融债权转让给香港高士通公司。2010年，香港高士通公司将该债权再次转让给物业公司。债务人旅游公司以物业公司注册资金仅20万元，无履行不良资产受让合同能力，主张转让协议无效或未履行。

法院认为： 物业公司注册资本是其股东对公司债权人承担民事责任的限额，与物业公司履约能力无必然联系。因物业公司注册资本与不良债权转让合同标的差额而产生的经营风险，由香港高士通公司自行承担，不属于法律规定的合同无效情形。香港高士通公司诉讼期间已向法庭提交书面文件，认可其与物业公司债权转让协议已履行完毕，故旅游公司以物业公司注册资本仅20万元，无履行不良资产受让合同的能力为由，认为债权转让协议无效及未履行的主张，不予支持。

实务要点： 公司法人注册资本是股东对公司债权人承担民事责任的限额，与公司履约能力无必然联系，因公司注册资本与不良债权转让合同标的差额而产生的经营风险，由合同当事人自行承担，不属于法律规定的合同无效情形。

2.1
201204/32:221
2.6
v.8:461
2012

案例索引： 最高人民法院（2012）民二终字第56号“某旅游公司与某物业公司借款担保合同纠纷案”，见《湖北莲花湖旅游发展有限责任公司与武汉世纪宏祥物业管理有限公司、湖北莲花湖物业有限公司借款担保合同纠纷案》（审判长雷继平，审判员苑多然，代理审判员李志刚），载《商事审判指导·商事裁判文书选登》（201204/32:221）；另见《当事人约定先办理抵押登记后签订主债权债务合同的，抵押登记不因其先于主合同债权成立而无效》，载《最高人民法院商事审判指导案例（2012）·合同与借贷担保》（2013:461）。

78 外资曾参与的金融债权转让，不必然适用涉外程序

——国外法人将受让金融债权转让后，对受让人所提不良债权追索诉讼无法律上利害关系，不属于必须追加的第三人。

标签： 不良资产 | 再转让 | 涉外转让 | 外资参与 | 涉外程序

案情简介： 2004年，银行将不良金融债权转让给资产公司。2007年，资产公司将该金融债权转让给香港高士通公司并办理了相关审批备案手续。2010年，香港高士通公司将该债权再次转让给物业公司。在物业公司起诉债务人旅游公司追索债权时，旅游公司认为应追加香港高士通公司为第三人，并适用涉外民事诉讼程序审理。

法院认为： 因香港高士通公司已将其对旅游公司的民事权利转让给了物业公司，香港高士通公司对本案的诉讼标的无独立的请求权，且本案的处理结果亦与香港高士通公司无法律上的利害关系，故香港高士通公司不属于必须追加的第三人。因本案当事人均系中国法人，涉案债权的转让的法律事实均在我国境内发生，故本案不属于涉外民事案件，不适用涉外民事诉讼的审理程序。另，物业公司属于国内法人，故香港高士通公司向物业公司转让本案债权，不属于对外转让不良债权，现行法律并未就此类转让规定专门的审批程序，故旅游公司主张此次转让应纳入外债监管并报有关部门审批的主张无法律依据。

实务要点： 国外法人将其合法受让的不良金融债权转让给国内法人后，对受让人向债务人提起的不良债权追索诉讼无法律上的利害关系，不属于必须追加的第三人。

2.1
201204/32:221
2.6
v.8:461
2012

案例索引： 最高人民法院（2012）民二终字第56号“某旅游公司与某物业公司借款担保合同纠纷案”，见《湖北莲花湖旅游发展有限责任公司与武汉世纪宏祥物业管理有限公司、湖北莲花湖物业有限公司借款担保合同纠纷案》（审判长雷继平，审判员苑多然，代理审判员李志刚），载《商事审判指导·商事裁判文书选登》（201204/32:221）；另见《当事人约定先办理抵押登记后签订主债权债务合同的，抵押登记不因其先于主合同债权成立而无效》，载《最高人民法院商事审判指导案例（2012）·合同与借贷担保》（2013:461）。

79　不良债权再转让，未通知优先购买权人的，应无效

——资产公司向非国有金融机构转让不良债权，未通知国有企业债务人注册登记地的优先购买权人的，应认定为无效。

标签：不良资产 | 再转让 | 合同效力 | 拍卖 | 优先权 | 国有资本出资人

案情简介：2008年，受让银行不良金融债权的资产公司致函债务人机械厂是否回购债权后，通过委托拍卖程序将该债权转让给投资公司。嗣后，持有《企业国有资产产权登记证》的电子公司以侵害其优先购买权为由，主张转让合同无效。

7

2.6

v.7:455

2011

法院认为：根据最高人民法院《关于审理涉及金融不良债权转让案件工作座谈会纪要》规定，金融资产管理公司向非国有金融机构法人转让不良债权的处置方案、交易条件以及处置程序、方式确定后，应当通知国有企业债务人注册登记地的优先购买权人。《金融资产管理公司资产处置管理办法（修订）》第20条明确规定“资产公司对持有国有企业（包括国有全资和国有控股企业）的债权资产进行出售时，应提前15天书面告知国有企业及其出资人或国有资产管理部门”。本案中，国资委为电子公司颁发的《企业国有资产产权登记证》上注明其为机械厂的企业集团或企业管理部门，并为机械厂全部国有资本出资人。由此说明其虽未改制成功，但并不影响市国资委对其出资人地位的认定。因此，电子公司作为经国资委批准并依法注册登记的国有资本出资人，属于法定的优先购买权人。资产公司在处置不良债权时未按规定尽到通知义务，存在程序瑕疵，而该瑕疵造成优先购买权人丧失行使权利的基础，使优先购买制度失去平衡各方利益的核心价值，对依照公开、公平、公正和竞争、择优原则处置不良资产造成实质性影响，可能造成国有资产流失、国有企业生存发展受阻、职工利益失去保障进而影响社会稳定等多种不利后果，违背了法律设立优先购买权制度的立意初衷。按前述纪要关于不良债权转让合同无效事由的认定中“转让不良债权公告违反《金融资产管理公司资产处置公告管理办法（修订）》规定，对依照公开、公平、公正和竞争、择优原则处置不良资产造成实质性影响的”相关规定，应认定资产公司与投资公司债权转让协议无效。因不良债权处置有其特殊价值取向，事关我国金融体制改革乃至国有资产管理体制改革目的能否顺利实现，是我国当前非常重要的社会公共利益之一，不能单纯地以意思自治为由并以保护私权处分的名义来评断不良债权转让行为。资产公司违反《纪要》规定，未通知优先购买权人，在与投资公司缔约时亦未尽到谨慎和善意告知义务，投资公司作为善意第三人，可另案向资产公司主张损害赔偿。

实务要点：金融资产管理公司向非国有金融机构法人转让不良债权，未通知国有企业债务人注册登记地的优先购买权人，违反《金融资产管理公司资产处置公告管理办法》规定，对依照公开、

公平、公正和竞争、择优原则处置不良资产造成实质性影响的，即使买受人系善意第三人，不良债权转让合同亦应认定无效。

案例索引： 最高人民法院（2011）民二终字第98号“某资产公司与某开发公司等合同纠纷案”，见《金融不良债权转让中优先购买权的行使及合同效力问题——哈尔滨市胜达房地产综合开发有限责任公司、中国长城资产管理公司哈尔滨办事处与哈尔滨电子仪表工业总公司确认合同效力及优先购买权纠纷案》（审判长王闯，代理审判员王富博、张颖），载《最高人民法院商事审判指导案例-7·公司与金融卷》（2012:455）。

80 债权连续转让后，最后受让人可直接为申请执行人

——债权连续转让情况下，只要转让过程明确、连续，法院可依当事人申请直接裁定变更最后的受让人为申请执行人。

标签： 不良资产 | 再转让 | 主体资格 | 执行 | 申请执行人 | 债权转让

案情简介： 2005年，建行济南市中区支行据生效判决申请强制执行后，建行山东分行因统一管理辖区不良资产，与信托公司签署资产转让协议。期间，投资公司委托华融资产公司济南办事处以后者名义向建行山东分行收购本案债权。建行山东分行、华融资产公司济南办事处发布了转让公告。经投资公司申请，山东高院2008年裁定变更投资公司为申请执行人。被执行人提出该直接变更申请执行人裁定不符合规定。

法院认为： 最高人民法院《关于金融资产管理公司收购、处置银行不良资产有关问题的补充通知》第3条明确规定：“金融资产管理公司转让、处置已经涉及诉讼、执行或者破产等程序的不良债权时，人民法院应当根据债权转让协议和转让人或者受让人的申请，裁定变更诉讼或者执行主体。”本案债权转让在信托公司受让债权阶段，并未提出变更执行申请人的申请，故执行法院无须作出变更执行主体裁定。在债权连续转让的情况下，只要债权转让过程是明确的、连续的，则执行法院直接裁定变更最后受让人为申请人，符合最高人民法院上述补充通知的精神。同时，现行法律和司法解释并未要求执行中作出的裁定必须经过开庭质证，执行法院有权经审查当事人各方提供的材料，直接作出裁定。

实务要点： 在债权转让第一次转让受让人未提出变更申请执行人的，法院无须作出变更执行主体裁定。在债权连续转让的情况下，只要该债权转让的过程是明确的、连续的，法院可根据债权转让人或受让人的申请直接裁定变更最后受让人为申请执行人。

2.5

201003/35:86

2009

案例索引： 最高人民法院（2009）执复字第1号“山东齐鲁投资管理有限公司与济南中银实业有限公司、济南鲁泰物流有限公司执行异议案”，见《齐鲁投资管理有限公司、济南中银实业有

限公司不服变更申请执行人异议裁定申请复议案》（黄金龙、林莹，最高院执行局；审判长黄金龙，审判员闫燕，代理审判员范向阳），载《执行工作指导·典型案例》（201003/35:86）。

81 不良债权债务人，无权以欺诈为由，主张撤销合同

——不良债权转让合同当事人转让行为如构成欺诈，应由合同相对人主张权利，债务人主张行使撤销权的，应予驳回。

标签：不良资产 | 再转让 | 撤销权 | 欺诈 | 企业改制 | 资产收购

案情简介：2000年，味精厂改制为味精公司。2004年，银行在对味精公司所欠1.1亿余元借款本息纠纷申请强制执行过程中，转让债权给资产公司。资产公司再转让给投资公司。2005年，投资公司将该债权又转让给实业公司。2006年，味精公司以实业公司采取欺诈手段购买本案债权，损害国家利益，诉请确认债权转让合同无效。

7

2.1

200801/13:240

2.7

2010:65

2.6

v.1:373

2007

法院认为：本案债权转让合同发生在资产公司与实业公司之间，转让合同标的物系经法院审判确认并已进入执行阶段的资产公司对味精公司享有的债权。实业公司接受的亦仅为对味精公司的债权，并非味精公司资产。味精公司资产现仍归味精公司所有。味精公司作为资产公司转让债权资产包中的一个债务人，非债权转让合同当事人或合同相对人的债权人，其与本案债权转让合同无直接利害关系。味精公司通过味精厂改制而来，属民营企业性质，故味精公司以资产公司贱卖国有资产，损害国家利益为由行使诉权，主张债权转让合同无效无法律依据。依《合同法》精神，合同当事人实施欺诈行为，只有在损害国家利益时，才导致合同无效。通常情况下，仅导致合同被撤销。而撤销权须由合同当事人行使，法院不能依职权主动撤销合同。根据合同相对性原则，实业公司上述行为如构成合同欺诈行为，亦应由合同相对人即资产公司主张权利。故味精公司本案中主张撤销权，不具有诉权，其起诉应予驳回。

实务要点：根据合同相对性原则，不良债权转让合同当事人转让行为如构成合同上的欺诈行为，应由合同相对人主张权利，债务人行使撤销权的，应予驳回。

案例索引：最高人民法院（2007）民二终字第12号“某资产公司与某味精公司等债权转让合同纠纷案”，见《不良金融资产转让中债务人能否行使撤销权——上诉人南宁荷花味精有限公司与上诉人中国东方资产管理公司南宁办事处、原审第三人深圳市国粮实业有限公司债权转让合同纠纷上诉案评析》（叶小青，最高院民二庭；隋汶兵，证券公司分析员），载《民商事审判指导·案例分析》（200801/13:240）；另载《最高人民法院商事审判裁判规范与案例指导·案例指导》（2010:65）；另见《债权转让的生效要件——南宁荷花

味精有限公司与中国东方资产管理公司南宁办事处、深圳市国粮实业有限公司债权转让纠纷案》(审判长周帆，审判员叶小青，代理审判员王闯)，载《最高人民法院商事审判指导案例·合同卷(上)》(2011:373)。

Ⅰ

涉外转让

82　向外国投资者转让不良债权，需逐笔办理备案登记

——外国投资者受让我国不良金融债权及其抵押权，应向国家外汇管理相关部门办理备案登记并注明担保的具体情况。

标签：不良资产 | 涉外转让 | 再转让 | 抵押 | 债权转让 | 备案登记

案情简介：2006年10月，信达资产公司武汉办将受让银行的9笔不良金融债权及其抵押权转让给香港高士通公司。同年12月，国家外汇管理局湖北分局对该债权及其抵押权予以备案登记，登记表未列明债权抵押情况，但提交登记材料附件中列明了抵押情况。2010年11月，高士通公司将该债权及其抵押权再次转让给物业公司。2012年，国家外汇管理局湖北分局应高士通公司申请，办理了补交担保逐笔明细清单。债务人及抵押人旅游公司认为涉外债权转让因抵押担保未

法院认为：最高人民法院《关于审理金融资产管理公司利用外资处置不良债权案件涉及对外担保合同效力问题的通知》第1条将该通知的适用范围限定为“2005年1月1日之后金融资产管理公司利用外资处置不良债权，向外国投资者出售或转让不良资产，外国投资者受让债权之后向人民法院提起诉讼，要求债务人及担保人直接向其承担责任的案件”，本案投资公司虽非外国投资者，但其债权及其抵押权系从香港高士通公司取得，其享有本案债权及其抵押权应以香港高士通公司取得本案债权及其抵押权为前提。因高士通公司属于涉外法人，故对高士通公司是否受让本案债权及其抵押权的问题，应适用前述通知的规定。高士通公司于2006年12月向相关主管部门就此次债权转让登记备案，并以附件形式列明了本案债权及其抵押情况，符合前述通知第2条“外国投资者或其代理人办理不良资产转让备案登记时，向国家外汇管理局分局、管理部提交的材料中应逐笔列明担保的情况”的规定，且主管部门于2012年9月又应高士通公司要求为其办理了补交担保逐笔明细清单，据此可认定高士通公司受让本案债权及其抵押权业

办理备案登记，依照最高人民法院《关于审理金融资产管理公司利用外资处置不良债权案件涉及对外担保合同效力问题的通知》规定，抵押应为无效。

已经过了外汇管理部门的审批，故对旅游公司关于本案属涉外债权转让，因未审批而应认定抵押无效的诉请，不予支持。

实务要点： 外国投资者受让不良金融债权及其抵押权，应向国家外汇管理局分局、管理部办理备案登记并注明担保的具体情况，否则担保合同无效，当事人在一审法庭辩论终结前补交担保具体情况的不良资产备案材料的除外。

2.1

201204/32:221

2.6

v.8:461

2012

案例索引： 最高人民法院（2012）民二终字第56号“某旅游公司与某物业公司借款担保合同纠纷案”，见《湖北莲花湖旅游发展有限责任公司与武汉世纪宏祥物业管理有限公司、湖北莲花湖物业有限公司借款担保合同纠纷案》（审判长雷继平，审判员苑多然，代理审判员李志刚），载《商事审判指导·商事裁判文书选登》（201204/32:221）；另见《当事人约定先办理抵押登记后签订主债权债务合同的，抵押登记不因其先于主合同债权成立而无效》，载《最高人民法院商事审判指导案例（2012）·合同与借贷担保》（2013:461）。

7

83 注册资本二十万元公司，亦有权受让巨额金融债权

——因公司注册资本与不良债权转让合同标的差额而产生的经营风险，由当事人自行承担，不属于合同无效法定情形。

标签： 不良资产 | 涉外转让 | 再转让 | 债权转让 | 转让效力 | 恶意串通

案情简介： 2004年，银行将总计2500万元人民币及300万美元的不良金融债权转让给资产公司。2007年，资产公司将该金融债权转让给香港高士通公司。2010年，香港高士通公司将该债权再次转让给物业公司。债务人旅游公司以物业公司注册资金仅20万元，无履行不良资产受让合同能力，主张转让协议无效或未履行。

法院认为： 物业公司注册资本是其股东对公司债权人承担民事责任的限额，与物业公司履约能力无必然联系。因物业公司注册资本与不良债权转让合同标的差额而产生的经营风险，由香港高士通公司自行承担，不属于法律规定的合同无效情形。香港高士通公司诉讼期间已向法庭提交书面文件，认可其与物业公司债权转让协议已履行完毕，故旅游公司以物业公司注册资本仅20万元，无履行不良资产受让合同的能力为由，认为债权转让协议无效及未履行的主张，不予支持。

实务要点： 公司法人注册资本是股东对公司债权人承担民事责任的限额，与公司履约能力无必然联系，因公司注册资本与不良债权转让合同标的差额而产生的经营风险，由合同当事人自行承担，不属于法律规定的合同无效情形。

2.1

201204/32:221

2.6

v.8:461

2012

案例索引： 最高人民法院（2012）民二终字第56号“某旅游公司与某物业公司借款担保合同纠纷案”，见《湖北莲花湖旅游发展有限责任公司与武汉世纪宏祥物业管理有限公司、湖北莲花湖物业有限公司借款担保合同纠纷案》（审判长雷继平，审判员苑多然，代理审判员李志刚），载《商事审判指导·商事裁判文书选登》（201204/32:221）；另见《当事人约定先办理抵押登记后签订主债权债务合同的，抵押登记不因其先于主合同债权成立而无效》，载《最高人民法院商事审判指导案例（2012）·合同与借贷担保》（2013:461）。

84 外资曾参与的金融债权转让，不必然适用涉外程序

——国外法人将受让金融债权转让后，对受让人所提不良债权追索诉讼无法律上利害关系，不属于必须追加的第三人。

标签：不良资产 | 涉外转让 | 再转让 | 外资参与 | 涉外程序

案情简介： 2004年，银行将不良金融债权转让给资产公司。2007年，资产公司将该金融债权转让给香港高士通公司并办理了相关审批备案手续。2010年，香港高士通公司将该债权再次转让给物业公司。在物业公司起诉债务人旅游公司追索债权时，旅游公司认为应追加香港高士通公司为第三人，并适用涉外民事诉讼程序审理。

法院认为： 因香港高士通公司已将其对旅游公司的民事权利转让给了物业公司，香港高士通公司对本案的诉讼标的无独立的请求权，且本案的处理结果亦与香港高士通公司无法律上的利害关系，故香港高士通公司不属于必须追加的第三人。因本案当事人均系中国法人，涉案债权的转让的法律事实均在我国境内发生，故本案不属于涉外民事案件，不适用涉外民事诉讼的审理程序。另，物业公司属于国内法人，故香港高士通公司向物业公司转让本案债权，不属于对外转让不良债权，现行法律并未就此类转让规定专门的审批程序，故旅游公司主张此次转让应纳入外债监管并报有关部门审批的主张无法律依据。

实务要点： 国外法人将其合法受让的不良金融债权转让给国内法人后，对受让人向债务人提起的不良债权追索诉讼无法律上的利害关系，不属于必须追加的第三人。

2.1

201204/32:221

2.6

v.8:461

2012

案例索引： 最高人民法院（2012）民二终字第56号“某旅游公司与某物业公司借款担保合同纠纷案”，见《湖北莲花湖旅游发展有限责任公司与武汉世纪宏祥物业管理有限公司、湖北莲花湖物业有限公司借款担保合同纠纷案》（审判长雷继平，审判员苑多然，代理审判员李志刚），载《商事审判指导·商事裁判文书选登》（201204/32:221）；另见《当事人约定先办理抵押登记后签订主债权债务合同的，抵押登记不因其先于主合同债权成立而无效》，载《最高人民法院商事审判指导案例（2012）·合同与借贷担保》（2013:461）。

85 域外证据的公证机关，应指证据形成地的公证机关

——域外证据经“所在国公证机关”公证，系指证据形成地所在国公证机关，而不是指法人注册地所在国的公证机关。

标签：不良资产 | 涉外转让 | 证据规则 | 域外证据 | 公证机关

案情简介： 2004年，银行将不良金融债权转让给资产公司。2007年，资产公司将该金融债权转让给香港高士通公司并办理了相关审批备案手续。2010年，香港高士通公司将该债权转让给物业公司。在物业公司起诉债务人旅游公司追索债权时，法院通知香港高士通公司到庭说明情况，香港高士通公司提交了2011年11月签署的授权委托书，该委托书经新加坡公证机关公证，中国驻新加坡大使馆认证。旅游公司认为香港高士通公司注册在香港，其授权应在香港进行，故在新加坡的公证无效。

7

法院认为： 香港高士通公司2011年出具的授权委托书载明授权地点为新加坡，该委托书经新加坡公证机构公证，并经中国驻新加坡大使馆认证。最高人民法院《关于民事诉讼证据的若干规定》第11条规定，“当事人向人民法院提供的证据系在中华人民共和国领域外形成的，该证据应当经所在国公证机关予以证明，并经中华人民共和国驻该国使领馆予以认证”，其中的“所在国公证机关”系指证据形成地所在国的公证机关，而不是指法人注册地所在国的公证机关。因上述委托书系在新加坡形成，故对经新加坡公证机构公证、中国驻新加坡大使馆认证的该授权委托书的法律效力，应予确认。

实务要点： 最高人民法院《关于民事诉讼证据的若干规定》第11条规定，“当事人向人民法院提供的证据系在中华人民共和国领域外形成的，该证据应当经所在国公证机关予以证明，并经中华人民共和国驻该国使领馆予以认证”，其中的“所在国公证机关”系指证据形成地所在国的公证机关，而不是指法人注册地所在国的公证机关。

2.1

201204/32:221

2.6

v.8:461

2012

案例索引： 最高人民法院（2012）民二终字第56号“某旅游公司与某物业公司借款担保合同纠纷案”，见《湖北莲花湖旅游发展有限责任公司与武汉世纪宏祥物业管理有限公司、湖北莲花湖物业有限公司借款担保合同纠纷案》（审判长雷继平，审判员苑多然，代理审判员李志刚），载《商事审判指导·商事裁判文书选登》（201204/32:221）；另见《当事人约定先办理抵押登记后签订主债权债务合同的，抵押登记不因其先于主合同债权成立而无效》，载《最高人民法院商事审判指导案例（2012）·合同与借贷担保》（2013:461）。

86 对外转让不良金融债权合同效力，法院应主动审查

——由于合同无效问题是国家干预范畴，即使当事人未提出合同效力问题，法院亦应对合同是否无效的事实进行审查。

标签：不良资产 | 涉外转让 | 诉讼程序 | 审理范围 | 拍卖 | 合同效力

法院认为： 关于境内金融机构对外转让不良债权的合法性问题，国家发改委、外汇管理局颁发了发改外资〔2007〕

案情简介：2007年，资产公司采取公开竞价方式拍卖受让的不良金融债权，因竞买人外国公司报价低于底价导致流拍，外国公司通过定向协商方式受让债权并向债务人追索。在当事人未提出主张的情况下，法院应否主动审查对外转让不良债权合同的效力，是法院要解决的首要问题。

254号《关于规范境内金融机构对外转让不良债权备案管理的通知》进行了规定。该通知涉及社会公共利益的保护问题，故可根据《合同法》第52条规定，以是否违反该通知、是否损害社会公共利益为由判断转让合同的效力。本案资产公司先行采取了公开竞价方式，但在公开竞价过程中，由于流拍而最终采取了定向协商方式与外国公司签订债权转让协议。前述通知规定的是原则上所有转让应采取招标、拍卖、公开竞价等公开方式，而非绝对禁止其他方式，故定向协商方式并未违反通知规定，且该转让行为已经有权管理机关备案确认，应认定转让有效，外国公司为合法债权人。

2.1

201001/21:140

2010

实务要点：由于无效合同涉及国家利益和社会公共利益的保护问题，故合同无效问题是国家干预范畴，而非当事人意思自治范畴。即使当事人未提出确认合同无效的诉求或抗辩，法院均应对合同是否无效的事实进行审查。

案例索引：最高人民法院判决“某造革公司与某外国公司借款合同纠纷案”，见《二审期间当事人才告知债权已于一审期间转让的事实，二审法院能否直接裁决变更诉讼主体——辽源市佳林造革有限责任公司与DAC China SOS（Barbados）SRL借款合同纠纷案》（张雪楳，最高院民二庭），载《商事审判指导·案例分析》（201001/21:140）。

I

转让通知

87 银行转让金融债权，对债务人通知义务可当庭进行

——金融资产公司受让国有银行债权后，原债权银行转让债权履行通知义务可在嗣后法庭审理中以现场通知方式进行。

标签：不良资产 | 转让通知 | 债权转让 | 借款合同

7

案情简介：1993年，化肥公司为玻璃厂向银行贷款提供担保。借款到期后，银行及受让该金融债权的资产公司分别于2002年11月以公证催收方式，2004年4月以报纸公告催收方式向化肥公司主张过权利。2004年11月，资产公司起诉时，化肥公司以债权转让未通知为由，主张不应承担担保责任。

法院认为：根据最高人民法院《关于审理涉及金融资产管理公司收购、管理、处置国有银行不良贷款形成的资产的案件适用法律若干问题的规定》（法释〔2001〕12号）第6条规定："金融资产管理公司受让国有银行债权后，原债权银行在全国或省级有影响的报纸上公布债权转让公告或通知的，人民法院可以认定债权人履行了《合同法》规定的通知义务。在案件审理中，债务人以原债权银行转让债权未履行通知义务为由进行抗辩的，人民法院可以将原债权银行传唤到庭调查债权转让事实，并责令原债权银行告知债务人债权转让的事实。"银行和资产公司分别于2002年11月以公证催收方式，2004年4月以报纸公告催收方式向化肥公司主张过权利，按照该规定，即使银行和资产公司未向其通知债权转让事宜，法庭也可传唤原债权银行并责令其当庭向化肥公司告知债权转让事实，故化肥公司以债权转让通知未送达为由拒绝承担保证责任的主张不成立，判决化肥公司对玻璃厂债务承担连带清偿责任。

1.1

2006:177

2.6

v.2:890

2005

实务要点：金融资产管理公司受让国有银行债权后，原债权银行转让债权履行通知义务可以嗣后在法庭审理中进行。

案例索引：最高人民法院（2005）民二终字第200号"中国信达资产管理公司石家庄办事处与中国—阿拉伯化肥有限公司、河北省冀州中意玻璃钢厂借款担保合同纠纷案"，见《信达公司石家庄办事处与中阿公司等借款担保合同纠纷案》（审判长吴庆宝，代理

审判员宫邦友、刘敏），载《最高人民法院公报·裁判文书选登》（2006:177）；另见《保证人的变更需要建立在债权人同意的基础上，即使债务人或第三人为债权人另为提供相应的担保》，载《最高人民法院商事审判指导案例·借款担保卷（下）》（2011:890）。

88 债权转让未通知债务人，不影响债权转让协议效力

——债权转让未通知债务人的，债务人享有对抗受让人的抗辩权，但不影响转让人与受让人之间债权转让协议的效力。

标签：不良资产 | 转让通知 | 债权转让 | 质押 | 借款合同

案情简介：2002年，投资集团以3亿余元受让资产公司44亿余元不良金融债权资产包。2003年，投资集团与投资公司签订《债权转让协议》，将部分债权再转让给投资公司。2004年2月，资产公司向不良资产的债务人和担保人寄出《债权转让及质押通知书》。同年3月，投资公司以债权转让未及时通知债务人等理由诉请确认其与投资集团签订的《债权转让协议》无效。

法院认为：《合同法》第80条第1款规定："债权人转让权利的，应当通知债务人。未经通知的，该转让对债务人不发生效力。"据此，债权人未通知债务人的，则该转让对债务人不发生效力，并非影响该债权转让的效力。最高人民法院《关于审理涉及金融资产管理公司收购、管理、处置国有银行不良贷款形成的资产的案件适用法律若干问题的规定》第6条第2款规定："在案件审理中，债务人以原债权银行转让债权未履行通知义务为由进行抗辩的，人民法院可以将原债权银行传唤到庭调查债权转让事实，并责令原债权银行告之债务债权转让的事实。"可见，债权转让通知义务在案件审理中仍可履行，债权转让通知义务未及时履行只是使债务人享有对抗受让人的抗辩权，并不影响债权转让人与受让人之间债权转让协议的效力。因此，向债务人发出债权转让通知并非债权转让协议的生效要件，资产公司没有及时向债务人和担保人发出债权转让通知并不影响其与投资集团签订的《债权转让协议》的效力，也不能因此认为投资集团未取得本案债权，判决驳回投资公司的诉讼请求。

1.1

实务要点：债权人转让权利的，应当通知债务人。未经通知的，该转让对债务人不发生效力，债务人享有对抗受让人的抗辩权，但不影响债权转让人与受让人之间债权转让协议的效力。

2005:353

2.6

v.2:428

2004

案例索引：最高人民法院（2004）民二终字第212号"某投资公司与某投资集团债权转让合同纠纷案"，见《佛山市顺德区太保投资管理有限公司与广东中鼎集团有限公司债权转让合同纠纷案》（审判长张勇健，审判员王东敏，代理审判员殷媛），载《最高人民法院公报·裁判文书选登》（2005:353）；另载《最高人民法院商事审判指导案例·合同卷（上）》（2011:428）。

89　转让未通知债务人，不影响让与人与受让人间约定

——债权转让未通知债务人的，不影响债权让与人与受让人之间的合同效力，让与人应将转让后的债权交付给受让人。

标签：不良资产｜转让通知｜债权转让｜不当得利

案情简介：2000年5月，银行将对实业公司的78万元不良贷款债权转让给资产公司但未通知实业公司。同年12月，实业公司向银行偿还该贷款。2005年，从资产公司受让该不良债权的投资公司发现银行已接受清偿后，诉请返还不当得利。

法院认为：银行作为债权人将案涉债权转让给资产公司，但未通知债务人，依《合同法》第80条规定，“该转让对债务人不发生效力”，并不影响债权让与人与受让人之间行为的效力，即对让与人与受让人仍然有效。债权转让通知债务人的法律后果是使该转让协议对债务人产生法律效力。即一经通知，债务人应依转让协议向受让人履行，债务人不得再向原债权人履行。如未通知债务人，债务人仍可向让与人履行，但让与人接受履行后，应将接受履行的款项转付给受让人。本案实业公司在未接到银行债权转让通知的情况下，向银行清偿贷款债务并无不当。银行在转让债权后接受实业公司履行，无权占有该款，应作为不当得利返还。投资公司受让案涉债权应受法律保护。

7

2.4

200904/30:101

2007

实务要点：债权转让未通知债务人的，不影响债权让与人与受让人之间行为效力，让与人应将转让后债务人向其支付的款项交付给受让人。

案例索引：湖北高院（2007）鄂民监一再终字第00016号“某银行与某投资公司等破产清算债务纠纷案”，见《武汉宝捷投资顾问有限公司与中国农业银行安陆市支行、安陆市福兴有限公司破产清算组债务纠纷案》（审判长李玉高，审判员程鸣、杨志斌），载《审判监督指导·裁判文书》（200904/30:101）。

90　保证合同约定禁止债权变更，不包括禁止债权转让

——不良金融债权的保证人以保证合同中债权变更的禁止性约定为由，主张债权转让应免除其担保责任的，不应支持。

标签：不良资产｜转让通知｜债权转让｜抗辩权｜保证

案情简介：1996年，电力公司为造纸厂向银行贷款提供连带责任保证。嗣后，电力公司以银行转让该债权给资产管理公司，违反保证合同中约

法院认为：债权变更与债权转让系不同法律概念。《担保法》第22条规定：“保证期间，债权人依法将主债权转让给第三人的，保证人在原保证担保的范围内继续承担保证责任。保证合同另有约定的，按照约定。”即该条对债权转让情形明确要求保证人在原保证范围内继续承担保证责任。关于债权变更，《担保法》第24条规定：“债权人与债务人协议变更主合同的，应当取得保证人书面同意，未经保证人书面同意的，

定"主合同条款变更应征得保证人同意并签订书面协议，本合同任何修改、变更均需三方协商并订立书面协议"的禁止性条款，主张免除担保责任。

2.6

v.8:580

2012

保证人不再承担保证责任。保证合同另有约定的，按照约定。"故《担保法》已明确债权转让与债权变更属于不同的法律概念。本案《保证合同》中的相关约定属于对债权变更的禁止性约定，而非对债权转让的禁止性约定。银行转让不良债权行为属于债权转让而非属保证合同约定的主合同变更，该转让既未改变原合同内容，亦未加重保证人保证责任，且电力公司在保证合同中并未约定仅对银行承担保证责任或禁止债权转让，即不存在符合《担保法》第22条"保证合同另有约定的，按照约定"规定的情形，故电力公司应承担连带清偿责任。

实务要点： 《担保法》第22条和第24条已明确债权转让与债权变更属于不同的法律概念。保证人以保证合同中债权变更的禁止性约定为由主张债权转让应免除担保责任的，不应支持。

案例索引： 最高人民法院（2012）民提字第151号"某资产公司与某供电公司等借款合同纠纷案"，见《债权变更与债权转让是不同的法律概念——中国信达资产管理股份有限公司山东省分公司与梁山县供电公司借款合同纠纷案》（审判长刘敏，代理审判员赵柯、杜军），载《最高人民法院商事审判指导案例（2012）· 合同与借贷担保》（2013:580）。

91 对优先购买权人的通知，不能以公告取代直接通知

——资产公司向非国有金融机构法人转让债权，不宜采用公告的方式通知国有企业债务人注册登记地的优先购买权人。

标签： 不良资产 | 转让通知 | 公告 | 拍卖 | 优先权 | 通知方式 | 直接通知

案情简介： 2008年，受让银行不良金融债权的资产公司在报纸上刊登《资产出售公告》后，通过委托拍卖程序将该债权转让给投资公司。嗣后，持有《企业国有资产产权登记证》的电子公司以侵害其优先购买权为由主张转让合同无效。

法院认为： 不良债权的处置是计划经济时期形成的历史遗留问题，是以政策性为主、法律性为辅的社会经济问题。最高人民法院《关于审理涉及金融不良债权转让案件工作座谈会纪要》的出台背景、精神原则以及若干重要规则形成的脉络实质上反映了其背后蕴含的价值权衡及价值选择。为最大程度地减少国有资产流失，实现私权处分与公共利益、金融债权与职工债权、市场竞争与国家干预、历史问题与现行法则等诸多价值的权衡目的，前述纪要明确了相关地方人民政府或代表本级人民政府履行出资人职责的机构、部门或持有国有企业债务人国有资本的集团公司对不良债权拥有优先购买权。并同时规定，金融资产管理公司向非国有金融机构法人转让

2.6 不良债权的处置方案、交易条件及处置程序、方式确定后，应通知国有企业债务人注册登记地的优先购买权人。该规定明确了金融资产管理公司在转让不良债权时对优先购买权人的通知义务，虽未列明通知形式，但按前述纪要最大限度防止国有资产流失、保障国家经济安全精神，该义务应以书面、口头或其他优先购买权人能够确认知悉的方式来履行，而不宜随意采用公告方式。这是因为：首先，法律并未赋予债权人在不良债权转让中可以公告形式取代直接通知的权利；其次，公告作为一种推定送达方式，应严格限制其适用范围，在穷尽书面、口头或电话等方式通知不到的情形下才得以适用。否则，可能造成优先购买权人的交易机会难以保护的结果，进而可能实质性地影响金融资产管理公司以公开、公平、公正和竞争、择优原则处置不良债权的根本目的。本案因资产公司未通知优先购买权人，案涉转让合同无效。

v.7:455

2011

实务要点： 金融资产管理公司向非国有金融机构法人转让不良债权，应通知国有企业债务人注册登记地的优先购买权人。最高人民法院《关于审理涉及金融不良债权转让案件工作座谈会纪要》虽未列明通知形式，但按最大限度防止国有资产流失、保障国家经济安全精神，该通知义务应以书面、口头或其他优先购买权人能够确认知悉的方式来履行，而不宜随意采用公告方式。

7

案例索引： 最高人民法院（2011）民二终字第98号“某资产公司与某开发公司等合同纠纷案”，见《金融不良债权转让中优先购买权的行使及合同效力问题——哈尔滨市胜达房地产综合开发有限责任公司、中国长城资产管理公司哈尔滨办事处与哈尔滨电子仪表工业总公司确认合同效力及优先购买权纠纷案》（审判长王闯，代理审判员王富博、张颖），载《最高人民法院商事审判指导案例·7·公司与金融卷》（2012:455）。

公告

92 自然人受让金融债权，可通过报纸公告通知债务人

——债权人以登报形式通知债务人并不违反法律规定。只要债权人实施了有效通知行为，债权转让就应对债务人生效。

标签：不良资产 | 公告 | 债权转让 | 转让通知 | 报纸

案情简介： 1994年至1997年，水泥厂先后5次向银行借款1260万元，建材公司与化工公司分别作为保证人。2000年，银行将该5笔不良金融债权本息转让给资产公司。2002年，资产公司将该5笔债权转让给何某。何某和资产公司在当地省级法制报上刊登了债权转移通知。2003年，何某起诉。化工公司认为在能够直接通知的情况下采取登报通知没有法律依据。

法院认为： 本案中何某作为债权人向债务人及担保人提出诉讼主张，是基于其与资产公司的债权转让合同。《合同法》第80条第1款规定，债权人转让权利的，应当通知债务人。未经通知，该转让对债务人不发生法律效力。但法律法规对通知的具体方式没有规定。本案的实际情况是，资产公司将其债权转让何某后，双方共同就债权转让的事实在省级法制报上登报通知债务人及担保人。该报是在本省内公开广泛发行的报纸，债权人在该报纸上登报通知债务人及担保人债权转让的事实，不违反法律法规的强制性规定，应认定债权人已将债权转让的事实告知债务人及担保人，且本案中债权转让人、债权受让人、债务人及担保人均未对债权转让的事实及效力提出异议，债务人及担保人只是对债务款项利息的数额有异议。化工公司的诉讼请求没有涉及债权转让内容及效力问题，即化工公司对双方债权债务存在的事实是认可的。化工公司通过参加本案的诉讼活动，已明知债权转让的事实，且知道履行债务的对象。本案中的债权转让并没有致使债务人错误履行债务、双重履行债务或加重债务人履行债务的负担，也没有损害化工公司的利益。双方债权债务关系明确，债务人及担保人应承担相应的法律责任。化工公司仅以债权人在报纸上登载债权转让通知不当为由，否认债权转让对其发生法律效力，理由不充分，法院不予支持。

实务要点： 《合同法》第80条第1款的规定债权转让时通知债务人，是为了避免债务人重复履行、错误履行债务或加重履行债务的负担。债权人以登报的形式通知债务人并不违反法律的规定。

1.1

2004:197

2.2

200304/16:412

2003

只要债权人实施了有效的通知行为，债权转让就应对债务人发生法律效力。

案例索引： 最高人民法院（2003）民一终字第46号“何某诉某化工公司等债务纠纷案”，见《何荣兰诉海科公司等清偿债务纠纷案》（审判长俞宏武，代理审判员贾劲松、关丽），载《最高人民法院公报·裁判文书选登》（2004:197）；另见《东营市海科化学工业有限责任公司与何荣兰、东营水泥制品厂、东营市黄河口建材开发总公司清偿债务纠纷上诉案》，载《民事审判指导与参考·最高人民法院裁判文书选登》（200304/16:412）。

93 公告催收中断时效主体，仅为国有银行或资产公司

——刊登催收公告方式的适用主体仅为国有商业银行或金融资产管理公司，并非所有的受让主体均可以适用上述规定。

7

标签： 不良资产 | 公告 | 诉讼时效 | 公告催收 | 适用主体

案情简介： 1988年至1998年，糖厂共向银行贷款2600万余元。2000年5月，银行将该债权转让给资产公司，糖厂在该债权转让协议上盖章确认。2002年4月、2004年4月，资产公司分别在报纸上刊登债权催收公告。2004年6月，资产公司将该债权转让给实业公司，并于同年10月在《法治快报》上刊登债权转让公告。2006年9月，实业公司在《法治快报》上刊登催收公告。2007年3月，实业公司将该债权转让给投资公司同时共同在省级报刊上刊登债权转让及催收公告。

法院认为： 最高人民法院《关于审理涉及金融资产管理公司收购、管理、处置国有银行不良贷款形成的资产的案件适用法律若干问题的规定》第10条规定：“债务人在债权转让协议、债权转让通知上签章或签收债务催收通知的，诉讼时效中断。原债权银行在全国或者省级有影响的报纸上发布的债权转让公告或通知中，有催收债务内容的，该公告或通知可以作为诉讼时效中断证据。”最高人民法院《关于审理金融资产管理公司收购、处置银行不良资产有关问题的补充通知》第1条规定：“国有商业银行（包括国有控股银行）向金融资产管理公司转让不良贷款，或者金融资产管理公司受让不良贷款后，通过债权转让方式处置不良资产的，可以适用本院发布的上述规定。”由此可见，刊登催收公告方式的适用主体仅为国有商业银行或金融资产管理公司，并非所有的受让主体均可以适用上述规定。故实业公司和投资公司于2006年9月、2007年3月在《法治快报》及省级报刊上刊登债权催收公告，不符合法律规定的公告催收的适用条件，应认定超过诉讼时效。

实务要点： 刊登催收公告可中断诉讼时效的适用主体仅为国有商业银行或金融资产管理公司，并非所有的受让主体均可以适用上述规定。

2.2

201103/47:192

2011

案例索引： 最高人民法院判决“某实业公司与某糖厂借款担保合同纠纷案”，见《当事人就部分债权提起诉讼，诉讼时效中断应及于剩余债权，起诉后又撤诉应以起诉书副本送达对方视为当事人提出要求而引起诉讼时效的中断——广西融海房地产开发有限公司与广西壮族自治区德保县糖厂借款担保合同纠纷再审案》（李琪，最高院民一庭），载《民事审判指导与参考·最高人民法院案件解析》（201103/47:192）。

94 金融资产公司公告债权转让同时催收，属有权催收

——金融资产公司转让债权，在未通知债务人前，仍系合法债权人，其有权以自己名义向债务人公告通知转让和催收。

标签： 不良资产 | 公告 | 诉讼时效 | 公告催收 | 债权转让

案情简介： 1996年，陶瓷厂为涤纶厂向银行贷款提供连带责任保证。1998年12月21日，银行向陶瓷厂、涤纶厂发出催收通知。2000年，资产公司收购该债权。2005年12月，资产公司将该债权转让给经贸公司，并于2006年2月17日在该省《经济导报》上进行了公告。2007年，从经贸公司受让该债权的投资公司起诉陶瓷厂要求连带清偿保证债务。陶瓷厂认为《经济导报》无影响力，且债权已转让，资产公司无权催收。

法院认为： 1998年12月21日，银行向债务人和保证人催收，根据最高人民法院《关于适用〈担保法〉若干问题的解释》第34条第2款规定，连带责任保证的债权人在保证期间届满前要求保证人承担保证责任的，从债权人要求保证人承担保证责任之日起，开始计算保证合同的诉讼时效。故本案所涉保证合同诉讼时效应自1998年12月21日起算。此后，债权人多次不间断地发出催收公告或送达催收通知，导致保证合同诉讼时效多次中断并重新起算，至投资公司起诉之日，仍未超出法定的诉讼时效期间。《经济导报》属于省级媒体机构，面向全国年发行10万份以上，在该省乃至全国均有一定影响，资产公司的债权催收系在发布债权转让通知的同时，而非债权转让通知生效之后进行，仍应属有权催收，故构成诉讼时效中断。

实务要点： 金融资产公司将债权转让给第三人，在未通知债务人之前，仍系合法的债权人，其以自己名义向债务人公告通知转让和催收构成诉讼时效中断。

2.6

v.6:425

2011

案例索引： 最高人民法院（2011）民提字第298号“某村委会与某投资公司保证合同纠纷案”，见《集体企业法人开办人无法定事由不应直接承担开办企业债务，不应被列为开办企业债务纠纷当事人——博山区八陡镇增福村民委员会与青岛泓海投资有限公司保证合同纠纷案》（审判长王东敏，代理审判员刘崇理、曾宏伟），载《最高人民法院商事审判指导案例·合同与借贷担保卷（6）》（2012:425）。

95 资产管理公司可登报发催收公告，以中断诉讼时效

——金融资产管理公司对已承接的不良金融债权，可以在特定报纸上以发布催收公告的方式取得诉讼时效中断的证据。

标签：不良资产 | 公告 | 诉讼时效 | 公告催收

案情简介： 2001年，实业公司为化工公司向银行贷款提供连带责任保证。银行2004年在省级日报发布《债权转让暨催收公告》和《债权催收公告》能否起到诉讼时效中断的效力成为争议焦点。实业公司认为债权人未以挂号信、特快专递、专人送达和传真方式送达，径行公告不符合法律规定。

7

2.6

v.7:420

2011

法院认为： 根据最高人民法院《关于审理民事案件适用诉讼时效制度若干问题的规定》第10条规定，以公告形式主张权利，被认定为《民法通则》第140条规定的"当事人一方提出要求"并产生诉讼时效中断效力的应限于两种情形，一是当事人一方下落不明，二是法律和司法解释另有特别规定。根据最高人民法院《关于审理涉及金融资产管理公司收购、管理、处置国有银行不良贷款形成的资产的案件适用法律若干问题的规定》第10条规定，国有银行将其债权转让给金融资产管理公司的，原债权银行在全国或者省级有影响的报纸上发布的债权转让公告或通知中，有催收债务内容的，该公告或通知可以作为诉讼时效中断证据。另据最高人民法院《对〈关于贯彻执行最高人民法院"十二条"司法解释有关问题的函〉的答复》规定，为了最大限度地保全国有资产，金融资产管理公司在全国或省级有影响的报纸上发布的有催收内容的债权转让公告或通知所构成的诉讼时效中断，可以溯及至金融资产管理公司受让原债权银行债权之日；金融资产管理公司对已承接的债权，可以在上述报纸上以发布催收公告的方式取得诉讼时效中断（主张权利）的证据。按照上述规定，本案应属于适用相关司法解释特别规定的情形，银行和资产公司先后在省级日报上发布的《债权转让暨催收公告》和《债权催收公告》可以起到诉讼时效中断的效力。故判决实业公司对化工公司欠付资产公司的借款本金1110万元承担连带清偿责任。

实务要点： 金融资产管理公司承接银行债权是特殊时期、特殊政策背景下集中出现的特定类型的交易。为了最大限度地保全国有资产，金融资产管理公司在全国或省级有影响的报纸上发布的有催收内容的债权转让公告或通知所构成的诉讼时效中断，可以溯及至金融资产管理公司受让原债权银行债权之日；金融资产管理公司对已承接的债权，可以在上述报纸上以发布催收公告的方式取得诉讼时效中断的证据。

案例索引： 最高人民法院（2011）民二终字第5号"某资产公司与某实业公司保证合同纠纷案"，见《金融资产管理公司

承接银行债权如何认定诉讼时效中断——宁夏大荣实业集团有限公司与中国信达资产管理股份有限公司陕西省分公司保证合同纠纷案》（审判长张勇健，代理审判员李京平、王富博），载《最高人民法院商事审判指导案例-7·公司与金融卷》（2012:420）。

96 债权转让合同与公告内容不一致时，应以合同为准

——债权转让公告不同于物权登记，不产生物权登记公示效力。当公告登载内容与合同不一致时，应以合同约定为准。

标签：不良资产 | 公告 | 债权转让 | 转让内容 | 保证 | 保证重生

案情简介：2007年，资产公司将从银行受让的金融不良债权转让给投资公司，并约定放弃对保证人丝绸公司的责任追究，受让人承诺在其与后手签署的协议中要求后手也放弃该等权利。2008年，双方在报纸上刊登的《债权转让公告》仍将丝绸公司担保债务列入其中。几经倒手最终受让债权的广告公司，向丝绸公司主张保证债权时，丝绸公司主张免责。

法院认为：案涉债权系附条件债权让与，受让人投资公司以免除担保人丝绸公司的担保义务为条件受让债权。资产公司和投资公司签订债权转让合同后，双方之间形成了特定的权利义务关系，该合同排除了丝绸公司的债务。受让人再转让时，后手受让人不能取得大于前手的合同权利。《债权转让合同》经资产公司和投资公司签字盖章即发生法律效力。《债权转让公告》并非合同，该公告的发布并未使资产公司与投资公司之间设立有别于《债权转让合同》的新的权利义务关系。该公告不同于物权登记，不产生类似于物权登记的公示效力。当公告登载内容与合同不一致时，尤其转让人资产公司并未申请放弃或变更合同上述条款，则应以合同约定为准。债权转让合同案涉约定内容对丝绸公司产生免责的法律效力。故广告公司等后手受让人不能依据《债权转让公告》向丝绸公司主张权利，丝绸公司对本案债务不承担连带保证责任。

2.4

201002/32:85

2010

实务要点：《债权转让合同》经双方当事人签字盖章即发生法律效力。《债权转让公告》并非合同，该公告的发布并未使当事人之间设立有别于《债权转让合同》的新的权利义务关系。该公告不同于物权登记，不产生类似于物权登记的公示效力。当公告登载内容与合同不一致时，应以合同约定为准。

案例索引：最高人民法院判决“某资产公司与某丝绸公司等债权转让合同纠纷案”，见《债权转让公告并非合同，亦不同于物权登记，不产生类似于物权登记的公示效力——广西壮族自治区丝绸进出口公司与横县桂华茧丝绸有限责任公司、广西安和投资置业有限公司、南宁大步广告有限公司、中国信达资产管理公司南宁办事处债权转让合同纠纷案》（于松波，最高院审监庭），载《审判监督指

导·案例评析》(201002/32:85)。

97 签约及公告行系不同分支机构，不影响债权同一性

——借款合同中约定的贷款行与其后公告中的贷款行是同一法人内部不同级别的分支机构，不影响该笔债权的同一性。

标签：不良资产 | 公告 | 主体资格 | 诉讼时效 | 催收主体 | 分支机构

法院认为： 公告中载明的贷款行与借款合同、保证合同约定的贷款行虽不一致，使用的公章亦不一致，但贷款行名称的变化系因实际签约部门合并所致。根据《商业银行法》第22条第2款规定：“商业银行分支机构不具有法人资格，在总行授权范围内依法开展业务，其民事责任由总行承担”，商业银行实行一级法人体制。其内设机构、分支机构之间的合并属于法人内部行为，最终承受民事权利义务的主体没有发生变化。借款合同中约定的贷款行与其后公告中的贷款行是同一法人内部不同级别的分支机构，因此这一变化不影响该笔债权的同一性。故本案催收公告有效，产生诉讼时效中断的效力。

案情简介：2003年，铝业公司与工行河南省分行营业部签订360万美元的借款合同，银行加盖的公章为“中国工商银行河南省分行营业部国际业务专用章”。借款到期后，工行河南省分行营业部并入工行郑州市紫荆支行。2005年，工行河南分行将上述不良债权转让给资产公司，联合发布的公告中，载明贷款行为工行郑州市紫荆支行。2006年，资产公司起诉时，铝业公司以债权人主体不适格抗辩。

7

实务要点： 商业银行内设机构、分支机构之间的合并属于法人内部行为，最终承受民事权利义务的主体没有发生变化，故借款合同中约定的贷款行与其后公告中的贷款行是同一法人内部不同级别的分支机构，这一变化不影响该笔债权的同一性。

2.6

v.2:198

2008

案例索引： 最高人民法院（2008）民二终字第75号“某资产公司与某铝业公司等借款合同纠纷案”，见《金融资产管理公司对已承接的债权可以在全国或省级有影响的报纸上以发布催收公告的方式取得诉讼时效中断的法律效果——中国长城铝业公司与中国长城资产管理公司郑州办事处、河南长城铝业鑫旺有限公司、河南鑫旺铝业有限公司其他借款合同纠纷案》(审判长金剑锋，代理审判员殷媛、潘勇锋)，载《最高人民法院商事审判指导案例·借款担保卷（上）》(2011:198)。

98 公告中保证人排列方式，不能推定为连带共同保证

——金融资产管理公司在报纸上发布催收公告，不能仅以公告中两个保证人名称的排列方式而推定其为连带共同保证。

标签：不良资产 | 公告 | 保证 | 保证类型 | 排列方式 | 连带共同保证

法院认为： 公告中载明的保证人未列明保证人承担保证责任的方式和各自的保证数额，该种表述方式只说明制品

案情简介：2003年，铝业公司向银行贷款360万美元，制品公司与铝业集团分别对其中的200万美元和160万美元提供连带责任保证。2005年，银行将该不良债权转让给资产公司，双方联合发布的公告中，载明担保人为制品公司、铝业集团。嗣后铝业集团据此认为该通知显示系连带共同保证，看不出公告债权与诉争债权有任何法律联系。

公司与铝业集团都是该笔债权的保证人，仅以公告中两个保证人名称的排列方式不能推定其为连带共同保证。故铝业集团抗辩不能成立。

实务要点：金融资产管理公司在报纸上发布催收公告，仅以公告中两个保证人名称的排列方式不能推定其为连带共同保证。

案例索引：最高人民法院（2008）民二终字第75号"某资产公司与某铝业公司等借款合同纠纷案"，见《金融资产管理公司对已承接的债权可以在全国或省级有影响的报纸上以发布催收公告的方式取得诉讼时效中断的法律效果——中国长城铝业公司与中国长城资产管理公司郑州办事处、河南长城铝业鑫旺有限公司、河南鑫旺铝业有限公司其他借款合同纠纷案》（审判长金剑锋，代理审判员殷媛、潘勇锋），载《最高人民法院商事审判指导案例·借款担保卷（上）》（2011:198）。

2.6

v.2:198

2008

99 催收贷款时，可将借款合同中的美元换算成人民币

——借款合同中约定贷款本金系美元，催收公告中载明的贷款本金是人民币，并不因此影响资产公司受让债权同一性。

标签：不良资产 | 公告 | 债权同一性 | 本位币 | 基准日

案情简介：2003年，铝业公司向银行贷款360万美元，铝业集团提供担保。2005年4月30日，银行将该不良债权转让给资产公司，双方联合发布的公告中，载明贷款本金为人民币29,795,400元。嗣后铝业集团认为该通知显示不出公告债权与诉争债权有任何法律联系。

法院认为：借款合同中约定借款本金为360万美元，公告中显示借款为人民币。银行与资产公司所签债权转让协议约定转让基准日为2005年4月30日。360万美元本金依照该基准日中国人民银行公布的汇率折算后即与公告中载明的人民币数额一致。且铝业集团对提供担保的事实及保证数额并无异议，亦承认其未履行保证责任，而银行与资产公司联合发布公告行为系积极追讨欠款的措施，铝业集团亦未提供证据证明其还为铝业公司在银行提供有其他借款的担保，故可认定公告中的债权应为本案争议的债权。

实务要点：借款合同中约定贷款本金系美元，催收公告中载明的贷款本金是人民币，并不因此影响资产公司受让债权同一性。

2.6

v.2:198

2008

案例索引： 最高人民法院（2008）民二终字第75号“某资产公司与某铝业公司等借款合同纠纷案”，见《金融资产管理公司对已承接的债权可以在全国或省级有影响的报纸上以发布催收公告的方式取得诉讼时效中断的法律效果——中国长城铝业公司与中国长城资产管理公司郑州办事处、河南长城铝业鑫旺有限公司、河南鑫旺铝业有限公司其他借款合同纠纷案》（审判长金剑锋，代理审判员殷媛、潘勇锋），载《最高人民法院商事审判指导案例·借款担保卷（上）》（2011:198）。

100 资产公司公告催收中断诉讼时效，可溯及至受让日

——金融资产管理公司在特定报纸上发布有催收内容的债权转让公告或通知构成的诉讼时效中断，可溯及至受让之日。

标签： 不良资产｜公告｜诉讼时效｜公告催收｜溯及力

7

案情简介： 2003年，铝业公司向银行贷款360万美元，铝业集团提供连带责任保证。2005年7月19日，银行将该不良债权转让给资产公司。2005年10月22日，双方联合在《河南商报》发布催收公告。2006年12月，资产公司起诉。

法院认为： 根据最高人民法院《对〈关于贯彻执行最高人民法院“十二条”司法解释有关问题的函〉的答复》（法函〔2002〕3号）规定，“金融资产管理公司在全国或省级有影响的报纸上发布的有催收内容的债权转让公告或通知所构成的诉讼时效中断，可以溯及至金融资产管理公司受让原债权银行债权之日；金融资产管理公司对已承接的债权，可以在上述报纸上以发布催收公告的方式取得诉讼时效中断（主张权利）的证据”，故本案银行和资产公司于2005年10月22日联合发布催收公告，可视为资产公司在2005年7月19日受让原债权银行债权之日向铝业集团主张过权利。根据最高人民法院《关于适用〈担保法〉若干问题的解释》第34条第2款规定“连带责任保证的债权人在保证期间届满前要求保证人承担保证责任的，从债权人要求保证人承担保证责任之日起，开始计算保证合同的诉讼时效”，本案保证债权诉讼时效期间从该日开始计算。故本案资产公司起诉日未超过诉讼时效。

2.6

v.2:198

2008

实务要点： 金融资产管理公司在全国或省级有影响的报纸上发布的有催收内容的债权转让公告或通知所构成的诉讼时效中断，可溯及至金融资产管理公司受让原债权银行债权之日。

案例索引： 最高人民法院（2008）民二终字第75号“某资产公司与某铝业公司等借款合同纠纷案”，见《金融资产管理公司对已承接的债权可以在全国或省级有影响的报纸上以发布催收公

告的方式取得诉讼时效中断的法律效果——中国长城铝业公司与中国长城资产管理公司郑州办事处、河南长城铝业鑫旺有限公司、河南鑫旺铝业有限公司其他借款合同纠纷案》(审判长金剑锋，代理审判员殷媛、潘勇锋)，载《最高人民法院商事审判指导案例·借款担保卷(上)》(2011:198)。

101 对优先购买权人的通知，不能以公告取代直接通知

——资产公司向非国有金融机构法人转让债权，不宜采用公告的方式通知国有企业债务人注册登记地的优先购买权人。

标签：不良资产｜公告｜转让通知｜拍卖｜优先权｜通知方式｜直接通知

案情简介：2008年，受让银行不良金融债权的资产公司在报纸上刊登《资产出售公告》后，通过委托拍卖程序将该债权转让给投资公司。嗣后，持有《企业国有资产产权登记证》的电子公司以侵害其优先购买权为由主张转让合同无效。

2.6

v.7:455

2011

法院认为：不良债权的处置是计划经济时期形成的历史遗留问题，是以政策性为主、法律性为辅的社会经济问题。最高人民法院《关于审理涉及金融不良债权转让案件工作座谈会纪要》的出台背景、精神原则以及若干重要规则形成的脉络实质上反映了其背后蕴含的价值权衡及价值选择。为最大程度地减少国有资产流失，实现私权处分与公共利益、金融债权与职工债权、市场竞争与国家干预、历史问题与现行法则等诸多价值的权衡目的，前述纪要明确了相关地方人民政府或代表本级人民政府履行出资人职责的机构、部门或持有国有企业债务人国有资本的集团公司对不良债权拥有优先购买权。并同时规定，金融资产管理公司向非国有金融机构法人转让不良债权的处置方案、交易条件及处置程序、方式确定后，应通知国有企业债务人注册登记地的优先购买权人。该规定明确了金融资产管理公司在转让不良债权时对优先购买权人的通知义务，虽未列明通知形式，但按前述纪要最大限度防止国有资产流失、保障国家经济安全精神，该义务应以书面、口头或其他优先购买权人能够确认知悉的方式来履行，而不宜随意采用公告方式。这是因为：首先，法律并未赋予债权人在不良债权转让中可以公告形式取代直接通知的权利；其次，公告作为一种推定送达方式，应严格限制其适用范围，在穷尽书面、口头或电话等方式通知不到的情形下才得以适用。否则，可能造成优先购买权人的交易机会难以保护的结果，进而可能实质性地影响金融资产管理公司以公开、公平、公正和竞争、择优原则处置不良债权的根本目的。本案因资产公司未通知优先购买权人，案涉转让合同无效。

实务要点：金融资产管理公司向非国有金融机构法人转让不良债权，应通知国有企业债务人注册登记地的优先购买权人。最

高人民法院《关于审理涉及金融不良债权转让案件工作座谈会纪要》虽未列明通知形式，但按最大限度防止国有资产流失、保障国家经济安全精神，该通知义务应以书面、口头或其他优先购买权人能够确认知悉的方式来履行，而不宜随意采用公告方式。

案例索引： 最高人民法院（2011）民二终字第98号“某资产公司与某开发公司等合同纠纷案”，见《金融不良债权转让中优先购买权的行使及合同效力问题——哈尔滨市胜达房地产综合开发有限责任公司、中国长城资产管理公司哈尔滨办事处与哈尔滨电子仪表工业总公司确认合同效力及优先购买权纠纷案》（审判长王闯，代理审判员王富博、张颖），载《最高人民法院商事审判指导案例-7·公司与金融卷》（2012:455）。

7

102 不良债权转让公告超过诉讼时效，不构成时效中断

——金融资产公司在报纸上发布有催收内容的债权转让公告或通知，对已超过时效期间的债权，不产生时效中断效果。

标签： 不良资产 | 公告 | 债务重生 | 诉讼时效 | 公告催收 | 债权转让

案情简介： 1995年，化工厂向银行贷款。2000年，银行将该债权转让给资产公司，并发布转让和催收公告。嗣后，化工厂以最后受让该债权的投资公司未举证证明公告转让前该债权未超过诉讼时效为由，主张债务免除。

法院认为： 投资公司未能提供证据证明原债权人银行曾在涉案借款担保合同约定的借款期限届满后2年诉讼时效期间内向化工厂主张债权，故应认定涉案借款债权在银行转让给资产公司前就已超过诉讼时效期间。投资公司亦未提供化工厂在超过诉讼时效后向银行、资产公司及投资公司重新确认债务的证据，故驳回投资公司诉讼请求。

实务要点： 金融资产管理公司在报纸上发布有催收内容的债权转让公告或通知，对已超过诉讼时效期间的债权，不能产生中断诉讼时效的效果。

3.1

201001/71:141

2009

案例索引： 天津一中院（2009）一中民二终字第1号“某投资公司与某化学厂等借款合同纠纷案”，见《天津联帮裕然投资发展有限公司诉天津市第一日用化学厂等借款合同纠纷案》（史会明），载《人民法院案例选》（201001/71:141）。

利息

103 受让银行金融不良资产，同时取得法定或约定利息

——银行利息作为主债权的收益，属于法定孳息，一般情况下，债权人取得孳息的权利随着主物所有权的转移而转移。

标签：不良资产 | 利息 | 债权转让 | 转让内容 | 信托

案情简介：1993年至1996年，商贸公司与银行签订五份借款合同、三份担保合同，向银行先后借款3550万元。2000年6月21日，资产公司受让该不良金融资产，给商贸公司的债权转让通知载明“截止2000年6月20日止”，“转让金额合计46,530,159.17元”。2003年，资产公司将该债权设为信托财产委托信托公司处置。2004年，受让该债权的投资公司起诉商贸公司偿还借款，并支付利息至实际还款日。争议焦点：商贸公司认为2000年6月20日之后的利息，投资公司不能再主张。

法院认为：从债权转让合同的约定看，资产公司从银行受让五份借款合同、三份担保合同项下未受清偿债权之时，并未明示放弃债权受让之后的利息之债。投资公司从资产公司转让取得相同债权，亦未明示放弃相应利息之债。资产公司向商贸公司出具的数份《催款通知书》上写明的无具体数额的“相应利息”，以及资产公司向法院出具《债权转让证明》中关于“利息（暂计至2004年9月21日）及2004年9月22日之日起的利息随之转让”的表述，亦能说明资产公司从未放弃2000年6月21日之后的利息之债。况且，银行利息是主债权的收益，属法定孳息，除法律有特别规定或当事人有特别约定外，取得孳息的权利随着主物所有权转移而同时转移。本案债权虽经两次转让，但合同当事人均未明确表示放弃债权转让之后的利息，故判令债务人商贸公司偿还债权人投资公司自2000年6月21日起至给付之日止的利息，但计息标准应按照中国人民银行同期逾期贷款利率分段计付。

实务要点：银行利息作为主债权的收益，属于法定孳息，除法律有特别规定或者当事人有特别约定外，取得孳息的权利随着主物所有权的转移而转移。

1.1

2006:267

2.6

案例索引：最高人民法院（2005）民二终字第147号“某商贸公司与某投资公司借款纠纷案”，见《福州商贸大厦筹备处与福建佳盛投资发展有限公司借款纠纷案》（审判长徐瑞柏，代理审判员贾纬、沙玲），载《最高人民法院公报·裁判文书选登》

v.2:362

2005

(2006:267)；另见《除法律有特别规定或当事人有特别约定外，银行利息随着主物所有权转移而同时转移》，载《最高人民法院商事审判指导案例·借款担保卷（上）》(2011:362)。

104 不良债权受让人向非国企债务人主张全额债权处理

——非金融机构受让金融不良债权后向非国企债务人主张全额债权，应参照最高法院法发〔2009〕19号文件精神处理。

标签：不良资产 | 利息 | 执行

案情简介：2004年，生效判决认定仓储公司应偿还银行借款本息共计2300万余元。随后，银行将该金融不良债权转让给资产公司。2006年，资产公司又将该债权转让给投资公司。2007年，投资公司再转让给工程公司。2008年，执行法院裁定将申请执行人变更为工程公司。2012年，仓储公司向执行法院支付执行款3800万元。工程公司以该款不能全部满足其债权及迟延履行利息数额为由拒领。

7

法院认为：非金融机构受让经生效法律文书确定的金融不良债权能否在执行程序中向非国有企业债务人主张受让日后利息的问题，应参照最高人民法院2009年3月30日《关于审理涉及金融不良债权转让案件工作座谈会纪要》(法发〔2009〕19号)的精神处理。根据前述纪要第12条规定，该纪要不具有溯及力，在其发布前，非金融资产管理公司的机构或个人受让经生效法律文书确定的金融不良债权，或受让的金融不良债权经生效法律文书确定的，发布日之前的利息按相关法律规定计算；发布日之后不再计付利息。该纪要发布后，非金融资产管理公司的机构或个人受让经生效法律文书确定的金融不良债权的，受让日之前的利息按相关法律规定计算，受让日之后不再计付利息。故本案利息包括迟延履行利息在内，应按法律规定计算至前述纪要发布之日。

实务要点：非金融机构受让经生效法律文书确定的金融不良债权能否在执行程序中向非国有企业债务人主张受让日后利息的问题，应当参照最高人民法院2009年3月30日《关于审理涉及金融不良债权转让案件工作座谈会纪要》(法发〔2009〕19号)的精神处理。

2.5

201402/50:79

2013

案例索引：最高人民法院(2013)执他字第4号答复湖北高院《关于非金融机构受让金融不良债权后能否向非国有企业债务人主张全额债权的请示》函"武汉一通农业生产资料有限公司与武汉金恒源仓储有限公司执行纠纷案"，见《非金融机构受让金融不良债权后能否向非国有企业债务人主张利息的请示与答复》(葛洪涛，最高院执行局)，载《执行工作指导·案例分析》(201402/50:79)。

105 金融资产受让人权利，包括受让债权后的逾期利息

——不良资产再次受让人受让债权后可主张的本息范围，既包括第一受让人受让债权本息，也包括受让后的逾期利息。

标签：不良资产 | 利息 | 借款合同 | 受让范围

案情简介：2004年，银行将不良金融债权转让给资产公司，约定“自债权转移之日起，与转让标的有关的全部从权利也同时转移”。2007年，资产公司将该金融债权转让给香港高士通公司。2010年，高士通公司将该债权再次转让给物业公司。后两次转让均约定转让方向受让方转让“资产项下拥有的全部权益”。债务人旅游公司认为物业公司享有的债权范围应限于资产公司受让债权时的债权本息，无权主张资产公司受让债权后的利息。物业公司认为其有权利主张全部利息。

法院认为：根据最高人民法院《关于审理涉及金融资产管理公司收购、管理、处置国有银行不良贷款形成的资产的案件适用法律若干问题的规定》第12条规定，该规定仅适用于审理涉及金融资产管理公司收购、管理、处置国有银行不良贷款形成的资产的有关案件。本案争议的系物业公司与旅游公司就资产公司受让后是否应当计息的问题，故不适用该规定。根据银行与资产公司、资产公司与高士通公司、高士通公司与物业公司先后所签债权转让协议约定，及《合同法》第207条关于“借款人未按照约定的期限返还借款的，应当按照约定或者国家有关规定支付逾期利息”的规定，高士通及物业公司受让权利既包括资产公司受让时的本息权利，也包括收取资产公司受让债权之后的逾期利息的权利。故旅游公司应支付物业公司人民币2500万元及美元300万元的本金及利息，其中合同期内的利息按照合同约定计付，合同期外的利息按中国人民银行规定的同期同档次流动资金逾期贷款利率计付。

实务要点：根据金融资产债权转让协议约定，以及《合同法》第207条关于“借款人未按照约定的期限返还借款的，应当按照约定或者国家有关规定支付逾期利息”的规定，不良金融资产再次受让人受让权利既包括第一受让人受让债权时的本息权利，也包括收取受让债权之后的逾期利息的权利。

案例索引：最高人民法院（2012）民二终字第56号“某旅游公司与某物业公司借款担保合同纠纷案”，见《湖北莲花湖旅游发展有限责任公司与武汉世纪宏祥物业管理有限公司、湖北莲花湖物业有限公司借款担保合同纠纷案》（审判长雷继平，审判员苑多然，代理审判员李志刚），载《商事审判指导·商事裁判文书选登》（201204/32:221）；另见《当事人约定先办理抵押登记后签订主债权债务合同的，抵押登记不因其先于主合同债权成立而无效》，载《最高人民法院商事审判指导案例（2012）·合同与借贷担保》（2013:461）。

2.1

201204/32:221

2.6

v.8:461

2012

106 债务催收通知所载利息明显不合理的，应重新计算

——金融机构单方制作的催款通知书载明债务数额，利息计算明显不合理，债务人不予认可时，应对该利息重新核算。

标签：不良资产 | 利息 | 借款合同 | 催收通知

案情简介：2007年，银行诉实业公司还款。诉讼中，实业公司对其中一笔借款的催收通知提出异议，该通知载明200万元借款的利息为3900余万元。银行主张，双方之间共有8笔借款，该笔借款利息实际系其他7笔的罚息累计而来。原审法院对此未予采信，并重新对第8笔借款利息及罚息进行计算，后调整为179万余元。

7

2.6

v.9:275

2012

法院认为：案涉催收通知载明了每份借款合同拖欠债务利息数额，实业公司在该通知书上加盖公章并予确认。实业公司对其中关于200万元尚欠利息3900万余元的通知有异议，该数字明显不合理，且银行未能说明该项利息数额的计算依据。根据借款合同约定及中国人民银行关于逾期罚息标准的规定，该笔借款利息应为179万余元。因当事人之间存在多笔借款合同，部分合同又有展期，每份合同约定利息、罚息不同，且合同期满后又遇国家政策对逾期罚息的调整，故对涉案多份合同利息和罚息计算比较复杂。剥离不良债权是我国特定时期对商业银行不良贷款作出的特殊处置，银行在剥离不良债权后核算利息并向债务人发出催收通知。争议的第8笔借款催收通知未载明各份合同拖欠的本金、利息，银行亦未提供证据证明其余7份催收通知系在违背其真实意愿的情况下制作，故不能否定其效力。银行在起诉状中主张全部利息的计算依据不符合合同约定及中国人民银行关于利息调整的规定，故诉争催收通知不应作为确认本案每份借款合同利息的计算依据。

实务要点：银行单方制作催款通知书载明债务数额、利息计算明显不合理，债务人不予认可时，应重新核算。

案例索引：最高人民法院（2012）民二终字第96号“某银行与某实业公司等借款合同纠纷案”，见《银行单方制作催款通知书载明债务数额，债务人不予认可时应重新核算——中国农业银行股份有限公司黑龙江省分行直属支行与黑龙江北方企业集团有限责任公司、佳木斯北方煤化工有限责任公司金融借款合同纠纷案》（审判长王东敏，审判员刘崇理，代理审判员曾宏伟），载《最高人民法院商事审判指导案例（2012）·公司与金融》（2013:275）。

107 借款人占有、使用贷款期间，应依法依约支付利息

——借款人逾期偿还贷款本金，其占有、使用资金处于持续状态，理应基于合同约定或法律规定，支付该期间的利息。

标签：不良资产 | 利息 | 借款合同 | 占有、使用资金

法院认为：利息是借款人在占有、使用资金期间，基于合同约定或法律规定，应向贷款人支付的孳息。案涉债权虽

案情简介：2008年4月30日，资产公司将其受让银行对钢铁公司的不良债权再转让给投资公司，后该转让行为被法院生效判决确认无效。2011年，资产公司诉请钢铁公司清偿贷款债务，钢铁公司提出自2008年4月30日贷款利息应停止计算。

于2008年4月30日被资产公司转让给投资公司，后经诉讼，此次转让被生效判决确认无效，但在此期间，钢铁公司并未清偿涉案债权，钢铁公司占有、使用本案债权所涉款项行为始终处于持续状态。根据《合同法》第207条、最高人民法院《关于审理涉及金融资产管理公司收购、管理、处置国有银行不良贷款形成的资产的案件适用法律若干问题的规定》第7条规定及借款合同约定，钢铁公司对涉案债权在2008年4月30日后产生的利息仍负清偿责任。

实务要点：利息是借款人在占有、使用资金期间，基于合同约定或法律规定，应向贷款人支付的孳息。借款人未偿还贷款，其占有、使用资金处于持续状态，理应支付该期间的利息。

2.6

v.9:414

2012

案例索引：最高人民法院（2012）民二终字第24号“某资产公司与某钢铁公司等借款合同纠纷案”，见《以原告主体不适格为由提出的异议不属于应以裁定方式驳回的管辖权异议——乌兰浩特钢铁有限责任公司与中国长城资产管理公司呼和浩特办事处借款合同纠纷案》（审判长雷继平，审判员苑多然，代理审判员李志刚），载《最高人民法院商事审判指导案例（2012）·公司与金融》（2013:414）。

108 债务人破产的，破产债权停止计息的法律适用问题

——对于计息的破产债权，破产宣告早于《企业破产法》实施的，根据当时法律规定，利息应计算到破产宣告之日止。

标签：不良资产 | 利息 | 破产 | 保证 | 担保范围 | 停止计息 | 法律适用

案情简介：2001年，实业公司为化工公司向银行贷款提供连带责任保证。2005年12月12日，化工公司被法院宣告破产。2010年，受让该不良债权的资产公司诉请保证人实业公司承担清偿责任，并要求支付至实际清偿日的利息。

法院认为：债务人化工公司已于2005年12月12日被法院宣告破产，早于修订后的《企业破产法》的施行时间。根据当时的法律规定，即最高人民法院《关于贯彻执行〈企业破产法（试行）〉若干问题的意见》第64条之规定，计息的破产债权，计算到破产宣告之日止。则本案主债权的利息应计算至2005年12月12日止。实业公司作为连带责任保证人，其承担的偿还责任不应超过主债务人化工公司责任范围，亦应计算利息至2005年12月12日。

实务要点：审理与破产有关的案件，应首先适用当时实施的法律及行政法规规定，破产时没有规定的才能类推适用生效在后的相关规定。对于计息的破产债权，债务人破产宣告早于《企业破

2.6

v.7:420

2011

产法》实施时间的，根据当时的法律规定，即最高人民法院《关于贯彻执行〈企业破产法（试行）〉若干问题的意见》第64条之规定，利息应计算到破产宣告之日止。

案例索引： 最高人民法院（2011）民二终字第5号“某资产公司与某实业公司保证合同纠纷案”，见《金融资产管理公司承接银行债权如何认定诉讼时效中断——宁夏大荣实业集团有限公司与中国信达资产管理股份有限公司陕西省分公司保证合同纠纷案》（审判长张勇健，代理审判员李京平、王富博），载《最高人民法院商事审判指导案例-7·公司与金融卷》（2012:420）。

109 表外利息属债权一部分，催收表外利息可中断时效

——金融机构分阶段、分步骤通过债权转让方式剥离不良债权，公告催收转让表外利息产生诉讼时效中断的法律效力。

7

标签： 不良资产 | 利息 | 诉讼时效 | 债权转让 | 借款合同 | 表外利息

案情简介： 1991年，化工公司向银行贷款500万元，化工集团提供一般担保。1999年12月，银行将该不良债权500万元本息公告转让给资产公司。2000年3月，资产公司公告催收该债权。2001年2月，银行公告无偿转让前述不良贷款的表外利息给资产公司，公告有关借款人和担保人“直接向资产公司联系还款事宜”。2003年1月，资产公司起诉。

法院认为： 表内利息是指核算银行发放的各类贷款、发生的信用卡透支以及垫款，按规定（贷款到期含展期90天收回）应确认为当期损益的应收未收利息。表外利息是指超过规定期限的各类贷款应收未收利息。根据财政部《金融企业会计制度》有关规定，表外利息包括贷款到期（含展期）90天后尚未收回的，其应计利息停止计入当期利息收入，纳入表外利息核算。本案银行向资产公司移交债权是分阶段、分步骤完成的，故银行2001年2月公告转让的表外利息属于1999年12月向资产公司转让债权的一部分，与本案争议债权系同一债权。根据最高人民法院《关于审理涉及金融资产管理公司收购、管理、处置国有银行不良贷款形成的资产的案件适用法律若干问题的规定》（法释〔2001〕12号）第6条、第10条规定，银行与资产公司对500万元债权本金和利息的转让移交是分阶段实施的，故银行在债权移交工作完成后有权以其名义发布公告，具有债权催收主体资格。银行2001年2月的公告内容有请求借款人和担保人清偿债务的意思表示，可以作为诉讼时效中断的证据，产生诉讼时效中断的法律效力，判决化工集团在化工公司不能依判决日期偿还贷款本息的情况下，代为向银行清偿。

2.8

2011:420

2011

实务要点： 金融机构向资产管理公司分阶段、分步骤转让债权，后公告转让的表外利息属于之前向资产管理公司转让债权的一部分，与争议债权系同一债权，故金融机构具有债权催收主体资

格，其发布转让表外利息的公告产生诉讼时效中断的法律效力。

案例索引： 海南高院再审“某资产公司与某化工集团等借款合同纠纷案”，见《债权是分阶段、分步骤转让的，表外利息属于转让债权的一部分，转让公告产生诉讼时效中断的法律效力——中国信达资产管理公司海口办事处与中国化学工程集团公司、中国化学工程海南大华公司借款合同纠纷案》（夏艳，海南高院），载《全国法院再审典型案例评注（上）》（2011:420）。

110 利息的计算标准，应划分合同期内与期外两种情况

——催收通知已明确列明贷款利息并为债务人签收的，其计算依据可不予审查。之后的利息标准，应按规定继续计算。

标签： 不良资产 | 利息 | 借款合同 | 合同约定 | 计算标准

案情简介： 1991年至1999年，电线厂先后向银行借款3800万余元。2004年，开发公司与银行签订《偿还贷款协议书》，承接该债务，约定截至2004年1月7日的贷款利息为1300万余元。2006年7月13日，受让该金融债权的资产公司向开发公司发出《逾期贷款通知书》，载明截至2006年6月20日的利息为2400万余元，开发公司和电线厂予以签收。2007年，受让该金融债权的资产公司诉请开发公司承担偿债责任。

法院认为： 资产公司于2006年7月13日向开发公司发出的《逾期贷款通知书》中已载明2006年6月20日前的本息，且已被开发公司和电线厂所认可，故此部分本息的计算依据不再予以审查。由于开发公司与银行于2004年1月7日签订的《偿还贷款协议书》是对电线厂陈欠债务整体偿还方案，对于2006年6月20日以后的利息计算不再适用单个合同的利率，但该《偿还贷款协议书》对承诺偿还的借款债务利息的数目及计算方法未约定。根据最高人民法院《关于审理涉及金融资产管理公司收购管理、处置国有银行不良贷款形成的案件适用法律若干问题的规定》（法释〔2001〕12号）第7条“债务人逾期归还贷款，原借款合同约定的利息计算方法不违反法律规定的，该约定有效。没有约定或者不明的，依照中国人民银行《人民币利率管理规定》计算利息和复息”规定，2006年6月20日之后的利息按照人民银行的规定继续计息直至清偿。

实务要点： 利息计算标准应划分合同期内与合同期外两种情况。对于债权人催收通知已明确列明的贷款利息并为债务人签收的，其计算依据可不予审查。之后的利息计算标准，应按人民银行的规定继续计算。

2.6

v.5:237

2010

案例索引： 最高人民法院（2010）民二终字第26号“某资产公司与某房地产公司等借款合同纠纷案”，见《综合考量合同签订背景、合同内容及合同实际履行情况确定债务人的身份；利息

计算标准应当划分合同期内与合同期外两种情况——内蒙古中银房地产集团股份有限公司与中国长城资产管理公司呼和浩特办事处、内蒙古漆包线厂借款合同纠纷案》(审判长钱晓晨,审判员刘敏,代理审判员李京平),载《最高人民法院商事审判指导案例·第五卷(上)》(2011:237)。

111 承接债务是否包含全部利息应依实际履行行为确定

——债务重组后的新债务人与债权人仅确认贷款本金,而对利息未作约定的情况下,应当依双方的实际履行行为确定。

标签: 不良资产 | 利息 | 债务重组 | 债务承担 | 实际履行

案情简介: 2005年,实业公司向银行抵押借款3.5亿余元。2006年,因实业公司负债率高,当地政府印发了由煤业公司对实业公司的重组方案,银行向证监会提交的同意函载明其同意60%的贷款本金由重组后的上市公司即能源公司承担,另40%及截至2006年6月30日的全部利息367万余元剥离到置出公司即资产公司承接。2007年12月4日,重组后的能源公司归还了60%贷款本金2.1亿余元及自2007年4月26日重组交割日起至2007年12月4日的利息,银行向能源公司出具了相应的存贷款利息回单,明确注明了计息始期为2007年4月26日至2007年12月4日。银行主张能源公司仍应对2.1亿余元在2007年12月5日之后的利息继续承担偿还责任。

7

2.6

v.5:247

法院认为: 本案事实表明,对于债务重组中银行贷款的60%,仅确认本金2.1亿余元由能源公司承担,而对于该部分本金的利息如何偿付未作约定。能源公司于2007年6月29日开始向银行偿付从2007年4月26日起计算的利息,银行亦向能源公司出具了相应的存贷款利息回单,至2007年12月4日能源公司偿还了2.1亿余本金及按照存贷款利息回单上注明的利率所计算的全部利息,银行对此并未提出异议,亦未提供其在提起本案诉讼之前曾向能源公司主张过2.1亿余元自2006年7月1日至2007年4月26日期间利息的证据。上述事实与能源公司关于4月26日是煤业公司与实业公司的资产交割日,其于该日承接2.1亿余元债务,银行从该日起向其收取利息的主张相吻合。虽然银行主张资产交割日与其应收利息无关,但其亦不否认其自资产交割日开始向能源公司收取利息的事实。故在双方如何偿付该笔款项的利息没有书面协议约定的情况下,双方当事人以实际履行的行为对这部分利息的偿付达成了合意。能源公司已按债务重组方案及同意函中的约定,偿付了其应承担的全部本金和利息。能源公司不应承担利息偿付责任。

实务要点: 债务重组后的新债务人与债权人仅确认贷款本金,而对该部分本金的利息如何偿付未作约定的情况下,应当依双方的实际履行行为,认定双方对该部分利息应如何计付的问题达成了合意。

案例索引: 最高人民法院(2010)民二终字第80号“某银行与某经贸公司等借款合同纠纷案”,见《债务重组后的法律后果——中国农业银行股份有限公司赤峰元宝山支行与内蒙古平庄能源股份有限公司、赤峰大兴经贸有限责任公司、赤峰兴发集团股份有

2010

限公司、赤峰市银联投资有限责任公司、赤峰草原兴发资产管理有限公司借款合同纠纷案》（审判长王宪森，审判员殷媛，代理审判员林海权），载《最高人民法院商事审判指导案例·第五卷（上）》（2011:247）。

112 债务转移未约定履行期间利息，债务人无义务支付

——不良金融资产处置过程中，第三人债务承担协议未明确约定支付履行期间利息的，债务承担人并无义务支付利息。

标签：不良资产 | 利息 | 债务承担

案情简介：2000年2月15日，工业集团与银行签订《债务承担协议》，约定工业集团承担债务的范围为外汇贷款本金7399800美元及截止协议生效之日原涤纶厂在银行全部债务项下所欠利息，债务履行期限为60个月，贷款逾期部分在“原贷款利率基础上”加收罚息。国资公司提供连带责任保证。2006年9月，受让该金融不良债权的资产公司追索该债权时，对60个月债务履行期间的利息是否支付成为争议焦点。

法院认为：根据银行与工业集团签订的《债务承担协议》约定，工业集团承担债务的范围为外汇贷款本金及截止协议生效之日原涤纶厂在银行全部债务项下所欠利息。故工业集团承担债务的范围明确，并不包括2000年2月16日至2005年2月15日60个月债务履行期限内的利息，国资公司作为保证人承担的保证责任也以此为限。因原涤纶厂对银行所负的债务本身即有对于当时贷款利率的约定，故仅凭《债务承担协议》中贷款逾期部分在“原贷款利率基础上”加收罚息的用语不足以推定工业集团与银行就60个月债务履行期限内的利息支付也作出了约定。工业集团并非原借款合同的债务人，故最高人民法院《关于审理涉及金融资产管理公司收购、管理、处置国有银行不良贷款形成的资产的案件适用法律若干问题的规定》第7条“债务人逾期归还贷款，原借款合同约定的利息计算方法不违反法律法规规定的，该约定有效。没有约定或者约定不明的，依照中国人民银行《人民币利率管理规定》计算利息和复息”的规定，不存在适用情形。判决工业集团承担偿还银行贷款本金7399800美元及截止到2000年2月15日原涤纶厂在银行全部债务项下所欠利息责任，其余利息从2005年2月16日起算，按中国人民银行规定的逾期贷款月利率6.3‰计至付清之日止；投资公司承担连带清偿责任。

2.1

201001/21:198

2.7

2010:146

2.6

v.2:110

2007

实务要点：不良金融资产处置过程中，第三人债务承担协议未明确约定支付履行期间利息的，债务承担人并无义务支付利息。

案例索引：最高人民法院（2007）民二终字第214号“某资产公司与某投资公司等借款合同纠纷案”，见《上诉人中国信达资产管理公司成都办事处与被上诉人成都涤纶工业集团公司、被上

诉人成都市国有资产投资经营公司借款合同纠纷案》（审判长吴庆宝，审判员王宪森，代理审判员张雪楳），载《商事审判指导·裁判文书选登》（201001/21:198）；另载《最高人民法院商事审判裁判规范与案例指导·裁判文书》（2010:146）；另见《债务转让给第三人时未就债务履行期内的利息有明确约定的，债权人要求第三人支付债务履行期内的利息缺乏合理依据》，载《最高人民法院商事审判指导案例·借款担保卷（上）》（2011:110）。

113 非金融机构以打包形式受让金融债权后可全额主张

——不良金融债权资产包的价格并非单个债权数额的简单相加，故非金融机构打包受让后，可向债务人主张全额债权。

标签：不良资产 | 利息 | 资产包 | 公证的证人证言

7

案情简介： 1992年，煤矿向银行贷款1006万元，约定7年还清。1997年，根据省国资局指令，该贷款由煤炭公司作为名义债务人承担。1998年，依银行起诉，法院判决煤炭公司偿还煤矿1006万元借款本息。2004年，资产公司受让该不良金融债权，又以资产包形式转让给煤炭公司。2006年，煤炭公司起诉煤矿要求偿还债务。关于煤炭公司能否主张全额债权及是否应包括利息成为争议焦点。

法院认为： 煤炭公司以受让资产包形式受让案涉债权后，债权人和债务人同一，导致原借款合同关系归于消灭，鉴于煤炭公司仅为名义借款人，非真正意义上的债务人，故其受让上述债权后，有权向债务人煤矿主张权利，要求煤矿归还其借款本金1006万元。煤矿主张煤炭公司只能在其受让债权所实际支付的对价范围内主张权利的理由，于法无据。因收取银行贷款利息的权利只能由金融机构行使，煤炭公司系企业法人，非金融机构，其无权享有金融机构享有的收取贷款利息的权利。煤炭公司受让资产公司不良金融债权的行为不属于政策性收购性质，且以打包形式受让，其所支付的对价远低于所购买的不良金融债权，煤炭公司由此获取了一定利益，故煤矿不应向煤炭公司支付上述借款利息的主张，可予支持，判决煤矿偿付借款本金1006万元。

实务要点： 不良金融债权资产包的价格并非单个债权数额的简单相加，而是在平衡资产包内所有债权可实现价值的基础上打折计算出来的，故非金融机构以打包形式受让金融债权后，可向债务人主张全额债权。

案例索引： 最高人民法院（2006）民二终字第238号“某煤炭公司与某煤矿借款合同纠纷案”，见《上诉人佳木斯市升平煤矿与被上诉人黑龙江省地方煤炭工业（集团）总公司借款合同纠纷案》（审判长叶小青，代理审判员陈明焰、王闯），载《商事审判指导·裁判文书选登》（200903/19:239）；另见《非金融机构以打包形式受让金融债权后能否向债务人主张全额债权——上诉人佳木斯市升平

2.1

200303/15:192

2.7

2011:47

2.6

v.2:47

2006

煤矿与被上诉人黑龙江省地方煤炭工业（集团）总公司借款合同纠纷上诉案》（叶小青，最高院民二庭；隋汶兵，某证券公司项目经理），载《民商事审判指导·案例分析》（200303/15:192）；另见《债权人与债务人合一后，受让人行使债权不应仅限于其受让债权实际支付的对价；非金融机构无权享有收取贷款利息的权利》，载《最高人民法院商事审判指导案例·借款担保卷（上）》（2011:47）。

114 商业银行继受典当债权的同时，不能受让典当资质

——商业银行继受典当公司对债务人的典当债权，同时约定受让典当经营资质的，因属于变相经营典当业务应为无效。

标签：不良资产 | 利息 | 典当 | 费用 | 借款合同 | 续当

案情简介：2003年，网络公司以房屋作为抵押向典当公司借款320万元。2006年，该债权被生效判决认定由银行继受。银行委托投资公司以典当公司名义继续与网络公司办理续当手续，并按典当合同约定的月利率1%收取利息。2008年，银行将该债权转让给资产公司后，资产公司仍委托投资公司以典当公司名义收取利息。2009年，网络公司起诉银行和资产公司分别返还已收取利息中超过同期贷款利率部分的24万余元、4500余元。

法院认为：银行受让典当公司对网络公司典当债权后，所办理的续当业务，表面上是由典当公司办理，但实际上为银行委托投资公司以典当公司名义办理续当。商业性银行并无经营典当业务的资格，协议约定银行受让典当债权也受让典当公司的经营资质，但根据法律规定，典当公司的经营资质是专属于其本身的权利，其转让、变更需经商务部门、公安部门批准许可，在无证据证明银行已经相关部门批准取得典当公司经营资质的情况下，该经营资质不发生转移，即使银行能够取得该经营资质，亦应是以银行名义办理续当。银行在已受让该笔债权后，仍以原债权人典当公司名义与网络公司办理续当，并按续当约定的典当利率收取利息，属于变相经营典当业务，续当中涉及典当约定的内容应属于无效。但由于银行具有存、贷款权利，其同意网络公司续当行为，可认定为其同意网络公司延期还款的意思表示，即银行对其享有的债权，给予债务人延期还款。双方办理的续当手续，应视为办理该笔债权展期手续，双方展期约定的内容应以《商业银行法》中的规定为准。由于续当合同中约定的月利率1%已超过同期贷款利率，故应认定该利率约定无效，并调整为同期贷款利率标准。判决银行、资产公司分别返还网络公司多收取的利息24万余元、4500余元。

3.3

2011商:27

2010

实务要点：商业银行继受典当公司对债务人的典当债权，同时约定受让典当经营资质的，该约定因属于变相经营典当业务应为无效。受让银行与债务人办理的续当手续，应视为办理该笔债权展期手续，双方展期约定利率以同期贷款利率为准。

案例索引： 海南海口中院（2010）海中法民二终字第136号“某银行与某科技公司等借款合同纠纷案”，见《海南天涯在线网络科技有限公司诉中国光大银行苏州分行等借款合同案（商业银行未经许可不得经营典当业务）》（周慧慧），载《中国审判案例要览》（2011商事:27）。

115 不良债权的个人受让人无权主张受让日之后的利息

——受让人受让的不良债权，其权利范围仅限于受让日之前原始债权人所享有的本息，其无权再主张受让日后的利息。

标签： 不良资产 | 利息 | 受让日

案情简介： 1996年9月9日，制药厂向银行贷款500万元。2000年，银行将该不良债权本金500万元及利息10万余元转让给资产公司。2008年，该债权最后的受让人卢某诉请制药厂偿还500万元，同时主张从1996年9月9日至还清日的利息。

7

3.4

201104:36

2009

法院认为： 本案债权系根据国务院和人民银行、财政部有关文件规定，实施的不良资产剥离所产生的不良债权，系政策性不良债权。国有金融不良债权与普通债权不同，除原国有贷款银行、国有金融资产管理公司外，国有金融不良债权对国有企业债务人的计息权应受到必要限制，此系不良债权的本质属性、不良债权转让政策决定的。此外，银行在转让本案债权时，仅将本金500万元及利息10万余元转让给资产公司，并未将原借款合同所有权利均转让给资产公司，故在其后转让中，所转让权利范围均不得大于此权利。且根据最高人民法院《关于审理涉及金融不良债权转让案件工作座谈会纪要》第9条规定，受让人向国有企业债务人主张不良债权受让日之后发生的利息的，人民法院不予支持。此纪要的受让人特指非金融资产管理公司法人、自然人。基于此，卢某主张在本案债权受让日后继续计息，不予支持。

实务要点： 受让人为非金融资产管理公司法人、自然人的，其受让的不良债权权利范围仅限于受让日之前原始债权人所享有的本息，其再主张受让日后利息的，法院不予支持。

案例索引： 重庆高院（2009）渝高法民终字第182号“卢伟与重庆嘉滋华科技实业有限公司、西南制药一厂借款合同纠纷案”，见《不良债权不生息》（宋勇），载《人民司法·案例》（201104:36）。

债务减免

116 约定内部审批为生效条件，一方怠于报批视为生效

——双方当事人约定以一方的上级主管部门批准作为合同生效条件的，该方当事人怠于履行的，应当认定合同已生效。

标签：不良资产 | 债务减免 | 合同效力 | 合同生效 | 企业改制 | 债务承担 | 借款合同

案情简介：1999年，资产公司兰州办受让银行对化工厂的不良债权2600万余元。1999年，化工集团采用承担债务方式兼并化工厂。2000年，资产公司兰州办与化工厂、化工集团三方签订《债务重组协议》，约定将化工厂全部债务减免为1600万元，分期偿还，化工集团承担连带清偿责任，协议经资产公司批准后生效。随后该协议获资产公司批准，化工集团归还了600万元。2002年，三方签订补充协议，确认到期债务1200万元，化工集团再次支付200万元。2003年12月，资产公司兰州办与化工集团签订《不良贷款债权转让协议》，约定化工集团收购资产公司对化工厂的全部债权，扣除支付的800万元，剩余320万元由化工集团10日内一次付清，资产公司将其对化工厂抵押担保权利

法院认为：化工集团应承担的债务源自其与化工厂签订的兼并协议，由于化工厂已破产，资产公司兰州办只能向化工集团主张债权。《债务重组协议》约定经三方签字盖章并经资产公司批准后生效，随后化工集团分别向资产公司兰州办部分履行了约定义务。尽管资产公司兰州办上级部门对《债务重组补充协议》未履行批准手续，但约定内容未超出已经资产公司批准并生效的《债务重组协议》范围，故亦合法有效。《债务重组协议》是在《资产处置管理办法》发布之后签订的，资产公司对《债务重组协议》的批准行为，应当是根据《资产处置管理办法》作出。资产公司兰州办不是独立的法人而是资产公司的分支机构，负责处置资产公司在本省境内的不良资产。在资产公司批准《债务重组协议》以后，资产公司兰州办获得了处置化工厂债务的概括性授权，凡是资产公司兰州办以自己名义签订与处置化工厂债务相关的协议没有超出概括性授权范围。《不良贷款债权转让协议》虽然将化工厂的债务从已经批准的《债务重组协议》降低到了《资产处置管理办法》规定的100万元报批额度，但因该《资产处置管理办法》是财政部对资产管理公司作出的部门规章，并非对所有主体，亦非法律禁止性的规定，故不能仅以该规定而当然确认《不良贷款债权转让协议》未生效，还必须以资产管理公司是否履行了内部审批手续或者应当履行审批程序而认定。《不良贷款债权转让协议》虽约定了资产公司批准后生效的条件，但因批准协议是资产公司与其分支机构内部的审批程序，且合同约定了资产公司兰州办单方促使合同生效，故资产公司兰州办不得违反约定拖延报批甚

转移给化工集团，同时约定协议“经资产公司批准后生效”。2004年，化工厂破产。2005年10月，资产公司兰州办以《不良贷款债权转让协议》未经上级主管部门即资产公司批准未生效，主张化工集团偿还债务2000万余元。

至不报批来对抗合同的相对方，以使协议不发生法律效力。如果一方既未履行合同义务又以内部程序使得效力待定的合同未生效，而获得合同未生效后的更大利益，这将使得合同相对方处于不利境地。综上，合同约定以一方内部因素为生效条件的，负有促使协议生效义务的一方未履行约定义务，在约定内容不违反法律禁止性规定和损害他人利益并经双方签字盖章成立，且已部分履行的前提下，则应当认定合同已经生效。资产公司兰州办关于《不良贷款债权转让协议》仅为一份意向性草签协议且未经过资产公司批准，没有发生法律效力的上诉主张，因与事实和其应承担的义务不符，法院不予支持。

1.1

2007:366

2.6

v.2:242

7

2006

实务要点： 双方当事人签订合同，约定以一方当事人的上级主管部门批准作为合同生效条件的，该方当事人即负有及时报请其上级主管部门审批、促使合同生效的义务。如果该方当事人怠于履行上述约定义务，在合同业经双方当事人签字盖章成立，内容不违反法律禁止性规定、不损害他人利益且已部分履行的情况下，应当认定合同已经生效。

案例索引： 最高人民法院（2006）民二终字第159号“某资产公司与某化工集团借款合同纠纷案”，见《中国信达资产管理公司兰州办事处与甘肃亚盛盐化工业（集团）有限责任公司借款合同纠纷案》（审判长贾纬，代理审判员沙玲、苑多然），载《最高人民法院公报·裁判文书选登》（2007:366）；另见《合同约定以一方内部因素为生效条件的效力问题》，载《最高人民法院商事审判指导案例·借款担保卷（上）》（2011:242）。

117 违反部门规章规定的批准程序，并不导致合同无效

——不能仅以违反部门规章而当然否定不良资产转让合同的效力，还必须以资产管理公司是否应履行审批程序而认定。

标签： 不良资产 | 债务减免 | 合同效力 | 行政规章

案情简介： 2003年12月，资产公司兰州办与化工集团签订《不良贷款债权转让协议》，约定化工集团收购资产公司对化工厂的全部债权，资产公

法院认为： 《金融资产管理公司资产处置管理办法》是财政部对资产管理公司作出的部门规章，而非对市场经济中所有主体作出的规定，亦非法律禁止性规定，不能仅以该规定确认《不良贷款债权转让协议》未生效，还须以资产管理公司是否履行了内部审批手续或者应当履行审批程序而认定。《不良贷款债权转让协议》虽约定了批准后生效的条件，但因批准协议是资产公司与资产公司兰州办内部的审批程序，且合同

司将其对化工厂抵押担保权转移给化工集团，同时约定协议“经资产公司批准后生效”。月底化工集团为履行协议，支付200万元。2004年，化工厂破产。2005年10月，资产公司兰州办以《不良贷款债权转让协议》未经上级主管部门即资产公司批准，违反财政部2000年11月8日公布的《金融资产管理公司资产处置管理办法》“涉及100万元（含100万元）以上的资产处置损失（按单个债务人全部债务合并计算，下同）的资产处置方案，必须经公司资产处置专门审核机构审查通过后，由公司总裁批准”的规定，主张《不良贷款债权转让协议》未生效，化工集团应偿还债务2000万余元。

1.1

2007:366

2.6

v.2:242

2006

约定了资产公司兰州办单方促使合同生效的义务，故资产公司兰州办不得违反约定拖延报批甚至不报批来对抗合同的相对方，以使协议不发生法律效力。如一方既未履行合同义务又以内部程序使得效力待定的合同未生效，而获得合同未生效后的更大利益，这将使得合同相对方处于不利境地。故合同约定以一方内部因素为生效条件的，负有促使协议生效义务的一方未履行约定义务，在合同约定内容不违反法律禁止性规定和损害他人利益并经双方签字盖章成立，且已部分履行的前提下，则应认定合同已经生效。资产公司兰州办关于《不良贷款债权转让协议》仅为意向性草签协议且未经批准，没有发生法律效力的上诉主张，因与事实和其应承担的义务不符，法院不予支持。

实务要点：　《金融资产管理公司资产处置管理办法》是财政部对资产管理公司作出的部门规章，而非对市场经济中所有主体作出的规定，亦非法律禁止性规定，故不能仅以该规定确认不良资产转让合同效力，还须以资产管理公司是否应履行审批程序而认定。

案例索引：　最高人民法院（2006）民二终字第159号“某资产公司与某化工集团借款合同纠纷案”，见《中国信达资产管理公司兰州办事处与甘肃亚盛盐化工业（集团）有限责任公司借款合同纠纷案》（审判长贾纬，代理审判员沙玲、苑多然），载《最高人民法院公报·裁判文书选登》（2007:366）；另见《合同约定以一方内部因素为生效条件的效力问题》，载《最高人民法院商事审判指导案例·借款担保卷（上）》（2011:242）。

118　银行与债务人达成减免债务性质的约定，应当遵守

——金融机构与债务人达成具有减免债务性质的约定具有合同法律效力，属于建立新的法律关系，当事人应予以遵守。

标签：不良资产 | 债务减免 | 合同解释 | 借款合同 | 债务确认

案情简介：1995年至1999年，机械公司先后向银行贷款5900万余元，并以

法院认为：　2002年所签协议，系因机械公司当时已处停产、贷款本息长期无法偿还的状态，银行明知对案涉贷款几乎无法追回，所以才会让其上级银行参与签订协议，明确债务人偿还400万元，其余款项作损失类处理。该协议是对双方的借贷关系作了了结，取代原有借款合同关系，

房产抵押。2002年，在机械公司停产，贷款本息长期无法偿还状态下，银行与上级金融机构、机械公司达成协议，约定机械公司以现金方式归还银行贷款本息400万元；2002年12月30日前归还100万元，到账后，予以解冻相应房地产手续，以归还剩余300万元贷款本息；余款300万元应在2013年12月30日前归还；“贷款足额到位后，银行将遵照上级有关政策对机械公司所欠剩余贷款本息按损失类处理”。2002年12月31日，机械公司偿还银行100万元后，银行并未解除抵押。2003年6月，机械公司再次偿还20万元。2007年，受让该不良金融债权的资产公司起诉机械公司要求偿还贷款。

7

2.1

201103/27:219

2011

使银行与机械公司间形成借贷400万元的新债权债务关系。协议书中“其余款项由银行内部作损失类处理”的表述，虽此种做法是银行内部对贷款损失的一种处理方法，并不必然导致对外债权的消灭，但当银行以此作为与债务人达成协议的一个条款，结合协议书的其他内容，可以认定双方同意债务人一旦按照协议约定义务履行，则其余贷款即为免除。该协议虽未完全实际履行，机械公司虽迟延1天偿还该协议书项下款项，但并不足以导致银行签约目的无法实现，不构成根本性违约，特别是在银行收到部分款项后，并未解除抵押手续，协议书未完全履行主要责任在银行。故判决机械公司归还资产公司280万元借款本息，并对抵押物享有优先受偿权。

实务要点： 金融机构以协议形式与债务人达成具有减免债务性质的约定具有合同法律效力，属于建立新的法律关系，当事人应当遵守。

案例索引： 最高人民法院（2011）民申字第429号“某资产公司与某机械公司借款担保合同纠纷案”，见《金融机构以协议形式与债务人达成具有减免债务性质的约定具有合同法律效力，属于建立新的法律关系，当事人应当遵守——中国长城资产管理公司郑州办事处与开封宏达拨叉（集团）有限公司借款担保合同纠纷案》（李京平，最高院民二庭），载《商事审判指导·商事审判案例分析》（201103/27:219）。

119 债务人经执行和解放弃部分到期债权，不应被撤销

——债务人在另案诉讼中以放弃部分权利为代价达成的执行和解协议，债权人不能证明恶意串通的，无权行使撤销权。

标签： 不良资产 | 债务减免 | 执行 | 执行和解 | 撤销权 | 成立要件 | 放弃债权

案情简介： 2006年，受让银行不良债权的资产公司以债务人供销公司通过另案执行和解放弃了对烟草公司40%约370万元的债权为由主张撤销。

法院认为： 对于债务人在另案诉讼中以放弃部分权利为代价达成的执行和解协议，债权人以对自己债权造成损害为由行使撤销权，申请撤销该执行和解协议的情形，我国《合同法》第74条并未规定。本案中，供销公司为尽快实现到期债权，放弃40%债权，与被执行人达成和解协议，主观上并无恶意或故意，被执行人烟草公司亦无过错，双方所签执行和解协议立即得到了切实履行，该行为对资产公司利益不构成侵害，该协议不应被撤销。鉴于民

2.4

200803/25:210

2008

事判决书所确认的债权数额对当事人而言仅具有期待利益，其实现与否、实现多少则完全取决于被执行人的偿债能力及得力的执行措施等因素。本案诉争和解协议正是在法院执行过程中达成，从供销公司申请执行及在执行过程中的表现，证明其在近2年时间里为了债权实现作出了积极努力，法院在执行过程中亦采取了强有力的执行措施。供销公司主观上并非通过和解协议故意放弃对烟草公司的部分到期债权，损害资产公司利益，逃避债务，其放弃小部分债权是为了大部分债权能以最快、最便捷方式实现，其放弃是适当的，也是合理的，故资产公司诉请撤销应予驳回。

实务要点： 对于债务人在另案诉讼中以放弃部分权利为代价达成的执行和解协议，债权人以对自己的债权造成损害为由行使撤销权，如该和解行为对债权人利益不构成侵害，亦不能证明债务人与第三人存在恶意，应认定和解协议有效。

案例索引： 江苏高院裁定“某资产公司与某供销公司等撤销权纠纷案”，见《债权人对债务人在另案中达成的执行和解协议可否行使撤销权——中国长城资产管理公司南京办事处与镇江市供销社副食品公司、四川省烟草公司射洪县公司撤销权纠纷申请再审案》（杨志刚，江苏高院审监庭），载《审判监督指导·案例评析》（200803/25:210）。

债务核销

120 政策性破产的国企债务核销，不影响担保责任承担

——政策性破产企业债务作为拟核销债务由金融机构予以核销，非合同权利义务终止；相应担保责任的承担不受影响。

标签：不良资产 | 债务核销 | 破产 | 破产债权 | 保证 | 借款合同 | 债务确认

7

案情简介：1998年，酒精厂向银行借款6466万元，实业集团提供担保。2005年，资产公司受让该不良金融债权。2006年，酒精厂被全国企业兼并破产和职工再就业工作领导小组列入国家政策性破产计划。实业集团主张主债务人酒精厂属政策性破产且上述债权已被国家纳入核销计划，故其不应再承担保证责任。

2.1

201202/30:237

2.6

v.7:265

2011

法院认为：政策性破产企业债务作为拟核销的债务由金融机构予以核销，系金融机构按国家政策对呆坏账所实施的特殊财务处理方式，并非法律意义上的合同权利义务终止。上述政策层面的核销处理仅针对进入政策性破产的债务人，并未同时针对担保人。国务院《关于在若干城市试行国有企业兼并破产和职工再就业有关问题的补充通知》（国发〔1997〕10号）、国务院通知转发的《关于进一步做好国有企业政策性关闭破产工作的意见》（国办发〔2006〕3号）并未规定政策性破产中主债务人债务核销后担保人免除担保责任，也无法律、行政法规或国家有关企业破产的相关规定明确此种情况下担保人可免除担保责任。而且，国务院《关于在若干城市试行国有企业破产有关问题的通知》（国发〔1994〕59号）第4条"担保的处理"中规定："一个企业为另一个企业提供担保的，被担保企业破产后，担保企业应当按照担保合同承担担保责任"；全国企业兼并破产和职工再就业工作领导小组《关于债权金融机构审查政策性破产建议项目的有关问题的通知》（〔2002〕9号）第7条也规定："关于担保责任问题。实施政策性破产企业的贷款担保人应当履行担保责任"。因本案所涉债权被核销并不影响实业集团承担保证责任，故资产公司在受让债权时是否知道该债权将被核销与本案无关。国务院通知转发的《关于进一步做好国有企业政策性关闭破产工作的意见》（国办发〔2006〕3号）第3条规定"担保企业履行担保责任确有困难的，由国有金融机构与企业协商，酌情予以适当减免"。本案中实业集团与资产公司未就债务减免协商达成一致，

亦无其他法律、行政法规及国家有关企业破产的相关规定明确可直接减免担保企业债务。故实业集团主张其无偿债能力，应依照相关规定减免保证责任的依据不足。判决实业集团应向资产公司承担连带清偿责任。

实务要点： 政策性破产企业债务作为拟核销的债务由金融机构予以核销，系金融机构按照国家政策对呆坏账所实施的特殊财务处理方式，并非法律意义上的合同权利义务的终止；相应担保责任承担不受影响。

案例索引： 最高人民法院（2011）民提字第348号“某资产公司与某实业集团借款担保纠纷案”，见《中国长城资产管理公司西安办事处与陕西宝光集团有限公司借款担保纠纷案》（审判长刘敏，代理审判员赵柯、杜军），载《商事审判指导·商事裁判文书选登》（201202/30:237）；另见《政策性破产企业的债务处理及担保责任的承担》，载《最高人民法院商事审判指导案例-7·公司与金融卷》（2012:265）。

121 债权人或债务人内部核销债务，并不具有对外效力

——债权人内部是否核销债权并不影响其对外向债务人和保证人主张权利，亦不属于保证人可免除其保证责任的理由。

标签： 不良资产 | 债务核销 | 保证 | 借款合同 | 债务确认

案情简介： 1992年至1996年，冶炼厂为电容器厂向银行贷款提供连带责任保证。1997年，经银行同意，冶炼厂以承债式兼并电容器厂。2000年，冶炼厂与其他单位联合成立电子公司，电子公司承接了冶炼厂债务。2004年，资产公司受让银行该不良债权并进行了债权转让及催收公告。2006年，根据国资委批复，冶炼厂债务由实业公司吸收合并。2007年，电子公司政策性关闭破产。2009年，冶炼厂注销。

法院认为： 根据《金融企业呆账核销管理办法》规定，核销呆账是金融机构内部对债权进行处理的一种方式，不能据此认定本案债权已经消灭。债权人内部是否核销债权并不影响其对外向债务人和保证人主张权利，亦不属于保证人免除其保证责任的理由。本案中，资产公司受让案涉债权并不违反《金融资产管理公司条例》中关于金融资产管理公司受让不良贷款的有关规定。国务院《关于进一步做好国有企业政策性关闭破产工作意见的通知》（国办发〔2006〕3号）的规定不应作为确认案涉债权转让协议效力的依据。且银行与资产公司转让行为发生在2004年，故电子公司的关闭破产不影响本案所涉债权的转让。电子公司的审计报告记载事项未列入本案所涉债务，系因实业公司和冶炼厂自行“核销”所致，与债权人没有关系。该审计报告及国资委的确认函，均属于冶炼厂和实业公司的内部行为，不具有对抗债权人的效力。且国资委作为实业公司的出资人，其与本案诉争结果存在明显的利害

2010年，资产公司诉请实业公司承担保证责任。实业公司以资产公司已内部核销该债务主张免责，同时提供了电子公司审计报告及国资委确认函，证明实业公司并未承继电子公司债务，案涉贷款债务已由实业公司、冶炼厂核销。

2.6

v.6:455

2011

关系，其在确认函中记载的内容不具有客观公正性，不应采纳。因实业公司以吸收合并方式承继了冶炼厂的债权债务，故其依法应承担本案债务的保证责任。

实务要点： 债权人内部是否核销债权并不影响其对外向债务人和保证人主张权利，亦不属于保证人免除其保证责任的理由。债务人自行核销债务的内部行为，不具有对抗债权人的效力。

案例索引： 最高人民法院（2011）民二终字第27号“某资产公司与某实业公司保证合同纠纷案”，见《保证人在债权人催收通知书上盖章的行为的法律效力——中色（宁夏）东方集团有限公司与中国信达资产管理股份有限公司陕西省分公司保证合同纠纷案》（审判长王宪森，审判员殷媛，代理审判员张雪楳），载《最高人民法院商事审判指导案例·合同与借贷担保卷（6）》（2012:455）。

7

122 银行对债务作呆坏账核销，不导致担保人责任免除

——企业债务作为拟核销的呆坏账由债权银行予以核销，担保人对担保债务仍应按法律规定和合同约定承担相应责任。

标签： 不良资产 | 债务核销 | 破产 | 保证债权 | 保证 | 借款合同 | 债务确认

案情简介： 2007年11月，全国企业兼并破产和职工再就业工作领导小组将实业公司列入《全国企业关闭破产项目表》。银行对实业公司所欠借款本息9000万余元予以核销。同年12月，受让银行金融债权的资产公司起诉实业公司偿还借款，并要求保证人化工集团承担担保责任。

2.7

2011:348

法院认为： 最高人民法院《关于审理涉及金融不良债权转让案件工作座谈会纪要》（法发〔2009〕19号）对此类案件受理问题作出专门规定，明确“债权人向已列入经国务院批准的全国企业政策性关闭破产总体规划并拟实施关闭破产的国有企业债务人主张清偿债务的”，法院不予受理。根据《民事诉讼法》规定，当事人起诉必须属于法院受理民事诉讼的范围，故资产公司对实业公司的起诉因不符合上述法律和司法政策的规定，依法应予驳回。但前述纪要仅针对被列入政策性破产企业债务人作为被告的案件，并不排除债权人对相关担保人提起诉讼的情形。同时，担保人的担保责任亦不因主债务人进入破产程序而当然免除。政策性破产企业的债务作为拟核销的呆坏账由债权银行予以核销，系金融企业对呆坏账按照国家政策性破产所实施的特殊财务处理方式，并不因此导致从债务即担保法律关系的消灭，担保人对担保债务仍应按法律规定和合同约定承担相应责任。故资产公司对担保人化工集团的起诉符合法律规定，亦不与前述纪要和相关政策相冲突，其诉权应受法律保护。

2.6

v.2:371

2009

实务要点： 企业债务作为拟核销的呆坏账由债权银行予以核销，系金融企业对呆坏账按照国家政策性破产所实施的特殊财务处理方式，并不因此导致从债务即担保法律关系的消灭，担保人对担保债务仍应按法律规定和合同约定承担相应责任。

案例索引： 最高人民法院（2009）民二终字第28号“某资产公司与某化工公司等借款担保合同纠纷案”，见《中国长城资产管理公司乌鲁木齐办事处与新疆昆仑股份有限公司、新疆化工（集团）有限责任公司、新疆新化化肥有限公司借款担保合同纠纷案》（审判长裴莹硕，审判员宫邦友，代理审判员刘崇理），载《最高人民法院商事审判裁判规范与案例指导·裁判文书》（2011:348）；另见《政策性破产企业的债务作为拟核销的呆坏账由债权银行予以核销的，担保法律关系并不因此而消灭》，载《最高人民法院商事审判指导案例·借款担保卷（上）》（2011:371）。

123 金融机构是否核销不良债权，不导致对外债权消灭

——对呆坏账等不良资产的核销是金融机构的内部程序，即使内部已做核销处理，亦不构成金融机构对外债权的消灭。

标签：不良资产 | 债务核销 | 企业改制 | 企业兼并 | 借款合同 | 债务确认

案情简介： 1998年之前，盐厂欠信用社抵押借款1120万元。1998年6月，经有关部门审批同意，实业公司对盐厂实施承债式整体兼并，实际接收和使用了盐厂的主要资产，并对盐厂劳动、人事、党政事务全面管理，因土地使用权未补偿到位，故未办理转让手续。1999年，盐厂因未年检而被吊销营业执照，但尚未被依法注销。一审判决实业公司承担盐厂的信用社债务。实业公司和信用社不服提起上诉。二审中，盐厂提交了《证明书》，用以证明信用社发起成立信用联社

法院认为： 兼并协议履行了法定批准手续，发生效力。实业公司已占有使用了盐厂的主要资产，兼并协议的主要义务已履行。盐厂未提起上诉，无权提出免除自身及实业公司承担本案债务责任的上诉请求，故对其基于该上诉请求而提交的抵押借款书及相关证明，不应进行质证。实业公司意欲根据上述证据主张免责，应由其自己举证。退一步而言，即使对上述证据予以质证，认定本案债务存在担保及《证明书》，证明发起人应核销不良资产，但因是否主张担保权是债权人的权利，而盐厂为本案主债务人，实业公司作为兼并方，与盐厂实为同一主体，故权利人是否主张担保权均不影响二者共同承担清偿责任。现无证据证明本案资产已作为不良资产核销，且核销呆坏账是信用社内部程序，即使核销亦不构成对外债权的消灭，故实业公司关于本案债务被核销而应免责的上诉理由，亦不能成立。

实务要点： 对呆坏账等不良资产的核销是金融机构的内部程序，即使核销亦不构成金融机构对外债权的消灭。

时，联社重组文件规定“原股东……在转换之前必须每股另行缴纳0.6元，作为核销信用社不良资产的专项资金”，实业公司主张应依据该规定，核销本案主债务及担保债务。

案例索引： 最高人民法院（2007）民二终字第156号“某信用社与某盐厂借款合同纠纷案”，见《吸收合并情形下，被兼并的债务企业未依法注销，兼并方与被兼并方应承担连带清偿责任》（张雪楳，最高院民二庭；审判长吴庆宝，审判员王宪森，代理审判员张雪楳），载《民商事审判指导·庭推纪要》（200803/15:21）。

2.1

200803/15:21

2007

7

资产包

124 整体出售的资产包，在合同需解除时，应整体解除

——以资产包形式整体出售转让不良资产的，即使需要解除，亦须整体解除，即将具有不可分割性的资产包整体返还。

标签： 不良资产 | 资产包 | 拍卖 | 合同解除 | 整体解除

案情简介： 2005年，投资公司以7350万元竞拍购得资产公司受让的价值约26亿元的银行不良金融债权资产包，共计771项债权资产和9户实物资产，并约定投资公司“已对拍卖标的物进行了充分、全面的调查和必要的

法院认为： 金融资产管理公司收购和处置银行不良金融债权，事关国家金融安全，具有较强的政策性。本案所涉债权转让协议，不能完全等同于一般民事主体之间的债权让与行为，具有高风险，高收益特征，与等价交换的市场规律有较为明显区别；不良债权交易的实物资产，不是一般资产买卖关系，而主要是一种风险与收益的转移。本案不良金融债权总额26亿元，仅以不到3%的价格成交，体现了不良金融债权处置的特殊性，这在一般民事主体之间的债权让与中一般是不会出现的。本案所涉标的是以资产包形式整体出售的债权，资产包内各不良金融

了解”，“自愿承担受让后知悉的、不属于资产公司明确保证的拍卖标的中存在的瑕疵及由此产生的任何风险”。事后双方并未按收购协议约定对实物资产“在实物资产所在地共同填写实物资产交接单”，同时投资公司发现部分债权已丧失诉讼时效或债务主体已破产。2006年，投资公司将部分优质资产作价4500万元转让予关联公司。2007年，投资公司起诉资产公司要求解除资产包转让协议并返还部分转让款2600万余元，赔偿损失105万余元。

1.1

2010:363

2.3

201003/26:106

2009

债权良莠不齐，可回收比例各不相同。财政部《关于金融资产管理公司债权资产打包转让有关问题的通知》第3条第3项规定，资产包应当科学合理组包，保证包内资产质量、形态、行业、地区分布等的合理性。资产包一旦形成，即具有不可分割性质，否则，上述合理性即被打破。故本案合同所涉债权和实物资产，当属一个有机整体，不可分割。资产包整体买进，合同解除时亦应整体解除，资产整体返还。本案中，投资公司将资产包中相对优质债权予以变卖，请求通过诉讼将其余部分予以解除，对资产公司显失公平。由于资产包其余部分已经处置，确定不可能实际退还。本案资产包整体债权总额26亿余元，其中实物资产额度占不良债权总额度5%，且有大部分实物资产已实际交付。各单个资产虽标有价款，但只是资产包整体作价的参考，无法预知每个单笔债权或实物资产是否能够回收。故资产公司关于依债权及实物资产转让合同约定，资产交付差额5%以内免责的抗辩可以成立。本案实物资产交付并非物权意义上的所有权转移，而是交付附属于不良债权的权利凭证，如法院判决、裁定等。上述实物资产交付后，还需权利人通过自身操作，依法主张权利方有可能实现资产权益。因属不良债权，该实物资产能否清收存在不确定性风险，其中因企业破产分配及政策性破产不能主张权利的损失，依约应由不良资产买受者投资公司承担。资产公司未依约在实物资产所在地共同填写实物资产交接单，属一般违约行为，并不影响投资公司清收债权，应属实物资产交付中的履约瑕疵，并非资产公司迟延履行主要债务。资产公司与投资公司签订的债权及实物资产转让协议目的是公平合规完成债权及实物资产的顺利转让，并无任何条款对投资公司能否清收债权及对清收债权的比例作出承诺和规范。因此，资产公司的行为不构成根本违约，转让债权合同目的已基本达成。为保障交易公平和交易秩序，本案合同应予维持。投资公司关于解除本案合同，返还剩余债权和实物资产并赔偿相关损失的诉讼请求缺乏事实和法律依据，应予驳回。

实务要点： 金融资产管理公司收购和处置银行不良金融债权，具有很强的政策性，不同于一般民事主体之间的债权转让行为。不良债权交易的实物资产，不是一般资产买卖关系，而主要是一种风险与收益的转移。以资产包形式整体出售转让的，在转让人未对受让人能否清收债权及清收比例作出承诺和规范的情况下，受让人不能以合同预期盈利目的不能实现为由提出解除合同的诉讼请求，即使资产包出售转让合同需要解除，亦须整体解除，将具有不可分割性的资产包整体返还。受让人在将资产包中相对优质的债权变卖获益后，又通过诉讼请求部分解除合同，将资产包中其他债权返还的，法院不予支持。

案例索引： 最高人民法院（2009）民提字第125号“某投资公司与某资产公司债权转让合同纠纷案”，见《沈阳银胜天成投资管理有限公司与中国华融资产管理公司沈阳办事处债权转让合同纠纷案》（审判长叶小青，代理审判员陈明焰、王闯），载《最高人民法院公报·裁判文书选登》（2010:363）；另见《关于涉及金融不良债权转让合同解除事由的认定与处理——中国华融资产管理公司沈阳办事处与沈阳银盛天成投资管理有限公司债权转让纠纷申请再审案》（梁曙明，最高院立案庭），载《立案工作指导·申诉与申请再审疑案评析》（201003/26:106）。

7

125 债权转让合同无不动产转让之意，不导致合同无效

——当事人受让不良资产后以该债权经法院裁定含有以物抵债内容，而转让人无权处分不动产为由反悔的，不予支持。

标签： 不良资产 | 资产包 | 不动产转让 | 债权转让 | 转让效力

案情简介： 2001年，依资产公司与日杂公司达成的以物抵债协议，执行法院裁定日杂公司以其享有使用权的国有划拨土地及地面建筑物，抵偿其所欠资产公司贷款本息3500万元。2002年7月，日杂公司与开发公司签订转让协议，将上述土地使用权及附着物转让给开发公司。2002年12月，资产公司与开发公司和农贸市场签订《债权转让协议》，约定资产公司享有的日杂公司贷款债权作价900万元转让给开发公司，农贸市场提供担保。同日，资产公司与开发公司、农贸市场签订《债务转让、土地使用权及地上附着物转让合同》，约定“合同目

法院认为： 案涉协议签订过程体现了当事人各方基于日杂公司以国有划拨土地使用权及地上附着物抵偿债务的意愿，因对其效力无把握，故以签订协议形式既处分债权又处分土地使用权等物权，最终实现以物抵债及开发利用土地的合意。案涉协议虽包含了债权转让及相应不动产两方面内容，但其中资产公司并无出卖土地使用权及其附着不动产之意，其订立合同目的是出让债权，故2002年12月的《债权转让协议》不存在资产公司出卖国有划拨土地的无权处分情形，合同内容系当事人真实意思表示，不违反国家法律、行政法规禁止性规定，资产公司处置债权符合国务院颁布的《金融资产管理公司条例》规定，应属有效，故开发公司应给付资产公司欠款500万元及违约金，农贸市场承担连带责任。

实务要点： 企业欠国有商业银行的贷款债务成为金融机构之不良资产，当事人处置该不良资产的方式是否合法，应当依据最高人民法院有关《关于审理涉及金融不良债权转让案件工作座谈会纪要》精神处理。当事人受让不良资产债权后又以该债权经法院裁定含有以物抵债内容，而转让人无权处分不动产为由，要求确认债权转

标”为将前述土地使用权及附着物转让给开发公司。两天后，开发公司通过拍卖程序取得上述物权。开发公司认为资产公司未领取权属证书，亦未交纳土地出让金，其转让国有划拨土地使用权应为无效。

2.1

201101/25:171

2.6

v.7:445

2010

让协议无效的，法院不予支持。

案例索引： 最高人民法院（2010）民提字第118号“某资产公司与某开发公司等债权转让合同纠纷案”，见《当事人受让不良资产债权后又以该债权经法院裁定被不动产抵债，而转让人无权处分为由，要求确认债权转让协议无效的，人民法院不予支持——中国长城资产管理公司长春办事处与长春市民生房地产开发有限公司、长春市民生农贸综合市场债权转让合同纠纷再审案》（李京平，最高院民二庭），载《商事审判指导·商事审判案例分析》（201101/25:171）；另见《当事人处置金融不良资产的方式合法性的判断标准》，载《最高人民法院商事审判指导案例-7·公司与金融卷》（2012:445）。

126 将已处置的资产包裁决单笔撤销的，构成显失公平

——仲裁裁决将不良贷款打包交易的债权进行分割，并裁决撤销其中单笔不良债权的转让交易的，应认定为显失公平。

标签： 不良资产 | 资产包 | 撤销权 | 显失公平 | 打包处置 | 单笔撤销 | 欺诈

案情简介： 2007年，仲裁委员会以资产公司与投资公司所签《不良贷款债权转让合同》中，5笔不良贷款中的部分贷款债权因资产公司“隐瞒了与订立合同有重大影响的事实”，故裁决撤销。资产公司对该裁决不服，向法院诉请撤销。

3.3

2008商:524

法院认为： 仲裁委员会依《不良贷款债权转让合同》约定的仲裁条款有权受理本案。前述合同中已明确了转让的不良贷款可能存在的瑕疵，附件已清楚列明了不良贷款债权证明文件的名称、数量及文件形式等，故不构成仲裁裁决认定的“隐瞒了与订立合同有重大影响的事实”的客观要件。投资公司作为案涉不良贷款转让交易的买受方，自应接受合同约定交易条件的约束，并承担相应的交易风险。同时，案涉合同交易标的虽由5笔不良贷款组成，但资产公司采用了打包方式转让，转让价格亦系整体作出，故在该交易条件下，双方交易的5笔不良贷款债权具有不可分割性。仲裁庭将双方当事人约定的整体转让的不良贷款债权进行分割，并裁决撤销其中单笔不良贷款债权的转让交易，改变了不良资产打包处置交易所应遵循的规则，其结果显失公平，亦损害了交易时其他参与者的利益，同时对不良资产处置交易秩序产生负面影响，故资产公司提出本案仲裁裁决违背社会公共利益的撤销理由成立，裁定撤销仲裁裁决。

2007

实务要点： 资产公司打包处置金融不良债权，有其特殊的规则要求。仲裁裁决将不良贷款打包交易的双方当事人约定的债权进行分割，并裁决撤销其中单笔不良债权的转让交易，改变了不良资产打包处置交易所应遵循的规则，其结果显失公平，损害了交易时其他参与者的利益，亦干扰了金融不良资产处置交易秩序与安全，故仲裁裁决应予撤销。

案例索引： 北京二中院（2007）二中民特字第07204号“某资产公司申请撤销仲裁裁决案”，见《中国信达资产管理公司上海办事处申请撤销北京仲裁委员会（2007）京仲裁字第0185号仲裁裁决案》（徐庆、郭菁），载《中国审判案例要览》（2008商事:524）。

127 非金融机构以打包形式受让金融债权后可全额主张

——不良金融债权资产包的价格并非单个债权数额的简单相加，故非金融机构打包受让后，可向债务人主张全额债权。

7

标签： 不良资产 | 资产包 | 利息 | 公证的证人证言

案情简介： 1992年，煤矿向银行贷款1006万元，约定7年还清。1997年，根据省国资局指令，该贷款由煤炭公司作为名义债务人承担。1998年，依银行起诉，法院判决煤炭公司偿还煤矿1006万元借款本息。2004年，资产公司受让该不良金融债权，又以资产包形式转让给煤炭公司。2006年，煤炭公司起诉煤矿要求偿还债务。关于煤炭公司能否主张全额债权及是否应包括利息成为争议焦点。

法院认为： 煤炭公司以受让资产包形式受让案涉债权后，债权人和债务人同一，导致原借款合同关系归于消灭，鉴于煤炭公司仅为名义借款人，非真正意义上的债务人，故其受让上述债权后，有权向债务人煤矿主张权利，要求煤矿归还其借款本金1006万元。煤矿主张煤炭公司只能在其受让债权所实际支付的对价范围内主张权利的理由，于法无据。因收取银行贷款利息的权利只能由金融机构行使，煤炭公司系企业法人，非金融机构，其无权享有金融机构享有的收取贷款利息的权利。煤炭公司受让资产公司不良金融债权的行为不属于政策性收购性质，且以打包形式受让，其所支付的对价远低于所购买的不良金融债权，煤炭公司由此获取了一定利益，故煤矿不应向煤炭公司支付上述借款利息的主张，可予支持，判决煤矿偿付借款本金1006万元。

实务要点： 不良金融债权资产包的价格并非单个债权数额的简单相加，而是在平衡资产包内所有债权可实现价值的基础上打折计算出来的，故非金融机构以打包形式受让金融债权后，可向债务人主张全额债权。

2.1

200303/15:192

2.7

案例索引： 最高人民法院（2006）民二终字第238号“某煤炭公司与某煤矿借款合同纠纷案”，见《上诉人佳木斯市升平

2011:47

2.6

v.2:47

2006

煤矿与被上诉人黑龙江省地方煤炭工业（集团）总公司借款合同纠纷案》（审判长叶小青，代理审判员陈明焰、王闯），载《商事审判指导·裁判文书选登》（200903/19:239）；另见《非金融机构以打包形式受让金融债权后能否向债务人主张全额债权——上诉人佳木斯市升平煤矿与被上诉人黑龙江省地方煤炭工业（集团）总公司借款合同纠纷上诉案》（叶小青，最高院民二庭；隋汶兵，某证券公司项目经理），载《民商事审判指导·案例分析》（200303/15:192）；另见《债权人与债务人合一后，受让人行使债权不应仅限于其受让债权实际支付的对价；非金融机构无权享有收取贷款利息的权利》，载《最高人民法院商事审判指导案例·借款担保卷（上）》（2011:47）。

128 不良金融债权剥离，不同于《合同法》上债权转让

——剥离收购不良金融资产协议属于行政性的资产划拨合同，区别于一般意义上的债权转让，不应受《合同法》调整。

标签： 不良资产 | 资产包 | 主体资格 | 债权转让 | 法律关系 | 合同相对性

案情简介： 2000年，银行将某笔不良贷款1.2亿元剥离给资产公司，投资公司通过竞拍以450万元取得该资产包，后发现该笔债权无法实现，于是诉请返还财产。

法院认为： 银行在剥离不良资产时，提供了其与债务人的借款协议、借据等债权凭证，这些债权凭证形式上符合不良资产的剥离条件，作为国家出资设立的专门收购、管理、处置不良资产的金融机构，资产公司对于符合剥离条件的不良资产不能拒绝。银行与资产公司之间的不良资产剥离与收购，非为平等主体间形成的权利义务关系，而是依据国家政策所作的财产划转行为，区别于一般意义上的债权转让。同时涉案债权以资产包形式转让，当事人之间权利义务内容具有特殊性，受让人相对于出让人的合同权利应以其支付的对价为限，而不能以受让的债权标的额为限，故本案当事人之间的权利义务应遵循合同相对性原则，投资公司无权向银行追索债权。至于银行转让给资产公司的不良贷款认定条件及转让债权真实性，因均不属本案审理范围，故驳回投资公司诉讼请求。

3.1

200601/55:306

2005

实务要点： 剥离收购不良资产协议属于行政性的资产划拨合同，区别于一般意义上的债权转让，不属于平等主体之间的民事合同，不应受《合同法》调整。

案例索引： 江苏高院（2005）苏民二终字第013号“某银行与某投资公司返还财产纠纷案”，见《连云港市文翔投资管理有限公司诉中国农业银行连云港分行返还财产纠纷案》（葛晓燕），载

《人民法院案例选》（200601/55:306）。

129 未办理登记的抵债财产，不能作为物权转让标的物

——金融机构将其不享有物权的抵债不动产通过不良资产剥离而签订物权转让协议，资产管理公司不能据此取得物权。

标签： 不良资产 | 资产包 | 不动产转让 | 债权转让 | 转让内容

案情简介： 1998年，实业公司与银行签订《财产抵偿协议》，以评估价值9400万余元的在建房产抵偿所欠银行因联建产生的贷款本金6660万元及利息，但一直未办登记手续。2000年，银行与资产公司达成《以物抵贷资产转让协议》，约定银行将前述以物抵贷资产转让给资产公司。2001年，资产公司以实业公司无法履行《财产抵偿协议》为由，起诉实业公司要求解除协议并返还欠款。

7

2.1

200302/4:130

2003

法院认为： 根据《以物抵贷资产转让协议》的名称和内容，可得出双方转让的是不动产物权，而非银行对实业公司的债权，资产公司与实业公司不存在债权债务法律关系。因转让的不动产属在建工程，尚未办理房产证书，亦未办理产权变更登记，《财产抵偿协议》并未实际履行，故银行对用以抵偿的财产尚不享有处置权，其对实业公司享有的仍为债权。银行对实业公司只享有债权而不享有物权情况下，采取以物抵贷资产转让的方式将其对实业公司的债权剥离给资产公司，导致资产转让协议无效，故资产公司与实业公司亦未形成有关约定转让不动产物上请求权的法律关系。且由于物权转让与债权转让系两个不同性质的权利转让，故银行与资产公司物权转让协议无效后并不当然转化为债权转让法律关系。至于银行与实业公司之间的6600万元本息究竟是债权债务关系还是联建投资款关系，因属另一法律关系，本案不予审理。故判决驳回资产公司对实业公司的诉讼请求。

实务要点： 金融机构将不享有物权的抵债不动产通过不良资产剥离而签订物权转让协议，资产管理公司不能据此取得对债务人的物上请求权。

案例索引： 最高人民法院判决“某资产公司与某实业公司债务纠纷案”，见《从本案看物权转让与债权转让的界定——成都天一集团公司与中国华融资产管理公司成都办事处债务纠纷上诉案》（刘敏，最高院民二庭），载《民商审判指导与参考·案例评析》（200302/4:130）。

不动产转让

130 资产公司拍卖抵债划拨土地，仍属于不良资产处置

——金融资产管理公司通过拍卖抵债的原债务人名下国有划拨土地，仍属于不良债权处置范畴，应适用特殊政策规定。

标签：不良资产 | 不动产转让 | 合同效力 | 执行 | 土地 | 拍卖 | 国有划拨土地

案情简介：2007年，受让银行不良金融债权的资产公司将依法院执行裁定取得的债务人棉织厂的国有划拨土地使用权委托拍卖公司拍卖。开发公司以1800万元竞拍成功，嗣后以资产公司隐瞒该土地性质、转让划拨土地未经审批、登记使用权人仍系棉织厂为由，诉请确认拍卖合同无效。

2.6

v.7:430

2011

法院认为：案涉合同明确约定委托拍卖及拍卖标的为抵贷权益，其性质究竟是土地使用权还是债权，需在金融不良债权处置的特殊背景和特殊政策下予以分析认定。本案系资产管理公司处置不良资产引发的纠纷。资产管理公司收购和处置银行不良金融债权，具有较强的政策性。不良资产或债权的交易关系，不是一般意义上的资产买卖（包括拍卖）关系，而是对特定历史时期形成的特别债权或资产权益的处置。尽管处置时在形式上遵循了市场交易形式，但其价格与价值之间存在较大偏离。不良金融债权处置往往以低价格成交，体现了不良金融债权处置的特殊性。这也决定了该类不良资产处置交易不仅应适用以基本等价有偿为原则的《合同法》及《物权法》规则，更应适用特殊政策规定。案涉《委托拍卖合同》与《拍卖成交确认书》，不完全等同于一般民事主体之间的委托拍卖与拍卖民事行为，而具有高风险、高收益，与普通的等价交换的市场交易行为有较为明显的区别；案涉抵贷权益拍卖成交价格虽明显高于拍卖底价，却系拍卖过程中当事人不断竞价的结果。案涉土地使用权人虽仍为棉织厂，而非他人包括银行与资产公司，但应注意到，金融资产管理公司非房地产开发企业，国家设立金融资产管理公司目的在于尽快接收国有商业银行上市前必须剥离的不良资产，并及时采取各种方式予以处置，藉以提高国有商业银行的国际竞争力。无论不良资产是以单笔债权或其他民事权益体现，还是以包含债权、物权、知识产权等整体资产包的方式体现，以最高人民法院《关于审理涉及金融不良债权转让案件工作座谈会纪要》为代表的司法政策，均将不

良资产作为不良债权来对待，并适用该会议纪要所规定的特殊司法政策。案涉拍卖标的是资产公司依民事裁定书对抵贷资产享有的请求权，属金融不良债权，并非土地使用权本身，只是该不良债权对应的权益对象具有相关土地使用权内容。虽然《物权法》第28条对因法院生效法律文书引起物权变动作出规定，但该法系2007年10月1日起施行，对本案并无溯及力。本案不良债权的处置交付并非物权意义上所有权或使用权转移，而是交付不良债权对应物的权利凭证，包括法院的判决、裁定、土地使用权证、借款合同、保证合同等，故本案拍卖合同有效。

实务要点： 金融不良资产处置合同纠纷不仅适用《物权法》、《合同法》，而更应纳入国家处置不良资产的大背景下考量。不良债权的处置交付并非物权意义上所有权或使用权转移，而是交付不良债权对应物的权利凭证，包括法院判决、裁定、土地使用权证、借款合同、保证合同等，故金融资产管理公司拍卖抵债的原债务人名下的国有划拨土地，仍属于不良债权处置范畴。

7

案例索引： 最高人民法院（2011）民提字第46号"某资产公司与某拍卖公司等拍卖纠纷案"，见《金融不良资产处置合同纠纷不仅适用物权法、合同法，而更应纳入国家处置不良资产的大背景下考量——中国华融资产管理公司石家庄办事处与承德市兴业房地产开发有限公司及秦皇岛竞择拍卖有限公司拍卖纠纷案》（审判长王闯，审判员李京平，代理审判员王富博），载《最高人民法院商事审判指导案例-7·公司与金融卷》（2012:430）。

131 拍卖取得不良债权后，主张地块错误的，不予支持

——金融不良资产拍卖涉及国有划拨土地使用权，买受人嗣后以拍卖过程中地块指认错误主张拍卖无效的，不予支持。

标签： 不良资产 | 不动产转让 | 执行 | 执行拍卖 | 拍卖 | 瑕疵风险

案情简介： 2007年，受让银行不良金融债权的资产公司将依法院执行裁定取得债务人棉织厂的国有划拨土地使用权委托拍卖公司拍卖。开发公司以

法院认为： 因本案委托拍卖及拍卖标的系金融不良债权，并非土地使用权，指认地块错误与否并不影响本案当事人民事责任的承担；指认地块的相关当事人证言未经法庭质证，证人亦未出庭；原审法院主持进行实地勘查系本案诉前保全时进行的，距拍卖当时已近两年，该勘查行为难以证明事实原貌；开发公司诉称，其在通过拍卖程序买受本案标的约一年半后发现当时指认的地块与权证登记的土地不同，有违常理，

1800万元竞拍成功，嗣后以拍卖过程中地块指认错误为由，诉请确认拍卖合同无效。

其以此为由主张相关合同无效，难以支持。开发公司通过竞买获取了该金融不良债权，亦获得了依民事裁定书对该不良金融债权内容实现享有的请求权，该公司可持法院民事裁定书向相关土地管理部门申请办理变更相关土地使用权手续，以求实现自己的民事权益，故判决驳回开发公司诉讼请求。

2.6

v.7:430

2011

实务要点： 金融不良资产拍卖涉及国有土地使用权，买受人嗣后以拍卖过程中地块指认错误主张拍卖无效的，不予支持。

案例索引： 最高人民法院（2011）民提字第46号“某资产公司与某拍卖公司等拍卖纠纷案”，见《金融不良资产处置合同纠纷不仅适用物权法、合同法，而更应纳入国家处置不良资产的大背景下考量——中国华融资产管理公司石家庄办事处与承德市兴业房地产开发有限公司及秦皇岛竞择拍卖有限公司拍卖纠纷案》（审判长王闯，审判员李京平，代理审判员王富博），载《最高人民法院商事审判指导案例-7·公司与金融卷》（2012:430）。

132 债务重组方案经债权人同意并实际履行的，应有效

——债务重组后，债权人对债务重组方案中的债务分割方案，向相关部门出具了同意函并实际履行的，应认定为有效。

标签： 不良资产 | 不动产转让 | 债务重组 | 债务承担 | 新债务人

案情简介： 2005年，实业公司向银行抵押借款3.5亿余元并办理了抵押登记。2006年，因实业公司负债率高，当地政府印发了重组方案，银行同意60%的贷款由重组后的上市公司即能源公司承担，另40%剥离到置出公司即资产公司，但抵押权不变。2007年，重组后的能源公司归还了60%贷款后，银行以抵押权未办理变更登记，主张能源公司仍应对余下40%债务承担偿还责任。

法院认为： 银行就债务重组方案的实施而向中国证监会出具的同意函，是其同意履行该债务重组方案中关于债务分割处理的真实意思表示。在能源公司向银行清偿了2.1亿余元后，银行曾向资产公司就其未获清偿的40%债权进行了催收，表明其已对资产公司承接原实业公司剩余40%债务的事实予以确认，已将其视为因履行债务重组方案而承接原债务的新债务人。按照债务重组方案及同意函的安排，银行应就原实业公司40%的债务处理问题与资产公司办理相应手续。在实际操作中，办理相应的抵押权变更登记等手续需由债权人、抵押人及资产公司三方共同出面才能完成。鉴于同意函中已明确原抵押权不变，且各抵押人也均同意以原抵押财产继续承担担保责任，故银行仍可通过及时行使抵押权的方式，实现其享有的40%债权。如果银行在行使抵押权时发现原抵押财产受到他人侵害的事实，可另行主张。故各方至今虽未办理相应手续，并不能否定本案中债务重组方案及同意函的主要内容已履行的事实及债务分割效力。判决能源公司不对案涉余下40%债务

2.6

v.5:247

2010

本息承担偿还责任。

实务要点： 债务重组后，债权人对债务重组方案中的债务分割方案，向相关部门出具了同意函，重组后的公司亦按照方案及同意函内容履行了其应承担的债务的，不应否定债务重组方案及同意函的主要内容已履行的事实及债务分割的效力。

案例索引： 最高人民法院（2010）民二终字第80号“某银行与某经贸公司等借款合同纠纷案”，见《债务重组后的法律后果——中国农业银行股份有限公司赤峰元宝山支行与内蒙古平庄能源股份有限公司、赤峰大兴经贸有限责任公司、赤峰兴发集团股份有限公司、赤峰市银联投资有限责任公司、赤峰草原兴发资产管理有限公司借款合同纠纷案》（审判长王宪森，审判员殷媛，代理审判员林海权），载《最高人民法院商事审判指导案例·第五卷（上）》（2011:247）。

7

133 债权转让合同无不动产转让之意，不导致合同无效

——当事人受让不良资产后以该债权经法院裁定含有以物抵债内容，而转让人无权处分不动产为由反悔的，不予支持。

标签： 不良资产 | 不动产转让 | 资产包 | 债权转让 | 转让效力

案情简介： 2001年，依资产公司与日杂公司达成的以物抵债协议，执行法院裁定日杂公司以其享有使用权的国有划拨土地及地面建筑物，抵偿其所欠资产公司贷款本息3500万元。2002年7月，日杂公司与开发公司签订转让协议，将上述土地使用权及附着物转让给开发公司。2002年12月，资产公司与开发公司和农贸市场签订《债权转让协议》，约定资产公司享有的日杂公司贷款债权作价900万元转让给开发公司，农贸市场提供担保。同日，资产公司与开发公司、农贸市

法院认为： 案涉协议签订过程体现了当事人各方基于日杂公司以国有划拨土地使用权及地上附着物抵偿债务的意愿，因对其效力无把握，故以签订协议形式既处分债权又处分土地使用权等物权，最终实现以物抵债及开发利用土地的合意。案涉协议虽包含了债权转让及相应不动产两方面内容，但其中资产公司并无出卖土地使用权及其附着不动产之意，其订立合同目的是出让债权，故2002年12月的《债权转让协议》不存在资产公司出卖国有划拨土地的无权处分情形，合同内容系当事人真实意思表示，不违反国家法律、行政法规禁止性规定，资产公司处置债权符合国务院颁布的《金融资产管理公司条例》规定，应属有效，故开发公司应给付资产公司欠款500万元及违约金，农贸市场承担连带责任。

实务要点： 企业欠国有商业银行的贷款债务成为金融机构之不良资产，当事人处置该不良资产的方式是否合法，应当依据最高人民法院有关《关于审理涉及金融不良债权转让案件工作座谈会

场签订《债务转让、土地使用权及地上附着物转让合同》，约定“合同目标”为将前述土地使用权及附着物转让给开发公司。两天后，开发公司通过拍卖程序取得上述物权。开发公司认为资产公司未领取权属证书，亦未交纳土地出让金，其转让国有划拨土地使用权应为无效。

纪要》精神处理。当事人受让不良资产债权后又以该债权经法院裁定含有以物抵债内容，而转让人无权处分不动产为由，要求确认债权转让协议无效的，法院不予支持。

案例索引： 最高人民法院（2010）民提字第118号“某资产公司与某开发公司等债权转让合同纠纷案”，见《当事人受让不良资产债权后又以该债权经法院裁定被不动产抵债，而转让人无权处分为由，要求确认债权转让协议无效的，人民法院不予支持——中国长城资产管理公司长春办事处与长春市民生房地产开发有限公司、长春市民生农贸综合市场债权转让合同纠纷再审案》（李京平，最高院民二庭），载《商事审判指导·商事审判案例分析》（201101/25:171）；另见《当事人处置金融不良资产的方式合法性的判断标准》，载《最高人民法院商事审判指导案例-7·公司与金融卷》（2012:445）。

2.1

201101/25:171

2.6

v.7:445

2010

134 受让物权的实现存在法律障碍，受让方可中止履行

——受让人从资产管理公司受让债权，但所受让的债权主要以物权为基础，因物权无法实现的，受让人有权中止履行。

标签： 不良资产 | 不动产转让 | 债权转让 | 转让内容 | 中止履行

案情简介： 2002年，资产公司与实业公司签订《债权转让协议》，资产公司将其对开发公司的债权1.6亿余元作价6510万元转让给实业公司，实业公司承诺“因转让债权的效力瑕疵造成的风险由实业公司自己承担”。同日，实业公司、开发公司、资产公司签订三方协议，开发公司承诺保证其作为主要抵债资产的8号楼在建工程的真实性及可实现性，资产公司“负责督促开发公司履行承诺”。因实

法院认为： 案涉债权转让协议及三方协议均合法有效。该两份协议同日签订，实业公司与资产公司为两份协议的当事人，约定的内容为债权转让和债权转让如何实现，故两份协议具有关联性，是互相补充的合同。债权转让协议和三方协议均是围绕债权转让达成的合意，转让的标的是资产公司对开发公司的债权而非物权。但本案协议转让的债权主要包括了开发公司对8号楼项目的所有权，是建立在8号楼项目所有权明晰的基础之上。从本案债权转让协议和三方协议内容来看，各方主要是围绕8号楼项目作出约定，所转让的债权主要是以8号楼物权为基础。当事人约定转让的权利应当是真实的、可以实现的。实业公司在支付了绝大部分债权转让款后，得知8号楼已经被法院查封，案涉项目不再构成债权转让协议约定的基础条件，有权中止支付剩余债权转让款。虽然债权转让协议就受让债权进行了风险提示，因该提示是针对债权存在的效力瑕疵或可能存在的效力瑕疵作出的，没有涉及开

业公司以案涉8号楼项目被另案法院查封而拒绝支付余下转让款2300万元致诉。

发公司8号楼项目的物权，两份协议没有任何关于开发公司8号楼项目产权可能存在瑕疵的表述和约定，相反，从资产公司的资产处置公告到两份协议，都是强调了开发公司享有该项目权益的真实性和可实现性。根据协议约定，资产公司负有督促开发公司将8号楼项目所有权转移至实业公司名下的义务。资产公司履行督促义务与否，直接关系到实业公司订立债权转让合同的目的能否实现。但资产公司未尽到督促义务，也因8号楼项目被法院查封，实业公司不能取得该项目的物权，从而债权转让协议无法继续履行，本案债权转让协议履行情况符合《合同法》第68条规定，属于合同目的不能实现的情形，故实业公司有权中止履行。

2.6

v.1:364

2007

实务要点： 受让人从资产管理公司受让债权，但所受让的债权主要以物权为基础，且资产管理公司对物权的真实性和可实现性做了明确强调的情况下，因物权无法实现，应视为合同目的不能实现的情形，受让人有权中止履行。

7

案例索引： 最高人民法院（2007）民二终字第23号“某资产公司与某实业公司等债权转让合同纠纷案”，见《债权转让协议的生效与履行——中国长城资产管理公司西安办事处与陕西海大实业有限责任公司、西安华都房地产开发公司债权转让合同纠纷案》（审判长贾纬，代理审判员沙玲、苑多然），载《最高人民法院商事审判指导案例·合同卷（上）》（2011:364）。

135 抵押权随同金融债权一并转移，无须重办登记手续

——金融资产公司受让有抵押担保的债权后，取得对债权的抵押权，原抵押权登记继续有效，无须重新办理登记手续。

标签： 不良资产 | 抵押 | 不动产转让 | 债权转让 | 转让内容 | 不良金融债权

案情简介： 1997年至1999年，贸易公司先后向银行多次抵押借款并办理了房产抵押登记。2004年，银行将该不良债权转让给信达资产公司。随后，信达资产公司又转让给东方资产公司。

法院认为： 根据最高人民法院《关于审理涉及金融资产管理公司收购、管理、处置国有银行不良贷款形成的资产的案件适用法律若干问题的规定》第9条关于“金融资产管理公司受让有抵押担保的债权后，可以依法取得对债权的抵押权，原抵押权登记继续有效”的规定，随同债权一并转移的抵押权原则上不须重新办理登记手续，除非当事人就抵押权的设定有特殊约定，即约定抵押权在随同债权一并转移时须重新办理登记手续。因案涉债权转让协议均无此项约定，故东方资产公司无须重新办理抵押权的登记手续

两次转让合同均约定“自债权转移之日起与转让标的有关的全部从权利包括但不限于保证债权、抵押权、质押权也同时由转让人转移至受让人”。嗣后，贸易公司以受让人未重新办理抵押登记手续为由主张不享有抵押权。即可取得并行使抵押权。抵押物是否分割，对抵押权的行使不产生影响。故判决东方资产公司对他项权证下抵押权在其对贸易公司享有的债权份额内享有优先受偿权。

实务要点： 依据《担保法》第50条规定，让与债权时，抵押权应随同债权一并转移予受让人，除非当事人就抵押权的设定有特殊约定。抵押权证书原件是否移交，对抵押权的转移和取得均不产生影响。

2.6

v.2:604

2006

案例索引： 最高人民法院（2006）民二终字第31号“某资产公司与某贸易公司借款担保合同纠纷案”，见《抵押权具有不可分性，随同债权一并转移的抵押权原则上不须重新办理登记手续，除非当事人就抵押权的设定有特殊约定——中国东方资产管理公司武汉办事处与武汉市亚洲贸易广场股份有限公司借款担保合同纠纷案》（审判长王洪光，代理审判员雷继平、王涛），载《最高人民法院商事审判指导案例·借款担保卷（下）》（2011:604）。

136 未办理登记的抵债财产，不能作为物权转让标的物

——金融机构将其不享有物权的抵债不动产通过不良资产剥离而签订物权转让协议，资产管理公司不能据此取得物权。

标签： 不良资产 | 不动产转让 | 资产包 | 债权转让 | 转让内容

案情简介： 1998年，实业公司与银行签订《财产抵偿协议》，以评估价值9400万余元的在建房产抵偿所欠银行因联建产生的贷款本金6660万元及利息，但一直未办登记手续。2000年，银行与资产公司达成《以物抵贷资产转让协议》，约定银行将前述以物抵贷资产转让给资产公司。2001年，资产公司以实业公司无法履行《财产抵偿协议》为由，起诉实业公司要求解除协议并返还欠款。

法院认为： 根据《以物抵贷资产转让协议》的名称和内容，可得出双方转让的是不动产物权，而非银行对实业公司的债权，资产公司与实业公司不存在债权债务法律关系。因转让的不动产属在建工程，尚未办理房产证书，亦未办理产权变更登记，《财产抵偿协议》并未实际履行，故银行对用以抵偿的财产尚不享有处置权，其对实业公司享有的仍为债权。银行对实业公司只享有债权而不享有物权情况下，采取以物抵贷资产转让的方式将其对实业公司的债权剥离给资产公司，导致资产转让协议无效，故资产公司与实业公司亦未形成有关约定转让不动产物上请求权的法律关系。且由于物权转让与债权转让系两个不同性质的权利转让，故银行与资产公司物权转让协议无效后并不当然转化为债权转让法律关系。至于银行与实业公司之间的6600万元本息究竟是债权债务关系还是联建投资款关系，因属另一法律关系，本案不予审理。故判决驳回资产公司对实业公司的诉讼请求。

2.1

200302/4:130

2003

实务要点： 金融机构将不享有物权的抵债不动产通过不良资产剥离而签订物权转让协议，资产管理公司不能据此取得对债务人的物上请求权。

案例索引： 最高人民法院判决“某资产公司与某实业公司债务纠纷案”，见《从本案看物权转让与债权转让的界定——成都天一集团公司与中国华融资产管理公司成都办事处债务纠纷上诉案》（刘敏，最高院民二庭），载《民商审判指导与参考·案例评析》（200302/4:130）。

137 担保债权随主债权移转而移转，无须经保证人同意

——商业银行将最高额抵押担保债权转让后，该债权转让行为发生债权确定的效果，最高额抵押权随该特定债权转让。

标签： 不良资产 | 抵押 | 不动产转让 | 抵押转让 | 债权转让 | 转让内容 | 保证 | 担保转让

7

案情简介： 2010年，阀门公司向银行借款150万元，并以其房产设定最高额抵押，葛某作为保证人亦提供最高额为160万元的连带责任保证担保。2011年，借款到期后，银行与投资公司签订债权转让协议，并于同年12月22日将转让通知送达阀门公司未果情况下登报通知。葛某事后提出主债权转让，保证债权并未随同转让。

法院认为： 商业银行向社会主体转让金融债权应不违反法律禁止性规定。最高额抵押权所担保的不特定债权特定后可以转让。《合同法》第80条规定债权人转让权利的，应当通知债务人。未经通知，该转让对债务人不发生效力。银行诉讼中提供了书面情况说明，在2011年12月22日其依法向阀门公司送达了债权转让通知，但因该公司已停产歇业，无人管理，无人签收该通知，后在当地报纸上刊登了债权转让通知，明确告知债务人债权转让事实，履行了通知义务，故该债权转让对债务人阀门公司发生效力。《担保法》第22条规定，保证期间，债权人依法将主债权转让给第三人的，保证人在原保证担保的范围内继续承担担保责任。可见，担保债权作为一项从权利将随主债权移转而发生移转，无须征得保证人同意。故本案债权转让合法有效。

3.6

201306/30:73

2013

实务要点： 根据《担保法》第22条规定，保证期间，债权人依法将主债权转让给第三人的，保证人在原保证担保的范围内继续承担担保责任。可见，担保债权作为一项从权利将随主债权移转而发生移转，无须征得保证人同意。商业银行将最高额抵押担保的债权转让后，该债权转让的行为发生债权确定的效果，最高额抵押权可以随该特定债权转让。

案例索引： 江苏盐城中院（2013）盐商终字第0270号“滨海县金汇农村小额贷款有限公司与江苏奇尔乐阀门有限公司、滨海保盛阀门制造有限公司等债权转让纠纷案”，见《金汇公司诉奇尔乐公司等金融债权转让纠纷案》，载《江苏省高级人民法院公报》（201306/30:73）。

Ⅰ

抵押

138 调解书涉及案外人抵押房产处分，不构成再审条件

——调解书虽涉及案外人享有抵押权的不动产处分，但案外人基于抵押权的追及效力可为追偿，不能亦无需提起再审。

标签： 不良资产 | 抵押 | 无权处分 | 抵押权追及力 | 调解书再审

案情简介： 1994年，研究院与开发公司合作建房，开发公司据此取得合建土地使用权，并以之为他人向银行贷款400万元提供抵押担保。1997年12月，生效判决确认银行享有抵押权。1998年3月，研究院与开发公司因合建纠纷，经法院调解，达成开发公司将土地过户至研究院名下的协议。现该土地使用权已分摊到各购房户名下。2006年，受让银行不良债权的资产公司对调解书申请再审。再审过程中，从资产公司受让该债权的建筑公

法院认为： 本案一审程序系原审法院基于审判监督程序提起，故本案审理范围应受原审审理范围限制。由于原审调解协议达成前，建筑公司受让的抵押权已经另案法院生效民事判决确认，基于抵押权的追及效力，抵押权人可向抵押物最终受让人追偿，故该项抵押权已经获得可以在执行程序中实现的法律依据。原审中，研究院与开发公司之间的合作建房合同纠纷并不涉及土地抵押权的内容。故原审判决在维持调解协议同时，对抵押权作出处理，超出了原审审理范围。同时，由于建筑公司是基于其申请，由原审法院通知参加诉讼，根据《民事诉讼法》第56条规定，其诉讼地位为无独立请求权第三人。原审判决研究院向无独立请求权第三人投资公司承担责任，违反了民事诉讼“不告不理”原则。因本案原调解已生效数年，并非确有错误，故判决维持。

实务要点： 生效调解书虽然涉及案外人享有抵押权的不动产处分，但案外人基于抵押权的追及效力可向抵押物最终受让人

司经申请，被法院追加为无独立请求权的第三人。一审判决维持调解书效力，研究院代开发公司承担对建筑公司抵押债权的清偿责任。研究院不服，提出上诉。

追偿。依照审判监督程序对前述生效调解书进行再审，并对抵押权作出处理，超出了原审范围。

案例索引： 最高人民法院（2006）民一终字第28号“某研究院与某开发公司等合作建房纠纷案”，见《中国有色金属工业长沙勘察设计研究院与海南省汇富房地产开发公司合作建房合同纠纷案》（审判长张进先，审判员吴晓芳，代理审判员宋春雨），载《最高人民法院公报·裁判文书选登》（2006:314）。

1.1

2006:314

2006

7

139 案外人毁损执行标的，不属法定追加被执行人情形

——案外人毁损执行标的物行为不符合法律法规关于“追加或变更被执行主体”的法定情形，不应被追加为被执行人。

标签： 不良资产 | 抵押 | 执行 | 妨害执行 | 追加被执行人 | 毁损执行标的物

案情简介： 1999年，执行法院裁定将宾馆抵押房产抵偿给资产公司并向房管局发出协助执行通知，但一直未办过户。2000年，钢铁厂进入破产程序，开发公司通过破产拍卖程序取得前述房产并实施拆除。2009年，执行法院依申请将不良债权受让人即投资公司变更为申请执行人。投资公司申请追加开发公司为被执行人，并要求赔偿毁坏房产的损失。

法院认为： 依最高人民法院《关于人民法院执行工作若干问题的规定（试行）》第44条规定，开发公司毁损了执行标的物，妨碍了执行程序，使申请执行人的合法权益受到侵害，但毁损执行标的物的行为不符合法律、法规及司法解释关于“追加或变更被执行主体”的法定情形，依法不能随意突破，开发公司在本案中不应成为被执行人。开发公司主张其通过合法渠道竞买获取执行标的物并取得拆迁许可证的情况下，对宾馆房产实施拆除系善意第三人。如何保护其正常权益问题，系另一法律关系，开发公司可另行主张。资产公司与投资公司协议明确系转让债权，而资产公司在转让债权同时，尚未办理登记，亦未明确将物权一并处分，即投资公司并不因债权转让而当然地享有该物权。对于被拆除房产的损害赔偿，本案应当由财产所有权人提出，并通过相应的程序解决，故房产被开发公司拆迁后，损害赔偿请求权应由权利主体享有。

实务要点： 案外人毁损执行标的物的行为不符合法律、法规及司法解释关于“追加或变更被执行主体”的法定情形，依法不应将损害行为人追加为被执行人。对于被毁损标的物的损害赔偿，应由财产所有权人提出，并通过相应的程序解决。

2.5

201304/48:37

2013

案例索引： 最高人民法院执行监督“鄂州联丰房地产开发有限公司与湖北省国际信托投资公司、鄂州市鄂州宾馆执行纠纷案”，见《依法定程序裁定以物抵债后，标的物所有权自抵债裁定送达承受人时起转移》（何东宁、刘伟，最高院执行局），载《执行工作指导·案例分析》（201304/48:37）。

140 抵押权人可以在主债权诉讼时效期间内行使抵押权

——抵押权人有权在被担保主债权诉讼时效结束后两年内行使抵押权，主债权诉讼时效未完成或届满，抵押权不消灭。

标签： 不良资产 | 抵押 | 抵押权实现 | 诉讼时效 | 抵押期间 | 主债权诉讼时效

案情简介： 1996年，实业公司向银行抵押借款。2001年3月31日，借款期满，2005年，银行起诉。期间，银行虽不间断主张贷款债权，但未要求实现抵押权，实业公司据此认为：抵押期间为法定除斥期间，不因任何事由中止、中断，故本案抵押权消灭。

法院认为： 根据最高人民法院《关于适用〈担保法〉若干问题的解释》第12条规定，担保权人在担保物权所担保的债权的诉讼时效结束后两年内行使权利的，法院应予支持。该规定表明只要诉讼时效没有届满或完成，法院就应支持抵押权人行使抵押权的诉讼请求。因本案债权人行使诉权并未超过诉讼时效期间，故债权人有权行使抵押权。

实务要点： 根据最高人民法院《关于适用〈担保法〉若干问题的解释》第12条规定，担保权人在担保物权所担保的债权的诉讼时效结束后两年内行使权利的，法院应予支持。该规定表明只要诉讼时效没有届满或完成，法院对抵押权人行使抵押权的诉讼请求就理应支持。

2.6

v.6:483

2011

案例索引： 最高人民法院（2011）民二终字第28号“某银行与某百货公司等借款担保合同纠纷案”，见《抵押权行使的范围及其诉讼时效——中国东方资产管理公司武汉办事处与平安信托投资有限责任公司、中国平安人寿保险股份有限公司、武汉农村商业银行股份有限公司、北京王府井百货商业物业管理有限公司和陆氏实业（武汉）有限公司借款担保合同纠纷案》（审判长付金联，代理审判员王涛、李相波），载《最高人民法院商事审判指导案例·合同与借贷担保卷（6）》（2012:483）。

141 第三人善意有偿取得抵押物，可认定其取得所有权

——第三人善意有偿取得抵押物，在已办过户登记或经生效判

法院认为： 根据《担保法》规定，不动产抵押权

决确认买卖合同有效情况下，应认定取得抵押物所有权。

标签：不良资产 | 抵押 | 善意取得 | 生效判决 | 物权变动

案情简介：1996年，实业公司以在建房地产向银行抵押借款。1997年，实业公司在隐瞒抵押的情况下，与百货公司、信托公司、信用社先后就抵押范围内新建成期房签订房屋买卖合同，并收取对价、办理入住。其中百货公司、信托公司已取得产权证，信用社获得法院认定购房合同有效、实业公司应办理过户登记的生效判决。

的生效和不动产物权的转让均以登记为生效要件和公示方法。在规范的已登记抵押权的房屋转让过程中，在抵押权未消灭时，受让人所取得的房屋所有权凭证上应有抵押权的记载。房地产管理部门应以此种方式告知受让人取得的房产上的他项权利负担。但本案特殊性在于，一方面，房产部门未在百货公司、信托公司所取得的房产证上记载抵押权；另一方面，实业公司恶意隐瞒房屋已抵押的事实。本案购房人以合理价格向实业公司购买房屋，已支付全部价款，并占有和使用房屋至今。由于实业公司的恶意和基于对房地产管理部门登记的依赖，使得房屋买受人在办理过户登记手续时，无法知晓房屋已抵押的事实。百货公司、信托公司已取得房屋所有权凭证，应认定其对购买的房屋享有所有权。信用社虽尚未取得房屋所有权证，但生效判决同样具有物权变动效力，信用社亦已取得所购买房屋的所有权。

2.6

7

v.6:483

2011

实务要点：第三人善意有偿取得抵押物，在已办理过户登记或经生效判决确认买卖合同有效的情况下，应认定购房人已取得抵押物所有权。

案例索引：最高人民法院（2011）民二终字第28号“某银行与某百货公司等借款担保合同纠纷案”，见《抵押权行使的范围及其诉讼时效——中国东方资产管理公司武汉办事处与平安信托投资有限责任公司、中国平安人寿保险股份有限公司、武汉农村商业银行股份有限公司、北京王府井百货商业物业管理有限公司和陆氏实业（武汉）有限公司借款担保合同纠纷案》（审判长付金联，代理审判员王涛、李相波），载《最高人民法院商事审判指导案例·合同与借贷担保卷（6）》（2012:483）。

142 抵押权人可就债务人擅自出售的抵押物行使抵押权

——第三人善意有偿取得已办理登记的抵押物所有权，抵押权人仍可依抵押权追及力行使对转让抵押物的优先受偿权。

标签：不良资产 | 抵押 | 抵押转让 | 抵押权追及力 | 抵押权善意取得

案情简介：1996年，实业公司以在建

法院认为：百货公司、信托公司、信用社虽已取得房屋所有权，但亦无法改变房屋上早已合法设定的抵押权存在的客观事实，依最高人民法院《关于适用〈担保法〉若干问题的解释》第67条规定：“抵押权存续

房地产向银行抵押借款。1997年，实业公司在隐瞒抵押的情况下，与百货公司、信托公司、信用社先后就抵押范围内新建成期房签订房屋买卖合同，并收取对价、办理入住，买受人取得产权凭证。2005年，银行诉请实业公司偿还贷款，并要求百货公司、信托公司、信用社在取得抵押物范围内承担连带清偿责任。

2.6

v.6:483

2011

期间，抵押人转让抵押物未通知抵押权人或者未告知受让人的，如果抵押物已经登记的，抵押权人仍可以行使抵押权；取得抵押物所有权的受让人，可以代替债务人清偿其全部债务，使抵押权消灭。受让人清偿债务后可以向抵押人追偿。"抵押权作为担保物权，是抵押权人因抵押行为而对抵押物所享有的支配权，此种支配权可对抗抵押物的所有人和第三人。本案抵押担保有效，债权人可行使优先受偿权，买受人不可以其取得房屋的所有权来对抗抵押权，买受人因抵押权人行使抵押权而遭受的损失可以向过错方主张，买受人也可以代替债务人清偿其全部债务，使抵押权消灭，买受人清偿债务后可向抵押人实业公司追偿。连带责任须有合同约定或明确的法律规定，债权人基于抵押合同对抵押物享有支配权，不能依据抵押物而主张对方承担连带担保责任。

实务要点： 第三人善意有偿取得已办理登记的抵押物所有权，抵押权人仍可依抵押权追及力行使对转让抵押物的优先受偿权。但该种追及力行使并不意味着买受人需对债务人债务承担连带清偿责任。

案例索引： 最高人民法院（2011）民二终字第28号"某银行与某百货公司等借款担保合同纠纷案"，见《抵押权行使的范围及其诉讼时效——中国东方资产管理公司武汉办事处与平安信托投资有限责任公司、中国平安人寿保险股份有限公司、武汉农村商业银行股份有限公司、北京王府井百货商业物业管理有限公司和陆氏实业（武汉）有限公司借款担保合同纠纷案》（审判长付金联，代理审判员王涛、李相波），载《最高人民法院商事审判指导案例·合同与借贷担保卷（6）》（2012:483）。

143《物权法》实施前，未登记抵押权，仍具法律效力

——《物权法》实施前，依《担保法》司法解释规定，办理抵押物登记只是对抗要件，而非认定为抵押合同生效要件。

标签：不良资产 | 抵押 | 未办登记 | 法律适用 | 对抗要件 | 生效要件

案情简介： 1995年9月至1999年11月，商厦向银行借款，并以在建房产提供

法院认为： 案涉不动产作为抵押标的，相应抵押合同不论依《担保法》或《物权法》均应登记。本案抵押设立之初系在建项目而未登记，其后抵押人和抵押权人亦未依约履行共同办理登记义务，对此双方均有过错。案涉抵押合同签订时间在《物权法》实施之前，故应适用1995年10

抵押担保，但双方未依约定共同办理抵押登记。2008年，受让该不良债权的资产公司诉请商厦偿贷，并主张以抵押物优先受偿。

2.1

201004/24:260

2010

7

月1日施行的《担保法》。尽管《担保法》第41条规定“当事人以本法第四十二条规定的财产抵押的，应当办理抵押物登记，抵押合同自登记之日起生效。”但根据2000年9月29日施行的最高人民法院《关于适用〈担保法〉若干问题的解释》第49条“以尚未办理权属证书的财产抵押的，在第一审法庭辩论终结前能够提供权利证书或者补办登记手续的，可以认定抵押有效。当事人未办理抵押物登记手续的，不得对抗第三人”的规定，办理抵押物登记只是对抗要件，而非抵押合同生效和抵押权实现要件，故本案抵押权有效，资产公司享有优先受偿权。

实务要点： 《物权法》对抵押合同效力和物权变动效力作了区分，但在适用《担保法》前提下，根据有关司法解释的精神，应理解为办理抵押物登记只是对抗要件，而非认定为抵押合同生效要件。抵押权人依其诉讼请求在不对抗善意第三人情况下可对抵押物享有优先受偿权，只是登记的抵押权人有优先于未登记的抵押权人进行受偿的权利。

案例索引： 最高人民法院（2010）民二终字第13号“某资产公司与某商贸公司借款合同纠纷案”，见《哈尔滨工百兴达商贸有限责任公司与中国长城资产管理公司哈尔滨办事处及哈尔滨向阳专业商厦、黑龙江省粮油贸易公司借款合同纠纷上诉案》（审判长宫邦友，审判员朱海年，代理审判员张雪楳），载《商事审判指导·商事裁判文书选登》（201004/24:260）。

144 抵押合同成立未办理抵押物登记，不得对抗第三人

——抵押合同签订能证明双方抵押合意达成，还需通过其他证据证明在登记部门完成了抵押登记才能证明享有抵押权。

标签： 不良资产 | 抵押 | 未办登记 | 对抗效力

案情简介： 1995年4月，商场与银行签订借款抵押合同，并约定以开发集团所有的房产做抵押担保，开发集团在该合同上加盖了公章和法定代表人名章。房管处抵押科在该合同及《他

法院认为： 商场与银行签订以案涉房产进行抵押的抵押合同经开发集团认可，双方抵押合意达成。不动产抵押权是因当事人的达成抵押合意及完成法定的登记程序而设立，他项权利证书不能为权利人创设抵押权，只能证明权利人享有抵押权。房管处抵押科在案涉抵押合同及他项权登记审批表上加盖公章并注明“已办理抵押登记”的行为，是房地产市场管理部门对该项抵押登记申请的审批，尚不足以完成一项有效的抵押登记。无论是依条文规定还是依抵押登记实务操作，到房管处申

项权利登记审批表》上加盖公章并注明“已办理抵押登记”，该房产证一直由银行持有，但房屋产籍档案中无他项权设定记录。1998年，开发集团声明房产证丢失，房产部门发布除权公告后补办新证，随后该房屋被开发集团按规定程序移转至开发公司名下。

争议焦点：银行对涉案房产是否享有抵押权并可对抗开发公司的所有权？

2.1

2009
03/19:193

2.7

2010:213

2009

请他项权证书并在房屋产籍档案中设定他项权利记录，只是房屋抵押登记程序中必不可少的步骤之一。资产公司持有案涉房产产权证书，应认定为开发集团为实现该抵押而交付。依据最高人民法院《关于适用〈担保法〉若干问题的解释》第59条规定：“当事人办理抵押物登记手续时，因登记部门的原因致使其无法办理抵押物登记，抵押人向债权人交付权利凭证的，可以认定债权人对该财产有优先受偿权。但是，未办理抵押物登记的，不得对抗第三人。”故本案银行虽享有抵押权，但不得对抗第三人开发公司。

实务要点： 抵押合同的签订能证明双方抵押合意达成，还需通过其他证据证明在法定登记部门完成了抵押权登记才能证明享有抵押权。

案例索引： 最高人民法院判决“某资产公司与某商场等借款合同纠纷案”，见《由不动产抵押合同签订及权证交付取得的“优先受偿权”未经登记不能对抗第三人——吉林华阳股份有限公司与东方资产管理公司长春办事处、吉林东市商场等借款合同纠纷案》（潘勇锋，最高院民二庭），载《商事审判指导·案例分析》（200903/19:193）；另载《最高人民法院商事审判裁判规范与案例指导·案例指导》（2010:213）。

145 抵押权人可就抵押房产拆迁补偿金行使优先受偿权

——抵押物的代位物补偿金已被与抵押人存在代表关系的共同经营体领取的，抵押权人应向实际领取人主张优先受偿。

标签： 不良资产 | 抵押 | 物上代位 | 优先受偿权

案情简介： 2003年，农业公司向银行借款2110万元，并以国有土地使用权及房产作为抵押。2007年，因拆迁，案涉房屋及土地补偿款由与农业公司存在代表关系的共同经营体的食品公司领取并转移绝大部分。受让银行不良债权的资产公司起诉农业公司和食品公司要求偿还欠款，如不能清

法院认为： 本案资产公司受让债权，依法取得了抵押权。因农业公司享有土地使用权项下的土地被征收，地上房屋被拆迁，拆迁补偿金即成为抵押物的代位物。根据最高人民法院《关于适用〈担保法〉若干问题的解释》第80条第1款关于“在抵押物灭失、毁损或者被征用的情况下，抵押权人可以就该抵押物的保险金、赔偿金或者补偿金优先受偿”规定，资产公司可就该抵押物的拆迁补偿金行使优先受偿权。但因该项补偿金已支付给抵押人，且其中绝大部分补偿金已被抵押人转移，从而失去了行使担保物权所必须的财产的特定性，抵押权人对拆迁补偿金行使优先受偿权，客观上已无实现可能。因本案抵押物的代位物补偿金已被与抵押人存在代表关系的共同经营体食品公司领取，故资产

偿，应以抵押物因灭失所得的拆迁补偿金优先受偿。

2.1

200902/18:129

2009

公司作为抵押权人基于抵押物的代位物拆迁补偿上的请求权，有权向食品公司主张优先受偿。食品公司领取补偿金后又将其大部分转移，对资产公司抵押权和债权的无法实现，负有重大过错，故食品公司应当对农业公司的全部债务承担连带赔偿责任。

实务要点： 根据最高人民法院《关于适用〈担保法〉若干问题的解释》第80条第1款规定，在抵押物灭失、毁损或者被征用的情况下，抵押权人可以就该抵押物的保险金、赔偿金或者补偿金优先受偿。抵押物的代位物补偿金已被与抵押人存在代表关系的共同经营体领取的，抵押权人有权向实际领取人主张优先受偿。

案例索引： 最高人民法院判决“某资产公司与某城建集团等借款合同纠纷案”，见《抵押权人对抵押物的代位物优先受偿权之行使及拆迁部门民事责任之免除——上诉人中国信达资产管理公司哈尔滨办事处与被上诉人哈尔滨城市建设投资集团有限公司、黑龙江雅美食品加工有限公司、原审被告哈尔滨大地农业有限公司借款合同纠纷上诉案件》（叶小青，最高院民二庭；隋汶兵，某证券公司经理），载《民商事审判指导·民商审判案例分析》（200902/18:129）。

7

146 未登记抵押权人以普通债权申报，视为放弃抵押权

——主债务人破产时，抵押权人仅以普通债权人身份申报债权，应视为放弃抵押权，保证人有权就放弃部分免除责任。

标签： 不良资产 | 抵押 | 破产 | 优先受偿权 | 物保和人保 | 保证 | 放弃抵押

案情简介： 1990年，氮肥厂向银行贷款495万美元，借款合同约定“氮肥厂必须以其原有固定资产和项目形成的固定资产全部抵押给银行，在贷款未还清前，银行有留置权”。同时卷烟厂提供连带责任保证。2006年，氮肥厂被列入国务院拟破产企业时，该厂资产总额为8亿余元。进入破产程序后，银行以普通债权人身份申报债

法院认为： 银行与氮肥厂在1990年的借款合同中明确约定将氮肥厂原有固定资产和项目形成的固定资产全部抵押给银行，根据最高人民法院《关于贯彻执行〈民法通则〉若干问题的意见（施行）》第112条关于“债务人或者第三人向债权人提供抵押物时，应当订立书面合同或者在原债权文书中写明。没有书面合同，但有其他证据证明抵押物或者其权利证书已交给抵押权人的，可以认定抵押关系成立”的规定，应认定银行与氮肥厂抵押关系依法成立。氮肥厂2006年被国务院列入拟破产企业时，资产公司向氮肥厂破产管理人申报债权时是作为普通债权申报的，并未提及抵押权。经第一次债权人会议，管理人编制了拟确认债权表，资产公司亦未提出异议，由此应认定资产公司放弃了物权担保。根据最高人民法院《关于审理经济合同纠纷案件有关保证的若干问题的规定》第15条关

权，最终确认未受偿债权为4400万余元。2006年12月，受让银行该不良债权的资产公司诉请卷烟厂承担保证责任。卷烟厂以银行放弃抵押权而主张免除担保责任。

于“债权人放弃抵押权的，保证人就放弃抵押权的部分不再承担保证责任”规定，因资产公司放弃了物权担保，且氮肥厂抵押财产价值大于本案所涉借款本息，故卷烟厂保证责任应予免除。

实务要点： 借款合同明确约定抵押条款的，在主债务人破产时，债权人仅以普通债权人身份申报债权，而未主张担保物权，应视为放弃抵押权，保证人有权就放弃抵押权的部分不再承担保证责任。

2.7

2011:351

2.6

v.2:673

2009

案例索引： 最高人民法院（2009）民二终字第34号“某资产公司与某卷烟厂等借款担保合同纠纷案”，见《中国东方资产管理公司西安办事处与宝鸡卷烟厂、陕西省宝鸡氮肥厂破产管理人借款担保合同纠纷案》（审判长贾纬，代理审判员沙玲、周伦军），载《最高人民法院商事审判裁判规范与案例指导·裁判文书》（2011:351）；另见《主合同中约定的借款数额少于〈不可撤销担保书〉中承诺的数额，这种变化即使未经保证人同意，也不能够成为保证人免责的条件》，载《最高人民法院商事审判指导案例·借款担保卷（下）》（2011:673）。

147 怠于履行保证义务致抵押物减值，不免除保证责任

——债权人积极主张逾期债权，保证人因怠于履行保证义务所造成抵押物价值的减损，应由债务人和保证人自行承担。

标签： 不良资产 | 抵押 | 物保与人保 | 保证 | 抵押物价值减损

案情简介： 2001年，水泥厂以水泥生产线作为抵押物向银行贷款5000万元，水泥公司提供连带责任保证。2003年，贷款到期后，银行向水泥厂和水泥公司催收债权。2005年，受让该金融债权的资产公司向水泥厂发布催收公告。2006年，国务院将水泥厂列入政策性破产企业名单。2007年，资产公司又发布催收公告。2008年，资产公司诉请水泥厂和水泥公司清偿

法院认为： 本案事实充分表明，借款期限届满后，债权人自始至终积极主张债权，不存在怠于行使债权的情况。相反，债务人和保证人始终怠于履行还款义务和保证义务，尤其是水泥公司在租用抵押物资产期间，既不督促债务人水泥厂归还欠款，又不主动履行保证责任，因其怠于履行保证义务所造成的抵押物价值的减损，应由债务人水泥厂和保证人水泥公司自行承担。故本案不适用最高人民法院《关于适用〈担保法〉若干问题的解释》第38条第3款关于“债权人在主合同履行期届满后怠于行使担保物权，致使担保物的价值减少或者毁损、灭失的，视为债权人放弃部分或者全部物的担保。保证人在债权人放弃权利的范围内减轻或者免除保证责任”的规定。鉴于本案抵押物已由网络公司以承担债务的方式收购，所支付的对价即承担水泥厂债务中包含着本案债务的情况，故无论收购事项是否实际全部完成，本案抵押权人

贷款债务。2009年，国务院又将水泥厂列入不再实施政策性破产企业的名单，网络公司以承担部分债务方式受让本案抵押资产。水泥公司认为银行和资产公司怠于行使担保物权，造成抵押物价值减损，其应免除相应保证责任。

资产公司对抵押物均享有优先受偿权。

实务要点： 借款期限届满后，债权人自始至终积极主张债权，不存在怠于行使债权的情况。相反，债务人和保证人始终怠于履行还款义务和保证义务，保证人既不督促债务人归还欠款，又不主动履行保证责任，因其怠于履行保证义务所造成的抵押物价值的减损，应由债务人和保证人自行承担。

案例索引： 最高人民法院（2009）民二终字第133号“某资产公司与某水泥公司等借款担保合同纠纷案”，见《青海水泥股份有限公司与中国东方资产管理公司兰州办事处、青海水泥厂借款担保合同纠纷案》（审判长叶小青，审判员陈明焰、王闯），载《最高人民法院商事审判裁判规范与案例指导·裁判文书》（2011:387）；另见《保证人既不督促债务人归还欠款，又不主动履行保证责任，因其怠于履行保证义务所造成的抵押物价值的减损，应当由债务人和保证人自行承担》，载《最高人民法院商事审判指导案例·借款担保卷（下）》（2011:475）。

2.7

2011:387

2.6

v.2:475

7 2009

148 抵押人吊销营业执照，并不丧失承担担保责任资格

——债权人基于错误的法律事实认识，撤销要求被吊销营业执照的抵押人责任承担的诉讼请求，应承担相应法律后果。

标签： 不良资产 | 抵押 | 抵押权实现 | 吊销营业执照 | 抵押物优先受偿

案情简介： 1999年9月，玩具公司向银行借款，国有独资的工艺品集团以名下房产和土地使用权提供抵押担保并办理了抵押登记。同年12月，国资公司以工艺品集团的全部净资产与其他企业共同发起设立工艺品公司。2000年，工艺品集团因未参加年检被吊销营业执照。2006年，受让银行不良债权的资产公司诉请工艺品集团、工艺品公司对玩具公司贷款承担责任。一审诉讼中，资产公司以工艺品集团

法院认为： 抵押权系担保物权，是抵押权人对抵押物享有的优先受偿的权利。资产公司未能提供本案抵押物因国资公司行为而毁损、灭失的证据，在案涉房地产至今仍在工艺品集团名下，即工艺品集团对抵押物享有所有权的情况下，资产公司可依抵押合同向工艺品集团主张权利。工艺品集团因不按规定接受年检被工商局吊销营业执照，不存在该公司被注销的事实。企业被吊销营业执照时工商管理部门对企业法人的行政处罚，是对其企业法人行为能力的限制，但该企业的主体资格仍然存在，仍应以其全部资产对外承担民事责任。资产公司一审中撤销要求工艺品集团承担担保责任的诉讼请求，系基于对法律事实的认识错误。资产公司要求工艺品集团的股东即全资出资人国资公司承担对借款合同的赔偿责任没有法律依据，应予驳回。

被吊销营业执照而撤销对其的诉讼请求，同时撤销了对抵押合同项下的抵押物采取的诉讼保全措施，并追加国资公司为被告。

实务要点： 抵押人被吊销营业执照，但该企业主体资格仍存在，债权人基于错误的法律事实认识，撤销要求被吊销营业执照的抵押人责任承担的诉讼请求，应承担相应的法律后果。

案例索引： 最高人民法院（2006）民二终字第169号“某资产公司与某玩具公司等借款担保合同纠纷案”，见《企业被吊销营业执照是工商管理部门对企业法人的行政处分，该企业的主体资格仍然存在，抵押人并未发生变更——枣庄市峄城区国有资产经营有限公司与中国信达资产管理公司济南办事处、山东东方玩具有限公司、山东东方工艺品股份有限公司、枣庄市服装绣品有限公司借款担保合同纠纷案》（审判长付金联，审判员张树明，代理审判员王涛），载《最高人民法院商事审判指导案例·借款担保卷（下）》（2011:583）。

2.6

v.2:583

2006

149 抵押财产转移不影响抵押权行使，行为人无需担责

——企业改制过程中，即使全部或部分抵押物被投入到改制后的企业，债权人对抵押物的优先受偿权均不应受到影响。

标签： 不良资产 | 抵押 | 企业改制 | 接收财产 | 抵押权追及力

案情简介： 1999年9月，玩具公司向银行借款，国有独资的工艺品集团以名下房产和土地使用权提供抵押担保并办理了抵押登记。同年12月，国资公司以工艺品集团的全部净资产与其他企业共同发起设立工艺品公司。2000年，工艺品集团因未参加年检被吊销营业执照。2006年，受让银行不良债权的资产公司诉请工艺品集团、工艺品公司对玩具公司贷款承担责任。一审诉讼中，资产公司以工艺品集团被吊销营业执照而撤销对其的诉讼请求，同时撤销了对抵押合同项下的抵押物采取的诉讼保全措施，并追加国资公司为被告。

法院认为： 抵押权系担保物权，是抵押权人对抵押物享有的优先受偿的权利。资产公司未能提供本案抵押物因国资公司行为而毁损、灭失的证据，在案涉房地产至今仍在工艺品集团名下，即工艺品集团对抵押物享有所有权的情况下，资产公司可依抵押合同向工艺品集团主张权利。国资公司在工艺品集团改制为工艺品公司时，将抵押的机器设备投入到工艺品公司，但基于抵押权的物权性质，该行为并不影响抵押权的实现。资产公司怠于向工艺品集团和工艺品公司行使权利，而以最高人民法院《关于审理与企业改制相关民事纠纷案件若干问题的规定》为据要求国资公司承担侵害财产权的民事责任，因其不能证明抵押权受到实际损害，不符合侵权责任的构成要件，其诉请不应支持。即使适用前述司法解释，也只能依接受资产的状况判定本案债务是由新公司即工艺品公司承担抑或由旧企业即工艺品集团承担，而不涉及两公司的出资人国资公司的责任承担问题。

实务要点： 企业改制过程中即使全部或部分抵押物被投入到改制后的企业，抵押权的实现也不应受到影响。债权人可以根据最高人民法院《关于审理与企业改制相关民事纠纷案件若干问题的规定》第6条规定依接受资产的状况判定是否由改制前后的公司承担

2.6

v.2:583

2006

责任。债权人要求改制前后企业出资人承担相应偿还责任没有依据。

案例索引： 最高人民法院（2006）民二终字第169号“某资产公司与某玩具公司等借款担保合同纠纷案”，见《企业被吊销营业执照是工商管理部门对企业法人的行政处分，该企业的主体资格仍然存在，抵押人并未发生变更——枣庄市峄城区国有资产经营有限公司与中国信达资产管理公司济南办事处、山东东方玩具有限公司、山东东方工艺品股份有限公司、枣庄市服装绣品有限公司借款担保合同纠纷案》（审判长付金联，审判员张树明，代理审判员王涛），载《最高人民法院商事审判指导案例·借款担保卷（下）》（2011:583）。

7

150 抵押权证书原件是否移交，不影响是否取得抵押权

——债权转让时，抵押权应随同债权一并转移，但抵押权证书原件是否移交，对抵押权的转移和取得均不应产生影响。

标签： 不良资产 | 抵押 | 债权转让 | 转让内容 | 抵押权从属性

案情简介： 1997年至1999年，贸易公司先后向银行多次抵押借款并办理了房产抵押登记。2004年，银行将该不良债权转让给信达资产公司。随后，信达资产公司又转让给东方资产公司。两次转让合同均约定“自债权转移之日起与转让标的有关的全部从权利包括但不限于保证债权、抵押权、质押权也同时由转让人转移至受让人”。嗣后，贸易公司以抵押权证书原件仍在银行说明抵押权并未同时转让为由，主张东方资产公司未取得抵押权。

法院认为： 抵押权是典型的担保物权，具有从属性、不可分性和物上代位性等特征。依据《担保法》第50条关于“抵押权不得与债权分离而单独转让或者作为其他债权的担保”的规定，让与债权时，抵押权应随同债权一并转移予受让人，除非当事人就抵押权的设定有特殊约定。案涉债权转让协议均明确约定自债权转移之日起与转让标的有关的全部从权利包括但不限于保证债权、抵押权、质押权也同时由转让人转移至受让人。依此约定，本案所涉抵押权已随同债权一并转移给债权的最终受让人东方资产公司，东方资产公司已依法取得了本案所涉抵押权。抵押权证书原件是否移交，对抵押权的转移和取得均不产生影响。故判决东方资产公司对他项权证下抵押权在其对贸易公司享有的债权份额内享有优先受偿权。

实务要点： 依据《担保法》第50条规定，让与债权时，抵押权应随同债权一并转移予受让人，除非当事人就抵押权的设定有特殊约定。抵押权证书原件是否移交，对抵押权的转移和取得均不产生影响。

2.6

v.2:604

2006

案例索引： 最高人民法院（2006）民二终字第31号“某资产公司与某贸易公司借款担保合同纠纷案”，见《抵押权具有不可分性，随同债权一并转移的抵押权原则上不须重新办理登记手续，

除非当事人就抵押权的设定有特殊约定——中国东方资产管理公司武汉办事处与武汉市亚洲贸易广场股份有限公司借款担保合同纠纷案》（审判长王洪光，代理审判员雷继平、王涛），载《最高人民法院商事审判指导案例·借款担保卷（下）》（2011:604）。

151 抵押权随同金融债权一并转移，无须重办登记手续

——金融资产公司受让有抵押担保的债权后，取得对债权的抵押权，原抵押权登记继续有效，无须重新办理登记手续。

标签： 不良资产 | 抵押 | 不动产转让 | 债权转让 | 转让内容 | 抵押权从属性

案情简介： 1997年至1999年，贸易公司先后向银行多次抵押借款并办理了房产抵押登记。2004年，银行将该不良债权转让给信达资产公司。随后，信达资产公司又转让给东方资产公司。两次转让合同均约定“自债权转移之日起与转让标的有关的全部从权利包括但不限于保证债权、抵押权、质押权也同时由转让人转移至受让人”。嗣后，贸易公司以受让人未重新办理抵押登记手续为由主张不享有抵押权。

法院认为： 根据最高人民法院《关于审理涉及金融资产管理公司收购、管理、处置国有银行不良贷款形成的资产的案件适用法律若干问题的规定》第9条关于“金融资产管理公司受让有抵押担保的债权后，可以依法取得对债权的抵押权，原抵押权登记继续有效”的规定，随同债权一并转移的抵押权原则上不须重新办理登记手续，除非当事人就抵押权的设定有特殊约定，即约定抵押权在随同债权一并转移时须重新办理登记手续。因案涉债权转让协议均无此项约定，故东方资产公司无须重新办理抵押权的登记手续即可取得并行使抵押权。抵押物是否分割，对抵押权的行使不产生影响。故判决东方资产公司对他项权证下抵押权在其对贸易公司享有的债权份额内享有优先受偿权。

实务要点： 依据《担保法》第50条规定，让与债权时，抵押权应随同债权一并转移予受让人，除非当事人就抵押权的设定有特殊约定。抵押权证书原件是否移交，对抵押权的转移和取得均不产生影响。

2.6

v.2:604

2006

案例索引： 最高人民法院（2006）民二终字第31号“某资产公司与某贸易公司借款担保合同纠纷案”，见《抵押权具有不可分性，随同债权一并转移的抵押权原则上不须重新办理登记手续，除非当事人就抵押权的设定有特殊约定——中国东方资产管理公司武汉办事处与武汉市亚洲贸易广场股份有限公司借款担保合同纠纷案》（审判长王洪光，代理审判员雷继平、王涛），载《最高人民法院商事审判指导案例·借款担保卷（下）》（2011:604）。

152 同一物担保的多个债权分开转让的抵押权存续规则

——同一抵押物担保不同的主债权情形，主债权分别转让时，并未对抵押物进行分割，抵押物所担保的仍系全部借款。

标签： 不良资产 | 抵押 | 抵押权实现 | 债权转让 | 转让内容 | 同一抵押物

法院认为： 抵押权的不可分性，是指在抵押权所担保的债权未受全部清偿前，抵押权人有权就抵押物的全部行使权利。就抵押物与被担保的债权的关系而言，就是抵押物的全部担保债权的各个部分。案涉房产既是本案所涉借款的抵押物，又是另案所涉借款的抵押物。原债权人在将前述全部借款所产生的债权分别转让时，并未对抵押物进行分割，依据最高人民法院《关于适用〈担保法〉若干问题的解释》第72条第1款关于"主债权被分割或者部分转让的，各债权人可以就其享有的债权份额行使抵押权"、第71条第1款关于"主债权未受全部清偿的，抵押权人可以就抵押物的全部行使其抵押权"的规定，抵押物所担保的仍然是全部借款。故判决东方资产公司对他项权证下抵押权在其对贸易公司享有的债权份额内享有优先受偿权。

案情简介： 1997年至1999年，贸易公司先后向银行12次抵押借款并办理了房产抵押登记手续。2004年，资产公司受让其中9笔不良债权并起诉主张优先受偿。同时，另案法院就另3笔借款和同一抵押物的优先受偿也作出了判决。

7

2.6

v.2:604

2006

实务要点： 同一抵押物担保不同的主债权，原债权人在将主债权分别转让时，并未对抵押物进行分割，抵押物所担保的仍然是全部借款。抵押人主张抵押物中用于为另案的主债权担保的部分不属于抵押物的，法院不应支持。

案例索引： 最高人民法院（2006）民二终字第31号"某资产公司与某贸易公司借款担保合同纠纷案"，见《抵押权具有不可分性，随同债权一并转移的抵押权原则上不须重新办理登记手续，除非当事人就抵押权的设定有特殊约定——中国东方资产管理公司武汉办事处与武汉市亚洲贸易广场股份有限公司借款担保合同纠纷案》（审判长王洪光，代理审判员雷继平、王涛），载《最高人民法院商事审判指导案例·借款担保卷（下）》（2011:604）。

153 抵押权不成立，亦就不存在债权人放弃抵押权问题

——抵押物未经登记，抵押合同依当时法律规定不生效，不能视为抵押权人放弃物的担保，不能以此免除保证人责任。

标签： 不良资产 | 抵押 | 物保与人保 | 保证 | 放弃物保 | 未经登记

法院认为： 根据本案保证合同记载的保证事项，保证人提供保证均未以抵押担保成立为前提，而抵押物登记属于

案情简介： 1995年12月，化工厂向银行抵押贷款，化纤厂提供连带责任保证。化纤厂后以银行未就化工厂提供的抵押物办理登记手续，主张免除相应的保证责任。

2.1

200401/5:203

2004

法律强制性规定，抵押物未登记。抵押合同不生效，受损失的应系权利人，是否设立抵押权亦系权利人选择结果。《担保法》规定，只有抵押物登记抵押合同生效后，抵押权人放弃了抵押担保，保证人才能在其放弃范围内免除保证责任，在法律有明文规定情况下，不可作扩大解释。故抵押权既不成立亦就不存在权利人放弃事实。化纤厂作为保证人属于无条件担保，无理由要求银行对抵押物进行登记，其不能以此免除保证责任。

实务要点： 抵押物未经登记，抵押合同不生效，不能视为抵押权人放弃抵押担保，保证人据此要求在抵押权人放弃范围内免除保证责任的，不予支持。

案例索引： 最高人民法院判决“九江化学纤维总厂与中国信达资产管理公司、九江化工厂等借款保证合同纠纷案”，见《借款保证合同的几个问题》（王洪光，最高院民二庭），载《民商事审判指导·民商事审判》（200401/5:203）。

154 抵押物受让人并无直接对抵押权人债权的清偿义务

——抵押权人行使权利是依据其对抵押财产享有的物权，而不应由抵押物受让人在受让财产范围内直接承担偿还责任。

标签： 不良资产 | 抵押 | 抵押转让 | 质押 | 股权质押 | 抵押物权内容

案情简介： 1996年，无线电厂以固定资产抵押向银行贷款1533万元。1998年，银行同意无线电厂将部分抵押的价值632万元的固定资产与他人合资成立机电公司，但前提是须将632万元的股权质押给银行，但该质押未办理登记手续。2000年，受让银行该不良金融债权的资产公司起诉无线电厂偿债，并要求机电公司在受让抵押财产金额本息范围内直接承担偿还责任。

法院认为： 根据《担保法》第78条规定，以有限责任公司股份出质的，质押合同自股份出质记载于股东名册之日起生效。故本案所涉质押法律关系并未生效，银行与无线电厂之间原形成的抵押担保法律关系因双方约定的前提条件未成就而并未解除。根据《担保法》第33条、最高人民法院《关于适用〈担保法〉若干问题的解释》第67条规定，即使抵押人转让抵押物未通知抵押权人或者未告知受让人的，抵押权人行使权利时也只是依据其对抵押财产享有的物权，要求受让人代债务人以该抵押财产折价或者以拍卖、变卖的相应价款来受偿，而不是由受让人在受让抵押财产金额及其利息范围内直接承担偿还责任。这是由物权担保的法律属性决定的。鉴于本案资产公司诉讼请求系要求机电公司在其接受的已为其设定抵押权的财产及其利息范围内承担偿还责任，不是要求机电公司以无线电厂出资的抵押财产折价或以拍卖、变卖的相应价款来代为偿还无线电厂的债务，而是要求由机电公司在抵押财产值及其利息范围内向其承担偿还责任，因其诉请非为抵押权

2.1

200602/10:217

2003

行使的内容，且现无证据证明资产公司与机电公司之间存在事实上的债权债务关系，故对其该诉请不予支持。

实务要点： 抵押权人行使权利是依据其对抵押财产享有的物权，而不应由抵押物受让人在受让抵押财产金额及其利息范围内直接承担偿还责任。

案例索引： 最高人民法院（2003）民二终字第196号“某资产公司与某无线电厂等借款合同纠纷案”，见《抵押物转让后抵押权人权利的行使——中国华融资产管理公司哈尔滨办事处与牡丹江市无线电六厂、牡丹江欧地希焊接机有限公司、牡丹江无线电厂、牡丹江电站辅机总厂借款合同纠纷上诉案》（刘敏，最高院民二庭），载《民商事审判指导·案例分析》（200602/10:217）。

7

155 抵押人擅自转让抵押物，抵押权人仍可行使抵押权

——根据《担保法》司法解释第67条规定，在抵押存续期间，抵押人转让抵押物未通知抵押权人的，仍可行使抵押权。

标签： 不良资产 | 抵押 | 抵押转让 | 抵押权追及力

案情简介： 1998年，煤炭公司以其在建大厦向银行抵押借款并办理了抵押登记。2000年，煤炭公司未通知银行将自己名下的大厦土地使用权转让给实业公司。2001年，受让银行该不良债权的资产公司起诉煤炭公司要求偿还债务并以抵押房地产优先受偿。

法院认为： 本案双方当事人对在建大厦办理了抵押登记，根据最高人民法院《关于适用〈担保法〉若干问题的解释》第47条规定，该抵押登记有效。煤炭公司作为大厦占用范围内土地使用权的享有者，且又是办理该在建工程项目建设手续的申报人和被批准人，应被认定为在建工程所有权人。根据“房地一体”原则，大厦的所有权主体应和该在建工程占用范围内的土地使用权的权利主体一致，故大厦在设置抵押时的所有权人是煤炭公司。大厦建设资金实际贷款人系煤炭公司内部的非法人分支机构服务部，依法应认定系煤炭公司自筹投入。嗣后煤炭公司将大厦土地使用权转让给实业公司，但因抵押在先，转让在后，根据前述司法解释第67条第1款规定，在本案抵押存续期间，煤炭公司转让抵押物未通知抵押权人资产公司，资产公司仍可行使抵押权。

2.1

200301/3:429

2002

实务要点： 根据最高人民法院《关于适用〈担保法〉若干问题的解释》第67条第1款规定，在抵押存续期间，抵押人转让抵押物未通知抵押权人的，抵押权人仍可行使抵押权。

案例索引： 最高人民法院（2002）民二终字第63号“某资产公司与某煤炭公司借款抵押合同纠纷案”，见《中国信达资产管理公司银川业务部与宁夏煤炭基本建设公司借款抵押合同纠纷上诉案》（审判长宋晓明，审判员吴庆宝，代理审判员宫邦友），载《民商审判指导与参考·裁判文书选登》（200301/3:429）。

156 担保债权随主债权移转而移转，无须经保证人同意

——商业银行将最高额抵押担保债权转让后，该债权转让行为发生债权确定的效果，最高额抵押权随该特定债权转让。

标签： 不良资产 | 抵押 | 不动产转让 | 抵押转让 | 债权转让 | 转让内容 | 保证 | 担保转让

案情简介： 2010年，阀门公司向银行借款150万元，并以其房产设定最高额抵押，葛某作为保证人亦提供最高额为160万元的连带责任保证担保。2011年，借款到期后，银行与投资公司签订债权转让协议，并于同年12月22日将转让通知送达阀门公司未果情况下登报通知。葛某事后提出主债权转让，保证债权并未随同转让。

法院认为： 商业银行向社会主体转让金融债权应不违反法律禁止性规定。最高额抵押权所担保的不特定债权特定后可以转让。《合同法》第80条规定债权人转让权利的，应当通知债务人。未经通知，该转让对债务人不发生效力。银行诉讼中提供了书面情况说明，在2011年12月22日其依法向阀门公司送达了债权转让通知，但因该公司已停产歇业，无人管理，无人签收该通知，后在当地报纸上刊登了债权转让通知，明确告知债务人债权转让事实，履行了通知义务，故该债权转让对债务人阀门公司发生效力。《担保法》第22条规定，保证期间，债权人依法将主债权转让给第三人的，保证人在原保证担保的范围内继续承担担保责任。可见，担保债权作为一项从权利将随主债权移转而发生移转，无须征得保证人同意。故本案债权转让合法有效。

实务要点： 根据《担保法》第22条规定，保证期间，债权人依法将主债权转让给第三人的，保证人在原保证担保的范围内继续承担担保责任。可见，担保债权作为一项从权利将随主债权移转而发生移转，无须征得保证人同意。商业银行将最高额抵押担保的债权转让后，该债权转让的行为发生债权确定的效果，最高额抵押权可以随该特定债权转让。

3.6

201306/30:73

2013

案例索引： 江苏盐城中院（2013）盐商终字第0270号“滨海县金汇农村小额贷款有限公司与江苏奇尔乐阀门有限公司、滨海保盛阀门制造有限公司等债权转让纠纷案”，见《金汇公司诉奇尔乐公司等金融债权转让纠纷案》，载《江苏省高级人民法院公报》（201306/30:73）。

最高额抵押

157 最高额抵押项下担保债权数额是否确定，如何认定

——《物权法》第206条关于最高额抵押权所担保债权确定事由规定，新的债权不可能发生的，视为担保债权已确定。

标签：不良资产 | 最高额抵押 | 抵押 | 债权转让 | 转让内容 | 担保债权特定

7

案情简介：2001年和2002年，建工集团与银行分别签订两份最高额抵押合同，约定以房产和土地为其向银行的8笔贷款提供抵押担保，并办理了登记手续。其中，担保的第8笔借款2004年9月到期，两份抵押合同均约定抵押担保期限为"被担保的债权诉讼时效届满之日后2年止"。2004年6月，银行将该金融不良债权转让给资产公司。建工集团认为最高额抵押的主合同债权未确定即转让应为无效。

法院认为：我国《担保法》第61条有"最高额抵押的主合同债权不得转让"规定，从其立法本意看，强调主合同债权在不特定情况下不能随同其最高额抵押权全部或部分一起转让的一般原则。如当事人在合同中未约定，那么只有一个条件才能发生最高额抵押权随同主合同债权一同转让，即主合同债权发生特定化情形。最高人民法院《关于审理涉及金融资产管理公司的规定》第8条规定"最高额抵押权所担保的不特定债权特定后，原债权银行转让主债权的，可以认定转让债权的行为有效"正是体现这样的思想。案涉两份最高额抵押合同并未约定决算期，虽其约定最高额抵押权存续期为被担保债权诉讼时效届满之日后2年，即本案债权转让发生之日仍在本案最高额抵押合同存续期间，且案涉四笔借款合同仍另有一笔未届清偿期，鉴于本案四笔贷款合同金额已达最高额抵押合同约定的债权最高额限度，事实上不可能发生新的债权；且本案四笔贷款合同是借新还旧的借款合同，是为到期的八笔旧贷进行的转贷而重新签订的四份借款合同；该四笔借款合同其中三笔贷款的履行期限已届满，即三笔债务已达清偿期；同时，根据本案两份最高额抵押合同约定主合同项下全部或部分债务本金或利息履行期限届满，银行未受清偿的，银行有权依法处分抵押物条款，应认为银行将案涉四笔借款债务及担保债权转让给资产公司时，本案最高额抵押合同项下的借款合同债权实际已确定或特定，不可能发生新的债权，即使发生新的借贷关系也与本案最高额抵押合同无关，不属其所担保债权范围。故本案最高额抵押担保债权已特定，本案债权可依法转让。本案债权作为不良资产

2.1

200803/15:228

2.7

2010:261

2012

进行转让符合有关法律政策，本案最高额抵押项下的债权变成具有普通抵押权的债权，并未损害债务人的利益或加重债务人责任。本案债权转让行为不违反法律、法规强制性规定，应认定有效。

实务要点： 《物权法》第206条第3款关于最高额抵押权所担保债权确定事由规定，新的债权不可能发生的，视为抵押权人的债权确定。在审理因《物权法》实施前的法律行为引发的最高额抵押借款合同纠纷案件时，应参照《物权法》规定的精神理解当时法律及把握处理纠纷的标准“不可能发生新的债权”。

案例索引： 最高人民法院判决（2007）民二终字第240号“某资产公司与某建工集团抵押借款合同纠纷案”，见《石家庄建工集团有限公司与中国东方资产管理公司石家庄办事处最高额抵押借款合同纠纷上诉案》（审判长裴莹硕，审判员朱海年、宫邦友），载《民商事审判指导·裁判书选登》（200803/15:228）；载《最高人民法院商事审判裁判规范与案例指导·裁判文书》（2010:261）。

158 最高额抵押权所担保不特定债权特定后，可以转让

——最高额抵押权所担保不特定债权特定后，债权已届清偿期的，最高额抵押权人可根据普通抵押权规定行使抵押权。

标签：不良资产 | 最高额抵押 | 抵押 | 债权转让 | 转让内容 | 不特定债权

案情简介： 2010年，阀门公司向银行借款150万元，并以其房产设定最高额抵押。2011年，借款到期后，银行与投资公司签订债权转让协议，将该债权转让给投资公司并通知了阀门公司。

法院认为： 依《担保法》规定，最高额抵押的主合同债权不得转让，但最高人民法院《关于适用〈担保法〉若干问题的解释》规定，最高额抵押权所担保的不特定债权，在特定后，债权已届清偿期的，最高额抵押权人可以根据普通抵押权的规定行使其抵押权。本案债权特定并已届清偿期，故本案债权在转让后，债权人可按普通抵押权行使，而普通抵押权的债权可以转让。另外，最高人民法院《关于审理涉及金融资产管理公司收购、管理、处置国有银行不良贷款形成的资产的案件适用法律的若干问题的规定》明确，对最高额抵押所担保的不特定债权特定后，原债权银行转让债权的行为有效。故本案最高额抵押权转让有效。

3.6

实务要点： 最高额抵押权所担保的不特定债权在特定后，债权已届清偿期的，最高额抵押权人可根据普通抵押权规定行使其抵押权。

201306/30:73

2013

案例索引： 江苏盐城中院（2013）盐商终字第0270号“滨海县金汇农村小额贷款有限公司与江苏奇尔乐阀门有限公司、滨海保盛阀门制造有限公司等债权转让纠纷案”，见《金汇公司诉奇尔乐公司等金融债权转让纠纷案》，载《江苏省高级人民法院公报》（201306/30:73）。

7 保证时效

159 担保债务起算诉讼时效时，不再适用保证期间规定

——在担保债务已开始计算诉讼时效的情形下，不再适用“债权人在破产程序终结后6个月内向保证人主张”的规定。

标签：不良资产 | 保证期间 | 诉讼时效 | 破产 | 破产程序 | 保证

案情简介： 1989年至1991年期间，银行与化肥厂签订了三份《借款合同》，借款最长到期日为1997年10月；1992年和1993年，又签订了两份《借款合同》，借款最长到期日为1999年10月。两次借款金额共计2450万元，均约定由矿业公司承担连带保证责任。1999年12月，银行将上述债权转让给资产公司并通知了矿业公司。资产公司随后在2001年9月、2003年8月、2005年5月、2007年5月，分别在当地日报上向借款人和保证人刊登催收

法院认为： 本案银行作为债权人，向矿业公司主张权利的期间分为两种情况：一是前三笔借款，银行未在主债务人承担责任期限的2年内向保证人矿业公司主张权利；二是后两笔借款，银行在主债务人承担责任期限的2年内向保证人矿业公司主张了权利。对第一种情况，银行虽未在保证责任期间内向矿业公司主张权利，但其将债权转让给资产公司后，根据最高人民法院《关于处理担保法生效前发生保证行为的保证期间问题的通知》第1条规定：“对于当事人在担保法生效前签订的保证合同中没有约定保证期限或者约定不明确的，如果债权人已经在法定诉讼时效期间内向主债务人主张权利，使主债务没有超过诉讼时效期间，但未向保证人主张权利的，债权人可以自本通知发布之日起6个月（自2002年8月1日至2003年1月31日）内，向保证人主张权利。逾期不主张的，保证人不再承担责任”，资产公司可在2002年8月1日至2003年1月31日6个月期间内，向保证人矿业公司主张权利。资产公司是否在上述期间内向矿业公司主张了权利是本

公告。2004年12月，法院裁定化肥厂进入破产程序，资产公司申报了债权。法院于2005年12月裁定终结破产程序并在法院公告栏刊登张贴公告，2006年1月在《人民法院报》再次刊登该公告。2007年6月，资产公司在法院领取了终结破产程序的裁定。2007年11月，资产公司起诉矿业公司要求承担保证责任，偿还贷款本息7200万余元。一审贵州高院认为：保证责任方式约定不明，依法应认定为一般保证；资产公司1999年12月第一次向矿业公司主张前三份借款的保证责任时，已超过诉讼时效；法院公告终结化肥厂破产程序后6个月内，即2006年7月17日之前未主张权利，故丧失胜诉权，判决驳回资产公司诉讼请求。一审后，资产公司提交了一份公证处2003年1月出具的公证书，载明2002年12月16日，资产公司上门通知矿业公司履行担保义务。争议焦点之一：资产公司主张担保义务是否超过诉讼时效？

1.1

2009:401

2008

案的事实问题。在原审法院对上述三笔借款判决矿业公司免除保证责任后，资产公司在本院审理期间，针对原审法院的认定，为表明其在上述期间内向保证人主张了权利，举示公证处2003年1月2日出具的公证书。该公证书构成新的证据，表明资产公司在前述司法解释确定的期间内主张了权利，故该公证书公证的事实应予确认，即资产公司在司法解释指定的期间内向矿业公司主张了权利，并于2002年12月12日起算诉讼时效。对于第二种情况，银行在主债务人承担责任期限的2年内向保证人矿业公司主张了权利，从其主张权利起开始计算诉讼时效。而最高人民法院《关于处理担保法生效前发生保证行为的保证期间问题的通知》第2条规定的“债权人可以在破产程序终结后6个月内向保证人主张”仍然是延续该司法解释第1条关于6个月保证期间的规定。在讼争借款已开始起算诉讼时效的情形下，不必再适用6个月保证期间的规定。由于上述两种情况下起算诉讼时效后，银行与资产公司连续主张权利，使诉讼时效多次中断，故应认定资产公司在法定期间内向保证人矿业公司主张了权利，矿业公司应承担保证责任。

实务要点： 最高人民法院《关于处理担保法生效前发生保证行为的保证期间问题的通知》第2条规定的“债权人可以在破产程序终结后6个月内向保证人主张”仍然是延续该司法解释第1条关于6个月保证期间的规定，在担保债务已经开始计算诉讼时效的情形下，不再适用有关保证期间的规定。

案例索引： 最高人民法院（2008）民二终字第106号“某资产公司与某矿产公司借款合同纠纷案”，见《中国信达资产管理公司贵阳办事处与贵阳开磷有限责任公司借款合同纠纷案》（审判长钱晓晨，代理审判员刘敏、杨征宇），载《最高人民法院公报·裁判文书选登》（2009:401）。

160 《担保法》生效前成立的金融债权保证期间的认定

——债权人自最高人民法院〔2002〕144号通知发布之日起6个月内，向保证人主张权利，视为中断保证债权诉讼时效。

标签： 不良资产 | 保证时效 | 诉讼时效 | 保证期间 | 保证

法院认为： 本案借款合同签订在《担保法》生效之前，故应适用最高人民法院1994年颁布的《关于审理经济合

案情简介： 1993年，化肥公司为玻璃厂向银行贷款提供连带责任保证。1998年，借款到期后，银行向玻璃厂催收。1999年11月，银行向玻璃厂发出债权转让通知。1999年12月，资产公司受让该不良资产并在2000年12月向玻璃厂催收。2002年11月，资产公司以公证方式向化肥公司催收。2004年4月，资产公司在当地省级日报对玻璃厂和化肥公司进行了公告催收。2004年11月，资产公司起诉玻璃厂、化肥公司要求连带清偿贷款本息。化肥公司认为超过保证债务诉讼时效。

7

1.1

2006:177

2.6

v.2:890

2005

同纠纷案件有关保证的若干问题的规定》。同时，最高人民法院〔2002〕144号通知亦应作为处理本案的法律依据之一。依最高人民法院《关于审理经济合同纠纷案件有关保证的若干问题的规定》第11条和第29条规定，没有约定保证责任期间或约定不明确的保证合同，保证人应在被保证人承担责任的期限内承担保证责任，主债务诉讼时效中断，保证债务诉讼时效亦中断。银行在1998年7月对玻璃厂进行催收，即产生了对主债务人玻璃厂诉讼时效中断的法律效力，亦产生了对担保人化工集团保证债务诉讼时效中断的法律效力。其后，根据最高人民法院〔2002〕144号通知规定，即“对于当事人在《担保法》生效前签订的保证合同中没有约定保证期限或约定不明确的，如果债权人已经在法定诉讼时效期间内向主债务人主张了权利，使主债务没有超过诉讼时效期间，但未向保证人主张权利的，债权人可以自本通知发布之日起6个月内，向保证人主张权利，逾期不主张的，保证人不再承担责任”，资产公司在该通知发布之日起6个月内，即自2002年8月1日起至2003年1月31日止的6个月内，于2002年11月以公证方式向化工集团进行了催收，从而中断担保债权诉讼时效。其后，资产公司于2004年4月在当地省级日报对玻璃厂和化工集团进行了公告催收，再次中断担保债权的诉讼时效。至资产公司起诉时，对化工集团的担保债权尚在诉讼时效之内。故判决化工集团对玻璃厂债务182万美元承担连带清偿责任。

实务要点： 当事人在《担保法》生效前签订的保证合同中未约定保证期限或约定不明确的，如债权人已在法定诉讼时效期间内向主债务人主张了权利，使主债务未超过诉讼时效期间，但未向保证人主张权利的，债权人自最高人民法院〔2002〕144号通知发布之日起6个月内，向保证人主张权利的，视为中断了对担保债权的诉讼时效。

案例索引： 最高人民法院（2005）民二终字第200号“中国信达资产管理公司石家庄办事处与中国—阿拉伯化肥有限公司、河北省冀州中意玻璃钢厂借款担保合同纠纷案”，见《信达公司石家庄办事处与中阿公司等借款担保合同纠纷案》（审判长吴庆宝，代理审判员官邦友、刘敏），载《最高人民法院公报·裁判文书选登》（2006:177）；另见《保证人的变更需要建立在债权人同意的基础上，即使债务人或第三人为债权人另为提供相应的担保》，载《最高人民法院商事审判指导案例·借款担保卷（下）》（2011:890）。

161 144号文保证责任承担，适用“举重以明轻”原则

——符合144号文适用条件、但在该文颁发前已提起诉讼的，得同样适用该文认定债权人有权要求保证人承担保证责任。

标签：不良资产 | 保证时效 | 诉讼时效 | 保证期间 | 保证

案情简介：1994年，糖业公司为造纸厂向银行贷款提供保证担保，约定保证期间“自签发保证书之日起生效，至还清全部借款本息时止”。至2000年5月，该银行不良债权转让至资产公司期间，银行一直向造纸厂主张债权，但未向糖业公司主张债权。2001年6月，资产公司诉请糖业公司承担保证责任。糖业公司以超过主债务履行期间届满之后两年为由，主张免除保证责任。

2.6

v.8:491

2012

法院认为：案涉担保发生在《担保法》实施前，依最高人民法院《关于适用〈担保法〉若干问题的解释》第133条规定，应适用当时法律或司法解释。《民法通则》公平原则只有在法律或司法解释无明确规定情况下适用，故本案无适用余地。案涉担保条款约定“自签发保证书之日起生效，至还清全部借款本息时止”属保证期间约定不明，依最高人民法院《关于审理经济合同纠纷案件有关保证的若干问题的规定》第11条规定，保证人应在被保证人承担责任的期限内承担保证责任。关于“被保证人承担责任的期限”如何理解，相关司法尺度有一个变化过程。本案一审期间，审判实践一般将其理解为诉讼时效内的两年，其性质属除斥期间。本案二审期间，针对四家资产管理公司所接收国有商业银行不良贷款金额特别巨大，且积淀时间较长等现实情况，为最大限度保全该部分国有资产，避免金融机构因法律规定不明、主张权利不当而丧失保证债权，最高人民法院于2002年8月1日发布《关于处理担保法生效前发生保证行为的保证期间问题的通知》（法〔2002〕144号），对保证责任期限给予了政策性宽限期。其中，该通知关于主债务没有超过诉讼时效期间，但债权人未向保证人主张权利的，可在宽限期即2002年8月1日至2003年1月31日向保证人主张权利。但对于“主债务没有超过诉讼时效期间，债权人向保证人主张权利的行为发生在主债务履行期限届满两年之后、2002年8月1日之前”的保证责任承担，前述通知虽未明确，根据“举重以明轻”的法律解释方式，债权人在2002年8月1日之前未向保证人主张权利的尚且给予宽限期，则债权人已在此前向保证人主张了权利的，应解释为保证人应承担保证责任。故应认定本案债权未罹于时效，糖业公司应承担连带清偿责任。

实务要点：《担保法》实施前成立的担保行为，主债务未超过诉讼时效，债权人向保证人主张权利行为发生在主债务履行期限届满两年之后，但在2002年8月1日之前的，保证人应承担保证责任。

案例索引： 最高人民法院（2012）民提字第137号“某资产公司与某实业公司等借款担保合同纠纷案”，见《主债务没有超过诉讼时效期间，债权人向保证人主张权利的行为发生在主债务履行期限届满两年之后担保合同效力的认定——中国东方资产管理公司南宁办事处与广西贵糖（集团）股份有限公司、贵港市人民政府国有资产监督管理委员会、贵港市经济委员会借款担保合同纠纷案》（审判长宫邦友，审判员朱海年，代理审判员林海权），载《最高人民法院商事审判指导案例（2012）·合同与借贷担保》（2013:491）。

162 债权人向保证人之一主张权利效力及于其他保证人

——债权人在保证期间内，向保证人之一主张权利，该主张行为对另一连带共同保证人也同样发生诉讼时效中断效力。

标签： 不良资产 | 保证时效 | 诉讼时效 | 连带保证 | 保证 | 保证责任主张

7

案情简介： 2004年，油脂公司向银行借款720万元，油脂库和粮油集团提供连带责任保证。2008年5月29日，从资产公司受让前述金融债权的信托公司起诉油脂公司偿债，并诉请油脂库和粮油集团承担连带责任。粮油集团以债权人只向油脂库而未向粮油集团主张保证债务为由，主张免除保证责任。

法院认为： 粮油集团与油脂库分别为油脂公司对银行的同一笔借款提供保证，且未与银行约定各自的保证份额，根据《担保法》第12条及最高人民法院《关于适用〈担保法〉若干问题的解释》第19条第1款规定，两个保证人构成连带共同保证，应对油脂公司的该笔债务承担连带责任。根据最高人民法院《关于审理民事案件适用诉讼时效制度若干问题的规定》第17条第2款规定：“对于连带债务人中的一人发生诉讼时效中断效力的事由，应当认定对其他连带债务人也发生诉讼时效中断的效力”，故资产公司向保证人之一的油脂库催收债务，不仅中断了油脂库保证债务的诉讼时效，对另一连带共同保证人粮油集团也同样发生诉讼时效中断的效力。信托公司于2008年5月29日向法院提起本案诉讼并未超过诉讼时效，且该起诉行为也表明债权人履行了债权转让的通知义务，故判决粮油集团和油脂库对油脂公司债务承担连带责任。

2.1

201203/31:217

2.6

v.6:476

2011

实务要点： 债权人在保证期间内，向保证人之一主张权利，不仅中断了该保证人保证债务的诉讼时效，对另一连带共同保证人也同样发生诉讼时效中断的效力。

案例索引： 最高人民法院（2011）民提字第266号“某信托公司诉某粮油集团等借款合同纠纷案”，见《债权人在保证期间向保证人之一主张权利的效力及于其他连带责任保证人——申请再审人中信信托有限责任公司与被申请人天津市粮油集团有限公司、天津市油脂（集团）有限公司、天津市油脂公司新港油脂库借款合同纠纷申请再审案》（沙玲，最高院民二庭；审判长贾纬，审判员沙玲，代理审判员周伦军），载《商事审判指导·商事审判案例分析》（201203/31:217）；另见《债权人在保证期间向保证人之一主张权利的效力及于其他连带责任保证人》，载《最高人民法院商事审判指导案例·合同与借贷担保卷（6）》（2012:476）。

163 主债务诉讼时效中断效力不及于连带责任保证时效

——连带责任保证的债权人应在保证期间届满前要求保证人承担责任，主债务时效中断不引起保证债务时效中断效果。

标签：不良资产 | 保证时效 | 诉讼时效 | 一般规定 | 保证 | 保证期间

案情简介：1996年12月，热电厂向银行借款，约定借款期限至1997年12月30日。电力公司提供连带保证担保，保证期间为主借款合同履行期限届满之日后2年止。1999年12月2日，资产公司受让该银行不良债权并向热电厂主张权利，并在2000年4月19日之后多次向债务人发出催收电报，同时在当地省级日报刊登了对债务人和保证人的催收公告。

法院认为：保证合同约定的保证期间为主借款合同履行期限届满之日后2年止，即保证期间截止日为1999年12月30日。根据最高人民法院《关于适用〈担保法〉若干问题的解释》第34条第2款规定，“连带责任保证的债权人在保证期间届满前要求保证人承担保证责任的，从债权人要求保证人承担保证责任之日起，开始计算保证合同的诉讼时效”，债权人银行应在1999年12月30日之前要求保证人电力公司承担保证责任，并从债权人要求保证人承担保证责任之日起，开始计算保证合同诉讼时效。资产公司受让债权后，虽多次向电力公司发出催收电报及对担保人的催收公告，但资产公司并未提供证据证明其在保证期间，即1997年12月30日至1999年12月30日之间向电力公司主张过权利，其于2000年至2005年之间向电力公司发出的催收电报和催收公告，不能对本案催收事实产生实质性影响，故电力公司不承担连带清偿责任。

2.1

实务要点：连带责任保证中，主债务诉讼时效中断不会引起保证债务诉讼时效中断的效果。

200801/13:297

2.7

2010:278

2007

案例索引：最高人民法院（2007）民二终字第208号“某资产公司与某电力公司等借款担保合同纠纷案”，见《河南省安阳灵锐热电有限责任公司与中国信达资产管理公司郑州办事处、安阳市建设委员会、安阳市热电厂和河南省第七建筑工程公司借款担保合同纠纷上诉案》（审判长吴庆宝，审判员王宪森，代理审判员张雪楳），载《民商事审判指导·判决书选登》（200801/13:297）；另载《最高人民法院商事审判裁判规范与案例指导·裁判文书》（2010:278）。

164 分期偿还债务，保证期间应从债务最后到期日起算

——分期偿还债务的保证期间，应根据最高人民法院法函〔2004〕23号的答复意见规定，从合同债务最后到期日起算。

标签： 不良资产 | 保证时效 | 诉讼时效 | 分期债务 | 保证 | 保证期间

案情简介： 1995年，化肥厂向银行借款2000万元，约定了分四期分别为1998年至2001年12月偿还的条款，热电厂、化工厂提供按份共同保证责任。1999年12月，资产公司受让银行该金融不良债权并同时进行了催收。2001年4月，资产公司向化肥厂进行了催收；2003年1月，资产公司在当地省级日报向化肥厂及担保人热电厂、化工厂进行了催收。诉讼中，债务人提出分期偿付的债务应根据最高人民法院《关于分期履行合同诉讼时效期间及保证期间应如何计算问题的答复》规定分别计算诉讼时效。

7

法院认为： 本案借款合同约定分期偿还借款本息，无论最高人民法院《关于借款合同中约定借款分期偿还应如何计算诉讼时效期间的答复》（法经〔2000〕244号），还是2004年4月6日最高人民法院《关于分期履行合同诉讼时效期间及保证期间应如何计算问题的答复》（法函〔2004〕23号），均是最高人民法院针对个别案件的不同情况所作出的个别答复，没有普遍适用的效力。在本案所涉担保合同中，担保人承诺"保证期限自主合同生效开始至主合同失效时止"。对本案债务期限作出了概括性承诺，故本案分期偿还的债务的保证期间应从合同债务最后到期日起算。根据本案资产公司催收情况，化工厂、热电厂所担保的全部担保债务均未超过诉讼时效，应承担连带清偿责任。

实务要点： 分期偿还债务的保证期间，应根据最高人民法院《关于分期履行合同诉讼时效期间及保证期间应如何计算问题的答复》规定，从合同债务最后到期日起算。

案例索引： 最高人民法院（2005）民二终字第185号"某资产公司与某化工厂等借款担保合同纠纷案"，见《中国信达资产管理公司办事处与河南省郸城县生物化工厂、郸城金丹乳酸实业有限公司、郸城县技术改造资金开发中心、河南金丹乳酸有限公司、河南省郸城县化肥厂借款担保合同纠纷上诉案》（审判长叶小青，审判员陈明焰、朱海年），载《民商事审判指导·判决书选登》（200602/10:300）。

2.1

200602/10:300

2005

165 连带责任保证期限届满前主张权利，始算诉讼时效

——连带责任保证的债权人在保证期间届满前要求保证人承担保证责任的，从主张债权之日起计算保证合同诉讼时效。

标签： 不良资产 | 保证时效 | 诉讼时效 | 保证期间 | 保证 | 连带责任保证

案情简介： 1996年，冶炼厂向银行

法院认为： 矿产公司为冶炼厂借款提供连带责任担保，上述三份合同履行期限均截至1997年12月30日，保证期间约定为2年。故保证期间应截至1999年12月30日。由于矿产公司对债权人分别于1998年12月7日、1999年1月17日、19日向冶炼

贷款260万元，约定1997年12月30日清偿；矿产公司提供连带责任保证，保证期间约定为2年。银行主张1999年12月20日向冶炼厂和矿产公司发出催收通知，但无担保人矿产公司签章。审理中，矿产公司认可银行如下事实：1998年12月7日、1999年1月17日、19日银行向冶炼厂和矿产公司发出催收通知；2000年6月15日、2001年1月15日银行向其直接送达催收通知；2001年11月23日、2002年12月11日、2003年5月23日、11月12日银行以公证方式向其送达催收通知。2004年，受让银行该不良金融债权的资产公司起诉追索债权。

2.1

200501/7:248

2004

厂和矿产公司发出的催收通知表示认可，故根据最高人民法院《关于适用〈担保法〉若干问题的解释》第34条第2款规定，保证期间失去意义，保证债务从或然债务转变为实然债务，应从上述通知送达之日开始计算保证合同的诉讼时效。对于债权人于1999年12月20日向冶炼厂和矿产公司发出的三份催收通知，由于没有担保人矿产公司签章，故不能证明债权人已向担保人主张的事实。鉴于担保人矿产公司对债权人于2000年6月15日、2001年1月15日向其直接送达催收通知的事实表示认可，故保证合同诉讼时效应分别于上述日期中断。矿产公司对债权人分别于2001年11月23日、2002年12月11日、2003年5月23日、11月12日以公证方式向其送达催收通知的真实性和所要证明的问题无异议，故对债权人分别于上述日期向保证人主张权利的事实应予确认，保证债务的诉讼时效应分别于上述日期再次中断。本案资产公司于2004年提起诉讼追索债权未超过诉讼时效。

实务要点： 根据最高人民法院《关于适用〈担保法〉若干问题的解释》第34条第2款规定，连带责任保证的债权人在保证期间届满前要求保证人承担保证责任的，从债权人要求保证人承担保证责任之日起，开始计算保证合同的诉讼时效。

案例索引： 最高人民法院（2004）民二终字第208号“某资产公司与某进出口公司等借款担保合同纠纷案”，见《中国信达资产管理公司银川业务部与宁夏五金矿产进出口公司等借款担保合同纠纷上诉案》（审判长吴庆宝，代理审判员宫邦友、刘敏），载《民商事审判指导·判决书选登》（200501/7:248）。

166 保证发生在《担保法》实施前，诉讼时效特殊规则

——保证行为发生《担保法》实施前，债权人行权可能超过保证期间或诉讼时效，可在特定宽限期向保证人主张责任。

标签： 不良资产 | 保证期间 | 破产 | 诉讼时效 | 保证

案情简介： 1993年，酿酒公司为化肥厂向银行贷款80万元提供保证担保。2000年，受让银行该不良债权的资产公司分别在2002年4月、2003年1月

法院认为： 案涉保证行为发生在《担保法》生效前，依最高人民法院《关于审理经济合同纠纷案件有关保证的若干问题的规定》第11条，和最高人民法院《关于处理担保法生效前发生保证行为的保证期间问题的通知》关于“对于当事人在担保法生效前签订的保证合同中没有约定保证期间或者约定不明确的，如果债权人已经在法定诉讼时效期间内向主债务人主张权利，使主债务没有超过诉讼时效期间，但未向保证

17日、2004年4月依法公告催收，因化肥厂破产程序已终结，故资产公司在2004年10月诉请酿酒公司承担保证责任。

3.3

2005商:75

2004

7

人主张权利的，债权人可以自本通知发布之日起6个月内，向保证人主张权利。逾期不主张的，保证人不再承担责任”及“主债务人进入破产程序，如果债权人已申报了债权，对其在破产程序中未受清偿的部分债权，债权人可以在破产程序终结后6个月内向保证人主张”规定，资产公司在2003年1月17日通过催收公告向保证人主张了权利，且及时向已宣告破产的主债务人化肥厂申报了债权，并不超过上述通知的期间，即2002年8月1日至2003年1月31日。故酿酒公司作为保证人仍应对资产公司未受清偿债权承担保证责任，判决酿酒公司偿还资产公司80万元。

实务要点： 未约定保证期间的保证行为发生在《担保法》实施前，主债务未超过诉讼时效但保证债务可能超过保证期间或诉讼时效的，债权人在2002年8月1日至2003年1月31日向保证人主张了权利的，保证债务诉讼时效重新计算。

案例索引： 安徽淮南中院（2004）淮民二初字第055号“某资产公司与某酿酒公司借款合同纠纷案”，见《中国华融资产管理公司合肥办事处诉安徽省凤台县酿酒有限公司借款合同案（债权转让）》（卢小峰），载《中国审判案例要览》（2005商事:75）。

167《担保法》生效前无效担保保证期间约定不明情形

——最高人民法院《关于处理担保法生效前发生保证行为的保证期间问题的通知》亦适用保证期间不明的无效担保合同。

标签： 不良资产 | 保证时效 | 诉讼时效 | 合同无效 | 约定不明

案情简介： 1992年，财政局为环保局向银行贷款提供保证担保，保证期间约定不明。2003年6月，银行诉请财政局和环保局连带清偿。期间，银行一直向环保局主张债权。

3.3

法院认为： 最高人民法院《关于处理担保法生效前发生保证行为的保证期间问题的通知》（法〔2002〕144号）是为保护金融债权而实施的特别规定，其适用有两个前提，一是主债权未过诉讼时效，二是保证期间约定不明。该文件中并未指出适用的前提是仅针对有效的保证合同而言。本案中，银行主债权未过诉讼时效，且财政局对此债务的担保期间约定不明，故财政局作为借款合同的担保人，完全符合适用前述司法解释的两个前提，故其在本案中仍应承担保证责任。因财政局作为国家机关而担保行为无效，依《担保法》司法解释规定，判决财政局对环保局不能清偿的逾期贷款本息承担三分之一的民事责任。

2004商:100

2003

实务要点： 最高人民法院《关于处理担保法生效前发生保证行为的保证期间问题的通知》（法〔2002〕144号）同样适用保证期间约定不明的无效担保合同。

案例索引： 湖北高院（2003）鄂民二终字第144号“某银行与某环保局等借款合同纠纷案”，见《中国建设银行三峡分行猇亭支行诉宜昌市猇亭区规划建设与环境保护局等借款合同案（担保的效力）》（秦小兵），载《中国审判案例要览》（2004商事:100）。

诉讼时效

168 放弃优先受偿权转为借款关系，适用普通诉讼时效

——享有对破产财产优先受偿权的债权人，嗣后又通过协议转为对第三人的借款债权的，应适用一般的诉讼时效规定。

标签： 不良资产 | 诉讼时效 | 破产 | 优先受偿权 | 破产程序 | 抵押 | 抵押权实现

案情简介： 1996年，受理毛巾厂破产案件的法院作出裁定，确认银行对毛巾厂破产财产享有3600万余元的优先受偿权。1997年，政府决定毛巾厂破产分配后的资产由实业公司承担，银行债务作为国家资本金划转至实业公司。1998年8月28日，经政府办公会协调形成的会议纪要记载银行对毛

法院认为： 法院在毛巾厂破产程序中的裁定确认了抵押权效力，银行就抵押财产拍卖、变卖后的价款依法享有优先受偿权，但并非取得了该抵押物的所有权。银行取得涉案资产优先受偿权后，在近两年时间内未采取措施积极行使权利，而是嗣后在政府办公会议上同意将对涉案资产优先受偿的权利转为对财产接收人实业公司的债权，只是最终未办理转贷手续。在重新确认债权债务基础上，银行对原涉案资产的优先受偿权已经消灭，应依新的借款关系向实业公司主张债权。鉴于双方未重新约定借款期限，应从会议纪要确认债权的时间即1998年8月28日起算诉讼时效。因银行1998年已通过建立新的借款关系方式放弃了优先受偿权，此后银行与资产公司所签转让合同注明转让标的系非信贷类资产，即银行系对自身不享

市厂抵押贷款受偿的3600万余元转贷给实业公司。2005年，资产公司受让银行该不良债权。2007年，实业公司将名下原毛巾厂土地使用权挂牌出让给开发公司，实业公司得款1.9亿余元。2011年，资产公司诉请实业公司、开发公司、市政府偿还借款。

有权利的资产进行处分，资产公司受让涉案资产没有依据，受让行为无效，本案因资产公司受让超过诉讼时效的债权，故判决驳回资产公司诉讼请求。

实务要点： 法院在破产程序中裁定债权人享有对破产财产的优先受偿权，嗣后债权人又通过协议转为对第三人的借款债权的，债权人主张权利应适用一般的诉讼时效规定。

2.6

v.9:360

2012

案例索引： 最高人民法院（2012）民二终字第84号“某资产公司与某实业公司等债权纠纷案”，见《债务承接及“借新贷还旧贷”的诉讼时效——内蒙古仕奇集团有限责任公司与中信资产管理有限公司、呼和浩特市人民政府、内蒙古长兴房地产开发有限责任公司一般债权纠纷案》（审判长王宪森，审判员殷媛，代理审判员张雪楳），载《最高人民法院商事审判指导案例（2012）·公司与金融》（2013:360）。

7

169 就同一债权中的部分起诉，时效中断效力及于全部

——债权人对同一债权中部分债权主张权利，时效中断的效力及于剩余债权，但权利人明确表示放弃剩余债权的除外。

标签： 不良资产 | 诉讼时效 | 诉讼行为 | 部分债权

案情简介： 1988年至1998年，糖厂共向银行贷款2600万余元。2006年9月，受让该不良金融债权的实业公司向法院起诉，法院以诉讼标的额的10%立案。

2.2

201103/47:192

2011

法院认为： 实业公司向法院起诉，法院虽以诉讼标的额的10%予以立案，但根据最高人民法院《关于审理民事案件适用诉讼时效制度若干问题的规定》第11条“权利人对同一债权中的部分债权主张权利，诉讼时效中断的效力及于剩余债权，但权利人明确表示放弃剩余债权的情形除外”的规定，实业公司因起诉而产生的诉讼时效中断效力应及于全部债权。同时，根据上述司法解释第12条规定，当事人一方向人民法院提交起诉状或口头起诉的，诉讼时效从提交起诉状或者口头起诉之日起中断。该规定中并未限制当事人须向有管辖权的法院起诉才能引起诉讼时效中断，且即使原告诉错了法院，但由于原告提起的“诉”已具备了《民事诉讼法》规定的起诉要件，故其向法院请求保护民事权益的意思表示明确，应认定产生诉讼时效中断的效力。

实务要点： 债权人对同一债权中的部分债权主张权利，诉讼时效中断的效力及于剩余债权，但权利人明确表示放弃剩余债权的情形除外。

案例索引： 最高人民法院判决“某实业公司与某糖厂借款担保合同纠纷案”，见《当事人就部分债权提起诉讼，诉讼时效中断应及于剩余债权，起诉后又撤诉应以起诉书副本送达对方视为当事人提出要求而引起诉讼时效的中断——广西融海房地产开发有限公司与广西壮族自治区德保县糖厂借款担保合同纠纷再审案》（李琪，最高院民一庭），载《民事审判指导与参考·最高人民法院案件解析》（201103/47:192）。

170 起诉后又撤诉的，诉讼时效从准予撤诉之日起重算

——当事人向法院起诉，应视为诉讼时效中断，撤诉后再次起诉的，诉讼时效期间应从裁定准予撤诉之日起重新计算。

标签： 不良资产 | 诉讼时效 | 诉讼行为 | 撤诉

案情简介： 1988年至1998年，糖厂共向银行贷款2600万余元。2006年9月，受让该不良金融债权的实业公司向法院起诉。诉讼中，2007年3月，实业公司将该债权再次转让给投资公司。同日，法院裁定变更原告为投资公司，后实业公司提出撤诉申请，法院于2007年7月裁定准予撤诉。2009年4月，该裁定送达糖厂。

法院认为： 债权人起诉且起诉状副本等已送到债务人，发生诉讼时效中断效力。撤诉对当事人而言，就是不再要求法院对其民事争议按照法定程序进行审判裁决，只表明当事人处分了自己的诉讼权利，而并未处分自己的实体权利。且本案中，实业公司起诉后起诉状副本等已送到糖厂，发生诉讼时效中断效力。同时，最高人民法院《关于四川高院请示长沙铁路天群实业公司贸易部与四川鑫达实业有限公司返还代收货款一案如何适用法（民）复（1990）3号批复中“诉讼时效期间”问题的复函》亦有明确具体答复，即当事人向法院起诉，应视为诉讼时效中断，经法院准予撤诉后又起诉的，诉讼时效期间应从裁定准予撤诉之日起重新计算。

实务要点： 当事人向法院起诉，应视为诉讼时效中断，经法院准予撤诉后又起诉的，诉讼时效期间应从裁定准予撤诉之日起重新计算。

2.2

201103/47:192

2011

案例索引： 最高人民法院判决“某实业公司与某糖厂借款担保合同纠纷案”，见《当事人就部分债权提起诉讼，诉讼时效中断应及于剩余债权，起诉后又撤诉应以起诉书副本送达对方视为当事人提出要求而引起诉讼时效的中断——广西融海房地产开发有限公司与广西壮族自治区德保县糖厂借款担保合同纠纷再审案》（李琪，最高院民一庭），载《民事审判指导与参考·最高人民法院案件解析》（201103/47:192）。

171　资产管理公司派出机构催收行为，能引起时效中断

——金融资产管理公司派出机构根据法人授权向债务人催收，应视为履行职责的民事行为，产生诉讼时效中断的效力。

标签：不良资产 | 诉讼时效 | 催收主体 | 派出机构

案情简介：1992年至1996年，冶炼厂为电容器厂向银行贷款提供连带责任保证。1997年，经银行同意，冶炼厂以承债式兼并电容器厂。2000年，冶炼厂与其他单位联合成立电子公司，电子公司承接了冶炼厂债务。2004年，资产公司受让银行该不良债权并进行了债权转让及催收公告。2005年，资产公司的非法人派出机构管理部先后向冶炼厂、电子公司送达催收通知。2007年，电子公司破产，资产公司管理部申报债权但未得到清偿。关于管理部的催收、申报债权是否构成中断诉讼时效，成为争议焦点之一。

7

2.6

v.6:455

2011

法院认为：根据资产公司的催收通知，可以确认资产公司管理部系派出机构，其负责区域范围内对资产公司所享有的不良资产进行清收等工作。该管理部未领取营业执照，不具有诉讼主体资格，但不能因此否定其作为资产公司的派出机构所为的其他主张民事债权行为的效力。资产公司对该管理部实施的催收、申报本案债权等民事行为一直是认可的，债务人亦未对此提出异议，表明债务人对该管理部代表资产公司主张债权的行为明知且予认可。故资产公司管理部所实施的民事行为属于资产公司授权其履行职责的行为，应视为资产公司所实施的民事行为，其法律后果应及于资产公司，产生诉讼时效中断的法律效力。

实务要点：金融资产管理公司不具有诉讼主体资格的派出机构根据法人授权向债务人催收行为，应视为履行职责的民事行为，其法律后果应及于金融资产管理公司，产生诉讼时效中断的法律效力。

案例索引：最高人民法院（2011）民二终字第27号“某资产公司与某实业公司保证合同纠纷案”，见《保证人在债权人催收通知书上盖章的行为的法律效力——中色（宁夏）东方集团有限公司与中国信达资产管理股份有限公司陕西省分公司保证合同纠纷案》（审判长王宪森，审判员殷媛，代理审判员张雪棵），载《最高人民法院商事审判指导案例·合同与借贷担保卷（6）》（2012:455）。

172　金融机构分支机构向债务人催收，应视同法人行为

——金融机构与其分支机构属同一法人，分支机构向债务人的催收行为视同法人行为，产生诉讼时效中断的法律效力。

标签：不良资产 | 诉讼时效 | 催收主体 | 借款合同 | 主体资格 | 分支机构

案情简介：1996年，实业公司向工行

法院认为：实业公司在工行湖北分行的借款余额及欠付利息复息金额核对清单上盖章，此后，工行江南支行5次向实业公司发出催收逾期贷款本息通知书，该催收通知业经实业公司签收。工行江南支行为湖北分行的分支机构，属于同一法人，其

湖北分行借款。借款到期后，工行湖北分行江南支行先后5次向实业公司发出催收通知，均由实业公司签收。

2.6

v.6:483

2011

催收行为视同法人行为，产生诉讼时效中断的法律效力。

实务要点： 金融机构分支机构向债务人的催收行为视同法人行为，产生诉讼时效中断的法律效力。

案例索引： 最高人民法院（2011）民二终字第28号“某银行与某百货公司等借款担保合同纠纷案”，见《抵押权行使的范围及其诉讼时效——中国东方资产管理公司武汉办事处与平安信托投资有限责任公司、中国平安人寿保险股份有限公司、武汉农村商业银行股份有限公司、北京王府井百货商业物业管理有限公司和陆氏实业（武汉）有限公司借款担保合同纠纷案》（审判长付金联，代理审判员王涛、李相波），载《最高人民法院商事审判指导案例·合同与借贷担保卷（6）》（2012:483）。

173 资产管理公司可登报发催收公告，以中断诉讼时效

——金融资产管理公司对已承接的不良金融债权，可以在特定报纸上以发布催收公告的方式取得诉讼时效中断的证据。

标签： 不良资产 | 诉讼时效 | 公告 | 公告催收

案情简介： 2001年，实业公司为化工公司向银行贷款提供连带责任保证。银行2004年在省级日报发布《债权转让暨催收公告》和《债权催收公告》能否起到诉讼时效中断的效力成为争议焦点。实业公司认为债权人未以挂号信、特快专递、专人送达和传真方式送达，径行公告不符合法律规定。

2.6

v.7:420

2011

法院认为： 根据最高人民法院《关于审理民事案件适用诉讼时效制度若干问题的规定》第10条规定，以公告形式主张权利，被认定为《民法通则》第140条规定的“当事人一方提出要求”并产生诉讼时效中断效力的应限于两种情形，一是当事人一方下落不明，二是法律和司法解释另有特别规定。根据最高人民法院《关于审理涉及金融资产管理公司收购、管理、处置国有银行不良贷款形成的资产的案件适用法律若干问题的规定》第10条规定，国有银行将其债权转让给金融资产管理公司的，原债权银行在全国或者省级有影响的报纸上发布的债权转让公告或通知中，有催收债务内容的，该公告或通知可以作为诉讼时效中断证据。另据最高人民法院《对〈关于贯彻执行最高人民法院“十二条”司法解释有关问题的函〉的答复》规定，为了最大限度地保全国有资产，金融资产管理公司在全国或省级有影响的报纸上发布的有催收内容的债权转让公告或通知所构成的诉讼时效中断，可以溯及至金融资产管理公司受让原债权银行债权之日；金融资产管理公司对已承接的债权，可以在上述报纸上以发布催收公告的方式取得诉讼时效中断（主张权利）的证据。按照上述规定，本案应属于适用相关司法解释特别规定的情形，银行和资产公司先后在省级日报上发布的

《债权转让暨催收公告》和《债权催收公告》可以起到诉讼时效中断的效力。故判决实业公司对化工公司欠付资产公司的借款本金1110万元承担连带清偿责任。

实务要点： 金融资产管理公司承接银行债权是特殊时期、特殊政策背景下集中出现的特定类型的交易。为了最大限度地保全国有资产，金融资产管理公司在全国或省级有影响的报纸上发布的有催收内容的债权转让公告或通知所构成的诉讼时效中断，可以溯及至金融资产管理公司受让原债权银行债权之日；金融资产管理公司对已承接的债权，可以在上述报纸上以发布催收公告的方式取得诉讼时效中断的证据。

案例索引： 最高人民法院（2011）民二终字第5号“某资产公司与某实业公司保证合同纠纷案”，见《金融资产管理公司承接银行债权如何认定诉讼时效中断——宁夏大荣实业集团有限公司与中国信达资产管理股份有限公司陕西省分公司保证合同纠纷案》（审判长张勇健，代理审判员李京平、王富博），载《最高人民法院商事审判指导案例-7·公司与金融卷》（2012:420）。

174 表外利息属债权一部分，催收表外利息可中断时效

——金融机构分阶段、分步骤通过债权转让方式剥离不良债权，公告催收转让表外利息产生诉讼时效中断的法律效力。

标签：不良资产 | 诉讼时效 | 利息 | 债权转让 | 借款合同 | 表外利息

案情简介： 1991年，化工公司向银行贷款500万元，化工集团提供一般担保。1999年12月，银行将该不良债权500万元本息公告转让给资产公司。2000年3月，资产公司公告催收该债权。2001年2月，银行公告无偿转让前述不良贷款的表外利息给资产公司，公告有关借款人和担保人“直接向资产公司联系还款事宜”。2003年1月，资产公司起诉。

法院认为： 表内利息是指核算银行发放的各类贷款、发生的信用卡透支以及垫款，按规定（贷款到期含展期90天收回）应确认为当期损益的应收未收利息。表外利息是指超过规定期限的各类贷款应收未收利息。根据财政部《金融企业会计制度》有关规定，表外利息包括贷款到期（含展期）90天后尚未收回的，其应计利息停止计入当期利息收入，纳入表外利息核算。本案银行向资产公司移交债权是分阶段、分步骤完成的，故银行2001年2月公告转让的表外利息属于1999年12月向资产公司转让债权的一部分，与本案争议债权系同一债权。根据最高人民法院《关于审理涉及金融资产管理公司收购、管理、处置国有银行不良贷款形成的资产的案件适用法律若干问题的规定》（法释〔2001〕12号）第6条、第10条规定，银行与资产公司对500万元债权本金和利息的转让移交是分阶段实施的，故银行在债权移交工作完

2.8

2011:420

2011

成后有权以其名义发布公告，具有债权催收主体资格。银行2001年2月的公告内容有请求借款人和担保人清偿债务的意思表示，可以作为诉讼时效中断的证据，产生诉讼时效中断的法律效力，判决化工集团在化工公司不能依判决日期偿还贷款本息的情况下，代为向银行清偿。

实务要点： 金融机构向资产管理公司分阶段、分步骤转让债权，后公告转让的表外利息属于之前向资产管理公司转让债权的一部分，与争议债权系同一债权，故金融机构具有债权催收主体资格，其发布转让表外利息的公告产生诉讼时效中断的法律效力。

案例索引： 海南高院再审"某资产公司与某化工集团等借款合同纠纷案"，见《债权是分阶段、分步骤转让的，表外利息属于转让债权的一部分，转让公告产生诉讼时效中断的法律效力——中国信达资产管理公司海口办事处与中国化学工程集团公司、中国化学工程海南大华公司借款合同纠纷案》（夏艳，海南高院），载《全国法院再审典型案例评注（上）》（2011:420）。

175 资产公司公告催收中断诉讼时效，可溯及至受让日

——金融资产管理公司在特定报纸上发布有催收内容的债权转让公告或通知构成的诉讼时效中断，可溯及至受让之日。

标签： 不良资产 | 诉讼时效 | 公告 | 公告催收 | 溯及力

案情简介： 2003年，铝业公司向银行贷款360万美元，铝业集团提供连带责任保证。2005年7月19日，银行将该不良债权转让给资产公司。2005年10月22日，双方联合在《河南商报》发布催收公告。2006年12月，资产公司起诉。

法院认为： 根据最高人民法院《对〈关于贯彻执行最高人民法院"十二条"司法解释有关问题的函〉的答复》（法函〔2002〕3号）规定，"金融资产管理公司在全国或省级有影响的报纸上发布的有催收内容的债权转让公告或通知所构成的诉讼时效中断，可以溯及至金融资产管理公司受让原债权银行债权之日；金融资产管理公司对已承接的债权，可以在上述报纸上以发布催收公告的方式取得诉讼时效中断（主张权利）的证据"，故本案银行和资产公司于2005年10月22日联合发布催收公告，可视为资产公司在2005年7月19日受让原债权银行债权之日向铝业集团主张过权利。根据最高人民法院《关于适用〈担保法〉若干问题的解释》第34条第2款规定"连带责任保证的债权人在保证期间届满前要求保证人承担保证责任的，从债权人要求保证人承担保证责任之日起，开始计算保证合同的诉讼时效"，本案保证债权诉讼时效期间从该日开始计算。故本案资产公司起诉日未超过诉讼时效。

2.6

v.2:198

实务要点： 金融资产管理公司在全国或省级有影响的报纸上发布的有催收内容的债权转让公告或通知所构成的诉讼时效中断，可溯及至金融资产管理公司受让原债权银行债权之日。

案例索引： 最高人民法院（2008）民二终字第75号“某资产公司与某铝业公司等借款合同纠纷案”，见《金融资产管理公司对已承接的债权可以在全国或省级有影响的报纸上以发布催收公告的方式取得诉讼时效中断的法律效果——中国长城铝业公司与中国长城资产管理公司郑州办事处、河南长城铝业鑫旺有限公司、河南鑫旺铝业有限公司其他借款合同纠纷案》（审判长金剑锋，代理审判员殷媛、潘勇锋），载《最高人民法院商事审判指导案例·借款担保卷（上）》（2011:198）。

7

176 证人未出庭，但其经合法公证证言，应有证据效力

——证人因病不能出庭，但出具书面证言，并经公证处公证的，其做法符合法律规定，应认定该证人证言具有证明力。

标签： 不良资产 | 诉讼时效 | 证据规则 | 证人证言

案情简介： 1992年，煤矿向银行贷款1006万元，约定7年还清。1997年，根据省国资局指令，煤矿贷款由煤炭公司作为名义债务人承担。1998年，依银行起诉，法院判决煤炭公司偿还煤矿1006万元借款本息。2004年，资产公司受让该不良金融债权。2005年，煤炭公司又以资产包形式购买该债权。2006年，煤炭公司起诉煤矿要求偿还债务。诉讼中，煤矿原矿长杨某作证证明：2000年10月时，煤炭公司经理陈某打电话向其主张过债权。一审中，杨某以生病为由未出庭，煤炭公司提交了公证的该证人的证言。二审时，杨某出庭接受了双方质证。关于杨某证言应否采信，成为双方争

法院认为： 杨某的证言经过公证处依法验证并予确认，故该证言有效并具有证明效力。杨某因病不能出庭，出具书面证言，并通过公证处公证，其做法符合法律规定。为进一步查明杨某证言所反映情况的真实性，二审庭审中，杨某作为证人出庭作证并接受双方当事人质询，经开庭质证，杨某证言所述2000年10月煤炭公司经理陈某打电话向其主张债权的情况属实，法院予以确认。其后，法院判决煤炭公司偿还包括案涉借款在内的债务并进入执行程序，即上述债权经法院诉讼确认，已不存在诉讼时效问题。故应认定本案债权行使未超过诉讼时效。

实务要点： 证人因病不能出庭，但出具书面证言，并经公证处公证的，其做法符合法律规定，应认定该证人证言具有证明力。

案例索引： 最高人民法院（2006）民二终字第238号“某煤炭公司与某煤矿借款合同纠纷案”，见《上诉人佳木斯市升平煤矿与被上诉人黑龙江省地方煤炭工业（集团）总公司借款合同纠纷案》（审判长叶小青，代理审判员陈明焰、王闯），载《商事审判指导·裁判文书选登》（200903/19:239）；另见《非金融机构以打包形式

议焦点之一。

受让金融债权后能否向债务人主张全额债权——上诉人佳木斯市升平煤矿与被上诉人黑龙江省地方煤炭工业（集团）总公司借款合同纠纷上诉案》（叶小青，最高院民二庭；隋汶兵，某证券公司项目经理），载《民商事审判指导·案例分析》（200303/15:192）；另载《最高人民法院商事审判裁判规范与案例指导·案例指导》（2010:131）；另见《债权人与债务人合一后，受让人行使债权不应仅限于其受让债权实际支付的对价；非金融机构无权享有收取贷款利息的权利》，载《最高人民法院商事审判指导案例·借款担保卷（上）》（2011:47）。

2.1

200903/19:239

200303/15:192

2.7

2010:131

2.6

v.2:47

2006

177 向债务人二级法人企业催收，应认定诉讼时效中断

——债务人的二级法人企业在催收通知上签字盖章，证明债权人在诉讼时效期间内主张了债权，应构成诉讼时效中断。

标签：不良资产 | 诉讼时效 | 催收对象 | 企业改制 | 二级法人企业

案情简介：1988年至1994年，纤维厂共计向银行贷款1547万元。1997年，轮胎公司兼并纤维厂，并与银行签订4份《债权债务转移协议》，分别约定轮胎公司偿还被兼并企业纤维厂的银行债务，免息期限为2000年至2004年的每个5月31日；若逾期未偿，则自停息日起恢复计息。资产公司提交了于2001年6月12日发出债务人为轮胎公司的2份《催收贷款通知书》，分别对轮胎公司与银行的债务本金1547万元及其相应利息进行了催收。纤维厂被兼并后改制而成的化纤公司在催款通知上签字并盖章。

法院认为：现有证据证明资产公司曾于2001年6月12日发出债务人为轮胎厂的2份《催收贷款通知书》，分别对轮胎厂与银行的债务本息进行了催收，根据《民法通则》第140条关于“诉讼时效因提起诉讼、当事人一方提出要求或者同意履行义务而中断。从中断时起，诉讼时效期间重新计算”的规定，上述债务的诉讼时效均已中断。轮胎公司的二级法人企业化纤公司在上述《催收贷款通知书》上签字盖章的行为，不仅不影响对诉讼时效中断的认定，且恰恰因此证明了资产公司在诉讼时效期间内主张了其债权。因轮胎厂并未按照债权债务转移协议中约定的分次还款计划足额偿还欠银行的债务，故根据双方协议约定，对未归还部分应自停息日起恢复计息。除化纤公司于2002年5月代轮胎公司偿还了1万元款项外，其余款项轮胎公司均未按期偿还。因资产公司关于解除《债权债务转移协议书》的诉请与其其他诉请相互矛盾，且是否解除上述协议并不影响资产公司实体权利的实现，故对其解除《债权债务转让协议书》的诉请不予支持，判决轮胎公司偿还资产公司借款本息。

2.1

200502/8:249

2.7

2010:795

2004

实务要点： 债权人在诉讼时效期间内向债务人发出催收通知，债务人的二级法人企业在催收通知上签字盖章的行为，不仅不影响对诉讼时效中断的认定，且证明了债权人在诉讼时效期间内主张了其债权。

案例索引： 最高人民法院（2004）民二终字第88号“某资产公司与某轮胎公司借款担保合同纠纷案”，见《中国信达资产管理公司郑州办事处与河南轮胎集团有限责任公司借款抵押担保合同纠纷上诉案》（审判长吴庆宝，代理审判员宫邦友、刘敏），载《民商事审判指导·判决书选登》（200502/8:249）；另见《从本案看诉讼时效中断的认定问题》（刘敏，最高院民二庭），载《民商事审判指导·案例分析》（200501/7:170）；另见《诉讼时效：正义价值高于效率价值——上诉人中国信达资产管理公司郑州办事处与被上诉人河南轮胎集团有限责任公司借款合同纠纷上诉案》（刘敏，最高院民二庭），载《最高人民法院商事审判裁判规范与案例指导·案例指导》（2010:795）。

7

178 承诺偿还到期债务的事后担保，构成新的债权债务

——第三人对到期债务所作承担连带偿还责任承诺有效。未明确约定履行期间的，诉讼时效自债权人主张权利时起算。

标签： 不良资产 | 诉讼时效 | 债务加入 | 保证 | 保证成立 | 事后担保

案情简介： 2000年，机床公司与银行共签订13份借款合同，共向银行贷款4亿余元。2001年，债务到期后，受让该不良债权的资产公司与开发公司签订协议，开发公司承诺对机床公司的总债务承担连带保证责任。2002年，在资产公司起诉向机床公司和开发公司追索贷款债务时，开发公司提出保证期限约定不明，资产公司已超过诉讼时效。

法院认为： 开发公司在资产公司与机床公司的债务到期后，与资产公司签订协议，承诺为机床公司的4亿余元债务承担连带保证责任。该协议系当事人双方真实意思表示，不违反法律禁止性规定，应为有效。根据《合同法》第8条规定，依法成立的合同，对当事人具有法律约束力。当事人应按约定履行自己的义务，不得擅自变更或解除合同。尽管该协议字面上记载开发公司与资产公司建立了保证法律关系，但鉴于其签订还息协议时，机床公司的债务均已到期，已为实际发生的债务，开发公司向资产公司作出的承担连带保证责任的承诺，实际上是对到期债务承担偿还责任的承诺，而非一般意义上的提供担保。开发公司与资产公司之间形成了新的债权债务关系，即开发公司代机床公司向资产公司偿还4亿余元债务的法律关系。鉴于该协议书对开发公司偿还债务的履行期限未作明确约定，对于诉讼时效应从债权人向债务人主张权利时起算。即资产公司向开发公司主张偿还责任的诉讼时效，应自资产公司向法院提起诉讼时起算，故本案不存在资产公司向开发

2.1

200401/5:159

2004

公司主张权利超过诉讼时效问题。

实务要点： 第三人对到期债务承担连带偿还责任作出承诺，不是一般意义上的提供担保，应认定在第三人与债权人之间形成了新的债权债务关系。在履行期间未明确约定情况下，诉讼时效应自债权人向债务人主张权利时起算。

案例索引： 最高人民法院判决“某资产公司与某开发公司等借款担保合同纠纷案”，见《债务到期后提供担保的法律认定——北京地鑫房地产开发有限责任公司与中国华融资产管理公司北京办事处、中国机床总公司、中国轻工集团公司、北京正一机电技术公司借款担保合同纠纷上诉案》（刘敏，最高院民二庭），载《民商事审判指导·民商事审判》（200401/5:159）。

备注：第三人为他人债务承诺偿还，存在以下法律关系的争议：债务承担或债的加入（免责式的债务承担、并存式的债务承担），债务转让，事后担保。

179 诉讼时效已届满债权，转让通知不生中断时效效果

——债权转让协议签订时，如果被转让的债权已经超过法律规定的两年诉讼时效期间，则不产生时效中断的法律后果。

标签：不良资产 | 诉讼时效 | 转让通知 | 债权转让

案情简介： 2003年，开发公司向银行三次分别借款68万元、182万元、180万元，贷款期限均为1年，三笔贷款最后一次付息日分别为2007年1月31日 和3月31日、2006年3月28日。2008年11月，银行将该不良债权转让给财政部并通知了开发公司。2010年9月，银行依财政部授权提起诉讼。

法院认为： 认定诉讼时效中断的前提是诉讼时效期间尚未届满，诉讼时效中断事由必须发生在诉讼时效期间内。故若诉讼时效在合同债权转让前已届满的，根据《合同法》第82条“债务人接到债权转让通知后，债务人对让与人的抗辩，可以向受让人主张”规定，债务人当然可以时效期间届满为由进行抗辩，拒绝向新的债权人履行债务。本案中自2007年1月31、3月31日至2008年11月17日，68万元及182万元这两笔贷款均未超过两年诉讼时效，而180万元这笔贷款自2006年3月28日至2008年11月17日，诉讼时效已届满，故债权转让通知不发生诉讼时效中断效力。

实务要点： 债权转让通知能引起诉讼时效中断，但认定时效中断前提是原债权诉讼时效期间尚未届满。如债权转让协议签订时，债权已超过两年诉讼时效期间，则不产生时效中断的法律后果。

3.5

20120531:06

2011

案例索引： 河南高院（2011）豫法民三终字第36号“某银行与某开发公司借款合同纠纷案”，见《债权转让通知对诉讼时效影响的认定——河南高院判决农行南召支行诉华龙辛夷公司借款合同纠纷案》（关晓海、何剑平），载《人民法院报·案例指导》（20120531:06）。

7 债务重生

180 在明确记载保证内容的催收单上签字，构成新保证

——保证债务催收通知清楚、明确记载保证债务金额、保证责任方式及保证期间等内容的，应认定成立新的保证合同。

标签：不良资产 | 债务重生 | 诉讼时效 | 保证重生 | 保证 | 催收内容

案情简介：1992年至1996年，冶炼厂为电容器厂向银行贷款提供连带责任保证。1997年3月，经银行同意，冶炼厂承债式兼并电容器厂。2000年7月，冶炼厂与其他单位联合成立电子公司，电子公司承接了冶炼厂债务。2003年，电子公司偿还了部分借款。2004年6月，资产公司受让银行该不良债权并进行了债权转让及催收公告。2005年4月，资产公司先后向冶炼厂、电子公司送达催收通知，载明：“我单位为上述贷款的保证人，自愿承担

法院认为： 本案所涉借款行为发生时，冶炼厂作为保证人向债权人提供了连带责任保证，在其以承债方式兼并原借款人电容器厂并将本案债务转移给电子公司后，其作为保证人的法律地位并未改变。从资产公司向电子公司、冶炼厂发出的催收逾期贷款通知书中载明内容看，该通知书中记载的保证债务、保证责任方式及保证期间等内容清楚、明确，符合我国《合同法》和《担保法》有关担保合同成立的规定，并经保证人冶炼厂盖章认可，依据最高人民法院《关于人民法院应当如何认定保证人在保证期间届满后又在催款通知书上签字问题的批复》（法释〔2004〕4号）的规定，应认定在冶炼厂与资产公司之间成立了新的保证合同，冶炼厂应按照新的保证合同承担保证责任。

实务要点： 保证人在保证期间届满后又在催款通知书上签字的，通知书中记载的保证债务、保证责任方式及保证期间等内容清楚、明确，符合我国《合同法》和《担保法》有关担保合同成立

新的连带保证责任，保证期间自本催收通知送达签收后两年”。冶炼厂予以签收。关于该签收行为是否构成新的保证合同，成为争议焦点之一。

的规定，应认定在保证人与债权人之间成立了新的保证合同，保证人应按照新的保证合同承担保证责任。

2.6

v.6:455

2011

案例索引： 最高人民法院（2011）民二终字第27号“某资产公司与某实业公司保证合同纠纷案”，见《保证人在债权人催收通知书上盖章的行为的法律效力——中色（宁夏）东方集团有限公司与中国信达资产管理股份有限公司陕西省分公司保证合同纠纷案》（审判长王宪森，审判员殷媛，代理审判员张雪楳），载《最高人民法院商事审判指导案例·合同与借贷担保卷（6）》（2012:455）。

181 保证期间经过后，又达成新的担保合意，应为有效

——保证期间经过，债权人与保证人就担保责任达成新的合意形成新的保证关系，如对保证期间约定不明可依法确定。

标签： 不良资产 | 债务重生 | 诉讼时效 | 保证重生 | 保证 | 新的合意

案情简介： 1999年，进出口公司向银行借款，约定履行期间至2000年5月5日。开发公司为此向银行提供2年保证期间的连带责任保证。2002年7月，由开发公司法定代表人签字的《会议纪要》载明：银行一直向进出口公司主张债权；开发公司同意承担担保责任。2003年8月，银行向开发公司公证送达要求履行担保责任的函。2004年，资产公司受让该不良金融债权并在2005年进行了催收。2006年，资产公司起诉进出口公司，并要求开发公司承担连带保证责任。

2.1

200903/19:230

法院认为： 开发公司在《会议纪要》中承担抵押担保责任的明确承诺，系其真实意思表示，符合《合同法》与《担保法》中有关合同成立的法律规定，构成新的保证合同法律关系。各方虽就继续承担保证合同项下担保责任进行了约定，但对担保方式和保证期间并未具体明确，根据《担保法》第19条关于“当事人对保证方式没有约定或者约定不明确的，按照连带责任保证承担保证责任”的规定，《会谈纪要》所确立的保证责任方式应认定为连带责任保证。依《担保法》第26条规定，连带责任保证的保证人与债权人未约定保证期间的，保证期间为主债务履行期限届满之日起6个月。该《会谈纪要》中债务人认可债权人此前不断向其追索，故该纪要构成主债务诉讼时效中断同时应视为主债务履行期限届满，故新的保证期间应自该纪要作出后计算6个月。因银行送达催告函时已超过保证期间，依法应免除开发公司保证责任。资产公司受让本案债权时，银行对保证人开发公司的担保债权已消灭，依据《合同法》第81条关于“债权人转让权利的，受让人取得与债权有关的从权利，但该从权利专属于债权人自身的除外”的规定，作为从权利的保证债权已消灭，不存在受让问题，受让人获得的只是相应的主债权，故判决进出口公司偿还资产公司债务，开发公司免除保证责任。

2007

实务要点： 保证期间经过，债权人与保证人就担保责任达成新的合意的，符合《合同法》和《担保法》中有关合同成立的法律规定，双方形成了新的保证合同法律关系。在当事人未对保证期间进行约定的情形下，应根据《担保法》第26条的规定，确定保证期间为主债务履行期限届满之后6个月。

案例索引： 最高人民法院（2007）民二终字第86号“某资产公司与某开发公司借款担保合同纠纷案”，见《上诉人广州珠江广场房地产开发有限公司与被上诉人中国信达资产管理公司北京办事处、中基嘉发进出口公司借款担保合同纠纷案》（审判长裴莹硕，审判员朱海年、宫邦友），载《商事审判指导·裁判文书选登》（200903/19:230）。

7

182 对超诉讼时效债务，保证人承担责任条件如何认定

——保证人收到催款通知及债权转让通知后，明确作出继续履行的承诺，应认定当事人之间成立了新的保证合同关系。

标签： 不良资产 | 债务重生 | 诉讼时效 | 保证重生 | 债权转让 | 保证

案情简介： 2000年，受让银行不良金融债权的资产公司和银行共同向贸易公司、建设公司发出《债权转移确认通知书》。保证人建设公司未注意到该债权已过诉讼时效，仍在催款通知回执上盖章并明确表示其对“债权转移不持任何异议”，并“继续履行借款合同、担保合同或协议规定的各项义务”。主债务人贸易公司承诺在2003年12月31日前偿还。2004年4月8日，资产公司起诉贸易公司偿债，并诉请建设公司承担保证责任。

2.1

法院认为： 资产公司受让银行债权后，向贸易公司、建设公司发出《债权转移确认通知书》，主张上述债权。其后，贸易公司、建设公司分别在该通知书回执上确认并承诺。依照最高人民法院《关于人民法院应当如何认定保证人在保证期间届满后又在催款通知书上签字问题的批复》（法释〔2004〕4号）规定，应认定资产公司与建设公司之间成立了新的保证合同。因该合同未约定保证期间，根据《担保法》第26条第1款规定，连带责任保证未约定保证期间的，“债权人有权自主债务履行期届满之日起六个月内要求保证人承担保证责任”，本案新保证合同的保证期间应自主债务还款计划届满日（2003年12月31日）之次日起算6个月内，即2004年1月1日至6月30日。本案资产公司于2004年4月8日起诉建设公司承担保证责任时，未超过上述期间，故保证人建设公司应对本案主债务承担连带保证责任。

实务要点： 保证人在收到催款通知，并得知原债权转让给资产管理公司后，明确表示其对“债权转移不持任何异议”，并“继续履行借款合同、担保合同或协议规定的各项义务”。该承诺显然不同于“在一般性催收通知上签字”情形，故不能适用法释〔2004〕4号批复的第一部分规定，而应适用该解释中“但书”规定，即应认

200501/7:160

2005

定当事人之间成立了新的保证合同关系，保证人应据此承担保证责任。

案例索引： 最高人民法院判决“某资产公司与某城建公司借款担保合同纠纷案”，见《保证期间届满后债权人与保证人之间是否成立了新保证合同的认定及法律适用——中国长城资产管理公司广州办事处与广东省新会市会城建设发展总公司、新会市长江贸易总公司借款担保合同纠纷上诉案》（王宪森，最高院民二庭），载《民商事审判指导·案例分析》（200501/7:160）。

183 超保证期限的催款通知，不构成保证债务时效中断

——债权人如不能证明保证人对超过保证期限的债务重新作出担保承诺，即使有催收行为，亦不构成完整的保证合同。

标签：不良资产 | 债务重生 | 诉讼时效 | 保证重生 | 企业改制 | 保证

案情简介： 1989年，电石厂向银行贷款87万元，约定1992年8月30日清偿。胶带厂提供连带责任保证，但未约定保证期间。借款合同到期后，债权人向债务人和担保人发出催收通知，签收人虽为胶带厂但催款时间和签收时间均为空白。1998年1月14日，胶带厂改制重组为胶带公司。2000年7月18日，银行向胶带公司发出催收通知。其后，受让该金融不良债权的资产公司起诉追索该笔债权。

法院认为： 借款合同约定担保人提供连带责任保证，但未约定保证期限，根据最高人民法院《关于审理经济纠纷案件有关保证的若干问题的规定》第11条规定，保证期限应为2年，即至1994年8月30日。借款合同到期后，债权人向债务人和担保人发出催收通知，签收人虽为胶带厂，但催款时间和签收时间均为空白，故即使推定债权人在保证期限届满前即1994年8月30日前进行催收，向保证人主张过权利，亦不能改变保证债务超过诉讼时效的事实。至于债权人于2000年7月18日以后的催收行为，因其不能证明保证人对超过保证期限的债务重新作出担保的承诺，不能构成完整的保证合同，故应认定保证债务诉讼时效已过，保证人应免于承担保证责任。

实务要点： 债权人如不能证明保证人对超过保证期限的债务重新作出担保的承诺，即使有催收行为，亦不能构成完整的保证合同，保证人应免于承担保证责任。

2.1

200501/7:248

2004

案例索引： 最高人民法院（2004）民二终字第208号“某资产公司与某进出口公司等借款担保合同纠纷案”，见《中国信达资产管理公司银川业务部与宁夏五金矿产进出口公司等借款担保合同纠纷上诉案》（审判长吴庆宝，代理审判员宫邦友、刘敏），载《民商事审判指导·判决书选登》（200501/7:248）。

184 债务人同意转让，不构成对超过时效债务重新确认

——诉讼时效已届满的债权转让不产生中断时效效果，债务人同意债权转让的意思表示亦不构成对原债务的重新确认。

标签：不良资产 | 债务重生 | 诉讼时效 | 债权转让

案情简介：2003年，开发公司向银行借款180万元，贷款期限1年，最后一次付息日为2006年3月28日。2008年11月，银行将该不良债权转让给财政部并通知了开发公司，开发公司在银行制作的不良资产档案移交审查明细表上签署“同意转让给财政部”并加盖公章。2010年9月，银行依财政部授权提起诉讼。

7

3.5

20120531:06

2011

法院认为：根据《最高人民法院关于超过诉讼时效期间借款人在催款通知单上签字或者盖章的法律效力问题的批复》相关规定，对于超过诉讼时效，债权人向债务人发出催收到期借款通知单，债务人在上面签字或盖章的，应视为对原债务的重新确认，该债权债务应受法律保护。但本案中，开发公司在银行制作的不良资产档案移交审查明细表上签署“同意转让给财政部”并盖章，因制作明细表动机是将不良资产剥离，目的仅是要开发公司承认曾有过这笔欠款，以平衡账目，整个内容均未涉及催款问题。开发公司在该明细表上的盖章、签字只是认可曾有过该笔欠款，与银行明细表相对应，且其盖章所确认的亦仅是字面上的内容“同意转让给财政部”，而非承认此次属于催款或是在催款单上盖章。双方并未达成新的协议或合同。即便以格式条款的解释规则解释该明细表，亦应作出不利于银行的意思解释，即若明细表字面上无催收内容，不能认定是开发公司对原债务的重新确认。故对案涉180万元债权，应认定已超过2年诉讼时效，应驳回银行该项诉讼请求。

实务要点：债权转让协议签订时，债权已超过法律规定的两年诉讼时效期间，则不产生时效中断的法律后果。债务人同意债权转让的意思表示不构成对超过时效债务的重新确认。

案例索引：河南高院（2011）豫法民三终字第36号“某银行与某开发公司借款合同纠纷案”，见《债权转让通知对诉讼时效影响的认定——河南高院判决农行南召支行诉华龙辛夷公司借款合同纠纷案》（关晓海、何剑平），载《人民法院报·案例指导》（20120531:06）。

185 不良债权转让公告超过诉讼时效，不构成时效中断

——金融资产公司在报纸上发布有催收内容的债权转让公告或通知，对已超过时效期间的债权，不产生时效中断效果。

标签：不良资产 | 债务重生 | 公告 | 诉讼时效 | 公告催收 | 债权转让

法院认为：投资公司未能提供证据证明原债权人银行曾在涉案借款担保合同约定的借款期限届满后2年诉讼时效

案情简介：1995年，化工厂向银行贷款。2000年，银行将该债权转让给资产公司，并发布转让和催收公告。嗣后，化工厂以最后受让该债权的投资公司未举证证明公告转让前该债权未超过诉讼时效为由，主张债务免除。

期间内向化工厂主张债权，故应认定涉案借款债权在银行转让给资产公司前就已超过诉讼时效期间。投资公司亦未提供化工厂在超过诉讼时效后向银行、资产公司及投资公司重新确认债务的证据，故驳回投资公司诉讼请求。

实务要点：金融资产管理公司在报纸上发布有催收内容的债权转让公告或通知，对已超过诉讼时效期间的债权，不能产生中断诉讼时效的效果。

3.1

201001/71:141

2009

案例索引：天津一中院（2009）一中民二终字第1号“某投资公司与某化学厂等借款合同纠纷案”，见《天津联帮裕然投资发展有限公司诉天津市第一日用化学厂等借款合同纠纷案》（史会明），载《人民法院案例选》（201001/71:141）。

186 债务承担情形，保证债务重生后时效届满如何认定

——免责的债务承担中，债务人主体发生变更，但其债务性质和内容均不变更，已超过履行期限的债务转移仍然有效。

标签：不良资产｜债务重生｜诉讼时效｜债务加入｜保证

案情简介：1999年，电器厂向银行贷款，借款期限至2000年4月23日，电器公司提供连带责任保证。2001年，各方签订债务转移协议，由电器集团代替电器厂作为新债务人偿还逾期贷款5600万余元，电器公司提供担保。新的借款合同还款计划栏空白。2003年10月21日，电器集团和电器公司均在银行催收通知书上签收。2004年6月，银行将该不良债权转让给资产公司，并在报纸上公告催收。2005年11月，资产公司起诉。

法院认为：本案债权转让、债务转移均合法有效。依借款债务转移协议约定，本案债务应认定为免责的债务承担，即在不改变债务同一性前提下债务发生转移，原债务人脱离债的关系而免责，承担人成为新债务人承担债务。债务承担中，债务人主体发生变更，但其债务仍为同一债务，并非成立新的债务。原债务性质和内容均不变更。电器集团成为借款合同新债务人后，除另有约定外，应按借款合同约定内容履行。法律并无明文禁止当事人转移履行期限届满或超过诉讼时效期间之债务，借款债务转移协议当事人对此知道并应承担相应的法律后果。当事人如需变更借款合同履行期限，应依协议另行作出明确约定。依《合同法》第78条“当事人对合同变更的内容约定不明确的，推定为未变更”规定，各方当事人对借款债务转移协议中履行方式空白处未予填写，未选择其中的一种履行方式，当事人并无变更借款合同履行期限的意思表示，不能推定为履行期限不明确。案涉借款合同约定履行期限届满日为2000年4月23日，故诉讼时效期间应计至2002年4月23日。因电器集团在2003年10月21日于其贷款催收通知上盖章，根据最高人民法院《关于超过诉讼时效期间借款人在催收通知单上签字或者盖章的法律效力问题的批复》规定，应视为电器集团对原债务的重

3.4

200812:32

2007

新确认，诉讼时效重新起算。同时根据最高人民法院《关于人民法院应当如何认定保证人在保证期间届满后又在催款通知书上签字问题的批复》规定，电器公司在收到逾期贷款催收通知书回执上盖章，应认定成立新的保证合同。根据《担保法》第19条、第26条规定，当事人对保证方式没有约定的，按照连带责任保证承担保证责任，连带责任保证的保证人与债权人未约定保证期间的，债权人有权自主债务履行期限届满之日起6个月内要求保证人承担保证责任。因本案主债务履行期限早已届满，保证期间应自电器公司在收到逾期贷款催收通知书回执上盖章之日起算，即2003年10月21日起6个月至2004年4月21日保证期间届满，因在此期间债权人未要求保证人承担保证责任，保证人电器公司应免除保证责任。故判决电器集团偿还借款。

7

实务要点： 免责的债务承担中，债务人主体发生变更，但其债务仍为同一债务，原债务性质和内容均不变更，已超过履行期限的债务转移仍然有效。保证债务重生情形，新成立的保证合同未约定保证期间，保证期间为6个月，届满前债权人未要求保证人承担保证责任的，保证责任免除。

案例索引： 广东高院（2007）粤高法民二终字第44号“中国东方资产管理公司广州办事处与广州万宝集团有限公司、万宝冷机集团有限公司担保合同纠纷案”，见《债务承担及新保证合同的认定》（李洪堂），载《人民司法·案例》（200812:32）。

出资责任

187 企业国有资产产权登记证是确认产权归属法律凭证

——《企业国有资产产权登记证》应作为确认企业产权归属的法律凭证以及政府对企业授权经营国有资本的基本依据。

标签：不良资产 | 出资责任 | 工商登记 | 企业性质

案情简介：2007年，通过再转让受让银行不良债权的投资公司诉请畜产公司偿还借款1500万余元并为生效判决确认。2008年，投资公司通过工商登记材料查询到畜产公司系储运公司的出资人，遂申请执行畜产公司在储运公司的281万元投资权益，商务厅以其持有国资委颁发的《企业国有资产产权登记证》作为出资人提出案外人异议。2010年，投资公司起诉畜产公司、商务厅，要求确认并许可执行畜产公司在储运公司的281万元投资权益。

法院认为：国资委公告将储运公司纳入监管企业名单，并由商务厅经授权代表国家行使出资人职责。国资委核发给储运公司的《企业国有资产产权登记证》亦反映，储运公司占有使用的为100%国有资本，而非国有法人资本。根据《企业国有资产产权登记管理办法》第2条、第7条，《企业国有资产产权登记管理办法实施细则》第4条第1款规定，《企业国有资产产权登记证》作为依法确认企业产权归属关系的法律凭证和政府对企业授权经营国有资本的基本依据，应当具有确认储运公司企业性质、产权归属的法律效力。据此，应认定储运公司系由国家资本金拨付设立的国有独资企业，商务厅经授权代表国家履行出资人职责，储运公司相关权益应属国家所有。本案债权债务关系成立于1997年，投资公司于2006年受让债权，其交易对方非畜产公司，故畜产公司资产状况仅系其判断交易标的价值的权衡因素，而非其对交易相对方的信赖内容。即使投资公司受让债权系出于对畜产公司偿债能力的信赖，且受让债权时其出资人仍显示为畜产公司，但因此时国资委公告已将储运公司纳入其监管范围，投资公司对此应当知晓公告内容，其对储运公司工商登记资料显示出资人系畜产公司的记载，缺乏合理信赖的基础。即便本案因历史原因储运公司若干年度年检报告均显示出资人系畜产公司，亦不影响投资公司在受让债权时基于国资委公告对储运公司出资人状况的判断。投资公司未能否定国资委对储运公司国有资产性质的界定，其债权取得亦非基于针对畜产公司对外投资权益的交易行为，其对储运公司工商登记出资人记载事项缺乏合理信赖利益，故判决驳回投资公司要求储运公司清偿债务的诉讼请求。

2.6

v.9:347

2012

实务要点： 根据《企业国有资产产权登记管理办法》第2条、第7条，《企业国有资产产权登记管理办法实施细则》第4条第1款规定，《企业国有资产产权登记证》作为依法确认企业产权归属关系的法律凭证和政府对企业授权经营国有资本的基本依据，应当具有确认企业性质、产权归属的法律效力。

案例索引： 最高人民法院（2012）民二终字第69号“某教育公司与某进出口公司等执行异议案”，见《企业产权性质的认定——温州新纪元教育发展有限公司与新疆维吾尔自治区畜产进出口公司、新疆维吾尔自治区商务厅案外人执行异议纠纷案》（审判长刘敏，代理审判员赵柯、杜军），载《最高人民法院商事审判指导案例（2012）·公司与金融》（2013:347）。

7

188 债权受让人行使权利，不得超越其所受让权利范围

——债权转让后，其仅在债权转让合同当事人之间发生效力，债权受让人行使权利不得超越其所受让的原权利的范围。

标签： 不良资产 | 出资责任 | 债权转让 | 转让内容 | 借款合同

案情简介： 1996年10月，市政府召集纤浆厂产权股份转让会议，形成会议纪要如下：企业债务5407万元从纤浆厂转出，其中2310万元由银行贷款；化纤集团出资3800万元收购市国资办持有纤浆厂产权，国资办将该款按比例偿付银行贷款即1617万元，余下贷款以企业地方税收偿还；经贸局负责办理新的营业执照。当日，经贸局发放营业执照，企业名称系棉浆厂。棉浆厂成立后，与银行签订了2310万元的借款合同。同时，国资办与化纤集团签订协议，约定将持有纤浆厂57.85%的全部产权以3800万元转让给化纤集团，国资办将其银行债务从原纤浆厂转出。1998年，国

法院认为： 银行作为债权人与棉浆厂签订的借款合同及后来的历次债权转让合同均有效。债权转让后，其仅在让与人即原债权人、受让人以及合同债务人之间发生效力，具体表现为：让与人丧失其对债务人享有的债权，由受让人取代，成为新的债权人，债务人就转让的债权对受让人负履行义务。质言之，债权受让人行使权利不得超越其所受让的原权利的范围。故投资公司作为受让人，其仅能向借款合同债务人棉浆厂主张还款责任，而不能向并非借款合同当事人的市政府主张。此外，借款合同均未约定担保人，银行催收逾期贷款时并未将市政府作为债务人或担保人，亦未通知市政府承担还款义务，在之后的债权催收与历次转让公告中，亦未将市政府列为债务人或担保人，即无论是本案的原始债权人，还是本案历次债权受让人均未将市政府视作债务人，现投资公司要求市政府承担还款责任，不应支持。银行签订借款合同时，认可了棉浆厂的独立法人地位，并依约发放了贷款，如投资公司认为棉浆厂没有注册资金，市政府对其出资不到位，其亦仅可要求市政府承担出资不实的责任，而非在本案中直接承担借款合同项下的还款责任。国资办基于与化纤集团签订的股权转让协议，通过转让其所有的化纤厂产权所得的转让款3800万元，该款属国资办所有，如何处置系国资办即市政府的权利，并非本案借款合同所涉内容，与投资

资办以棉浆厂名义偿还银行930万元。2000年，银行将该金融债权计算为1837万余元转让给资产公司；2003年，资产公司将债权计算为2221万余元转让给某律所；2008年，律所将该债权转让给投资公司。投资公司诉请棉浆厂、市政府共同承担偿还贷款的责任。

2.1

201204/32:165

2.6

v.6:135

2011

公司无关，故对于投资公司提出市政府扣留687万元转让款构成侵权的主张亦不予支持。

实务要点： 债权转让后，其仅在让与人即原债权人、受让人以及合同债务人之间发生效力，债权受让人行使权利不得超越其所受让的原权利范围。

案例索引： 最高人民法院（2011）民提字第322号“某市政府与某投资公司等借款合同纠纷案”，见《债权受让人行使权利不得超越其所受让的原权利范围——藁城市人民政府与北京孚厚投资咨询有限公司、河北省藁城市棉浆厂、河北省藁城市国有资产监督管理委员会办公室借款合同纠纷案》（赵柯，最高院民二庭；审判长刘敏，代理审判员赵柯、杜军），载《商事审判指导·商事审判案例分析》（201204/32:165）；另见《债权受让人行使权利不得超越其所受让的原权利的范围》，载《最高人民法院商事审判指导案例·合同与借贷担保卷（6）》（2012:135）。

189 开办单位如无法定事由，不直接承担债务清偿责任

——作为独立民事主体的企业法人的开办人和主管单位，如无法定事由，其不应直接承担该企业法人的民事法律责任。

标签： 不良资产 | 出资责任 | 一般规定 | 保证 | 主体资格

案情简介： 1996年，陶瓷厂为涤纶厂向银行贷款提供连带责任保证。2003年，涤纶厂破产。2007年，受让该不良债权的投资公司起诉。2008年，陶瓷厂被其开办人和主管单位即村委会申请注销，村委会向工商局承诺陶瓷厂“所有债权、债务已清理完毕，如有遗留由村委会承担”。投资公司据此在再审程序中追加村委会要求承担连带责任。

法院认为： 陶瓷厂是独立法人，村委会作为开办人和主管单位，已履行对陶瓷厂的出资义务，投资公司起诉村委会承担本案债务，但并未陈述村委会对陶瓷厂所负债务承担清偿责任的事实和理由，不符合《民事诉讼法》规定的起诉条件。村委会出具的审计报告表明，陶瓷厂被注销登记时尚有剩余财产，且村委会并无证据证明其已依法成立清算组织对陶瓷厂进行清算，应推定其取得了陶瓷厂的剩余财产。根据最高人民法院《关于适用〈民事诉讼法〉审判监督程序若干问题的解释》第25条关于给付之诉中再审被申请人终止后无可供执行的财产且无应当承担义务的人的，人民法院方可终止再审申请审查的规定的原则精神，再审程序中将村委会列为被申请人虽无不妥，但村委会作为独立的民事主体，如无法定事由不应直接承担陶瓷厂的民事责任。村委会作为开办人和主管单位，对陶瓷厂负有清算义务，其未予清算即注销陶瓷厂，取得该厂的剩余财产，并向工商行政管理机关承诺陶瓷厂

2.6

v.6:425

2011

"所有债权、债务已清理完毕，如有遗留由村委会承担"等事实，是否构成对债权人利益的侵害，应否承担相应的民事责任，属另外的法律关系，债权人可另循途径解决。故判决驳回投资公司对村委会的起诉。

实务要点： 作为企业法人的开办人和主管单位，如无法定事由不应直接承担该企业法人的民事责任。

案例索引： 最高人民法院（2011）民提字第298号"某村委会与某投资公司保证合同纠纷案"，见《集体企业法人开办人无法定事由不应直接承担开办企业债务，不应被列为开办企业债务纠纷当事人——博山区八陡镇增福村民委员会与青岛泓海投资有限公司保证合同纠纷案》（审判长王东敏，代理审判员刘崇理、曾宏伟），载《最高人民法院商事审判指导案例·合同与借贷担保卷（6）》（2012:425）。

7

190 不良资产受让人，有权向出让人主张出资不实责任

——银行同时作为债务企业的债权人和出资人，在不良金融债权已转让情况下，仍应对其不足出资向受让人承担责任。

标签： 不良资产 | 出资责任 | 诉讼程序 | 出资不实

案情简介： 2000年，受让银行对商场的6000万余元不良贷款的资产公司认为银行作为商场股东，在1993年设立时不实出资200万元。银行在一审期间提供了一份商场出具的书证，证明该商场已实际收到银行作为出资的价值200万元的房地产，但银行未提供过户证据，亦未申请法院调取相应证据。一审判决认定该笔出资并未实际到位，判令银行应在其出资不实的范围内承担赔偿责任。二审期间，银行提供了1994年土地变更登记的书证，及二审期间房产变更登记的书证。

法院认为： 银行在二审期间提供的房地产已于1994年办理了土地变更登记手续的书证，以及房地产于二审期间办理了房产变更登记手续的书证，证明银行向商场履行了实物（房地产）出资义务。银行在一审期间未就上述事实向原审法院提供确实充分的证据，亦未申请原审法院调取相应证据，在本案其他当事人均服判的情况下，以出资实际到位为由提起上诉，虽其上诉主张成立，但造成诉讼成本加大，依法应承担本案二审案件受理费。

实务要点： 银行同时作为债务企业的债权人和出资人，在不良金融债权已转让给资产管理公司的情况下，仍应对其不足出资向受让人承担责任。

案例索引： 最高人民法院（2004）民二终字第123号"某资产公司与某电力集团等借款担保合同纠纷案"，见《中国长城资产管理公司武汉办事处与中国农业银行襄樊市樊西支行等借款合同

2.1

200402/6:338

2004

纠纷上诉案》（审判长姜伟，代理审判员王东敏、杨征宇），载《民商事审判指导·判决书》（200402/6:338）。

191 政府部门同意债务人的偿债方案，不构成债务转移

——政府职能部门为解决企业债务问题与债权人签订同意债务人偿债方案的协议，不能认定为债务转移的法律性质。

标签：不良资产 | 出资责任 | 保证 | 债务承担 | 借款合同 | 行政管理

案情简介：1996年，县政府下发通知，成立卷烟办，履行卷烟厂监事会职能，成员从各级政府机关抽调。1998年，就卷烟厂所欠银行800万余元贷款，卷烟办与银行签订偿还协议，协议载明卷烟办同意将卷烟厂设备抵押给银行，并以每年租金逐步归还。2009年，从资产公司购买该银行不良金融资产的实业公司，以前述偿还协议构成债务转移为由，诉请县政府偿还。

法院认为：卷烟办与银行所签偿债协议，只是表示卷烟办对卷烟厂偿债方案的同意或认可，并非承接有关债务或义务的承诺。银行仍参与卷烟厂破产财产分配这一事实，印证了卷烟办与卷烟厂并未就债务转移达成合意，故卷烟办未取代卷烟厂承担合同债务。从县政府所发通知的背景资料看，卷烟办虽为县政府设立，但其履行的是卷烟厂监事会职能，其人员组成、工作目标表明其系政府组织成立的管理性机构，其与银行签订协议具有行使管理职能的目的，并无成为债务承担者的目的。故本案卷烟办与银行签订协议不构成债务转移，实业公司起诉县政府因与本案无直接利害关系，故裁定驳回起诉。

实务要点：政府职能部门为解决企业债务问题与债权人签订同意债务人偿债方案的协议，应认定为行使管理职能的行为，不能认定为债务转移，对债权人以政府职能部门为被告的起诉应当驳回。

3.4

201022:90

2010

案例索引：重庆高院（2010）渝高法民终字第27号“四川英祥实业集团有限公司与酉阳土家族苗族自治县人民政府债务纠纷案”，见《政府职能部门对债务人偿债方案的同意不构成债务转移》（王敏），载《人民司法·案例》（201022:90）。

192 所开办企业不具备法人资格时，国家机关所负责任

——国家机关开办的企业不具备企业法人资格时，国家机关应对开办企业的债务在其注册资金不到位范围内承担责任。

标签：不良资产 | 出资责任 | 不实出资 | 开办单位 | 不具备法人资格

法院认为：实业公司工商登记档案载明出资人为工业公司，而工业公司是镇政府内部职能部门，故实业公司成立时的出资人应认定为镇政府。镇

案情简介：1993年，镇政府内部职能部门作为出资人，设立实业公司，但出资1亿元中，其中5000万元未实际投入，3000万元产品无投资凭证，2000万元房产未办过户登记。1997年，实业公司向银行借款1376万元。2000年，资产公司受让该不良债权。2003年，经贸中心取代镇政府成为实业公司出资人。2006年，资产公司诉请镇政府与实业公司连带偿还贷款本息。

3.3

2008商:47

7

2007

政府向实业公司投资的3000万元产品无相应投资单据，5000万元资金未实际投入，作为投资的2000万元的房屋由实业公司实际占有使用，但未办理过户手续，实业公司不享有所有权，其债权人不能直接请求法院对该房屋进行强制执行。即使该2000万元房屋中一部分已由实业公司用于抵偿外债，亦不能说明该房屋投资已经到位。2003年经贸中心替代镇政府成为实业公司出资人后，经贸中心和镇政府均未补足对实业公司的1亿元注册资金。镇政府不能因为不再是实业公司出资人而免除其出资不到位责任。根据1994年3月30日最高人民法院《关于企业开办的其他企业被撤销或者歇业后民事责任承担问题的批复》第1条第3款规定，"企业开办的其他企业虽然领取了企业法人营业执照，但实际没有投入自有资金，达不到《企业法人登记管理条例施行细则》第十五条第（七）项规定的数额的，应当认定其不具备法人资格，其民事责任由开办该企业的企业法人承担。"1997年8月2日最高人民法院《关于城市街道办事处是否应当独立承担民事责任的批复》中规定，"街道办事处开办的企业不具备法人资格的，应先由企业承担相应的民事责任，不足部分由街道办事处在企业注册资金范围内承担。"对比上述两个规定，可知对于国家机关开办企业与企业开办企业两种情形所确定的开办人责任不同。同样作为企业的开办人，当所开办的企业均不具备企业法人资格时，国家机关对所开办的企业的债务应在其注册资金不到位范围内承担有限责任，企业则应对所开办的企业的全部债务承担无限责任。本案中，镇政府投资开办实业公司，属于国家机关开办企业，镇政府应对实业公司债务在其注册资金1亿元不到位范围内承担有限责任。

实务要点：　同样作为企业的开办人，当所开办的企业均不具备企业法人资格时，国家机关对所开办的企业的债务应在其注册资金不到位范围内承担有限责任，企业则应对所开办的企业的全部债务承担无限责任。

案例索引：　江苏高院（2007）苏民二终字第0127号"某资产公司与某镇政府等借款合同纠纷案"，见《江苏天泽资产管理有限公司诉无锡市锡山区东港镇人民政府等借款合同案（国家机关投资不到位的责任）》（高玉成），载《中国审判案例要览》（2008商事:47）。

债转股

193 担保人对债权转股权后剩余本息，仍承担担保责任

——主债务人与债权人签订债权转股权协议后对剩余部分利息确认，不构成新的合同关系，保证人仍应承担连带责任。

标签：不良资产 | 债转股 | 股权转让 | 企业改制 | 保证 | 主合同变更

案情简介：1992年，水泥厂向银行借款2400万元，开关厂提供连带责任保证。2002年，受让该银行不良债权的资产公司将对水泥厂的债权本息转为股权，在水泥厂基础上更名组建了实业公司，同时签订《债转股协议》及《债转股后剩余债权确认书》。2004年，资产公司诉请开关厂对实业公司剩余利息承担连带清偿责任。开关厂以主合同发生重大变更为由，主张其担保责任应免除。

法院认为：水泥厂与资产公司所签《债转股协议》及针对剩余利息签订的《债转股后剩余债权确认书》系双方当事人真实意思表示，且符合债权转股权相关法律规定，应为合法有效的协议。在借贷双方协商将全部债权及大部分利息转为资产公司在实业公司股权后，对剩余部分利息，双方通过签订《债转股后剩余债权确认书》形式予以确认，并不构成新的合同关系，且该债转股，不仅未增加债务人的债务及保证人的保证责任，相反减轻了债务人负担。根据最高人民法院《关于适用〈担保法〉若干问题的解释》第30条“保证期间，债权人与债务人对主合同数量、价款、币种、利率等内容作了变动，未经保证人同意的，如果减轻债务人的债务的，保证人仍应当对变更后的合同承担保证责任”的规定，判决开关厂对其担保的原债务及利息应承担连带清偿责任。

实务要点：担保人对主债务人与债权人签订债权转股权协议后剩余部分的利息仍应承担连带清偿责任。

2.3

201202/33:85

2012

案例索引：最高人民法院裁定“某投资公司与建筑公司等担保合同纠纷申请再审案”，见《担保人对主债务人与债权人签订“债权转股权协议”后剩余部分的利息仍应承担连带清偿责任——平高集团有限公司与河南投资集团有限公司、一审被告平顶山建筑材料总公司、平顶山市星峰集团有限责任公司一般担保合同纠纷申请再审案》（侯永安，最高院立案庭），载《立案工作指导·申诉与申请再

审疑案评析》（201202/33:85）。

194 因债转股形成股权置换协议，应继续履行报批手续

——在仅系股权转让条款未经批准而未生效情形下，法院应依当事人诉请，判令当事人办理报批手续以促使合同生效。

标签：不良资产 | 债转股 | 股权转让 | 股权置换 | 企业改制

7

案情简介：2000年，受让银行不良债权的资产公司将对债务人钢铁集团的8000万元债务，通过债转股方式取得对钢铁集团7.28%的股权，同时约定了7年期的阶段性持股的退出方案。同年，该债转股方案获国务院批准生效。但钢铁集团一直未履行债权回购义务，相反，钢铁集团和其绝对控股公司即国资公司于2000年在未经资产公司同意情况下，将债转股资产作为出资发起成立股份公司。2005年，在钢铁公司上市后，各方签订《股权置换协议》，约定钢铁集团将其持有钢铁公司的部分法人股置入资产公司，资产公司以其持有的对钢铁集团相应价值的股权作为转让对价，采取以股换股的方式进行交易，并约定了628万余元的违约金。2006年，钢铁公司进行股权分置改革，钢铁集团持有的法人股已转为流通股或限售流通股，但钢铁集团和国资公司一直未履行股权置换工作。

法院认为：根据财政部2000年《关于股份有限公司国有股权管理工作有关问题的通知》及国务院2001年《关于减持国有股筹集社会保障资金管理暂行办法》规定，上市公司国有股协议转让须经财政部审核。本案一审法庭辩论终结前，当事人尚未办理股权置换的审批手续，故应认定案涉《股权置换协议》中的股权置换条款未生效，但对于其他条款，如股权置换协议的报批义务、履行程序、违约金条款等，由于系当事人各方的真实意思表示，且无法律和行政法规规定其所约定的内容须经审批才能生效，故应认定有效，对当事人具有拘束力且具有可履行性。在股权置换条款未生效，而依据合同的其他条款合同当事人应履行报批义务，且对方当事人请求继续履行办理生效要件促使合同生效，并存在继续办理生效要件可能性的情形下，法院应判令义务人承担继续办理有关生效手续的责任。钢铁公司股票尽管成为流通股，但其卖与何方仍由其决定，并不影响本案股权转让协议的履行，即使其部分股权尚处于限售期，但限售期届满后，其仍可转让股权，故本案存在着股权置换协议可继续报经审批，及被批准的可能性。判决钢铁集团、国资公司2个月内办理股权置换的报批手续，同时钢铁集团给付资产公司违约金628万余元。

实务要点：在仅系股权转让条款经批准才生效的情形下，未经批准，股权转让条款未生效。法院应依据当事人请求继续办理报批手续的诉请，在可以继续办理报批手续的情形下，判令当事人办理报批手续以促使合同生效。

案例索引：最高人民法院（2007）民二终字第190号“某资产公司与某国资公司等股权置换纠纷案”，见《上诉人中国华融资产管理公司贵阳办事处与被上诉人贵州钢绳（集团）有限责任公司、贵州省冶金国有资产经营有限责任公司股权置换纠纷案》（审判长吴庆宝，审判员王宪森，代理审判员张雪楳），载《商事审判指导·裁判文书选登》（200903/19:219）。

2.1

200903/19:219

2007

195 债权转为股权后，再作为不良贷款转让的，应无效

——商业银行将其对借款人贷款转为股权后，再作为不良债权转让给资产管理公司的，资产公司无权要求偿还原贷款。

标签：不良资产 | 债转股 | 出资责任 | 特殊出资 | 企业改制 | 借款合同 | 债权转让

案情简介：1992年，丝织厂为纤维厂向银行贷款700万元提供连带责任保证。随后，纤维厂与银行发起组建实业公司，银行以全部贷款债权本息入股并确定享有相应股权。1999年，银行向实业公司和丝织厂发出700万元的债权转让及逾期债权催收通知，实业公司均加盖了公司印章。2000年，受让不良贷款债权的资产公司起诉实业公司、丝织厂承担连带清偿债务。

法院认为：根据《公司法》一般理论，股东出资一旦投入公司，即成为公司资产，该资产系公司运营和对外独立承担民事责任的物质基础，股东不得随意抽回。银行债转股投资行为不违背当时法律、法规的强制性规定，且组建股份制企业亦系当时企业经营机制改革的产物，故银行投资行为应为有效，其系实业公司合法股东。《商业银行法》虽规定国有商业银行不得向企业直接投资，但银行债转股行为发生在该法颁布实施前，故不影响其作为实业公司股东的身份及相应权利。该股权已合法转让给资产公司，符合现行政策规定。实业公司虽在银行逾期贷款催收通知书及债权转让通知书上签章，但该签章行为发生在债转股之后，债权已转化为股权，成为法人财产一部分，故该签章行为不具有否认银行投资行为的效力，亦不产生实业公司偿还已成为该公司股本的原贷款的义务。资产公司权利来源于银行，而银行对实业公司不享有收回700万元股金的权利，故资产公司无权要求实业公司将700万元股本作为贷款归还。因银行将贷款作为股本投入实业公司，借款合同债权已不存在，丝织厂保证债务亦随之消灭，故驳回资产公司诉讼请求。

3.1

200201/39:263

2001

实务要点：商业银行将其对借款人贷款转为股权后再作为不良债权转让给资产管理公司的，即便债务人在逾期贷款催收通知和债权转让通知上签字，亦不具有否认银行投资行为的效力，不产生债务人偿还已成为股本的原贷款的义务。

案例索引：河南高院2001年4月26日判决“某资产公司与某丝织厂等借款合同纠纷案”，见《信达公司诉银河公司对已按债转股转化的原有债务仍应按债务予以清偿案》（王季、邹波），载《人民法院案例选》（200201/39:263）。

I

企业改制

196 无偿接收债务人全部资产，应连带承担原企业债务

——企业因全部资产被整体划拨而变更产权关系的，无偿接受资产的新公司应在接受范围内对原有债务承担连带责任。

标签： 不良资产 | 企业改制 | 出资责任 | 债务主体 | 保证 | 担保财产转移 | 借款合同

7

案情简介： 1996年，化工厂向银行借款1028万元，制药厂提供连带保证责任。1997年，依据政府文件，制药厂全部资产整体划拨给医药集团，医药集团将制药厂经营性资产作为医药集团出资投入到新设立的药业公司。2003年，受让银行不良债权的资产公司诉请化工厂偿债，并要求制药厂承担连带清偿责任，医药集团在接收资产范围内承担连带清偿责任。

法院认为： 企业的资产既是企业从事经营活动的物质基础，又是其对外承担民事责任的一般担保。制药厂的全部资产整体划拨给医药集团，制药厂成为医药集团的全资附属企业。其后以医药集团为发起人成立药业公司，将制药厂经评估确认的全部经营性净资产及相应的负债作为医药集团的出资投入到药业公司，实际上处置了制药厂的资产，但制药厂并未依法享有股东权益，而是由医药集团享有股东权益。医药集团无偿接收制药厂的资产，在既未对制药厂原有债务进行处理，又未征得债权人事先同意或事后认可的情况下，对制药厂资产进行了处置，故医药集团应对制药厂的债务在其接受资产的范围内承担连带清偿责任。

实务要点： 企业因全部资产被整体划拨而变更产权关系后，无偿接受企业的公司将所接受企业的全部经营性净资产及相应的债务作为自己的出资，组建其所属的新公司的，应在接受原企业资产的范围内对其原有债务承担连带责任。

1.1

2004:279

2004

案例索引： 最高人民法院（2004）民二终字第54号“某资产公司诉某医药集团等借款担保合同纠纷案”，见《信达公司合肥办事处诉中国医药集团总公司等借款担保合同纠纷案》（审判长付金联，审判员金剑锋，代理审判员李京平），载《最高人民法院公报·裁判文书选登》（2004:279）。

197 债务人依规拨转国债专项资金，不属无偿转让财产

——债务人获得国债项目专项资金，嗣后因项目实施主体发生变更而转拨付新项目承担单位的，不属于无偿转让财产。

标签：不良资产 | 企业改制 | 接收财产 | 保证 | 担保财产转移

案情简介：2002年，水泵公司先后为蓄电池公司向银行贷款6000万元承担连带责任保证。2005年，水泵公司收到市财政局拨入的核电项目国债专项资金1020万元。2010年，根据省发改委文件，水泵公司将该资金汇入项目新的承担单位即机械公司。2011年，受让银行该不良金融债权的资产公司据此认为鼓风机公司应承担连带责任。资产公司提供的审计报告载明：水泵公司系鼓风机公司等的壳体单位，鼓风机公司对水泵公司进行了战略重组和重大技术改造，水泵公司往来款亦转入鼓风机公司。

法院认为：水泵公司虽于2005年收到市财政局拨入的国债专项资金1020万元，根据相关地方政府文件规定，该项资金系应专项用于特定的项目的投资补助，故随后因该项目的实施主体发生变更，上述国债专项资金亦随之拨入新的项目承担单位。水泵公司依省发改委文件批复，将上述争议款项汇入机械公司，并未转入鼓风机公司。资产公司虽举证证明鼓风机公司对水泵公司进行了战略重组和重大技术改造，水泵公司往来款亦转入鼓风机公司，但该证据对"重组"的方式和条件并未作出具体描述，故依该证据对鼓风机公司在重组过程中是否接收了水泵公司的资产、以何种方式接收，以及对所接收的资产是否支付对价等事实均不能确认，上述证据亦未列明其认定水泵公司往来款全部转入鼓风机公司的具体依据，对转入时间、原因、具体数额亦未确认，故依据前述并非针对本案争议事项的审计报告中"会计报表附注"部分的上述表述，不足以支持资产公司关于鼓风机公司无偿接收了水泵公司资产的主张。

实务要点：债务人获得地方财政部门拨付的国债项目专项资金，因嗣后项目实施主体发生变更而转拨付新的项目承担单位，新的项目承担单位未在企业改制中无偿接受其他企业财产，不应在接收资产范围内承担责任。

2.6

v.6:279

2011

案例索引：最高人民法院（2011）民二终字第117号"某资产公司与某水泵公司等借款合同纠纷案"，见《企业改制中新项目承担单位的责任认定——中国长城资产管理公司沈阳办事处与沈阳鼓风机集团股份有限公司、沈阳水泵股份有限公司、沈阳东北蓄电池股份有限公司、沈阳水泵厂金融借款合同纠纷案》（审判长雷继平，审判员陈明焰、苑多然），载《最高人民法院商事审判指导案例·合同与借贷担保卷（6）》（2012:279）。

198 基于行政划拨过程中的纠纷提起诉讼，应不予受理

——政府主管部门在对企业国有资产进行行政性调整、划拨过程中发生的纠纷，法院应裁定不予受理或裁定驳回起诉。

标签：不良资产 | 企业改制 | 法院受理 | 管辖 | 借款合同

案情简介：1998年，桃园粮库向银行借款1亿余元。2005年，南山粮库基于区政府行政划拨，取得桃园粮库1.8万平方米的国有土地使用权。受让银行不良债权的资产公司起诉桃园粮库偿付借款，并以“债随资产走”为由，同时诉请南山粮库承担连带责任。

法院认为：南山粮库通过区政府行政划拨行为无偿取得桃园粮库享有的国有土地使用权，即其取得该国有土地使用权是基于行政划拨行为。根据最高人民法院《关于审理与企业改制相关的民事纠纷案件若干问题的规定》第3条的规定，政府主管部门在对企业国有资产进行行政性调整、划拨过程中发生的纠纷，当事人向人民法院提起民事诉讼的，人民法院不予受理。故本案资产公司与南山粮库之间的纠纷，法院不应作为民事案件受理。同时，根据最高人民法院《关于适用〈民事诉讼法〉若干问题的意见》相关规定，起诉不符合受理条件的，人民法院应裁定不予受理；立案后发现起诉不符合受理条件的，裁定驳回起诉。故本案应裁定驳回资产公司对南山粮库的起诉。

7

2.1

201003/23:172

2.7

2011:129

2010

实务要点：政府主管部门在对企业国有资产进行行政性调整、划拨过程中发生的纠纷，当事人向法院提起民事诉讼的，法院不予受理；立案后发现起诉不符合受理条件的，裁定驳回起诉。

案例索引：最高人民法院（2010）民二终字第71号“某资产公司诉某粮库等借款合同纠纷案”，见《上诉人中国长城资产管理公司沈阳办事处与被上诉人锦州南山粮食储备库、辽宁锦州国家粮食储备库、原审被告锦州桃园粮库金融借款合同纠纷案》（审判长宫邦友，审判员朱海年，代理审判员张雪楳），载《商事审判指导·商事裁判文书选登》（201003/23:172）；另载《最高人民法院商事审判裁判规范与案例指导·裁判文书》（2011:129）。

199 未实际接收企业重组改制财产的，不应负清偿责任

——企业改制过程中，改制后企业应在接收资产范围内承担连带责任，反之，未实际接收原企业财产主体不承担责任。

标签：不良资产 | 企业改制 | 债务主体 | 股权转让 | 重组改制

案情简介：1997年，仪表厂向银行借款9022万余元。1998年，仪表厂

法院认为：仪表厂通过债转股方式设立的仪表有限公司作为主债务人应对银行债务承担清偿责任。仪表厂改制过程中，优质资产由仪表股份公司接收，依最高人民法院《关于审理与企业改制相关的民事纠纷案件若干问题的规定》第6条规定，仪表股份公司应在接收资产范围内承担

以优质资产1285万元与他人发起成立仪表股份公司。2001年，仪表厂通过债转股方式设立仪表有限公司。2005年7月，仪表总公司受让仪表有限公司全部股权。2005年8月，国资委、仪表总公司作为产权出让方与受让方投资公司、投资集团、实业公司签订《合作协议》，约定仪表有限公司、仪表总公司的“土地与产权整体出售”。实业公司为此通过仪表总公司向国土局缴纳划拨土地出让金1.5亿元，投资公司取得部分股权，投资集团未接收股份和财产。2005年9月，投资集团与他人合作成立仪表厂公司，并有偿受让仪表股份公司的商标和设备。2006年，受让银行不良债权的资产公司起诉仪表有限公司、仪表股份公司、仪表总公司、投资集团、投资公司、实业公司要求连带承担借款清偿责任。

2.1

200902/18:147

2009

连带清偿责任。2005年8月，国资委为重组改制仪表有限公司与各当事人签订的《合作协议》并未完全履行，重组后的仪表有限公司独立法人地位仍存在，公司资产未发生变化，公司股权虽发生变化，但公司偿债能力并不因股权变动而变化，故接受仪表有限公司股权的投资公司与仪表有限公司系股东与公司的关系，不应就公司债务承担民事责任。投资集团未按《合作协议》约定受让股份，亦未接收财产，故亦不承担责任。仪表有限公司一直未缴纳国有划拨土地使用权出让金，重组改制过程中，实业公司与国土局签订土地使用权出让合同并足额支付土地出让金，其受让的土地使用权并非从仪表有限公司受让，故不应承担仪表有限公司债务。仪表总公司在仪表有限公司改制重组中并未接收任何财产，虽作为约定产权出让一方，实际上仅履行对仪表有限公司股权的托管职能，故不承担民事责任。仪表厂公司与仪表有限公司均系独立法人，后者并非前者出资人，前者有偿受让后者商标及设备，仪表厂公司同样不应承担仪表有限公司的债务。故判决仪表有限公司偿还资产公司借款9022万余元本息，仪表股份公司对上述债务在1285万元范围内承担连带清偿责任。

实务要点： 根据最高人民法院《关于审理与企业改制相关的民事纠纷案件若干问题的规定》第6条规定，企业以其部分财产和相应债务与他人组建新公司，对所转移的债务，由新组建的公司承担民事责任，转移债务未通知债权人或债权人不认可的，由原企业承担民事责任，原企业无力清偿的，新设公司应在接收财产范围内与原企业承担连带民事责任。企业重组改制过程中，未实际接收原企业财产的主体不承担连带清偿责任。

案例索引： 最高人民法院判决“某资产公司与某仪表厂等借款合同纠纷案”，见《公司重组改制中不应对相关参与民事主体任意追究民事责任》（李京平，最高院民二庭），载《民商事审判指导·民商审判案例分析》（200902/18:147）。

200 债权人明知债务人资产置换未提异议的，视为同意

——在债务人与第三人的资产置换行为中，如有证据证明债权人事先明知且未提异议，应视为债权人同意该置换行为。

标签：不良资产 | 企业改制 | 撤销权 | 明显低价 | 接收财产

法院认为： 招待所与就业处资产置换行为是平等市场主体间的民事行为，该置换行为虽经市政府协调，并经市政

案情简介：1998年，就业处向银行贷款2800万元。2004年，经市政府协调，就业处以其价值2100万余元的酒店资产及300万元现金与招待所净值6900万余元的宾馆资产进行置换。银行为此出具酒店土地划分意见。2006年，受让银行不良债权的资产公司起诉就业处和招待所对本案债务本息承担连带责任。

2.6

v.2:284

2007

7

府会议批准同意，但市政府上述工作应认为是履行国有资产监管职责。该置换行为不属于企业产权制度改造中发生的民事纠纷，不适用最高人民法院《关于审理与企业改制相关的民事纠纷案件若干问题的决定》，而应适用《民法通则》及《合同法》。招待所通过与就业处签订置换协议，支付对价，取得酒店所有权并办理登记手续。本案证据表明债权人银行对此资产置换行为是知晓的，并与就业处、招待所共同向有关行政机关出具了酒店土地划分意见，致使招待所对就业处的产权变更手续得以完成。如其认为该置换系以不合理低价转让财产，造成就业处资产减少，侵害其债权，其可依法律规定，在资产置换之初，要求就业处提供新的担保，亦可在资产置换后，根据《合同法》第74条、第75条规定在法定期限内提起撤销权之诉，但银行怠于提起撤销权之诉，导致失权，应自行承担责任。故判决就业处偿还借款本金2800万元及利息，驳回资产公司对招待所的诉讼请求。

实务要点：在债务人与第三人的资产置换行为中，如有证据证明债权人事先对资产置换行为即为明知且未提出异议，则应视为债权人同意该资产置换行为。

案例索引：最高人民法院（2007）民二终字第28号“某资产公司与某招待所等借款合同纠纷案”，见《在债务人与第三人的资产置换行为中，如果有证据证明债权人事先对资产置换行为即为明知且未提出异议，则应视为债权人同意该资产置换行为——中国长城资产管理公司西安办事处与宝鸡市劳动就业服务处、宝鸡市人民政府第二招待所、宝鸡市劳动和社会保障局借款合同纠纷案》（审判长付金联，审判员张树明，代理审判员王涛），载《最高人民法院商事审判指导案例·借款担保卷（上）》（2011:284）。

201 企业之间的资产置换，系平等市场主体间民事行为

——企业之间的资产置换行为是平等市场主体之间的民事法律行为，不属于在企业产权制度改造中所发生的民事纠纷。

标签：不良资产 | 企业改制 | 法院受理 | 资产置换 | 民事行为 | 国资监管

案情简介：1998年，就业处向银行贷

法院认为：招待所与就业处资产置换行为是平等市场主体间的民事行为，该置换行为虽经市政府协调，并经市政府会议批准同意，但市政府上述工作应认为是履行国有资产的监管职责，且双方签订协议在前，政府批准在后，原审判决认为资产置

款2800万元。2004年，经市政府协调，招待所以其价值2100万余元的酒店资产及300万元现金与就业处净值6900万余元的宾馆资产进行置换。2006年，受让银行不良债权的资产公司起诉。一审认为该置换系政府对国有资产的调整划转，不属法院审理民事案件范围。

2.6

v.2:284

2007

换系政府对国有资产的调整划转，不属于法院民事案件的审理范围不妥，应予纠正。该置换行为不属于在企业产权制度改造中发生的民事纠纷，不适用最高人民法院《关于审理与企业改制相关的民事纠纷案件若干问题的决定》，而应适用《民法通则》及《合同法》。招待所通过与就业处签订置换协议，支付对价，取得酒店所有权并办理登记手续。本案证据表明就业处债权人银行对此资产置换行为是知晓的，应视为银行同意该资产置换行为。如其认为该置换系以不合理的低价转让财产，造成就业处的资产减少，侵害其债权，其可依法律规定，在资产置换之初，要求就业处提供新的担保，亦可在资产置换后，根据《合同法》第74条、第75条规定在法定期限内提起撤销权之诉，但银行怠于提起撤销权之诉，导致失权，应自行承担责任。故判决就业处偿还借款本金2800万元及利息。

实务要点： 企业之间的资产置换行为是平等市场主体间的民事行为，不属于在企业产权制度改造中发生的民事纠纷，不适用最高人民法院《关于审理与企业改制相关的民事纠纷案件若干问题的决定》，而应适用《民法通则》及《合同法》。即使资产置换行为因涉及国有资产，需经地方政府协调或批准同意，但上述政府行为亦应认为系履行国有资产监管职责，不是对国有资产的调整划转，不影响资产置换的民事行为性质。

案例索引： 最高人民法院（2007）民二终字第28号“某资产公司与某招待所等借款合同纠纷案”，见《在债务人与第三人的资产置换行为中，如果有证据证明债权人事先对资产置换行为即为明知且未提出异议，则应视为债权人同意该资产置换行为——中国长城资产管理公司西安办事处与宝鸡市劳动就业服务处、宝鸡市人民政府第二招待所、宝鸡市劳动和社会保障局借款合同纠纷案》（审判长付金联，审判员张树明，代理审判员王涛），载《最高人民法院商事审判指导案例·借款担保卷（上）》（2011:284）。

202 抵押财产转移不影响抵押权行使，行为人无需担责

——企业改制过程中，即使全部或部分抵押物被投入到改制后的企业，债权人对抵押物的优先受偿权均不应受到影响。

标签：不良资产 | 抵押 | 企业改制 | 接收财产 | 抵押权追及力

法院认为： 抵押权系担保物权，是抵押权人对抵押物享有的优先受偿的权利。资产公司未能提供本案抵押物因国资

案情简介： 1999年9月，玩具公司向银行借款，国有独资的工艺品集团以名下房产和土地使用权提供抵押担保并办理了抵押登记。同年12月，国资公司以工艺品集团的全部净资产与其他企业共同发起设立工艺品公司。2000年，工艺品集团因未参加年检被吊销营业执照。2006年，受让银行不良债权的资产公司诉请工艺品集团、工艺品公司对玩具公司贷款承担责任。一审诉讼中，资产公司以工艺品集团被吊销营业执照而撤销对其的诉讼请求，同时撤销了对抵押合同项下的抵押物采取的诉讼保全措施，并追加国资公司为被告。

7

2.6

v.2:583

2006

公司行为而毁损、灭失的证据，在案涉房地产至今仍在工艺品集团名下，即工艺品集团对抵押物享有所有权的情况下，资产公司可依抵押合同向工艺品集团主张权利。国资公司在工艺品集团改制为工艺品公司时，将抵押的机器设备投入到工艺品公司，但基于抵押权的物权性质，该行为并不影响抵押权的实现。资产公司怠于向工艺品集团和工艺品公司行使权利，而以最高人民法院《关于审理与企业改制相关民事纠纷案件若干问题的规定》为据要求国资公司承担侵害财产权的民事责任，因其不能证明抵押权受到实际损害，不符合侵权责任的构成要件，其诉请不应支持。即使适用前述司法解释，也只能依接受资产的状况判定本案债务是由新公司即工艺品公司承担抑或由旧企业即工艺品集团承担，而不涉及两公司的出资人国资公司的责任承担问题。

实务要点： 企业改制过程中即使全部或部分抵押物被投入到改制后的企业，抵押权的实现也不应受到影响。债权人可以根据最高人民法院《关于审理与企业改制相关民事纠纷案件若干问题的规定》第6条规定依接受资产的状况判定是否由改制前后的公司承担责任。债权人要求改制前后企业出资人承担相应偿还责任没有依据。

案例索引： 最高人民法院（2006）民二终字第169号“某资产公司与某玩具公司等借款担保合同纠纷案”，见《企业被吊销营业执照是工商管理部门对企业法人的行政处分，该企业的主体资格仍然存在，抵押人并未发生变更——枣庄市峄城区国有资产经营有限公司与中国信达资产管理公司济南办事处、山东东方玩具有限公司、山东东方工艺品股份有限公司、枣庄市服装绣品有限公司借款担保合同纠纷案》（审判长付金联，审判员张树明，代理审判员王涛），载《最高人民法院商事审判指导案例·借款担保卷（下）》（2011:583）。

203 公司此前所负债务，不因股份制改造或上市而免除

——因股份制改制前后民事主体同一性，故改制前企业法人债务由改制后公司承担，不因其股份制改造或上市而免除。

标签： 不良资产 | 企业改制 | 一般规定 | 借款合同 | 股权转让 | 股份制改制

案情简介： 1992年，实业公司向银

法院认为： 实业公司通过与他人签订联营协议成立开发公司的方式，将实业公司全部财产转移到开发公司，使实业公司失去对外偿债的物质基础，故开发公司依法应对实业公司债务承担连带偿还责任。实业集团是在开发公司等三家企业合并的基础

行借款5000万元。同年，实业公司与他人联营成立国有性质的开发公司，将实业公司全部财产转移至开发公司。1993年，开发公司与其他两家企业通过增资扩股方式发起成立实业集团。2001年，受让银行金融不良债权的资产公司认为，实业集团为开发公司等三家企业投资设立，其承接了上述三家企业的全部资产，应承担开发公司债务。实业集团提出其1996年重新登记和2000年上市后，开发公司在实业集团的出资已转化成相应股权，实业集团不应承担开发公司债务。

2.1

200601/9:177

2006

上，通过增资扩股的方式，进行股份合作制改制设立的。从法律意义上看，其设立行为包括了企业合并和股份合作制改制两个法律行为，即首先是开发公司等三家企业法人的合并行为，其次是在合并基础上通过增资扩股的方式，吸收其他法人及自然人（职工）为企业新的出资者，将原国有企业改制成股份合作制企业。根据《民法通则》第44条第2款关于"企业法人分立、合并，它的权利和义务由变更后的法人享有和承担"规定，因开发公司等三家企业的合并行为，被合并各方的全部权利和义务依法均应由合并后法人概括性继受。同时，三家企业合并后经股份制改制，改变的仅是法人资本结构、投资主体、数量和企业组织形式，而其民事主体并未变更，即股份合作制改制后的法人与改制前的法人系同一人格，故股份制改制前的法人债务当然由改制后的法人承担。2000年实业集团上市后，其与成立时的法人在主体资格上并无二致，故不论后来实业集团基于何种原因、以何种方式，将成立时由国资办持有的开发公司等三家企业净资产形成的国有股又转化成所谓的发起人股，都不能用以对抗资产公司根据原合并、改制事实要求实业集团承担开发公司债务的诉请，亦不能以实业集团上市后为保护其他新的股东利益为由来否定其本应承担的民事责任。实际上，实业集团将其原有国家股转化成由应注销而未注销的开发公司等持有，性质上至多是发生股权转让的法律后果，不影响实业集团按设立时的事实状态继续承担原被合并各方的债务，判决实业公司、开发公司偿还借款本金5000万元及利息，实业集团承担连带偿还责任。

实务要点： 因股份制改制前后民事主体的同一性，改制前法人的债务由改制后公司承担。而企业出资设立新公司，因未造成原法人责任财产减少，仅仅是法人财产由原先的有形财产或货币等形态转化成企业对新公司持有的股权，故出资者的债务不能追及到新公司的民事责任。

案例索引： 最高人民法院判决"某资产公司与某实业公司等借款合同纠纷案"，见《公司上市不影响对其原有债务的承担——上诉人中国信达资产管理公司西安办事处与被上诉人阳江市国阳实业发展公司、阳江市长发实业公司和广东华龙集团股份有限公司拖欠借款纠纷上诉案评析》（刘敏，最高院民二庭；审判长吴庆宝，代理审判员宫邦友、刘敏），载《民商事审判指导·案例分析》

（200601/9:177）。

204 特种金融债券系证券资产，信证分离时归证券公司

——特种金融债券作为专门用于清偿证券回购债务的有价证券，信证分离时应作为应剥离的证券类资产进入证券公司。

标签： 不良资产 | 企业改制 | 企业分立 | 证券 | 信证分离 | 特种金融债券

案情简介： 1997年，银行购买投资公司发行的3年期特种金融债券6800万元，逾期未受偿。2001年，根据国家信证分离政策，投资公司将全部证券类业务和超过其总资产50%以上的62亿余元资产及55亿余元债务转入证券公司并在其中占68.14%的股份。证券公司验资报告中，标明投资公司3亿余元资产和等值的包含本案特种金融债券在内的负债不进入证券公司。据此，投资公司和证券公司认为系投资入股，不属于企业分立，证券公司不应承担共同清偿银行债权义务。

法院认为： 证券公司组建初期，包括投资公司在内的证券公司各股东注意了对本案债权人的保护，在组建协议中一致同意承担银行的债务。但当中国证监会要求投资公司的不良债权不能进入证券公司时，投资公司为保持其投入证券公司作为注册资金的净资产数额和持股比例不变，将本案债务剥离。证券公司的其他股东则以签署《确认书》的方式同意了投资公司的这一行为。投资公司及证券公司均不能证明上述行为是在证券监管部门及其他行政部门的要求下作出的。且参照中国人民银行《特种金融债券托管回购办法》规定，特种金融债券是专门用于清偿证券回购债务的有价证券。以上规定表明该债券资产显系证券类资产。根据《证券法》以及主管部门有关证券公司成立的文件，证券类资产应进入证券公司，不能继续留在投资公司，故包括投资公司在内的证券公司各股东将本案债务剥离出证券公司的行为，违背了向债权人的承诺，不符合民事活动中的诚实信用原则，也与证券公司的成立宗旨相悖，对债权人债权的实现造成了损害。根据最高人民法院《关于审理与企业改制相关的民事纠纷案件若干问题的规定》第6条规定，投资公司将全部证券类业务和超过其总资产50%以上的资产及债务转入证券公司并在其中占68.14%的股份，并由其他股东参股成立证券公司，银行有权向证券公司主张债权。由于证券公司实际接收的财产远大于本案债务，故判决证券公司连带赔偿投资公司所负银行债务。

实务要点： 特种金融债券作为专门用于清偿证券回购债务的有价证券，属于证券类资产。根据《证券法》以及主管部门有关信证分离政策，将证券类资产剥离出证券公司的行为，违背了向债权人的承诺，不符合民事活动中的诚实信用原则，亦与证券公司的成立宗旨相悖，对债权人债权的实现造成了损害。

案例索引： 最高人民法院（2004）民二终字第198号“某银行与某投资公司等特种金融债券兑付纠纷案”，见《中国科技

7

2.1

200502/8:277

2.6

v.4:31

2004

证券有限责任公司与张家港市农村银行股份有限公司、中国科技国际信托投资有限责任公司特种金融债券兑付纠纷上诉案》(审判长徐瑞柏，审判员张树明，代理审判员王宪森)，载《民商事审判指导·判决书选登》(200502/8:277)；另参阅最高人民法院(2004)民二终字第197号“某银行与某科技公司等金融债券兑付纠纷案”，见《信托公司以其部分证券业务和债务与他人组建新的公司，未通知债权人的，债权人有权要求新公司在接受的财产范围内与债务人承担连带责任——中国科技证券有限责任公司与常熟市农村商业银行股份有限公司、中国科技国际信托投资有限责任公司特种金融债券兑付纠纷案》(审判长徐瑞柏，审判员张树明，代理审判员王宪森)，载《最高人民法院商事审判指导案例(4)·金融卷》(2011:31)。

205 转让优质资产而保留债务的约定，不能对抗债权人

——名为兼并，实为优质资产转让，而债务留在原企业，接收原企业优质资产的公司应在所接收范围内承担连带责任。

标签： 不良资产 | 企业改制 | 债务承担 | 借款合同 | 固定资产转让

案情简介： 2000年，资产公司受让银行对水泥厂的金融不良债权。2001年，水泥厂、区政府与实业集团签订兼并协议，将评估为1600万余元的水泥厂固定资产作价1400万元转让给实业集团，实业集团按70%的比例分12年支付收购款，并约定“债权债务由水泥厂存续实体负责管理，实业集团对此债权债务不承担任何责任”。

法院认为： 水泥厂、实业集团及区政府三方所签兼并协议，名为企业兼并，实为对水泥厂固定资产的转让。根据约定，水泥厂的优质资产全部有偿转让给实业集团，而所有债务仍由水泥厂的存续主体承担，该约定不仅导致了水泥厂的偿债能力的丧失，且严重损害了该行为发生时未得到任何通知的债权人的合法权益。故兼并协议中关于实业集团对水泥厂债务不承担责任的约定，不能对抗对水泥厂享有债权的资产公司。实业集团取得了水泥厂经评估确定的财产，并以此成立了全资子公司，根据最高人民法院《关于审理与企业改制相关的民事纠纷案件若干问题的规定》规定，实业集团应在所接收的财产即1600万余元范围内对水泥厂的债务承担连带责任。

实务要点： 名为兼并，实为企业优质资产转让，而债务留在原企业，接收原企业优质资产的公司应在所接收财产范围内与原企业共同向债权人承担连带责任。

2.1

200301/3:332

2003

案例索引： 最高人民法院判决“某资产公司与某水泥厂等借款合同纠纷案”，见《企业资产转让后债务的承担——中国华融资产管理公司太原办事处、中国信达资产管理公司太原办事处与朔州水泥厂等借款合同纠纷上诉案》(殷媛)，载《民商审判指导与参

考·案例评析》(200301/3:332)。

破产

206 放弃优先受偿权转为借款关系，适用普通诉讼时效

——享有对破产财产优先受偿权的债权人，嗣后又通过协议转为对第三人的借款债权的，应适用一般的诉讼时效规定。

标签：不良资产 | 诉讼时效 | 破产 | 优先受偿权 | 破产程序 | 抵押 | 抵押权实现

法院认为： 法院在毛巾厂破产程序中的裁定确认了抵押权效力，银行就抵押财产拍卖、变卖后的价款依法享有优先受偿权，但并非取得了该抵押物的所有权。银行取得涉案资产优先受偿权后，在近两年时间内未采取措施积极行使权利，而是嗣后在政府办公会议上同意将对涉案资产优先受偿的权利转为对财产接收人实业公司的债权，只是最终未办理转贷手续。在重新确认债权债务基础上，银行对原涉案资产的优先受偿权已经消灭，应依新的借款关系向实业公司主张债权。鉴于双方未重新约定借款期限，应从会议纪要确认债权的时间即1998年8月28日起算诉讼时效。因银行1998年已通过建立新的借款关系方式放弃了优先受偿权，此后银行与资产公司所签转让合同注明转让标的系非信贷类资产，即银行系对自身不享有权利的资产进行处分，资产公司受让涉案资产没有依据，受让行为无效，本案因资产公司受让超过诉讼时效的债权，故判决驳回资产公司诉讼请求。

案情简介： 1996年，受理毛巾厂破产案件的法院作出裁定，确认银行对毛巾厂破产财产享有3600万余元的优先受偿权。1997年，政府决定毛巾厂破产分配后的资产由实业公司承担，银行债务作为国家资本金划转至实业公司。1998年8月28日，经政府办公会协调形成的会议纪要记载银行对毛巾厂抵押贷款受偿的3600万余元转贷给实业公司。2005年，资产公司受让银行该不良债权。2007年，实业公司将名下原毛巾厂土地使用权挂牌出让给开发公司，实业公司得款1.9亿余元。2011年，资产公司诉请实业公司、开发公司、市政府偿还借款。

实务要点： 法院在破产程序中裁定债权人享有对破产财产的优先受偿权，嗣后债权人又通过协议转为对第三人的借款债权的，债权人主张权利应适用一般的诉讼时效规定。

2.6
v.9:360
2012

案例索引： 最高人民法院（2012）民二终字第84号“某资产公司与某实业公司等债权纠纷案”，见《债务承接及“借新贷还旧贷”的诉讼时效——内蒙古仕奇集团有限责任公司与中信资产管理有限公司、呼和浩特市人民政府、内蒙古长兴房地产开发有限责任公司一般债权纠纷案》（审判长王宪森，审判员殷媛，代理审判员张雪楳），载《最高人民法院商事审判指导案例（2012）·公司与金融》（2013:360）。

207 债务人破产的，破产债权停止计息的法律适用问题

——对于计息的破产债权，破产宣告早于《企业破产法》实施的，根据当时法律规定，利息应计算到破产宣告之日止。

标签： 不良资产 | 破产 | 利息 | 保证 | 担保范围 | 停止计息 | 法律适用

案情简介： 2001年，实业公司为化工公司向银行贷款提供连带责任保证。2005年12月12日，化工公司被法院宣告破产。2010年，受让该不良债权的资产公司诉请保证人实业公司承担清偿责任，并要求支付至实际清偿日的利息。

法院认为： 债务人化工公司已于2005年12月12日被法院宣告破产，早于修订后的《企业破产法》的施行时间。根据当时的法律规定，即最高人民法院《关于贯彻执行〈企业破产法（试行）〉若干问题的意见》第64条之规定，计息的破产债权，计算到破产宣告之日止。则本案主债权的利息应计算至2005年12月12日止。实业公司作为连带责任保证人，其承担的偿还责任不应超过主债务人化工公司责任范围，亦应计算利息至2005年12月12日。

实务要点： 审理与破产有关的案件，应首先适用当时实施的法律及行政法规规定，破产时没有规定的才能类推适用生效在后的相关规定。对于计息的破产债权，债务人破产宣告早于《企业破产法》实施时间的，根据当时的法律规定，即最高人民法院《关于贯彻执行〈企业破产法（试行）〉若干问题的意见》第64条之规定，利息应计算到破产宣告之日止。

2.6
v.7:420
2011

案例索引： 最高人民法院（2011）民二终字第5号“某资产公司与某实业公司保证合同纠纷案”，见《金融资产管理公司承接银行债权如何认定诉讼时效中断——宁夏大荣实业集团有限公司与中国信达资产管理股份有限公司陕西省分公司保证合同纠纷案》（审判长张勇健，代理审判员李京平、王富博），载《最高人民法院商事审判指导案例-7·公司与金融卷》（2012:420）。

208 债权人已申报破产债权的，可以同时主张保证债权

——债权人已在债务人破产程序中申报债权，同时又就该借款起诉保证人，法院仍可有条件判决保证人履行保证责任。

标签：不良资产 | 破产 | 保证债权 | 保证 | 保证责任主张

案情简介：2001年，实业公司为化工公司向银行贷款提供连带责任保证。2005年，化工公司被法院宣告破产。2010年，受让该不良债权的资产公司诉请保证人实业公司承担清偿责任。实业公司认为资产公司已申报破产债权，应待化工公司破产程序终结后才能主张保证债权。资产公司在二审期间承诺如本案判令实业公司承担保证责任并实际偿付，资产公司在化工公司破产案中作为债权人的受偿权可转让给实业公司。

法院认为：由于资产公司已在化工公司破产程序中申报债权，现又针对同一笔借款本息向保证人实业公司提起本案诉讼，其受偿数额可能会超过债权数额，损害保证人实业公司合法权益。在本案二审期间，资产公司承诺如本案判令实业公司承担保证责任并实际偿付，资产公司在化工公司破产案中作为债权人的受偿权可转让给实业公司。基于该承诺，实业公司在全额偿付本案借款本金及利息前提下，可取得资产公司因上述债权在化工公司破产程序中获得的全部受偿款项。故判决实业公司偿还资产公司借款本金1110万元，利息406万余元，实业公司履行清偿义务后，取得资产公司在化工公司破产案中作为债权人的受偿权。

实务要点：债权人已在债务人破产程序中申报债权，嗣后又针对同一笔借款本息向保证人提起诉讼，其受偿数额可能会超过债权数额，损害保证人合法权益。债权人在诉讼中承诺如判令保证人承担保证责任并实际偿付，债权人在债务人破产案中作为债权人的受偿权可转让给保证人的，法院可依该承诺判决保证人履行保证责任。

7

2.6

v.7:420

2011

案例索引：最高人民法院（2011）民二终字第5号“某资产公司与某实业公司保证合同纠纷案”，见《金融资产管理公司承接银行债权如何认定诉讼时效中断——宁夏大荣实业集团有限公司与中国信达资产管理股份有限公司陕西省分公司保证合同纠纷案》（审判长张勇健，代理审判员李京平、王富博），载《最高人民法院商事审判指导案例-7·公司与金融卷》（2012:420）。

209 债务人被政策性关闭破产前，以物抵债，协议有效

——债务人被国务院列入总体规划拟实施关闭破产企业之前，与债权人达成以物抵债协议的，不违反国务院文件规定。

标签：不良资产 | 破产 | 房地产抵押 | 执行 | 以物抵债 | 政策性破产

案情简介：2006年，生效判决认定酒厂欠银行金融债权4700万余元。2007

法院认为：资产公司同酒厂之间达成的以物抵债协议是当时双方当事人真实意思表示，并得到了被执行人主管部门及省政府主管领导的认可，应为合法有效。国务院《关于进一步做好国有企业政策性关闭破产工作的意见》（国办发〔2006〕3号）文件规定：“对列入总体规划拟实施

年7月31日，执行程序中，酒厂为列入全国政策性破产名单，就抵押的150亩土地使用权与资产公司达成以物抵债协议，并经主管部门及省政府主管领导同意。同年11月，酒厂被列入政策性关闭破产计划。2008年，酒厂主张资产公司对政策性关闭破产企业逼债违反国办发〔2006〕3号文件规定，达成的以物抵债协议无效。

关闭破产的企业，有关金融机构不得在企业关闭破产方案实施前转让或出售已确认的债权（国有金融机构之间经国家批准的债权除外），也不得加紧追讨债权及担保责任。但对企业恶意逃废金融债权的行为，有关金融机构应依法维护自身合法权益。国有金融机构以企业终结时法院裁定的清偿率进行清收。”但本案双方当事人签订以物抵债协议时，酒厂尚未被国务院列入总体规划拟实施关闭破产企业；其被列入该总体规划后，资产公司则是通过法律途径依法维护自身合法权益，故不违反该文件精神。

2.5

201003/35:98

2009

实务要点： 债务人被国务院列入总体规划拟实施关闭破产企业之前，与债权人达成以物抵债协议的，不违反国务院《关于进一步做好国有企业政策性关闭破产工作的意见》（国办发〔2006〕3号）文件规定。

案例索引： 最高人民法院（2009）执复字第17号“中国长城资产管理公司贵阳办事处与贵州珍酒厂执行异议案”，见《长城资产管理公司贵阳办事处申请复议案》（谷峻杰，最高院执行局；审判长吴宪光，代理审判员于泓、黄年），载《执行工作指导·典型案例》（201003/35:98）。

210 起诉被列入政策性关闭破产规划国企的，不予受理

——债权人向已列入政策性关闭破产总体规划并拟实施关闭破产的国有企业债务人主张清偿债务的，法院应不予受理。

标签： 不良资产 | 破产 | 管辖 | 起诉 | 特殊债务人 | 政策性关闭破产

案情简介： 2007年11月，全国企业兼并破产和职工再就业工作领导小组将实业公司列入《全国企业关闭破产项目表》。同年12月，受让银行金融债权的资产公司起诉实业公司偿还借款，并要求保证人化工集团承担担保责任。

法院认为： 最高人民法院《关于审理涉及金融不良债权转让案件工作座谈会纪要》（法发〔2009〕19号）对此类案件受理问题作出专门规定，明确“债权人向已列入经国务院批准的全国企业政策性关闭破产总体规划并拟实施关闭破产的国有企业债务人主张清偿债务的”，法院不予受理。根据《民事诉讼法》规定，当事人起诉必须属于人民法院受理民事诉讼的范围。故资产公司对实业公司的起诉因不符合上述法律和司法政策的规定，依法应予驳回。但前述纪要仅针对被列入政策性破产企业债务人作为被告的案件，并不排除债权人对相关担保人提起诉讼的情形。同时，担保人的担保责任亦不因主债务人进入破产程序而当然免除。政策性破产企业的债务作为拟核销的呆坏账由债权银行予以核销，系金融企业对呆坏账按国家政策性破产所实施的特殊财务

2.7

2011:348

2.6

v.2:371

2009

处理方式，并不因此导致从债务即担保法律关系的消灭，担保人对担保债务仍应按法律规定和合同约定承担相应责任。故资产公司对担保人化工集团的起诉符合法律规定，亦不与前述纪要和相关政策相冲突，其诉权应受法律保护。

实务要点： 债权人向已列入经国务院批准的全国企业政策性关闭破产总体规划并拟实施关闭破产的国有企业债务人主张清偿债务的，法院不予受理。

案例索引： 最高人民法院（2009）民二终字第28号“某资产公司与某化工公司等借款担保合同纠纷案”，见《中国长城资产管理公司乌鲁木齐办事处与新疆昆仑股份有限公司、新疆化工（集团）有限责任公司、新疆新化化肥有限公司借款担保合同纠纷案》（审判长裴莹硕，审判员宫邦友，代理审判员刘崇理），载《最高人民法院商事审判裁判规范与案例指导·裁判文书》（2011:348）；另见《政策性破产企业的债务作为拟核销的呆坏账由债权银行予以核销的，担保法律关系并不因此而消灭》，载《最高人民法院商事审判指导案例·借款担保卷（上）》（2011:371）。

7

211 未登记抵押权人以普通债权申报，视为放弃抵押权

——主债务人破产时，抵押权人仅以普通债权人身份申报债权，应视为放弃抵押权，保证人有权就放弃部分免除责任。

标签： 不良资产 | 破产 | 抵押 | 优先受偿权 | 物保和人保 | 保证 | 放弃抵押

案情简介： 1990年，氮肥厂向银行贷款495万美元，借款合同约定“氮肥厂必须以其原有固定资产和项目形成的固定资产全部抵押给银行，在贷款未还清前，银行有留置权”。同时卷烟厂提供连带责任保证。2006年，氮肥厂被列入国务院拟破产企业时，该厂资产总额为8亿余元。进入破产程序后，银行以普通债权人身份申报债

法院认为： 银行与氮肥厂在1990年的借款合同中明确约定将氮肥厂原有固定资产和项目形成的固定资产全部抵押给银行，根据最高人民法院《关于贯彻执行〈民法通则〉若干问题的意见（试行）》第112条关于“债务人或者第三人向债权人提供抵押物时，应当订立书面合同或者在原债权文书中写明。没有书面合同，但有其他证据证明抵押物或者其权利证书已交给抵押权人的，可以认定抵押关系成立”的规定，应认定银行与氮肥厂抵押关系依法成立。氮肥厂2006年被国务院列入拟破产企业时，资产公司向氮肥厂破产管理人申报债权时是作为普通债权申报的，并未提及抵押权。经第一次债权人会议，管理人编制了拟确认债权表，资产公司亦未提出异议，由此应认定资产公司放弃了物权担保。根据最高人民法院《关于审理经济合同纠纷案件有关保证的若干问题的规定》第15条关

权，最终确认未受偿债权为4400万余元。2006年12月，受让银行该不良债权的资产公司诉请卷烟厂承担保证责任。卷烟厂以银行放弃抵押权而主张免除担保责任。

于“债权人放弃抵押权的，保证人就放弃抵押权的部分不再承担保证责任”规定，因资产公司放弃了物权担保，且氮肥厂抵押财产价值大于本案所涉借款本息，故卷烟厂保证责任应予免除。

实务要点： 借款合同明确约定抵押条款的，在主债务人破产时，债权人仅以普通债权人身份申报债权，而未主张担保物权，应视为放弃抵押权，保证人有权就放弃抵押权的部分不再承担保证责任。

2.7

2011:351

2.6

v.2:673

2009

案例索引： 最高人民法院（2009）民二终字第34号“某资产公司与某卷烟厂等借款担保合同纠纷案”，见《中国东方资产管理公司西安办事处与宝鸡卷烟厂、陕西省宝鸡氮肥厂破产管理人借款担保合同纠纷案》（审判长贾纬，代理审判员沙玲、周伦军），载《最高人民法院商事审判裁判规范与案例指导·裁判文书》（2011:351）；另见《主合同中约定的借款数额少于〈不可撤销担保书〉中承诺的数额，这种变化即使未经保证人同意，也不能够成为保证人免责的条件》，载《最高人民法院商事审判指导案例·借款担保卷（下）》（2011:673）。

212 债权人退出破产债权申报后，可向保证人主张权利

——债务人破产程序开始后，债权人向法院申报债权后可以撤回申报，而选择向承担一般保证责任的保证人主张权利。

标签： 不良资产 | 破产 | 保证债权 | 保证 | 保证责任主张 | 一般保证

案情简介： 2001年，生效判决确认化肥厂负有对银行的贷款债务，石油公司承担一般保证责任，并指明化肥厂对石油公司的反担保可由石油公司另诉。执行程序中，2007年，化肥厂被宣告破产还债，石油公司申报了反担保抵押财产别除权。受让银行该不良债权的资产公司向法院申报债权后，又撤回申报，转而请求执行石油公司。

法院认为： 根据最高人民法院《关于适用〈担保法〉若干问题的解释》第44条的规定，人民法院受理了债务人的破产案件，一般保证的保证人就不得再主张先诉抗辩权，债权人可以直接向一般保证人主张权利，但如果债权人在破产程序开始后向人民法院申报了债权，就不能在加入债务人破产程序的同时要求保证人承担保证责任。本案中，债权人资产公司既可以选择向债务人化肥厂破产清算组申报债权，也可以选择向保证人石油公司主张权利。资产公司在申报了债权后又撤回了债权申报，即退出了化肥厂的破产程序，转而依法向保证人石油公司主张权利，对于债权人的这种选择，法律及司法解释均无禁止性规定，应为合法。债权人撤回申报后，石油公司仍可根据《企业破产法》第56条规定申报债权，在此过程中，债权人并无过错，保证人利益亦未受到影响，此情况不符合上述司法解释第45条规定的保证人保证

2.5

200804/28:90

2008

责任免除条件。

实务要点： 债权人在债务人破产程序开始后向法院申报了债权后又撤回了债权申报，转而向一般保证的保证人主张权利，对于债权人的这种选择，法律及司法解释均无禁止性规定，应为合法。

案例索引： 最高人民法院（2008）执复字第1号“中国石化集团资产经营管理有限责任公司与中国东方资产管理公司南宁办事处、贵州省安顺化肥厂等执行异议案”，见《中石化贵州分公司申请复议案》（张小林、马岚，最高院执行局；审判长张小林，审判员项存奇，代理审判员范向阳），载《执行工作指导·案例分析》（200804/28:90）。

7

213 债务人进入破产程序后，债权人代位权应受到限制

——在债务人已进入破产程序情况下，债权人以债务人怠于行使权利提起代位权诉讼的，应在债务人破产程序中解决。

标签： 不良资产 | 破产 | 代位权 | 股权转让 | 付款责任 | 破产程序

案情简介： 2001年至2006年，酒业集团向银行贷款2.48亿元。2002年9月，酒业集团将所持酒业公司股票以3.5亿余元转让给投资公司，随后又与酒业公司、投资公司签订三方协议，约定上述股权转让金由投资公司直接支付给酒业公司。2002年9月，酒业集团向法院申请破产并被受理。2005年，受让银行此不良金融债权的资产公司以投资公司、酒业公司为被告，以酒业集团为第三人提起代位权诉讼。

法院认为： 代位权行使的标的是债务人对次债务人的债权，在债务人进入破产程序后，这一债权将作为债务人破产财产，由全体债权人公平受偿。代位权行使目的是使债权人债权得到个别清偿，这在普通程序中当无问题，但在破产程序中，将直接影响到其他债权人的利益，违反了破产程序债权人公平受偿的原则。同时，破产程序具有追回债务人对外债权的功能，如清算组对应回收财产不予回收，且在债权人提出后，又作出不予回收决定，债权人可依法申请法院裁定撤销该决定。另外，债权人对债务人以外的连带债务人提起诉讼的对象是基于个别债权的连带责任，其效果也是保护个别债权的实现，而代位权诉讼标的是债务人对次债务人的债权，该项财产是对债务人全部债务而非对个别债务的担保，代位权诉讼与对债务人的保证人的诉讼有着根本区别。故在酒业集团已进入破产程序情况下，资产公司以酒业集团怠于行使其权利为由，提起针对投资公司和酒业公司的代位权诉讼，法院不应以普通程序受理该案件。资产公司应在酒业集团破产程序中根据法律和司法解释规定行使相关权利，由受理破产案件法院确定投资公司与酒业公司是否存在应向酒业集团履行的债务。

2.1

200701/11:298

2.6
v.1:236
2006

实务要点： 在债务人已进入破产程序情况下，债权人以债务人怠于行使其权利为由提起针对债务人和次债务人的代位权诉讼，法院不应以普通程序受理该案件，债权人应在债务人破产程序中依法行使相关权利，由受理破产案件的法院确定次债务人是否存在应向债务人履行的债务。

案例索引： 最高人民法院（2006）民二终字第218号“某资产公司与某酒业公司等代位权纠纷案”，见《中国长城资产管理公司长沙办事处与成功控股集团有限公司、酒鬼酒股份有限公司、湖南湘泉集团有限公司代位权纠纷上诉案》（审判长钱晓晨，代理审判员刘敏、杨征宇），载《民商事审判指导·判决书选登》（200701/11:298）；另载《最高人民法院商事审判指导案例·合同卷（上）》（2011:236）。

214 已申报债权的债权人，可诉请保证人承担清偿责任

——在担保人承担连带责任的案件中，债务人破产的，债权人有选择申报债权或向保证人主张权利或同时主张的权利。

标签： 不良资产 | 破产 | 保证债权 | 保证 | 保证责任主张 | 诉讼程序

案情简介： 1999年，陶瓷厂向银行的借款本息2800万元到期未偿。2003年，法院宣告陶瓷厂破产还债。在破产程序未终结前，受让该银行不良债权的资产公司起诉前述借款合同的保证人投资公司要求承担清偿责任。

法院认为： 根据最高人民法院《关于适用〈担保法〉若干问题的解释》第44条规定：“保证期间，人民法院受理债务人破产案件的，债权人既可以向人民法院申报债权，也可以向保证人主张权利。债权人申报债权后在破产程序中未受清偿的部分，保证人仍应承担保证责任。债权人要求保证人承担保证责任的，应当在破产程序终结后六个月内提出。”债权人资产公司在向法院申报了债权、参加了破产程序的同时，又另行起诉要求担保人投资公司承担担保责任并无不当。但因债务人陶瓷厂破产案件尚未终结，债权人在破产程序中能否受偿，以及受偿的数额还无法确定；担保人投资公司应当承担担保责任的范围也不能确定。故本案应当中止审理，待破产案件终结后再进行处理。

2.1
200501/7:152
2005

实务要点： 在担保人承担连带责任的案件中，为充分保护债权人合法权益，债务人破产的，应允许债权人有权选择申报债权或向保证人主张权利，或同时主张权利。但债权人申报了债权，参加了破产程序，其向保证人主张的权利在一定期间内应当受到限制，不能在加入债务人破产程序的同时要求保证人承担保证责任，而只能在破产程序终结后6个月内提出。对债权人在债务人破

产程序尚未终结前起诉担保人的案件，法院立案受理的，应中止案件审理，待破产案件程序终结后，视破产程序中债权人的受偿情况决定案件的处理结果，仅就债权人在破产程序中未受偿的部分作出判决。

案例索引： 最高人民法院判决“某资产公司与某投资公司借款担保合同纠纷案”，见《债务人被宣告破产而破产程序尚未终结、债权人在申报债权的同时又向担保人主张权利的，案件应当中止审理——鹤壁市经济发展建设投资公司与中国信达资产管理公司郑州办事处保证合同纠纷上诉案》（于松波，最高院民二庭），载《民商事审判指导·案例分析》（200501/7:152）。

7

215 地方政府单方面转移破产企业债务的，应属于无效

——未经债权人同意，地方政府承诺原企业不再承担偿还义务而从重组后企业上缴地方的税金中逐年偿还的行为无效。

标签： 不良资产 | 破产 | 破产债权 | 保证 | 债务承担 | 政府担保

案情简介： 1992年，财政厅为水泥厂向银行借用外国政府贷款提供保证担保。2000年，银行将该不良金融债权转让给资产公司。2002年，在水泥厂被法院裁定破产还债程序中，市政府和法院分别向银行出具了偿还借用外国政府贷款的承诺函和偿还说明，由破产重组后的水泥公司从上缴的地方税金中逐年偿还，直至债权还清为止；市政府无能力偿还借款，则由担保单位偿还。2003年3月，法院裁定终结破产程序。2003年8月，资产公司起诉财政厅要求承担担保责任。

法院认为： 水泥厂破产案件审理中，市政府和法院分别向银行出具的承诺函和偿还说明，并未消灭资产公司对水泥厂的债权和对财政厅的担保债权。首先，2000年6月，银行将部分转贷外国政府贷款的债权转移给资产公司并已履行了通知义务，资产公司亦分别向主债务人水泥厂和财政厅催收债权。故资产公司和银行是转贷外国政府贷款的共同债权人，但市政府在落实偿还水泥厂借用外国政府贷款债务的承诺并未向资产公司作出，使资产公司的债权因水泥厂破产可能落空。其次，由地方政府承诺原借款企业不再承担偿还义务而从重组后企业上缴地方的税金中逐年偿还的行为，本质上系债务转移。根据《合同法》第84条“债务人将合同的义务全部或者部分转移给第三人的，应当经债权人同意”的规定，水泥厂转移该债务时，应征得资产公司同意或认可，否则地方政府单方面转移破产企业债务的行为无效。再次，市政府虽承诺以重组后企业逐年上缴的地方税金来偿还外国政府贷款形成的债务，但未对偿还的具体金额、期限及担保偿还的内容作出承诺，实际难以执行。综上，借用外国政府贷款未偿还或未落实债务的企业，不能进入破产程序，即便已进入或完成破产程序，亦不因此而消灭该债权。故资产公司仍有权向原债务人水泥厂和保证人财政厅追偿其受让的债权。

2.1

200502/8:235

2.6

v.2:390

2004

实务要点： 未经债权人同意，地方政府承诺原企业不再承担偿还义务，而从重组后企业上缴地方的税金中逐年偿还的行为无效。

案例索引： 最高人民法院（2004）民二终字第84号“某资产公司与某财政厅借款担保合同纠纷案”，见《中国东方资产管理公司兰州办事处与宁夏回族自治区财政厅借款担保合同纠纷上诉案》（审判长周帆，代理审判员贾纬、沙玲），载《民商事审判指导·判决书选登》（200502/8:235）；另见《我国政府利用外国政府等贷款为地方国有企业进行技术改造或项目建设，地方政府提供担保的，其担保责任不能因地方国有企业破产而免除》，载《最高人民法院商事审判指导案例·借款担保卷（上）》（2011:390）。

216 借用外国政府贷款未清偿企业，不能进入破产程序

——借用外国政府贷款未偿或未落实债务企业，不能进入破产程序，即便已进入或完成破产程序，亦不因此消灭债权。

标签： 不良资产 | 破产 | 破产条件 | 保证 | 涉外担保 | 借款合同 | 涉外

案情简介： 1992年，财政厅为水泥厂向银行借用外国政府贷款提供保证担保。2000年，银行将该不良金融债权转让给资产公司。2002年，在水泥厂被法院裁定破产还债程序中，市政府和法院分别向银行出具了偿还借用外国政府贷款的承诺函和偿还说明，由破产重组后的水泥公司从上缴地方政府的税金中逐年偿还，直至债权还清为止；市政府无能力偿还借款，则由担保单位偿还。2003年3月，法院裁定终结破产程序。2003年8月，资产公司起诉财政厅要求承担担保责任。

法院认为： 最高人民法院《关于当前人民法院审理企业破产案件应当注意的几个问题的通知》（法发〔1997〕2号）第3条规定：“借用外国政府贷款或转贷款偿还任务尚未落实的国有工业企业，暂不受理其破产申请。”最高人民法院《关于贯彻执行法发〔1997〕2号文件第三条应注意的问题的通知》（法函〔1998〕74号）：“第三条解决的是我国政府向世界银行、亚洲开发银行或外国政府贷款，尔后转贷给国有工业企业项目单位的破产申请处置问题。因其属于政府外债，其借入和转贷过程均为政府行为，由政府承担最终还款责任，故不论项目单位是何种性质的企业，在偿还此类贷款任务尚未落实前，人民法院均暂不受理其破产申请，也暂不受理债权人申请其破产的案件”。根据上述规定，借用外国政府贷款未偿还或未落实债务的企业，不能进入破产程序，即便已经进入或者完成破产程序，也不因此而消灭该债权。水泥厂破产案件审理中，市政府和法院分别向银行出具的承诺函和偿还说明，并未消灭资产公司对水泥厂的债权和对财政厅的担保债权。首先，2000年6月，银行将部分转贷外国政府贷款的债权转移给资产公司并已经履行了通知义务，资产公司也分别向主债务人水泥厂和财政厅催收债权。故资产公司和银行共同是转贷外国政府贷款的债权人，但市政府偿还水泥厂借用外国政府贷款债务的承诺并未向资产公司作出，

2.1

200502/8:235

2.6

v.2:390

2004

使资产公司的债权因水泥厂破产可能落空。其次，由地方政府承诺原借款企业不再承担偿还义务而从重组后企业上缴地方的税金中逐年偿还的行为，本质是债务转移。根据《合同法》第84条规定，水泥厂转移该债务时，应当征得资产公司同意或认可，否则地方政府单方面转移破产企业债务的行为无效。再次，虽然市政府承诺以重组后企业逐年上缴的地方税金来偿还外国政府贷款形成的债务，但没有对偿还的具体金额、期限以及担保偿还的内容作出承诺，实际难以执行。故资产公司仍然有权向原债务人水泥厂和保证人财政厅追偿其受让的债权。

实务要点： 借用外国政府贷款未偿还或未落实债务的企业，不能进入破产程序，即便已进入或完成破产程序，亦不因此消灭该债权。

7

案例索引： 最高人民法院（2004）民二终字第84号“某资产公司与某财政厅借款担保合同纠纷案”，见《中国东方资产管理公司兰州办事处与宁夏回族自治区财政厅借款担保合同纠纷上诉案》（审判长周帆，代理审判员贾纬、沙玲），载《民商事审判指导·判决书选登》（200502/8:235）；另见《我国政府利用外国政府等贷款为地方国有企业进行技术改造或项目建设，地方政府提供担保的，其担保责任不能因地方国有企业破产而免除》，载《最高人民法院商事审判指导案例·借款担保卷（上）》（2011:390）。

破产

一般规定

217 破产程序终结后，管理人仍可对未决事宜申请再审

——在破产程序终结、破产企业注销的情况下，管理人仍可依法代表债务人处理诉讼或仲裁未决事宜，包括申请再审。

标签：破产 | 一般规定 | 申请再审 | 破产管理人 | 未决诉讼

案情简介： 2008年5月，实业公司破产管理人作为原告起诉巴士公司。同年9月，破产程序终结，实业公司注销。其后，因对二审判决不服，管理人申请再审。

法院认为： 根据《企业破产法》第122条“管理人于办理注销登记完毕的次日终止执行职务。但是，存在诉讼或者仲裁未决情况的除外”规定，在破产程序终结、破产企业注销的情况下，管理人仍可依法代表债务人处理诉讼或仲裁未决事宜。故本案实业公司清算组具备申请再审的诉讼主体资格。

实务要点： 根据《企业破产法》第122条规定，在破产程序终结、破产企业注销的情况下，管理人仍可依法代表债务人处理诉讼或仲裁未决事宜，包括申请再审。

2.6

v.9:233

2012

案例索引： 最高人民法院（2012）民提字第172号“某客车公司与某销售公司等合同纠纷案”，见《破产程序终结后管理人可以依法代表债务人处理诉讼或仲裁未决的事宜——常州长江客车制造有限公司破产清算组与上海巴士永达汽车销售有限公司等协议效力确认纠纷案》（审判长刘敏，代理审判员赵柯、杜军），载《最高人民法院商事审判指导案例（2012）·公司与金融》（2013:233）。

218 诉讼时效因破产中断，并非中止，故时效重新计算

——法院受理债务人破产申请之日构成诉讼时效中断，诉讼时效应当重新计算，并不因该中断的法定事由延续而中止。

标签：破产 | 一般规定 | 诉讼时效 | 破产程序 | 中止 | 中断

法院认为： 根据最高人民法院《关于审理企业破产案件若干问题的规定》第74条规定，债务人享有的债权，其

案情简介：2005年5月24日，法院受理酒业集团破产申请。2008年5月20日，酒业集团向投资公司送达《偿还债务通知书》，要求偿还2004年所欠股权转让款788万元。投资公司以超过诉讼时效抗辩。

诉讼时效自法院受理债务人的破产申请之日起，适用《民法通则》第140条关于诉讼时效中断的规定。法院2005年5月24日裁定受理破产申请，构成诉讼时效中断，诉讼时效应当自中断之日起重新计算。但在之后的两年时间内，酒业集团未向投资公司主张债权，而是直至2008年送达催款通知，已超过诉讼时效，故判决驳回酒业集团诉讼请求。

实务要点：债务人享有的债权，在债务人破产后，法院受理债务人破产申请之日构成诉讼时效中断，诉讼时效重新计算，并不因该中断的法定事由延续而中止。

2.6

v.9:489

2012

案例索引：最高人民法院（2012）民提字第138号"某酒业公司与某实业公司股权转让合同纠纷案"，见《法院裁定受理破产申请构成诉讼时效中断，诉讼时效应当自中断之日起重新起算——成功控股集团有限公司与湖南湘泉集团有限公司股权转让纠纷案》（审判长刘敏，代理审判员赵柯、杜军），载《最高人民法院商事审判指导案例（2012）·公司与金融》（2013:489）。

7

219 股权转让合同签订后，并不因目标公司破产而解除

——股权转让合同签订后，目标公司破产的，不影响股权转让合同继续履行。股权贬值损失，应属于正常的商业风险。

标签：破产 | 一般规定 | 股权转让 | 破产程序 | 证券 | 合同解除

法院认为：从现有法律看，合同是否能履行并不当然影响合同效力，更不会导致合同终止，故股权无法交付并不导致股权转让合同无效或终止。

案情简介：2004年，实业公司与投资公司签订股权转让合同，约定3年禁售期满的2006年2月8日，实业公司将其所持证券公司发起人股份转让给投资公司。投资公司在支付4000万元转让款后，得知证券公司将被取消证券经营资格，遂向证监会举报，并先后取得证监会对证券公司转让禁售股的"密切关注"及"立即整改"书面批复函。2008年6月20日，证券公司被裁定进入破产程序。期间，投资

尽管证券公司进入破产程序，但其尚未注销，股份仍在并可转让。现有法律法规虽未明确将办理股权变更手续作为清算组或管理人职责，但该事项应属《企业破产法》第25条第1款第3项所指"内部管理事务"，在不侵犯其他股东和债权人利益情况下，管理人协助办理相关手续并不违反法律规定。此外，实业公司在3年禁售期之后应依约将股份转让给投资公司，期间一直积极主动履行。相反，投资公司在知晓证券公司可能被取消证券业务许可后，通过向证监会报送材料及诉讼否认其受领股权义务。其实，在2008年证券公司被裁定进入破产程序前，双方有充足时间办理股权交割手续。依转让合同约定，无论是股权贬值或增值，投资公司均按合同约定支付转让款，故证券公司股份严重贬值乃至无法交付并非不可抗力导致，亦不属于情势变更，

公司多次以合同无效、解除合同、损害赔偿起诉实业公司要求解除股权转让合同。

2.6
v.8:267
2012

而属于正常的商业风险，应由作为买受人的投资公司自行承担，判决驳回投资公司诉讼请求。

实务要点： 股权转让合同签订后，目标公司被裁定宣告破产的，不影响股权转让合同继续履行。股权因公司被宣告破产导致的贬值损失属于正常的商业风险，当事人应依合同约定承担。

案例索引： 最高人民法院（2012）民提字第175号“某资产公司与某旅游公司股权转让合同纠纷案”，见《公司经营范围发生变化或者被宣告破产，不影响以公司股权为标的物的转让合同的履行——中国中旅（集团）公司与华证资产管理有限公司股权转让合同纠纷案》（审判长宫邦友，审判员朱海年，代理审判员林海权），载《最高人民法院商事审判指导案例（2012）· 合同与借贷担保》（2013:267）。

220 法院受理破产申请后，债务人不得再进行个别清偿

——法院受理破产申请后，债务人不得再为个别清偿，债权人应通过向管理人申报债权的方式在破产程序中获得清偿。

标签： 破产 | 一般规定 | 个别清偿 | 破产申请 | 申报债权

案情简介： 2008年，投资公司与控股公司签订《还款协议》，确认双方合作协议终止后，投资公司尚欠控股公司3亿元。2010年3月20日，法院裁定受理投资公司破产清算一案。2009年，控股公司诉请投资公司偿还3亿元及违约金，原审法院判决投资公司向控股公司支付欠款及相应违约金。

2.6
v.7:3
2010

法院认为： 根据《企业破产法》第16条规定，法院受理破产申请后，债务人不得再对个别债权人进行清偿。控股公司对投资公司享有的债权，均应在本判决生效后通过向投资公司管理人申报债权的方式在破产清算程序中获得清偿。

实务要点： 法院受理破产申请后，债务人不得再对个别债权人进行清偿，应在判决生效后通过向管理人申报债权的方式在破产清算程序中获得清偿。

案例索引： 最高人民法院（2010）民二终字第104号“某投资公司与某实业公司欠款、担保合同纠纷案”，见《公司增资扩股后，股权质权人的优先受偿权——深圳市汇润投资有限公司与隆鑫控股有限公司欠款、担保合同纠纷案》（审判长钱晓晨，审判员刘敏，代理审判员赵柯），载《最高人民法院商事审判指导案例-7 · 公司与金融卷》（2012:3）。

221 证券资产债权因债务人诉讼中破产，变成破产财产

——法院受理破产申请后，债权人正进行的诉讼所确认的对债务人的债权应作为破产债权向债务人的破产管理人申报。

标签： 破产 | 一般规定 | 证券资产 | 证券 | 破产程序 | 个别清偿 | 诉讼中破产

案情简介： 2003年，实业公司将市值3500万余元的国债交证券公司托管，并约定了固定年收益。托管到期后，证券公司返还实业公司3100万余元，尚有340万余元未还。2006年，实业公司出具确认书将其在证券公司账户中的资产权利转让给银行。2007年，证券公司被宣告破产。2008年，银行诉请证券公司返还差额损失及利息。

7

3.3

2010商:177

2009

法院认为： 案涉《国债托管协议》及补充协议内容实质为实业公司与证券公司签订的委托理财合同。双方约定的年收益率属于保底条款，应为无效。因实业公司已出具确认书将其在证券公司账户中的资产权利转让给银行，故银行有权依前述协议向证券公司主张债权。因证券公司对所涉国债托管日和实际归还日的市值差价340万余元不持异议，故银行诉请返还应予支持。由于证券公司已宣告破产，依《企业破产法》第16条“人民法院受理破产申请后，债务人对个别债权人的债务清偿无效”规定，银行的上述债权应作为破产债权向证券公司破产管理人进行申报。故判决确认银行因履行与证券公司签订的国债托管协议形成的债权340万余元合法有效，银行该债权应依法参加证券公司的破产财产分配。

实务要点： 法院裁定受理债务人破产申请后，债权人正在进行的诉讼所确认的对债务人的债权，应作为破产债权向债务人的破产管理人申报，并依法参加破产财产分配。

案例索引： 北京高院（2009）高民终字第1814号“某银行与某证券公司国债交易案”，见《嘉兴市商业银行股份有限公司诉中国科技证券有限责任公司国债交易案（破产程序中个别清偿债务）》（林涛），载《中国审判案例要览》（2010商事:177）。

222 《企业破产法》实施后，破产清算组可转为管理人

——清算组依法转为管理人后，新旧清算组织对外追收破产企业债权的行为对该破产企业的债务人均应具有法律效力。

标签： 破产 | 一般规定 | 诉讼时效 | 催收主体 | 破产程序 | 破产管理人

案情简介： 2005年4月，电机公司与投资公司对账。2006年6月，法院受理电机公司破产清算案并指定成立清算组。2007年7月，法院指定该清算

法院认为： 《企业破产法》施行后，法院指定宣告电机公司破产还债时成立的清算组为管理人，符合最高人民法院《关于企业破产法施行时尚未审结的企业破产案件适用法律若干问题的规定》第3条“已经成立清算组的，企业破产法施行后，人民法院可以指定该清算组为管理人”规定，电机公司清算组有权作为管理人处理破产清算事务。该清算组于2007年向投资公司发出的对账结果确认书，其行为应认定为行使

组为管理人。同年9月，电机公司清算组（管理人）向投资公司确认债权。2008年，电机公司破产管理人诉请投资公司偿还欠款10万余元本息。电机公司管理人职权，代电机公司对外催收债权，故电机公司主张案涉债权未超诉讼时效。

3.4

201010:105

2008

实务要点： 《企业破产法》施行后，原已受理的破产案件债务人清算组，可通过审理该案法院指定方式，转为符合法定要求的管理人。新旧清算组织对外追收破产企业债权的行为对该破产企业债务人均具有法律效力。

案例索引： 广东高院（2008）粤高法民二终字第139号“深圳市一本投资发展有限公司与东洋电机有限公司管理人债务纠纷案”，见《破产企业清算组织在企业破产法实施后追收对外债权工作的衔接》（李震东），载《人民司法·案例》（201010:105）。

破产条件

223 公司未投入注册资金不具备法人资格的，仍可破产

——企业开办的其他企业领取了营业执照，但未实际投入注册资金，虽应认定不具备法人资格，但仍可进入破产程序。

标签： 破产 | 破产条件 | 出资责任 | 破产主体 | 不具备法人资格

案情简介： 2003年，生效判决认定医药公司向实业公司支付货款398万余元及违约金。进入执行程序后，某银行因对医药公司的另案债权申请宣告医药公司破产还债，法院经委托审计

法院认为： 最高人民法院《关于审理企业破产案件若干问题的规定》第66条规定：“债务人的开办人注册资金投入不足的，应当由该开办人予以补足，补足部分属于破产财产。”该规定在坚持企业投资人应承担投资不足的法律责任前提下，并未禁止注册资金不足的企业进入破产程序。原则上，如果企业工商登记为法人，则就有破产资格，故另案裁定医药公司进入破产还债程序并无不当。

后，裁定宣告医药公司破产。2004年，实业公司认为医药集团成立医药公司时，作为开办单位出资不实，应认定医药公司不具有法人资格，故不能成为破产主体。

实务要点： 企业开办的其他企业领取了营业执照，但未实际投入注册资金，虽应认定其不具备法人资格，但在不能清偿到期债权时，仍可进入破产程序。

案例索引： 最高人民法院《通知书》（2011年12月8日〔2011〕执监字第182号），见《出资不实的股东在执行程序中对公司债权人的责任——胜利油田胜大实业总公司申请执行山东新华医药集团淄博制酸有限责任公司、山东新华医药集团有限责任公司申诉案评析》（潘勇锋，最高院执行局），载《执行工作指导·案例分析》（201302/46:53）。

2.5

201302/46:53

2011

224 民办学校因资不抵债无法继续办学的破产清算问题

——民办学校因资不抵债被终止，应参照适用《企业破产法》规定的程序，并依《民办教育促进法》规定的顺序清偿。

7

标签： 破产 | 破产条件 | 公司清算 | 法律适用 | 民办学校

案情简介： 2010年，贵州高院就民办学校因资不抵债无法继续办学被终止后的破产清算纠纷，法院应否受理、如何组织清算问题向最高人民法院请示。

法院认为： 《民办教育促进法》第58条根据民办学校终止的不同情形，规定了不同的清算责任主体：民办学校自己提出终止的，可以自行组织清算；审批机关主动依职权撤销的，由审批机关组织清算；因资不抵债无法继续办学而被终止的，组织清算的主体是法院。该条规定分别适用于民办学校资产对其债务具有不同清偿能力的情形，其中"被终止"，应理解为被审批机关即教育机构决定终止。据此，民办学校因资不抵债无法继续办学而被终止，当事人向法院申请破产清算的，法院应依法受理。对民办学校清算程序问题，《民办教育促进法》未作规定。《企业破产法》第2条规定其适用对象为企业法人。民办学校是公益事业单位，非企业法人。《企业破产法》第135条规定："其他法律规定企业法人以外的组织的清算，属于破产清算的，参照适用本法规定的程序。"故民办学校因资不抵债无法继续办学被终止的，参照适用《企业破产法》规定的企业破产清算程序组织清算，并在清偿顺序上按《民办教育促进法》第59条的规定执行。

2.9

201201/1:36

2010

实务要点： 依《民办教育促进法》第9条批准设立的民办学校因资不抵债无法继续办学被终止，当事人依该法第58条第2款规定向法院申请清算的，法院应依法受理。法院组织民办学校破产清算，参照适用《企业破产法》规定的程序，并依《民办教育促进法》第59条规定的顺序清偿。

案例索引： 见《最高人民法院关于对因资不抵债无法继续办学被终止的民办学校如何组织清算问题的批复》（法释〔2010〕20号2010年12月16日），及《〈关于对因资不抵债无法继续办学被终止的民办学校如何组织清算问题的批复〉的理解与适用》（孙佑海、孙茜，最高院研究室），载《司法研究与指导·解释与指导》（201201/1:36）。

225 如何认定国有划拨土地是否系破产企业的破产财产

——国有划拨土地使用权若用于出资，需履行相应的审批、登记手续，在此基础上判断注册资金是否到位及能否破产。

标签： 破产 | 破产条件 | 出资责任 | 特殊出资 | 企业改制 | 国有划拨土地

案情简介： 实业公司经市政府批准兼并制酸厂，对制酸厂的国有划拨土地进行了评估并经市国资局确认，嗣后在对制酸厂兼并改制基础上成立了制酸公司。2005年，制酸公司申请破产。关于国有划拨土地使用权如何处置成为争议焦点。

法院认为： 国家土地管理部门对国有划拨土地使用权有明确规定，若改变国有划拨土地使用权性质，用于出资或由新的企业继续按无偿划拨土地使用，均需经有批准权的人民政府批准并办理登记、变更登记等手续，若用于出资还需有资格的国有股权持股单位统一持有，只有履行了审批、登记等手续，才能确认国有划拨土地使用权的真实状况。本案中，若确认原制酸厂的土地使用权能否用于出资，则须查明有关审批状况，再根据相关规定予以确认。本案若已经有关政府批准或补办了相应的审批手续，可确认出资有效，即制酸公司具备破产能力。

实务要点： 国家土地管理部门明确规定，若改变国有划拨土地使用权性质，用于出资或由新的企业继续按无偿划拨土地使用，均需经有批准权的人民政府批准并办理登记、变更登记等手续；若用于出资，还需有资格的国有股权持股单位统一持有，只有履行了审批、登记等手续，才能确认国有划拨土地使用权的真实状况。

2.6

v.3:336

2005

案例索引： 最高人民法院《关于国有划拨土地能否作为出资以及企业注册资金不到位能否破产等问题请示的复函》（2005年3月21日〔2005〕民二他字第2号），见《国有划拨土地的出资——关于国有划拨土地能否作为出资以及企业注册资金不到位能否破产等问题请示的复函》，载《最高人民法院商事审判指导案例（3）·公司卷》（2011:336）。

226 借用外贷尚未落实的国有企业暂不受理其破产申请

——依司法解释相关规定，借用外国政府贷款或转贷款偿还债务尚未落实的国有工业企业，法院暂不受理其破产申请。

标签：破产 | 破产条件 | 借款合同 | 涉外 | 外国政府贷款

案情简介：2004年11月，法院依香皂厂申请裁定宣告其破产。银行作为其债权人，以逾期贷款属于世界银行转贷贷款为由提出申诉。

2.6

v.3:342

7

2005

法院认为：根据最高人民法院《关于当前人民法院审理企业破产案件应当注意的几个问题的通知》（法发〔1997〕2号）第3条规定，借用外国政府贷款或转贷款偿还任务尚未落实的国有工业企业，暂不受理其破产申请。香皂厂拖欠银行贷款的性质为世界银行转贷贷款，属于外国政府贷款，上述贷款至今尚未落实，故对香皂厂的破产申请应予驳回。

实务要点：借用外国政府贷款或转贷款偿还债务尚未落实的国有工业企业，法院暂不受理其破产申请。

案例索引：最高人民法院（2005）民二监字第166号“中国光大银行天津分行与天津市香皂厂破产清算组破产纠纷案”，见《借用外国政府贷款或转贷款偿还债务尚未落实的国有工业企业，法院暂不受理其破产申请——中国光大银行天津分行不服天津市高级人民法院（2004）津高民二破裁字第17-1号民事裁定案》（审判长姜伟，代理审判员陈百灵、杨征宇），载《最高人民法院商事审判指导案例（3）·公司卷》（2011:342）。

227 借用外国政府贷款未清偿企业，不能进入破产程序

——借用外国政府贷款未偿或未落实债务企业，不能进入破产程序，即便已进入或完成破产程序，亦不因此消灭债权。

标签：破产 | 破产条件 | 保证 | 涉外担保 | 借款合同 | 涉外 | 不良资产

案情简介：1992年，财政厅为水泥厂向银行借用外国政府贷款提供保证担保。2000年，银行将该不良金融债权转让给资产公司。2002年，在水泥厂被法院裁定破产还债程序中，市政府和法院分别向银行出具了偿还借用外国政府贷款的承诺函和偿还说明，由

法院认为：最高人民法院《关于当前人民法院审理企业破产案件应当注意的几个问题的通知》（法发〔1997〕2号）第3条规定：“借用外国政府贷款或转贷款偿还任务尚未落实的国有工业企业，暂不受理其破产申请。”最高人民法院《关于贯彻执行法发〔1997〕2号文件第三条应注意的问题的通知》（法函〔1998〕74号）：“第三条解决的是我国政府向世界银行、亚洲开发银行或外国政府贷款，尔后转贷给国有工业企业项目单位的破产申请处置问题。因其属于政府外债其借入和转贷过程均为政府行为，由政府承担最终还款责任，故不论项目单位是何种性质的企业，在偿还此类贷款任务尚未落实前，

破产重组后的水泥公司从上缴地方政府的税金中逐年偿还，直至债权还清为止；市政府无能力偿还借款，则由担保单位偿还。2003年3月，法院裁定终结破产程序。2003年8月，资产公司起诉财政厅要求承担担保责任。

2.1

200502/8:235

2.6

v.2:390

2004

人民法院均暂不受理其破产申请，也暂不受理债权人申请其破产的案件”。根据上述规定，借用外国政府贷款未偿还或未落实债务的企业，不能进入破产程序，即便已经进入或者完成破产程序，也不因此而消灭该债权。水泥厂破产案件审理中，市政府和法院分别向银行出具的承诺函和偿还说明，并未消灭资产公司对水泥厂的债权和对财政厅的担保债权。首先，2000年6月，银行将部分转贷外国政府贷款的债权转移给资产公司并已经履行了通知义务，资产公司也分别向主债务人水泥厂和财政厅催收债权。故资产公司和银行共同是转贷外国政府贷款的债权人，但市政府偿还水泥厂借用外国政府贷款债务的承诺并未向资产公司作出，使资产公司的债权因水泥厂破产可能落空。其次，由地方政府承诺原借款企业不再承担偿还义务而从重组后企业上缴地方的税金中逐年偿还的行为，本质是债务转移。根据《合同法》第84条规定，水泥厂转移该债务时，应当征得资产公司同意或认可，否则地方政府单方面转移破产企业债务的行为无效。再次，虽然市政府承诺以重组后企业逐年上缴的地方税金来偿还外国政府贷款形成的债务，但没有对偿还的具体金额、期限以及担保偿还的内容作出承诺，实际难以执行。故资产公司仍然有权向原债务人水泥厂和保证人财政厅追偿其受让的债权。

实务要点： 借用外国政府贷款未偿还或未落实债务的企业，不能进入破产程序，即便已进入或完成破产程序，亦不因此消灭该债权。

案例索引： 最高人民法院（2004）民二终字第84号“某资产公司与某财政厅借款担保合同纠纷案”，见《中国东方资产管理公司兰州办事处与宁夏回族自治区财政厅借款担保合同纠纷上诉案》（审判长周帆，代理审判员贾纬、沙玲），载《民商事审判指导·判决书选登》（200502/8:235）；另见《我国政府利用外国政府等贷款为地方国有企业进行技术改造或项目建设，地方政府提供担保的，其担保责任不能因地方国有企业破产而免除》，载《最高人民法院商事审判指导案例·借款担保卷（上）》（2011:390）。

228 农村合作基金会作为社会团体法人，不能申请破产

——鉴于现有法律、法规尚无将农村合作基金会登记为企业法人相关规定，故其不能以资不抵债向法院申请宣告破产。

标签：破产 | 破产条件 | 破产主体 | 农村合作基金会

法院认为： 农村合作基金会是设置在社区内不以营利为目的的资金互助组织，经依法核准登记，即取得社会团体法人资格。鉴于现有法律、法规尚无将农村合作基金会登记为企业法人的规定，因此农村合作基金会不能以资不抵债的企业法人向法院申请破产。为有效防范和化解金融风险，保持农村经济和社会的稳定，各地政府正在根据国务院确定的统一部署、分别处理、风险自担、稳步推进的原则，对农村合作基金会进行全面清理整顿。法院不应受理农村合作基金会的破产案件。

案情简介： 2001年7月，某镇农村“三金”清理整顿工作组以该镇农村合作基金会资不抵债为由，向法院申请该农村合作基金会破产。

实务要点： 鉴于现有法律、法规尚无将农村合作基金会登记为企业法人的规定，因此农村合作基金会不能以资不抵债的企业法人向法院申请破产。

2.1

200202/2:124

7

2002

案例索引： 最高人民法院《给重庆市高级人民法院的复函》（2002年7月16日 法民二〔2002〕第27号），见《农村合作基金会不具备破产主体资格》（姜伟），载《民商审判指导与参考·请示与答复》（200202/2:124）。

229 可提起破产清算申请的债权，应为确定无争议债权

——“不能清偿到期债务”须满足该债务履行期已届满、债务人明显缺乏清偿能力且呈持续状态，同时该债务无争议。

标签：破产 | 破产条件 | 债权人申请 | 无争议债权

法院认为： 根据《民事诉讼法》和《企业破产法》规定，“不能清偿到期债务”作为破产清算原因的构成要件，可以提起破产清算申请的债权应为确定的无争议的债权。最高人民法院《关于审理企业破产案件若干问题的规定》第9条规定：“债权人申请债务人破产，债务人对债权人的债权提出异议，人民法院认为异议成立的，应当告知债权人先行提起民事诉讼。破产申请不予受理。”该条虽不能直接适用于本案，但从其立法精神可知，对于债权人申请债务人破产的，如果债务人对债权人的债权提出异议且异议成立的，不仅应由债权人先行提起民事诉讼，且该债权应经过诉讼程序得到生效法律文书确认，而在此之前，债权人不得向法院提出破产申请。本案中，粮油公司要求开发公司承

案情简介： 2009年，粮油公司诉请油脂公司偿还债务7000万余元，并要求开发公司承担连带保证责任。审理期间，粮油公司以开发公司不能清偿到期债务且明显缺乏清偿能力为由，另案向法院申请对开发公司进行破产清算。

3.3

2010商:188

2009

担保证责任的诉讼案件尚未审结，其申请开发公司破产清算所依据的债权尚不确定，故粮油公司无权申请开发公司破产清算。

实务要点： “不能清偿到期债务”作为破产清算的原因，须满足该债务履行期限已届满、债务人明显缺乏清偿能力、不能清偿债务呈持续状态，同时该不能清偿的债务须系无争议的且已提出清偿请求的债务。

案例索引： 江苏南通中院（2009）通中破终字第0001号“某贸易公司申请某开发公司破产清算案”，见《上海金泰国际粮油贸易有限公司申请南通新大港储开发有限公司破产清算案（破产清算申请）》（朱挺），载《中国审判案例要览》（2010商事:188）。

230 资产总额大于债务总额情形，亦可被裁定宣告破产

——不能清偿到期债务是认定企业破产的必要且充分条件。资不抵债仅系辅助判断债务人是否缺乏清偿能力依据之一。

标签：破产 | 破产条件 | 不能清偿到期债务 | 资不抵债

案情简介： 2009年，外商独资的制品公司因涉嫌走私犯罪，经理被逮捕，董事及高管全体离华，公司停产。银行以其对该公司享有3000万元贷款债权不能清偿为由，申请宣告制品公司破产，制品公司未提异议。法院裁定受理破产清算申请后，指定了管理人，经审计、评估，发现以房屋、土地为主的总资产额为1亿余元，债务总额为6000万余元，并非资不抵债。

法院认为： 制品公司资产经审计、评估，其金额虽大于债务总额，但资产的主要构成是固定资产，其中土地、房屋和主体设备是维系制品公司生存之根本，非经破产清算不能处分，而制品公司流动资金有限，不能满足清偿债务之需；又由于董事及高管已撤离，企业经营已无法继续，亦不具备企业信用、经营能力等资产以外的偿债能力，符合不能清偿到期债务且明显缺乏清偿能力的破产条件，故裁定宣告制品公司破产。

实务要点： 资不抵债仅系辅助判断债务人是否缺乏清偿能力的依据之一。不能清偿到期债务是企业法人已届破产界限的必要且充分条件，其本身即涵盖了停止支付的外观事实和缺乏清偿能力的内在原因。

案例索引： 江苏无锡中院（2009）锡破字第9号“中信银行股份有限公司无锡分行与安信达（无锡）金属制品有限公司破产案”，见《资不抵债不是破产清算的必要条件》（肖俊杰、陆晓燕），载《人民司法·案例》（201102:42）。

3.4

201102:42

2009

231 企业不能清偿职工到期债务，职工可申请企业破产

——关于职工债权能否申请企业破产，现行《企业破产法》对此无禁止性规定，职工作为企业债权人可申请企业破产。

标签：破产 | 破产条件 | 劳动债权 | 职工申请破产 | 清偿到期债务

案情简介：2006年，黄某等67名农机公司职工以公司不能清偿其所欠职工生活费、停业生活费、社会保险费、医疗托管费、一次性退管费、一次性老职工托管费等，向法院申请农机公司破产。法院受理后宣告农机公司破产还债。农机公司不服，以部分职工签名系假冒、许多债务属于股东变更及公司变更前的债务，向上级法院提出申诉。

7

法院认为：关于职工债权能否申请企业破产的问题，现行《企业破产法》对此无禁止性规定，职工作为企业的债权人可以申请企业破产。破产清算组制作的职工债权汇总表所反映的职工生活费、停业生活费、社会保险费、医疗托管费、一次性退管费、一次性老职工托管费等均应系公司债务，而非公司股东债务。股东变更及公司变更均不影响农机公司对本案债务的承担。农机公司一旦被宣告破产，考察其有无清偿到期债务能力，应是考察其有无清偿全部债务的能力，而不仅仅是欠部分职工生活费和停业生活费的能力，农机公司连部分职工劳动债权都无力清偿，更谈不上清偿审计报告载明的债务及审计报告未列入负债的其他债务。故部分职工申请农机公司破产，债务人主体并无不当。因农机公司已经不能清偿到期债务，且根据审计报告显示已资不抵债，符合宣告破产条件，故裁定驳回农机公司申诉，维持原裁定。

实务要点：当企业不能清偿所欠内部职工到期债务时，职工可申请企业破产。

3.3

2008商:518

2006

案例索引：江苏南通中院（2006）通中破法监字第0004号“某机械公司破产案”，见《海安县农业机械有限公司破产申诉案（职工债权的破产申请权、“破产原因”的构成要件）》（沈伟），载《中国审判案例要览》（2008商事:518）。

232 民办学校因资不抵债无法办学而被终止的清算问题

——《企业破产法》实施后，民办学校因资不抵债无法继续而被终止，由法院组织清算的，适用《企业破产法》处理。

标签：破产 | 破产条件 | 公司清算 | 适用法律 | 民办学校

案情简介：2005年，民办非企业法人的实验学校因资不抵债，教育局垫付相关费用后向法院递交清算申请书。

法院认为：法院根据《民办教育促进法》第58条规定对因资不抵债无法继续办学而被终止的民办学校组织清算时，如果该民办学校不属于企业法人，则可以参照《民事诉讼法》中的破产还债程序进行清算。其债务清偿顺序应当适用《民办教育促进法》第59条规定：“对民办学校的财产按照下列顺序清偿：（一）应退受教育者学费、杂费和其他费用；（二）应发教职工的工资及应缴纳的社会保险费用；（三）偿还其

3.4

200820:38

2005

他债务。民办学校清偿上述债务后的剩余财产，按照有关法律、行政法规的规定处理。”《企业破产法（试行）》及《民事诉讼法》等法律规定破产财产优先拨付破产费用后，按照下列顺序清偿：（一）破产企业所欠职工工资及应缴纳的劳动保险费用；（二）破产企业所欠税款；（三）破产债权。《企业破产法》实施后，民办学校因资不抵债无法继续办学而被终止，由法院组织清算的，根据《企业破产法》第135条规定，应参照适用《企业破产法》规定的程序处理。

实务要点： 《企业破产法》实施后，民办学校因资不抵债无法继续办学而被终止，由法院组织清算的，根据《企业破产法》第135条规定，应参照适用《企业破产法》规定的程序处理。

案例索引： 最高人民法院（2005）民二他字第41-2号函复“关于深圳市宝安区教育局申请华茂学校、建华职院终止清算一案的请示”，见《民办学校中止清算的法律适用》（陈英，广东技师学院；李学辉，广东高院），载《人民司法·案例》（200820:38）。

233 债务人转移财产后，为逃避债务申请破产，应驳回

——债务人有隐匿、转移财产等行为，为了逃避债务而申请破产的，人民法院应裁定不予受理或裁定驳回其破产申请。

标签： 破产 | 破产条件 | 申请破产 | 转移财产 | 逃避债务

案情简介： 2003年11月至2004年8月，器材厂将价值1353万余元的资产以抵债名义转让给钢绳公司。2004年6月和10月，生效法律文书分别确定器材厂应归还银行借款680万余元及相应利息。执行程序中，器材厂以其资产仅573万余元为由，向法院申请破产。

法院认为： 最高人民法院《关于审理企业破产案件若干问题的规定》第12条规定，债务人有隐匿、转移财产等行为，为了逃避债务而申请破产的，人民法院应裁定不予受理。第14条规定，人民法院受理企业破产案件后，发现有第十二条规定的情形的，应当裁定驳回破产申请。本案器材厂在向法院申请破产前，将其价值1353万余元的巨额有效资产转移给钢绳公司，仅剩下573万余元的资产进行破产，虽在转让资产同时，亦转让了等额债务，但其行为违背了企业法人以其全部资产对其债务承担责任的法人制度，违背了破产法的立法宗旨和目的，严重侵害了器材厂破产债权人的利益，究其实质，应属转移资产、逃避债务的行为，故裁定驳回其破产申请。

3.3

2007商:363

实务要点： 债务人有隐匿、转移财产等行为，为了逃避债务而申请破产的，法院应裁定不予受理或裁定驳回。

2005

案例索引：江苏南通中院（2005）通中破监字第0001号“某其财产破产申请案”，见《南通电力线路器材厂破产申请案（破产财产转移）》（沈伟），载《中国审判案例要览》（2007商事:363）。

234 是否符合破产条件，应以查清资产负债状况为前提

——债权人或债务人对破产宣告有异议的可申诉。破产企业是否符合法定破产条件，应以查清资产和负债状况为前提。

标签：破产 | 破产条件 | 申诉权

案情简介：2001年12月，仲裁裁决终止酿造公司与酒业公司的合资经营合同，双方对合资企业酿酒公司进行清算，酿造公司按实际出资享有清算利益。2003年，酿酒公司成立特别清算委员会。2005年，特别清算委员会以酿酒公司资产经评估为1300万余元、负债4300万余元，属于严重资不抵债为由申请破产。为证明负债，其提交了1999年至2003年酿酒公司停产期间的亏损3000万余元的情况说明，银行向其催收1000万余元的逾期贷款的通知书复印件。法院据此裁定宣告酿酒公司破产后，酿造公司提出申诉。

7

法院认为：酿酒公司资产主要为一套进口酿酒设备，其价值的确定直接影响到酿酒公司资产状况。特别清算委员会提供的审计、评估报告中所确定的资产数额均是依据酿酒公司账面上所谓鉴定书确定的价值进行的审计和评估。在特别清算委员会既未提供事实依据，亦未提供法律依据情况下，即以此认定酿造公司资产数额不当。银行向特别清算委员会申报的债权，仅提供了一份贷款逾期催收通知书，未提供借款合同及借款凭证，不能说明酿酒公司借款的时间及用途等重要事项，故特别清算委员会对该笔债权予以确认依据不足。另外，酿造公司在1999年至2003年处于停产状态，但其间亏损高达3000万余元，特别清算委员会仅提供了一份亏损说明，未提供具体依据，其真实性难以认定。鉴于酿造公司在资产、负债及亏损三个方面存在事实不清、证据不足的情况，仅以特别清算委员会现阶段所提供的证据材料，不能认定本案破产申请人酿造公司具备了法定破产条件，故撤销宣告破产裁定，发回重审。

实务要点：破产宣告后，债权人或债务人对破产宣告有异议的，可向破产宣告法院的上级法院申诉。破产企业是否符合法定破产条件，应以查清资产和负债状况为前提。

3.3

2006商:382

2005

案例索引：河北高院（2005）冀民二复字第126号“某酒业公司破产案”，见《华葡酿酒有限公司破产案》（王靖），载《中国审判案例要览》（2006商事:382）。

235 申请破产企业，须提交材料，证明其已达破产条件

——债务人申请破产的，必须就其符合该法定破产条件提供相关材料加以证明，且材料必须齐全、具体、客观、真实。

标签： 破产 | 破产条件 | 证明材料

案情简介： 2004年，化工公司以严重亏损，不能清偿到期债务申请破产还债，法院裁定宣告破产后，债权人研究院提出申诉。二审查明：化工公司提交的审计报告仅为2003年度会计报告，未反映到期债务情况，提交的职工安置预案载明拟用处置破产企业资产所得安置职工。研究院以税务局发票检查情况通知单证明化工公司一直在经营，并不存在化工公司所称停产两年情形。

法院认为： 《企业破产法（试行）》第3条第1款规定："企业因经营管理不善造成严重亏损，不能清偿到期债务的，依照本法规定宣告破产。"该法第8条第2款规定："债务人提出破产申请时，应当说明企业亏损的情况，提交有关的会计报表、债务清册和债权清册。"最高人民法院《关于审理企业破产案件若干问题的规定》第6条规定，债务人申请破产应当向人民法院提交各项有关材料，其中应当包括的有企业职工欠款和安置预案，企业亏损情况的书面说明并附审计报告、企业债务情况表，列明企业的债权人名称、住所、债权数额、发生时间。本案化工公司在申请破产时，未按前述规定要求提交相应的审计材料，不能证明已达到法定破产条件。其提交的职工安置预案违反国务院相关通知规定，且认定化工公司已停业两年的事实亦与实际情况不符，故原审裁定宣告化工公司破产还债不当，裁定撤销原裁定，终结化工公司破产还债程序。

实务要点： 宣告企业破产的基本条件是企业不能清偿到期债务，债务人申请破产的，必须就其符合该法定破产条件提供相关材料加以证明，且这些材料必须齐全、具体、客观、真实。

案例索引： 新疆高院（2005）新民二破申字第1号"某化工公司破产案"，见《新疆维吾尔自治区昌吉回族自治州天宇化工有限责任公司破产案（虚假申请）》（杨善明），载《中国审判案例要览》（2006商事:387）。

3.3

2006商:387

2005

I

合并破产

236 关联公司资产、管理及经营混同，应合并破产清算

——关联公司资产混同、管理混同、经营混同，以致无法个别清算的，可将数个关联公司作为一个企业整体合并清算。

标签：破产 | 合并破产 | 证券 | 出资责任 | 关联公司 | 破产程序

7

案情简介：2008年，证券公司因资不抵债，不能清偿到期债务，申请破产还债，并申请将科技公司、实业公司、投资公司、置业公司共四家关联公司纳入破产清算程序，合并清算。经查证，关联公司登记股东未实际出资，注册资金均来自证券公司，证券公司与关联公司之间机构、人员，营业、资产、负债均存在混同情况。

1.1

2013:531

2012

法院认为：证券公司因违规经营，扰乱证券市场秩序，造成巨额亏损，损害投资者合法权益，其资产明显不足以清偿到期债务，应宣告破产，依法清算偿债。法人独立首先在于意思独立，能独立自主地为意思表示，开展民事活动。然而科技公司与实业公司分别与证券公司人员发生混同，投资公司和置业公司虽有独立工作人员，但公司实际控制权为证券公司掌握，故四家关联公司对外行为受制于证券公司，不具有独立作出意思表示的能力。同时，法人独立关键在于法人财产独立，法人可以其独立支配的财产承担民事责任。本案四家关联公司全部经营活动是配合证券公司违规开展证券业务，此外并无其他独立经营活动，公司无经营收益。四家关联公司资产的唯一来源是股东出资，均实际来源于证券公司，且出资所形成的公司资产亦均由证券公司实际控制使用。四家关联公司虽为形式上的独立法人，但根据本案事实分析，四家关联公司实际上是证券公司开展违规经营活动的工具，与证券公司在管理上和资产上严重混同，不具备独立的法人人格，不具备分别进行破产清算的法律基础，应与证券公司一并破产，合并清算。

实务要点：关联公司资产混同、管理混同、经营混同以致无法个别清算的，可将数个关联公司作为一个企业整体合并进行破产清算。

案例索引：福建福州中院2012年12月13日裁定“某证券公司等破产案”，见《闽发证券有限责任公司与北京辰达科技投

资有限公司、上海元盛投资管理有限公司、上海全盛投资发展有限公司、深圳市天纪和源实业发展有限公司合并破产清算案》，载《最高人民法院公报·案例》(2013:531)。

237 以人格混同追回的破产财产，亦不能优先个别清偿

——破产管理人应追收包括因人格混同产生的破产财产。债权人以人格混同诉请对追回的财产优先清偿的，不予支持。

标签： 破产 | 合并破产 | 个别清偿 | 人格混同

案情简介： 2009年，法院裁定受理材料公司破产还债申请。2010年，银行以金属公司与材料公司系“一套班子两块牌子”，诉请金属公司偿还材料公司所欠银行的3200万元债务。

2.1

201301/33:238

2013

法院认为： 依《企业破产法》规定，破产申请受理时属于债务人的全部财产，以及破产申请受理后至破产程序终结前债务人取得的财产，甚至破产程序终结后发现的债务人的应当供分配的其他财产，均为破产财产。法院受理破产申请后，管理人应依法追收所有破产财产并在破产程序中依法管理和处分，公平保护全体债权人利益。基于破产财产的个别清偿行为均为无效。本案银行在法院受理债务人材料公司破产申请后，以金属公司与材料公司人格严重混同、人员财产无法区分为由，请求法院判令金属公司以其财产直接偿付材料公司所欠债务的诉讼请求，不符合法律规定。即便金属公司与材料公司人格混同，则金属公司财产当属材料公司破产财产一部分，不能用于个别清偿。虽然，在认定人格混同后追回的破产财产，在清偿破产费用、共益债务、职工债权、税收债权等后，尚有剩余时可按比例清偿银行及其他普通债权人相关债权，但因人格混同追收回来的破产财产与银行之间仅为间接的利害关系，而非直接利害关系。银行在材料公司破产申请受理后，无权要求以材料公司破产财产单独清偿其个别债权。银行如认为金属公司与材料公司确实构成人格混同，可在材料公司破产程序中，通过债权人会议或债权人委员会监督管理人依法对人格混同的金属公司的财产进行追收，管理人无正当理由拒绝追收的，债权人会议可依《企业破产法》第22条规定，申请法院更换管理人。管理人不予追收的，银行也可代表全体债权人提起相关诉讼进行追收，但因此追回的财产性质上仍为破产财产，不得用于银行个别债权的优先清偿。如因管理人不依法履行追收职责给银行造成损失的，银行可要求管理人承担相应的民事责任。判决驳回银行诉讼请求。

实务要点： 法院受理破产申请后，管理人应依法追收所有破产财产包括因人格混同产生的其他财产，并在破产程序中依法管理和处分，公平保护全体债权人利益。债权人以人格混同诉请对追

回财产优先清偿的，不予支持。

案例索引： 最高人民法院（2013）民提字第18号“某银行与某材料公司欠款纠纷案”，见《申请再审人烟台银行股份有限公司与被申请人烟台金属材料交易中心有限公司欠款纠纷案》（审判长刘敏，代理审判员赵柯、杜军），载《商事审判指导·商事裁判文书选登》（201301/33:238）。

238 合并破产主体，可作为债务人诉讼代表人参加诉讼

——债务人系破产人的关联公司，存在人格上和财产上的混同而合并破产的，清算组可作为共同破产管理人参与诉讼。

标签： 破产 | 合并破产 | 证券 | 破产程序 | 诉讼代表人 | 关联公司

案情简介： 2003年，公积金管理中心与投资公司签订《国债回购理财协议》，因投资公司到期未给付约定的收益致诉。审理过程中，另案法院裁定宣告证券公司破产，并以证券公司设立的投资公司在管理上和资产上与证券公司严重混同，宣告投资公司合并破产，并指定证券公司清算组为破产管理人。2010年，公积金管理中心与投资公司委托理财纠纷恢复审理，证券公司清算组申请作为债务人的诉讼代表人参加诉讼。

法院认为： 由于另案法院已作出生效民事裁定，宣告投资公司等与证券公司合并破产，并指定证券公司清算组为破产管理人。该法院业已查明投资公司系证券公司的关联公司，由证券公司出资设立，与证券公司在管理上和资产上严重混同，无独立的公司法人人格，是证券公司逃避监管、违法违规开展账外经营的工具，故证券公司清算组作为破产管理人代表投资公司参与本案诉讼，符合法律规定。

实务要点： 债务人系破产人的关联公司，存在人格和财产上的混同，法院生效民事裁定合并破产的，清算组可以作为破产管理人代表合并破产的公司参与诉讼。

案例索引： 最高人民法院（2006）民二终字第17-1号“某投资公司与某公积金管理中心委托理财合同纠纷案”，见《合并破产的主体可以作为债务人的诉讼代表人参加诉讼；〈国债回购理财协议〉有关固定收益率的约定属保底条款应认定无效——北京辰达科技投资有限公司与新疆生产建设兵团住房公积金管理中心委托理财合同纠纷案》（审判长张勇健，代理审判员李京平、赵柯），载《最高人民法院商事审判指导案例·第五卷（下）》（2011:694）。

7

2.6

v.5:694

2006

239 企业集团及下属关联公司人格混同的，可整体破产

——企业集团及其下属所有公司属于组织机构混同、经营业务混同、资产财务混同关联企业的，可申请整体破产重整。

标签： 破产 | 合并破产 | 整体破产重整 | 分别破产重整 | 关联公司

案情简介： 2008年，实业集团及下属糖业公司、仓储公司等关联公司的法定代表人庞某因企业资金链断裂，无法清偿到期债务而自杀。2009年，债权人申请对实业集团及下属所有企业进行整体破产重整。

法院认为： 实业集团及其下属所有企业法定代表人和实际控制人均为庞某，各企业的经营管理均由庞某负责，主要管理人员工资亦由实业集团本部统一发放。同时，所有企业经营业务基本相同，各企业主要交易行为、交易方式、交易价格均由庞某或实业集团本部决定，普便用实业集团名义对外签订合同、收受合同款项，销售收入亦由庞某或实业集团本部统一支配使用，从未相应返还给各下属公司。另外，实业集团及下属公司资金往来频繁随意，各企业相互借款、相互担保，公章交叉使用或同时使用，以致债权人难以准确界定债务人身份，就同一债权同时在多个企业申报了债权。因实业集团及其下属公司属于组织机构混同、经营业务混同、资产财务混同的关联企业，各企业间债权债务及财产已达到无法有效区分的程度，采取整体破产重整，可简化破产重整程序，最大限度实现企业资产价值，故裁定准许申请人提出的对实业集团及其下属公司破产重整的申请。

3.3

2011商:243

2009

实务要点： 企业集团及其下属所有公司属于组织机构混同、经营业务混同、资产财务混同的关联企业，各企业间债权债务及财产已达到无法有效区分的程度，因企业集团及其下属公司不能清偿到期债权，债权人申请采取整体破产重整的，应予支持。

案例索引： 广东湛江中院（2009）湛中法民破字第12~20号“某糖业公司等破产重整案”，见《广东中谷糖业集团有限公司及其下属公司破产重整案（关联企业整体重整、甘蔗款优先受偿）》（陈虹），载《中国审判案例要览》（2011商事:243）。

240 高度关联公司破产案件实体合并审理必要性及程序

——出于规制关联企业违规行为、有效审理相关破产案件等的考虑，关联企业破产实体合并的有条件适用具有正当性。

标签： 破产 | 合并破产 | 关联公司 | 实体合并

案情简介： 2008年，注册地不同的电

法院认为： 尽管现行法律未就关联企业破产实体合并作出明确规定，但出于规制关联企业违规行为、保护多数债权人利益以及有效审理相关破产案件的考虑，关联企业破产实体合并的有条件适用具有正当性。在确

器公司、机械公司、实业公司先后在法院被债权人申请破产。因三公司实际控制人均为潘某，经营范围紧密关联，人员、财产、债务高度混同。法院启动关联企业破产实体合并程序。

定管辖法院时，原则上应指定关联企业主要财产所在地法院为管辖法院。表决程序上，关联企业的债权人会议应分别就实体合并的清算方案予以表决，由法院汇总。在法律尚未作出明确规定情况下，实体合并的进行应以各关联企业的债权人会议均表决通过为前提条件。破产债权的确定，应将关联企业之间的债权债务直接予以涤除，提高普通债权人的受偿比例，同时将普通债权人的债权按照户名予以合并，以减少债权人数量，提高清算效率。

3.1

201103/77:214

3.4

201016:33

2008

7

实务要点： 尽管现行法律未就关联企业破产实体合并作出明确规定，但出于规制关联企业违规行为、保护多数债权人利益以及有效审理相关破产案件的考虑，关联企业破产实体合并的有条件适用具有正当性。

案例索引： 上海金山区法院（2008）金民二（商）破字第1、2、3号“某电器公司等破产清算案”，见《上海美浩电器有限公司等三公司破产清算案》（王永亮、高丽宏），载《人民法院案例选》（201103/77:214）；另见《关联企业破产实体合并的司法实践》（王永亮、黄杰国、高丽宏），载《人民司法·案例》（201016:33）。

241 经国家批准实施政策性破产的军工企业的特殊程序

——经批准实施政策性破产的两个军工企业，虽系各自独立的法人，但在审理中因其关联性可作为一案分别组织清算。

标签： 破产 | 合并破产 | 破产财产 | 军工企业 | 政策性破产 | 限制流转物

案情简介： 2002年，隶属机械公司的军工企业华龙机械厂与东方机械厂以其经营亏损严重，不能清偿到期债务，且在2001年经国务院全国企业兼并破产和职工再就业领导小组批准共同被列入实施政策性破产的企业，联合向法院申请破产。

法院认为： 申请人因经营亏损严重，不能清偿到期债务，经审查属实，符合《企业破产法（试行）》规定的条件，依法宣告申请人进入破产还债程序。该案属国家批准的政策性破产案件，华龙机械厂与东方机械厂虽系两个独立法人，但其主管部门均为机电公司，且国务院全国企业兼并破产和职工再就业领导小组批准文件中，是将两家合并实施政策性破产，故在审理中将其作为一案，分别组织清算。申请人的枪支产品成品、半成品、零配件及枪支生产线，根据最高人民法院《关于贯彻〈企业破产法（试行）〉若干问题的意见》第59条“破产财产属于限制流转物的，由国家指定的部门收购”规定，不能按一般的资产处理程序进行变现，应由政府指定部门进行收购。企业资产无论是土地还是机器设备，其变现所得应根据国务院1994年10月25日国发〔1994〕59号文和1997年3月2日国发

3.3

2003商:347

2002

〔1997〕10号文精神，优先用于安置职工，故将申请人生活区福利性质的资产如医院、学校等移交给当地政府。根据《企业破产法（试行）》第13条至第16条规定，组织债权人会议，并由债权人会议表决通过各个债权人债权金额的确认、债权人会议主席的选举、清算工作公告和财产分配方案。依《企业破产法（试行）》第34条、第37条规定，对债权人会议通过的清算工作报告和财产分配方案进行审查，认为表决方式符合法律规定，通过的财产分配方案合法有效，予以认可，依最高人民法院《关于贯彻〈企业破产法（试行）〉若干问题的意见》第70条规定，在破产财产分配完毕后7日内，由清算组申请裁定终结破产程序。

实务要点： 经国家批准实施政策性破产的两个军工企业，虽系各自独立的法人，但在审理中因其关联性可作为一案分别组织清算。相关破产财产处理应符合法律及行政法规的规定。

案例索引： 福建高院（2002）闽民破字第01号“某机械厂破产案”，见《福建华龙（东方）机械厂破产案》（丁仰豪），载《中国审判案例要览》（2003商事:347）。

破产重整

242 争议债权未受实质损害，可强制批准重整计划草案

——债权人经重整计划调整权益后可获清偿等于或高于预期清偿分配情况下，法院强制批准重整计划草案具有正当性。

标签：破产 | 破产重整 | 重整计划草案 | 强制批准 | 实质性损害

法院认为： 根据实业公司重整计划草案，银行担保债权不存在延期清偿情形。同时，因实业公司抵押土地使用权

案情简介：2010年，实业公司第二次债权人会议中，职工债权组、税收债权组、出资人组、普通债权组对重整计划草案的分组表决中，债权人过半数同意且其代表的债权额占该组债权总额的三分之二以上。但担保优先债权组，因银行反对未能通过。管理人以抵押土地使用权和在建工程快速变现值扣除优先偿还工程款后余额9200万余元全部清偿银行担保债权未实质性损害银行利益，故申请法院裁定强制批准重整计划草案。

及在建工程经评估快速变现值在优先偿还工程款后，余额按重整计划草案全部用于清偿银行担保债权，银行的担保债权未受到实质性损害。重整计划草案公平对待同一表决组的成员，其载明的经营方案亦具有可行性，故根据《企业破产法》第87条规定，裁定批准实业公司重整计划，终止实业公司重整程序。

实务要点： 债权人依重整计划可获得的清偿不低于其在债务人破产清算情况下所能得到的清偿分配。如债权人经重整计划调整权益后可获清偿等于或高于预期清偿分配，亦即其权益不受实质减损，而其他利害关系人能得到更好保护，则法院强制批准重整计划草案具有正当性。

案例索引： 福建厦门海沧区法院（2009）海民破字第1-（7）号“某实业公司重整案”，见《厦门星星实业有限公司重整案（强制批准重整计划）》（陈基周），载《中国审判案例要览》（2011商事:240）。

3.3

7

2011商:240

2009

243 债务人应否重整，证据能适当体现出资不抵债即可

——认定是否符合重整条件，债权人所举证据只要适当体现债务人资不抵债和明显缺乏清偿能力两者的有机联系即可。

标签：破产 | 破产重整 | 明显缺乏清偿能力 | 资不抵债

案情简介：2009年，实业公司以电子公司不能清偿其到期8亿元债务申请对该上市公司重整。电子公司上年度年报及半年财报显示净资产及利润为负数。

3.4

法院认为： 根据《企业破产法》第70条规定，企业法人不能清偿到期债务，并且资产不足以清偿全部到期债务或者明显缺乏清偿能力的，债务人或者债权人均可以依法向人民法院申请对债务人进行重整。本案为债权人申请债务人重整，债权人只能证明债务人不能清偿对其负有的到期债务，无法提供债务人截止申请日的财产信息或财务状况以表明其欠缺清偿能力，亦无法对其资产状况进行审计并据此表明其资产不足以清偿全部债务。鉴于实业公司已向电子公司发出书面催告，电子公司在催告期内既未清偿，亦未协商达成协议，同时电子公司披露的上一年度年报和上半年财报表明当时净资产和利润均已为负数，营业收入极低，已处于一种极端经营困顿状态。而债务人收到法院送达的重整申请后既不提出异议，亦未举证证明其当前财务状况发生了重大改观或通过其他手段获得清偿债务的能力。故可认定债务人明显缺乏

201020:26

2009

清偿能力，裁定电子公司重整，指定电子公司重整清算组担任重整管理人。

实务要点： 认定债务人是否符合重整条件，债权人所举证据只要适当体现债务人资不抵债和债务人明显缺乏清偿能力两者的有机联系即可。

案例索引： 福建厦门中院（2009）厦民破字第01号“厦门火炬集团有限公司与夏新电子股份有限公司破产纠纷案”，见《企业破产重整案件中的实务难题及其解决》（叶炳坤），载《人民司法·案例》（201020:26）。

244 债务人重整期间，可创设业务托管制度维持其经营

——进行重整程序的债务人，可在重整管理人之外，实行业务托管制度，公开选聘专业机构负责重整期间的经营管理。

标签： 破产 | 破产重整 | 业务托管制度

案情简介： 2009年，电子公司被法院裁定重整。因电子公司系手机设备高科技上市公司，此时，公司高管及技术、营销骨干大量流失，内部管理混乱。法院指定的管理人并无相关经营管理知识和能力。

3.4

201020:26

2009

法院认为： 根据《企业破产法》第25条规定，法院受理破产案件后，管理人应履行对债务人进行经营管理的职责。因电子公司系高度依赖营销网络、具有大量知识产权等无形资产的高科技企业，管理人不具备该行业的经营管理经验和知识，难以有效管理公司经营事业并实现对无形资产的维护和保值。该公司在进入重整前内部管理已相当混乱，公司高管和技术、营销方面的管理和骨干人员大量流失，公司无法依靠原有管理层进行正常经营管理和技术研发活动。本案重整期间可创设业务托管制度。由管理人获得许可后公告公布条件，公开招标选聘具有同类业务经营管理和开发经验能力、与公司和重整均无利害关系的第三方，在管理人委托和监督下负责电子公司在重整期间的手机生产和销售业务的具体经营管理、技术研发及与该业务有关技术和资产的维护工作，按照经营绩效收取一定托管费用。同时，管理人仍应依法行使《企业破产法》规定的管理人职责范围内的企业财务收支管理、资产管理等事项的决定权和其他可能影响企业重整的重大事项、涉及企业未来重大发展战略等事项的决定权等权力。

实务要点： 进行重整程序的债务人，为解决监督和经营角色重合问题及程序公正问题，可在重整管理人之外，实行业务托

管制度，公开选聘专业机构负责重整期间的经营管理。

案例索引： 福建厦门中院（2009）厦民破字第01号“厦门火炬集团有限公司与夏新电子股份有限公司破产纠纷案”，见《企业破产重整案件中的实务难题及其解决》（叶炳坤），载《人民司法·案例》（201020:26）。

245 债务人重整期间，重整计划草案制订、表决与批准

——表决组均通过重整计划草案时，重整计划即为通过。法院经审查认为符合规定的，应裁定批准，并终止重整程序。

标签： 破产 | 破产重整 | 表决程序 | 重整计划草案

案情简介： 截至2008年3月，橡胶公司负债2亿余元，净资产为负1.6亿余元。法院裁定受理橡胶公司重整申请。选定管理人后，法院又批准橡胶公司在管理人监督下继续经营。重整期间，经营状况和财产状况略有好转，重整计划草案亦获得各债权人组表决通过。

7

法院认为： 重整期间，债务人经营状况及财产状况未出现继续恶化情形，相反生产经营能力和效益逐月提升，不存在债务人欺诈、恶意减少债务人财产或其他显著不利于债权人的行为。《重整计划草案》内容完整、全面，符合《企业破产法》第81条规定，包括了债务人重整经营方案、债权分类、债权调整方案及受偿方案、重整计划的执行期限及重整计划执行的监督期限、管理人报酬方案。表决通过《重整计划草案》的程序符合法律规定。依法对债权人进行了分组和讨论，并由债务人及管理人进行了说明，回答了债权人提问。普通债权组、担保债权组、劳动债权组、税务债权组的债权人进行了分组表决，由债权人代表进行了检票，表决结果有公证处现场公证。各表决组均通过该草案，重整计划即为通过。故裁定批准橡胶公司重整计划，终止重整程序。

3.3

2009商:493

2008

实务要点： 依《企业破产法》第86条规定，各表决组均通过重整计划草案时，重整计划即为通过。自重整计划通过之日起十日内，债务人或者管理人应当向人民法院提出批准重整计划的申请。人民法院经审查认为符合本法规定的，应当自收到申请之日起三十日内裁定批准，终止重整程序，并予以公告。

案例索引： 云南昆明中院（2008）昆民重整字第1-14号“某橡胶公司重整案”，见《昆明聚仁兴橡胶有限公司破产重整案》（李志昆），载《中国审判案例要览》（2009商事:493）。

246 企业重整计划安排出资人权益为零，符合法律规定

——因企业资不抵债，重整计划草案将出资人权益调整为零，在其他债权人组均通过草案表决后，法院可予裁定批准。

标签：破产 | 破产重整 | 表决程序 | 出资人权益 | 重整计划草案

案情简介：2008年，5家银行联合申请对非上市大型外资企业电子公司进行重整。经确认，电子公司负债12亿余元，资产评估值为-2亿余元。重整期间，经引进战略投资人，确定重整思路：投入运营资金，摆脱公司困境，变更公司股权，整合公司资源，形成新的经营模式，切断电子公司与关联公司的联系，杜绝电子公司资金和利益输出。第二次债权人会议上提出表决的《重整计划草案》主要内容：投资人投入3500万元，获得电子公司100%股权和经营权；电子公司法律主体不发生变化，全部偿还经法院确认的所有债务，其中员工债权、税款在半年内全额清偿，200多家8万元以下的小额债权及债权银行垫付的重整申请费用在8个月内全额清偿，非小额普通债权及优先担保债权在3年内按比例偿还，银行债权本金在2012年第2季度起分4年按比例偿还，并在2016年第2季度至第4季度通过融资方式偿还银行贷款余额，银行债权中2008年4月29日前结欠的贷款利息从2009年第3季度起分3年摊还。各债权人组均表决通过，惟出资人组以重整计划未能为其提供经济利益为由再次反对通过。

法院认为：出资人组未能通过，但出资人组亦未就投反对票作出任何说明。根据《企业破产法》规定，若部分表决组未通过重整计划草案的，管理人可以与之协商，该表决组可以在协商后再表决一次。为此，第二次债权人会议后，管理人再次与出资人组进行了协商，出资人组以重整计划未能为其提供经济利益为由再次反对通过，对《重整计划草案》涉及其权益调整部分未提出任何解决方案，亦未对资产评估报告提出异议，故其投反对票理由不充分。根据评估报告，电子公司净资产为负数，即资不抵债，该公司财产已全部成为债权人的清偿财产，出资人对公司财产已无实质利益。管理人提交的草案对出资人权益的调整公平公正，且公平对待同一表决组的成员，所规定的债权清偿顺序符合法律规定，故裁定批准该重整计划，终止电子公司重整程序。

实务要点：非上市大型外资企业破产重整期间，因企业资不抵债，重整计划草案将出资人权益调整为零，在其他债权人组均通过草案表决后，出资人组以重整计划未能为其提供经济利益为由再次反对通过的，法院不予支持。

案例索引：江苏苏州吴中区法院（2008）吴民破字第1-2号“某银行申请某电子公司破产重整案”，见《中国农业银行苏州市吴中支行等申请雅新电子（苏州）有限公司破产重整案（破产重整）》（钱东辉、金美珍），载《中国审判案例要览》（2009商事:497）。

3.3

2009商:497

2008

247 破产清算债务人被宣告破产前，可向重整程序转化

——债务人濒临破产时，破产清算或重整、和解由当事人自主选择，被宣告破产前，清算程序与重整程序可相互转化。

标签：破产 | 破产重整 | 破产清算

案情简介： 2007年6月，依债权人网络公司等申请，科技公司被裁定破产还债。同年7月，科技公司提出重整申请和重整预案，法院裁定准许重整。2008年，债权人会议多次对科技公司提出的重整计划草案表决。根据草案，担保债权组唯一质押担保权人银行将与职工债权和税务债权获得全额清偿。普通债权受偿率21.95%，如若破产清算，受偿率仅为17.58%。该草案仅有普通债权组有表决权债权人数不到1/3反对。

7

法院认为： 《企业破产法》第70条第2款规定："债权人申请债务人进行破产清算的，在人民法院受理破产申请后，宣告破产前，债务人或者出资额占债务人注册资本十分之一以上的出资人，可以向人民法院申请重整。"故科技公司被宣告破产前申请重整，依法有据。根据重整计划草案，在重整情况下银行作为唯一的享有质押权的债权人，就该质押财产将与职工债权和税务债权获得全额清偿。普通债权受偿率高于破产清算受偿率。该草案经担保债权组、职工债权组和税款债权组同意，并经普通债权组有表决权债权人数2/3以上表决通过。作为科技公司新的出资人实业公司明确同意重整草案，即出资人组通过了重整计划草案。该方案具有可行性，且有利于债权人利益保护，有利于债务人重生及上市公司可持续健康发展，有利于社会的稳定，故裁定批准该重整计划草案，管理人监督执行，终止科技公司的重整程序。

实务要点： 债务人企业濒临破产时，破产清算或重整、和解由当事人自主选择启动，当事人既可单独申请破产清算，亦可直接申请重整和和解。债务人在被申请破产后被宣告破产前，清算程序与重整程序可以相互转化。

3.4

200912:83

2007

案例索引： 广东肇庆中院（2007）肇中法民商破字第3-6号"肇庆市银华网络技术有限公司等申请广东风华高新科技集团有限公司破产案"，见《破产清算程序如何转化为重整程序》（王建平），载《人民司法·案例》（200912:83）。

248 债务人破产重整中，可采取第三方公司承债式收购

——债务人破产清算过程中，由新设第三方公司进行承债式收购，从而实现债务人破产重整，符合法律法规相关规定。

标签：破产 | 破产重整 | 承债式收购 | 资产平移法

法院认为：科技公司破产清算程序中，由战略投资者以现金或股票给予债权人一定比例的清偿，债权人未获清偿的债权及债务人全部资产包括现金、动产、不动产、投资权益、债权平移给一个才成立的其本身无任何债权债务的第三方公司，由第三方公司以其本公司原有的资产及接受的债务人的全部资产继续向债权人承担责任；债权人对其他从债务人享有的权利不变。这种承债式收购法或资产平移法符合《企业破产法》原则规定，也是符合我国国情的一种上市公司重整方式，同时也不违反证监会《关于上市公司重大购买、出售、置换资产若干问题的通知》关于第三方公司承债式收购债务人的所有资产的程序要求，未损害股东特别是股民利益，故法院批准该破产重整计划。

案情简介：2007年，依债权人杨某申请，法院受理科技公司破产重整案。经清算，科技公司资产在清偿劳动、税务债权后，不足清偿担保债权的1/3，普通债权清偿率为零。本案重整思路为：新设贸易公司，将债权人在科技公司重整程序中未受偿的90%本金债权及全部利息、罚息、违约金、赔偿金、迟延履行金及实现债权的费用，与科技公司账面资产由贸易公司承债式收购，然后由债权人申请宣告贸易公司破产还债，法院审查后裁定宣告贸易公司破产。科技公司重整计划经债权人会议同意后，法院批准并协助实施。

实务要点：债务人破产清算过程中，由新设第三方公司进行承债式收购，从而实现债务人破产重整，符合《企业破产法》及证监会相关规定。

案例索引：重庆三中院（2007）渝三中民破字第2号“朝华科技（集团）股份有限公司破产重整案”，见《在审理商事公司破产重整案中创新法律适用方法》（李贤华），载《人民司法·案例》（200912:86）。

3.4

200912:86

2007

表决程序

249 职工债权能获全额清偿时，对该组表决的变通处理

——即使职工债权组未通过重整计划草案，但在职工债权将获得全额清偿时，管理人亦可申请法院批准重整计划草案。

标签：破产 | 表决程序 | 劳动债权 | 变通处理

7

案情简介：2008年，实业集团及下属关联公司整体破产重整。根据重整计划草案，职工债权将获得全额清偿。因职工2000多人且多在外地，在担保债权组、普通债权组表决草案通过后，职工债权组如何表决成为难点。

法院认为：《企业破产法》第84条第2款规定：出席会议的同一表决组的债权人过半数同意重整计划草案，并且其所代表的债权额占该组债权总额的三分之二以上的，即为该组通过重整计划草案。具体到本案，抵押债权人一致同意重整计划草案；出席会议的普通债权人过半数同意草案，其所代表债权额超过该组债权总额的三分之二，应认定普通债权人亦同意该草案。另外，根据《企业破产法》第87条第2款第2项规定，即使职工债权组未通过重整计划草案，而按照重整计划草案，职工债权将获得全额清偿时，管理人也可以申请人民法院批准重整计划草案。故为简化程序，法院在债权人会议分组表决时不组织职工债权组进行表决，等到发放债权款时再由职工在预先制作好的表格上进行签名表决，应认定重整计划草案通过。

3.3

2011商:243

2009

实务要点：即使职工债权组未通过重整计划草案，而按照重整计划草案，职工债权将获得全额清偿时，管理人也可申请法院批准重整计划草案。

案例索引：广东湛江中院（2009）湛中法民破字第12-20号“某糖业公司等破产重整案”，见《广东中谷糖业集团有限公司及其下属公司破产重整案（关联企业整体重整、甘蔗款优先受偿）》（陈虹），载《中国审判案例要览》（2011商事:243）。

250 债务人重整期间，重整计划草案制订、表决与批准

——表决组均通过重整计划草案时，重整计划即为通过。法院经审查认为符合规定的，应裁定批准，并终止重整程序。

标签：破产 | 表决程序 | 破产重整 | 重整计划草案

案情简介：截至2008年3月，橡胶公司负债2亿余元，净资产为负1.6亿余元。法院裁定受理橡胶公司重整申请。选定管理人后，法院又批准橡胶公司在管理人监督下继续经营。重整期间，经营状况和财产状况略有好转，重整计划草案亦获得各债权人组表决通过。

法院认为：重整期间，债务人经营状况及财产状况未出现继续恶化情形，相反生产经营能力和效益逐月提升，不存在债务人欺诈、恶意减少债务人财产或其他显著不利于债权人的行为。《重整计划草案》内容完整、全面，符合《企业破产法》第81条规定，包括了债务人重整经营方案、债权分类、债权调整方案及受偿方案、重整计划的执行期限及重整计划执行的监督期限、管理人报酬方案。表决通过《重整计划草案》的程序符合法律规定。依法对债权人进行了分组和讨论，并由债务人及管理人进行了说明，回答了债权人提问。普通债权组、担保债权组、劳动债权组、税务债权组的债权人进行了分组表决，由债权人代表进行了检票，表决结果有公证处现场公证。各表决组均通过该草案，重整计划即为通过。故裁定批准橡胶公司重整计划，终止重整程序。

3.3

2009商:493

2008

实务要点：依《企业破产法》第86条规定，各表决组均通过重整计划草案时，重整计划即为通过。自重整计划通过之日起十日内，债务人或者管理人应当向人民法院提出批准重整计划的申请。人民法院经审查认为符合本法规定的，应当自收到申请之日起三十日内裁定批准，终止重整程序，并予以公告。

案例索引：云南昆明中院（2008）昆民重整字第1-14号“某橡胶公司重整案”，见《昆明聚仁兴橡胶有限公司破产重整案》（李志昆），载《中国审判案例要览》（2009商事:493）。

251 企业重整计划安排出资人权益为零，符合法律规定

——因企业资不抵债，重整计划草案将出资人权益调整为零，在其他债权人组均通过草案表决后，法院可予裁定批准。

标签：破产 | 表决程序 | 破产重整 | 出资人权益 | 重整计划草案

案情简介：2008年，5家银行联合申请对非上市大型外资企业电子公司进行重整。经确认，电子公司负债

法院认为：出资人组未能通过，但出资人组亦未就投反对票作出任何说明。根据《企业破产法》规定，若部分表决组未通过重整计划草案的，管理人可以与之协商，该表决组可以在协商后再表决一次。为此，第二次债权人会议后，管理人再次与出资人组进行了协商，出资人组以重整计划未能为其提供经济利益为由再次反对通过，对《重整计划草

12亿余元，资产评估值为-2亿余元。重整期间，经引进战略投资人，确定重整思路：投入运营资金，摆脱公司困境，变更公司股权，整合公司资源，形成新的经营模式，切断电子公司与关联公司的联系，杜绝电子公司资金和利益输出。第二次债权人会议上提出表决的《重整计划草案》主要内容：投资人投入3500万元，获得电子公司100%股权和经营权；电子公司法律主体不发生变化，全部偿还经法院确认的所有债务，其中员工债权、税款在半年内全额清偿，200多家8万元以下的小额债权及债权银行垫付的重整申请费用在8个月内全额清偿，非小额普通债权及优先担保债权在3年内按比例偿还，银行债权本金在2012年第2季度起分4年按比例偿还，并在2016年第2季度至第4季度通过融资方式偿还银行贷款余额，银行债权中2008年4月29日前结欠的贷款利息从2009年第3季度起分3年摊还。各债权人组均表决通过，惟出资人组以重整计划未能为其提供经济利益为由再次反对通过。

7

案》涉及其权益调整部分未提出任何解决方案，亦未对资产评估报告提出异议，故其投反对票理由不充分。根据评估报告，电子公司净资产为负数，即资不抵债，该公司财产已全部成为债权人的清偿财产，出资人对公司财产已无实质利益。管理人提交的草案对出资人权益的调整公平公正，且公平对待同一表决组的成员，所规定的债权清偿顺序符合法律规定，故裁定批准该重整计划，终止电子公司重整程序。

实务要点： 非上市大型外资企业破产重整期间，因企业资不抵债，重整计划草案将出资人权益调整为零，在其他债权人组均通过草案表决后，出资人组以重整计划未能为其提供经济利益为由再次反对通过的，法院不予支持。

案例索引： 江苏苏州吴中区法院（2008）吴民破字第1-2号“某银行申请某电子公司破产重整案”，见《中国农业银行苏州市吴中支行等申请雅新电子（苏州）有限公司破产重整案（破产重整）》（钱东辉、金美珍），载《中国审判案例要览》（2009商事:497）。

3.3

2009商:497

2008

破产和解协议

252 破产和解协议约定承担并转移部分债务的，应有效

——债权银行通过与担保债务人破产和解协议部分受偿，并就余下债权达成由实际借款人偿还协议的，应当认定有效。

标签：破产 | 破产和解协议 | 企业改制 | 债务承担 | 保证 | 担保范围

案情简介：2002年，机械集团在尚欠银行借款本金1亿余元，已不具备再行贷款条件的情况下，由其下属单位机床公司与银行签订3000万元的借款合同，机械公司提供担保。贷款到账次日即被机床公司转到机械集团账上。2003年，机械公司进入破产程序，银行申报了债权。破产和解协议约定，前述3000万元本金的40%由机械公司承担，余下60%由机械集团承担。此后，机床公司进行股份制改造，本案债务未被机床公司审计在内。银行获得机械公司40%偿付后，就余下60%贷款本息向机床公司主张清偿责任。

法院认为：本案事实说明，银行应知机械集团系实际借款人。另外，机械公司与各债权人签订破产和解协议后，机床公司进行股份制改造，本案债务未被机床公司审计在内。如银行不放弃对机床公司剩余60%债务的追索，按企业改制相关规定，机床公司应将本案60%的债务列入企业改制审计资产负债表。根据机械公司破产和解协议的内容看，银行是以债权人身份参加了债权人会议，行使了对和解协议的表决权，由此可见，银行认可本案借款是其对机械公司的普通债权。通过和解协议，机械集团承担了包括银行本案债权在内的机械公司60%的债务本金偿还责任。在机械公司按和解协议履行了40%的还款义务后，机械公司与银行之间建立了新的债权债务关系。根据上述贷款发生的背景、流向、偿还情况、余下60%贷款的承接情况，以及机械集团出具的说明情况、银行的函告及承诺等一系列事实，可证实银行取得了通过机械公司债务和解得到的40%本金偿还额，以及将剩余的60%债务转移给机械集团的这一真实意思表示，本案债务主体已由机床公司变更为机械集团，机床公司不应再承担本案的还款责任。

实务要点：债权银行通过与担保债务人破产和解协议获得部分受偿，并就余下债权达成由实际借款人偿还的协议，根据贷款发生的背景、流向、偿还情况，应认定名义借款人不再作为债务承担主体。

2.6

v.5:279

2010

案例索引： 最高人民法院（2010）民提字第18号“某银行与某机床公司借款合同纠纷案”，见《关于债务转移的认定——中国工商银行股份有限公司济南历下支行与济南四机数控机床有限公司借款合同纠纷案》（审判长贾纬，代理审判员沙玲、周伦军），载《最高人民法院商事审判指导案例·第五卷（上）》（2011:279）。

253 破产和解后，清偿剩余债务的担保人无权再行追偿

——担保人承担清偿责任后，因执行和解协议导致主债务消灭的，担保人不能再向破产和解、破产重整的债务人追偿。

标签：破产 | 破产和解协议 | 保证债权 | 执行 | 破产程序 | 保证 | 追偿权

案情简介： 2010年，实业公司破产，银行申报了债权并通过破产和解协议获得部分清偿后，就未获清偿的债务向担保人主张。担保人在承担清偿责任后又向实业公司追偿。

7

法院认为： 破产程序中的和解是民事和解的一种特殊形式，是为了挽救债务人，使其避免破产的法律制度。而按照和解协议减免的债务，自和解协议执行完毕时起，债务人不再承担清偿责任。同时，和解债权人对债务人的保证人和其他连带债务人所享有的权利，不受和解协议的影响。债权人如已在主债务人的和解或重整程序中全额申报了债权，其未得到清偿的部分可以向保证人或连带债务人主张。但保证人或连带债务人履行完剩余的清偿义务后，不能向破产和解、破产重整的债务人追偿。原因在于任何实质上源于同一债务的普通债权，在破产程序中只能得到与其他普通债权相同的受偿比率，而不能得到二次清偿，并因此得到高于其他普通债权人的清偿比率。

2.6

v.5:613

2010

实务要点： 担保人承担清偿责任后，因主债务人执行和解协议而丧失了行使追偿权的基础，即主债务的消灭不是基于担保人已履行担保责任，而是基于和解协议执行完毕，故担保人不能再向破产和解、破产重整的债务人追偿。

案例索引： 最高人民法院《关于代为清偿的连带债务人是否有权向破产和解的债务人继续追偿问题请示的复函》（〔2010〕民二他字第15号），见《保证人或连带债务人承担清偿责任后不能向破产和解、破产重整的债务人追偿——关于代为清偿的连带债务人是否有权向破产和解的债务人继续追偿问题请示的复函》，载《最高人民法院商事审判指导案例·第五卷（下）》（2011:613）。

破产财产

254 实际出资人破产，应依出资关系确定破产财产属性

——实际出资人为享受政策优惠而安排其全资子公司为股东，在实际出资人破产时，应依实际出资确定破产财产属性。

标签： 破产 | 破产财产 | 出资责任 | 信托 | 实际出资人

案情简介： 1999年，信托公司进入破产清算程序。实业公司工商登记显示房产公司和香港公司名下各50%股权。经查实，两股东均未实际出资，均作为信托公司全资子公司，系为享受中外合作企业政策优惠而作出的持股安排。破产清算组据此认定实业公司全部股权应系信托公司所有。当事人提出异议。

法院认为： 虽工商管理机关登记实业公司中方投资人为房产公司，外方投资人为香港公司，信托公司只是实业公司主管部门，但房产公司并未履行出资义务，外方投资人的出资实际上亦来源于信托公司，为使实业公司享受中外合作企业的政策优惠，信托公司才决定成立实业公司，并安排其全资子公司房产公司和香港公司作为中外方股东，因两股东均未履行股东最基本的出资义务，均不是合法的股东。信托公司作为实际出资者，对实业公司享有权益，裁定实业公司100%股权归信托公司所有。

实务要点： 实际出资人仅为享受中外合作企业的政策优惠而安排其全资子公司作为中外方股东，在实际出资人破产程序中，应依实际出资关系确定破产财产属性。

1.1

2003:341

2003

案例索引： 广东高院2003年3月8日裁定“某信托公司破产案”，见《广东国际信托投资公司破产案》，载《最高人民法院公报·案例》（2003:341）。

255 判决经以物抵债确权的财产，不应再列入破产财产

——法院生效判决产生物权转移的法律后果，并不以登记为物权转移唯一标准，经法院确权财产不应再列入破产财产。

标签：破产 | 破产财产 | 执行 | 以物抵债 | 所有权转移

案情简介：1995年，珠海金铭公司就所欠纺织厂借款500万元签订还款协议。约定逾期未还时，以与百货公司合作开发并受让的金铭广场房产抵债，该协议经过公证。1997年，江苏法院生效判决判令珠海金铭公司归还欠款，逾期则以金铭广场12套房抵债，产权归纺织厂所有，并在竣工后6个月内交房。2004年，珠海金铭公司的关联公司天津金铭公司被宣告破产，金铭广场被列入破产财产整体拍卖。因江苏法院查封其中30套房，竞买人无法办理过户手续产生争议。

7

法院认为：根据百货公司与珠海金铭公司签订的项目转让协议及金铭广场的实际运作情况，珠海金铭公司作为金铭广场的开发商，依合同约定有权处分其独立开发销售的部分房产。珠海金铭公司因与纺织厂有债务关系，自愿以其开发销售的部分房产抵偿债务。该还款协议经公证，并经法院生效判决确认有效，且均发生在金铭广场项目破产之前，天津金铭公司对以房抵债事实亦予认可，既不违反法律规定，亦不损害第三人利益。以物抵债判决已生效，故案涉房屋产权按生效判决已转移债权人纺织厂，不属于破产财产。鉴于金铭广场已在破产程序中被整体拍卖，可按判决确认的价格执行12套房屋的折价款抵偿债务。江苏法院在天津法院裁定宣告破产还债后裁定查封30套房屋违反法律规定，应予解除查封。

实务要点：法院生效判决产生物权转移的法律后果，并不以登记为物权转移唯一标准，经法院确权财产不应再列入破产财产。

案例索引：最高人民法院执行工作办公室《致江苏省高级人民法院和天津市高级人民法院的复函》（〔2005〕执协字第19-1号）"江阴第二纺织厂、江苏亚大集团公司、江阴澄江工业供销总公司与珠海金铭发展公司执行纠纷案"，见《关于法院已判决确权的财产不应列入破产财产的处理意见及复函》（于泓，最高院执行局），载《执行工作指导·案例分析》（200503/15:76）。

2.5

200503/15:76

2005

256 因错误判决和错误执行的金钱债权，列入破产财产

——债务人是否符合宣告破产条件，不涉及债权人申请债务人执行回转程序如何处理及债务人破产财产如何界定问题。

标签：破产 | 破产财产 | 执行 | 破产程序 | 执行回转

案情简介：1999年，执行法院依生效判决，根据运输公司申请，扣划投资

法院认为：法院根据运输公司申请所作破产宣告裁定，针对的是债务人运输公司是否具备破产条件的问题，即运输公司是否符合《企业破产法》第3条第1款规定的"不能清偿到期债务"的条件，并不涉及投资公司申请运输公司执行回转程序如何处理以及运输公司破产财产如何界

公司1186万元。2003年，再审改判撤销原判决。投资公司依此申请执行回转，但仅执行回转26万余元，执行法院据此向投资公司发放了1700万余元本息的债权凭证。2004年，依运输公司申请，法院以运输公司资不抵债裁定宣告运输公司破产。投资公司以执行回转不适用民事中止执行程序，执行回转财产不应列入破产财产为由提起申诉。

定的问题。投资公司关于其申请运输公司执行回转程序不受本案破产程序影响和投资公司被错误判决和执行的财产不应被列入破产财产的申诉内容，与上述裁定内容并无直接的法律关系。投资公司该部分申诉内容不符合最高人民法院《关于审理企业破产案件若干问题的规定》第38条的规定，法院应依法不予审理。

实务要点： 债务人是否符合宣告破产条件，并不涉及债权人申请债务人执行回转程序如何处理以及债务人破产财产如何界定的问题，两者并无直接的法律关系。

2.6

v.3:339

2005

案例索引： 最高人民法院（2005）民二监字第56号“某信托公司等破产纠纷案”，见《破产案件的受理范围——中国金谷国际信托投资有限责任公司因天津市冶金供销运输总公司被宣告破产案》（审判长姜伟，代理审判员陈百灵、杨征宇），载《最高人民法院商事审判指导案例（3）·公司卷》（2011:339）。

257 债务人所持经营许可证，破产时不应列入资产总额

——经营许可证依法不得转让，属于禁止流通物，其本身并不具备资产价值，故债务人破产时，不应列入债务人财产。

标签： 破产 | 破产财产 | 资产总额 | 经营许可证

案情简介： 2004年，法院以运输公司资不抵债裁定宣告破产。债权人投资公司以运输公司所持经营许可证属无形财产应计入该公司资产总额为由，提出申诉。

法院认为： 经营许可证系政府对于企业从事特定行业所发放的经营许可证书，其性质属于行政许可，该证书依法不得转让，属于禁止流通物，其本身并不具备资产价值。故投资公司申诉内容无法律依据，不予支持。

实务要点： 经营许可证系政府对于企业从事特定行业所发放的经营许可证书，其性质属于行政许可，该证书依法不得转让，属于禁止流通物，其本身并不具备资产价值，债务人破产时，不应列入债务人财产。

2.6

v.3:339

2005

案例索引： 最高人民法院（2005）民二监字第56号“某信托公司等破产纠纷案”，见《破产案件的受理范围——中国金谷国际信托投资有限责任公司因天津市冶金供销运输总公司被宣告破产案》（审判长姜伟，代理审判员陈百灵、杨征宇），载《最高人民法院商事审判指导案例（3）·公司卷》（2011:339）。

258 破产程序终结后，法院不得再认定和处理破产财产

——破产程序终结，法院不能再通过另案审理，对已有破产裁定作出认定的法律关系和已处分的财产再作认定和处理。

标签：破产 | 破产财产 | 裁定终结 | 损害债权行为

案情简介：1998年，电视机厂拖欠实业公司货款3400万余元。1999年，法院宣告电视机厂破产。实业公司申报债权，被法院确认破产债权为1000万余元。2001年7月，法院裁定终结破产程序。其后，实业公司发现市政府、资产公司、银行在2001年3月签署股权转让协议，约定资产公司以2000万元受让电视机厂在电子公司持有的22%股权。实业公司认为该对价并未实际支付，且在破产清算期间变相支付给一般债权人的银行，诉请确认该转让协议无效。

7

2.6

v.3:507

2003

法院认为：实业公司提出，属于破产企业电视机厂所有的电子公司22%的股权未公开出售；资产公司亦未将其承诺的2200万元对价支付给破产清算组列入破产财产；市政府、资产公司、银行私分破产财产的行为，直接侵害了实业公司作为电视机厂债权人的权利。因破产法院受理电视机厂破产一案并已作出终结破产程序的裁定，原属电视机厂的财产，包括本案所涉电视机厂持有的电子公司的股份，已通过破产案件得到处理。法院不能再通过另一侵权案件的审理，对实际已有破产裁定作出认定的法律关系和已处分财产再作认定和处理。如果法院在破产程序中作出的裁定确有错误，我国相关法律及司法解释规定了相应的救济方法。实业公司作为破产企业电视机厂的合法债权人，可按照法定程序主张权利，故裁定驳回实业公司的起诉。

实务要点：破产程序终结，破产案件已得到处理，法院不能再通过另一侵权案件审理，对实际已有破产裁定作出认定的法律关系和已处分的财产再作认定和处理。如法院在破产程序中作出的裁定确有错误，当事人可通过相关法律及司法解释规定的相应的救济方法主张权利。

案例索引：最高人民法院（2003）民二终字第170号“某银行与某实业公司等侵权纠纷案”，见《已经生效破产裁定认定的法律关系和已经处分的财产，法院不得重复认定和处理——厦门市成达实业发展有限公司与安徽省滁州市人民政府、安徽省滁州市国有资产运营有限公司、中国银行安徽省分行侵权纠纷案》（审判长徐瑞柏，代理审判员王宪森、张雪楳），载《最高人民法院商事审判指导案例（3）·公司卷》（2011:507）。

259 裁定以物抵债后，被执行人破产的，不算破产财产

——房地产权利转移具体时间应以法院判决或裁定生效时间为准。裁定以物抵债后被执行人破产的不应视为破产财产。

标签：破产 | 破产财产 | 执行 | 以物抵债 | 破产程序 | 权属转移时间

法院认为：鉴于机电公司对执行法院依法查封的房产不同意拍卖，而对以物抵债的意见并未反对，故应视为同意

案情简介：1998年，长沙中院依银行申请，强制执行机电公司，并拟评估拍卖机电公司查封财产，遭阻挠。后机电公司法定代表人同意以物抵债，法院下达过户裁定。半月后，北京一中院受理机电公司申请破产案，并将前述房产列入破产财产。

以物抵债。由于北京市政府有关部门规定在京房地产不能直接过户给外地单位，故本案债权银行商由长沙市政府驻京联络处接收该案标的物应予准许。执行法院据此裁定将上述房产过户给联络处，其实质是依法将该标的物变卖，并无不当，该案已执行完毕。北京一中院嗣后受理破产时，不应将上述房产列入破产财产。

实务要点：房地产权利转移具体时间应以法院判决或裁定生效时间为准。裁定以物抵债后被执行人破产的不应视为破产财产。

2.5

200201/1:289

2001

案例索引：最高人民法院《关于湖南省高级人民法院于北京市高级人民法院执行中国机电总公司协调案的复函》（2001年6月18日〔2001〕执协字第8号）“长沙市商业银行与中国机电总公司长沙分公司、中国机电总公司执行纠纷案”，见《湖南省高级人民法院于北京市高级人民法院执行中国机电总公司协调案》（张小林），载《强制执行指导与参考·案例分析》（200201/1:289）。

260 破产企业福利性设施房产，原则上不计入破产财产

——破产企业清算组以企业福利性房地产抵偿银行债务，嗣后当事人以破产财产为由否认抵债协议效力的，不予支持。

标签：破产 | 破产财产 | 抵销权 | 福利设施 | 以物抵债

案情简介：2000年，钢铁厂破产清算组以零价格转让钢铁公司资产及负债予实业公司。期间，清算组与银行签订以物抵债协议，将评估报告、清算报告均未列入破产财产的职工宿舍、学校、医院等生活和非经营性房地产抵偿所欠银行贷款。2006年，投资公司竞拍取得该不良金融债权，并以实业公司2003年将未列入破产财产的上述房地产办理产权至自己名下提起确权之诉。

法院认为：根据国务院国发〔1994〕59号《关于在若干城市试行国有企业破产有关问题的通知》规定，破产企业的职工住房、学校、托幼园（所）、医院等福利设施，原则上不计入破产财产。本案中，以物抵债协议项下的土地及房产性质均为住宅，功能上主要以礼堂、放映厅等组成，属于福利性设施。钢铁厂清算组将上述土地及房产不列入破产清算范围，通过与银行签订以物抵债协议，以抵偿银行债务，并办理抵押。银行为支持政府试点政策性破产需要，以放弃巨额优先受偿权为代价，取得少量诉争土地及房产，未损害钢铁厂职工利益和其他债权人利益，应为有效。实业公司与钢铁厂存在密切关联性，对以物抵债协议内容明知，其以安置钢铁厂职工费用等额收购取得钢铁厂的破产财产，无需且实际上亦未向钢铁厂支付财产转让价款，破产财产中并不包括案涉土地和房产，故实业公司将诉争财产过户至自己名下无事实和法律依据，判决确认诉争房地产归投资公司所有。

3.2

200909/9:157

2009

实务要点： 破产企业清算组以企业福利性设施的房地产抵偿银行债务，嗣后当事人以该抵债财产属于破产财产为由否认以物抵债协议效力的，不予支持。

案例索引： 江苏高院判决“某实业公司与某投资公司所有权确认纠纷案”，见《南京华新瑞实业有限公司与姜堰市东恒投资咨询有限公司所有权确认纠纷案》，载《人民法院案例选（法制社月版）》（200909/9:157）。

261 破产清算期间抽逃出资股东返还出资，属破产财产

——企业破产清算期间，个别债权人从抽逃出资股东处获得清偿应认定为无效，该部分财产应作为破产财产重新分配。

标签：破产 | 破产财产 | 出资责任 | 破产清算 | 个别清偿

7

案情简介： 2008年，法院受理服饰公司破产清算案，服装厂申报了债权190万余元。2009年，服装厂从服饰公司法定代表人孙某的夫妻共同财产中获得40万元清偿款。2010年，孙某因涉嫌抽逃出资200万元，将160万元返还给服饰公司管理人。2011年，服饰公司债权人会议决议服装厂已获40万元执行款纳入破产财产，服装厂诉请撤销该决议。

法院认为： 根据《企业破产法》相关规定，法院受理破产申请后，有关债务人财产的保全措施应当解除，执行程序应当中止，申请破产企业的债务人或财产持有人应当向管理人清偿债务或交付财产。孙某因抽逃出资对公司负有返还出资的债务，作为公司的债务人及公司财产持有人的孙某及其妻子，在法院受理公司破产清算案件后，应向管理人清偿债务或交付财产。而服装厂在公司破产清算期间仍申请法院对生效判决进行执行，从孙某夫妻共同财产中受偿40万元，违反法律规定，该清偿行为无效，故债权人会议通过将该40万元纳入破产财产中进行分配的决议符合法律规定。裁定驳回服装厂撤销债权人会议决议的申请。

实务要点： 企业破产清算期间，个别债权人从抽逃出资股东处获得清偿的应认定无效，该部分财产应纳入企业破产财产范围进行重新分配。

3.4

201206:100

2008

案例索引： 江苏南通市港闸区法院（2008）港民破字第0001号“江苏省方强农场服装厂破产债权纠纷案”，见《债权人在债务人破产清算期间从其抽逃出资股东处获偿的效力》（陈怀新、孙兴旺），载《人民司法·案例》（201206:100）。

262 经国家批准实施政策性破产的军工企业的特殊程序

——经批准实施政策性破产的两个军工企业，虽系各自独立的法人，但在审理中因其关联性可作为一案分别组织清算。

标签：破产 | 破产财产 | 合并破产 | 军工企业 | 政策性破产 | 限制流转物

案情简介：2002年，隶属机械公司的军工企业华龙机械厂与东方机械厂以其经营亏损严重，不能清偿到期债务，且在2001年经国务院全国企业兼并破产和职工再就业领导小组批准共同被列入实施政策性破产的企业，联合向法院申请破产。

3.3

2003商:347

2002

法院认为：申请人因经营亏损严重，不能清偿到期债务，经审查属实，符合《企业破产法（试行）》规定的条件，依法宣告申请人进入破产还债程序。该案属国家批准的政策性破产案件，华龙机械厂与东方机械厂虽系两个独立法人，但其主管部门均为机电公司，且国务院全国企业兼并破产和职工再就业领导小组批准文件中，是将两家合并实施政策性破产，故在审理中将其作为一案，分别组织清算。申请人的枪支产品成品、半成品、零配件及枪支生产线，根据最高人民法院《关于贯彻〈企业破产法（试行）〉若干问题的意见》第59条“破产财产属于限制流转物的，由国家指定的部门收购”规定，不能按一般的资产处理程序进行变现，应由政府指定部门进行收购。企业资产无论是土地还是机器设备，其变现所得应根据国务院1994年10月25日国发〔1994〕59号文和1997年3月2日国发〔1997〕10号文精神，优先用于安置职工，故将申请人生活区福利性质的资产如医院、学校等移交给当地政府。根据《企业破产法（试行）》第13条至第16条规定，组织债权人会议，并由债权人会议表决通过各个债权人债权金额的确认、债权人会议主席的选举、清算工作公告和财产分配方案。依《企业破产法（试行）》第34条、第37条规定，对债权人会议通过的清算工作报告和财产分配方案进行审查，认为表决方式符合法律规定，通过的财产分配方案合法有效，予以认可，依最高人民法院《关于贯彻〈企业破产法（试行）〉若干问题的意见》第70条规定，在破产财产分配完毕后7日内，由清算组申请裁定终结破产程序。

实务要点：经国家批准实施政策性破产的两个军工企业，虽系各自独立的法人，但在审理中因其关联性可作为一案分别组织清算。相关破产财产处理应符合法律及行政法规的规定。

案例索引：福建高院（2002）闽民破字第01号“某机械厂破产案”，见《福建华龙（东方）机械厂破产案》（丁仰豪），载《中国审判案例要览》（2003商事:347）。

263 国有企业破产清算中，低价转让破产财产，应无效

——国有企业破产清算中，当事人约定的资产转让价格远低于实际价格，且未经债权人会议通过的，依法应确认无效。

标签：破产 | 破产财产 | 低价转让财产 | 合同效力 | 经营亏损

案情简介：1996年，国有企业啤酒厂破产清算。经清算组会议决定，养殖公司以1600万余元收购啤酒厂3600万余元资产。随后，养殖公司、清算组与酒业公司签订资产转让协议，约定酒业公司投入专项收购资产，与养殖公司共同组建啤酒公司，酒业公司出资比例占90%，养殖公司占10%。1997年7月5日，酒业公司撤出经营，期间共计亏损287万余元。2001年，酒业公司诉请确认资产转让协议无效并要求养殖公司及啤酒厂清算组返还其投入的1500万余元。

7

3.3

2003商:356

2002

法院认为：最高人民法院《关于当前人民法院审理企业破产案件应当注意的几个问题的通知》第6条规定，人民法院审理企业破产案件，要注意防止债务人利用破产逃废债务。对于破产企业以逃避债务为目的的隐匿、私分或者无偿转让财产，压价出售财产、对未到期债务提前清偿及放弃债权等行为，依法确认无效，并追回财产。本案中清算组与养殖公司所签资产拍卖协议，以1600万余元的收购价购买价值3600万余元的国有资产，且未经债权人会议讨论通过，该拍卖协议无效。基于该拍卖协议，由养殖公司、清算组、酒业公司所签订的资产转让协议亦应认定无效。造成该协议无效的主要责任在清算组，清算组应返还酒业公司为履行上述协议而支付的收购资金及经营啤酒公司所投入的资金共计1390万余元。截至酒业公司撤出经营前的亏损，按酒业公司与养殖公司出资比例计算，酒业公司应承担90%共计258万余元，故判决啤酒厂破产清算组返还酒业公司投资款1133万余元及相应利息。

实务要点：国有企业破产清算中，当事人约定的资产转让价格远低于资产的实际价格，且未经债权人会议讨论通过，损害了债权人权益，依法应确认无效。

案例索引：最高人民法院（2002）民二终字第80号“某啤酒公司与某养殖公司等资产转让纠纷案”，见《石家庄三九啤酒有限责任公司诉邯郸市三得利养殖有限责任公司等破产清算组资产转让合同案》（审判长周帆，代理审判员贾纬、王洪光；编写人付强，河北高院），载《中国审判案例要览》（2003商事:356）。

破产债权

264 股东及公司均破产时，股东应补缴出资属破产债权

——瑕疵出资股东实际承担补充赔偿责任前公司被裁定宣告破产的，该补缴出资应属于破产债权，不能用于个别清偿。

标签：破产 | 破产债权 | 出资责任 | 补缴出资

案情简介：2000年，法院判决贸易公司偿还银行债务1400万元。2001年，法院执行裁定认定投资公司作为股东应在对贸易公司出资不足范围内向银行承担补足出资责任，但一直执行未果。2009年，贸易公司、投资公司先后被宣告破产。2011年，北京高院在银行未作为当事人的生效判决书中，认定投资公司破产管理人不应确认银行1400万元债权，银行认为剥夺了其申报破产债权的权利，故提起再审。

法院认为：尽管生效判决或执行裁定已认定投资公司作为股东，应在出资不足范围内向银行承担责任，但该执行程序尚未终结。由于破产程序是对债务人全部财产进行的概括执行，注重对所有债权的公平受偿，具有对一般债务清偿程序的排他性。故在贸易公司、投资公司宣告破产后，对投资公司财产已采取保全措施和执行措施的，都属于未执行财产，均应依法中止执行。破产财产应在破产清算程序中一并公平分配。注册资本系公司对所有债权人承担民事责任的财产保障。在股东出资不到位情况下，如公司被裁定宣告破产，根据《企业破产法》第35条规定，作为股东的投资公司应首先向贸易公司补缴出资，依据《企业破产法》第30条规定，该补缴出资应属于贸易公司破产财产，只能向所有债权人公平清偿，而不能向个别债权人清偿，否则该个别清偿行为依《企业破产法》第16条因侵害贸易公司其他债权人的合法利益而无效。2011年北京高院判决将诉争破产债权确认归贸易公司享有，认定投资公司管理人不应确认银行的债权，符合《企业破产法》的规定，银行可向贸易公司申报自己的破产债权并参与分配，其以案外人身份申请本案再审应予驳回。

1.1

2012:370

2012

实务要点：尽管生效判决或执行裁定已认定公司股东应在出资不足部分本息范围内，就公司债务不能清偿部分对公司债权人承担补充赔偿责任，但在股东实际承担补充赔偿责任前公司就已被裁定宣告进入破产程序的情况下，根据《企业破产法》第16条、第35条规定，股东应首先向公司补缴出资，该补缴出资只能用于向公

司所有债权人进行公平清偿，而不能向个别债权人清偿。

案例索引： 最高人民法院（2012）民申字第386号“某银行与某贸易公司等破产债权确认纠纷案”，见《深圳市佩奇进出口贸易有限公司与湖北银行股份有限公司宜昌南湖支行、华诚投资管理有限公司破产债权确认纠纷案》（审判长王慧君，代理审判员王展飞、杨卓），载《最高人民法院公报·裁判文书选登》（2012:370）。

265 对执行标的物享有债权的案外人，无资格申请再审

——案外人申请再审的构成要件之一是以其对执行标的物能够主张权利，但并不包括对执行标的物享有债权这一情形。

标签： 破产 | 破产债权 | 执行 | 案外人申请再审 | 债权

7

案情简介： 2000年，法院判决贸易公司偿还银行债务1400万元。2001年，法院执行裁定认定投资公司作为股东应在对贸易公司出资不足范围内向银行承担补足出资责任，但一直执行未果。2009年，贸易公司、投资公司先后被宣告破产。2011年，北京高院在银行未作为当事人的生效判决书中，认定投资公司破产管理人不应确认银行1400万元债权，银行认为剥夺了其向投资公司申报破产债权的权利，故提起再审。

1.1

2012:370

2012

法院认为： 银行系以案外人身份向法院申请再审，故不能适用《民事诉讼法》第179条规定，因该条适用的对象仅限于生效判决列明的当事人及其权利义务的概括继承人。《民事诉讼法》第204条和最高人民法院《关于适用〈民事诉讼法〉审判监督程序若干问题的解释》第5条对案外人申请再审的要件作了明确规定。根据上述规定，案外人申请再审的要件主要有两个，一是案外人须对原生效法律文书确定的执行标的能够主张权利，二是无法提起新的诉讼解决争议。本案中，银行对贸易公司和投资公司均享有到期债权，且两债权产生的原因关系相同，即均基于投资公司对贸易公司出资不到位而应承担补足出资的责任，但前述司法解释所称的对执行标的物能够主张权利，并不包括对执行标的物享有债权，故银行以案外人身份对本案生效判决申请再审，应予驳回。

实务要点： 依据《民事诉讼法》第204条和最高人民法院《关于适用〈民事诉讼法〉审判监督程序若干问题的解释》第5条的规定，案外人申请再审的构成要件之一是对原判决、裁定或者调解书确定的执行标的物能够主张权利，此处所称的对执行标的物能够主张权利并不包括对执行标的物享有债权这一情形。

案例索引： 最高人民法院（2012）民申字第386号“某银行与某贸易公司等破产债权确认纠纷案”，见《深圳市佩奇进出口贸易有限公司与湖北银行股份有限公司宜昌南湖支行、华诚投资管理有限公司破产债权确认纠纷案》（审判长王慧君，代理审判员王展

飞、杨卓），载《最高人民法院公报·裁判文书选登》(2012:370)。

266 欠缴税款滞纳金应列入破产债权，但不能优先受偿

——税务机关就破产企业欠缴税款产生的滞纳金提起的债权确认之诉，法院应依法受理，但税款滞纳金不能优先受偿。

标签：破产 | 破产债权 | 欠缴税款滞纳金

案情简介：2011年，实业公司破产。税务局就实业公司欠缴税款及相应的滞纳金作为破产债权进行申报。

2.9

201203/3:135

2012

法院认为：破产税款滞纳金作为纳税主体未按税收法律法规规定的期限缴纳税款，征税机关依法对该占用国家资金、影响国家财政收支的行为所附加征收一定数量的金钱给付。破产税款滞纳金本质上不同于罚款，应属对因欠缴税款给国家利益造成损失的一种补偿。依最高人民法院《关于〈破产法〉施行时尚未审结的企业破产案件适用法律若干问题的规定》(法释〔2007〕10号)第9条、《企业破产法》第58条第3款规定，对税务机关就破产企业欠缴税款产生的滞纳金应否纳入破产债权的争议，依法向受理该破产案件的法院提起诉讼的，法院应予受理，并列入破产债权。《企业破产法》仅明确规定了税款本身的优先受偿权，并未涉及税款滞纳金部分。故，虽税款滞纳金与税款本身密切相连，但在现行法框架下，在破产案件中，税款滞纳金应与其他普通金钱债权一样，并不能同税款一样优先受偿。根据最高人民法院《关于审理企业破产案件若干问题的规定》(法释〔2002〕23号)第61条规定，法院受理破产案件后欠缴税款产生的滞纳金应属于本条规定的"人民法院受理破产案件后债务人未支付应付款项的滞纳金"范畴，法院对此滞纳金应按本条规定处理，对当事人的申报进行登记，但不应列入破产债权。

实务要点：税务机关就破产企业欠缴税款产生的滞纳金提起的债权确认之诉，法院应依法受理。依《企业破产法》、《税收征收管理法》有关规定，破产企业在破产案件受理前因欠缴税款产生的滞纳金属于普通破产债权。对破产案件受理后因欠缴税款产生的滞纳金，法院应依最高人民法院《关于审理企业破产案件若干问题的规定》第61条规定处理。

案例索引：见《最高人民法院关于税务机关就破产企业欠缴税款产生的滞纳金提起的债权确认之诉应否受理问题的批复》(法释〔2012〕9号2012年7月12日)，及《〈最高人民法院关于税务机关就破产企业欠缴税款产生的滞纳金提起的债权确认之诉应否受理问

题的批复〉的理解与适用》（孙佑海、吴兆祥、陈龙业，最高院研究室），载《司法研究与指导·解释与指导》（201203/3:135）。

267 政策性破产的国企债务核销，不影响担保责任承担

——政策性破产企业债务作为拟核销债务由金融机构予以核销，非合同权利义务终止；相应担保责任的承担不受影响。

标签：破产 | 破产债权 | 保证 | 债务核销 | 借款合同 | 债务确认 | 不良资产

案情简介： 1998年，酒精厂向银行借款6466万元，实业集团提供担保。2005年，资产公司受让该不良金融债权。2006年，酒精厂被全国企业兼并破产和职工再就业工作领导小组列入国家政策性破产计划。实业集团主张主债务人酒精厂属政策性破产且上述债权已被国家纳入核销计划，故其不应再承担保证责任。

法院认为： 政策性破产企业债务作为拟核销的债务由金融机构予以核销，系金融机构按国家政策对呆坏账所实施的特殊财务处理方式，并非法律意义上的合同权利义务终止。上述政策层面的核销处理仅针对进入政策性破产的债务人，并未同时针对担保人。国务院《关于在若干城市试行国有企业兼并破产和职工再就业有关问题的补充通知》（国发〔1997〕10号）、国务院通知转发的《关于进一步做好国有企业政策性关闭破产工作的意见》（国办发〔2006〕3号）并未规定政策性破产中主债务人债务核销后担保人免除担保责任，也无法律、行政法规或国家有关企业破产的相关规定明确此种情况下担保人可免除担保责任。而且，国务院《关于在若干城市试行国有企业破产有关问题的通知》（国发〔1994〕59号）第4条"担保的处理"中规定："一个企业为另一个企业提供担保的，被担保企业破产后，担保企业应当按照担保合同承担担保责任"；全国企业兼并破产和职工再就业工作领导小组《关于债权金融机构审查政策性破产建议项目的有关问题的通知》（〔2002〕9号）第7条也规定："关于担保责任问题。实施政策性破产企业的贷款担保人应当履行担保责任"。因本案所涉债权被核销并不影响实业集团承担保证责任，故资产公司在受让债权时是否知道该债权将被核销与本案无关。国务院通知转发的《关于进一步做好国有企业政策性关闭破产工作的意见》（国办发〔2006〕3号）第3条规定"担保企业履行担保责任确有困难的，由国有金融机构与企业协商，酌情予以适当减免"。本案中实业集团与资产公司未就债务减免协商达成一致，亦无其他法律、行政法规及国家有关企业破产的相关规定明确可直接减免担保企业债务。故实业集团主张其无偿债能力，应依照相关规定减免保证责任的依据不足。判决实业集团应向资产公司承担连带清偿责任。

7

2.1

201202/30:237

2.6

v.7:265

2011

实务要点： 政策性破产企业债务作为拟核销的债务由金融机构予以核销，系金融机构按照国家政策对呆坏账所实施的特殊

财务处理方式，并非法律意义上的合同权利义务的终止；相应担保责任承担不受影响。

案例索引： 最高人民法院（2011）民提字第348号“某资产公司与某实业集团借款担保纠纷案”，见《中国长城资产管理公司西安办事处与陕西宝光集团有限公司借款担保纠纷案》（审判长刘敏，代理审判员赵柯、杜军），载《商事审判指导·商事裁判文书选登》（201202/30:237）；另见《政策性破产企业的债务处理及担保责任的承担》，载《最高人民法院商事审判指导案例-7·公司与金融卷》（2012:265）。

268 法院生效法律文书证明力，一般高于其他书面证据

——法院针对破产程序所作生效法律文书、破产债权申报、破产审计报告等法律文件的证明力一般高于其他书面证据。

标签： 破产 | 破产债权 | 证据规则 | 生效裁判 | 保证 | 询证函

案情简介： 1999年8月，实业公司为化工公司向银行贷款1.45亿元提供连带责任保证。2005年，化工公司偿还了9000万元，对于剩余5500万元，在银行主张债权时，实业公司提出该债务已擅自转移给化工集团，故应免除保证责任。为此，实业公司提供了银行、化工公司、化工集团之间签订的三方转让协议复印件，银行与会计师事务所之间的询证函，及化工公司连续8年的审计报告，化工集团收款收据及记账凭证、科目余额。银行提供了化工公司破产程序中破产债权申报、破产审计报告、法院生效裁定书主张未发生债务转移。

法院认为： 《合同法》第84条规定，债务人将合同义务全部或部分转移给第三人的，应当经债权人同意。本案实业公司仅提供了银行、化工公司、化工集团之间签订的三方转让协议复印件，银行对该复印件不予认可，故该复印件不具有证据效力。该笔贷款发放后，化工公司偿还了9000万元，且在化工公司破产债权申报、破产审计报告、法院生效裁定书等法律文件中，均对化工公司负有该笔债务下剩余的5500万元的事实予以确认。该系列证据所证明的事实，要强于实业公司所提交的银行与会计师事务所之间的询证函，及化工公司连续8年的审计报告所形成的证据证明的事实。实业公司提交的化工集团收款收据及记账凭证、科目余额等证据，亦仅能说明化工公司与化工集团之间可能发生的内部账务的事实，而不能证明该笔债务的转移，故本案不能证明案涉借款已转移给化工集团。

实务要点： 人民法院的生效法律文书、破产审计报告等法律文件的证明力一般高于其他书面证据。

案例索引： 最高人民法院（2009）民二终字第4号“某信托公司与某实业公司保证合同纠纷案”，见《中诚信托有限责任公司与沧州大化集团有限责任公司保证合同纠纷案》（审判长付金联，代理审判员王涛、李相波），载《最高人民法院商事审判裁判规范与

2.7

2011:341

2.6

v.2:716

2009

案例指导·裁判文书》(2011:341);另见《借款人清偿部分贷款后又借入相同金额贷款,保证人在不知情的情况下作出为原债务展期承担担保责任的,不能认定是其真实的意思表示,不应承担保证责任》,载《最高人民法院商事审判指导案例·借款担保卷(下)》(2011:716)。

269 地方政府单方面转移破产企业债务的,应属于无效

——未经债权人同意,地方政府承诺原企业不再承担偿还义务而从重组后企业上缴地方的税金中逐年偿还的行为无效。

标签:破产 | 破产债权 | 保证 | 债务承担 | 不良资产 | 政府担保

7

案情简介: 1992年,财政厅为水泥厂向银行借用外国政府贷款提供保证担保。2000年,银行将该不良金融债权转让给资产公司。2002年,在水泥厂被法院裁定破产还债程序中,市政府和法院分别向银行出具了偿还借用外国政府贷款的承诺函和偿还说明,由破产重组后的水泥公司从上缴的地方税金中逐年偿还,直至债权还清为止;市政府无能力偿还借款,则由担保单位偿还。2003年3月,法院裁定终结破产程序。2003年8月,资产公司起诉财政厅要求承担担保责任。

法院认为: 水泥厂破产案件审理中,市政府和法院分别向银行出具的承诺函和偿还说明,并未消灭资产公司对水泥厂的债权和对财政厅的担保债权。首先,2000年6月,银行将部分转贷外国政府贷款的债权转移给资产公司并已履行了通知义务,资产公司亦分别向主债务人水泥厂和财政厅催收债权。故资产公司和银行是转贷外国政府贷款的共同债权人,但市政府在落实偿还水泥厂借用外国政府贷款债务的承诺并未向资产公司作出,使资产公司的债权因水泥厂破产可能落空。其次,由地方政府承诺原借款企业不再承担偿还义务而从重组后企业上缴地方的税金中逐年偿还的行为,本质上系债务转移。根据《合同法》第84条"债务人将合同的义务全部或者部分转移给第三人的,应当经债权人同意"的规定,水泥厂转移该债务时,应征得资产公司同意或认可,否则地方政府单方面转移破产企业债务的行为无效。再次,市政府虽承诺以重组后企业逐年上缴的地方税金来偿还外国政府贷款形成的债务,但未对偿还的具体金额、期限及担保偿还的内容作出承诺,实际难以执行。综上,借用外国政府贷款未偿还或未落实债务的企业,不能进入破产程序,即便已进入或完成破产程序,亦不因此而消灭该债权。故资产公司仍有权向原债务人水泥厂和保证人财政厅追偿其受让的债权。

2.1

200502/8:235

2.6

v.2:390

2004

实务要点: 未经债权人同意,地方政府承诺原企业不再承担偿还义务,而从重组后企业上缴地方的税金中逐年偿还的行为无效。

案例索引: 最高人民法院(2004)民二终字第84号"某资产公司与某财政厅借款担保合同纠纷案",见《中国东方资产

管理公司兰州办事处与宁夏回族自治区财政厅借款担保合同纠纷上诉案》（审判长周帆，代理审判员贾纬、沙玲），载《民商事审判指导·判决书选登》（200502/8:235）；另见《我国政府利用外国政府等贷款为地方国有企业进行技术改造或项目建设，地方政府提供担保的，其担保责任不能因地方国有企业破产而免除》，载《最高人民法院商事审判指导案例·借款担保卷（上）》（2011:390）。

270 并存式债务承担的债权人，可分配债务人破产财产

——债权人与第三人达成债务承担协议后，又通过债务人破产程序获得部分清偿的，第三人可就该清偿部分进行抵销。

标签： 破产 | 破产债权 | 债务转让 | 第三人代为清偿 | 免责式的债务承担

案情简介： 1998年，酒厂与他人合资成立的酒业公司与银行签订《借款债务转让合同书》，约定将酒厂所欠银行2500万余元及下属纸箱厂所欠银行500万元贷款债务全部转移给酒业公司。2003年，根据酒业公司申请，法院裁定纸箱厂破产还债，酒业公司申报了500万元债权。银行根据法院通知也提交了债权数额为500万元的《债权申报书》，最终银行从破产清算组分得部分款项。现银行向法院起诉要求酒业公司依《借款债务转让合同书》偿还3000万余元。酒业公司认为应扣除银行作为破产债权申报的500万元。

法院认为： 案涉《借款债务转让合同书》，系当事人之间的真实意思表示，且不违反法律和行政法规的禁止性规定，应认定合法有效。根据本案《借款债务转让合同书》约定，原属纸箱厂的500万元借款已转让给酒业公司偿还。后纸箱厂被申请破产，银行依受理法院通知申报债权，该《债权申报书》有两层含义：一是根据银行与酒业公司所签《借款债务转让合同书》约定，酒业公司通过转贷方式承担了包括500万元在内的纸箱厂和酒厂的3000万余元贷款，银行据此申报上述债权；二是银行对酒业公司无视《借款债务转让合同书》的合法性，为逃废债务单独申报纸箱厂破产提出异议。故应认定银行在申报债权的同时，并未明确表示放弃对酒业公司的债务追偿。酒业公司仍应承担本案民事责任。银行从纸箱厂破产清算组分得了部分款项，则可在本案执行阶段将分得的款项在酒业公司应予偿还的债务总额中予以扣除。

实务要点： 债权人与第三人就债务人所欠债务达成债务承担协议后，又通过债务人破产还债程序获得部分清偿的，第三人可就该清偿部分进行抵销。

案例索引： 最高人民法院（2004）民二终字第249号“某银行与某酒业公司等借款担保合同纠纷案”，见《新疆楼兰酒业有限公司与中国农业银行鄯善县支行等借款合同纠纷上诉案》（审判长徐瑞柏，审判员张树明，代理审判员王宪森），载《民商事审判指导·判决书选登》（200501/7:337）。

2.1

200501/7:337

2004

备注：法院一方面认定债务转让协议有效，另一方面又按并存式的债务承担处理。似矛盾。

271 利害关系人对司法审查确认的债权不享有异议诉权

——重整计划一经法院裁定批准，重整程序即行终止，法律并未赋予利害关系人可就重整计划已确认债权的异议诉权。

标签：破产 | 破产债权 | 重整计划 | 异议诉权

案情简介：2012年4月，科技公司破产重整案召开第二次债权人会议，对重整计划分组表决通过。法院随后裁定批准该重整计划并终止破产程序。同年10月，债权人银行就上述重整计划中确认的资产公司债权数额和抵押范围提起诉讼。

3.1

201401/87:276

2013

法院认为：科技公司第二次债权人会议表决通过重整计划后，银行并未在15日内请求法院裁定撤销该通过重整计划的决议，其嗣后提起本案诉讼不符合《企业破产法》第64条“债权人认为债权人会议的决议违反法律规定，损害其利益的，可以自债权人会议作出决议之日起十五日内，请求人民法院裁定撤销该决议，责令债权人会议依法重新作出决议。债权人会议的决议，对于全体债权人均有约束力”的规定。因银行未依法及时行使异议权，法院裁定批准该重整计划并终止科技公司重整程序。法院对重整计划的批准，是一种司法行为，是法院行使司法权对当事人意思自治内容是否合法进行司法审查并确认的结果，这种确认的结果对债务人和全体债权人均有约束力。由于该重整计划系根据已确认的债权数额、债权分类、担保抵押范围等事实作出的，其在债权人会议经过不同类别的债权分组讨论通过后，由法院裁定予以批准，依《企业破产法》第86条“各表决组均通过重整计划草案时，重整计划即为通过。自重整计划通过之日起10日内，债务人或者管理人应当向人民法院提出批准重整计划的申请。人民法院经审查认为符合本法规定的，应当自收到申请之日起三十日内裁定批准，终止重整程序，并予以公告”的规定，科技公司重整程序已经法院裁定终止，而重整计划依《企业破产法》第92条第1款“经人民法院裁定批准的重整计划，对债务人和全体债权人均有约束力”的规定，对银行亦具有约束力，故银行在科技公司重整计划已终止情况下，提起本案诉讼，对重整计划中确认的资产公司债权数额和担保抵押范围提出异议，无法律依据，应予驳回。

实务要点：重整计划一经法院裁定批准，重整程序即依法终止，法律并未赋予利害关系人可就重整计划已确认的债权具有异议诉权。

案例索引： 广东高院（2013）粤高法民二破终字第11号“某银行与某资产公司等破产债权确认纠纷案”，见《中国农业银行股份有限公司深圳市分行诉中国科健股份有限公司、中国东方资产管理公司深圳办事处破产债权确认纠纷案——重整程序终止后，利害关系人对重整计划确认的债权能否享有异议诉权》（胡晓清，广东高院），载《人民法院案例选》（201401/87:276）。

证券资产

272 委托资产以谁名义，决定带保底委托理财合同效力

——委托资产系以委托人名义开设的独立账户资产，带保底的委托理财合同有效，保底条款无效不影响委托人取回权。

标签： 破产 | 证券资产 | 取回权 | 证券 | 保底条款 | 委托理财 | 委托资产

案情简介： 2008年，法院裁定证券公司破产清算。200余家债权人申报的债权，多数基于委托理财所形成。关于如何认定带保底条款的委托理财合同的法律性质，最高人民法院专门作出批复。

法院认为： 关于带保底条款的委托理财合同的法律效力，应当区分是否以委托人名义开设的独立运行的证券账户和资金账户内的资产作为委托资产进行判断。以委托人名义开设的独立运行的证券账户和资金账户内的资产作为委托资产的，应认定其委托理财合同有效。因在独立证券账户和资金账户内运行的委托资产，能与证券公司的自有资产及其他客户资产相区别。委托理财账户内的资产应归属于委托人所有，保底条款无效不影响委托人对该资产行使取回权。对未以委托人名义在证券公司单独开设资金账户和证券账户独立运作，而是委托人直接将委托资产交付给证券公司管理的，则应区分委托理财合同中关于保底条款的不同约定，分别按企业间非法拆借和无效委托理财合同确定委托人的债权，由委托人通过申报普通债权方式处理，而不能行使取回权。

1.1

2013:531

2012

实务要点： 带保底条款的委托理财合同，若委托资产系以委托人名义开设的独立账户资产，该委托理财合同有效，保底条款无效不影响委托人的取回权。若委托资产未以委托人名义进行运作，则委托理财合同应认定无效或名为委托理财实为企业间非法拆借，委托人不享有取回权。

案例索引： 福建福州中院2012年12月13日裁定“某证券公司等破产案”，根据该案中最高人民法院对福建高院《关于闽发证券公司破产债权审查中带保底条款的委托理财合同的法律性质及利息损失计算标准的请示报告》的批复内容整理。见《闽发证券有限责任公司与北京辰达科技投资有限公司、上海元盛投资管理有限公司、上海全盛投资发展有限公司、深圳市天纪和源实业发展有限公司合并破产清算案》，载《最高人民法院公报·案例》（2013:531）。

7

273 证券公司挪用客户账户资产，在破产时取回权处理

——证券公司挪用独立证券账户内运作的委托证券，管理人追回后，委托人能否行使取回权，取决于该证券是否混同。

标签： 破产 | 证券资产 | 取回权 | 证券 | 破产程序 | 挪用资产

案情简介： 2008年，法院裁定证券公司破产清算。关于200余家债权人申报债权，其中关于证券公司挪用委托人独立证券账户证券及资金账户内款项，管理人追回后，委托人是否享有取回权，最高人民法院根据请示，专门作出批复。

法院认为： 证券公司挪用独立证券账户内运作的委托证券，关系清楚、财产并未混同，管理人追回后，可由相关权利人行使代偿性取回权；若被挪用后的委托证券与其他客户证券发生混同，但独立于证券公司自有证券的，委托证券与其他客户证券不属于证券公司对其他债权人的责任财产范围，委托人与其他客户可按照证券比例享有取回权；若被挪用后的委托证券与证券公司的自有证券发生混同的，委托人不能行使取回权。证券公司因挪用委托人独立资金账户内运作的资金导致资金灭失或者混同的，委托人不能行使取回权，只能通过申报普通债权的方式处理。

1.1

2013:531

2012

实务要点： 证券公司挪用独立证券账户内运作的委托证券，管理人追回后，委托人能否行使取回权，取决于挪用后的委托证券与其他客户证券及证券公司自有证券是否混同。证券公司因挪用委托人独立资金账户内运作的资金导致资金灭失或者混同的，委托人不能行使取回权，只能通过申报普通债权的方式处理。

案例索引： 福建福州中院2012年12月13日裁定“某证券公司等破产案”，根据该案中最高人民法院对福建高院《关于闽发证券公司破产债权审查中带保底条款的委托理财合同的法律性质及利息损失计算标准的请示报告》的批复内容整理。见《闽发证券有限责任公司与北京辰达科技投资有限公司、上海元盛投资管理有限公司、上海全盛投资发展有限公司、深圳市天纪和源实业发展有限公司合并破产清算案》，载《最高人民法院公报·案例》（2013:531）。

274 委托证券机构代管保证金，股民可行使破产取回权

——保证金是股民委托证券交易营业部代理买卖股票的结算资金，在证券交易机构破产后，股票所有人可取回保证金。

标签： 破产 | 证券资产 | 取回权 | 证券 | 破产程序 | 信托 | 委托理财

案情简介： 1999年，信托公司进入破产清算程序。信托公司所属4家证券交易营业部长期将股民保证金和自有资金混在一起，违规经营，挪用造成股民保证金头寸短缺7000万余元。破产清算组认为股民对其违规挪用的保证金不享有取回权，只能申报债权。

法院认为： 保证金是股民委托信托公司证券营业部代理买卖股票的结算资金，证券营业部只是代管。股民在证券机构缴存保证金的行为属于委托行为，并不能改变保证金的所有权和使用权的属性。证券营业部没有设立专门保证金账户分账管理，过错在于证券交易营业部，并不能因此认为保证金所有权已发生变化。证券交易营业部是信托公司分支机构，信托公司破产后，股票所有人依法可通过破产清算组取回保证金，故裁定股民对股票交易保证金余额享有取回权。

实务要点： 保证金是股民委托证券营业部代理买卖股票的结算资金，证券营业部只是代管，股民在证券机构缴存保证金的行为属于委托行为，并不能改变保证金的所有权和使用权属性。在证券交易机构破产后，股票所有人依法可通过破产清算组取回保证金。

1.1

2003:341

2003

案例索引： 广东高院2003年3月8日裁定“某信托公司破产案”，见《广东国际信托投资公司破产案》，载《最高人民法院公报·案例》（2003:341）。

275 证券违规融、配资，应用于弥补客户结算资金缺口

——证券公司破产管理人追回的违规融、配资资金，应用于弥补经纪账户的透支，减少客户证券交易结算资金的缺口。

标签： 破产 | 证券资产 | 证券 | 破产程序 | 融配资 | 客户结算资金缺口

法院认为： 证券公司风险处置中，融、配资系指证券公司为收取高息，融出资金给客户作证券交易，或直接允许客户账户透支交易，或在向客户

案情简介：2008年，证券公司破产管理人对于证券公司风险处置期间被追回的300万余元融、配资资金应否纳入破产财产，与债权人形成争议。

2.6

v.7:307

2011

融资同时要求客户配比部分资金作为融资担保，配资资金与融资资金共同存入客户账户由客户进行证券交易，融资到期后客户向证券公司归还本息。融、配资是证券公司开发的非法业务，实质上是从客户交易结算资金总账户中挪用资金用于向客户融资并收取高息。本案证券公司自有资金早已枯竭，其内部转账操作并未发生真实对应的资金划转，增加资金账户余额允许客户进行证券交易，实际上是挪用客户交易结算资金总账户资金。根据中国证监会《被处置证券公司账户清理指引》（证监风险办〔2007〕84号）规定，"对于由证券公司进行违规融配资形成的经纪账户的透支，与客户取得联系，要求其尽快弥补透支，待透支弥补后，将其账户归入正常经纪类账户，弥补资金用于减少客户证券交易结算资金缺口。"中国证监会《关于证券公司行政清理工作中有关问题处理意见的通知》（证监办〔2007〕56号）进一步明确，行政清理（算）组应督促客户及时弥补透支，弥补透支后纳入正常经纪类账户。故本案被追回的300万余元融、配资资金应由破产管理人退回，用于弥补客户结算资金缺口。

7

实务要点：由于证券公司进行违规融、配资形成的经纪账户的透支，弥补资金应用于减少客户证券交易结算资金缺口。

案例索引：最高人民法院《〈关于商请协调新疆证券破产管理人退回相关客户交易结算资金的函〉的复函》（2011年11月18日〔2011〕民二他字第19号），见《由于由证券公司进行违规融配资形成的经纪账户的透支，弥补资金应用于减少客户证券交易结算资金缺口——〈关于商请协调新疆证券破产管理人退回相关客户交易结算资金的函〉的复函》，载《最高人民法院商事审判指导案例-7·公司与金融卷》（2012:307）。

276 证券公司挪用客户资金形成侵权之债，属破产债权

——证券公司违规挪用客户资金或国债，案件审理中证券公司破产的，法院应将该侵权之债归入破产债权并予以确认。

标签：破产｜证券资产｜证券｜破产程序｜客户资金｜侵权之债

案情简介：2005年9月，投资公司以其在证券公司开立的资金账户内价

法院认为：投资公司在证券公司行政关闭和破产申请受理前，以证券公司擅自使用其涉案账户，致使其账户内价值5.55亿元的资产灭失为由，诉请证券公司承担由此侵权行为造成的损失，返还挪用的资金、赔偿挪用国债造成的损失，但审理中证券公司因违规经营被责令关闭并进入

值5.55亿元的资金及国债被证券公司擅自挪用为由诉请赔偿。同年11月，证券公司因违规经营被责令行政关闭和托管清算。2007年，法院裁定证券公司进入破产程序。投资公司主张取回权。

破产程序，根据《企业破产法》第16条规定，法院受理破产申请后，债务人不得再对包括侵权之债的债权人在内的个别债权人清偿债务。故法院在认定证券公司应承担侵权责任基础上，基于证券公司进入破产程序的事实，经释明后判决确认投资公司对证券公司享有5.55亿元本息的破产债权，并无不当。

实务要点： 证券公司违规挪用客户资金或国债，客户据此诉请赔偿，在案件审理中证券公司进入破产程序的，法院在认定证券公司侵权责任成立情况下，应将该侵权之债归入破产债权并予确认。

2.7

2011:564

案例索引： 最高人民法院（2010）民二终字第35号“某投资公司与某证券公司等结算资金纠纷案”，见《债权是否属于应当收购的客户交易结算资金不属人民法院商事案件审理的范畴——浙江斯文新技术投资有限公司与被上诉人广东证券股份有限公司、广东证券股份有限公司广州西华路证券营业部及原审第三人海通证券股份有限公司证券登记、存管、结算与客户交易结算资金纠纷上诉案》（刘敏，最高院民二庭；审判长钱晓晨，审判员刘敏，代理审判员赵柯），载《最高人民法院商事审判裁判规范与案例指导·案例指导》（2011:564）；另见《法院受理破产案件申请后，债务人不得再对个别债权人清偿债务》，载《最高人民法院商事审判指导案例·第五卷（下）》（2011:595）。

2.6

v.5:595

2010

277 是否属应收购的客户交易结算资金，不由法院确认

——有关债权是否属于应收购的客户交易结算资金范畴，应由相关部门予以甄别确认，不属法院民商事案件审理范围。

标签：破产 | 证券资产 | 证券 | 法院受理 | 行政清理 | 管辖

案情简介： 2005年9月，投资公司以其在证券公司开立的资金账户内价值5.55亿元的资金及国债被证券公司擅自挪用为由诉请赔偿。同年11月，证券公司因违规经营被责令行政关闭和托管清算。2007年，法院裁定证券公司进入破产程序。投资公司主张对

法院认为： 根据《企业破产法》第16条规定，法院受理破产申请后，债务人不得再对包括侵权之债的债权人在内的个别债权人清偿债务，故法院在认定证券公司应承担侵权责任基础上，基于证券公司进入破产程序的事实，经释明后判决确认投资公司对证券公司享有5.55亿元本息的破产债权，并无不当。投资公司案涉账户内的资金和国债在证券公司擅自划付转出后，已不存在返还账户内原有资金和国债的可能性，根据《民法通则》第117条的规定，证券公司应对其侵权行为承担赔偿相应损失的民事责任。即使案涉账户资产为客户交易结算资金性质，因相应资产已转出，投资公司在证券公司破产程序中亦无法取回相关

共被挪用的客户交易结算资金行使取回权。

资产。鉴于证券公司风险处置中国家对客户交易结算资金的收购，是国务院有关行政部门和金融监管机构采取的特殊行政手段，故对于有关债权是否属于应收购的客户交易结算资金范畴，应由金融监管机构以及依据《个人债权及客户证券交易结算资金收购意见》成立的甄别确认小组予以确认，不属法院民商事案件审理的范畴。投资公司如对行政清理中对其账户资金性质的确认存在异议，可依据有关规定通过向行政清理组提出的方式寻求救济。

2.7

2011:564

2.6

v.5:595

2010

实务要点： 鉴于证券公司风险处置中国家对客户交易结算资金的收购，是国务院有关行政部门和金融监管机构采取的特殊行政手段，故对于有关债权是否属于应收购的客户交易结算资金范畴，应由金融监管机构以及依据《个人债权及客户证券交易结算资金收购意见》成立的甄别确认小组予以确认，不属于法院民商事案件审理的范畴。

7

案例索引： 最高人民法院（2010）民二终字第35号“某投资公司与某证券公司等结算资金纠纷案”，见《债权是否属于应当收购的客户交易结算资金不属人民法院商事案件审理的范畴——浙江斯文新技术投资有限公司与被上诉人广东证券股份有限公司、广东证券股份有限公司广州西华路证券营业部及原审第三人海通证券股份有限公司证券登记、存管、结算与客户交易结算资金纠纷上诉案》（刘敏，最高院民二庭；审判长钱晓晨，审判员刘敏，代理审判员赵柯），载《最高人民法院商事审判裁判规范与案例指导·案例指导》（2011:564）；另见《法院受理破产案件申请后，债务人不得再对个别债权人清偿债务》，载《最高人民法院商事审判指导案例·第五卷（下）》（2011:595）。

278 取回权标的物客观存在，是行使该权利的必要前提

——取回权标的物客观存在是行使该权利的必要前提，在标的物灭失的情况下，权利人只能向破产企业主张赔偿损失。

标签： 破产 | 证券资产 | 取回权 | 证券 | 破产程序 | 国债兑付资金

案情简介： 2010年，电力公司起诉证券公司破产清算组及中国证券登记结

法院认为： 取回权作为破产法上的一项特殊权利，其基础是民法上的物的返还请求权。权利人向破产企业主张行使取回权的前提，必须是其要求取回的标的物客观存在，只有在此基础上才可能通过取回权的行使获得标的物的返还。反之，权利人只能依据有关事实向破产企业主张赔偿

算公司，请求取回由证券公司收取的国债兑付资金1.5亿元及利息。

损失。证券公司综合治理工作是在国务院统一部署下进行的一项重要工作，对于防范和化解证券市场风险发挥了巨大作用。法院在审理有关风险处置证券公司案件时，要注意维护证券公司风险处置措施的效力，巩固综合治理成果，保障证券公司破产程序的顺利进行，依法公平保护相关债权人的合法权益。

2.6

v.5:606

2010

实务要点： 取回权作为破产法上的一项特殊权利，其基础是民法上的物的返还请求权。取回权标的物客观存在，是行使该权利的必要前提，在标的物灭失的情况下，权利人只能向破产企业主张赔偿损失。

案例索引： 最高人民法院《关于西北电网起诉华夏证券取回权一案有关情况的复函》（2010年12月21日〔2010〕民二他字第44号），见《破产案件中权利人向破产企业主张行使取回权的前提是要求取回的标的物客观存在——关于西北电网起诉华夏证券取回权一案有关情况的复函》，载《最高人民法院商事审判指导案例·第五卷（下）》（2011:606）。

279 中国证券投资者保护基金有限责任公司专有代位权

——中国证券投资者保护基金有限公司因垫付证券客户交易结算资金而行使专有代位权所获财产，应退回其专用账户。

标签： 破产 | 证券资产 | 代位权 | 执行 | 证券 | 专用账户 | 代位执行 | 行政清理

案情简介： 2010年，证券公司进入行政处置程序。因法院前期冻结、扣划的客户证券交易结算资金未能及时解冻或退回，中国证券投资者保护基金有限责任公司（以下简称保护基金公司）为弥补缺口，垫付相应资金后，要求执行法院解冻，并将客户证券交易结算资金退回至其专用账户。

法院认为： 涉及客户证券交易结算资金的冻结与扣划事项，应严格按照《证券法》，最高人民法院《关于冻结、扣划证券交易结算资金有关问题的通知》（法发〔2004〕239号），最高人民法院、最高人民检察院、公安部、中国证监会《关于查询、冻结、扣划证券和证券交易结算资金有关问题的通知》（法发〔2008〕4号），最高人民法院《关于依法审理和执行被风险处置证券公司相关案件的通知》（法发〔2009〕35号）相关规定进行。法院在保全、执行措施中违反上述规定冻结、扣划客户证券交易结算资金的，应坚决予以纠正。在证券公司行政处置过程中，按国家有关政策弥补客户证券交易结算资金缺口是保护基金公司的重要职责，被风险处置证券公司的客户证券交易结算资金专用存款账户、结算备付金账户内资金均属于证券交易结算资金，保护基金公司对被风险处置证券公司因违法冻结、扣划的客户证券交易结算资金予以垫付弥补后，取得相应的

2.6

v.5:676

2010

代位权，其就此主张权利的，法院应予支持。被冻结、扣划的客户证券交易结算资金已经解冻并转入管理人账户的，经保护基金公司申请，相关破产案件审理法院应监督管理人退回保护基金公司专用账户；仍处于冻结状态的，由保护基金公司向相关保全法院申请解冻，保全法院应将解冻资金返还保护基金公司专用账户；已经扣划的，由保护基金公司向相关执行法院申请执行回转，执行法院应将退回资金划入保护基金公司专用账户。此外，被冻结、扣划客户证券交易结算资金对应缺口尚未弥补的，由相关行政清理组申请保全或执行法院解冻或退回。

实务要点： 中国证券投资者保护基金有限责任公司对被风险处置证券公司因违法冻结、扣划的客户证券交易结算资金予以垫付弥补后，取得相应的代位权，其就此主张权利的，法院应予支持。同时，根据被冻结、扣划的客户证券交易结算资金状况，分情况退回到不同权利人的账户。

7

案例索引： 最高人民法院《关于部分人民法院冻结、扣划被风险处置证券公司客户证券交易结算资金有关问题的通知》（2010年6月22日〔2010〕民二他字第21号），见《人民法院在保全、执行措施中违反规定冻结、扣划被处置证券公司客户证券交易结算资金的，应坚决予以纠正——关于部分人民法院冻结、扣划被风险处置证券公司客户证券交易结算资金有关问题的通知》（合议庭钱晓晨、刘敏、赵柯），载《最高人民法院商事审判指导案例·第五卷（下）》（2011:676）。

280 股票被挪用后，仍可识别，或有代位物的，可取回

——证券公司违规挪用客户资金和证券法律关系清楚，财产未混同，管理人追回后可由相关权利人行使代偿性取回权。

标签： 破产 | 证券资产 | 证券 | 破产程序 | 取回权 | 代偿性取回权

案情简介： 2005年，西北证券将投资公司股票账户中“中储股份”股票擅自指定给民安证券。后民安证券盗卖。为归还尚欠的79万余股，民安

法院认为： 我国立法将客户财产和证券公司自有财产严格区分，故在证券公司破产情况下，如证券类资产未被挪用，应将托管的证券归还给投资人。实践中因证券公司违规操作，证券资产被挪用情况下，如果被挪用的股票仍可以识别，或有明确的代位物，则证券所有人可在破产程序中主张代偿性取回权；如果无法识别，则所有权人对证券公司的债权构成一般债权。根据最高人民法院《关于审理企业破产案件若干问

证券将200多个以新的自然人名义开立的股东账户上1600万股“中储股份”交予西北证券，并由公安机关保全。2006年，西北证券进入破产程序。2007年，投资公司主张取回权。

2.7

2010:571

3.1

201001/71:47

2009

题的规定》第71条、第72条规定，债务人基于仓储、保管、加工承揽、委托交易、代销、借用、寄存、租赁等法律关系占有、使用的他人财产在破产宣告前已经损毁灭失的，财产权利人仅能以直接损失额为限申报债权；在破产宣告后因清算组的责任损毁灭失的，财产权利人有权获得等值赔偿。债务人转让上述财产获利的，财产权利人有权要求债务人等值赔偿。说明我国司法解释承认代偿性取回权的存在，一定程度上也允许代偿取回权的行使。同时根据2007年11月20日召开的全国法院证券公司破产案件审理工作座谈会已经明确的相关处理原则：如果证券公司违规挪用客户资金和证券，关系清楚、财产并未混同，管理人追回后，可由相关权利人行使代偿性取回权。本案投资公司股票被卖出后，民安证券又通过新自然人股东账户返还给西北证券，返还的股票由投资公司和西北证券分别所有。投资公司的股票数额确定，并未发生混同。且西北证券对剩余未返还部分出具了承诺函，承认尚欠79万余股“中储股份”未归还，并承诺追回剩余资产后优先偿还投资公司。故本案投资公司对民安证券返还的股票及其红利享有取回权。

实务要点： 如果证券公司违规挪用客户资金和证券，关系清楚、财产并未混同，管理人追回后，可由相关权利人行使代偿性取回权。

案例索引： 最高人民法院《关于上诉人宁波金昌实业投资有限公司与被上诉人西北证券有限责任公司破产清算组取回权纠纷一案的请示的答复》（2009年10月19日〔2009〕民二他字第24号），见《证券公司违规挪用客户证券，证券公司破产时客户能否主张取回》（赵柯，最高院民二庭），载《最高人民法院商事审判裁判规范与案例指导·案例指导》（2010:571）；另见《违规挪用客户证券的证券公司破产清算时客户对证券主张取回权的处理》（赵柯），载《人民法院案例选·请示与答复》（201001/71:47）。

281 挪用客户证券被追回后，行使代偿性取回权的条件

——取回权所指向的标的物被损毁、灭失、转让时，该财产权利人享有自破产管理人处取得该标的代偿替代物的权利。

标签：破产 | 证券资产 | 取回权 | 证券 | 破产程序 | 质押 | 代偿性取回权

法院认为： 电力公司将其所有的国债托管于证券公司，证券公司未尽善良管理义务，擅自将上述国债全部进行质押回购交易，应承担对电力公司

案情简介：1996年，电力公司将1.6亿元购买国债并在证券公司托管。2005年，该国债被证券公司挪用于回购融资。2006年，证券登记结算机构实现质押权，处分上述国债并清偿债务后将余款4500万余元退至电力公司结算备付金账户。2007年，证券公司进入破产还债程序。电力公司对1.6亿元国债主张取回权。

2.6

v.7:277

2009

7

的侵权责任。在诉争国债已被变卖处置不能返还情况下，依《民法通则》第134条规定的民事责任承担方式，证券公司应赔偿电力公司因此发生的1.6亿元国债本金损失。对证券公司违规挪用客户证券资产被追回后，客户在证券公司破产程序中能否对该部分资产行使取回权问题，2007年11月20日召开的全国法院证券公司破产案件审理工作座谈会已明确了相关处理原则：如证券公司违规挪用客户资金和证券，民事关系清楚，财产并未混同，管理人追回后，可由相关权利人行使代偿性取回权。代偿性取回权是一般取回权的特殊形式，即一般取回权所指向的标的物被损毁、灭失、转让时，该财产的权利人享有自破产管理人处取得该标的物的代偿替代物的法律权利。本案中，证券公司以电力公司持有的已办指定交易的证券账户向证券交易所申报了回购登记，登记结算机构实现质押权后将余款4500万余元退至证券公司结算备付金账户。该笔资金是电力公司证券账户内的证券资产余款，权属关系清楚，数额明确，并未与证券公司自有或受托管的其他财产相混同。依《企业破产法》第38条关于"人民法院受理破产申请后，债务人占有的不属于债务人的财产，该财产的权利人可以通过管理人取回"规定，及2007年11月20日全国法院证券公司破产案件审理工作座谈会明确的相关处理原则，该笔款项不属于证券公司的破产财产，电力公司可行使取回权。对于电力公司所有的面值1.6亿元国债本金及利息全部权益中除去上述款项的剩余部分，因已被变卖处置而无法追回，应作为破产债权参加破产清偿。

实务要点：　如证券公司违规挪用客户资金和证券，民事关系清楚，财产并未混同，管理人追回后，可由相关权利人行使代偿性取回权。代偿性取回权是一般取回权的特殊形式，即一般取回权所指向的标的物被损毁、灭失、转让时，该财产的权利人享有自破产管理人处取得该标的物的代偿替代物的法律权利。

案例索引：　最高人民法院（2009）民二终字第21-1号"某证券公司与某电网公司等证券纠纷案"，见《证券公司违规挪用客户证券资产被追回后，相关权利人可行使代偿性取回权——上诉人华北电网有限公司、中国科技证券有限责任公司与被上诉人中国证券登记结算有限责任公司上海分公司、中国证券登记结算有限责任公司证券纠纷案》（审判长周帆，代理审判员贾纬、沙玲），载《最高人民法院商事审判指导案例-7·公司与金融卷》（2012:277）。

282 擅自将客户托管国债用于回购质押，券商责任承担

——证券公司对擅自将客户国债进行回购质押登记造成的损失，应按托管期限届满后应返还国债市值及利息标准赔偿。

标签：破产 | 证券资产 | 证券 | 证券回购 | 质押 | 国债托管 | 回购质押

案情简介：2003年，医药公司将1000万元委托证券公司托管并用于购买指定国债，证券公司承诺保证期满返还1000万元本金及利息。期间，证券公司将该国债用于回购质押并最终被证券登记结算中心处置变现，导致托管期满证券公司无法返还国债抛售市值954万余元。2008年7月18日，法院裁定受理证券公司破产案。

法院认为：案涉托管协议有关证券公司保证医药公司1000万元本金的约定，因违反《证券法》第144条关于“证券公司不得以任何方式对客户证券买卖的收益或者赔偿证券买卖的损失作出承诺”规定而无效外，其余条款均合法有效。医药公司依约将1000万元存入证券公司指定账户，并将证券公司随后购买的国债交由证券公司进行托管，证券公司即应对该国债负有谨慎保管和监护义务。但证券公司却擅自将该国债进行了回购质押登记，全部用于回购融资。《证券法》第139条第2款规定：“证券公司不得将客户的交易结算资金和证券归入其自有财产。禁止任何单位或者个人以任何形式挪用客户的交易结算资金和证券。证券公司破产或者清算时，客户的交易结算资金和证券不属于其破产或者清算财产。”据此，证券公司擅自回购质押行为应认定无效。该回购质押登记被登记结算公司依法依规进行变现处置后，证券公司仍应按托管协议约定，在托管期届满后向医药公司返还国债抛售后的资金。该资金的利息亦应作为医药公司对证券公司破产债权，参与破产清算财产分配。《企业破产法》第46条规定：未到期的债权，在破产申请受理时视为到期。附利息的债权自破产申请受理时起停止计息。故判决医药公司对证券公司享有债权包括国债市值954万余元及至破产申请受理之日的利息。

3.3

2011商:225

2010

实务要点：证券公司擅自将客户国债进行回购质押登记的行为无效。该回购质押登记的国债因被担保权人依法变现处置后，证券公司破产的，该国债托管期限届满后证券公司应返还国债的市值及托管期间利息应作为破产债权参与破产清算财产分配，但利息只计算至破产申请受理日。

案例索引：北京高院（2010）高民终字第531号“某医药公司与某证券公司委托理财合同纠纷案”，见《瑞恒医药科技投资有限责任公司诉闽发证券有限责任公司委托理财案（破产程序中债务人个别清偿债务的行为无效）》（林涛），载《中国审判案例要览》（2011商事:225）。

283 证券资产债权因债务人诉讼中破产，变成破产财产

——法院受理破产申请后，债权人正进行的诉讼所确认的对债务人的债权应作为破产债权向债务人的破产管理人申报。

标签：破产 | 证券资产 | 一般规定 | 证券 | 破产程序 | 个别清偿 | 诉讼中破产

案情简介：2003年，实业公司将市值3500万余元的国债交证券公司托管，并约定了固定年收益。托管到期后，证券公司返还实业公司3100万余元，尚有340万余元未还。2006年，实业公司出具确认书将其在证券公司账户中的资产权利转让给银行。2007年，证券公司被宣告破产。2008年，银行诉请证券公司返还差额损失及利息。

7

法院认为：案涉《国债托管协议》及补充协议内容实质为实业公司与证券公司签订的委托理财合同。双方约定的年收益率属于保底条款，应为无效。因实业公司已出具确认书将其在证券公司账户中的资产权利转让给银行，故银行有权依前述协议向证券公司主张债权。因证券公司对所涉国债托管日和实际归还日的市值差价340万余元不持异议，故银行诉请返还应予支持。由于证券公司已宣告破产，依《企业破产法》第16条“人民法院受理破产申请后，债务人对个别债权人的债务清偿无效”规定，银行的上述债权应作为破产债权向证券公司破产管理人进行申报。故判决确认银行因履行与证券公司签订的国债托管协议形成的债权340万余元合法有效，银行该债权应依法参加证券公司的破产财产分配。

实务要点：法院裁定受理债务人破产申请后，债权人正在进行的诉讼所确认的对债务人的债权，应作为破产债权向债务人的破产管理人申报，并依法参加破产财产分配。

3.3

案例索引：北京高院（2009）高民终字第1814号“某银行与某证券公司国债交易案”，见《嘉兴市商业银行股份有限公司诉中国科技证券有限责任公司国债交易案（破产程序中个别清偿债务）》（林涛），载《中国审判案例要览》（2010商事:177）。

2010商:177

2009

信托财产

284 信托存款人申报破产债权，但对信托财产无取回权

——名为信托存款，实为普通债权债务关系的存款人在信托公司破产时，可以申报破产债权，但对信托存款无取回权。

标签：破产 | 信托财产 | 信托 | 信托存款

法院认为： 信托公司向存款人出具信托存款单，约定存款人将资金存入信托公司，到期取回本息，具有存款合同特征。存款人与信托公司双方设定的是债权债务关系，并非信托关系。信托公司破产后，对于剩余存款应确认为破产债权，存款人不享有取回权。

案情简介： 1999年，信托公司进入破产清算程序。有17家债权人以信托存款为依据申报债权金额38亿元并主张取回权。

实务要点： 信托存款的存款人可以申报破产债权，但对信托存款无取回权。

1.1

2003:341

2003

案例索引： 广东高院2003年3月8日裁定“某信托公司破产案”，见《广东国际信托投资公司破产案》，载《最高人民法院公报·案例》(2003:341)。

285 信托公司从事避险性衍生金融工具交易，应为有效

——信托公司因从事避险性衍生金融工具交易造成的损失，在信托公司破产清算时，债权人可作为破产债权进行申报。

标签：破产 | 信托财产 | 信托 | 避险性衍生金融工具交易 | 利率掉期交易

法院认为： 利率掉期交易是国际上广泛采用的一种金融工具，目的在于降低筹资成本，防范利率浮动所承受的风险。依据掉期合同申报的破产债权的确认，关键在于认定利率掉期交易是否需要国家外汇管理局的逐笔核准，并对该笔利率掉期交易避险性或投机性作出判断。信托公司持有国家外汇管理局颁发的《经

案情简介： 1999年，信托公司进入破产清算程序。债权人依其与信托公司

掉期交易申报破产债权。

1.1

2003:341

2003

营外汇业务许可证》，其外汇业务范围包括自营和代客外汇买卖，故信托公司具有从事避险性衍生金融工具交易的主体资格，并不需要国家外汇管理局的逐笔核准。双方所进行的利率掉期交易如果存在相对应的基础工具交易，而非纯粹根据市场上衍生金融工具价格变动趋势的预测进行的交易，则属于避险性衍生金融工具交易。该笔利率掉期交易则被确认为有效，债权人按照双方约定提供用于计算损失的市场报价，证实信托公司被关闭导致该笔掉期交易协议提前终止所造成的损失后，债权人申报的破产债权则应被确认。

实务要点： 具有从事避险性衍生金融工具交易主体资格的信托投资公司进行的利率掉期交易，并非纯粹根据市场上衍生金融工具价格变动趋势的预测进行，应被确认为有效。

案例索引： 广东高院2003年3月8日裁定“某信托公司破产案”，见《广东国际信托投资公司破产案》，载《最高人民法院公报·案例》(2003:341)。

7

劳动债权

286 破产企业管理人确定的职工经济补偿金过低的更正

——破产企业应支付给职工的经济补偿金标准违反《劳动合同法》的，职工可在破产程序中提起要求更正的确认之诉。

标签：破产 | 劳动债权 | 经济补偿金 | 确认之诉

案情简介：2009年，法院裁定受理

法院认为： 《企业破产法》第48条规定，债权人应当在人民法院确定的债权申报期限内向管理人申报债权。债务人所欠职工的工资和医疗、伤残补助、抚恤费用，所欠的应当划入职工个人账户的基本养老保险、

棉纺公司破产申请。破产管理人公示的经济补偿金，其中业务员许某的计算标准为每月2200元共计2.8万余元。许某要求按公司终止劳动合同前12个月的月平均工资5400余元标准确定，诉请管理人更正其经济补偿金为7万余元。

3.6

201104/16:50

2011

基本医疗保险费用，以及法律、行政法规规定应当支付给职工的补偿金，不必申报，由管理人调查后列出清单予以公示。职工对清单记载有异议的，可以要求管理人更正；管理人不予更正的，职工可以向人民法院提起诉讼。因人民法院受理破产申请后，债务人不得对个别债权人清偿债务，只能通过破产财产分配实现债权，故职工请求更正经济补偿金的诉讼应为确认之诉，而非给付之诉。依该法第113条规定，破产财产在清偿破产费用和共益债务后，职工的劳动债权应优先清偿。对于应当支付给职工的补偿金，《企业破产法》第48条和第113条均明确规定应按法律、行政法规规定支付。最高人民法院《关于对〈最高人民法院关于审理企业破产案件若干问题的规定〉第五十六条理解的答复》，是在《劳动合同法》尚未制定，关于破产企业职工经济补偿金没有法律、行政法规明确规定情况下所作解释，该答复的基本精神是清算组"可以"对破产企业中的高收入者经济补偿金进行调整，但并非强制性规定，是基于破产企业资不抵债，债权人的债权无法得到足额偿还，管理层本身负有一定的管理责任而作出的规定。本案许某作为业务员只是公司普通职工，且公司资产变现后资产状况良好，有足额的资金支付经济补偿金，即使按照许某实际工作标准确定其经济补偿金，亦不会侵害其他债权人利益，而管理人降低经济补偿金标准却损害了劳动者依法获得合理经济补偿的权利，故该答复同时明确：清算组调整后，企业的工会、职工个人认为补偿金仍然过低的，可以向受理破产案件的人民法院提出变更申请；债权人会议对清算组确定的职工补偿金有异议的，由人民法院依法裁定。故该答复内容与《企业破产法》和《劳动合同法》并不冲突，判决确认许某经济补偿金为7万余元。

实务要点： 企业破产时应当支付给职工的经济补偿金标准，应按《劳动合同法》规定予以明确，管理人确定的经济补偿金违反该法规定的，职工可在破产程序中提起要求更正的确认之诉。

案例索引： 江苏无锡中院（2011）锡民终字第0470号"许东良与江阴利用棉纺针织有限公司破产债权纠纷案"，见《许东良诉江阴利用公司更正经济补偿金破产劳动债权确认案》，载《江苏省高级人民法院公报》（201104/16:50）。

287 职工对劳动债权公示内容提异议，非起诉前置程序

——职工对破产管理人公示的职工债权清单记载可行使异议权，不应绝对化地理解为该异议是其提起诉讼的必经程序。

标签：破产 | 劳动债权 | 提出异议 | 起诉条件

案情简介：1982年，钮某从物资公司调入实业公司工作。1998年起，钮某停薪未再上班亦未与单位解除劳动关系。2009年，法院宣告实业公司破产，破产管理人公示的劳动债权清单中无钮某名字。2010年，钮某申请劳动仲裁被驳回后提起诉讼。

7

3.6

201206/24:50

2011

法院认为：《企业破产法》第48条第2款规定，职工对破产管理人公示的职工债权清单记载有异议的，可以要求管理人更正；管理人不予更正的，职工可以向人民法院提起诉讼。故企业被依法宣告破产的，应对企业债权债务进行清算，职工债权无需申报，由破产管理人直接记载并予公示，职工享有自力救济的异议权。但自力救济方式并非当事人维权的必经步骤，《民事诉讼法》关于立案条件的规定并未以自力救济为起诉前提。另外，本案属于破产企业职工债权纠纷，企业一经破产终结，其权利义务都将归于消灭，故在企业破产终结前努力维护职工合法权益有利于促进实现社会公平正义。表现在司法上就是，职工对公示的职工债权异议而又无从申请管理人更正的，应赋予其提起民事诉讼的权利。故对我国《企业破产法》第48条第2款规定不应绝对化地理解为职工向破产管理人提出异议是其提起民事诉讼的必经程序。实业公司自1998年起未要求钮某到单位上班，未对钮某进行考勤，未依法解除双方劳动关系，钮某亦未上班，未要求发放工资待遇，故双方劳动关系自1998年起处于中止履行状态，至2009年实业公司被宣告破产，双方劳动关系终止。故钮某无权主张此期间工资及经济补偿金，但其此前自1982年至1997年底的经济补偿金，应由实业公司给付，判决实业公司给付钮某1.4万余元。

实务要点：我国《企业破产法》第48条第2款规定职工对破产管理人公示的职工债权清单记载可行使异议权，不应绝对化地理解为职工向破产管理人提出异议是其提起民事诉讼的必经程序。

案例索引：江苏镇江中院（2011）镇民终字第650号“钮露与镇江长发实业有限公司破产债权纠纷案”，见《钮露因不知职工债权清单公示请求职工债权保护诉长发公司劳动争议案》，载《江苏省高级人民法院公报》（201206/24:50）。

288 职工债权能获全额清偿时，对该组表决的变通处理

——即使职工债权组未通过重整计划草案，但在职工债权将获得全额清偿时，管理人亦可申请法院批准重整计划草案。

标签：破产 | 劳动债权 | 表决程序 | 变通处理

案情简介：2008年，实业集团及下属关联公司整体破产重整。根据重整计划草案，职工债权将获得全额清偿。因职工2000多人且多在外地，在担保债权组、普通债权组表决草案通过后，职工债权组如何表决成为难点。

法院认为：《企业破产法》第84条第2款规定：出席会议的同一表决组的债权人过半数同意重整计划草案，并且其所代表的债权额占该组债权总额的三分之二以上的，即为该组通过重整计划草案。具体到本案，抵押债权人一致同意重整计划草案；出席会议的普通债权人过半数同意草案，其所代表债权额超过该组债权总额的三分之二，应认定普通债权人亦同意该草案。另外，根据《企业破产法》第87条第2款第2项规定，即使职工债权组未通过重整计划草案，而按照重整计划草案，职工债权将获得全额清偿时，管理人也可以申请人民法院批准重整计划草案。故为简化程序，法院在债权人会议分组表决时不组织职工债权组进行表决，等到发放债权款时再由职工在预先制作好的表格上进行签名表决，应认定重整计划草案通过。

3.3

2011商:243

2009

实务要点：即使职工债权组未通过重整计划草案，而按照重整计划草案，职工债权将获得全额清偿时，管理人也可申请法院批准重整计划草案。

案例索引：广东湛江中院（2009）湛中法民破字第12-20号“某糖业公司等破产重整案”，见《广东中谷糖业集团有限公司及其下属公司破产重整案（关联企业整体重整、甘蔗款优先受偿）》（陈虹），载《中国审判案例要览》（2011商事:243）。

289 企业不能清偿职工到期债务，职工可申请企业破产

——关于职工债权能否申请企业破产，现行《企业破产法》对此无禁止性规定，职工作为企业债权人可申请企业破产。

标签：破产 | 劳动债权 | 破产条件 | 职工申请破产 | 清偿到期债务

案情简介：2006年，黄某等67名农机公司职工以公司不能清偿其所欠职工生活费、停业生活费、社会保险费、医疗托管费、一次性退管费、一次性

法院认为：关于职工债权能否申请企业破产的问题，现行《企业破产法》对此无禁止性规定，职工作为企业的债权人可以申请企业破产。破产清算组制作的职工债权汇总表所反映的职工生活费、停业生活费、社会保险费、医疗托管费、一次性退管费、一次性老职工托管费等均应系公司债务，而非公司股东债务。股东变更及公司变更均不影响农机公司对本案债务的承担。农机公司一旦被宣告破产，考察其有无清偿到

老职工托管费等，向法院申请农机公司破产。法院受理后宣告农机公司破产还债。农机公司不服，以部分职工签名系假冒、许多债务属于股东变更及公司变更前的债务，向上级法院提出申诉。

期债务能力，应是考察其有无清偿全部债务的能力，而不仅仅是欠部分职工生活费和停业生活费的能力，农机公司连部分职工劳动债权都无力清偿，更谈不上清偿审计报告载明的债务及审计报告未列入负债的其他债务。故部分职工申请农机公司破产，债务人主体并无不当。因农机公司已经不能清偿到期债务，且根据审计报告显示已资不抵债，符合宣告破产条件，故裁定驳回农机公司申诉，维持原裁定。

实务要点： 当企业不能清偿所欠内部职工到期债务时，职工可申请企业破产。

3.3

2008商:518

2006

案例索引： 江苏南通中院（2006）通中破法监字第0004号“某机械公司破产案”，见《海安县农业机械有限公司破产申诉案（职工债权的破产申请权、“破产原因”的构成要件）》（沈伟），载《中国审判案例要览》（2008商事:518）。

7

房地产抵押

290 以自有房产单独抵押，无需办土地使用权抵押登记

——当事人以自有房产抵押并办登记，并未将该房产所附着的、以划拨取得的国有土地使用权一并抵押的，应为有效。

标签： 破产 | 房地产抵押 | 抵押 | 房地一体 | 房产单独抵押 | 国有划拨土地

案情简介： 2003年，医药站与银行签订借款合同，借款1200万元，医药

法院认为： 医药站与银行所签《最高额抵押合同》，明确约定医药站仅以自有房产设定抵押，随后亦仅在当地房屋管理部门办理抵押登记，这些行为均发生在《物权法》施行之前，应适用当时的法律法规规定。医药站所抵押的房屋系其自有房屋，所抵押登记的部门为市房产管理局，符合《担保法》第41条抵押合同

站以自有房产设定抵押担保，并在市房产管理局办理了房屋抵押登记。但该房屋所附着的土地系国有划拨性质，双方未至土地管理部门办理抵押登记。2005年，银行将该债权转让给资产公司。二审期间，医药站所在地方法院裁定宣告医药站破产还债，并指定了破产管理人。资产公司要求医药站偿还借款本息并以抵押房产优先受偿，医药站提出未办理土地使用权抵押，根据“房地一体”原则，抵押合同无效，且医药站已宣告破产，本案中止审理。

1.1

2008:276

2.1

200801/13:272

2.7

2010:207

2.6

v.2:576

2006

“自登记之日起生效”的规定情形，医药站是否就国有土地使用权另行办理抵押登记手续不影响该《最高额抵押合同》的效力。最高人民法院《关于破产企业国有划拨土地使用权应否列入破产财产等问题的批复》第3条规定“如果建筑物附着于以划拨方式取得的国有土地使用权之上，将该建筑物与土地一并设定抵押的，对土地使用权的抵押须履行法定的审批手续，否则，应认定抵押无效”。该批复中所规定的“将该建筑物与土地一并设定抵押的”系指当事人约定将建筑物与土地一并设定抵押的情形。当事人在订立合同时如果约定将建筑物与以划拨方式取得的国有土地使用权一并设定抵押的，则抵押人应对抵押国有土地使用权履行法定审批手续。本案当事人签订合同约定仅以自有房产设定抵押并办理房屋抵押登记，并未涉及土地使用权一并抵押的情况，该事实与上述批复规定的情形不符，故不应适用。鉴于医药站已被法院裁定进入破产程序，依照《企业破产法》第20条“人民法院受理破产申请后，已经开始而尚未终结的有关债务人的民事诉讼或者仲裁应当中止；在管理人接管债务人的财产后，该诉讼或者仲裁继续进行”之规定，本案诉讼应当继续进行，本案资产公司可依据《企业破产法》的有关规定向医药站破产案件管理人提出行使优先权的申请，但该权利应当在医药站所抵押的涉案房屋被变卖或拍卖的价款（不含房屋所占用的土地使用权价款）范围内予以实现，且最高限额不得超过该抵押合同所约定的最高限额1200万元。

实务要点： 根据最高人民法院《关于破产企业国有划拨土地使用权应否列入破产财产等问题的批复》第3条规定，如果建筑物附着于以划拨方式取得的国有土地使用权之上，将该建筑物与土地一并设定抵押的，对土地使用权的抵押须履行法定的审批手续，否则，应认定抵押无效。当事人在签订抵押合同时，如果仅仅约定以自有房产设定抵押并办理房屋抵押登记，并未将该房产所附着的、以划拨方式取得的国有土地使用权一并抵押的，不适用上述规定。

案例索引： 最高人民法院（2006）民二终字第153号“某资产公司与某医药公司等借款担保合同纠纷案”，见《中国长城资产管理公司济南办事处与山东省济南医药采购供应站、山东省医药集团有限公司、山东省医药公司借款担保合同纠纷案》（审判长王东敏，代理审判员雷继平、李京平），载《最高人民法院公报·裁判文书选登》（2008:276）；另见《单独设定抵押的房产，其附着的划拨取得国有土地使用权是否仍须履行审批手续——上诉人中国长城资产管理公司济南办事处与被上诉人山东省济南医药采购供应站、原审被告山东省医药集团有限公司和山东省医药公司借款担保合同纠纷上诉案评析》（李京平，最高院民二庭），载《民商事审判指导·案例分析》（200801/13:272）；另载《最高人民法院商事审判裁判规范与案例指导·案例指导》（2010:207）；另见《在〈物权法〉施行之前约定医药采购供应站以自有房产设定抵押，并在当地房屋管理部门办理抵押登记的，应当认定抵押权成立。抵押人是否就房产所涉国有土地使用权另行办理抵押登记手续不影响抵押合同的效力》，载《最高人民法院商事审判指导案例·借款担保卷（下）》（2011:576）。

291 债务人被政策性关闭破产前，以物抵债，协议有效

——债务人被国务院列入总体规划拟实施关闭破产企业之前，与债权人达成以物抵债协议的，不违反国务院文件规定。

标签： 破产 | 房地产抵押 | 执行 | 以物抵债 | 不良资产 | 政策性破产

7

案情简介： 2006年，生效判决认定酒厂欠银行金融债权4700万余元。2007年7月31日，执行程序中，酒厂为列入全国政策性破产名单，就抵押的150亩土地使用权与资产公司达成以物抵债协议，并经主管部门及省政府主管领导同意。同年11月，酒厂被列入政策性关闭破产计划。2008年，酒厂主张资产公司对政策性关闭破产企业逼债违反国办发〔2006〕3号文件规定，达成的以物抵债协议无效。

法院认为： 资产公司同酒厂之间达成的以物抵债协议是当时双方当事人真实意思表示，并得到了被执行人主管部门及省政府主管领导的认可，应为合法有效。国务院《关于进一步做好国有企业政策性关闭破产工作的意见》（国办发〔2006〕3号）文件规定："对列入总体规划拟实施关闭破产的企业，有关金融机构不得在企业关闭破产方案实施前转让或出售已确认的债权（国有金融机构之间经国家批准的债权除外），也不得加紧追讨债权及担保责任。但对企业恶意逃废金融债权的行为，有关金融机构应依法维护自身合法权益。国有金融机构以企业终结时法院裁定的清偿率进行清收。"但本案双方当事人签订以物抵债协议时，酒厂尚未被国务院列入总体规划拟实施关闭破产企业；其被列入该总体规划后，资产公司则是通过法律途径依法维护自身合法权益，故不违反该文件精神。

实务要点： 债务人被国务院列入总体规划拟实施关闭破产企业之前，与债权人达成以物抵债协议的，不违反国务院《关于进一步做好国有企业政策性关闭破产工作的意见》（国办发〔2006〕3号）文件规定。

2.5

201003/35:98

2009

案例索引： 最高人民法院（2009）执复字第17号"中国长城资产管理公司贵阳办事处与贵州珍酒厂执行异议案"，见

《长城资产管理公司贵阳办事处申请复议案》（谷峻杰，最高院执行局；审判长吴宪光，代理审判员于泓、黄年），载《执行工作指导·典型案例》（201003/35:98）。

292 国有划拨土地上房屋抵押，并不导致抵押合同无效

——以划拨方式取得的国有土地使用权之上的房屋抵押合同只要合法履行了房屋抵押手续，就应认定该抵押合同有效。

标签：破产 | 房地产抵押 | 抵押 | 房地一体 | 单独抵押

案情简介：2002年，投资公司向银行贷款1700万余元，毛纺集团以其国有划拨土地上的房产抵押并办理了抵押登记。单独抵押的合同效力成为争议焦点。

法院认为：我国《担保法》第36条第1款规定，以依法取得的国有土地上的房屋抵押的，该房屋占有范围内的国有土地使用权同时抵押。依该规定及房地产交易中心"房随地走、地随房走"，即房地产主体一致的原则，本案双方当事人应对毛纺集团提供抵押的房产及其占用范围内的土地使用权一并抵押，但双方仅对房产单独抵押的行为并不必然导致本案房产抵押合同无效的法律后果。对于划拨土地使用权上的房产抵押，法律并无禁止性规定，如因划拨土地使用权未履行抵押审批手续并办理抵押登记，进而否定房产抵押合同的效力，则与房产抵押合同订立的根本目的相悖。最高人民法院《关于破产企业国有划拨土地使用权应否列入破产财产等问题的批复》有其明确的适用范围，与本案情形并不相同，故不适用于本案。本案房产抵押已办理登记手续，抵押合同生效，故债权人对该抵押房产有优先受偿权。

实务要点：划拨土地使用权之上的房屋抵押合同只要合法履行了房屋抵押手续，就应认定该抵押合同有效。尽管"房随地走，地随房走"，但房产和地产仍是相互区分的，必须承认土地使用权抵押合同和房屋所有权抵押合同为互不相同的抵押合同。由于《城市房地产管理法》第51条已以扣缴土地使用权出让金的形式对国家利益给予了充分保障，没有必要再因土地使用权的取得方式系划拨取得，对房屋抵押合同的效力特别加设限制。

案例索引：最高人民法院判决"某资产公司与某毛纺集团借款担保合同纠纷案"，见《划拨土地使用权之上的房屋抵押合同的效力问题——中国长城资产管理公司济南办事处与济南金冠毛纺集团有限责任公司借款担保合同纠纷上诉案》（李晓云，最高院民二庭），载《民商事审判指导·民商审判案例分析》（200802/14:184）；另载《最高人民法院商事审判裁判规范与案例指导·案例指导》

2.1

200802/14:184

2.7

2010:235

2.6

v.2:516

2008

（2010:235）；另见《现有法律并未禁止以划拨方式取得的土地使用权之上的房产的抵押》，载《最高人民法院商事审判指导案例·借款担保卷（下）》（2011:516）。

293 抵押物权因法定原因被撤销不免除保证人保证责任

——破产程序中，抵押权因设立时间的法定原因而非抵押合同各方当事人的过错被撤销，不能免除保证人的保证责任。

标签： 破产 | 房地产抵押 | 破产撤销权 | 抵押 | 物保与人保 | 撤销权 | 保证

案情简介： 2009年3月，纸业公司为造纸公司所欠贸易公司货款提供连带责任保证，造纸公司亦同时提供了不动产抵押担保。2009年6月，法院裁定造纸公司进入破产重整程序。2010年2月，法院裁定造纸公司进入破产程序。同年3月，法院判决撤销贸易公司与造纸公司签订的抵押合同。嗣后纸业公司认为应免除其相应的担保责任。

7

法院认为： 根据法律规定，法院受理破产申请前一年，对没有财产担保的债务提供财产担保的，管理人有权请求法院予以撤销，故案涉抵押合同被撤销并非纸业公司或贸易公司任何一方责任。虽然贸易公司在抵押合同签订后3个月即进入破产重整程序，但纸业公司并无证据证明贸易公司与造纸公司存在串通骗取担保情况，法律亦未规定债权人有对债务人或担保人经营状况进行审查的义务，故贸易公司对抵押合同撤销不存在过错。因抵押权被撤销，纸业公司应对贸易公司全部债务承担连带保证责任。

实务要点： 抵押权因法定原因而非抵押合同各方当事人过错而撤销，保证人保证责任不免除。

案例索引： 上海高院（2010）沪高民二（商）终字第60号“某贸易公司与某纸业公司保证合同纠纷案”，见《东方国际集团上海荣恒国际贸易有限公司诉浙江班班纸业有限公司保证合同纠纷案》（壮春晖、傅伟芬），载《人民法院案例选》（201103/77:181）。

3.1

201103/77:181

2010

优先受偿权

294 债权人部分放弃保证债权，仍可就抵押物优先受偿

——在物保与人保共存、保证人进入破产程序后，债权人同意保证人重整方案并作部分让步的，不代表放弃保证债权。

标签：破产 | 优先受偿权 | 抵押 | 物保与人保 | 保证 | 放弃债权

案情简介：2011年，法院判决投资公司偿还银行6700万余元贷款本息，实业公司承担连带清偿责任，银行有权对酒业公司的抵押物优先受偿。强制执行过程中，实业公司破产重组，银行同意实业公司股东投资公司让渡70%的股份给重组方，酒业公司据此认为银行同意投资公司偿债资产转移，放弃对主债务的追偿实质上构成对主债务的免除，故其担保债务亦相应免除。

法院认为：依《企业破产法》相关规定，只有实业公司的债权人才有权对重整计划草案的通过表决，作为实业公司股东投资公司的债权人，银行并无该项权利。同时，银行在表决中的态度不能构成对于投资公司债务的放弃。在预计破产清算普通债权清偿比例为零的情况下，同意重整方案可能还意味着投资公司责任财产的增加，故银行作为实业公司的债权人同意投资公司让渡70%的实业公司股权给重组人，并不意味着其放弃了实业公司的担保责任，亦无法律规定放弃了保证人的责任就不能再就抵押物优先受偿，故应驳回酒业公司的执行异议。

实务要点：在物保与人保共存情况下，保证人进入破产程序，债权人同意保证人重整方案并作部分让步的，并不意味放弃了保证债权，债权人仍可就抵押物主张优先受偿。

案例索引：最高人民法院（2012）执复字第18号“广夏（银川）贺兰山葡萄酿酒有限公司与中国农业银行股份有限公司、浙江长金实业有限公司等执行异议案”，见《广夏（银川）贺兰山葡萄酿酒有限公司申请执行复议案评析》（葛洪涛，最高院执行局；审判长赵晋山，代理审判员潘勇锋、葛洪涛），载《执行工作指导·案例分析》（201301/45:128）。

2.5

201301/45:128

2012

295 放弃优先受偿权转为借款关系，适用普通诉讼时效

——享有对破产财产优先受偿权的债权人，嗣后又通过协议转为对第三人的借款债权的，应适用一般的诉讼时效规定。

标签： 破产 | 优先受偿权 | 诉讼时效 | 破产程序 | 不良资产 | 抵押 | 抵押权实现

案情简介： 1996年，受理毛巾厂破产案件的法院作出裁定，确认银行对毛巾厂破产财产享有3600万余元的优先受偿权。1997年，政府决定毛巾厂破产分配后的资产由实业公司承担，银行债务作为国家资本金划转至实业公司。1998年8月28日，经政府办公会协调形成的会议纪要记载银行对毛巾厂抵押贷款受偿的3600万余元转贷给实业公司。2005年，资产公司受让银行该不良债权。2007年，实业公司将名下原毛巾厂土地使用权挂牌出让给开发公司，实业公司得款1.9亿余元。2011年，资产公司诉请实业公司、开发公司、市政府偿还借款。

7

法院认为： 法院在毛巾厂破产程序中的裁定确认了抵押权效力，银行就抵押财产拍卖、变卖后的价款依法享有优先受偿权，但并非取得了该抵押物的所有权。银行取得涉案资产优先受偿权后，在近两年时间内未采取措施积极行使权利，而是嗣后在政府办公会议上同意将对涉案资产优先受偿的权利转为对财产接收人实业公司的债权，只是最终未办理转贷手续。在重新确认债权债务基础上，银行对原涉案资产的优先受偿权已经消灭，应依新的借款关系向实业公司主张债权。鉴于双方未重新约定借款期限，应从会议纪要确认债权的时间即1998年8月28日起算诉讼时效。因银行1998年已通过建立新的借款关系方式放弃了优先受偿权，此后银行与资产公司所签转让合同注明转让标的系非信贷类资产，即银行系对自身不享有权利的资产进行处分，资产公司受让涉案资产没有依据，受让行为无效，本案因资产公司受让超过诉讼时效的债权，故判决驳回资产公司诉讼请求。

实务要点： 法院在破产程序中裁定债权人享有对破产财产的优先受偿权，嗣后债权人又通过协议转为对第三人的借款债权的，债权人主张权利应适用一般的诉讼时效规定。

2.6

v.9:360

2012

案例索引： 最高人民法院（2012）民二终字第84号“某资产公司与某实业公司等债权纠纷案”，见《债务承接及“借新贷还旧贷”的诉讼时效——内蒙古仕奇集团有限责任公司与中信资产管理有限公司、呼和浩特市人民政府、内蒙古长兴房地产开发有限责任公司一般债权纠纷案》（审判长王宪森，审判员殷媛，代理审判员张雪楳），载《最高人民法院商事审判指导案例（2012）·公司与金融》（2013:360）。

296 未登记抵押权人以普通债权申报，视为放弃抵押权

——主债务人破产时，抵押权人仅以普通债权人身份申报债权，应视为放弃抵押权，保证人有权就放弃部分免除责任。

法院认为： 银行与氮肥厂在1990年的借款合同中明确约定将氮肥厂原有固定资

标签：破产 | 优先受偿权 | 抵押 | 物保和人保 | 保证 | 不良资产 | 放弃抵押

案情简介：1990年，氮肥厂向银行贷款495万美元，借款合同约定“氮肥厂必须以其原有固定资产和项目形成的固定资产全部抵押给银行，在贷款未还清前，银行有留置权”。同时卷烟厂提供连带责任保证。2006年，氮肥厂被列入国务院拟破产企业时，该厂资产总额为8亿余元。进入破产程序后，银行以普通债权人身份申报债权，最终确认未受偿债权为4400万余元。2006年12月，受让银行该不良债权的资产公司诉请卷烟厂承担保证责任。卷烟厂以银行放弃抵押权而主张免除担保责任。

2.7

2011:351

2.6

v.2:673

2009

法院认为：借款合同约定氮肥厂以其原有固定资产和项目形成的固定资产全部抵押给银行，根据最高人民法院《关于贯彻执行〈民法通则〉若干问题的意见（试行）》第112条关于“债务人或者第三人向债权人提供抵押物时，应当订立书面合同或者在原债权文书中写明。没有书面合同，但有其他证据证明抵押物或者其权利证书已交给抵押权人的，可以认定抵押关系成立”的规定，应认定银行与氮肥厂抵押关系依法成立。氮肥厂2006年被国务院列入拟破产企业时，资产公司向氮肥厂破产管理人申报债权时是作为普通债权申报的，并未提及抵押权。经第一次债权人会议，管理人编制了拟确认债权表，资产公司亦未提出异议，由此应认定资产公司放弃了物权担保。根据最高人民法院《关于审理经济合同纠纷案件有关保证的若干问题的规定》第15条关于“债权人放弃抵押权的，保证人就放弃抵押权的部分不再承担保证责任”规定，因资产公司放弃了物权担保，且氮肥厂抵押财产价值大于本案所涉借款本息，故卷烟厂保证责任应予免除。

实务要点：借款合同明确约定抵押条款的，在主债务人破产时，债权人仅以普通债权人身份申报债权，而未主张担保物权，应视为放弃抵押权，保证人有权就放弃抵押权的部分不再承担保证责任。

案例索引：最高人民法院（2009）民二终字第34号“某资产公司与某卷烟厂等借款担保合同纠纷案”，见《中国东方资产管理公司西安办事处与宝鸡卷烟厂、陕西省宝鸡氮肥厂破产管理人借款担保合同纠纷案》（审判长贾纬，代理审判员沙玲、周伦军），载《最高人民法院商事审判裁判规范与案例指导·裁判文书》（2011:351）；另见《主合同中约定的借款数额少于〈不可撤销担保书〉中承诺的数额，这种变化即使未经保证人同意，也不能够成为保证人免责的条件》，载《最高人民法院商事审判指导案例·借款担保卷（下）》（2011:673）。

297 企业未破产时，普通债权不享有优先或比例受偿权

——普通债权不具有优先性，在企业未破产情况下，不能限制企业的债务清偿顺序或要求其对所有债权人按比例清偿。

法院认为：铝厂得到出售资产和股权转让的资金后，确实未清偿银行债务而偿还

标签：破产 | 优先受偿权 | 企业改制 | 企业出售 | 普通债权

案情简介： 2004年，全民所有制企业铝厂向银行贷款8510万元。2006年，铝厂经评估、审批后向铝业公司转让部分资产，获得7亿元，嗣后又将持有铝业公司的100%股权经评估、审批后以5亿元转让给铝业集团。该款由法院强制执行直接划转给其他债权人。银行起诉铝厂和铝业公司承担连带清偿责任。

了其他债权人，但普通债权不具有优先性，法律赋予债权人以法人所有财产平等受偿的权利，除享有优先受偿权的债权人外，任何人不享有特权。在企业未进入破产情况下，不能限制企业的债务清偿顺序或要求其对所有债权人按照比例清偿。在铝业公司已按照合同约定支付全部价款情况下，如再要求铝业公司为铝厂债务承担责任，不但无法律依据，且对铝业公司本身的债权人和现有的股东并不公平。故银行要求铝业公司承担连带责任的主张不能成立，判决铝厂偿还银行借款8510万元本息。

实务要点： 普通债权不具有优先性，法律赋予债权人在获得权利实现时以法人所有财产平等受偿的权利，除享有优先受偿权的债权人外，任何人不享有特权。在企业未进入破产情况下，不能限制企业的债务清偿顺序或要求其对所有的债权人按照比例清偿。

2.1

200802/14:158

7

2.7

2010:695

2008

案例索引： 最高人民法院判决“某银行与某铝业公司等借款合同纠纷案”，见《〈最高人民法院关于审理与企业改制相关的民事纠纷案件若干问题的规定〉第七条的适用与反向揭开公司面纱制度——中国工商银行股份有限公司抚顺分行与抚顺铝业有限公司、抚顺铝厂、抚顺新抚钢有限责任公司借款合同纠纷上诉案》（潘勇锋，最高院民二庭），载《民商事审判指导·民商审判案例分析》（200802/14:158）；另载《最高人民法院商事审判裁判规范与案例指导·案例指导》（2010:695）。

298 监理单位对一般债权的监理费，不享有优先受偿权

——监理单位与建设单位本质上是一种委托关系，监理费不属于建设工程款，故监理单位对监理费不享有优先受偿权。

标签：破产 | 优先受偿权 | 执行 | 工程款优先受偿权 | 监理费

案情简介： 2007年，生效调解书认定监理公司对电池公司享有监理费债权69万余元。2009年，执行程序中，监理公司主张对电池公司财产享有优

法院认为： 监理公司未提交相关证据证明工程监理费属于建设工程款，且依最高人民法院《关于建设工程价款优先受偿权问题的批复》相关规定，建设工程价款包括承包人为建设工程应当支付的工作人员报酬、材料款等实际支出费用，故监理公司在材料公司执行案件中不享有优先受偿权，判决驳回监理公司诉讼请求。

先受偿权。

实务要点：监理单位与建设单位本质上是一种委托关系，监理费属于一般意义上的债权债务，不属建设工程款，监理单位对监理费不享有优先受偿权。

3.3

2011商:232

2010

案例索引：北京一中院（2010）一中民初字第3323号“某监理公司与某电池公司等破产财产分配纠纷案”，见《北京轻环工程监理有限公司诉北京世纪富原燃料电池有限公司等破产财产分配方案异议案（监理费不能作为建设工程款的一部分享有优先受偿权）》（阴虹、白石），载《中国审判案例要览》（2011商事:232）。

299 普通债权涉及特殊群体利益，可特别安排优先受偿

——企业破产重整过程中，虽不属于法定第一清偿顺序的债权，但属于涉及特殊群体利益的普通债权可优先安排受偿。

标签： 破产 | 优先受偿权 | 清偿顺序 | 特殊普通债权

案情简介： 2008年，实业集团及下属糖业公司、仓储公司等关联公司整体破产重整。可供分配资产9亿余元，债务总额19亿余元，其中涉及拖欠蔗农30万人的甘蔗款2454万元。

法院认为： 按照《企业破产法》第113条规定，第一顺序清偿债务包括破产人所欠职工工资和医疗、伤残补助、抚恤费用，应划入职工个人账户的基本养老保险、基本医疗保险费用，及法律、行政法规规定应支付给职工的补偿金。蔗农的甘蔗款虽非属法定优先清偿的债权，但因本案破产重整涉及蔗农人数多达30万人，对蔗农甘蔗款优先清偿，不但可解决蔗农的后顾之忧，激发蔗农继续种蔗的积极性，且有利于保持蔗区的稳定，保障投资人原材料来源。故在不违反法律规定又不损害其他债权人利益情况下，将拖欠蔗农甘蔗款不列入可供分配的资产中进行分配，而由投资人另行出资全额清偿，在投资人认同并获得债权人会议通过后，应裁定准许。

3.3

2011商:243

2009

实务要点： 企业破产重整过程中，虽不属于法定第一清偿顺序的债权，但属于涉及特殊群体利益的普通债权，在不违反法律规定又不损害其他债权人利益情况下，可由法院协调投资人优先安排，经债权人会议表决通过后在第一顺序受偿。

案例索引： 广东湛江中院（2009）湛中法民破字第12-20号“某糖业公司等破产重整案”，见《广东中谷糖业集团有限公司及其下属公司破产重整案（关联企业整体重整、甘蔗款优先受偿）》（陈虹），载《中国审判案例要览》（2011商事:243）。

300 出口退税应收款作为质押标的，具有优先受偿效力

——出口退税款作为应收款时，其产生、行使并不以权利凭证的存在为要件，属于一般债权性质，可作为质押标的物。

标签： 破产 | 优先受偿权 | 质押 | 账户质押 | 出口退税款 | 应退未退证明书

案情简介： 2001年，丝绸公司承诺以出口退税应收款作为质押担保，向银行贷款850万元。2001年，丝绸公司破产清算，银行主张对该质押税款享有优先受偿权，法院裁定该出口退税款850万元不属于破产财产，其他债权人信用社提出异议。

法院认为： 《担保法》规定的质押标的物有两种：动产与权利，动产因交付而特定，以满足物权标的物特定、质权人对标的物进行有效控制的要求，并因交付而公示，以保护第三人的交易安全；票据、债券、仓单、提单等所示的特殊债权，其权利的正常行使与权利凭证的不可分离，具备了债权物化的特征，权利因权利凭证而特定，权利凭证的交付可使债权人有效控制出质债权，并以背书交付等形式保护第三人的交易安全，而一般债权虽无需权利凭证标示其存在，但若同样符合稳定、能被有效控制的特征，则符合了作为物权标的物特定化、保护交易安全的性质要求，能依《担保法》第75条第4项的规定成为质押标的物。本案的出口退税款作为应收款时，其产生、行使并不以权利凭证的存在为要件，属一般债权性质，金额明确、稳定，并由国家税务部门进行管理、控制，在银行开立的出口退税账户是其唯一的流向，作为出口退税款权利人的丝绸公司处分权受到严格限制，符合了特定性、能够被债权人有效控制的特征，可作为质押标的物；而当该出口退税款进入出口退税账户时，由于该账户内金钱已被银行占有，并按约定托管，丝绸公司无法任意支取，账户内的金钱特定化，账户内的特定款项可以成为金钱质押（动产质押）的标的物。丝绸公司在贷款申请、承诺书中明确表示将出口退税账户交银行方托管，“将退税账户所退税款用于归还银行方的托管贷款”，“应退未退税额作为本次及以后出口退税专项贷款的担保”，以出口退税款项保证对方债权实现的意思甚为明确，此后丝绸公司按承诺书将出口退税账户转移到银行，由银行方实现了对出口退税款的控制，银行方亦向丝绸公司提供贷款。虽无双方共同签署的质押合同，银行亦未书面表示同意承诺书内容，但其为债务人在本行开立出口退税账户、提供贷款的行为，均明确表明了对承诺书内容的接受。应认为出具承诺书虽属丝绸公司单方行为，但银行的接受行为属于承诺性质，承诺书因此在当事人间具备了质押合同的性质。在双方以出口退税款设立担保的意思一致、以承诺书的书面形式进行明确表示、作为出口退税的特定款项已经被银行方实际控制的情况下，双方的质押合同当然有效成立。出口退税款项在其作为一般应收款时，其性质属于一般债权，由于不具有强流通性的需要，因此与票据、债券等物化的

7

3.3

2003商:343

2002

特殊债权有所区别，应退未退证明书只具有一般证明性质，债权的设立、行使、处分并不以证明书的开立为必要，因此本案中税务部门虽然未出具应退未退证明书，但并不影响当事人间质押合同的有效成立，根据《合同法》第7条规定，应当以法律、行政法规作为认定合同效力的依据，相关部门要求开立证明书的规定对合同效力不产生影响。同时由于债权人已经实现了对出口退税款的有效控制，本身即产生公示效力，对第三人的交易安全亦不生影响。另外，出口退税款作为应收款时，质押方式为债权质押，当其进入被托管的出口退税账户时，质押方式转化为金钱质押。根据金钱债权质押及金钱质的特性，质押权人在实现其质权时有权要求第三债务人对其进行直接清偿，或直接以作为质押标的物的金钱清偿主债权。故虽然另案法院已对出口退税账户进行查封，但银行截留出口退税款的行为仍属于质押权的行使，并无不当。判决驳回信用社异议。

实务要点： 出口退税款作为应收款时，其产生、行使并不以权利凭证的存在为要件，属一般债权性质，作为出口退税款权利人的处分权受到严格限制。符合特定性、能被债权人有效控制的特征时，可作为质押标的物。

案例索引： 江苏苏州金阊区法院（2002）金民破字第2号“某银行等破产财产纠纷案”，见《中国农业银行苏州分行营业部等请求确认破产财产案》（周平），载《中国审判案例要览》（2003商事:343）。

301 让与担保权人在担保人破产时，应享有优先受偿权

——名为抵押，实为让与担保，在当事人办理过户登记手续后，在担保人破产的情况下，担保权人得行使优先受偿权。

标签：破产 | 优先受偿权 | 取回权 | 让与担保

案情简介： 1992年，服装厂就所欠建筑公司工程款，签订“欠款抵押协议”，约定以服装厂房屋作为抵押，若3年内未清偿欠款，建筑公司永久取得房屋所有权。随后，建筑公司领

法院认为： 案涉抵押协议约定债务人将房屋所有权转移给债权人，作为债务人履行债务的担保。在债务人履行义务后，再将担保标的物所有权返还给债务人，该种担保方式显非抵押，而系让与担保。双方在自愿协商基础上，根据合同自由原则，约定服装厂将房屋产权转移给建筑公司，作为履行债务的担保，并办理了房屋产权登记手续，上述行为并不违反我国法律的禁止性规定，亦不违反社会公德、损害社会公共利益，因而有效。虽然双方约定服装厂3年内不

取上述房屋的产权证。1996年，服装厂破产，破产清算组诉请确认抵押协议无效并返还房屋。

3.1

200003/33:185

1999

履行债务，建筑公司永久取得诉争房屋所有权，服装厂不向建筑公司找补，但诉争房屋价值大大超过所担保债权，上述约定显失公平。在建筑公司将超过担保债权部分的房屋价值返还服装厂前，建筑公司不能确定地取得诉争房屋的所有权。现服装厂已破产，建筑公司又不能确定地取得诉争房屋所有权，而设定让与担保的目的在于保证建筑公司能从诉争房屋中优先受偿，故服装厂清算组有权请求建筑公司返还诉争房屋所有权。作为替代，建筑公司取得就该房屋优先受偿的权利。

实务要点： 名为抵押，实为让与担保，在当事人办理“抵押物”的过户登记手续后，应认定该让与担保的效力。因让与担保的担保权人仅是法律形式上的所有权人，并非真正的所有权人，故在担保人破产情况下，担保权人不得行使取回权，但得行使优先受偿权。

案例索引： 浙江台州中院1999年3月12日判决“某服装厂与某建筑公司担保合同纠纷案”，见《临海市工艺服装绣品厂破产清算组诉临海市第四建筑工程公司让与房屋产权担保债务逾期未履行返还房产权案》（陈微春），载《人民法院案例选》（200003/33:185）。

7

Ⅰ 取回权

302 委托资产以谁名义，决定带保底委托理财合同效力

——委托资产系以委托人名义开设的独立账户资产，带保底的委托理财合同有效，保底条款无效不影响委托人取回权。

法院认为： 关于带保底条款的委托理财合同的法律效力，应当区分是否以委托人

标签：破产 | 取回权 | 证券资产 | 证券 | 保底条款 | 委托理财 | 委托资产

案情简介：2008年，法院裁定证券公司破产清算。200余家债权人申报的债权，多数基于委托理财所形成。关于如何认定带保底条款的委托理财合同的法律性质，最高人民法院专门作出批复。

1.1

2013:531

2012

名义开设的独立运行的证券账户和资金账户内的资产作为委托资产进行判断。以委托人名义开设的独立运行的证券账户和资金账户内的资产作为委托资产的，应认定其委托理财合同有效。因在独立证券账户和资金账户内运行的委托资产，能与证券公司的自有资产及其他客户资产相区别。委托理财账户内的资产应归属于委托人所有，保底条款无效不影响委托人对该资产行使取回权。对未以委托人名义在证券公司单独开设资金账户和证券账户独立运作，而是委托人直接将委托资产交付给证券公司管理的，则应区分委托理财合同中关于保底条款的不同约定，分别按企业间非法拆借和无效委托理财合同确定委托人的债权，由委托人通过申报普通债权方式处理，而不能行使取回权。

实务要点：带保底条款的委托理财合同，若委托资产系以委托人名义开设的独立账户资产，该委托理财合同有效，保底条款无效不影响委托人的取回权。若委托资产未以委托人名义进行运作，则委托理财合同应认定无效或名为委托理财实为企业间非法拆借，委托人不享有取回权。

案例索引：福建福州中院2012年12月13日裁定“某证券公司等破产案”，根据该案中最高人民法院对福建高院《关于闽发证券公司破产债权审查中带保底条款的委托理财合同的法律性质及利息损失计算标准的请示报告》的批复内容整理。见《闽发证券有限责任公司与北京辰达科技投资有限公司、上海元盛投资管理有限公司、上海全盛投资发展有限公司、深圳市天纪和源实业发展有限公司合并破产清算案》，载《最高人民法院公报·案例》(2013:531)。

303 证券公司挪用客户账户资产，在破产时取回权处理

——证券公司挪用独立证券账户内运作的委托证券，管理人追回后，委托人能否行使取回权，取决于该证券是否混同。

标签：破产 | 取回权 | 证券资产 | 证券 | 破产程序 | 挪用资产

案情简介：2008年，法院裁定证券公司破产清算。关于200余家债权人申

法院认为：证券公司挪用独立证券账户内运作的委托证券，关系清楚、财产并未混同，管理人追回后，可由相关权利人行使代偿性取回权；若被挪用后的委托证券与其他客户证券发生混同，但独立于证券公司自有证券的，委托证券与其他客户证券不属于证券公司对其他债权人的责

报债权，其中关于证券公司挪用委托人独立证券账户证券及资金账户内款项，管理人追回后，委托人是否享有取回权，最高人民法院根据请示，专门作出批复。

任财产范围，委托人与其他客户可按照证券比例享有取回权；若被挪用后的委托证券与证券公司的自有证券发生混同的，委托人不能行使取回权。证券公司因挪用委托人独立资金账户内运作的资金导致资金灭失或者混同的，委托人不能行使取回权，只能通过申报普通债权的方式处理。

实务要点： 证券公司挪用独立证券账户内运作的委托证券，管理人追回后，委托人能否行使取回权，取决于挪用后的委托证券与其他客户证券及证券公司自有证券是否混同。证券公司因挪用委托人独立资金账户内运作的资金导致资金灭失或者混同的，委托人不能行使取回权，只能通过申报普通债权的方式处理。

1.1

2013:531

2012

案例索引： 福建福州中院2012年12月13日裁定“某证券公司等破产案”，根据该案中最高人民法院对福建高院《关于闽发证券公司破产债权审查中带保底条款的委托理财合同的法律性质及利息损失计算标准的请示报告》的批复内容整理。见《闽发证券有限责任公司与北京辰达科技投资有限公司、上海元盛投资管理有限公司、上海全盛投资发展有限公司、深圳市天纪和源实业发展有限公司合并破产清算案》，载《最高人民法院公报·案例》(2013:531)。

7

304 委托人行使委托资产取回权时，如何计算利息损失

——委托人对在独立封闭证券账户和资金账户内运行的委托资产行使取回权的，不涉及固定回报、利息损失等的计算。

标签： 破产 | 取回权 | 利息 | 证券 | 破产程序 | 委托资产

案情简介： 2008年，法院裁定证券公司破产清算。关于200余家债权人申报债权，其中关于委托资产盈利分配及委托人行使取回权时如何计算利息损失，最高人民法院专门作出批复。

1.1

法院认为： 独立证券账户和资金账户内运作的委托资产产生盈利的，如委托合同中约定有盈利分享比例，可按照该约定比例分割盈利，归属于证券公司的部分作为破产财产进行分配。在确定委托人对独立证券账户和资金账户内运作的委托资产的取回权时，对于证券公司已支付给委托人的高息、固定回报、好处费等应从取回财产中扣除。对于独立证券账户和资金账户内运作的委托资产，因证券公司违规挪用无法取回的，以及未以委托人名义在证券公司单独开设资金账户和证券账户独立运作，委托人直接将委托资产交付给证券公司管理的，委托人在破产程序中行使普通债权，并按照人民银行同期贷款利率计算利息损失。委托人对在独立封闭证券账户和资金账户内运行的委托资产行使取回权的，不涉及利息损失的计算。

2013:531

2012

实务要点：独立证券账户和资金账户内运作的委托资产产生盈利应按委托合同中约定比例分割。委托人对委托资产不能行使取回权只能行使普通债权的，按人民银行同期贷款利率计算利息损失。委托人对在独立封闭证券账户和资金账户内运行的委托资产行使取回权的，不涉及利息损失的计算。

案例索引：福建福州中院2012年12月13日裁定“某证券公司等破产案”，根据该案中最高人民法院对福建高院《关于闽发证券公司破产债权审查中带保底条款的委托理财合同的法律性质及利息损失计算标准的请示报告》的批复内容整理。见《闽发证券有限责任公司与北京辰达科技投资有限公司、上海元盛投资管理有限公司、上海全盛投资发展有限公司、深圳市天纪和源实业发展有限公司合并破产清算案》，载《最高人民法院公报·案例》（2013:531）。

305 委托证券机构代管保证金，股民可行使破产取回权

——保证金是股民委托证券交易营业部代理买卖股票的结算资金，在证券交易机构破产后，股票所有人可取回保证金。

标签： 破产 | 取回权 | 证券资产 | 证券 | 破产程序 | 信托 | 委托理财

案情简介： 1999年，信托公司进入破产清算程序。信托公司所属4家证券交易营业部长期将股民保证金和自有资金混在一起，违规经营，挪用造成股民保证金头寸短缺7000万余元。破产清算组认为股民对其违规挪用的保证金不享有取回权，只能申报债权。

1.1

法院认为： 保证金是股民委托信托公司证券营业部代理买卖股票的结算资金，证券营业部只是代管。股民在证券机构缴存保证金的行为属于委托行为，并不能改变保证金的所有权和使用权的属性。证券营业部没有设立专门保证金账户分账管理，过错在于证券交易营业部，并不能因此认为保证金所有权已发生变化。证券交易营业部是信托公司分支机构，信托公司破产后，股票所有人依法可通过破产清算组取回保证金，故裁定股民对股票交易保证金余额享有取回权。

实务要点：保证金是股民委托证券营业部代理买卖股票的结算资金，证券营业部只是代管，股民在证券机构缴存保证金的行为属于委托行为，并不能改变保证金的所有权和使用权属性。在证券交易机构破产后，股票所有人依法可通过破产清算组取回保证金。

2003:341

2003

案例索引：广东高院2003年3月8日裁定“某信托公司破产案”，见《广东国际信托投资公司破产案》，载《最高人民法院公报·案例》（2003:341）。

306 债权人对未依法交付的动产设备，不应享有取回权

——当事人之间仅就动产物权转移达成协议，但未现实交付的，不构成《物权法》上占有改定，不发生物权转移效力。

标签：破产 | 取回权 | 动产 | 动产交付 | 占有改定

案情简介：2009年，印染公司与纺织公司达成协议，约定以印染公司7台机械设备折抵所欠货款。2010年，印染公司宣告破产，纺织公司申报了债权，并诉请对案涉设备行使取回权。

法院认为：涉案设备属动产，而动产公示方法原则上是占有与交付。根据《物权法》关于动产交付方式的规定，本案双方当事人签订的设备物权转让协议虽包含所有权变动内容，但未就印染公司继续占有使用设备另外达成协议。故在未现实交付情况下，案涉协议亦不构成占有改定交付。双方之间只产生债权效力，并未发生物权变动效力，纺织公司未实际取得该设备所有权，故其不享有取回权。

实务要点：当事人之间仅就动产物权转移达成协议，但未现实交付，亦未就该动产达成出让人继续占有协议的，不能构成《物权法》上占有改定，不发生物权转移效力。

1.1

2012:452

7

3.4

201220:9

2011

案例索引：山东高院2011年5月5日判决“某纺织公司与某印染公司取回权纠纷案”，见《青岛源宏祥纺织有限公司诉港润（聊城）印染有限公司取回权确认纠纷案》，载《最高人民法院公报·案例》（2012:452）；另见《仅达成物权变动协议并不成立占有改定》（欧阳明程，山东高院），载《人民司法·案例》（201220:9）。

307 取回权标的物客观存在，是行使该权利的必要前提

——取回权标的物客观存在是行使该权利的必要前提，在标的物灭失的情况下，权利人只能向破产企业主张赔偿损失。

标签：破产 | 取回权 | 证券资产 | 证券 | 破产程序 | 国债兑付资金

案情简介：2010年，电力公司起诉证券公司破产清算组及中国证券登记结算公司，请求取回由证券公司收取的国债兑付资金1.5亿元及利息。

法院认为：取回权作为破产法上的一项特殊权利，其基础是民法上的物的返还请求权。权利人向破产企业主张行使取回权的前提，必须是其要求取回的标的物客观存在，只有在此基础上才可能通过取回权的行使获得标的物的返还。反之，权利人只能依据有关事实向破产企业主张赔偿损失。证券公司综合治理工作是在国务院统一部署下进行的一项重要工作，对于防范和化解证券市场风险发挥了巨大作用。法院在审理有关风险处置证券公司案件时，要注意维护证券公司风险处置措施的效力，巩固综合治理成果，保障证券公司破产程序的顺利进行，依法公平保护相关债权人的合法权益。

2.6

v.5:606

2010

实务要点： 取回权作为破产法上的一项特殊权利，其基础是民法上的物的返还请求权。取回权标的物客观存在，是行使该权利的必要前提，在标的物灭失的情况下，权利人只能向破产企业主张赔偿损失。

案例索引： 最高人民法院《关于西北电网起诉华夏证券取回权一案有关情况的复函》（2010年12月21日〔2010〕民二他字第44号），见《破产案件中权利人向破产企业主张行使取回权的前提是要求取回的标的物客观存在——关于西北电网起诉华夏证券取回权一案有关情况的复函》，载《最高人民法院商事审判指导案例·第五卷（下）》（2011:606）。

308 股票被挪用后，仍可识别，或有代位物的，可取回

——证券公司违规挪用客户资金和证券法律关系清楚，财产未混同，管理人追回后可由相关权利人行使代偿性取回权。

标签： 破产 | 取回权 | 证券资产 | 证券 | 破产程序 | 代偿性取回权

案情简介： 2005年，西北证券将投资公司股票账户中“中储股份”股票擅自指定给民安证券。后民安证券盗卖。为归还尚欠的79万余股，民安证券将200多个以新的自然人名义开立的股东账户上1600万股“中储股份”交予西北证券，并由公安机关保全。2006年，西北证券进入破产程序。2007年，投资公司主张取回权。

法院认为： 我国立法将客户财产和证券公司自有财产严格区分，故在证券公司破产情况下，如证券类资产未被挪用，应将托管的证券归还给投资人。实践中因证券公司违规操作，证券资产被挪用情况下，如果被挪用的股票仍可以识别，或有明确的代位物，则证券所有人可在破产程序中主张代偿性取回权；如果无法识别，则所有权人对证券公司的债权构成一般债权。根据最高人民法院《关于审理企业破产案件若干问题的规定》第71条、第72条规定，债务人基于仓储、保管、加工承揽、委托交易、代销、借用、寄存、租赁等法律关系占有、使用的他人财产在破产宣告前已经损毁灭失的，财产权利人仅能以直接损失额为限申报债权；在破产宣告后因清算组的责任损毁灭失的，财产权利人有权获得等值赔偿。债务人转让上述财产获利的，财产权利人有权要求债务人等值赔偿。说明我国司法解释承认代偿性取回权的存在，一定程度上也允许代偿取回权的行使。同时根据2007年11月20日召开的全国法院证券公司破产案件审理工作座谈会已经明确的相关处理原则：如果证券公司违规挪用客户资金和证券，关系清楚、财产并未混同，管理人追回后，可由相关权利人行使代偿性取回权。本案投资公司股票被卖出后，民安证券又通过新自然人股东账户返还给西北证券，返还的股票由投资公司和西北证券分别所有。投资公司的股票数额确定，并未发生混同。且西北证券对剩余未返还部分出具了承诺函

2.7

2010:571

3.1

201001/71:47

承认尚欠79万余股“中储股份”未归还，并承诺追回剩余资产后优先偿还投资公司。故本案投资公司对民安证券返还的股票及其红利享有取回权。

实务要点： 如果证券公司违规挪用客户资金和证券，关系清楚、财产并未混同，管理人追回后，可由相关权利人行使代偿性取回权。

案例索引： 最高人民法院《关于上诉人宁波金昌实业投资有限公司与被上诉人西北证券有限责任公司破产清算组取回权纠纷一案的请示的答复》（2009年10月19日〔2009〕民二他字第24号），见《证券公司违规挪用客户证券，证券公司破产时客户能否主张取回》（赵柯，最高院民二庭），载《最高人民法院商事审判裁判规范与案例指导·案例指导》（2010:571）；另见《违规挪用客户证券的证券公司破产清算时客户对证券主张取回权的处理》（赵柯），载《人民法院案例选·请示与答复》（201001/71:47）。

309 挪用客户证券被追回后，行使代偿性取回权的条件

——取回权所指向的标的物被损毁、灭失、转让时，该财产权利人享有自破产管理人处取得该标的代偿替代物的权利。

标签： 破产 | 取回权 | 证券资产 | 证券 | 破产程序 | 质押 | 代偿性取回权

案情简介： 1996年，电力公司将1.6亿元购买国债并在证券公司托管。2005年，该国债被证券公司挪用于回购融资。2006年，证券登记结算机构实现质押权，处分上述国债并清偿债务后将余款4500万余元退至电力公司结算备付金账户。2007年，证券公司进入破产还债程序。电力公司对1.6亿元国债主张取回权。

法院认为： 电力公司将其所有的国债托管于证券公司，证券公司未尽善良管理义务，擅自将上述国债全部进行质押回购交易，应承担对电力公司的侵权责任。在诉争国债已被变卖处置不能返还情况下，依《民法通则》第134条规定的民事责任承担方式，证券公司应赔偿电力公司因此发生的1.6亿元国债本金损失。对证券公司违规挪用客户证券资产被追回后，客户在证券公司破产程序中能否对该部分资产行使取回权问题，2007年11月20日召开的全国法院证券公司破产案件审理工作座谈会已明确了相关处理原则：如证券公司违规挪用客户资金和证券，民事关系清楚，财产并未混同，管理人追回后，可由相关权利人行使代偿性取回权。代偿性取回权是一般取回权的特殊形式，即一般取回权所指向的标的物被损毁、灭失、转让时，该财产的权利人享有自破产管理人处取得该标的物的代偿替代物的法律权利。本案中，证券公司以电力公司持有的已办指定交易的证券账户向证券交易所申报了回购登记，登记结算机构实现质押权

2.6

v.7:277

2009

后将余款4500万余元退至证券公司结算备付金账户。该笔资金是电力公司证券账户内的证券资产余款，权属关系清楚，数额明确，并未与证券公司自有或受托管的其他财产相混同。依《企业破产法》第38条关于“人民法院受理破产申请后，债务人占有的不属于债务人的财产，该财产的权利人可以通过管理人取回”规定，及2007年11月20日全国法院证券公司破产案件审理工作座谈会明确的相关处理原则，该笔款项不属于证券公司的破产财产，电力公司可行使取回权。对于电力公司所有的面值1.6亿元国债本金及利息全部权益中除去上述款项的剩余部分，因已被变卖处置而无法追回，应作为破产债权参加破产清偿。

实务要点： 如证券公司违规挪用客户资金和证券，民事关系清楚，财产并未混同，管理人追回后，可由相关权利人行使代偿性取回权。代偿性取回权是一般取回权的特殊形式，即一般取回权所指向的标的物被损毁、灭失、转让时，该财产的权利人享有自破产管理人处取得该标的物的代偿替代物的法律权利。

案例索引： 最高人民法院（2009）民二终字第21-1号“某证券公司与某电网公司等证券纠纷案”，见《证券公司违规挪用客户证券资产被追回后，相关权利人可行使代偿性取回权——上诉人华北电网有限公司、中国科技证券有限责任公司与被上诉人中国证券登记结算有限责任公司上海分公司、中国证券登记结算有限责任公司证券纠纷案》（审判长周帆，代理审判员贾纬、沙玲），载《最高人民法院商事审判指导案例-7·公司与金融卷》（2012:277）。

310 破产程序终结后，侵害取回权的清算组，应当赔偿

——破产宣告后，取回权标的灭失的，权利人享有特别取回权；特别取回权无法行使时，清算组应承担过错赔偿责任。

标签： 破产 | 取回权 | 动产 | 破产程序 | 清算组责任

案情简介： 1995年，棉花公司供给纺织厂420余吨棉花，尚欠货款530万余元。双方结算协议约定在货款未付完毕前，棉花属暂存物资，所有权属

法院认为： 根据棉花公司与纺织厂签订的结算协议约定，棉花公司对未支付货款的棉花，约定所有权保留，故对存放于纺织厂的棉花享有所有权。在纺织厂破产时，该批棉花仅剩76余吨，棉花公司应享有取回权。在破产宣告前就已转让的部分，因取回权行使一般只限于取回原物，故无代位物的，只能作为普通债权参加破产分配。对于破产宣告后转让、灭失的棉花，棉花公司享有特别取回权。清算组尚未接受对待给

棉花公司。1996年，纺织厂进入破产程序，库存棉花被作为破产财产整体拍卖。期间，棉花公司一直主张取回权，而未进行破产债权申报。1997年，破产程序终结。2002年，棉花公司诉请清算组赔偿。

付财产的，棉花公司可请求将对待给付财产的请求权移转给自己；清算组已接受对待给付财产的，棉花公司可请求取回该对待给付财产；如对待给付财产已不存在的，棉花公司应作为共益债权人，在支付破产费用后享有等值赔偿请求权，依最高人民法院《关于审理企业破产案件若干问题的规定》第88条规定，按共益债务在破产程序中随时支付或在破产财产分配前优先拨付。在破产程序终结后，权利人无法作为共益债权人受偿的，根据最高人民法院《关于破产清算组在履行职责过程中违约或侵权等民事纠纷案件诉讼管辖问题的批复》规定，破产程序终结后，若已分配的破产财产不能回转，则破产清算应根据其过错承担赔偿责任。在确定赔偿数额时，应以棉花转让时的相应价值作为赔偿依据。

2.1

200501/7:32

2005

7

实务要点： 在破产程序中，权利人行使取回权不受债权申报期的限制，也不受破产财产分配的影响。在破产宣告后，取回权的标的灭失的，权利人应享有特别取回权；特别取回权无法行使时，清算组有过错的应承担赔偿责任。清算组无力承担，在现行情况下，可根据实际情况，由组建清算组的牵头部门负责。

案例索引： 最高人民法院判决“湖南省华容县棉花总公司与山西防止印染厂清算组破产取回权纠纷案”，见《破产清算组不当处置破产企业非破产财产如何承担民事责任的有关问题》（陈百灵，最高院民二庭），载《民商事审判指导·庭推精要》（200501/7:32）。

311 让与担保权人在担保人破产时，应享有优先受偿权

——名为抵押，实为让与担保，在当事人办理过户登记手续后，在担保人破产的情况下，担保权人得行使优先受偿权。

标签： 破产 | 取回权 | 优先受偿权 | 让与担保

案情简介： 1992年，服装厂就所欠建筑公司工程款，签订“欠款抵押协议”，约定以服装厂房屋作为抵押，若3年内未清偿欠款，建筑公司永久取得房屋所有权。随后，建筑公司领取上述房屋的产权证。1996年，服装

法院认为： 案涉抵押协议约定债务人将房屋所有权转移给债权人，作为债务人履行债务的担保。在债务人履行义务后，再将担保标的物所有权返还给债务人，该种担保方式显非抵押，而系让与担保。双方在自愿协商基础上，根据合同自由原则，约定服装厂将房屋产权转移给建筑公司，作为履行债务的担保，并办理了房屋产权登记手续，上述行为并不违反我国法律的禁止性规定，亦不违反社会公德、损害社会公共利益，因而有效。虽然双方约定服装厂3年内不履行债务，建筑公司永久取得诉争房屋所有权，服装厂不向建筑公司找补，但诉争房屋价值

厂破产，破产清算组诉请确认抵押协议无效并返还房屋。

3.1

200003/33:185

1999

大大超过所担保债权，上述约定显失公平。在建筑公司将超过担保债权部分的房屋价值返还服装厂前，建筑公司不能确定地取得诉争房屋的所有权。现服装厂已破产，建筑公司又不能确定地取得诉争房屋所有权，而设定让与担保的目的在于保证建筑公司能从诉争房屋中优先受偿，故服装厂清算组有权请求建筑公司返还诉争房屋所有权。作为替代，建筑公司取得就该房屋优先受偿的权利。

实务要点： 名为抵押，实为让与担保，在当事人办理“抵押物”的过户登记手续后，应认定该让与担保的效力。因让与担保的担保权人仅是法律形式上的所有权人，并非真正的所有权人，故在担保人破产情况下，担保权人不得行使取回权，但得行使优先受偿权。

案例索引： 浙江台州中院1999年3月12日判决“某服装厂与某建筑公司担保合同纠纷案”，见《临海市工艺服装绣品厂破产清算组诉临海市第四建筑工程公司让与房屋产权担保债务逾期未履行返还房产权案》（陈微春），载《人民法院案例选》（200003/33:185）。

抵销权

312 实际出资人破产，应依出资关系确定破产财产属性

——商业银行及其分支机构对信托公司拥有的债权总额及所负债务总额，可在信托公司破产清算前进行统一等额抵销。

标签：破产 | 抵销权 | 信托 | 商业银行 | 分支机构

法院认为： 按《企业破产法》第33条“债权人对破产企业负有债务的，可以在破产清算前抵销”和《商业银行

案情简介： 1999年，信托公司进入破产清算程序。工行、建行等商业银行及其分支机构各自申报债权后，主张以对信托公司所负债务进行抵销。

法》第22条"商业银行分支机构不具有法人资格，在总行授权的范围内依法开展业务，其民事责任由总行承担"的规定，商业银行及其分支机构对信托公司拥有的债权总额及所负的债务总额可在破产清算前等额抵销。商业银行及其分支机构各自申报债权后，由商业银行统一办理行使抵销权。

1.1

2003:341

2003

实务要点： 商业银行及其分支机构对信托公司拥有的债权总额及所负的债务总额可在破产清算前等额抵销。商业银行及其分支机构各自申报债权后，可由商业银行统一办理行使抵销权。

案例索引： 广东高院2003年3月8日裁定"某信托公司破产案"，见《广东国际信托投资公司破产案》，载《最高人民法院公报·案例》(2003:341)。

7

313 破产债务人抵销权与应收账款质权，冲突如何解决

——应收账款质权优先于出质人的债务人享有的抵销权不仅要设立时间在先，还要求出质人的债务人未提出合理抗辩。

标签： 破产 | 抵销权 | 质押 | 账户质押 | 权利质押 | 应收账款质权

案情简介： 2009年，法院裁定化纤公司破产重整，经债权人会议批准的重整计划草案规定普通债权按28%比例清偿，其中经贸公司货款债权为3.6亿余元。随后，经贸公司就所欠银行2.6亿余元借款以上述破产债权作为质押，在中国人民银行征信中心办理了应收账款质押登记并通知了化纤公司管理人。2010年，化纤公司在承担保证责任后向经贸公司行使追偿权，生效判决判令经贸公司偿付化纤公司1.5亿余元，随后该款被划付至化纤公司。银行以其享有的质权起诉化纤公司、经贸公司，要求判令返还。

法院认为： 银行与经贸公司所签质押合同有效。该合同又依《物权法》第228条第1款及《应收账款质押登记办法》第8条规定，在中国人民银行征信中心办理了出质登记，质权自登记时设立。但质押合同及债权人据此享有的质权能否约束或对抗出质人的债务人，还需出质人对其债务人确有债权真实存在为前提。但本案存在特殊情形，即在作为保证人的化纤公司破产程序中，债权银行申报担保债权的情况下，债务人对保证人亦享有债权，此时保证人对于债务人享有的担保追偿权何时可享有或抵销，相关法律未明确规定。事实上，本案化纤公司亦采取了先按重整计划清偿债务，再以诉讼方式行使追偿权的做法。同时，在本案中，重整计划草案已经债权人会议表决通过并经法院裁定批准，对包括银行在内的债权人应有相应约束力。重整计划草案对化纤公司可向经贸公司抵销相应债权的情形作出了明确规定，现银行又主张在破产程序开始后才设立的质权，不符合重整计划规定。另外，在作为债务人的出质人丧失清偿能力情形下，如果破产企业承担担保债务后，又按清偿比例向其清偿其他应付款项，不但对破产企业不公平，对破产企业其他债权人亦不公平，故判决驳回银行诉讼请求。

2.3

201304/39:117

2013

实务要点： 依法定程序设立的应收账款质权，质权登记的公示效力，应及于出质人的债务人。但质押合同及债权人据此享有的质权能否约束或对抗出质人的债务人，还需以出质人及其债务人之间存在真实的债权为前提。此外，应收账款质权优先于出质人的债务人享有的抵销权受偿应具备一定条件，不仅要设立时间在先，还要出质人的债务人未提出合理抗辩。

案例索引： 最高人民法院裁定“某银行与某经贸公司等质权纠纷案”，见《债务人抵销权与应收账款质权的冲突解决规则——中国农业银行股份有限公司上海市分行与上海金源国际经贸发展有限公司等应收账款质权纠纷申请再审案》（李玉林，最高院立案庭），载《立案工作指导·申诉与申请再审疑案评析》（201304/39:117）。

314 破产企业福利性设施房产，原则上不计入破产财产

——破产企业清算组以企业福利性房地产抵偿银行债务，嗣后当事人以破产财产为由否认抵债协议效力的，不予支持。

标签： 破产 | 抵销权 | 破产财产 | 福利设施 | 以物抵债

案情简介： 2000年，钢铁厂破产清算组以零价格转让钢铁公司资产及负债予实业公司。期间，清算组与银行签订以物抵债协议，将评估报告、清算报告均未列入破产财产的职工宿舍、学校、医院等生活和非经营性房地产抵偿所欠银行贷款。2006年，投资公司竞拍取得该不良金融债权，并以实业公司2003年将未列入破产财产的上述房地产办理产权至自己名下提起确权之诉。

法院认为： 根据国务院国发〔1994〕59号《关于在若干城市试行国有企业破产有关问题的通知》规定，破产企业的职工住房、学校、托幼园（所）、医院等福利设施，原则上不计入破产财产。本案中，以物抵债协议项下的土地及房产性质均为住宅，功能上主要以礼堂、放映厅等组成，属于福利性设施。钢铁厂清算组将上述土地及房产不列入破产清算范围，通过与银行签订以物抵债协议，以抵偿银行债务，并办理抵押。银行为支持政府试点政策性破产需要，以放弃巨额优先受偿权为代价，取得少量诉争土地及房产，未损害钢铁厂职工利益和其他债权人利益，应为有效。实业公司与钢铁厂存在密切关联性，对以物抵债协议内容明知，其以安置钢铁厂职工费用等额收购取得钢铁厂的破产财产，无需且实际上亦未向钢铁厂支付财产转让价款，破产财产中并不包括案涉土地和房产，故实业公司将诉争财产过户至自己名下无事实和法律依据，判决确认诉争房地产归投资公司所有。

3.2

200909/9:157

实务要点： 破产企业清算组以企业福利性设施的房地产抵偿银行债务，嗣后当事人以该抵债财产属于破产财产为由否认以物抵债协议效力的，不予支持。

2009

案例索引： 江苏高院判决“某实业公司与某投资公司所有权确认纠纷案”，见《南京华新瑞实业有限公司与姜堰市东恒投资咨询有限公司所有权确认纠纷案》，载《人民法院案例选（法制社月版）》（200909/9:157）。

315 应收账款债务人，可优先行使对出质人债务抵销权

——应收账款债务人破产清算程序中，其对出质人拥有的法定抵销权应优于应收账款质权人享有的质权得到法律保护。

标签： 破产 | 抵销权 | 质押 | 账户质押 | 应收账款质权 | 互负到期债务

案情简介： 2009年6月，法院裁定投资公司进入破产重整程序，经贸公司申报确认的货款债权为3.6亿余元，债权人通过的重整方案表明对普通债权按28%的比例分两期进行清偿。2009年9月，经贸公司确认欠银行借款1.7亿余元，并以对投资公司的应收货款3.6亿余元作为质押，同时在中国人民银行征信中心办理了应收账款质押登记手续。2010年，法院判决确认投资公司因为经贸公司担保而向银行等其他债权人清偿了担保债权形成对经贸公司的追偿债权1.5亿余元。因银行要求投资公司管理人将质押货款优先受偿遭拒致诉。

7

法院认为： 根据《合同法》规定，当事人互负到期债务时可行使抵销权。本案中，银行向投资公司破产管理人申报担保债权，同时经贸公司对投资公司享有债权亦进行了申报。由于投资公司进入破产重整程序，投资公司对银行担保债务的清偿和对经贸公司债务的清偿，均由债权人表决通过并由法院裁定批准了破产重整计划，投资公司对银行和经贸公司的债务清偿比例和时间均为一致，投资公司一旦清偿了担保债务，其担保追偿权即产生，不以是否经过诉讼为前提。故可认定投资公司与经贸公司存在互负到期债务的事实。且重整计划对投资公司可向经贸公司抵销相应债权的情形作了明确规定，对全体债权人均应有相应约束力。另一方面，投资公司系出质人经贸公司的债务人，投资公司又为经贸公司向银行借款提供了担保，投资公司履行担保义务后，有权向经贸公司追偿。根据本案法律关系，经贸公司与投资公司互负债务系直接的债权债务关系，而银行与投资公司之间并无直接债权债务关系，且质权人银行能否实现质权取决于出质人提供的应收账款是否真实存在，故投资公司对经贸公司所负债务可与因投资公司向其行使担保追偿权所形成的对投资公司的债务相互抵销，判决驳回银行诉讼请求。

实务要点： 出质人明知其对应收账款债务人负有同种债务，仍将应收账款出质的，应收账款债务人对出质人拥有的法定抵销权应优于应收账款质权得到法律保护。债务人进入破产重整程序，债权人与对破产企业负有债务的第三人之间，以第三人对破产企业在账面上拥有的应收账款设立的质权，不能约束破产企业，亦不具有对抗破产企业全体债权人的效力。

3.4

201214:88

2011

案例索引： 浙江高院（2011）浙商终字第25号“中国农业银行股份有限公司上海市分行与上海金源国际经贸发展有限公司、佳宝控股集团有限公司等债务纠纷案”，见《应收账款质权与法定抵销权冲突的司法处理》（袁小梁），载《人民司法·案例》（201214:88）。

撤销权

316 以借新债形式为旧债提供担保，属破产撤销权范畴

——法院受理破产申请前一年内，债权人将其对债务人普通债权以借新债形式为旧债提供担保，属于破产撤销权范畴。

标签： 破产 | 撤销权 | 典当 | 合同效力 | 破产撤销权 | 无担保债权

案情简介： 2007年，电子公司欠魏某800万元。2008年1月，电子公司为归还贺某欠款300万元，以房地产抵押向魏某再借款300万元。因工业房产不能抵押给自然人，故魏某将对电子公司的1100万元债权转让给典当公司，电子公司以房地产典当形式，抵押给典当公司并办理登记手续，典当公司应付给电子公司的1100万元直接支付给魏某。魏某同意将该款转存于典当公司，电子公司向典当公司出具收条。2008年6月，法院裁定受

法院认为： 案涉债权转让协议显示，魏某考虑到工业厂房无法抵押给自然人，为使其债权设置担保，通过电子公司向典当公司抵押借款形式，用当金归还魏某借款。典当公司违反《典当管理办法》关于典当余额、房地产典当的特殊规定，虽不足以导致合同无效，但上述违规行为进一步印证了典当公司与电子公司非一般的典当合同关系。典当合同签订后，当金并未实际支付，故典当合同反映的借新债只是一个表象，本质上是为旧债1100万元提供抵押担保。电子公司在第三人魏某操纵下，通过典当公司将其无财产担保的债权升级为有担保的债权，损害了其他债权人利益，依《企业破产法》第31条第3款规定，法院受理破产申请前一年内，债务人对没有财产担保的债务提供财产担保的，管理人有权请求法院予以撤销，故案涉典当合同及房地产抵押行为依法应予撤销。

理电子公司破产清算申请。2011年8月，破产管理人诉请撤销前述典当合同及抵押行为。

实务要点： 法院受理破产申请前一年内，债权人将其对债务人无财产担保的债权通过债权转让，以借新债形式为旧债提供担保，实现将无财产担保债权升级为有担保债权的，破产管理人同样有权请求法院予以撤销。

3.1

201301/83:218

2012

案例索引： 浙江宁波中院（2012）浙甬商终字第52号“某会计师事务所与某典当公司等破产债权纠纷案”，见《浙江德威会计师事务所有限公司诉宁波鼎德典当有限责任公司、魏保宏破产撤销权纠纷案——破产企业为旧债设定的抵押应予撤销》（袁士增、董迎春），载《人民法院案例选》（201301/83:218）。

317 破产撤销权制度，未否定债权人享有的普通撤销权

——《企业破产法》规定的破产撤销权制度，并未否定债权人在破产程序中可依《合同法》第74条享有的普通撤销权。

标签： 破产 | 撤销权 | 股权转让 | 破产程序 | 破产撤销权 | 普通撤销权

7

案情简介： 2009年，实业公司破产管理人以香港公司3910万港元未缴纳到位，诉请确认该债权，并以1年前，香港公司在被强制清盘前，将其所持制品公司45%股权转让给关联企业诉请撤销该股权转让行为。经查，香港高等法院颁令香港公司清盘，并对香港公司前述股权转让行为已确认无效。

法院认为： 香港公司未能如期出资到位，嗣后被香港高等法院颁令清盘，其已无法履行向实业公司交付尚未到位的出资的义务。实业公司破产管理人已向香港公司清盘人申报债权，故对实业公司享有对香港公司债权予以确认。香港公司转移其所持有制品公司45%股权行为已由香港高等法院颁令确认无效，并不存在香港公司清盘人不行使破产撤销权或破产撤销权无法行使而损害债权人权益情形，债权人实业公司直接诉请行使普通撤销权前提条件不具备，故应驳回该项诉请。

实务要点： 《企业破产法》第31条规定的破产撤销权制度，并未否定债权人在破产程序中依《合同法》第74条可能享有的普通撤销权。普通撤销权是对破产程序中通过破产撤销权保护债权人利益的补充救济。破产撤销权的行使优先于普通撤销权。

3.1

201302/84:285

2011

案例索引： 广东高院（2011）粤高法民四终字第121号“某机械厂与某实业公司等撤销权纠纷案”，见《东莞宝源（陶氏）机械厂有限公司诉宝源（陶氏）机械厂有限公司、宝源（陶氏）企业有限公司撤销权纠纷案——普通撤销权在破产程序中的适用》（赵虹、贺伟），载《人民法院案例选》（201302/84:285）。

318 抵押权因法定原因被撤销，不免除保证人保证责任

——破产程序中，抵押权因设立时间的法定原因而非抵押合同各方当事人的过错被撤销，不能免除保证人的保证责任。

标签：破产 | 撤销权 | 房地产抵押 | 抵押 | 物保与人保 | 保证 | 破产撤销权

案情简介： 2009年3月，纸业公司为造纸公司所欠贸易公司货款提供连带责任保证，造纸公司亦同时提供了不动产抵押担保。2009年6月，法院裁定造纸公司进入破产重整程序。2010年2月，法院裁定造纸公司进入破产程序。同年3月，法院判决撤销贸易公司与造纸公司签订的抵押合同。嗣后纸业公司认为应免除其相应的担保责任。

法院认为： 根据法律规定，法院受理破产申请前一年，对没有财产担保的债务提供财产担保的，管理人有权请求法院予以撤销，故案涉抵押合同被撤销并非纸业公司或贸易公司任何一方责任。虽然贸易公司在抵押合同签订后3个月即进入破产重整程序，但纸业公司并无证据证明贸易公司与造纸公司存在串通骗取担保情况，法律亦未规定债权人有对债务人或担保人经营状况进行审查的义务，故贸易公司对抵押合同撤销不存在过错。因抵押权被撤销，纸业公司应对贸易公司全部债务承担连带保证责任。

实务要点： 抵押权因法定原因而非抵押合同各方当事人过错而撤销，保证人保证责任不免除。

案例索引： 上海高院（2010）沪高民二（商）终字第60号“某贸易公司与某纸业公司保证合同纠纷案”，见《东方国际集团上海荣恒国际贸易有限公司诉浙江班班纸业有限公司保证合同纠纷案》（壮春晖、傅伟芬），载《人民法院案例选》（201103/77:181）。

3.1

201103/77:181

2010

319 破产撤销权，不适用债权人善意受偿个别清偿情形

——法院受理破产申请前的6个月内，债务人不能清偿到期债务，仍对个别债权人进行清偿的，管理人有权请求撤销。

标签：破产 | 撤销权 | 个别清偿 | 善意受偿

案情简介： 2008年3月，银行以服饰公司财务状况严重恶化为由，依约宣布贷款200万元提前到期，并扣取服饰公司账户存款14万余元。2008年7月，法院受理服饰公司破产案。破产

法院认为： 本案银行单方宣布借款提前到期和直接扣划服饰公司账户存款行为符合合同约定，故合法有效。本案中，银行扣划受偿行为确实发生在法院受理破产申请前6个月内，当时服饰公司也可能出现了不能清偿到期债务且资产不足以清偿全部债务或明显缺乏清偿能力的情形，但该情形是否为银行所知悉，服饰公司并无充分证据证明。《企业破产法》第32条之所以规定需债务人出现第2条第1款规定情形，显然系为赋予获得受偿的债权人以善意抗辩权，即只有当债权人明知债务

管理人以银行在服饰公司破产申请前6个月内个别受偿为由诉请撤销。

3.4

201006:32

3.3

2010商:193

2009

7

人出现了法定破产原因而仍为个别受偿时，法院才能依管理人申请对之予以撤销。因为对到期债务的清偿毕竟系债务人法定义务，破产撤销权的立法目的亦仅限制债务人不当清偿行为，以保护整体债权人利益。倘若对善意受偿的到期债务均可依破产管理人请求予以撤销，将使债务人在破产前一定期间内所有交易行为均处于效力不确定状态之中，此将大大损害交易安全，不利于市场经济健康发展，不符合《企业破产法》及其他民事法律之立法本意。尽管服饰公司已出现财务状况恶化情形，但不等于出现破产原因。在无证据证明银行主观上存在恶意情况下，银行依约自行扣划债务人账户存款抵债，并不违反法律禁止性规定，是善意的合法行为，故判决驳回服饰公司诉讼请求。

实务要点： 法院受理破产申请前6个月内，债务人不能清偿到期债务，仍对个别债权人进行清偿的，管理人有权请求撤销，但债权人接受债务履行出于善意的除外。

案例索引： 江苏南通市港闸区法院（2009）港民二初字第0168号“南通美嘉利服饰有限公司破产管理人与江苏银行股份有限公司南通观音山支行撤销权案”，见《对个别清偿行为行使破产撤销权的构成要件》（张志新），载《人民司法·案例》（201006:32）；另见《南通美嘉利服饰有限公司破产管理人诉江苏银行股份有限公司南通观音山支行破产撤销权案（破产撤销权）》（褚锦龙），载《中国审判案例要览》（2010商事:193）。

320 国企改制，以实物安置职工，不属撤销权行使范畴

——亏损破产国企按省政府批复以其房产实物安置职工方案，先清偿职工工资、下岗安置费用，不属撤销权行使范畴。

标签： 破产 | 撤销权 | 企业改制 | 职工买断 | 房产转让

案情简介： 2000年8月，生效法律文书确认营销公司对百货公司享有货款债权538万余元。营销公司对2000年2月百货公司将其200万余元的房产转让给实业公司行为提起撤销权诉讼。实业公司以其按省政府国有商贸企业

法院认为： 百货公司将案涉房产过户给实业公司，是省政府国有商贸企业改革方案实施的组成部分，是该公司按企业改革方案及下岗职工安置费用进行量化的安置形式，并非通常意义上的行政划拨。作为亏损破产的国有企业，以其财产先行清偿职工的工资或下岗安置费用无悖法律精神，且其行为系遵省政府有关规定并已得到省商贸企业改革领导小组批准。该领导小组是由省政府授权省政府各有关部门包括国有资产管理部门领导组成，其授权范围包括处置企业国有资产问题，故该领导小组的批准可视为代表省政府行使职权。百货公司与实业公司之间房

改革方案，由百货公司下岗职工以量化后的安置费用进行冲抵，系对价有偿取得为由进行抗辩。

屋转让行为虽在营销公司追索百货公司债务期间发生，但百货公司与实业公司的转让对价有偿，房屋价格经房地产评估机构评估核定，不存在以明显不合理低价转让财产的问题，不符合《合同法》第74条所规定的撤销权行使情形，故判决驳回营销公司诉讼请求。

3.3

2003商:8

2001

实务要点： 债务人作为亏损破产国有企业，按省政府批复的以其房产实物安置职工方案，先行清偿职工工资、下岗安置费用并不违背法律精神，不存在恶意逃避债务行为，债权人以此主张撤销权的，不予支持。

案例索引： 海南高院（2001）琼民终字第33号“某营销公司与某百货公司等撤销权案”，见《广州美晨营销有限公司诉海南省百货公司等撤销权案》（谭晓梅），载《中国审判案例要览》（2003商事:8）。

I

代位权

321 中国证券投资者保护基金有限责任公司专有代位权

——中国证券投资者保护基金有限公司因垫付证券客户交易结算资金而行使专有代位权所获财产，应退回其专用账户。

标签： 破产 | 代位权 | 证券资产 | 执行 | 证券 | 专用账户 | 代位执行 | 行政清理

案情简介： 2010年，证券公司进入行政处置程序。因法院前期冻结、扣

法院认为： 涉及客户证券交易结算资金的冻结与扣划事项，应严格按照《证券法》，最高人民法院《关于冻结、扣划证券交易结算资金有关问题的通知》（法发〔2004〕239号），最高人民法院、最高人民检察院、公安部、中国证监会《关于查询、冻结、扣划证券和证券交易结算资金有关问题的通知》（法发〔2008〕

划的客户证券交易结算资金未能及时解冻或退回，中国证券投资者保护基金有限责任公司（以下简称保护基金公司）为弥补缺口，垫付相应资金后，要求执行法院解冻，并将客户证券交易结算资金退回至其专用账户。

2.6

v.5:676

2010

7

4号），最高人民法院《关于依法审理和执行被风险处置证券公司相关案件的通知》（法发〔2009〕35号）相关规定进行。法院在保全、执行措施中违反上述规定冻结、扣划客户证券交易结算资金的，应坚决予以纠正。在证券公司行政处置过程中，按国家有关政策弥补客户证券交易结算资金缺口是保护基金公司的重要职责，被风险处置证券公司的客户证券交易结算资金专用存款账户、结算备付金账户内资金均属于证券交易结算资金，保护基金公司对被风险处置证券公司因违法冻结、扣划的客户证券交易结算资金予以垫付弥补后，取得相应的代位权，其就此主张权利的，法院应予支持。被冻结、扣划的客户证券交易结算资金已经解冻并转入管理人账户的，经保护基金公司申请，相关破产案件审理法院应监督管理人退回保护基金公司专用账户；仍处于冻结状态的，由保护基金公司向相关保全法院申请解冻，保全法院应将解冻资金返还保护基金公司专用账户；已经扣划的，由保护基金公司向相关执行法院申请执行回转，执行法院应将退回资金划入保护基金公司专用账户。此外，被冻结、扣划客户证券交易结算资金对应缺口尚未弥补的，由相关行政清理组申请保全或执行法院解冻或退回。

实务要点： 中国证券投资者保护基金有限责任公司对被风险处置证券公司因违法冻结、扣划的客户证券交易结算资金予以垫付弥补后，取得相应的代位权，其就此主张权利的，法院应予支持。同时，根据被冻结、扣划的客户证券交易结算资金状况，分情况退回到不同权利人的账户。

案例索引： 最高人民法院《关于部分人民法院冻结、扣划被风险处置证券公司客户证券交易结算资金有关问题的通知》（2010年6月22日〔2010〕民二他字第21号），见《人民法院在保全、执行措施中违反规定冻结、扣划被处置证券公司客户证券交易结算资金的，应坚决予以纠正——关于部分人民法院冻结、扣划被风险处置证券公司客户证券交易结算资金有关问题的通知》（合议庭钱晓晨、刘敏、赵柯），载《最高人民法院商事审判指导案例·第五卷（下）》（2011:676）。

322 债务人进入破产程序后，债权人代位权应受到限制

——在债务人已进入破产程序情况下，债权人以债务人怠于行使权利提起代位权诉讼的，应在债务人破产程序中解决。

标签：破产 | 代位权 | 股权转让 | 付款责任 | 破产程序 | 不良资产

案情简介：2001年至2006年，酒业集团向银行贷款2.48亿元。2002年9月，酒业集团将所持酒业公司股票以3.5亿余元转让给投资公司，随后又与酒业公司、投资公司签订三方协议，约定上述股权转让金由投资公司直接支付给酒业公司。2002年9月，酒业集团向法院申请破产并被受理。2005年，受让银行此不良金融债权的资产公司以投资公司、酒业公司为被告，以酒业集团为第三人提起代位权诉讼。

2.1

200701/11:298

2.6

v.1:236

2006

法院认为：代位权行使的标的是债务人对次债务人的债权，在债务人进入破产程序后，这一债权将作为债务人破产财产，由全体债权人公平受偿。代位权行使目的是使债权人债权得到个别清偿，这在普通程序中当无问题，但在破产程序中，将直接影响到其他债权人的利益，违反了破产程序债权人公平受偿的原则。同时，破产程序具有追回债务人对外债权的功能，如清算组对应回收财产不予回收，且在债权人提出后，又作出不予回收决定，债权人可依法申请法院裁定撤销该决定。另外，债权人对债务人以外的连带债务人提起诉讼的对象是基于个别债权的连带责任，其效果也是保护个别债权的实现，而代位权诉讼标的是债务人对次债务人的债权，该项财产是对债务人全部债务而非对个别债务的担保，代位权诉讼与对债务人的保证人的诉讼有着根本区别。故在酒业集团已进入破产程序情况下，资产公司以酒业集团怠于行使其权利为由，提起针对投资公司和酒业公司的代位权诉讼，法院不应以普通程序受理该案件。资产公司应在酒业集团破产程序中根据法律和司法解释规定行使相关权利，由受理破产案件法院确定投资公司与酒业公司是否存在应向酒业集团履行的债务。

实务要点：在债务人已进入破产程序情况下，债权人以债务人怠于行使其权利为由提起针对债务人和次债务人的代位权诉讼，法院不应以普通程序受理该案件，债权人应在债务人破产程序中依法行使相关权利，由受理破产案件的法院确定次债务人是否存在应向债务人履行的债务。

案例索引：最高人民法院（2006）民二终字第218号“某资产公司与某酒业公司等代位权纠纷案”，见《中国长城资产管理公司长沙办事处与成功控股集团有限公司、酒鬼酒股份有限公司、湖南湘泉集团有限公司代位权纠纷上诉案》（审判长钱晓晨，代理审判员刘敏、杨征宇），载《民商事审判指导·判决书选登》（200701/11:298）；另载《最高人民法院商事审判指导案例·合同卷（上）》（2011:236）。

323 债务人破产时，代位执行债权系债务人的破产财产

——在债务人及次债务人均破产情况下，债务人的对外债权包括代位执行财产应属于破产财产，应由全体债权人享有。

标签： 破产丨代位权丨执行丨出资责任丨次债务人破产丨债务人破产

案情简介： 2001年，执行法院以投资公司对贸易公司出资不足为由，追加投资公司并裁定在投资不实的1400万元范围内向银行承担责任。2008年，贸易公司破产。2009年，投资公司破产，银行申报债权1200万余元，贸易公司破产管理人亦将前述1400万余元及利息500万余元作为破产债权申报。投资公司破产管理人将贸易公司破产管理人申报债权抵销银行申报债权后，确认最终贸易公司破产债权为700万余元，贸易公司破产管理人提出异议。

7

法院认为： 本案案由应为破产债权确认纠纷。执行法院将贸易公司债务人投资公司追加为被执行人，并未改变投资公司向贸易公司因出资形成的法律关系。现贸易公司已进入破产清算程序，故包括未足额缴纳的公司注册资本1400万元在内的所有公司财产均应归入贸易公司破产财产，向贸易公司所有债权人进行公平清偿，不应以公司资产对公司个别债权人进行清偿。故判决确认投资公司欠缴出资1400万元及利息归贸易公司享有。

实务要点： 债权人对债务人的次债务人行使代位执行权，只要尚未执行终结，在债务人及次债务人均破产情况下，债务人的对外债权应属于破产财产，其财产权益应由债务人的全体债权人享有。债权人对次债务人的执行行为应中止，债权人应向债务人申报债权，而不能向次债务人申报债权。

案例索引： 北京高院（2011）高民终字第853号“深圳市佩奇进出口贸易有限公司破产案”，见《债务人和次债务人均破产情况下的破产债权确认》（张弢、王伟），载《人民司法·案例》（201222:82）；另参阅最高人民法院（2012）民申字第386号“某银行与某贸易公司等破产债权确认纠纷案”，见《深圳市佩奇进出口贸易有限公司与湖北银行股份有限公司宜昌南湖支行、华诚投资管理有限公司破产债权确认纠纷案》（审判长王慧君，代理审判员王展飞、杨卓），载《最高人民法院公报·裁判文书选登》（2012:370）。

3.4

201222:82

1.1

2012:370

2011

租赁权

324 租赁房变卖，承租人未报名，视为放弃优先购买权

——承租人在出租人破产变卖租赁房屋过程中，未按清算组要求提交报名手续和交纳保证金，应视为放弃优先购买权。

标签：破产｜租赁权｜拍卖｜优先权｜承租人优先购买权｜同等条件

案情简介：2007年，风机厂被宣告破产。清算组向承租风机厂厂房的科技公司发函解除租赁合同后，委托拍卖公司三次拍卖上述房产，因无人竞拍而流拍。拍卖公司遂组织变卖，科技公司认为其不应作为普通竞买人参加竞购，而应在各方达成最后变卖价格后行使优先购买权，据此拒绝报名和交纳保证金。

法院认为：《合同法》第230条规定："出租人出卖租赁房屋的，应当在出卖之前的合理期限内通知承租人，承租人享有以同等条件优先购买的权利。"承租人优先购买权的行使以同等条件为前提。本案拍卖、变卖和优先购买权的行使发生在破产程序之中，与通常情况下的租赁合同中房屋所有权人转让房屋而承租人主张优先购买权明显不同。基于破产程序中行使优先购买权的特殊性，本案中，拍卖公司设定提交报名手续和交纳相应保证金的变卖程序并无不妥，因其目的在于甄别出有实力的潜在购买人，最大限度保护破产债权人的整体利益。科技公司在变卖过程中未按要求提交报名手续和交纳相应保证金，应视为放弃优先购买权，故判决驳回其诉讼请求。

实务要点：基于破产程序中行使优先购买权的特殊性，拍卖公司设定提交报名手续和交纳相应保证金的变卖程序并无不妥。承租人在破产变卖过程中未按要求提交报名手续和交纳相应保证金，其行为应视为放弃优先购买权。

2.3

201304/39:108

2013

案例索引：最高人民法院裁定"某实业公司与某拍卖公司等承租人优先购买权纠纷案"，见《承租人的优先购买权应在同等条件下行使——贵州大有风机实业有限公司与贵州鼓风机总厂破产清算组、贵州春秋拍卖有限责任公司、贵州金甲秀实业有限公司承租人优先购买权纠纷申请再审案》（武建华，最高院立案庭），载《立案工作指导·申诉与申请再审疑案评析》（201304/39:108）。

325 承租人擅自以融资租赁物设定抵押，不宜认定有效

——承租人擅自对融资租赁物设定抵押后申请破产，出租人申报债权的行为及主张抵押权均不影响融资租赁合同效力。

标签：破产 | 租赁权 | 抵押 | 抵押租赁 | 融资租赁 | 融资租赁物

案情简介：2006年，酒厂与租赁公司签订《融资租赁合同》，租赁公司为酒厂向科技公司购买生产设备提供融资租赁服务。酒厂随后为获得政府优惠，向科技公司借出买受人为租赁公司的发票，退还后，科技公司重新开具买受人为酒厂的发票。2007年4月，酒厂以履行《产品购销合同》为名将租赁设备为工贸公司设定抵押并在工商部门办理了抵押登记。同年7月，酒厂申请破产。工贸公司主张优先受偿。酒厂认为与工贸公司名为购销实为借贷，且工贸公司曾通过自己账户为酒厂向租赁公司支付租金。租赁公司参加破产债权申报后，主张对租赁设备行使取回权。

7

2.3

201103/30:165

2011

法院认为：本案《融资租赁合同》本身的内容、形式不存在问题，参与融资租赁关系的三方当事人在该合同履行期间，均未明确否认合同效力，租赁公司出借发票行为不能改变其购买案涉租赁设备的事实，出借发票后，酒厂作为承租人，仍积极履行支付租金义务，故该《融资租赁合同》有效。酒厂对案涉租赁设备无所有权，其无权就相关设备设立抵押，且其主张与工贸公司间的《产品购销合同》名为买卖实为借贷，工贸公司曾通过自己账户为酒厂向租赁公司支付租金，此情形下，不宜认定案涉抵押合同有效，更不应因抵押合同而否定《融资租赁合同》的效力。根据《合同法》第242条规定，融资租赁合同中租赁物的所有权归出租人，承租人破产的，租赁物不属于破产财产；另据《企业破产法》第38条规定，对破产人占有的他人财产，权利人可行使取回权。最高人民法院《关于审理融资租赁合同纠纷案件若干问题的规定》第18条规定："在承租人破产时，出租人可以作为破产债权人申报债权，参加破产程序；出租人的债权有第三人提供保证的，出租人也可以要求保证人履行保证责任。"故出租人申报债权的行为及针对租赁物的抵押权均不影响融资租赁合同的效力，案涉租赁物不属于破产财产，租赁公司享有取回权。

实务要点：融资租赁协议中的承租人擅自对租赁物设定抵押后申请破产的，出租人申报债权的行为及针对租赁物的抵押权均不影响融资租赁合同的效力。

案例索引：最高人民法院裁定"某租赁公司与某工贸公司等买卖合同纠纷申请再审案"，见《试谈承租人破产及租赁物抵押对融资租赁合同效力的影响——关于华融金融租赁股份有限公司与伊春工贸有限公司等买卖合同纠纷申诉案》（李振华，最高院立案庭），载《立案工作指导·申诉与申请再审疑案评析》（201103/30:165）。

326 破产企业所签出租合同，企业破产时，可宣告解除

——破产企业签订的房屋租赁合同在宣告破产时尚未履行完毕，

法院认为：无论吴某是以现金支付还是以债权抵

破产管理人有权决定解除，承租人的损失可申报债权。

标签：破产 | 租赁权 | 合同解除 | 租赁合同

案情简介：2002年，五交化公司就所欠吴某装修工程款，约定以自有房产20年的租赁使用费顶抵。2006年4月，五交化公司被法院宣告破产并由法院指定了破产清算组。2007年6月，法院指定该清算组为破产管理人。2008年8月，清算组向吴某送达了解除租赁合同通知。

3.4

201012:45

2006

付租金，均不影响租赁合同关系性质。《企业破产法》第18条规定："人民法院受理破产申请后，管理人对破产申请受理前成立而债务人和对方当事人均未履行完毕的合同有权决定解除或者继续履行，并通知对方当事人。管理人自破产申请受理之日起2个月内未通知对方当事人，或者自收到对方当事人催告之日起30日内未答复的，视为解除合同。管理人决定继续履行合同的，对方当事人应当履行；但是，对方当事人有权要求管理人提供担保。管理人不提供担保的，视为解除合同。"本案因清算组自破产申请之日起2个月内未曾通知吴某，视为清算组解除了合同，吴某占有使用的房屋应向清算组交付。但吴某因解除合同所遭受的损失可向清算组申报债权，对债权数额有异议的，可向法院起诉。故裁定吴某向破产清算组交付租赁房屋。

实务要点：破产企业对外签订的房屋租赁合同在宣告破产时尚未履行完毕，破产管理人有权决定解除。管理人自破产申请受理之日起2个月内未通知对方当事人，或自收到对方当事人催告之日起30日内未答复的，视为解除合同。合同解除后，承租人损失应向管理人申报债权。

案例索引：河南桐柏法院（2006）桐民商破字第01-8号"桐柏县五交化公司破产清算组与吴某等破产申请案"，见《破产管理人合同解除权的法理分析》（徐朋、李华玉），载《人民司法·案例》（201012:45）。

动产

327 债权人对未依法交付的动产设备，不应享有取回权

——当事人之间仅就动产物权转移达成协议，但未现实交付的，不构成《物权法》上占有改定，不发生物权转移效力。

标签：破产 | 动产 | 取回权 | 动产交付 | 占有改定

7

案情简介： 2009年，印染公司与纺织公司达成协议，约定以印染公司7台机械设备折抵所欠货款。2010年，印染公司宣告破产，纺织公司申报了债权，并诉请对案涉设备行使取回权。

法院认为： 涉案设备属动产，而动产公示方法原则上是占有与交付。根据《物权法》关于动产交付方式的规定，本案双方当事人签订的设备物权转让协议虽包含所有权变动内容，但未就印染公司继续占有使用设备另外达成协议。故在未现实交付情况下，案涉协议亦不构成占有改定交付。双方之间只产生债权效力，并未发生物权变动效力，纺织公司未实际取得该设备所有权，故其不享有取回权。

实务要点： 当事人之间仅就动产物权转移达成协议，但未现实交付，亦未就该动产达成出让人继续占有协议的，不能构成《物权法》上占有改定，不发生物权转移效力。

1.1

2012:452

3.4

201220:9

2011

案例索引： 山东高院2011年5月5日判决“某纺织公司与某印染公司取回权纠纷案”，见《青岛源宏祥纺织有限公司诉港润（聊城）印染有限公司取回权确认纠纷案》，载《最高人民法院公报·案例》（2012:452）；另见《仅达成物权变动协议并不成立占有改定》（欧阳明程，山东高院），载《人民司法·案例》（201220:9）。

328 破产程序终结后，侵害取回权的清算组，应当赔偿

——破产宣告后，取回权标的灭失的，权利人享有特别取回权；特别取回权无法行使时，清算组应承担过错赔偿责任。

标签：破产 | 动产 | 取回权 | 破产程序 | 清算组责任

法院认为： 根据棉花公司与纺织厂签订的结算协议约定，棉花公司对未支付货款的棉花，约定所有权保留，故对

案情简介：1995年，棉花公司供给纺织厂420余吨棉花，尚欠货款530万余元。双方结算协议约定在货款未付完毕前，棉花属暂存物资，所有权属棉花公司。1996年，纺织厂进入破产程序，库存棉花被作为破产财产整体拍卖。期间，棉花公司一直主张取回权，而未进行破产债权申报。1997年，破产程序终结。2002年，棉花公司诉请清算组赔偿。

2.1

200501/7:32

2005

存放于纺织厂的棉花享有所有权。在纺织厂破产时，该批棉花仅剩76余吨，棉花公司应享有取回权。在破产宣告前就已转让的部分，因取回权行使一般只限于取回原物，故无代位物的，只能作为普通债权参加破产分配。对于破产宣告后转让、灭失的棉花，棉花公司享有特别取回权。清算组尚未接受对待给付财产的，棉花公司可请求将对待给付财产的请求权移转给自己；清算组已接受对待给付财产的，棉花公司可请求取回该对待给付财产；如对待给付财产已不存在的，棉花公司应作为共益债权人，在支付破产费用后享有等值赔偿请求权，依最高人民法院《关于审理企业破产案件若干问题的规定》第88条规定，按共益债务在破产程序中随时支付或在破产财产分配前优先拨付。在破产程序终结后，权利人无法作为共益债权人受偿的，根据最高人民法院《关于破产清算组在履行职责过程中违约或侵权等民事纠纷案件诉讼管辖问题的批复》规定，破产程序终结后，若已分配的破产财产不能回转，则破产清算应根据其过错承担赔偿责任。在确定赔偿数额时，应以棉花转让时的相应价值作为赔偿依据。

实务要点：　在破产程序中，权利人行使取回权不受债权申报期的限制，也不受破产财产分配的影响。在破产宣告后，取回权的标的灭失的，权利人应享有特别取回权；特别取回权无法行使时，清算组有过错的应承担赔偿责任。清算组无力承担，在现行情况下，可根据实际情况，由组建清算组的牵头部门负责。

案例索引：　最高人民法院判决"湖南省华容县棉花总公司与山西防止印染厂清算组破产取回权纠纷案"，见《破产清算组不当处置破产企业非破产财产如何承担民事责任的有关问题》（陈百灵，最高院民二庭），载《民商事审判指导·庭推精要》（200501/7:32）。

利息

329 委托人行使委托资产取回权时，如何计算利息损失

——委托人对在独立封闭证券账户和资金账户内运行的委托资产行使取回权的，不涉及固定回报、利息损失等的计算。

标签：破产 | 利息 | 证券 | 破产程序 | 取回权 | 委托资产

7

案情简介：2008年，法院裁定证券公司破产清算。关于200余家债权人申报债权，其中关于委托资产盈利分配及委托人行使取回权时如何计算利息损失，最高人民法院专门作出批复。

1.1

2013:531

2012

法院认为：独立证券账户和资金账户内运作的委托资产产生盈利的，如委托合同中约定有盈利分享比例，可按照该约定比例分割盈利，归属于证券公司的部分作为破产财产进行分配。在确定委托人对独立证券账户和资金账户内运作的委托资产的取回权时，对于证券公司已支付给委托人的高息、固定回报、好处费等应从取回财产中扣除。对于独立证券账户和资金账户内运作的委托资产，因证券公司违规挪用无法取回的，以及未以委托人名义在证券公司单独开设资金账户和证券账户独立运作，委托人直接将委托资产交付给证券公司管理的，委托人在破产程序中行使普通债权，并按照人民银行同期贷款利率计算利息损失。委托人对在独立封闭证券账户和资金账户内运行的委托资产行使取回权的，不涉及利息损失的计算。

实务要点：独立证券账户和资金账户内运作的委托资产产生盈利应按委托合同中约定比例分割。委托人对委托资产不能行使取回权只能行使普通债权的，按人民银行同期贷款利率计算利息损失。委托人对在独立封闭证券账户和资金账户内运行的委托资产行使取回权的，不涉及利息损失的计算。

案例索引：福建福州中院2012年12月13日裁定“某证券公司等破产案”，根据该案中最高人民法院对福建高院《关于闽发证券公司破产债权审查中带保底条款的委托理财合同的法律性质及利息损失计算标准的请示报告》的批复内容整理。见《闽发证券有限责任公司与北京辰达科技投资有限公司、上海元盛投资管理有限公司、上海全盛投资发展有限公司、深圳市天纪和源实业发展有限公司合并破产清算案》，载《最高人民法院公报·案例》（2013:531）。

330 债务人破产的，破产债权停止计息的法律适用问题

——对于计息的破产债权，破产宣告早于《企业破产法》实施的，根据当时法律规定，利息应计算到破产宣告之日止。

标签：破产 | 利息 | 保证 | 担保范围 | 不良资产 | 停止计息 | 法律适用

法院认为： 债务人化工公司已于2005年12月12日被法院宣告破产，早于修订后的《企业破产法》的施行时间。根据当时的法律规定，即最高人民法院《关于贯彻执行〈企业破产法（试行）〉若干问题的意见》第64条之规定，计息的破产债权，计算到破产宣告之日止。则本案主债权的利息应计算至2005年12月12日止。实业公司作为连带责任保证人，其承担的偿还责任不应超过主债务人化工公司责任范围，亦应计算利息至2005年12月12日。

案情简介：2001年，实业公司为化工公司向银行贷款提供连带责任保证。2005年12月12日，化工公司被法院宣告破产。2010年，受让该不良债权的资产公司诉请保证人实业公司承担清偿责任，并要求支付至实际清偿日的利息。

实务要点： 审理与破产有关的案件，应首先适用当时实施的法律及行政法规规定，破产时没有规定的才能类推适用生效在后的相关规定。对于计息的破产债权，债务人破产宣告早于《企业破产法》实施时间的，根据当时的法律规定，即最高人民法院《关于贯彻执行〈企业破产法（试行）〉若干问题的意见》第64条之规定，利息应计算到破产宣告之日止。

2.6

v.7:420

2011

案例索引： 最高人民法院（2011）民二终字第5号“某资产公司与某实业公司保证合同纠纷案”，见《金融资产管理公司承接银行债权如何认定诉讼时效中断——宁夏大荣实业集团有限公司与中国信达资产管理股份有限公司陕西省分公司保证合同纠纷案》（审判长张勇健，代理审判员李京平、王富博），载《最高人民法院商事审判指导案例-7·公司与金融卷》（2012:420）。

331 附利息的担保债权，应自破产申请受理时停止计息

——依《企业破产法》第46条规定，附利息债权自破产申请受理时停止计息。担保债务具有从属性，应同样停止计息。

标签：破产 | 利息 | 停止计息 | 破产申请受理

法院认为： 由于矿业公司于2008年9月26日已被法院裁定受理进入破产清算程序，根据《企业破产法》第46

案情简介：2005年，实业公司、矿业公司、银行签订委托贷款合同，约定矿业公司通过银行向实业公司贷款9300万元。科技公司为此提供连带责任保证。2008年9月26日，法院裁定矿业公司进行破产清算程序。2011年1月，实业公司提起诉讼，要求矿业公司破产管理人、银行共同归还委托贷款本金及暂计至2009年6月30日的利息，并要求科技公司承担连带清偿责任。

2.6

v.6:310

7

2010

条规定，附利息的债权自破产申请受理时停止计息。担保债务具有从属性，应当同样停止计息。矿业公司所欠利息应计算至2008年9月26日止。

实务要点： 根据《企业破产法》第46条规定，附利息的债权自破产申请受理时停止计息。担保债务具有从属性，应同样停止计息。

案例索引： 最高人民法院（2010）民二终字第132号“某银行与某实业公司等借款合同纠纷案”，见《委托贷款合同中附利息的计算以及所涉不同法律关系的审理——成都名谷实业有限公司、康定富强有限责任公司与上海浦东发展银行股份有限公司成都分行、朝华科技集团股份有限公司、四川诚信投资开发有限责任公司、西昌锌业有限责任公司破产管理人委托贷款合同纠纷案》（审判长刘竹梅，审判员朱海年，代理审判员林海权），载《最高人民法院商事审判指导案例·合同与借贷担保卷（6）》（2012:310）。

332 未按借款合同约定按季结息，不等于放弃利息债权

——借款合同约定“按季结息”，但该内容并非债权人行使权利期限，不能以此认为债权人未按季结息即为放弃利息。

标签：破产 | 利息 | 保证 | 担保范围 | 借款合同 | 按季结息 | 政策性破产

案情简介：1997年，电机公司为机械厂向银行贷款715万元提供连带责任保证，借款合同约定“贷款利率按月息×%计算，按季结息”。2005年，法院宣告机械厂破产，银行申报债权1200万余元未获受偿。随后，受让银行债权的资产公司诉请电机公司履行担保责任。电机公司以债权人长期未“按季结息”主张利息债权已放弃。一审以机械厂系政策性破产未支持利

法院认为： 案涉借款合同虽约定了“贷款利率按月息×%计算，按季结息”，但该“按季结息”并非债权人行使权利期限，电机公司以此约定主张债权人未按季结息应为放弃利息权利的理由不予支持。债权人向债务人和担保人主张的权利包括了债务本金和利息，并无放弃利息债权的意思表示。原审以本案属借款人机械厂政策性破产的历史遗留问题，结合案件实际情况，依据公平原则等为由，认定电机公司不再承担借款利息部分，缺乏事实和法律依据，故予改判支持资产公司要求电机公司偿还所欠债务及利息的主张，其中，利息自借款之日起计算至机械厂破产宣告之日止。

实务要点： 借款合同虽约定“按季结息”，但该内容并非债权人行使权利的期限，借款人以此约定主张债权人未按季结息应为放弃利息权利的理由不予支持。

息部分。

2.6

v.5:581

2010

案例索引： 最高人民法院（2010）民二终字第111号“某资产公司与某电机公司等保证合同纠纷案”，见《是否以零资产改制并不影响改制企业对原企业遗留债务的承担——中国信达资产管理股份有限公司陕西省分公司与宁夏三一西北骏马电机制造股份有限公司双方保证合同纠纷案》（审判长钱晓晨，审判员刘敏，代理审判员赵柯），载《最高人民法院商事审判指导案例·第五卷（下）》（2011:581）。

I

违约金

333 债务人破产后，违约赔偿应以债权人实际损失为限

——委托理财保底条款无效，不影响其他内容效力。在债务人破产情况下，违约赔偿应以债权人实际损失为计算原则。

标签： 破产 | 违约金 | 证券 | 破产程序 | 违约责任 | 违约损失 | 质押

案情简介： 2003年，服装公司与证券公司签订《协议》约定服装公司将1000万元购买国债委托证券公司理财，证券公司承诺年收益率为8.5%。后证券公司逾期未返还相关款项并进入破产清算程序。此前上述国债因被证券公司质押最终被证券登记结算机构处置。证券公司破产管理人按服装公司账户内国债被证券登记结算机构质押转移之日的虚拟还原市值899万

法院认为： 服装公司与证券公司形成委托代理关系，服装公司投入的1000万元资金，已购买了其指定国债，服装公司对该部分国债享有所有权及收益权。故服装公司要求返还本金1000万元及利息的请求不能成立，不予支持。上述国债因证券公司原因灭失，已不可能返还，故应转化为赔偿责任。现证券公司破产清算，参照最高人民法院《关于审理企业破产案件若干问题的规定》（法释〔2002〕23号）第55条，在债务人破产的情况下，违约赔偿金额应以债权人实际损失为计算原则。管理人按照服装公司账户内国债被证券登记结算机构质押转移之日的虚拟还原市值确定服装公司的债权本金，以及按照中国人民银行同期一年期贷款利率计算赔偿额的利息损失，并无不当。且管理人确定的上述赔偿标准，也统一适用于证券公司破产债权中同类情形。故对服装公司要求证券公司返还本金1000万元，并赔偿从资金入账之日起

余元确定服装公司的债权本金，及按照中国人民银行同期一年期贷款利率计算赔偿额的利息损失。服装公司要求证券公司返还本金1000万元并赔偿从资金入账之日起至破产受理之日止的同期银行贷款利息。

2.6

v.7:272

2011

至破产受理之日止的同期银行贷款利息的诉请不予支持。

实务要点： 委托理财保底条款无效，不影响其他合同内容效力。在债务人破产情况下，违约赔偿金额应以债权人实际损失为计算原则。

案例索引： 最高人民法院（2011）民申字第1427号“某投资公司与某服装公司等破产债权确认纠纷案”，见《当事人与证券公司有关固定年收益率的约定属于保底条款性质，应当依法认定为无效——南通凯辉服装有限公司与闽发证券有限责任公司、北京辰达科技投资有限公司破产债权确认纠纷案》（审判长刘敏，代理审判员赵柯、杜军），载《最高人民法院商事审判指导案例-7·公司与金融卷》（2012:272）。

7

334 按日计付违约金，自破产申请受理后，应停止计算

——除法律特别规定外，破产申请受理后新发生债权不属于破产债权，按日计付的违约金自破产申请受理时停止计算。

标签： 破产 | 违约金 | 按日计付 | 停止计算

案情简介： 2008年，投资公司与控股公司签订《还款协议》，确认双方合作协议终止后，投资公司尚欠控股公司3亿元，应在2008年12月31日还清，逾期应按日支付千分之一的违约金。2010年3月20日，法院裁定受理投资公司破产清算一案。2009年，控股公司诉请投资公司偿还3亿元及违约金，原审法院认为违约金过高，判决按同期同类银行贷款利率4倍标准计算资金占用损失数额至付清之日止。

2.6

法院认为： 对于双方约定的违约金，原审法院在控股公司未举证证明其因投资公司违约行为所遭受实际损失和可得利益损失数额的情况下，按银行同期同类贷款利率4倍标准计算资金占用损失数额，明显过高。对此，法院调整为按照同期同类银行贷款利率标准计算。同时，因2010年3月20日法院已裁定受理投资公司破产清算一案，根据《企业破产法》相关规定，除法律特别规定的外，破产申请受理后新发生的债权不属于破产债权，故对于按日计付的违约金应参照《企业破产法》第46条第2款规定，自破产申请受理时停止计算。即投资公司向控股公司支付的违约金按照同期同类银行贷款利息计算，期限为自2009年1月1日起至2010年3月20日止。

实务要点： 除法律特别规定外，破产申请受理后新发生的债权不属于破产债权，按日计付的违约金自破产申请受理时停止计算。

案例索引： 最高人民法院（2010）民二终字第104号“某投资公司与某实业公司欠款、担保合同纠纷案”，见《公司增资

v.7:3

2010

扩股后，股权质权人的优先受偿权——深圳市汇润投资有限公司与隆鑫控股有限公司欠款、担保合同纠纷案》（审判长钱晓晨，审判员刘敏，代理审判员赵柯），载《最高人民法院商事审判指导案例·7·公司与金融卷》（2012:3）。

保证债权

335 债权人已申报破产债权的，可以同时主张保证债权

——债权人已在债务人破产程序中申报债权，同时又就该借款起诉保证人，法院仍可有条件判决保证人履行保证责任。

标签：破产 | 保证债权 | 保证 | 保证责任主张 | 不良资产

案情简介： 2001年，实业公司为化工公司向银行贷款提供连带责任保证。2005年，化工公司被法院宣告破产。2010年，受让该不良债权的资产公司诉请保证人实业公司承担清偿责任。实业公司认为资产公司已申报破产债权，应待化工公司破产程序终结后才能主张保证债权。资产公司在二审期间承诺如本案判令实业公司承担保证责任并实际偿付，资产公司在化工公司破产案中作为债权人的受偿权可转让给实业公司。

法院认为： 由于资产公司已在化工公司破产程序中申报债权，现又针对同一笔借款本息向保证人实业公司提起本案诉讼，其受偿数额可能会超过债权数额，损害保证人实业公司合法权益。在本案二审期间，资产公司承诺如本案判令实业公司承担保证责任并实际偿付，资产公司在化工公司破产案中作为债权人的受偿权可转让给实业公司。基于该承诺，实业公司在全额偿付本案借款本金及利息前提下，可取得资产公司因上述债权在化工公司破产程序中获得的全部受偿款项。故判决实业公司偿还资产公司借款本金1110万元，利息406万余元，实业公司履行清偿义务后，取得资产公司在化工公司破产案中作为债权人的受偿权。

实务要点： 债权人已在债务人破产程序中申报债权，嗣后又针对同一笔借款本息向保证人提起诉讼，其受偿数额可能会超过债权数额，损害保证人合法权益。债权人在诉讼中承诺如判令保证人承担保证责任并实际偿付，债权人在债务人破产案中作为债权人的受偿权可转让给保证人的，法院可依该承诺判决保证人履行保证责任。

2.6

v.7:420

2011

案例索引： 最高人民法院（2011）民二终字第5号“某资产公司与某实业公司保证合同纠纷案”，见《金融资产管理公司承接银行债权如何认定诉讼时效中断——宁夏大荣实业集团有限公司与中国信达资产管理股份有限公司陕西省分公司保证合同纠纷案》（审判长张勇健，代理审判员李京平、王富博），载《最高人民法院商事审判指导案例-7·公司与金融卷》（2012:420）。

336 破产和解后，清偿剩余债务的担保人无权再行追偿

——担保人承担清偿责任后，因执行和解协议导致主债务消灭的，担保人不能再向破产和解、破产重整的债务人追偿。

标签： 破产 | 保证债权 | 破产和解协议 | 执行 | 破产程序 | 保证 | 追偿权

案情简介： 2010年，实业公司破产，银行申报了债权并通过破产和解协议获得部分清偿后，就未获清偿的债务向担保人主张。担保人在承担清偿责任后又向实业公司追偿。

法院认为： 破产程序中的和解是民事和解的一种特殊形式，是为了挽救债务人，使其避免破产的法律制度。而按照和解协议减免的债务，自和解协议执行完毕时起，债务人不再承担清偿责任。同时，和解债权人对债务人的保证人和其他连带债务人所享有的权利，不受和解协议的影响。债权人如已在主债务人的和解或重整程序中全额申报了债权，其未得到清偿的部分可以向保证人或连带债务人主张。但保证人或连带债务人履行完剩余的清偿义务后，不能向破产和解、破产重整的债务人追偿。原因在于任何实质上源于同一债务的普通债权，在破产程序中只能得到与其他普通债权相同的受偿比率，而不能得到二次清偿，并因此得到高于其他普通债权人的清偿比率。

2.6

v.5:613

2010

实务要点： 担保人承担清偿责任后，因主债务人执行和解协议而丧失了行使追偿权的基础，即主债务的消灭不是基于担保人已履行担保责任，而是基于和解协议执行完毕，故担保人不能再向破产和解、破产重整的债务人追偿。

案例索引： 最高人民法院《关于代为清偿的连带债务人是否有权向破产和解的债务人继续追偿问题请示的复函》（〔2010〕民二他字第15号），见《保证人或连带债务人承担清偿责任后不能向破产和解、破产重整的债务人追偿——关于代为清偿的连带债务人是否有权向破产和解的债务人继续追偿问题请示的复函》，载《最高人民法院商事审判指导案例·第五卷（下）》（2011:613）。

337 债务人列入政策性关闭破产名单，不免除担保责任

——债务人被列入全国企业政策性关闭破产规划的，担保人担保责任并不当然免除，债权人可对相关担保人提起诉讼。

标签：破产 | 保证债权 | 保证 | 担保效力 | 不良资产 | 法院受理

案情简介： 2007年11月，全国企业兼并破产和职工再就业工作领导小组将实业公司列入《全国企业关闭破产项目表》。同年12月，受让银行金融债权的资产公司起诉实业公司偿还借款，并要求保证人化工集团承担担保责任。

法院认为： 最高人民法院《关于审理涉及金融不良债权转让案件工作座谈会纪要》（法发〔2009〕19号）对此类案件受理问题作出专门规定，明确“债权人向已列入经国务院批准的全国企业政策性关闭破产总体规划并拟实施关闭破产的国有企业债务人主张清偿债务的”，法院不予受理。根据《民事诉讼法》规定，当事人起诉必须属于法院受理民事诉讼的范围。故资产公司对实业公司的起诉因不符合上述法律和司法政策的规定，依法应予驳回。但前述纪要仅针对被列入政策性破产企业债务人作为被告的案件，并不排除债权人对相关担保人提起诉讼的情形。同时，担保人的担保责任亦不因主债务人进入破产程序而当然免除。政策性破产企业的债务作为拟核销的呆坏账由债权银行予以核销，系金融企业对呆坏账按照国家政策性破产所实施的特殊财务处理方式，并不因此导致从债务即担保法律关系的消灭，担保人对担保债务仍应按法律规定和合同约定承担相应责任。故资产公司对担保人化工集团的起诉符合法律规定，亦不与前述纪要和相关政策相冲突，其诉权应受法律保护。

2.7

2011:348

2.6

v.2:371

2009

实务要点： 债权人向已列入全国企业政策性关闭破产总体规划并拟实施关闭破产的国有企业债务人主张债务的，法院不予受理，但并不排除债权人对相关担保人提起诉讼的，担保人的担保责任亦不因主债务人进入破产程序而当然免除。

案例索引： 最高人民法院（2009）民二终字第28号“某资产公司与某化工公司等借款担保合同纠纷案”，见《中国长城资产管理公司乌鲁木齐办事处与新疆昆仑股份有限公司、新疆化工（集团）有限责任公司、新疆新化化肥有限公司借款担保合同纠纷案》（审判长裴莹硕，审判员宫邦友，代理审判员刘崇理），载《最高人民法院商事审判裁判规范与案例指导·裁判文书》（2011:348）；另见《政策性破产企业的债务作为拟核销的呆坏账由债权银行予以核销的，担保法律关系并不因此而消灭》，载《最高人民法院商事审判指导案例·借款担保卷（上）》（2011:371）。

338 银行对债务作呆坏账核销，不导致担保人责任免除

——企业债务作为拟核销的呆坏账由债权银行予以核销，担保人对担保债务仍应按法律规定和合同约定承担相应责任。

标签：破产丨保证债权丨保证丨债务核销丨借款合同丨债务确认丨不良资产

案情简介：2007年11月，全国企业兼并破产和职工再就业工作领导小组将实业公司列入《全国企业关闭破产项目表》。银行对实业公司所欠借款本息9000万余元予以核销。同年12月，受让银行金融债权的资产公司起诉实业公司偿还借款，并要求保证人化工集团承担担保责任。

7

2.7

2011:348

2.6

v.2:371

2009

法院认为：最高人民法院《关于审理涉及金融不良债权转让案件工作座谈会纪要》（法发〔2009〕19号）对此类案件受理问题作出专门规定，明确“债权人向已列入经国务院批准的全国企业政策性关闭破产总体规划并拟实施关闭破产的国有企业债务人主张清偿债务的”，法院不予受理。根据《民事诉讼法》规定，当事人起诉必须属于法院受理民事诉讼的范围，故资产公司对实业公司的起诉因不符合上述法律和司法政策的规定，依法应予驳回。但前述纪要仅针对被列入政策性破产企业债务人作为被告的案件，并不排除债权人对相关担保人提起诉讼的情形。同时，担保人的担保责任亦不因主债务人进入破产程序而当然免除。政策性破产企业的债务作为拟核销的呆坏账由债权银行予以核销，系金融企业对呆坏账按照国家政策性破产所实施的特殊财务处理方式，并不因此导致从债务即担保法律关系的消灭，担保人对担保债务仍应按法律规定和合同约定承担相应责任。故资产公司对担保人化工集团的起诉符合法律规定，亦不与前述纪要和相关政策相冲突，其诉权应受法律保护。

实务要点：企业债务作为拟核销的呆坏账由债权银行予以核销，系金融企业对呆坏账按照国家政策性破产所实施的特殊财务处理方式，并不因此导致从债务即担保法律关系的消灭，担保人对担保债务仍应按法律规定和合同约定承担相应责任。

案例索引：最高人民法院（2009）民二终字第28号“某资产公司与某化工公司等借款担保合同纠纷案”，见《中国长城资产管理公司乌鲁木齐办事处与新疆昆仑股份有限公司、新疆化工（集团）有限责任公司、新疆新化化肥有限公司借款担保合同纠纷案》（审判长裴莹硕，审判员宫邦友，代理审判员刘崇理），载《最高人民法院商事审判裁判规范与案例指导·裁判文书》（2011:348）；另见《政策性破产企业的债务作为拟核销的呆坏账由债权银行予以核销的，担保法律关系并不因此而消灭》，载《最高人民法院商事审判指导案例·借款担保卷（上）》（2011:371）。

339 债权人退出破产债权申报后，可向保证人主张权利

——债务人破产程序开始后，债权人向法院申报债权后可以撤回申报，而选择向承担一般保证责任的保证人主张权利。

标签：破产 | 保证债权 | 保证 | 保证责任主张 | 不良资产 | 一般保证

案情简介：2001年，生效判决确认化肥厂负有对银行的贷款债务，石油公司承担一般保证责任，并指明化肥厂对石油公司的反担保可由石油公司另诉。执行程序中，2007年，化肥厂被宣告破产还债，石油公司申报了反担保抵押财产别除权。受让银行该不良债权的资产公司向法院申报债权后，又撤回申报，转而请求执行石油公司。

法院认为：根据最高人民法院《关于适用〈担保法〉若干问题的解释》第44条的规定，人民法院受理了债务人的破产案件，一般保证的保证人就不得再主张先诉抗辩权，债权人可以直接向一般保证人主张权利，但如果债权人在破产程序开始后向人民法院申报了债权，就不能在加入债务人破产程序的同时要求保证人承担保证责任。本案中，债权人资产公司既可以选择向债务人化肥厂破产清算组申报债权，也可以选择向保证人石油公司主张权利。资产公司在申报了债权后又撤回了债权申报，即退出了化肥厂的破产程序，转而依法向保证人石油公司主张权利，对于债权人的这种选择，法律及司法解释均无禁止性规定，应为合法。债权人撤回申报后，石油公司仍可根据《企业破产法》第56条规定申报债权，在此过程中，债权人并无过错，保证人利益亦未受到影响，此情况不符合上述司法解释第45条规定的保证人保证责任免除条件。

2.5

200804/28:90

2008

实务要点：债权人在债务人破产程序开始后向法院申报了债权后又撤回了债权申报，转而向一般保证的保证人主张权利，对于债权人的这种选择，法律及司法解释均无禁止性规定，应为合法。

案例索引：最高人民法院（2008）执复字第1号“中国石化集团资产经营管理有限责任公司与中国东方资产管理公司南宁办事处、贵州省安顺化肥厂等执行异议案”，见《中石化贵州分公司申请复议案》（张小林、马岚，最高院执行局；审判长张小林，审判员项存奇，代理审判员范向阳），载《执行工作指导·案例分析》（200804/28:90）。

340 已申报债权的债权人，可诉请保证人承担清偿责任

——在担保人承担连带责任的案件中，债务人破产的，债权人有选择申报债权或向保证人主张权利或同时主张的权利。

标签：破产 | 保证债权 | 保证 | 保证责任主张 | 诉讼程序 | 不良资产

法院认为：根据最高人民法院《关于适用〈担保法〉若干问题的解释》第44条规定：“保证期间，人民法院受理债务人破产案件的，债权人既可

案情简介：1999年，陶瓷厂向银行的借款本息2800万元到期未偿。2003年，法院宣告陶瓷厂破产还债。在破产程序未终结前，受让该银行不良债权的资产公司起诉前述借款合同的保证人投资公司要求承担清偿责任。

以向人民法院申报债权，也可以向保证人主张权利。债权人申报债权后在破产程序中未受清偿的部分，保证人仍应承担保证责任。债权人要求保证人承担保证责任的，应当在破产程序终结后六个月内提出。”债权人资产公司在向法院申报了债权、参加了破产程序的同时，又另行起诉要求担保人投资公司承担担保责任并无不当。但因债务人陶瓷厂破产案件尚未终结，债权人在破产程序中能否受偿，以及受偿的数额还无法确定；担保人投资公司应当承担担保责任的范围也不能确定。故本案应当中止审理，待破产案件终结后再进行处理。

2.1

200501/7:152

2005

7

实务要点：在担保人承担连带责任的案件中，为充分保护债权人合法权益，债务人破产的，应允许债权人有权选择申报债权或向保证人主张权利，或同时主张权利。但债权人申报了债权，参加了破产程序，其向保证人主张的权利在一定期间内应当受到限制，不能在加入债务人破产程序的同时要求保证人承担保证责任，而只能在破产程序终结后6个月内提出。对债权人在债务人破产程序尚未终结前起诉担保人的案件，法院立案受理的，应中止案件审理，待破产案件程序终结后，视破产程序中债权人的受偿情况决定案件的处理结果，仅就债权人在破产程序中未受偿的部分作出判决。

案例索引：最高人民法院判决“某资产公司与某投资公司借款担保合同纠纷案”，见《债务人被宣告破产而破产程序尚未终结、债权人在申报债权的同时又向担保人主张权利的，案件应当中止审理——鹤壁市经济发展建设投资公司与中国信达资产管理公司郑州办事处保证合同纠纷上诉案》（于松波，最高院民二庭），载《民商事审判指导·案例分析》（200501/7:152）。

341 银行申报保证债权后，可再另诉主债务人主张债权

——债权人在连带责任保证人破产程序中进行了债权申报后，可同时另行起诉要求主债务人承担还款及抵押担保责任。

标签：破产 | 保证债权 | 保证 | 保证责任主张 | 临时确认

案情简介：2005年，门窗集团向银行抵押借款，门窗公司提供连带责任保证。2007年，门窗公司进入破产重整

法院认为：《担保法》第18条规定：“连带责任保证的债务人在主合同规定的债务履行期届满没有履行债务的，债权人可以要求债务人履行债务，也可以要求保证人在其保证范围内承担保证责任。”因门窗公司破产管理人将在本案终结后，视门窗集团在本案中的受偿情况再对其所申报的债权作最终确认，符合法律的相关规定，并未造成债权的重复确

程序，银行向破产管理人申报债权后，以门窗集团逾期偿还借款构成违约诉请提前清偿全部借款，并以抵押物优先受偿。

认，故判决门窗集团偿还银行贷款并对抵押财产享有优先受偿权。

实务要点： 债权人在连带责任保证人破产程序中进行了债权申报后，可同时要求主债务人承担还款及抵押担保责任。按《物权法》第176条规定，应首先确定主债务人承担的违约责任和抵押担保责任，剩余未能受偿债权再在保证人破产程序中受偿。

3.1

200904/70:123

2008

案例索引： 天津高院（2008）津高民二初字第7号“某银行与某实业公司借款合同纠纷案”，见《中国银行股份有限公司天津市分行诉天津宝硕门窗发展有限公司借款合同纠纷案》（施皓毅），载《人民法院案例选》（200904/70:123）。

I

保证期间

342 担保债务起算诉讼时效时，不再适用保证期间规定

——在担保债务已开始计算诉讼时效的情形下，不再适用“债权人在破产程序终结后6个月内向保证人主张”的规定。

标签： 破产 | 保证期间 | 诉讼时效 | 破产程序 | 保证 | 不良资产

案情简介： 1989年至1991年期间，银行与化肥厂签订了三份《借款合同》，借款最长到期日为1997年10月；1992年和1993年，又签订了两份《借款合同》，借款最长到期日为1999年10月。两次借款金额共计2450万元，均约定

法院认为： 本案银行作为债权人，向矿业公司主张权利的期间分为两种情况：一是前三笔借款，银行未在主债务人承担责任期限的2年内向保证人矿业公司主张权利；二是后两笔借款，银行在主债务人承担责任期限的2年内向保证人矿业公司主张了权利。对第一种情况，银行虽未在保证责任期间内向矿业公司主张权利，但其将债权转让给资产公司后，根据最高人民法院《关于处理担保法生效前发生保证行为的保证期间问题的通知》第1条规定：“对于当事人在担保法生效前签订的保证合同中没有约定保证期限或者约定不明确的，如果债权人已经在

由矿业公司承担连带保证责任。1999年12月，银行将上述债权转让给资产公司并通知了矿业公司。资产公司随后　在2001年9月、2003年8月、2005年5月、2007年5月，分别在当地日报上向借款人和保证人刊登催收公告。2004年12月，法院裁定化肥厂进入破产程序，资产公司申报了债权。法院于2005年12月裁定终结破产程序并在法院公告栏刊登张贴公告，2006年1月在《人民法院报》再次刊登该公告。2007年6月，资产公司在法院领取了终结破产程序的裁定。2007年11月，资产公司起诉矿业公司要求承担保证责任，偿还贷款本息7200万余元。一审贵州高院认为：保证责任方式约定不明，依法应认定为一般保证；资产公司1999年12月第一次向矿业公司主张前三份借款的保证责任时，已超过诉讼时效；法院公告终结化肥厂破产程序后6个月内，即2006年7月17之前未主张权利，故丧失胜诉权，判决驳回资产公司诉讼请求。一审后，资产公司提交了一份公证处2003年1月出具的公证书，载明2002年12月16日，资产公司上门通知矿业公司履行担保义务。争议焦点之一：资产公司主张担保义务是否超过诉讼时效？

7

1.1

2009:401

2008

法定诉讼时效期间内向主债务人主张权利，使主债务没有超过诉讼时效期间，但未向保证人主张权利的，债权人可以自本通知发布之日起6个月（自2002年8月1日至2003年1月31日）内，向保证人主张权利。逾期不主张的，保证人不再承担责任"，资产公司可在2002年8月1日至2003年1月31日6个月期间内，向保证人矿业公司主张权利。资产公司是否在上述期间内向矿业公司主张了权利是本案的事实问题。在原审法院对上述三笔借款判决矿业公司免除保证责任后，资产公司在本院审理期间，针对原审法院的认定，为表明其在上述期间内向保证人主张了权利，举示公证处2003年1月2日出具的公证书。该公证书构成新的证据，表明资产公司在前述司法解释确定的期间内主张了权利，故该公证书公证的事实应予确认，即资产公司在司法解释指定的期间内向矿业公司主张了权利，并于2002年 12月12日起算诉讼时效。对于第二种情况，银行在主债务人承担责任期限的2年内向保证人矿业公司主张了权利，从其主张权利起开始计算诉讼时效。而最高人民法院《关于处理担保法生效前发生保证行为的保证期间问题的通知》第2条规定的"债权人可以在破产程序终结后6个月内向保证人主张"仍然是延续该司法解释第1条关于6个月保证期间的规定。在讼争借款已开始起算诉讼时效的情形下，不必再适用6个月保证期间的规定。由于上述两种情况下起算诉讼时效后，银行与资产公司连续主张权利，使诉讼时效多次中断，故应认定资产公司在法定期间内向保证人矿业公司主张了权利，矿业公司应承担保证责任。

实务要点： 最高人民法院《关于处理担保法生效前发生保证行为的保证期间问题的通知》第2条规定的"债权人可以在破产程序终结后6个月内向保证人主张"仍然是延续该司法解释第1条关于6个月保证期间的规定，在担保债务已经开始计算诉讼时效的情形下，不再适用有关保证期间的规定。

案例索引： 最高人民法院（2008）民二终字第106号"某资产公司与某矿产公司借款合同纠纷案"，见《中国信达资产管理公司贵阳办事处与贵阳开磷有限责任公司借款合同纠纷案》（审判长钱晓晨，代理审判员刘敏、杨征宇），载《最高人民法院公报·裁判文书选登》（2009:401）。

343 外国政府贷款债务人和担保人明确的，无需再确定

——国有企业虽经多次重组、改组，但所欠外国政府贷款债务主体和责任明确，无需政府再重新确定债务人和担保人。

标签： 破产 | 保证期间 | 诉讼时效 | 特殊债权 | 保证 | 保证重生

案情简介： 1985年，银行向模塑公司发放外国政府贷款，轻工业局、外经贸委提供担保。1998年，银行诉请偿还，生效判决认定债权超过诉讼时效，故驳回银行诉讼请求。2002年，银行以模塑公司多次重组为由，根据2000年国务院发文关于所欠外国政府贷款，“对已实行重组、改组或破产的项目，必须重新确定债务人和担保人”规定，诉请市政府履行法定职责，要求重新确定债务人和担保人。

1.1

2004:291

2004

法院认为： 根据国务院《批转财政部国家计委关于进一步加强外国政府贷款管理若干意见的通知》（国发〔2000〕15号）关于“对已实行重组、改组或破产的项目，必须重新确定债务人和担保人”规定，是为了明确和落实还贷及担保责任，如债务人和担保人明确，则无须重新确定债务人和担保人。本案所涉世界银行贷款属于外国政府贷款项目，债务人虽经多次重组、改组，但债务人和担保人身份和责任明确，且已为生效民事判决所确认，故无需人民政府重新确定债务人和担保人。本案银行债权之所以不能实现，系因其主张债权已超过诉讼时效，故应驳回银行诉讼请求。

实务要点： 国有企业虽经多次重组、改组，但所欠外国政府贷款项目债务的债务人和担保人身份和责任明确，且已由生效民事判决所确认，无需人民政府重新确定债务人和担保人。

案例索引： 最高人民法院（2004）行终字第4号“某银行与某市政府行政诉讼案”，见《中国光大银行诉武汉市人民政府不履行法定职责案》（审判长赵大光，审判员杨临萍，代理审判员马永欣），载《最高人民法院公报·裁判文书选登》（2004:291）。

344 债权人可在破产程序终结后六个月内主张担保债权

——破产程序终结后，债权人对其在破产程序中未受清偿部分债权继续向保证人主张权利的，保证人应承担法律责任。

标签： 破产 | 保证期间 | 诉讼时效 | 破产程序 | 破产程序终结

案情简介： 1997年和1998年，银行与羊毛公司分别就两次贷款签订延期协议，约定将300万元到期贷款延期至1998年2月27日，将1100万元到期贷款延期至1999年9月29日。同

法院认为： 根据羊毛公司与银行签订的延期还款协议书，案涉300万元贷款本息偿还延期至1998年2月27日，案涉1100万元贷款本息的偿还延期至1999年9月29日。因农牧公司于1998年12月分别为该两笔贷款提供的两份担保的保证期间约定不明确，根据最高人民法院《关于适用〈担保法〉若干问题的解释》第32条第2款的规定，其保证期间应为主债务履行期届满之日起二年。故该300万元贷款的保证期间应认定为1998年2月27日至2000年2月27日，该1100万元贷款的保证

日，农牧公司向银行提供两份不可撤销担保书，分别承诺为两笔贷款承担连带保证责任。2000年1月，银行向羊毛公司、农牧公司催要300万元逾期贷款。2000年5月8日，法院裁定宣告羊毛公司破产还债。2002年5月20日，法院裁定终结破产程序，银行仅获偿4万余元。2002年11月14日，银行诉请农牧公司承担保证责任。农牧公司认为银行申报债权后，未再向农牧公司主张权利，保证债务的保证期间不发生延续，两笔保证债务因超过诉讼时效而应免除保证人责任。

7

1.1

2004:247

2003

期间应认定为1999年9月29日至2001年9月29日。在2000年5月8日法院裁定宣告主债务人羊毛公司破产前，该300万元贷款的保证期间已届满，仅有该1100万元贷款的保证期间仍在发生法律效力。本案主债务人羊毛公司被宣告破产还债前，银行已于2000年1月向农牧公司催要该300万元贷款，系在保证期间内向保证人主张权利，应自主张权利之日起开始计算其保证债权的诉讼时效。在该300万元贷款保证债务的诉讼时效期间内，本案主债务人羊毛公司被宣告破产，银行依法向法院申报了债权。在破产程序终结前，银行对其能得以分配的破产财产数额不能确定，其无法同时就其未受清偿的部分向保证人农牧公司主张担保权利，只有在破产程序终结后，才能就未受清偿的部分向保证人主张权利。故在主债务人羊毛公司破产案件的破产程序终结后6个月内，银行就其未受清偿的部分再向保证人农牧公司主张权利，符合最高人民法院《关于适用〈担保法〉若干问题的解释》第44条的规定。银行在本案1100万元贷款的合同履行期限内于1999年9月6日向农牧公司发出催款通知，因本案主债务的履行最后截止日为1999年9月29日，此时其保证期间尚未开始计算，后在保证期间内主债务人羊毛公司被宣告破产，银行依法申报了债权，并在羊毛公司破产程序终结后，依最高人民法院《关于适用〈担保法〉若干问题的解释》第44条的规定，就该1100万元贷款未得以清偿的部分向保证人农牧公司主张权利，依法应予支持，判决农牧公司对羊毛公司所欠两笔银行贷款本息承担连带责任。

实务要点： 最高人民法院《关于适用〈担保法〉若干问题的解释》第44条规定："保证期间，人民法院受理债务人破产案件的，债权人既可以向人民法院申报债权，也可以向保证人主张权利。债权人申报债权后在破产程序中未受清偿的部分，保证人仍应当承担保证责任。债权人要求保证人承担保证责任的，应当在破产程序终结后六个月内提出。"在债务人被宣告破产前，债权人已在保证债务的诉讼时效期间内向保证人主张了权利，破产程序终结后，债权人对其在破产程序中未受清偿的部分债权继续向保证人主张权利的，保证人应承担法律责任。

案例索引： 最高人民法院（2003）民二终字第83号"某银行诉某农牧公司担保合同纠纷案"，见《农业发展银行青海分行营业部诉青海农牧总公司担保合同纠纷案》（审判长周帆，代理审判员沙玲、李成玉），载《最高人民法院公报·裁判文书选登》（2004:247）。

345《担保法》生效前，主债务人破产终结的保证期间

——〔2002〕144号文第2条规定中“主债务人进入了破产程序”不应包括“曾经进入破产程序且已经终结”的情形。

标签：破产 | 保证期间 | 诉讼时效 | 破产程序 | 保证

案情简介：1992年，实业公司向银行贷款1500万元，贷期至1993年5月22日。外贸公司提供连带责任保证，保证期间至“全部还清贷款本息止”。1994年12月，实业公司进入破产程序。2001年8月，破产程序终结，银行仅得受偿14万余元。2003年1月28日，银行诉请外贸公司承担保证责任。外贸公司认为按最高人民法院2002年8月1日发布的《关于处理担保法生效前发生保证行为的保证期间问题的通知》第2条规定，银行未在破产程序终结后6个月内向外贸公司主张保证责任，其保证责任应免除。

2.3

200804/19:76

2008

法院认为：根据最高人民法院2002年8月1日发布的《关于处理担保法生效前发生保证行为的保证期间问题的通知》第1条规定：“对于当事人在担保法生效前签订的保证合同中没有约定保证期限或约定不明的，如果债权人已经在法定诉讼时效期间向主债务人主张权利，使主债务没有超过诉讼时效期间，但未向保证人主张权利的，债权人可以自本通知发出之日起6个月内，向保证人主张权利。”该通知目的是解决《担保法》生效前发生的保证行为的保证期间直至该通知发布之日尚未明确的情形。第2条作为特别条款，规定“主债务人进入破产程序，债权人没有申报债权的，债权人亦可以在上述期间内向保证人主张债权；如果债权人已申报了债权，对其在破产程序中未受清偿的部分债权，债权人可以在破产程序终结后6个月内向保证人主张”中，“主债务人进入了破产程序”，应指“在通知发布之时，主债务人进入了破产程序但尚未终结”情形，而不包括“曾经进入破产程序且已经终结”情形。案涉保证期限至“全部还清贷款本息止”属约定不明。本案担保行为发生在《担保法》实施前，故适用最高人民法院1994年发布的《关于审理经济合同纠纷案件有关保证的若干问题的规定》第29条“保证合同未约定保证责任期限的，主债务的诉讼时效中断，保证债务的诉讼时效亦中断”的规定，本案银行在2003年1月向法院起诉，未超过诉讼时效期间。

实务要点：最高人民法院2002年8月1日发布《关于处理担保法生效前发生保证行为的保证期间问题的通知》，是为了解决《担保法》生效前发生的保证行为的保证期间直至该通知发布之日尚未明确的情形，故第2条中“主债务人进入了破产程序”，应指“在通知发布之时，主债务人进入了破产程序但尚未终结”情形，而不包括“曾经进入破产程序且已经终结”情形。

案例索引： 最高人民法院裁定“某外贸公司与某投资公司借款担保合同纠纷申请再审案”，见《担保法生效前保证期间主债务人破产应如何适用法律的探析——外贸公司与投资公司借款担保合同纠纷申请再审案》（王洪光、晏景，最高院立案庭），载《立案工作指导·申诉与申请再审疑案评析》（200804/19:76）。

346 《担保法》前未约定保证期间，包括约定不明情形

——《担保法》实施之前的司法解释规定“保证合同未约定保证责任期限的”应同时包含“保证期限约定不明”情形。

标签： 破产 | 保证期间 | 诉讼时效 | 保证

案情简介： 1992年，实业公司向银行贷款1500万元，贷期至1993年5月22日。外贸公司提供连带责任保证，保证期间至“全部还清贷款本息止”。1994年12月，实业公司进入破产程序。2001年8月，破产程序终结，银行仅得受偿14万余元。2003年1月28日，银行诉请外贸公司承担保证责任。外贸公司认为最高人民法院《关于审理经济合同纠纷案件有关保证的若干问题的规定》第29条仅规定“保证期限没有约定”，并未规定“保证期间约定不明”，故不应适用于本案。

法院认为： 本案担保行为发生在《担保法》实施前，故应适用最高人民法院1994年发布的《关于审理经济合同纠纷案件有关保证的若干问题的规定》第29条“保证合同未约定保证责任期限的，主债务的诉讼时效中断，保证债务的诉讼时效亦中断”的规定。案涉保证期限至“全部还清贷款本息止”属约定不明。虽然前述司法解释中只规定“未约定保证期限”而未规定“约定不明”情形。但立法者的本意是认为两个概念或者说在案件中出现的这两种情形无须进行区分和界定，司法实践中，法院在处理《担保法》生效前发生保证行为的保证期间问题时，基本上将这两种情形相等同。正因如此，前述司法解释没有对“保证期限约定不明”的情形进行规制，说明立法本意是“保证合同没有约定保证期限”能够代表前述情形，后者规制效力能够及于前者。但前述司法解释第11条“保证合同中没有约定保证责任期限或者约定不明确的，保证人应当在被保证人承担责任的期限内承担保证责任……”中之所以将两种情形完整列出，而在第29条省略后者，主要系基于行文方便和文字简约。理解法律条文时，主要应从条文立法本意和立法精神出发，而不应执泥于文字的字面意义。外贸公司认为前述司法解释第29条并未规定“保证期限约定不明”而不应适用，不应支持。

2.3

200804/19:76

2008

实务要点： 最高人民法院1994年4月15日发布的《关于审理经济合同纠纷案件有关保证的若干问题的规定》第29条规定“保证合同未约定保证责任期限的”同时包含“保证期限约定不明”情形。

案例索引： 最高人民法院裁定“某外贸公司与某投资公司借款担保合同纠纷申请再审案”，见《担保法生效前保证期间主债务人破产应如何适用法律的探析——外贸公司与投资公司借款担保合同纠纷申请再审案》（王洪光、晏景，最高院立案庭），载《立案工作指导·申诉与申请再审疑案评析》（200804/19:76）。

347 加快《担保法》实施前，保证期限约定不明时法律适用

——《担保法》实施前保证责任期间约定不明，主债务未超诉讼时效，对保证期间认定，应优先适用〔2002〕144号文。

标签： 破产 | 保证期间 | 诉讼时效 | 保证 | 约定不明

案情简介： 1992年，实业公司向银行贷款1500万元，贷期至1993年5月22日。外贸公司提供连带责任保证，保证期间至“全部还清贷款本息止”。1994年12月，实业公司进入破产程序。2001年8月，破产程序终结，银行仅得受偿14万余元。2003年1月28日，银行依据最高人民法院《关于审理经济合同纠纷案件有关保证的若干问题的规定》第29条、最高人民法院《关于审理经济合同纠纷案件有关保证的若干问题的规定》第1条，诉请外贸公司承担保证责任。

法院认为： 本案担保行为发生在《担保法》实施前，故可同时适用最高人民法院1994年发布的《关于审理经济合同纠纷案件有关保证的若干问题的规定》，以及最高人民法院2002年8月1日发布的《关于处理担保法生效前发生保证行为的保证期间问题的通知》。案涉保证期限至“全部还清贷款本息止”属约定不明，尽管从立法本意和司法实践来看，前述规定第29条中“保证合同未约定保证责任期限”同时包含“保证期限约定不明”情形，但毕竟该法条内容文字表述明显与本案情况不完全相符，故该法条应避免适用。本案属于《担保法》生效前发生的保证行为的保证期间直至前述通知发布之日尚未明确的情形，因银行作为债权人已在法定诉讼时效期间向主债务人实业公司主张了权利，使主债务没有超过诉讼时效期间，故按该通知第1条规定，银行可以自本通知发出之日起6个月内，即2002年8月1日至2003年1月31日之内，向保证人主张权利。故本案银行起诉保证人要求承担保证责任未超诉讼时效期限。

实务要点： 《担保法》实施前保证责任期间约定不明，主债务未超过诉讼时效，对保证责任期间的认定，应优先适用最高人民法院2002年8月1日发布的《关于处理担保法生效前发生保证行为的保证期间问题的通知》，避免适用最高人民法院1994年4月15日发布的《关于审理经济合同纠纷案件有关保证的若干问题的规定》第29条。

2.3

200804/19:76

2008

案例索引： 最高人民法院裁定“某外贸公司与某投资公司借款担保合同纠纷申请再审案”，见《担保法生效前保证期间主债务人破产应如何适用法律的探析——外贸公司与投资公司借款担保

合同纠纷申请再审案》（王洪光、晏景，最高院立案庭），载《立案工作指导·申诉与申请再审疑案评析》（200804/19:76）。

348 债权申报后，至破产程序终结日，诉讼时效应中断

——主债务人破产的，债权人自申报债权之日起至破产程序终结，诉讼时效中断，破产程序终结后重新开始计算时效。

标签：破产 | 保证期间 | 诉讼时效 | 破产程序 | 保证 | 时效中止

案情简介： 1992年，实业公司向银行贷款1500万元，贷期至1993年5月22日。外贸公司提供连带责任保证，保证期间至“全部还清贷款本息止”。1994年12月，实业公司进入破产程序，银行申报了破产债权。2001年8月，破产程序终结，银行仅得受偿14万余元。2003年1月，银行诉请外贸公司承担保证责任。

7

法院认为： 按诉讼时效中断的含义，诉讼时效应自中断之日起重新计算，不应剔除任何时间段。只有在中止情况下才存在将诉讼时效障碍原因排除在外不予计算的情况。本案主债务人承担责任期限应为借款合同期限届满后两年内，即1993年5月22日至1995年5月22日，根据最高人民法院《关于审理经济合同纠纷案件有关保证的若干问题的规定》第11条规定，本案保证人外贸公司的保证期限亦在该两年之内。实业公司因1994年12月进入破产程序，且债权人银行在破产程序中申报了债权而导致诉讼时效中断，根据前述司法解释第29条规定，“主债务的诉讼时效中断，保证债务的诉讼时效亦中断”，故本案债权人银行在2001年8月28日破产程序终结后，重新开始起算保证债务的诉讼时效两年，其于2003年1月起诉并未超过规定的诉讼时效期间。

2.3

200804/19:76

2008

实务要点： 最高人民法院《关于审理经济合同纠纷案件有关保证的若干问题的规定》第29条中“主债务的诉讼时效中断，保证债务的诉讼时效亦中断”，在主债务人破产情形，债权人自申报债权之日起至破产程序终结，诉讼时效中断。

案例索引： 最高人民法院裁定“某外贸公司与某投资公司借款担保合同纠纷申请再审案”，见《担保法生效前保证期间主债务人破产应如何适用法律的探析——外贸公司与投资公司借款担保合同纠纷申请再审案》（王洪光、晏景，最高院立案庭），载《立案工作指导·申诉与申请再审疑案评析》（200804/19:76）。

349 保证发生在《担保法》实施前，诉讼时效特殊规则

——保证行为发生《担保法》实施前，债权人行权可能超过保证期间或诉讼时效，可在特定宽限期向保证人主张责任。

标签：破产 | 保证期间 | 诉讼时效 | 保证 | 不良资产

法院认为： 案涉保证行为发生在《担保法》生效前，依最高人民法院《关于审理经济合同纠纷案件有关保证的若

案情简介：1993年，酿酒公司为化肥厂向银行贷款80万元提供保证担保。2000年，受让银行该不良债权的资产公司分别在2002年4月、2003年1月17日、2004年4月依法公告催收，因化肥厂破产程序已终结，故资产公司在2004年10月诉请酿酒公司承担保证责任。

3.3

2005商:75

2004

干问题的规定》第11条，和最高人民法院《关于处理担保法生效前发生保证行为的保证期间问题的通知》关于“对于当事人在担保法生效前签订的保证合同中没有约定保证期间或者约定不明确的，如果债权人已经在法定诉讼时效期间内向主债务人主张权利，使主债务没有超过诉讼时效期间，但未向保证人主张权利的，债权人可以自本通知发布之日起6个月内，向保证人主张权利。逾期不主张的，保证人不再承担责任”及“主债务人进入破产程序，如果债权人已申报了债权，对其在破产程序中未受清偿的部分债权，债权人可以在破产程序终结后6个月内向保证人主张”规定，资产公司在2003年1月17日通过催收公告向保证人主张了权利，且及时向已宣告破产的主债务人化肥厂申报了债权，并不超过上述通知的期间，即2002年8月1日至2003年1月31日。故酿酒公司作为保证人仍应对资产公司未受清偿债权承担保证责任，判决酿酒公司偿还资产公司80万元。

实务要点：未约定保证期间的保证行为发生在《担保法》实施前，主债务未超过诉讼时效但保证债务可能超过保证期间或诉讼时效的，债权人在2002年8月1日至2003年1月31日向保证人主张了权利的，保证债务诉讼时效重新计算。

案例索引：安徽淮南中院（2004）淮民二初字第055号“某资产公司与某酿酒公司借款合同纠纷案”，见《中国华融资产管理公司合肥办事处诉安徽省凤台县酿酒有限公司借款合同案（债权转让）》（卢小峰），载《中国审判案例要览》（2005商事:75）。

350 保证诉讼时效不受债务人破产程序终结六个月限制

——债权人在保证合同诉讼时效期间主张连带保证责任的，不受《担保法》司法解释第44条关于“六个月”期限限制。

标签：破产 | 保证期间 | 诉讼时效 | 破产程序 | 保证

案情简介：1998年，机电公司向银行借款1250万元，约定还款期限1999年3月13日。电缆厂提供连带责任保证，约定保证责任直至主债务本息还清时为止。因逾期未偿，银行先后于

法院认为：案涉保证属于期间约定不明。根据最高人民法院《关于适用〈担保法〉若干问题的解释》第32条第2款规定：“保证合同约定保证人承担保证责任直至主债务本息还清时为止等类似内容的，视为约定不明，保证期间为主债务履行期届满之日起二年。”故本案电缆厂承担连带责任保证期间应为1999年3月13日至2001年3月12日。又根据前述司法解释第34条第2款规定：“连带责任保证的债权人在保证期间届满前要求保证人承担保证责任的，从债权人要求保证人承担

1999年6月29日、2000年11月15日向电缆厂发出催款通知。期间，机电公司进入破产程序。2001年12月12日，破产程序终结。2002年8月21日，银行起诉电缆厂要求承担连带清偿责任。电缆厂以其未依最高人民法院《关于适用〈担保法〉若干问题的解释》第32条第2款规定，“在破产程序终结后六个月内提出”主张免责。

保证责任之日起，开始计算保证合同的诉讼时效。”本案中银行在保证期间的1999年6月29日已向电缆厂发出催款通知，此时应开始计算保证合同的诉讼时效。机电公司破产程序未发生在保证合同的保证期间，而是发生在保证合同诉讼时效期间，故不应适用上述司法解释第44条第2款关于“债权人申报债权后在破产程序中未受清偿的部分，保证人仍应当承担保证责任。债权人要求保证人承担保证责任的，应当在破产程序终结后六个月内提出”规定。事实上，此后又确实发生了诉讼时效中断的法定事由，即银行于2000年11月15日向电缆厂发出催告通知，银行2002年8月21日起诉并未超过两年诉讼时效，故判决电缆厂偿还银行1250万元及利息。

3.3

2005商:83

2003

7

实务要点： 债权人在保证期间要求连带责任保证人承担保证责任后，债务人进入破产程序，该债权在破产程序终结后未获清偿，债权人在保证合同诉讼时效期间再要求保证人承担连带保证责任的，不受最高人民法院《关于适用〈担保法〉若干问题的解释》第44条关于“六个月”期限规定的限制。

案例索引： 云南高院（2003）云高民二终字第151号“某银行与某电缆厂等借款合同纠纷案”，见《交通银行昆明分行诉昆明电缆厂等借款合同案（保证期间、诉讼时效、破产）》（代晓明），载《中国审判案例要览》（2005商事:83）。

执行

351 对执行标的物享有债权的案外人，无资格申请再审

——案外人申请再审的构成要件之一是以其对执行标的物能够主张权利，但并不包括对执行标的物享有债权这一情形。

标签：破产 | 执行 | 破产债权 | 案外人申请再审 | 债权

案情简介： 2000年，法院判决贸易公司偿还银行债务1400万元。2001年，法院执行裁定认定投资公司作为股东应在对贸易公司出资不足范围内向银行承担补足出资责任，但一直执行未果。2009年，贸易公司、投资公司先后被宣告破产。2011年，北京高院在银行未作为当事人的生效判决书中，认定投资公司破产管理人不应确认银行1400万元债权，银行认为剥夺了其向投资公司申报破产债权的权利，故提起再审。

1.1

2012:370

2012

法院认为： 银行系以案外人身份向法院申请再审，故不能适用《民事诉讼法》第179条规定，因该条适用的对象仅限于生效判决列明的当事人及其权利义务的概括继承人。《民事诉讼法》第204条和最高人民法院《关于适用〈民事诉讼法〉审判监督程序若干问题的解释》第5条对案外人申请再审的要件作了明确规定。根据上述规定，案外人申请再审的要件主要有两个，一是案外人须对原生效法律文书确定的执行标的能够主张权利，二是无法提起新的诉讼解决争议。本案中，银行对贸易公司和投资公司均享有到期债权，且两债权产生的原因关系相同，即均基于投资公司对贸易公司出资不到位而应承担补足出资的责任，但前述司法解释所称的对执行标的物能够主张权利，并不包括对执行标的物享有债权，故银行以案外人身份对本案生效判决申请再审，应予驳回。

实务要点： 依据《民事诉讼法》第204条和最高人民法院《关于适用〈民事诉讼法〉审判监督程序若干问题的解释》第5条的规定，案外人申请再审的构成要件之一是对原判决、裁定或者调解书确定的执行标的物能够主张权利，此处所称的对执行标的物能够主张权利并不包括对执行标的物享有债权这一情形。

案例索引： 最高人民法院（2012）民申字第386号“某银行与某贸易公司等破产债权确认纠纷案”，见《深圳市佩奇进出口贸易有限公司与湖北银行股份有限公司宜昌南湖支行、华诚投资管

理有限公司破产债权确认纠纷案》（审判长王慧君，代理审判员王展飞、杨卓），载《最高人民法院公报·裁判文书选登》（2012:370）。

352 对开办单位的执行程序，因被开办企业破产而中止

——破产宣告后，基于被执行人开办单位注册资金不实而追加为被执行人的执行应依法中止，并可作为破产债权申报。

标签： 破产 | 执行 | 瑕疵出资 | 中止恢复 | 破产程序 | 出资责任 | 开办单位

案情简介： 2003年，生效判决认定医药公司向实业公司支付货款398万余元及违约金。2004年，执行法院根据实业公司申请，认定医药集团成立医药公司时，作为开办单位出资不实，裁定追加为被执行人。同时，某银行因对医药公司的另案债权申请宣告医药公司破产，法院经委托审计后，裁定宣告医药公司破产。实业公司与医药公司、医药集团执行案据此中止。实业公司提出异议。

法院认为： 最高人民法院2004年9月27日对山东高院《关于被执行人破产后对原执行程序中追加的被执行人是否中止执行问题的请示》作出〔2004〕执他字第24号答复认为："只要债务人破产案件被人民法院受理后，对该债务人财产的执行即应一律中止。破产宣告后，所有未清偿完毕的债权人均应依法向破产清算组申报债权。故本案中基于被执行人的开办单位注册资金不实而追加为被执行人的医药集团的执行也应依法中止，其应清偿的债务由破产清算组一并依法处理。"该答复的前提是医药公司已进入破产程序。在公司破产的情况下，公司股东未履行完毕的出资义务属于破产人的债权，应当由管理人代表公司向股东追讨，追讨回的财产应作为破产财产在破产程序中统一分配。因此，在法院受理医药公司的破产申请后，对其开办单位医药集团的执行应予中止。如实业公司对破产程序有异议，应通过破产程序中的救济途径另行解决。

实务要点： 破产宣告后，所有未清偿完毕的债权人均应依法向破产清算组申报债权。故基于被执行人的开办单位注册资金不实而追加为被执行人的执行也应依法中止，其应清偿的债务由破产清算组一并依法处理。

案例索引： 最高人民法院《通知书》（2011年12月8日〔2011〕执监字第182号），见《出资不实的股东在执行程序中对公司债权人的责任——胜利油田胜大实业总公司申请执行山东新华医药集团淄博制酸有限责任公司、山东新华医药集团有限责任公司申诉案评析》（潘勇锋，最高院执行局），载《执行工作指导·案例分析》（201302/46:53）。

7

2.5

201302/46:53

2011

353 破产和解后，清偿剩余债务的担保人无权再行追偿

——担保人承担清偿责任后，因执行和解协议导致主债务消灭的，担保人不能再向破产和解、破产重整的债务人追偿。

标签： 破产 | 执行 | 保证债权 | 破产和解协议 | 破产程序 | 保证 | 追偿权

法院认为： 破产程序中的和解是民事和解的一种特殊形式，是为了挽救债务人，使其避免破产的法律制度。而按照和解协议减免的债务，自和解协议执行完毕时起，债务人不再承担清偿责任。同时，和解债权人对债务人的保证人和其他连带债务人所享有的权利，不受和解协议的影响。债权人如已在主债务人的和解或重整程序中全额申报了债权，其未得到清偿的部分可以向保证人或连带债务人主张。但保证人或连带债务人履行完剩余的清偿义务后，不能向破产和解、破产重整的债务人追偿。原因在于任何实质上源于同一债务的普通债权，在破产程序中只能得到与其他普通债权相同的受偿比率，而不能得到二次清偿，并因此得到高于其他普通债权人的清偿比率。

案情简介： 2010年，实业公司破产，银行申报了债权并通过破产和解协议获得部分清偿后，就未获清偿的债务向担保人主张。担保人在承担清偿责任后又向实业公司追偿。

2.6

v.5:613

2010

实务要点： 担保人承担清偿责任后，因主债务人执行和解协议而丧失了行使追偿权的基础，即主债务的消灭不是基于担保人已履行担保责任，而是基于和解协议执行完毕，故担保人不能再向破产和解、破产重整的债务人追偿。

案例索引： 最高人民法院《关于代为清偿的连带债务人是否有权向破产和解的债务人继续追偿问题请示的复函》（〔2010〕民二他字第15号），见《保证人或连带债务人承担清偿责任后不能向破产和解、破产重整的债务人追偿——关于代为清偿的连带债务人是否有权向破产和解的债务人继续追偿问题请示的复函》，载《最高人民法院商事审判指导案例·第五卷（下）》（2011:613）。

354 中国证券投资者保护基金有限责任公司专有代位权

——中国证券投资者保护基金有限公司因垫付证券客户交易结算资金而行使专有代位权所获财产，应退回其专用账户。

标签： 破产 | 执行 | 代位权 | 证券资产 | 证券 | 专用账户 | 代位执行 | 行政清理

法院认为： 关于涉及客户证券交易结算资金的冻结与扣划事项，应严格按照《证券法》，最高人民法院《关于冻结、扣划证券交易结算资金有关问题的通知》（法发〔2004〕239

案情简介：2010年，证券公司进入行政处置程序。因法院前期冻结、扣划的客户证券交易结算资金未能及时解冻或退回，中国证券投资者保护基金有限责任公司（以下简称保护基金公司）为弥补缺口，垫付相应资金后，要求执行法院解冻，并将客户证券交易结算资金退回至其专用账户。

2.6

v.5:676

2010

7

号），最高人民法院、最高人民检察院、公安部、中国证监会《关于查询、冻结、扣划证券和证券交易结算资金有关问题的通知》（法发〔2008〕4号），最高人民法院《关于依法审理和执行被风险处置证券公司相关案件的通知》（法发〔2009〕35号）相关规定进行。法院在保全、执行措施中违反上述规定冻结、扣划客户证券交易结算资金的，应坚决予以纠正。在证券公司行政处置过程中，按国家有关政策弥补客户证券交易结算资金缺口是保护基金公司的重要职责，被风险处置证券公司的客户证券交易结算资金专用存款账户、结算备付金账户内资金均属于证券交易结算资金，保护基金公司对被风险处置证券公司因违法冻结、扣划的客户证券交易结算资金予以垫付弥补后，取得相应的代位权，其就此主张权利的，法院应予支持。被冻结、扣划的客户证券交易结算资金已经解冻并转入管理人账户的，经保护基金公司申请，相关破产案件审理法院应监督管理人退回保护基金公司专用账户；仍处于冻结状态的，由保护基金公司向相关保全法院申请解冻，保全法院应将解冻资金返还保护基金公司专用账户；已经扣划的，由保护基金公司向相关执行法院申请执行回转，执行法院应将退回资金划入保护基金公司专用账户。此外，被冻结、扣划客户证券交易结算资金对应缺口尚未弥补的，由相关行政清理组申请保全或执行法院解冻或退回。

实务要点：　中国证券投资者保护基金有限责任公司对被风险处置证券公司因违法冻结、扣划的客户证券交易结算资金予以垫付弥补后，取得相应的代位权，其就此主张权利的，法院应予支持。同时，根据被冻结、扣划的客户证券交易结算资金状况，分情况退回到不同权利人的账户。

案例索引：　最高人民法院《关于部分人民法院冻结、扣划被风险处置证券公司客户证券交易结算资金有关问题的通知》（2010年6月22日〔2010〕民二他字第21号），见《人民法院在保全、执行措施中违反规定冻结、扣划被处置证券公司客户证券交易结算资金的，应坚决予以纠正——关于部分人民法院冻结、扣划被风险处置证券公司客户证券交易结算资金有关问题的通知》（合议庭钱晓晨、刘敏、赵柯），载《最高人民法院商事审判指导案例·第五卷（下）》（2011:676）。

355 债务人被政策性关闭破产前，以物抵债，协议有效

——债务人被国务院列入总体规划拟实施关闭破产企业之前，与债权人达成以物抵债协议的，不违反国务院文件规定。

标签：破产 | 执行 | 房地产抵押 | 以物抵债 | 不良资产 | 政策性破产

案情简介：2006年，生效判决认定酒厂欠银行金融债权4700万余元。2007年7月31日，执行程序中，酒厂被列入全国政策性破产名单，就抵押的150亩土地使用权与资产公司达成以物抵债协议，并经主管部门及省政府主管领导同意。同年11月，酒厂被列入政策性关闭破产计划。2008年，酒厂主张资产公司对政策性关闭破产企业逼债违反国办发〔2006〕3号文件规定，达成的以物抵债协议无效。

2.5

201003/35:98

2009

法院认为：资产公司同酒厂之间达成的以物抵债协议是当时双方当事人真实意思表示，并得到了被执行人主管部门及省政府主管领导的认可，应为合法有效。国务院《关于进一步做好国有企业政策性关闭破产工作的意见》（国办发〔2006〕3号）文件规定："对列入总体规划拟实施关闭破产的企业，有关金融机构不得在企业关闭破产方案实施前转让或出售已确认的债权（国有金融机构之间经国家批准的债权除外），也不得加紧追讨债权及担保责任。但对企业恶意逃废金融债权的行为，有关金融机构应依法维护自身合法权益。国有金融机构以企业终结时法院裁定的清偿率进行清收。"但本案双方当事人签订以物抵债协议时，酒厂尚未被国务院列入总体规划拟实施关闭破产企业；其被列入该总体规划后，资产公司则是通过法律途径依法维护自身合法权益，故不违反该文件精神。

实务要点：债务人被国务院列入总体规划拟实施关闭破产企业之前，与债权人达成以物抵债协议的，不违反国务院《关于进一步做好国有企业政策性关闭破产工作的意见》（国办发〔2006〕3号）文件规定。

案例索引：最高人民法院（2009）执复字第17号"中国长城资产管理公司贵阳办事处与贵州珍酒厂执行异议案"，见《长城资产管理公司贵阳办事处申请复议案》（谷峻杰，最高院执行局；审判长吴宪光，代理审判员于泓、黄年），载《执行工作指导·典型案例》（201003/35:98）。

356 破产程序终结，对破产债务人执行程序，亦应终结

——法院裁定终结破产程序后，执行法院应裁定对债务人的执行终结，而不能以债务人主体资格保留而恢复执行程序。

标签：破产 | 执行 | 破产程序 | 执行程序终结

案情简介：2006年1月，法院判决认

法院认为：科技公司破产程序终结，系因债权人会议通过了和解协议并执行完毕，债务人科技公司按照和解协议规定的条件清偿了债务，破产原因消除。经破产法院裁定认可的和解协议，对债务人和全体债权人均有

定科技公司欠软件公司本金1.8亿元及利息，但该案直至2006年4月才以公告形式送达。2006年3月，科技公司被宣告进入破产程序。同年5月，软件公司向破产法院申报了债权。同年8月，软件公司申请法院强制执行，法院以科技公司进入破产程序而裁定中止。2006年9月，因各方达成破产和解协议并履行，法院裁定终结破产程序。软件公司申请执行。

2.5

200702/22:42

7

2007

约束力。软件公司参加了破产程序，依法应受该和解协议的约束。破产和解是债务人破产再生程序，和解协议执行完毕后，其法人资格仍存续，但不再承担和解协议规定以外的债务的清偿责任。此情况下科技公司未被宣告破产，并保留主体资格，但不能成为执行法院恢复执行的理由。在破产法院裁定终结破产程序后，执行法院应裁定对科技公司的执行终结。至于软件公司对破产法院在破产程序中涉及其权益处理的异议，应通过对破产裁定的申诉或其他适当途径解决，而不应启动执行程序解决。

实务要点： 破产和解是债务人破产再生程序，和解协议执行完毕后，其法人资格仍存续，但不再承担和解协议规定以外的债务的清偿责任。在破产法院裁定终结破产程序后，执行法院应裁定对债务人的执行终结，而不能以债务人主体资格的保留而恢复执行程序。

案例索引： 最高人民法院执行工作办公室（执）明传〔2007〕10号（2007年3月9日），见《中科软件集团有限公司诉圣方科技股份有限公司案——破产和解后以破产债务人为被执行人的案件能否继续执行》（黄金龙，最高院执行局），载《执行工作指导·案例分析》（200702/22:42）。

357 被执行人破产时，执行回转财产应比照取回权制度

——在执行回转案件中，被执行人破产情况下，可比照取回权制度，认定应执行回转部分的财产数额不属于破产财产。

标签： 破产 | 执行 | 执行回转 | 破产程序

案情简介： 实业公司被法院强制执行扣划给投资公司的1186万元，经终审认定原生效判决被推翻，在执行回转过程中，投资公司被宣告破产。实业公司能否对该执行回转款项享有优先受偿权成为争议焦点。

2.5

法院认为： 法院因原错误判决被撤销而进行执行回转，申请执行人在被执行人破产案件中能否得到优先受偿保护，目前我国法律尚无明确规定。最高人民法院《关于审理企业破产案件若干问题的规定》第71条列举的不属于破产财产的财产，不应理解为是对该类财产的全部范围的规定，应不排斥实践中依法认定其他不属于破产财产范围的财产。因原错误判决而被执行的财产，并非因当事人自主交易而转移，不应将当事人请求执行回转的权利作为普通债权对待。在执行回转案件被执行人破产的情况下，可比照取回权制度，对执行回转案件申请执行人的权利予以优先保护，认定应执行回转部分的财产数额，不属于破产财产，审理破产案件的法院应将该部分财产交由执行法院继续执行。

200701/21:57

2007

实务要点： 法院因原错误判决被撤销而进行执行回转，并非因当事人自主交易而转移，不应将当事人请求执行回转的权利作为普通债权对待。在执行回转案件被执行人破产的情况下，可比照取回权制度，对执行回转案件申请执行人的权利予以优先保护，认定应执行回转部分的财产数额，不属破产财产，审理破产案件的法院应将该部分财产交由执行法院继续执行。

案例索引： 最高人民法院执行工作办公室（2005）执他字第27号函，见《执行回转的债权在破产程序中能否优先受偿问题请示案》（黄金龙，最高院执行局），载《执行工作指导·案例分析》（200701/21:57）。

358 被执行人被执行期间进入破产程序的，应中止执行

——执行期间，被执行人破产的，法院应中止执行，并告知债权人持生效法律文书申报债权，参与破产企业财产分配。

标签：破产 | 执行 | 破产程序 | 中止恢复 | 破产债权申报

案情简介： 2004年5月，受理煤矿公司申请执行案的大同法院向被执行人玻璃集团送达执行令，并查明在2000年时玻璃集团通过债转股方式剥离资产新设玻璃公司，遂在2005年将国资公司和玻璃公司追加为被执行人。2005年11月22日裁定冻结了国资公司的银行存款2000万元。同年11月23日，株洲法院以已于2005年11月2日受理玻璃公司破产案件而裁定宣告玻璃公司破产。

法院认为： 大同法院冻结被追加为被执行人的国资公司存款之前，株洲法院已受理了以玻璃公司为申请人的破产还债案。根据《民事诉讼法》及相关司法解释规定，大同法院应中止对被执行人玻璃公司的民事执行程序，同时告知债权人煤矿公司持生效法律文书向破产法院申报债权，参与破产企业财产分配。如债权人对破产有异议，可依法申诉。

实务要点： 法院执行期间，被执行人进入破产程序的，执行法院应中止执行，并告知债权人持生效法律文书向破产法院申报债权，参与破产企业财产分配。

2.5

200603/19:112

2006

案例索引： 最高人民法院《关于山西省大同市矿区法院执行案与湖南省株洲市中院受理破产案冲突请求我院协调的答复函》（2006年8月28日〔2006〕执协字第14-1号）“大同煤矿集团有限责任公司与湖南省株洲市光明玻璃公司集团有限公司、株洲新光明玻璃有限公司、株洲国有资产投资经营有限公司执行案”，见《关于山西省大同市矿区法院执行案与湖南省株洲市中院受理破产案发生冲突请求我院协调案》（董志强，最高院执行局），载《执行工作指导·案例分析》（200603/19:112）。

359 判决经以物抵债确权的财产，不应再列入破产财产

——法院生效判决产生物权转移的法律后果，并不以登记为物权转移唯一标准，经法院确权财产不应再列入破产财产。

标签：破产 | 执行 | 破产财产 | 以物抵债 | 所有权转移

案情简介： 1995年，珠海金铭公司就所欠纺织厂借款500万元签订还款协议。约定逾期未还时，以与百货公司合作开发并受让的金铭广场房产抵债，该协议经过公证。1997年，江苏法院生效判决判令珠海金铭公司归还欠款，逾期则以金铭广场12套房抵债，产权归纺织厂所有，并在竣工后6个月内交房。2004年，珠海金铭公司的关联公司天津金铭公司被宣告破产，金铭广场被列入破产财产整体拍卖。因江苏法院查封其中30套房，竞买人无法办理过户手续产生争议。

7

2.5

200503/15:76

2005

法院认为： 根据百货公司与珠海金铭公司签订的项目转让协议及金铭广场的实际运作情况，珠海金铭公司作为金铭广场的开发商，依合同约定有权处分其独立开发销售的部分房产。珠海金铭公司因与纺织厂有债务关系，自愿以其开发销售的部分房产抵偿债务。该还款协议经公证，并经法院生效判决确认有效，且均发生在金铭广场项目破产之前，天津金铭公司对以房抵债事实亦予认可，既不违反法律规定，亦不损害第三人利益。以物抵债判决已生效，故案涉房屋产权按生效判决已转移债权人纺织厂，不属于破产财产。鉴于金铭广场已在破产程序中被整体拍卖，可按判决确认的价格执行12套房屋的折价款抵偿债务。江苏法院在天津法院裁定宣告破产还债后裁定查封30套房屋违反法律规定，应予解除查封。

实务要点： 法院生效判决产生物权转移的法律后果，并不以登记为物权转移唯一标准，经法院确权财产不应再列入破产财产。

案例索引： 最高人民法院执行工作办公室《致江苏省高级人民法院和天津市高级人民法院的复函》(〔2005〕执协字第19-1号)“江阴第二纺织厂、江苏亚大集团公司、江阴澄江工业供销总公司与珠海金铭发展公司执行纠纷案”，见《关于法院已判决确权的财产不应列入破产财产的处理意见及复函》(于泓，最高院执行局)，载《执行工作指导·案例分析》(200503/15:76)。

360 债务人破产宣告后，在其财产上的执行措施应解除

——债务人宣告破产后，受理破产法院应通知采取查封、扣押、冻结等诉讼保全措施的法院予以解除并办理移交手续。

标签：破产 | 执行 | 破产程序 | 执行措施 | 移交手续

案情简介： 2005年7月，债务人被法院宣告破产。有关债务人被另案法院

法院认为： 根据现行破产法律制度及最高人民法院《关于适用〈民事诉讼法〉若干问题的意见》第108条，最高人民法院《关于审理企业破产案件若干问题的规定》第36条的规定，在宣告债务人破产之后，对债务人的财产已采取查封、扣押、冻结等诉讼保全措施的，受理破产案

裁定查封、扣押、冻结的财产如何处理成为争议焦点。

件的人民法院应当立即通知采取查封、扣押、冻结等措施的人民法院予以解除，并向受理破产案件的人民法院办理移交手续。发生争议时，如双方属跨省、自治区、直辖市的人民法院，经高级人民法院协商不成的，应报请最高人民法院协调解决。

2.6

v.3:338

2005

实务要点： 在宣告债务人破产之后，对债务人的财产已采取查封、扣押、冻结等诉讼保全措施的，受理破产案件的法院应当立即通知采取查封、扣押、冻结等措施的法院予以解除，并向受理破产案件的法院办理移交手续。

案例索引： 最高人民法院《〈关于就宣告破产后其他法院针对债务人的财产所采取的财产保全措施应如何处理问题的请示〉的答复》（2005年7月12日〔2005〕民二他字第7号），见《破产宣告后，对债务人被采取保全措施的财产的处理——〈关于就宣告破产后其他法院针对债务人的财产所采取的财产保全措施应如何处理问题的请示〉的答复》，载《最高人民法院商事审判指导案例（3）·公司卷》（2011:338）。

361 因错误判决和错误执行的金钱债权，列入破产财产

——债务人是否符合宣告破产条件，不涉及债权人申请债务人执行回转程序如何处理及债务人破产财产如何界定问题。

标签： 破产 | 执行 | 破产财产 | 破产程序 | 执行回转

案情简介： 1999年，执行法院依生效判决，根据运输公司申请，扣划投资公司1186万元。2003年，再审改判撤销原判决。投资公司依此申请执行回转，但仅执行回转26万余元，执行法院据此向投资公司发放了1700万余元本息的债权凭证。2004年，依运输公司申请，法院以运输公司资不抵债裁定宣告运输公司破产。投资公司以执行回转不适用民事中止执行程序，执行回转财产不应列入破产财产

法院认为： 法院根据运输公司申请所作破产宣告裁定，针对的是债务人运输公司是否具备破产条件的问题，即运输公司是否符合《企业破产法》第3条第1款规定的“不能清偿到期债务”的条件，并不涉及投资公司申请运输公司执行回转程序如何处理以及运输公司破产财产如何界定的问题。投资公司关于其申请运输公司执行回转程序不受本案破产程序影响和投资公司被错误判决和执行的财产不应被列入破产财产的申诉内容，与上述裁定内容并无直接的法律关系。投资公司该部分申诉内容不符合最高人民法院《关于审理企业破产案件若干问题的规定》第38条的规定，法院应依法不予审理。

实务要点： 债务人是否符合宣告破产条件，并不涉及债权人申请债务人执行回转程序如何处理以及债务人破产财产如何界定的问题，两者并无直接的法律关系。

为由提起申诉。

案例索引：最高人民法院（2005）民二监字第56号“某信托公司等破产纠纷案”，见《破产案件的受理范围——中国金谷国际信托投资有限责任公司因天津市冶金供销运输总公司被宣告破产案》（审判长姜伟，代理审判员陈百灵、杨征宇），载《最高人民法院商事审判指导案例（3）·公司卷》（2011:339）。

2.6

v.3:339

2005

362 裁定以物抵债后，被执行人破产的，不算破产财产

——房地产权利转移具体时间应以法院判决或裁定生效时间为准。裁定以物抵债后被执行人破产的不应视为破产财产。

标签：破产 | 执行 | 破产财产 | 以物抵债 | 破产程序 | 权属转移时间

案情简介：1998年，长沙中院依银行申请，强制执行机电公司，并拟评估拍卖机电公司查封财产，遭阻挠。后机电公司法定代表人同意以物抵债，法院下达过户裁定。半月后，北京一中院受理机电公司申请破产案，并将前述房产列入破产财产。

法院认为：鉴于机电公司对执行法院依法查封的房产不同意拍卖，而对以物抵债的意见并未反对，故应视为同意以物抵债。由于北京市政府有关部门规定在京房地产不能直接过户给外地单位，故本案债权银行商由长沙市政府驻京联络处接收该案标的物应予准许。执行法院据此裁定将上述房产过户给联络处，其实质是依法将该标的物变卖，并无不当，该案已执行完毕。北京一中院嗣后受理破产时，不应将上述房产列入破产财产。

7

实务要点：房地产权利转移具体时间应以法院判决或裁定生效时间为准。裁定以物抵债后被执行人破产的不应视为破产财产。

2.5

200201/1:289

2001

案例索引：最高人民法院《关于湖南省高级人民法院于北京市高级人民法院执行中国机电总公司协调案的复函》（2001年6月18日〔2001〕执协字第8号）“长沙市商业银行与中国机电总公司长沙分公司、中国机电总公司执行纠纷案”，见《湖南省高级人民法院于北京市高级人民法院执行中国机电总公司协调案》（张小林），载《强制执行指导与参考·案例分析》（200201/1:289）。

363 债务人破产时，代位执行债权系债务人的破产财产

——在债务人及次债务人均破产情况下，债务人的对外债权包括代位执行财产应属于破产财产，应由全体债权人享有。

法院认为：本案案由应为破产债权确认纠纷。执行法院将贸易公司债务人投资公

标签：破产 | 执行 | 代位权 | 出资责任 | 次债务人破产 | 债务人破产

案情简介： 2001年，执行法院以投资公司对贸易公司出资不足为由，追加投资公司为被执行人并裁定在投资不实的1400万元范围内向银行承担责任。2008年，贸易公司破产。2009年，投资公司破产，银行申报债权1200万余元，贸易公司破产管理人亦将前述1400万余元及利息500万余元作为破产债权申报。投资公司破产管理人将贸易公司破产管理人申报债权抵销银行申报债权后，确认最终贸易公司破产债权为700万余元，贸易公司破产管理人提出异议。

司追加为被执行人，并未改变投资公司向贸易公司因出资形成的法律关系。现贸易公司已进入破产清算程序，故包括未足额缴纳的公司注册资本1400万元在内的所有公司财产均应归入贸易公司破产财产，向贸易公司所有债权人进行公平清偿，不应以公司资产对公司个别债权人进行清偿。故判决确认投资公司欠缴出资1400万元及利息归贸易公司享有。

实务要点： 债权人对债务人的次债务人行使代位执行权，只要尚未执行终结，在债务人及次债务人均破产情况下，债务人的对外债权应属于破产财产，其财产权益应由债务人的全体债权人享有。债权人对次债务人的执行行为应中止，债权人应向债务人申报债权，而不能向次债务人申报债权。

案例索引： 北京高院（2011）高民终字第853号“深圳市佩奇进出口贸易有限公司破产案”，见《债务人和次债务人均破产情况下的破产债权确认》（张弢、王伟），载《人民司法·案例》（201222:82）；另参阅最高人民法院（2012）民申字第386号“某银行与某贸易公司等破产债权确认纠纷案”，见《深圳市佩奇进出口贸易有限公司与湖北银行股份有限公司宜昌南湖支行、华诚投资管理有限公司破产债权确认纠纷案》（审判长王慧君，代理审判员王展飞、杨卓），载《最高人民法院公报·裁判文书选登》（2012:370）。

3.4

201222:82

1.1

2012:370

2011

364 监理单位对一般债权的监理费，不享有优先受偿权

——监理单位与建设单位本质上是一种委托关系，监理费不属于建设工程款，故监理单位对监理费不享有优先受偿权。

标签：破产 | 执行 | 优先受偿权 | 工程款优先受偿权 | 监理费

案情简介： 2007年，生效调解书认定监理公司对电池公司享有监理费债权69万余元。2009年，执行程序中，监理公司主张对电池公司财产享有优

法院认为： 监理公司未提交相关证据证明工程监理费属于建设工程款，且依最高人民法院《关于建设工程价款优先受偿权问题的批复》相关规定，建设工程价款包括承包人为建设工程应当支付的工作人员报酬、材料款等实际支出费用，故监理公司在材料公司执行案件中不享有优先受偿权，判决驳回监理公司诉讼请求。

先受偿权。

3.3

2011商:232

2010

实务要点： 监理单位与建设单位本质上是一种委托关系，监理费属于一般意义上的债权债务，不属建设工程款，监理单位对监理费不享有优先受偿权。

案例索引： 北京一中院（2010）一中民初字第3323号“某监理公司与某电池公司等破产财产分配纠纷案”，见《北京轻环工程监理有限公司诉北京世纪富原燃料电池有限公司等破产财产分配方案异议案（监理费不能作为建设工程款的一部分享有优先受偿权）》（阴虹、白石），载《中国审判案例要览》（2011商事:232）。

365 针对债务人的个别清偿执行程序，因裁定破产中止

——债务人不能清偿到期债务，不因其作为被执行人的多起案件处于执行或和解阶段而认定破产申请不符合法律规定。

标签： 破产 | 执行 | 破产程序 | 破产申请 | 实质审查 | 个别清偿

7

案情简介： 2009年，投资公司以实业公司不能清偿其到期债权7000万元申请破产，一审法院以多起共计超过1亿元标的的针对实业公司执行案件或和解案件正在进行，裁定驳回投资公司破产申请。

3.1

201104/78:208

2009

法院认为： 《企业破产法》实行的是对破产申请审查受理制而非当然受理制。债权人提出申请，法院审查是案件受理程序的必然环节，包括形式审查和实质审查。形式审查目的在于判定破产申请是否具备法律规定的申请形式，审查内容主要是就申请人是否具有申请资格、法院有无管辖权、申请书所载内容是否合法、所附文件是否齐全等形式要件进行审查。实质审查目的在于判定破产申请是否具有法律规定的破产实质条件，即债务人是否存在《企业破产法》第7条第2款规定的破产事由。实质审查开始后，在法律规定期限内允许债务人提出异议并举证，经法院审查后决定是否受理破产申请，是否裁定进入破产程序。本案中，实业公司不能清偿投资公司到期债权，投资公司申请实业公司破产符合法律规定条件，而经法院审查后查明事实，表明实业公司偿债能力显著缺乏，法院即应受理投资公司破产申请，启动破产程序，故裁定受理案涉破产申请。

实务要点： 债务人不能清偿到期债务，不因债务人作为被执行人的多起案件处于执行阶段或和解阶段，而认定破产申请人申请不符合法律规定。

案例索引： 内蒙古高院（2009）内民破字第4号“某投资公司申请某实业公司破产案”，见《包头市鸿德企业投资有限责任公司申请包头市聚德成实业集团有限公司破产案》（图雅），载《人

民法院案例选》(201104/78:208)。

管辖

366 按破产还债程序审理的案件，当事人不得申请再审

——当事人对破产实体权利存在争议应另诉解决，破产程序中除不予受理和驳回申请裁定外，不存在上诉或申诉程序。

标签：破产 | 管辖 | 其他纠纷 | 再审 | 驳回起诉

案情简介：2003年，通讯公司将其土地使用权中的3700余平方米抵债给实业公司。2004年，实业公司又将上述土地使用权作价212万元转让给陈某，陈某在该土地上兴建了建筑面积约6800平方米的楼房并一直居住至今，但未办理过户。2005年，通讯公司被宣告破产，实业公司对诉争房屋及土地使用权委托清算组评估和拍卖。2006年，投资公司竞拍取得包括陈某房屋及土地使用权在内的通讯公司整体财产，受理破产案件的法院据此作出确认裁定。陈某申请再审。

法院认为：陈某系对法院在破产程序中作出的确认裁定和破产程序终结裁定不服提起申诉。破产程序作为清理债权债务关系的非诉讼程序，不涉及对实体权利的裁判问题，当事人对实体权利存在争议应通过另行起诉解决，故破产程序中除不予受理和驳回申请裁定外，不存在上诉或申诉程序。对此，最高人民法院《关于适用〈民事诉讼法〉若干问题的意见》第207条明确规定：按照企业法人破产还债程序审理的案件，当事人不得申请再审。本案中，法院作出的民事裁定虽涉及财产权属的确认与移转，但导致该财产权利变动的基础原因是拍卖交易市场行为，法院依申请作出裁定的目的仅在于办理财产权证照转移手续，并非财产权属变动的直接依据，案外人或当事人对所涉财产权属有异议的，应向法院另行提起诉讼。陈某不服上述财产确认裁定和程序终结裁定，要求对通讯公司破产清算案进行再审，缺乏法律依据，依法应予驳回。

实务要点：破产程序作为清理债权债务关系的非诉讼程序，不涉及对实体权利的裁判问题，当事人对实体权利存在争议应通过另行起诉解决，故破产程序中除不予受理和驳回申请裁定外，不存在上诉或申诉程序。

2.6

v.6:608

2010

案例索引： 最高人民法院（2010）民监字第728号“陈雪芳与深圳市康美思通讯有限公司清算组破产纠纷案”，见《对破产程序中的财产拍卖确认裁定和破产程序终结裁定的再审申请应不予受理——陈雪芳不服破产案件民事裁定申诉案》（审判长张勇健，审判员刘敏，代理审判员赵柯），载《最高人民法院商事审判指导案例·第五卷（下）》（2011:608）。

367 是否属应收购的客户交易结算资金，不由法院确认

——有关债权是否属于应收购的客户交易结算资金范畴，应由相关部门予以甄别确认，不属法院民商事案件审理范围。

标签： 破产 | 管辖 | 证券资产 | 证券 | 法院受理 | 行政清理

案情简介： 2005年9月，投资公司以其在证券公司开立的资金账户内价值5.55亿元的资金及国债被证券公司擅自挪用为由诉请赔偿。同年11月，证券公司因违规经营被责令行政关闭和托管清算。2007年，法院裁定证券公司进入破产程序。投资公司主张对其被挪用的客户交易结算资金行使取回权。

7

法院认为： 根据《企业破产法》第16条规定，法院受理破产申请后，债务人不得再对包括侵权之债的债权人在内的个别债权人清偿债务，故法院在认定证券公司应承担侵权责任基础上，基于证券公司进入破产程序的事实，经释明后判决确认投资公司对证券公司享有5.55亿元本息的破产债权，并无不当。投资公司案涉账户内的资金和国债在证券公司擅自划付转出后，已不存在返还账户内原有资金和国债的可能性，根据《民法通则》第117条的规定，证券公司应对其侵权行为承担赔偿相应损失的民事责任。即使案涉账户资产为客户交易结算资金性质，因相应资产已转出，投资公司在证券公司破产程序中亦无法取回相关资产。鉴于证券公司风险处置中国家对客户交易结算资金的收购，是国务院有关行政部门和金融监管机构采取的特殊行政手段，故对于有关债权是否属于应收购的客户交易结算资金范畴，应由金融监管机构以及依据《个人债权及客户证券交易结算资金收购意见》成立的甄别确认小组予以确认，不属法院民商事案件审理的范畴。投资公司如对行政清理中对其账户资金性质的确认存在异议，可依据有关规定通过向行政清理组提出的方式寻求救济。

2.7

2011:564

2.6

v.5:595

2010

实务要点： 鉴于证券公司风险处置中国家对客户交易结算资金的收购，是国务院有关行政部门和金融监管机构采取的特殊行政手段，故对于有关债权是否属于应收购的客户交易结算资金范畴，应由金融监管机构以及依据《个人债权及客户证券交易结算资金收购意见》成立的甄别确认小组予以确认，不属于法院民商事案件审理的范畴。

案例索引： 最高人民法院（2010）民二终字第35号“某投资公司与某证券公司等结算资金纠纷案”，见《债权是否属于应当收购的客户交易结算资金不属人民法院商事案件审理的范畴——浙江斯文新技术投资有限公司与被上诉人广东证券股份有限公司、广东证券股份有限公司广州西华路证券营业部及原审第三人海通证券股份有限公司证券登记、存管、结算与客户交易结算资金纠纷上诉案》（刘敏，最高院民二庭；审判长钱晓晨，审判员刘敏，代理审判员赵柯），载《最高人民法院商事审判裁判规范与案例指导·案例指导》（2011:564）；另见《法院受理破产案件申请后，债务人不得再对个别债权人清偿债务》，载《最高人民法院商事审判指导案例·第五卷（下）》（2011:595）。

368 起诉被列入政策性关闭破产规划国企的，不予受理

——债权人向已列入政策性关闭破产总体规划并拟实施关闭破产的国有企业债务人主张清偿债务的，法院应不予受理。

标签： 破产 | 管辖 | 不良资产 | 起诉 | 特殊债务人 | 政策性关闭破产

案情简介： 2007年11月，全国企业兼并破产和职工再就业工作领导小组将实业公司列入《全国企业关闭破产项目表》。同年12月，受让银行金融债权的资产公司起诉实业公司偿还借款，并要求保证人化工集团承担担保责任。

法院认为： 最高人民法院《关于审理涉及金融不良债权转让案件工作座谈会纪要》（法发〔2009〕19号）对此类案件受理问题作出专门规定，明确“债权人向已列入经国务院批准的全国企业政策性关闭破产总体规划并拟实施关闭破产的国有企业债务人主张清偿债务的”，法院不予受理。根据《民事诉讼法》规定，当事人起诉必须属于人民法院受理民事诉讼的范围。故资产公司对实业公司的起诉因不符合上述法律和司法政策的规定，依法应予驳回。但前述纪要仅针对被列入政策性破产企业债务人作为被告的案件，并不排除债权人对相关担保人提起诉讼的情形。同时，担保人的担保责任亦不因主债务人进入破产程序而当然免除。政策性破产企业的债务作为拟核销的呆坏账由债权银行予以核销，系金融企业对呆坏账按国家政策性破产所实施的特殊财务处理方式，并不因此导致从债务即担保法律关系的消灭，担保人对担保债务仍应按法律规定和合同约定承担相应责任。故资产公司对担保人化工集团的起诉符合法律规定，亦不与前述纪要和相关政策相冲突，其诉权应受法律保护。

2.7

2011:348

2.6

v.2:371

2009

实务要点： 债权人向已列入经国务院批准的全国企业政策性关闭破产总体规划并拟实施关闭破产的国有企业债务人主张清偿债务的，法院不予受理。

案例索引： 最高人民法院（2009）民二终字第28号“某资产公司与某化工公司等借款担保合同纠纷案”，见《中国长城资产管理公司乌鲁木齐办事处与新疆昆仑股份有限公司、新疆化工（集团）有限责任公司、新疆新化化肥有限公司借款担保合同纠纷案》（审判长裴莹硕，审判员宫邦友，代理审判员刘崇理），载《最高人民法院商事审判裁判规范与案例指导·裁判文书》（2011:348）；另见《政策性破产企业的债务作为拟核销的呆坏账由债权银行予以核销的，担保法律关系并不因此而消灭》，载《最高人民法院商事审判指导案例·借款担保卷（上）》（2011:371）。

369 债务人政策性关闭破产，债权人仍可主张担保责任

——主债务人虽已被列入国家政策性关闭破产企业，但没有证据证明其已进入破产程序的，债权人仍可主张担保责任。

标签： 破产 | 管辖 | 保证 | 担保效力 | 不良资产 | 法院受理

7

案情简介： 2003年，东北特钢为抚顺特钢向银行先后贷款7835万元提供担保。2007年9月，受让银行该金融债权的资产公司起诉东北特钢要求承担担保责任。二审中，东北特钢提出抚顺特钢已被全国企业兼并破产和职工再就业工作领导小组列入国家政策性关闭破产企业，故法院不应受理此案。

2.7

2011:357

2.6

v.2:682

2009

法院认为： 根据最高人民法院《关于审理涉及金融不良债权转让案件工作座谈会纪要》的有关精神，债权人向国家政策性关闭破产的国有企业债务人主张清偿债务的，法院不予受理。抚顺特钢虽已被列入国家政策性关闭破产企业，但没有证据证明其已进入破产程序，更何况本案债权人是要求债务人抚顺特钢的担保人东北特钢承担担保责任，而非向债务人抚顺特钢自身主张清偿债务，故法院受理本案并无不当。

实务要点： 债务人虽已被列入国家政策性关闭破产企业，但没有证据证明其已进入破产程序，在债权人要求债务人的担保人承担担保责任，而非向债务人自身主张清偿债务的，法院应予受理。

案例索引： 最高人民法院（2009）民二终字第51号“某资产公司与某钢材公司等借款担保合同纠纷案”，见《东北特殊钢集团有限责任公司与中国长城资产管理公司沈阳办事处借款及担保合同纠纷案》（审判长刘竹梅，审判员宫邦友，代理审判员刘崇理），载《最高人民法院商事审判裁判规范与案例指导·裁判文书》（2011:357）；另见《在公司章程并未明确规定一定额度以下为股东提供担保是否需要董事会或者股东会决议通过，且当公司债权人与公司股东的利益发生冲突时，应当优先保护公司债权人的利益》，载《最高人民法院商事审判指导案例·借款担保卷（下）》（2011:682）。

票据

票据签发

370 银行不能以签发汇票系受骗为由，对抗合法持票人

——票据关系与原因关系各自独立，不以后者成立和有效为前提。银行不能以受骗签发承兑汇票为由对抗合法持票人。

标签：票据 | 票据签发 | 受骗签发 | 文义性、无因性

案情简介：1990年，钢管厂与珠宝公司签订联营协议约定，履行协议所用银行承兑汇票不得贴现和转让，交行作为钢管厂开户行在该协议上签章，随后，交行根据钢管厂申请，开出总额为8000万元的载明“不得流通转让”的旧式承兑汇票。钢管厂根据石业公司和航空公司“融资”安排，将上述汇票交给珠宝公司，珠宝公司又交给石业公司。石业公司背书转让给设备公司和航空公司。其中以航空公司为收款人的汇票额3000万元，以设备公司为收款人的为5000万元。航空公司收到汇票后，将其中1张贴现，另2张合计2000万元背书转让给工贸公司，工贸公司持该汇票到建行办理了贴现。设备公司因交行索要，退回了总额为2500万元的汇票3张。交行起诉设备公司、建行、工贸公司、航空公司要求确认其签发汇票

法院认为：票据是要式证券，文义性、无因性是票据的重要特征。交行签发承兑的9张分别以设备公司、航空公司为收款人的银行承兑汇票，形式完备、要素齐全，是有效的汇票。中国人民银行颁发的《银行结算办法》虽然规定签发商业汇票必须以合法的商品交易为基础，但这并不是对汇票效力的规定。票据关系的存在并不以原因关系的成立和有效为前提，票据关系与其原因关系各自相对独立。交行以其签发承兑汇票无合法商品交易基础且属受骗为由主张汇票无效，缺乏法律根据。航空公司是3张汇票的收款人，虽然珠宝公司、钢管厂、交行在投资联营合同书上约定交行签发的银行承兑汇票不得转让和贴现，但该约定对签约人之外的汇票收款人不产生约束力。另外，当时交行使用的是旧式汇票，其上虽有不得流通转让之记载，但当时新的《银行结算办法》允许汇票背书转让，中国人民银行又允许在一段时间内使用旧式汇票，故该记载已失效，本案航空公司将两张汇票背书转让是有效的。航空公司将其中两张汇票背书转让给工贸公司，工贸公司即成为汇票的合法持有人。工贸公司向建行贴现，建行由此作为合法的持票人，有权向交行主张汇票上的权利，交行应予兑付票款。设备公司是部分承兑汇票的合法持有人，交行应予兑付票款。故交行对其签发的形式完备、要素齐全的有效汇票，负有到期无条件兑付的义务。建行予以贴现的汇票背书连续，设备公司作为2500万元银行承兑汇票的收款人已付出了相应对价，二者均为承兑汇票的合法持有人，判决驳回交行的诉讼请求。

行为无效，持票人退回汇票或返还贴现款。

1.1

1995-1999:614

1994

实务要点： 票据关系的存在并不以原因关系的成立和有效为前提，票据关系与其原因关系各自相对独立。金融机构以其签发承兑汇票无合法交易基础且属受骗为由主张汇票无效，缺乏法律依据。

案例索引： 最高人民法院1994年7月5日判决“某交行诉某建行等票据纠纷案”，见《交通银行中山支行诉中国成套设备出口公司武汉分公司经营处、中国人民建设银行海口市分行等银行承兑汇票纠纷再审案》，载《最高人民法院公报·案例》（1995-1999:614）。

371 银行经理违规提供支票，与本案损失并无因果关系

——资金存管协议生效前，账户资金因客户犯罪行为造成损失，银行违规操作与损失无直接因果的，客户应自担损失。

标签： 票据 | 票据签发 | 证券 | 账户监管 | 违规提供支票

7

案情简介： 2000年4月，证券公司与装饰公司签订借款协议。2000年12月，证券公司在银行开立账户，并与银行签订客户交易资金存管协议，并约定协议的履行以银行取得证券交易结算资金存管业务资格为条件。2000年12月和2001年5月，证券公司财务部经理许某挪用该账户资金1.3亿余元，后犯挪用资金罪被判处有期徒刑。2001年12月5日，银行获得证监会批复，获得证券账户资金存管银行资格。证券公司以银行客户部经理姚某违规为许某提供支票，为许某犯罪创造了条件，要求银行承担赔偿责任。

2.1

200702/12:263

法院认为： 根据本案事实，装饰公司与证券公司形成的是券商与客户之间的合同关系；证券公司的行为违反了当时证券法律关于禁止向客户透支和融资的规定；借款协议发生在证券公司与客户之间，银行没有参与；证券公司依据借款协议，向装饰公司账户转款，是履行借款协议的行为；当转款进入装饰公司资金账户后，证券公司即完成了资金的权属转移。故在案涉账户为客户一般存款账户期间，对证券公司与装饰公司所发生的民事关系及其从该账户转款的行为，无论根据事实存储合同关系或法律规定，银行均不负有监管和审查义务。即便证券公司内部人员与装饰公司内外勾结转移资金涉嫌刑事犯罪，因银行不负有监管责任，也因无证据证明银行及其工作人员参与，或知道证券公司内部人员与装饰公司共同犯罪的行为，故证券公司转款行为与银行无关。相反，作为专业机构，证券公司明知法律禁止仍与客户签订借款协议，向客户融资用于高风险证券投资，其应自行承担借款协议无效的法律后果。姚某仅是银行客户部经理而非该行经理，其行为不足以认定为银行的行为；金融机构相关法律规定和规章制度禁止姚某这种行为的发生，证明姚某行为不是银行的授权范围，事后也不可能获得追认；姚某的过错行为发生在证券公司向装饰公司划款之后，即款项已经不属于证券公司所有之后。故姚某的过错行为不是银行的行为，不能以姚某的过错行为而认定银行与证券公司的损失具有因果关系，银行不应承担本案民事责任。故证券公司关于姚某的行为即是银行的行为且与证券公司的损失具有因果关系的主张以及银行应当承担证券

公司的损失的请求，不予支持。

实务要点： 银行应依与客户的资金存管协议约定的权利义务及相关法律规定，保证客户资金安全和按照指令划转。但在存管协议生效前，账户资金因客户犯罪行为造成损失，而银行内部人员存在一般违规操作行为，但与损失无直接因果关系的，客户损失应由客户自行承担。

案例索引： 最高人民法院判决“某证券公司与某银行证券登记、托管和结算纠纷案”，见《广发证券股份有限公司与兴业银行北京中轴路支行证券登记、托管和结算纠纷上诉案》（审判长吴庆宝，审判员贾纬，代理审判员沙玲），载《民商事审判指导·判决书选登》（200702/12:263）。

372 银行签发承兑汇票时，应对基础关系进行形式审查

——银行签发承兑汇票时对基础法律关系进行了必要的形式审查，即使资金用途与申请的原因不符，票据权利仍有效。

标签： 票据 | 票据签发 | 质押 | 证券 | 国债质押 | 形式审查

案情简介： 2003年，实业公司在银行开设证券账户和资金账户，为关联公司向银行办理承兑汇票提供国债质押担保，证券公司为确保质押实现承诺承担连带赔偿责任。其后，实业公司向银行移交了证券账户和资金账户占有和控制手续，银行在对实业公司与交易对象的基础法律关系进行形式审查后，签发了总额为1亿元的承兑汇票。但证券公司自始未移交约定的质押国债，并前后多次向银行提供虚假的对账单显示质押的国债账户价值。因实业公司未偿还汇票垫款，银行诉请证券公司承担连带责任。证券公司以实业公司负责人虚构交易，涉嫌犯

法院认为： 银行在签发承兑汇票时对申请人提供的基础法律关系进行了必要的形式审查，并在签发汇票时履行了相应的手续，符合法律规定的签发银行承兑汇票的形式要件和实质要件。因本案虚假资金对账单等是以证券公司单位名义出具的，债权人银行主张实业公司、证券公司承担民事责任的民事法律关系成立，证券公司申请中止本案审理的理由不成立，故不予支持。证券公司向银行出具承诺书和虚假对账单，帮助实业公司隐瞒证券账户中没有质押标的物的事实，参与完成虚假质押关系，属于与实业公司共同实施民事欺诈行为，应与实业公司对银行的损失承担连带赔偿责任。由于证券公司出具的虚假对账单载明了国债品种及数量，证券公司应在上述对账单中载明的虚假国债价值的范围内承担民事赔偿责任。

实务要点： 银行在签发承兑汇票时对申请人提供的基础法律关系进行了必要的形式审查，并在签发汇票时履行了相应的手续，符合法律规定的签发银行承兑汇票的形式要件和实质要件的，即使资金使用目的与申请汇票原因不符，基础法律关系不真实，票据权利依然有效。

罪骗取银行资金，已刑事立案为由申请中止审理。

案例索引： 最高人民法院（2005）民二终字第75号“某银行与某证券公司等借款担保纠纷案”，见《中国银河证券有限责任公司深圳宝安路证券营业部与中国工商银行郑州市经三路支行、河南省龙浩实业有限公司、深圳市龙浩世纪实业有限公司借款担保合同纠纷上诉案》（审判长张勇健，审判员于松波、王东敏），载《民商事审判指导·判决书选登》（200701/11:276）。

2.1

200701/11:276

2005

373 银行对票据原因关系应尽通常意义上形式审查义务

——出票人据以申请签发汇票的基础合同系复印件非原件，应认定银行对原因关系未尽到通常意义上的形式审查义务。

标签：票据 | 票据签发 | 基础关系 | 原因关系 | 形式审查义务

7

案情简介： 1998年，金属公司财务融资科负责人寇某伪造印鉴，持金属公司的申请书，以与某公司的购销合同复印件向银行申请开具承兑汇票，造成2800万元银行汇票垫付款逾期未收回。寇某被立案侦查后潜逃。

法院认为： 案涉汇票承办人寇某系金属公司融资科负责人，其持有金属公司申请书办理承兑汇票，其行为系职务行为，金属公司应对该行为承担民事责任。鉴于金属公司申请签发汇票时向银行提交的购销合同系复印件，银行未尽到审查义务，对本案资金流失亦存在一定的过错，故法院对其关于逾期付款违约金的主张不予支持。金属公司主张银行在审查出票人资格、开立保证金账户和领用汇票登记的问题上违反规定，因银行关于上述规定属于行政规章制度，违反上述规定应承担银行系统内部的行政处罚，不影响本案民事责任的承担，故其主张不成立。判决金属公司偿还银行垫付汇票款。

2.1

200202/2:249

2002

实务要点： 法律上要求银行对票据原因关系尽到通常意义上的形式审查义务。出票人据以申请签发汇票的基础合同系复印件而非原件，应认定银行对原因关系的审查存在过错。

案例索引： 最高人民法院判决“某银行与某金属公司票据纠纷案”，见《银行签发汇票应尽到通常的审查义务——中国农业银行白银市分行营业部诉白银有色金属公司甘肃稀土公司银行承兑契约资金追索纠纷案》（王东敏），载《民商审判指导与参考·案例评析》（200202/2:249）。

374 经办人伪造担保单位印章，不影响银行的出票效力

——出票是创设票据权利的唯一票据行为。经办人伪造担保单位印章骗取银行开具承兑汇票的，不影响出票行为效力。

标签：票据 | 票据签发 | 刑民交叉 | 质押 | 票据质押 | 骗取汇票

法院认为： 出票是创设票据权利的唯一票据行为，出票行为包括签章和交付，一旦出票行为完成，票据又无绝对不得记载事项，该票据权利便有效设立。本案中高某虽伪造担保单位煤气公司的公章和法定代表人的印章骗取银行承兑汇票，但该伪造行为属民法上的担保，属于另一法律关系，并不影响出票行为的效力。出票人已经有效创设了100万元的票据权利。因银行在开出该汇票时未尽到审查义务，且信用社向银行查询时，银行答复此汇票确为其签发，银行应对质押贷款造成的损失承担主要的过错责任。信用社在办理质押贷款中，虽对该银行承兑汇票进行了查询，但因缺乏合法有效的质押合同仍无法取得票据质权，信用社对此亦有过错。判决银行承担质押贷款损失70%的责任，信用社承担30%责任。

案情简介：1997年，实业公司员工高某伪造担保单位煤气公司公章和法定代表人印章，银行据此开出票额100万元、收款人为实业公司的承兑汇票。随后，高某在该骗取的汇票背书人栏加盖伪造的实业公司公章，以实业公司名义与信用社签订《质押担保借款合同》，信用社到银行查询确认系该行签发汇票后，向实业公司发放质押贷款95万元。因贷款到期后，信用社要求银行付款遭拒致诉。高某因诈骗罪被判有期徒刑14年。

实务要点： 出票行为完成，无绝对不得记载事项，票据权利有效设立。经办人伪造担保单位印章骗取银行开具承兑汇票，不影响出票行为的效力。

2.4

200404/16:61

2001

案例索引： 河北高院（2001）冀民再字第19号“某银行与某信用社汇票付款纠纷案”，见《中国银行唐山分行与唐山市古冶区信用合作社联合社汇票付款纠纷再审上诉案——无质押背书的票据质押的效力认定及处理》（王朝辉，最高人民法院审判监督庭），载《审判监督指导·案例评析》（200404/16:61）。

375 出票人完成出票行为后，不能向后手主张票据权利

——出票行为一经完成，出票人作为票据债务人即不再享有票据上权利，其只能基于合同关系向其直接后手主张权利。

标签：票据 | 票据签发 | 质押 | 票据质押 | 票据关系 | 合同关系

法院认为： 根据《票据法》有关规定，票据权利是持票人向票据债务人请求支付票据金额的权利。水泵厂基于其与工贸公司的购销合同签发银行承兑汇票，出票行为有效。但水泵厂将该汇票交付工贸公司后，其作为票据债务人不再享有票据上的权利，票据权利人应为工贸公司。工贸公司作为票据权利人有权处分其所持有的票据。银行虽参与该汇票

案情简介：1997年，水泵厂申请开出一张以工贸公司为收款人、金额为70万元的银行承兑汇票。工贸公

司以该汇票质押向银行借款70万元。1999年，水泵厂以其被骗70万元损失，银行办理贴现违规为由诉请赔偿。

3.1

200201/39:230

2000

的流转过程，但其与水泵厂之间不存在合同上及票据上的直接利害关系，水泵厂可基于合同关系向工贸公司主张，判决驳回水泵厂要求银行承担赔偿责任的诉请。

实务要点： 出票行为一经完成，出票人作为票据债务人即不再享有票据上的权利，其只能基于合同关系向其直接后手主张权利。

案例索引： 河北高院2000年12月1日判决"某银行与某水泵厂票据纠纷案"，见《出票人邢台水泵厂诉清河农行向持票人办理汇票质押贷款中按持票人指示将贷款划入他人账户被骗应赔偿其票款损失案》（李俊杰），载《人民法院案例选》（200201/39:230）。

7

空白票据

376 交付空白支票，视为出票人对支票内容补充的授权

——出票人将欠缺收款人名称的空白支票交付他人后，该他人即为授权补记人，补记内容推定为符合出票人授权意图。

标签： 票据 | 空白票据 | 空白支票 | 授权补记

案情简介： 1998年，银行依与工程公司签订的600万元借款合同履行贷款义务后，工程公司将盖有公章的400万元的空白转账支票交付给银行。银行填上收款人名称后，将该贷款中的

法院认为： 银行依与工程公司所签借款合同履行贷款义务后，工程公司将贷款中的400万元通过空白支票交给银行，真实意图不能查清。故本案应从空白票据的授权补记和举证责任的角度研究当事人的责任承担。关于空白票据的补充权人，我国《票据法》虽未明确规定，但最高人民法院《关于审理票据纠纷案件若干问题的规定》第45条规定："空白授权票据的持有人行使票据权利时未对票据必须记载事项补充完全，因付款人或者代理付款人拒绝接收该票据而提起诉讼的，人民法院不

400万元划入材料厂账户并用该款偿还材料厂所欠银行贷款。借款期限届满，银行要求工程公司偿还借款未果致诉。

予支持”。根据该司法解释规定，并结合票据理论的一般原理，空白票据的持有人就是补充权人。关于授权方式，我国《票据法》未作明确规定，但票据理论及司法解释均认为，空白票据即空白授权票据，在出票人交付空白票据时就包含了对持票人的授权。空白票据之补充如未经授权或滥用补充权时，出票人可以提出抗辩，抗辩人应负举证责任。本案中，银行成为空白票据的补充权人，工程公司未能证明银行滥用补充权，故工程公司应承担票据责任，即应依照借款合同偿还银行借款本息。

2.4

200601/19:112

3.1

200703/61:274

2004

实务要点： 出票人将欠缺收款人名称的空白支票交付他人后，该他人即为授权补记人，出票人主张补记未经授权或补记权被滥用的，应承担举证责任，不能完成举证证明义务的，补记权人在票据上的补记内容视为符合出票人授权意图，由其承担票据责任。

案例索引： 四川高院（2004）川民再终字第80号“某银行与某电力公司等票据纠纷案”，见《中国工商银行成都市金牛区支行与四川中电工程有限公司、四川省文化旅游公司借款合同纠纷再审案——出票人对空白票据的授权内容无法查明时，如何确定责任承担》（罗登亮，四川高院），载《审判监督指导·案例评析》（200601/19:112）；另见《四川中电工程有限公司诉中国工商银行成都市金牛区支行等票据纠纷再审案》（罗登亮），载《人民法院案例选》（200703/61:274）。

377 以空白背书票据方式交付资金时，如何确定用资人

——以存单为表现形式的违法借贷中，银行将出资人以空白背书的承兑汇票形式交给用资人，应认定银行指定用资人。

标签： 票据 | 票据交付 | 空白背书 | 存单 | 指定用资人

案情简介： 1996年，茶叶公司将4000万元的空白背书的承兑汇票交付给银行，银行与实业公司签订委托贷款协议，并将空白背书的承兑汇票转交给实业公司，实业公司在被背书栏补写其名称并加盖公章。该款到实业

法院认为： 最高人民法院《关于审理存单纠纷案件的若干规定》的“交付”，明确指“出资人向金融机构转移现金的占有或出资人向金融机构交付注明出资人或金融机构为收款人的票据。出资人向金融机构交付有资金数额但未注明收款人的票据的，亦属于本条中所称交付”。本案茶叶公司将总额为4000万元的银行汇票交付银行，银行出具定期存单交付茶叶公司后，表明茶叶公司资金已交付银行。银行将茶叶公司交付空白背书的汇票转交实业公司，并由银行与实业公司签订委托贷款协议，实业公司在案涉汇票上补盖其公章，应认定本案用资人系银

公司账户后支付给茶叶公司300万余元高息。1998年，茶叶公司持定期存单取款时遭拒。

2.4

200402/14:88

2004

行指定。因本案属以存单为表现形式的违法借贷，银行存在明显过错，判决银行对实业公司不能偿还本金部分给茶叶公司造成的损失承担80%赔偿责任。

实务要点： 以存单为表现形式的违法借贷中，金融机构将出资人以空白背书的承兑汇票转交给用资人后，向出资人出具存单，用资人向出资人支付高息的，金融机构应对用资人不能偿还本金部分给出资人造成的损失承担主要赔偿责任。

案例索引： 见《上海茶叶进出口公司与中国工商银行金华市婺城支行、浙江超三超集团有限公司存单纠纷再审案——审理存单纠纷案件的关键是如何确定“交付”和“指定”》(毛端稚)，载《审判监督指导·案例评析》(200402/14:88)。

7

378 票据空白背书中，被背书人名称补记，应合法有效

——背书人未记载被背书人名称，即将汇票交付他人的，持票人在票据被背书人栏内记载自己名称与背书人记载同效。

标签： 票据 | 空白票据 | 被背书人补记 | 承兑汇票

案情简介： 1997年，中行签发收款人为炼铁厂的两张银行承兑汇票。后炼铁厂在背书栏加盖公章但未记载被背书人情况下，将该银行承兑汇票转让给矿厂，矿厂在背书人栏内同样加盖公章但未记载被背书人情况下，向农行办理了贴现。该银行承兑汇票到期，农行对其前手的被背书人名称予以补记后，向中行提示付款遭拒。

2.4

200403/15:111

2004

法院认为： 《票据法》第30条规定：“汇票以背书转让或者以背书将一定的汇票权利授予他人行使时，必须记载被背书人名称。”该条规定仅仅要求汇票必须记载被背书人名称，而没有要求记载行为必须由背书人亲自实施。因此，在背书人授权被背书人填写被背书人名称的情况下，该记载合法有效。最高人民法院《关于审理票据纠纷案件若干问题的规定》第49条规定：“背书人未记载被背书人名称，即将票据交付他人的，持票人在票据被背书人栏内记载自己的名称与背书人记载具有同等法律效力。”这一规定，把实践中空白背书的情况以司法解释的形式作出了明确的说明，承认了空白背书的合法性。由此可见，背书日期和被背书人名称属于相对必要记载事项。本案所涉及汇票上是否记载背书日期和被背书人名称，均不影响背书转让的效力。况且本案承兑汇票背书人的一栏中均加盖背书人单位的公章和法定代表人名章，且是连续性背书，在提示付款日期前，农行补记被背书人名称和日期，符合法律规定。

实务要点： 汇票必须记载被背书人名称，而没有要求记载行为必须由背书人亲自实施。背书人未记载被背书人名称，即将

票据交付他人的，持票人在票据被背书人栏内记载自己的名称与背书人记载具有同等法律效力。

案例索引： 陕西高院调解“某农行与某中行承兑汇票纠纷案”，见《中国农业银行曲沃县支行与中国银行侯马市支行承兑汇票纠纷申请再审案——票据空白背书中被背书人名称补记的效力认定》（郭志荣，山西高院），载《审判监督指导·案例评析》（200403/15:111）。

379 空白支票有当事人合意变更债务到期日的推定效力

——空白支票虽系未完成票据，但仍发生基础关系当事人合意变更基础债务到期日为概括性不确定到期日的推定效力。

标签： 票据 | 空白票据 | 空白支票 | 债务到期日

案情简介： 2008年，装饰公司因购货向石材公司开具7万余元的空白支票一张，合同约定付款时间为2008年10月16日。2011年，石材公司在支票上补填出票日期为2011年2月28日后提示付款，2011年3月9日，该支票因存款不足发生退票。

法院认为： 基础关系当事人通过出票日期留白的支票进行欠款清偿，该支票虽系未完成票据，但仍发生基础关系当事人合意变更基础债务到期日的推定效力。其效果使原来确定的基础债务到期日转化为概括性的不确定到期日，并在持票人填写完整出票日期且提示付款时再行确定，基础债权诉讼时效的起算点亦应依此判定。本案石材公司填写支票出票日期为2011年2月28日，并在此后的支票付款期限内进行提示付款，2011年3月9日，该支票因存款不足发生退票，系争货款未受清偿，相应的诉讼时效应从该支票退票时起算，而自退票之日至石材公司起诉之日未逾两年，故判决装饰公司偿还石材公司欠款。

实务要点： 空白支票虽系未完成票据，但仍发生基础关系当事人合意变更基础债务到期日的推定效力。其效果使原来确定的基础债务到期日转化为概括性的不确定到期日，并在持票人填写完整出票日期且提示付款时再行确定，基础债权诉讼时效的起算点亦应依此判定。

3.4

201220:36

2011

案例索引： 上海一中院（2011）沪一中民四（商）终字第1569号“高时石材（上海）有限公司与上海利胜石材装饰有限公司、刘梅票据纠纷案”，见《支票出票日期留白对基础关系的法律影响》（陈旭），载《人民司法·案例》（201220:36）。

380 持票人对空白背书汇票补记他人名称，属伪造票据

——持票人对空白背书的汇票进行补记仅限自己名称，如持票人补记其前手之前的空白被背书人，则应视为票据伪造。

标签：票据 | 空白票据 | 票据伪造 | 补记 | 背书连续

案情简介：2008年，金属公司以其持有的汇票遗失申请公示催告，包装厂申请权利，金属公司遂起诉并以前手出具的证明信证明其系非经背书合法取得。包装厂举证证明其从包装公司受让票据，但包装公司从电力公司背书不连续，且电力公司之后“被背书人”栏空白，包装厂在二审期间添加了所有前手名称。

法院认为：诉争汇票显示其中三处被背书人栏为空白，而最高人民法院《关于审理票据纠纷案件若干问题的规定》第49条规定持票人仅有权就其作为被背书人的空白背书进行补记，否则应视为背书不连续。《票据法》第31条第1款明确规定：“以背书转让的汇票，背书应当连续。持票人以背书的连续，证明其汇票权利；非经背书转让，而以其他合法方式取得汇票的，依法举证，证明其汇票权利。”因包装厂所持诉争汇票背书不连续情形下未提供实质上连续的证据以证明其票据权利，而金属公司提供了具有连续性的证明信证明其以非背书转让方式取得诉争汇票且为最后合法持票人，故确认案涉汇票权利归金属公司所有，包装厂应予返还。

7

实务要点：持票人对空白背书的汇票进行补记仅限自己名称，如持票人补记其前手之前的空白被背书人，则视为票据伪造。同时取得背书不连续的票据的持票人将视为恶意持票人不得享有票据权利。

3.1

201102/76:195

2009

案例索引：福建福州中院（2009）榕民终字第888号“某金属公司与某包装厂票据纠纷案”，见《台州市路桥有色金属市场有限公司诉台州市路桥康威包装厂票据返还请求权案》（陈学辉、林枚），载《人民法院案例选》（201102/76:195）。

381 持票人对空白票据补记被背书人后成为合法持票人

——背书人未记载被背书人名称即将票据交付他人的，票据付款人不能以空白背书无效为由拒绝履行其兑付票款义务。

标签：票据 | 空白票据 | 空白背书 | 合法持票人

案情简介：2006年，商贸公司因购销合同取得金额为6万元的银行承兑汇票一张，随后在空白被背书人栏加盖自己公司公章。2007年，该汇票被盗，

法院认为：依最高人民法院《关于审理票据纠纷案件若干问题的规定》第49条规定：“依照票据法第二十七条和第三十条的规定，背书人未记载被背书人名称即将票据交付他人的，持票人在票据被背书人栏内记载自己的名称与背书人记载具有同等法律效力。”故本案商贸公司在涉案票据被背书人栏内记载自己公司名称后即为合法持票人，依法应支持其诉讼请求，银行应支付商贸公司汇票金额及利息。

嗣后公安机关从电器公司处追回交还给商贸公司。因银行以该汇票有争议而拒绝向商贸公司承兑付款致诉。

实务要点： 背书人未记载被背书人名称即将票据交付他人的，票据付款人不能以空白背书无效为由拒绝付款。

案例索引： 山东淄博市临淄区法院（2007）临民初字第2654号“淄博市临淄春韵商贸有限公司与青岛市商业银行股份有限公司票据纠纷案”，见《空白背书的效力认定》（成志宇），载《人民司法·案例》（201014:90）。

3.4

201014:90

2007

382 空白支票未记载票面金额又未补记，仍可公示催告

——未记载票面金额，又未经出票人授权补记的空白支票，理论上应为无效，但实践中，仍可适用公示催告程序处理。

标签： 票据 | 空白票据 | 公示催告 | 空白支票

案情简介： 2001年，持票人商贸公司不慎将印章齐全的空白支票丢失，遂向法院申请公示催告。

法院认为： 案涉票据系空白支票，理论上可以补记，但该支票未记载票面金额，又未经出票人授权补记，应为无效，不得适用公示催告程序。但实践中，为不使恶意拾票人、恶意持有人利用票据损害合法持有人的利益，常常将此类纠纷予以受理。故本案法院应予受理，并向支付地银行发出停止支付通知书，同时发出公告，告知利害关系人在公告之日起60日内申报权利，届时如无人申报权利，法院将依法作出判决，宣告案涉票据无效。在公示催告期间，转让该票据权利的行为无效。因公告期满1个月后无人申报，故裁定终止商贸公司催告程序。

3.3

2002商:619

2001

实务要点： 未记载票面金额，又未经出票人授权补记的空白支票，仍可适用公示催告程序。

案例索引： 新疆乌鲁木齐东山区法院（2001）东民催字第2号“某商贸公司公示催告案”，见《乌鲁木齐维特商贸有限公司因支票遗失申请公示催告案》（鲁秀兰），载《中国审判案例要览》（2002商事:619）。

I

签章缺陷

383 **银行兑付缺少预留印章的转账支票，并不一定赔偿**

——银行违规将缺少一枚出票人预留印章的支票予以兑付，但该付款为出票人真实意思表示的，银行不承担赔偿责任。

标签：票据 | 签章缺陷 | 支票付款 | 缺少出票人预留签章

7

案情简介：2005年，实业公司在银行开立一般存款账户，并预留该公司的财务专用章及谢某、周某的印章。同年，实业公司出具一张800万元收款人为精米厂的转账支票，该支票加盖了实业公司的财务专用章与谢某的印章，但未加盖周某的印章。实业公司主张银行违规兑付应予赔偿800万元。

法院认为：本案主要焦点是将涉案票款交付精米厂是否为实业公司真实意思表示，即银行违规行为是否给实业公司造成了损失。在转账支票缺少一枚印章的情况下，银行本应对不符合《票据法》规定的票据予以退票处理，其依照签章不全的支票付款，虽违反了《票据法》及中国人民银行有关结算支付的规定，但该行为未违背实业公司将款项交给精米厂的本意，亦未超出其授权，并非擅自处分实业公司财产，而是属于实业公司对自己财产的处分，结果应由实业公司自行承担。实业公司委托指示银行付款的真实目的已实现，所谓的银行违规兑付造成其损失无从谈起。即该行为未造成实业公司损失，银行不需要对实业公司承担民事责任。

2.4

201004/34:180

2010

实务要点：银行违规将缺少一枚出票人预留印章的支票予以兑付，但该付款为出票人真实意思表示，未造成出票人损失的，银行不承担损害赔偿责任。

案例索引：最高人民法院判决“某银行与某实业公司票据损害赔偿纠纷再审案”，见《厘清票据所涉法律关系性质是准确适用法律的基础——岳阳市君山区农村信用合作联社与湖南富兴中小企业担保有限公司票据损害赔偿纠纷再审案》（何抒、杨心忠，最高院审监庭），载《审判监督指导·案例评析》（201004/34:180）。

384 承兑签章形式上缺陷，不影响签章人所负票据责任

——商业汇票付款人签章未同时使用该法人印鉴加其法定代表人签章，但承兑意思表示明确，依法仍应承担票据责任。

标签：票据 | 签章缺陷 | 商业汇票 | 承兑程序

案情简介：1995年11月，德国供货商开出付款人为资源公司的商业汇票，合法持有人东亚银行加盖托收印章后，持该汇票向资源公司提示承兑，资源公司签收提示回单并加盖公司公章但未加盖法定代表人签章，同时领取了汇票项下全套单证。因资源公司以单证不符拒绝承付货款致诉。

2.4

200303/11:161

2003

法院认为：依我国《票据法》第42条规定“付款人承兑汇票的，应当在汇票正面记载‘承兑’字样和承兑日期并签章”，第7条规定“法人和其他使用票据的单位在票据上的签章，为该法人或者该单位的盖章加其法定代表人或者其授权的代理人的签章”。本案中，东亚银行作为该汇票的合法持有人，在收到该汇票后加盖了托收印章，内容载有承兑的字样及承兑日期，并将该汇票连同提示回单一并交给资源公司提示承兑。资源公司未拒绝承兑，而是签收了提示承兑回单并加盖公章，故承兑行为已实际完成。尽管付款人资源公司在汇票上的签章，虽只有该公司公章，无法定代表人或其授权的代理人签章，签章不完整，不完全符合我国《票据法》规定的形式要件，但承兑是资源公司的真实意思表示，且领取了汇票项下全套单证，故资源公司在汇票上盖章，同意承兑该汇票，其依法应负票据责任，负有将汇票金额支付给东亚银行的义务。

实务要点：商业汇票付款人的签章有缺陷，但承兑意思表示明确，依法应承担票据责任。

案例索引：见《中国西南资源联合开发公司与东亚银行珠海分行票据付款纠纷抗诉案——承兑在签章的形式上有缺陷，签章人仍应承担票据责任》（孙桂宏，广东高院审监庭；毛端稚），载《审判监督指导与研究·案例评析》（200303/11:161）。

385 对存在时空瑕疵的背书票据贴现，未构成重大过失

——持票人申请贴现时，银行虽对案涉票据背书签章的时空瑕疵未引起足够警觉，存在疏忽，但不应认定为重大过失。

标签：票据 | 签章缺陷 | 时空瑕疵 | 贴现审查 | 重大过失

案情简介：2008年12月11日，建行签发以贸易公司为出票人、销售公司为收款人的金额600万元的远期银行

法院认为：案涉汇票出票时间与工行向建行查询时间相差一天，期间经过两次异地连续背书转让，时间和空间上存在不合常理之处。通常发现此种情况，确实应引起贴现银行的警觉。但根据本案查明事实，工行基于老客户的信任关系和扩大业务的朴素想法，其工作人员主动上门服务，期间曾向建行查询，并经恢复确定票据真实性且无冻结止付情况

承兑汇票。2008年12月12日，经物流公司背书取得该票据的石化公司持票向工行办理贴现，工行向建行查询无误后办理贴现，3天后工行与物流公司签订贴现协议。2009年，建行以销售公司背书给物流公司的签章系伪造，该汇票一天之内经过两次异地连续背书转让存在时空上不合情理之处，工行疏于审核构成重大过失为由，拒绝付款。

下，3天后才与石化公司正式签订贴现协议进行贴现划款。法律法规并未禁止这种主动上门的服务方式，在假定各方均不知道李某实施诈骗伪造第一手背书签章的情况下，并不能排除多方债权债务关系人一起同时背书的可能，且从银行角度，此点亦非对票据前手原因关系实质性审查的重点，故工行对案涉票据背书签章时空瑕疵未引起足够警觉，存在疏忽，但不构成重大过失，应认定享有票据权利。

实务要点： 持票人申请贴现时，提交了贴现申请书、经其背书的未到期商业汇票、持票人与出票人或其前手之间的增值税发票和商品交易合同复印件。虽然贴现银行对案涉票据背书签章时空瑕疵未引起足够警觉，存在疏忽，但不应认定构成重大过失。

3.4

201304:91

2010

7

案例索引： 广东深圳中院（2010）深中法民二终字第1239、1240号“中国工商银行股份有限公司抚州文昌支行与中国建设银行股份有限公司深圳福田支行票据纠纷案”，见《票据取得中重大过失的司法认定》（秦拓），载《人民司法·案例》（201304:91）。

386 付款行未核对预留印鉴，导致瑕疵付款的，应赔偿

——票据出票人在票据上的签章与出票人预留印鉴不一致，付款人未进行核对，由此造成当事人损失应由付款人承担。

标签：票据 | 签章缺陷 | 委托付款合同 | 支票

案情简介： 2006年，第三人持建材公司开具并加盖财务专用章的支票从委托付款银行取走支票款。嗣后，建材公司以支票上人名章与预留印鉴不同诉请银行赔偿。一审以建材公司签发支票记载事项齐全、内容真实，付款是其真实意思表示为由，判决驳回建材公司诉讼请求。

法院认为： 《票据法》第89条规定，支票的出票人不得签发与其预留本名的签名式样或印鉴不符的支票。最高人民法院《关于审理票据纠纷案件若干问题的规定》第41条规定，票据出票人在票据上的签章与出票人预留印鉴不一致的，该签章不具有《票据法》上的效力。故票据出票人在票据上的签章与出票人预留印鉴不一致的情况下，付款人未进行核对，由此给当事人造成的损失应由付款人承担。出票人开出支票委托银行付款，在出票人和银行之间的纠纷应定义为委托合同纠纷，银行未对支票上的印鉴与预留印鉴进行核对的情况下对外付款，属于对违反《票据法》规定的票据予以付款的行为，由此给当事人造成损失的，应承担赔偿票面金额的责任；建材公司签发与预留本名印鉴不符的支票存在过错，应承担相应民事责任，故要求银行赔偿利息的诉讼请求不予支持。

3.1

200801/63:316

2006

实务要点： 票据出票人在票据上的签章与出票人预留印鉴不一致的情况下，付款人未进行核对，由此给当事人造成的损失应由付款人承担。

案例索引： 北京二中院（2006）二中民终字第13428号“某银行与某建材公司委托合同纠纷案”，见《北京四方恒通建材有限公司诉北京农村商业银行股份有限公司来广营支行委托合同纠纷案》（崔立武），载《人民法院案例选》（200801/63:316）。

387 背书误写遭拒付，可通过诉讼或票据涂销更正解决

——背书人名称和印章错误的持票人可以其他证据如调解协议，或通过票据涂销及更正等惯例等证明其享有票据权利。

标签： 票据 | 名称瑕疵 | 签章缺陷 | 票据权利证明 | 票据涂销 | 票据更正

案情简介： 2004年，工程公司取得21万元的银行承兑汇票一张，通过背书转让给机械公司，又由机械公司转让回来，再由工程公司转让给水泥公司，最后背书转让给水电公司。2005年，因承兑付款时银行以汇票上机械公司和水泥公司名称填写和印章错误，在水电公司提供工程公司、水泥公司证明信的情况下仍拒绝付款。水电公司遂起诉两前手工程公司和水泥公司主张票据权利。

法院认为： 背书的连续性只是证明票据权利，而不能决定持票人有无票据权利。我国《票据法》虽对票据行为的涂销和更正未做任何规定，但票据实务中票据行为的涂销和更正客观存在，特别是背书涂销和更正已成为惯例。在《票据法》未规定情况下，应适用惯例。根据《票据法》第31条，“非经背书转让，而以其他合法方式取得汇票的，依法举证，证明其汇票权利。”持票人所持票据背书如不具有连续性，持票人就不能仅凭持有票据证明其所享有的票据权利，但如果持票人能举出其他证据如调解协议或通过票据涂销及更正等惯例证明其享有权利，其仍可行使该权利。

实务要点： 背书不连续的持票人可以其他证据如调解协议或通过票据涂销及更正等惯例等证明其享有票据权利。

案例索引： 福建安溪法院（2005）安经初字第63号“某水电公司与某水泥公司等票据纠纷案”，经调解，确认建筑公司自愿将涉案汇票转让给水泥公司，水泥公司自愿将受让票据再转让给水电公司。见《集安水电（安溪）有限公司诉建德（泉州）工程机械制造有限公司、福建省安溪三元岩水泥有限公司票据付款请求权案》（谢美兰），载《人民法院案例选》（200604/58:306）；另载《中国审判案例要览》（2006商事:313）。

3.1

200604/58:306

2006商:313

2005

388 票据和粘单之间未加盖骑缝章不必然导致票据无效

——票据和粘单均由同一前手持有且一并交出，粘单未加盖骑缝章并不必然导致票据无效，形式瑕疵不影响票据效力。

标签： 票据 | 签章缺陷 | 骑缝章 | 形式瑕疵

案情简介： 1997年，实业公司因履行与进出口公司的购销合同取得第一背书人为贸易公司的承兑汇票。前手多个被背书人和背书人中，港口公司在第一次所盖财务专用章的上方未填写被背书人，但在连续的第二次的粘单背书人栏内加盖了财务专用章。代理付款行审查后支付了票款200万元，嗣后以背书不连续进行错账冲正，直接从实业公司账户扣划200万元。1998年，实业公司诉请银行赔偿。贸易公司提起公示催告程序后又撤诉，作为本案有独立请求权的第三人主张案涉汇票权利。

法院认为： 实业公司持有案涉汇票前，该汇票已流转多个单位，有些单位并未在背书人栏和被背书人栏内出现，但从出现在背书人栏和被背书人栏内的单位看，背书是连续的，所争议的空白背书和背书不连续及粘单未盖骑缝章的问题，只是港口公司在持有该汇票时，在第一次所盖财务专用章的上方未填写被背书人，而第二次又在粘单的背书人栏内加盖了财务专用章，先后两枚相连的同一单位的公章，在实质上就是起骑缝章的作用，由于该汇票一直在其手中持有，其间亦未背书他人，故在其第一次所盖财务专用章上方未填写被背书人是正常的，这一系列问题只是港口公司操作不规范所致。从形式上看，该票据经代理付款银行审查并无足以拒付的重大瑕疵，故难以构成空白背书和背书不连续。此外，该汇票经公示催告程序和诉讼，除实业公司申报权利和贸易公司要求除权外，并无第三人主张权利，足以说明汇票与粘单系连为一体的。实业公司善意取得该份汇票，且支付了对价，票据承兑人对其承兑的银行汇票负有兑付票面金额的义务。本案银行作为代理付款行，对实业公司提示付款票据进行审查后，兑付了票款，整个票据行为也就终结，实业公司对已划入其账户的款项拥有所有权和支配权。银行嗣后以该兑付不妥，自行从实业公司账户扣款行为，构成侵权。在票据款项兑付后，贸易公司再针对票据提起独立的请求权，无事实依据和法律依据。判决银行返还扣划的实业公司款项200万元，并赔偿相应利息。

3.3

2000商:257

1999

实务要点： 《票据法》规定在票据和粘单之间要加盖骑缝章的立法本意，主要是防止汇票与粘单相脱节。如果票据和粘单均由同一前手持有且一并交出，并无汇票与粘单相脱节情况，粘单未加盖骑缝章并不必然导致票据无效，票据形式上的瑕疵不足以影响票据的效力。

案例索引： 江苏高院（1999）苏经终字第325号“某银行与某实业公司等票据纠纷案”，见《南京外经韩江实业公司诉中国工商银行南京市城北支行、中国工商银行富阳市支行、第三人杭州广发贸易公司票据侵权案》（于静明），载《中国审判案例要览》

（2000商事:257）。

名称瑕疵

389　被背书人栏内名称不全并不必然导致票据绝对无效

——持票人所持票据上所盖印章与预留印鉴一致的情况下，付款人不能以名称不全拒绝付款，除非付款人有重大过失。

标签：票据 | 名称瑕疵 | 名称不全

案情简介：1994年，土产公司开出收款人为杨某的1000万元汇票，银行查询后将该汇票及解讫通知交给与杨某同行的欧某，欧某在该汇票上填写背书人为杨某，被背书人为“彩雁副食”，收款栏盖有欧某所经营的“彩雁副食杂品店”公章，银行经与该店预留账号印鉴比对后，将案涉汇票款解付到该副食杂品店。杨某诉请银行赔偿其汇票项下1000万元及利息损失。

法院认为：持票人副食品店向付款人即银行提出兑付请求时，该行依规定，对该票据的真实性、背书的连续性和被背书人在汇票上的印章与在银行预留的印鉴的同一性进行审查，认为符合要求并予兑付。虽然涉案票据被背书人栏内被背书人名称不全，与1988年12月19日中国人民银行发布的《银行结算办法》有关规定所有不符，但该名称是背书人的背书行为造成，亦不必然导致票据绝对无效。在持票人所持票据上所盖印章与在银行预留印鉴一致的情况下，付款人不能以名称不全拒绝付款，除非付款人有重大过失，如明知持票人系非权利人，否则不构成票据债务人拒付情形。本案银行兑付行为虽有所欠缺，但不违反当时法律、法规的强制性规定，不构成票据侵权，判决驳回杨某诉请。

实务要点：票据被背书人栏内被背书人名称不全，并不必然导致票据绝对无效。在持票人所持票据上所盖印章与在银行预留印鉴一致的情况下，付款人不能以名称不全拒绝付款，除非付款人有重大过失，如明知持票人系非权利人，否则不构成票据债务人拒付情形。

2.3

200201/1:241

2002

案例索引： 最高人民法院（2001）民二监字第453号“某银行与杨某票据侵权纠纷申请再审案”，见《杨连起与中国农业银行顺德市支行票据侵权纠纷申请再审案》（于金陵，最高院立案庭），载《立案工作指导与参考 · 再审复查案例评析》（200201/1:241）。

390 被背书人名称填写采加盖公章方式应视同有效记载

——被背书人名称采取在被背书人栏加盖被背书人公章做法，因单位公章足以表明被背书人名称，故应视同有效记载。

标签： 票据 | 名称瑕疵 | 加盖公章 | 中国人民银行函复

案情简介： 1995年11月，银行将4张金额共计3000万元的银行汇票存入信用社，获得信用社出具的定期储蓄存单。1996年，银行取款遭拒，信用社拒付理由：案涉汇票显示收款人系银行工作人员，被背书人栏加盖了建材商店公章，信用社并未收到汇票款项，储蓄存单系信用社主任侯某与银行工作人员勾结套取金融机构信用所致。

法院认为： 中国人民银行是我国金融政策指导行，故该行函复对于正确认定汇票转让的效力提供了重要的参考依据。依中国人民银行函复，《票据法》实施后，实务中，被背书人名称填写的方式采取在被背书人栏加盖被背书人单位公章的做法，因单位公章足以表明被背书人的名称，故应视同有效记载。案涉银行汇票收款人均在汇票背书人栏签章，并在被背书人栏加盖了被背书人单位公章，在背书要件上符合银行结算的有关规定，应认定背书有效。银行将已背书给被背书人的汇票金额作为银行存款，且案涉存单在汇票解付之前开具，应认定存款关系虚假，信用社开出存单是纯粹承担责任，而无利益而言。银行一方面将资金背书转让，直接交给建材商店，另一方面又通过侯某套取信用社的金融机构信用，让侯某为其开出存单，具有明显损害他人利益，转嫁金融风险的恶意，故帮助违法借贷的行为应系侯某个人行为，信用社不应承担赔偿责任。

2.4

200203/7:161

2002

实务要点： 《票据法》实施后，被背书人名称填写采取在被背书人栏加盖被背书人单位公章的做法，因单位公章足以表明被背书人的名称，故应视同有效记载。

案例索引： 最高人民法院2002年4月1日再审通知“某银行与某信用社存款合同纠纷案”，见《中国光大银行大连分行与中国银行辽阳分行存款合同纠纷案——如何认定虚假的存款关系》（谭红），载《审判监督指导与研究 · 案例评析》（200203/7:161）。

391 被背书人名称简写或其他瑕疵，不必然致票据失权

——银行承兑汇票上被背书人的名称记载用简称或其他表述瑕

法院认为： 钢铁公司向矿山公司背书转让银行承

疵，只要前后签章记载基本一致，仍可认定为背书连续。

标签：票据 | 名称瑕疵 | 质押 | 票据质押 | 票据背书 | 背书连续

法院认为： 矿山公司在接受银行承兑汇票时，在被背书人一栏仅记载简称，同时矿业公司将该银行承兑汇票用作质押时，签章与预留印鉴不符，违反了《票据法》第7条和《银行结算办法》相关规定。但上述签章结果并不必然导致矿山公司丧失票据权利。鉴于付款行非以此付款，矿山公司前手对持票人的真实性并未提出异议，该承兑汇票到期日前无人对其主张票据权利，故应确认背书连续，矿山公司不因此丧失票据权利。矿山公司未背书记载“质押”字样，其后果仅为质押权人无法证明其票据质权，依票据文义性，矿山公司为持票人。根据《票据法》关于票据义务人不得以自己与持票人前手之间的抗辩事由对抗持票人的规定，法院裁定冻结矿山公司依背书持有的汇票错误。

案情简介： 1997年，材料厂因购销合同申请银行开立票面金额800万元的承兑汇票，随后卖方铆焊厂取得该票据后背书转让给钢铁公司，钢铁公司又背书转让给矿山公司，关于被背书人记载用了简写。矿山公司用该汇票向银行办理质押，但未标注“质押”字样，且作为背书人加盖的公章与质押权人银行的预留印鉴不符。因材料厂与铆焊厂购销合同纠纷，另案法院依材料厂申请裁定冻结该票据。矿山公司持质押行退回的汇票向承兑行请求付款时遭拒。

实务要点： 银行承兑汇票上被背书人的名称记载用简称或其他表述瑕疵，只要前后签章记载基本一致，按照通常认识便能判断实质上为同一人，且无第三人对此主张的，可认定背书连续，持票人并不因此丧失票据权利。

2.4

200302/10:129

2001

案例索引： 最高人民法院（2001）民他监字第34号“某银行与某矿山公司等票据纠纷案”，见《鞍山钢铁公司弓长岭矿山公司与沈阳城市合作银行新华支行、辽阳城市合作银行弓长岭支行票据纠纷一案的请示与答复——如何认定持票人的票据权利》（罗少华、姜华），载《审判监督指导与研究·请示与答复》（200302/10:129）。

392 伪造签章的假背书，与包含错别字背书连续性认定

——银行承兑汇票上被背书人的名称与签章显示的相应背书人是否具有同一性，应以一般公众是否认可作为判断标准。

标签：票据 | 票据伪造 | 名称瑕疵 | 背书连续 | 错别字 | 背书同一性

法院认为： 判断诉争被背书人与签章的相应背书人是否具有同一性，应以一般公众是否认可作为判断标准。实业公司、展通公司分别作为第三手、第六手被背书人记载于票据粘单上时，只是全称中的“展”字多加了一笔“丿”，显然系错别字，一般公众不会因此而误认为被背书人与签章进行背书转让的背书人是两个公司。据此该两处文字错误不构成背书不连续。信用社接受银行补正要求后，提供了相关证明，银行认可第三手被背书人不规范问题已经解决。尽管信用社未能就第六手被

案情简介： 2007年，信用社持50万元金额、出票人为工程公司的承兑汇票要求银行兑付，被银行以第三手和第六手被背书人背书问题要求补正。第三手“展通公司”的“展”字多写

一"丿"，核实第六手手写"实业公司"文字时，发现实业公司前手煤电公司签章系展通公司经办人伪造，后由经侦出具证明最后持票人系信用社。因银行依然以背书不连续拒绝承兑致诉。

3.3

2009商:312

2008

背书人不规范问题进行补正，且在补正过程中发现展通公司前手煤电公司签章不真实，但依票据无因性、文义性、流通性特点，《票据法》要求持票人必须审查背书在形式上是否连续，既不要求持票人审查背书的实质原因，亦不要求持票人审查背书真假（对其直接前手的背书除外）。由此应认为在转让过程中，每一次背书的真假原则上不影响持票人的票据权利，除非持票人取得票据时在假背书问题上有恶意或重大过失。现无证据证明信用社取得票据时明知或应知煤电公司签章不真实，故信用社未就第六手被背书人展通公司书写不规范进行补正，并不导致背书不连续。连续背书具有权利证明效力，信用社可凭此票据行使票据权利。汇票到期被拒绝付款的，持票人可对背书人、出票人以及汇票的其他债务人行使追索权。判决银行给付信用社承兑汇票金额50万元及利息，工程公司、实业公司等出票人、前手背书人承担连带责任。

7

实务要点： 《票据法》要求持票人必须审查背书在形式上是否连续，既不要求持票人审查背书的实质原因，亦不要求持票人审查背书真假（对其直接前手的背书除外）。银行承兑汇票上被背书人与签章的相应背书人是否具有同一性，应以一般公众是否认可作为判断标准。

案例索引： 北京二中院（2008）二中民终字第04548号"某银行与某信用社等票据纠纷案"，见《邯郸市峰峰矿区义井农村信用合作社诉交通银行股份有限公司北京三元支行等票据案（背书连续）》（李有光、李方），载《中国审判案例要览》（2009商事:312）。

393 背书误写遭拒付，可通过诉讼或票据涂销更正解决

——背书人名称和印章错误的持票人可以其他证据如调解协议，或通过票据涂销及更正等惯例等证明其享有票据权利。

标签： 票据 | 名称瑕疵 | 签章缺陷 | 票据权利证明 | 票据涂销 | 票据更正

法院认为： 背书的连续性只是证明票据权利，而不能决定持票人有无票据权利。我国《票据法》虽对票据行为的涂销和更正未做任何规定，但票据实务中票据行为的涂销和更正客观存在，特别是背书涂销和更正已成为惯例。在《票据法》未规定情况下，应适用惯例。根据《票据法》第31条，"非经背书转让，而以其他合法方式取得汇票的，依法举证，证明其汇票权利。"持票人

案情简介： 2004年，工程公司取得21万元的银行承兑汇票一张，通过背书转让给机械公司，又由机械公

司转让回来，再由工程公司转让给水泥公司，最后背书转让给水电公司。2005年，因承兑付款时银行以汇票上机械公司和水泥公司名称填写和印章错误，在水电公司提供工程公司、水泥公司证明信的情况下仍拒绝付款。水电公司遂起诉两前手工程公司和水泥公司主张票据权利。

所持票据背书如不具有连续性，持票人就不能仅凭持有票据证明其所享有的票据权利，但如果持票人能举出其他证据如调解协议或通过票据涂销及更正等惯例证明其享有权利，其仍可行使该权利。

实务要点： 背书不连续的持票人可以其他证据如调解协议或通过票据涂销及更正等惯例等证明其享有票据权利。

案例索引： 福建安溪法院（2005）安经初字第63号“某水电公司与某水泥公司等票据纠纷案”，经调解，确认建筑公司自愿将涉案汇票转让给水泥公司，水泥公司自愿将受让票据再转让给水电公司。见《集安水电（安溪）有限公司诉建德（泉州）工程机械制造有限公司、福建省安溪三元岩水泥有限公司票据付款请求权案》（谢美兰），载《人民法院案例选》（200604/58:306）；另载《中国审判案例要览》（2006商事:313）。

3.1

200604/58:306

3.3

2006商:313

2005

394 持票人笔误造成背书不连续，不因此丧失票据权利

——票据持有人因笔误导致被背书人顺序错误造成背书不连续，但以其他证据证实票据权利的，应视为背书有连续性。

标签：票据 | 名称瑕疵 | 背书连续 | 笔误

案情简介： 1999年，电力公司作为50万元汇票的持票人，在向付款银行提示兑付时，在空白背书上补充记载时，因笔误将第一被背书人写成第一背书人，银行据此拒付。电力公司诉请银行承担兑付责任。

法院认为： 电力公司经背书转让方式取得的银行承兑汇票，绝对应记载事项齐全，该汇票合法有效。该汇票在背书转让过程中虽系空白背书，但经最后持票人电力公司填写了各被背书人的单位名称，应视为与背书人记载有同等法律效力。该公司已对造成背书不连续的原因予以举证说明，证实出现背书不连续的瑕疵完全是出纳员笔误造成，故该汇票背书应视为具有连续性。电力公司又举证证实各背书当事人间均支付了相应对价，以汇票背书方式结算了货款，各方对该汇票真实性均不持异议，故电力公司系合法持票人，其在法定权利时效期间已向银行提示付款，并依法履行了汇票的保全手续，其汇票权利并未丧失，应享有票据权利。判决银行给付电力公司50万元。

3.1

200204/42:259

实务要点： 票据的最后合法持有人因笔误导致被背书人顺序错误造成背书不连续，但通过其他证据证实票据权利的，应视

3.3

2001商:428

2000

为背书具有连续性。

案例索引： 江苏南通中院（2000）通中经终字第121号“某银行与某电力公司票据纠纷案”，见《最后持票人华北电力物资公司在付款请求被以背书不连续理由拒绝后诉承兑人通州中行仍应支付汇票票款案》（施汉嵘、严志凌），载《人民法院案例选》（200204/42:259）；另见《北京华北电力物资供销储运公司诉中国银行通州市支行票据追索权案（票据追索权）》（施汉嵘、严志凌），载《中国审判案例要览》（2001商事:428）。

395 支票付款人错误，但符合习惯的，不影响票据效力

——转账支票上付款行名称虽然错误，但系付款行与出票人之间的习惯做法，双方不发生歧义，该支票应为有效票据。

标签： 票据 | 名称瑕疵 | 习惯做法

7

案情简介： 1997年，医院为患者钱某开具150元的转账支票，付款人填写为医院。后因付款银行向钱某变造的票据支付37.9万元致诉。

3.3

1999经:236

1998

法院认为： 根据《票据法》第85条规定，对支票上未载明6项规定事项之一的，支票即无效。支票是要式证券，出票人签发支票，必须依据本条规定签发和记载事项，未按此项出票的支票，没有票据效力，付款人不予付款。但本案银行并未将该支票视为无效票据退回，而按其习惯做法予以付款。实际上，这是对错填付款人位置的医院习惯做法的认可。此做法和约定并不发生其他歧义，这一事实满足了支票上应记载的付款人名称项目。且双方对转账支票上填写付款人字样于付款人银行或金融机构，并无实际意义上的分歧。故医院为钱某出具的150元的转账支票应系有效票据，医院应对变造之前其签章的事项承担责任。

实务要点： 转账支票上付款行名称虽不符合《票据法》规定的要件，但系付款行与出票人之间的习惯做法，双方对此票据不会发生歧义，故该支票应为有效票据。

案例索引： 河南高院（1998）豫经二终字第248号“某银行与某医院票据纠纷案”，见《南阳市第一人民医院诉中国工商银行南阳市卧龙区支行票据变造赔偿案》（阎泉水），载《中国审判案例要览》（1999经济：236）。

票据要式性

396 底联复印件加盖银行汇票专用章，亦不能视为有效

——持票人持有银行承兑汇票虽满足《票据法》对绝对记载事项的文义要求，但因系复印件，亦不能认定为有效票据。

标签：票据 | 票据要式性 | 复印件盖章

案情简介： 1996年1月，进出口公司根据与贸易公司和他人的代理进口协议，由贸易公司签发了共计1100万元的银行承兑汇票，但在贸易公司交给进出口公司前遗失，公示催告期间，进出口公司将加盖了银行汇票专用章并承诺付款的底联复印件向银行提示付款时，遭到银行拒付。进出口公司遂以票据纠纷起诉银行。

法院认为： 票据是要式证券，票据的制作须严格符合法律规定。进出口公司从案外人贸易公司得到的银行承兑汇票第一联复印件，不符合《票据法》对汇票的规定，不是有效票据，进出口公司不能据此主张行使票据权利。《票据法》第18条规定："持票人因超过票据权利时效或者因票据记载事项欠缺而丧失票据权利的，仍享有民事权利，可以请求出票人或者承兑人返还其与未支付的票据金额相当的利益。"贸易公司是因进出口公司为其代理进口货物，才给进出口公司出具汇票。进出口公司虽因票据无效而丧失了票据权利，但是其因代理行为而对贸易公司享有的债权并未丧失，法院亦未否定进出口公司的这一民事权利。进出口公司起诉时，只是主张对银行行使票据权利，本案据此以票据纠纷立案。进出口公司与贸易公司之间的债权债务系原因关系，属民法调整，与本案的票据关系无关，不应一并审理，进出口公司可另行起诉。

1.1

1995-1999:656

1998

实务要点： 持票人持有银行承兑汇票复印件上虽然有"汇票"字样、金额、付款人名称、收款人名称等复印内容，且加盖了汇票专用章，也不能作为有效的汇票使用。

案例索引： 江苏高院1998年10月15日判决"某进出口公司诉某银行票据承兑纠纷案"，见《赛格进出口公司诉中国农业银行无锡市郊区支行票据承兑纠纷案》，载《最高人民法院公报·案例》（1995-1999:656）。

397 汇票出票日和背书或申请贴现日的间隔，并无规定

——汇票未写背书日期，及出票日和背书或申请贴现日在间隔一日内完成贴现，均不能据此认定贴现行具有重大过失。

标签：票据 | 票据要式性 | 重大过失 | 时间间隔

案情简介：2007年，裴某持银行承兑汇票申请贴现，建行进行形式审查后办理了贴现业务。嗣后，出票人贸易公司以背书未记载日期、出票日与三个连续背书及申请贴现日均在同一日不符合常理为由，提出建行在贴现过程中存在重大过失。

法院认为：《票据法》第29条规定，背书未记载日期的，视为在汇票到期日前背书。故背书未记载日期的，不影响背书行为效力。我国法律对汇票出票日和背书或申请贴现日期的间隔未作出强制性规定。根据建行内部操作规程，本案贴现业务要由信贷部门、资金计划部门和会计部门进行严格审查，还要报上级银行审批。尽管如此，建行在一日内完成上述工作及票据贴现行为亦属正常，不能据此认定其具有重大过失。

实务要点：背书未记载日期的，不影响背书行为效力。我国法律对汇票出票日和背书或申请贴现日期的间隔未作出强制性规定。故汇票未写背书日期以及汇票出票日和背书或申请贴现日在间隔一日内完成票据贴现行为，均不能据此认定贴现行具有重大过失。

7

2.6

v.7:352

2011

案例索引：最高人民法院（2011）民提字第84号"某银行与某贸易公司等票据纠纷案"，见《票据贴现中各方的过错认定与责任承担——中国建设银行股份有限公司侯马支行与陕西侯马市亨丰贸易有限公司、侯马市天瑞鸿焦铁有限公司、侯马市经济技术开发区昌鑫炉料有限公司票据纠纷案》（审判长王宪森，审判员殷媛，代理审判员张雪楳），载《最高人民法院商事审判指导案例-7·公司与金融卷》（2012:352）。

398 支票欠缺绝对必要记载事项之出票日期，应为无效

——出票日期属支票绝对必要记载事项，否则支票无效。以支票结算的交易，收款人实际划转款项才算完成收款行为。

标签：票据 | 票据要式性 | 支票无效 | 绝对必要记载事项

案情简介：2003年2月，为履行与国土局的土地使用权出让合同，木业公司以支票方式将300万元出让金支付给国土局，但支票上未填写出票日

法院认为：票据的出票行为属于要式行为，法律对票据的各项记载事项都有严格要求，不符合要求的记载将产生不同的法律后果。根据《票据法》第85条规定，支票必须记载出票日期等事项，未记载规定事项之一的，支票无效。该规定表明出票日期是支票的绝对必要记载事项，无法通过事后补记而修复其效力，故欠缺出票日期记载的，支票无效。从法律上讲，即使收款人接受了欠缺绝对必要记载事项的票据，出票

期。事后木业公司称根据与国土局前几次的交易习惯，系授权国土局补记。2005年6月，国土局以未收到该出让金等理由撤销出让合同。木业公司认为国土局违约而提起诉讼。

2.8

2011:557

2011

人依然有义务完成出票行为。木业公司授权由收款人自行填写出票日期，就应承担由此带来的法律风险。双方当事人的交易惯例只有在法律未明确规定时才能予以参考，而并不能改变法律的强制性规定。国土局虽然出具收到了300万元支票的收据，但在以支票为结算方式的交易中，收款人出具收据并不意味着支付款项行为的最终完成，且本案收款人亦未实际划转该300万元资金，故不应将该资金认定为已交纳出让金，木业公司构成违约。

实务要点： 出票日期属于支票绝对必要记载事项，欠缺出票日期记载的，支票无效。在以支票为结算方式的交易中，收款人出具收据并不意味着支付行为的最终完成，只有收款人实际划转款项才完成收款行为。

案例索引： 最高院再审“某木业公司与某国土局出让合同纠纷案”，见《出票人填写交付未记载出票日期的支票为无效票据行为——青岛乾坤木业有限公司与青岛市国土资源和房屋管理局崂山国土资源分局土地使用权出让合同纠纷案》（王朝辉，最高院审监庭），载《全国法院再审典型案例评注（下）》（2011:557）。

票据无因性

399 贷款人取得抵押票据并更名收款人，形成票据关系

——票据关系一经成立，即与票据取得原因关系相脱离，无论其原因关系是否存在及是否有效，均不影响票据的效力。

标签：票据 | 无因性 | 信托 | 票据关系成立

法院认为： 航空集团向信托公司申请贷款，将银行签发的、以航空集团下属企业为收款人的银行承兑汇票作抵押，

案情简介：1990年，航空集团向信托公司贷款，并以银行签发的收款人为航空集团下属企业的总额为2000万元的承兑汇票作为抵押。在航空集团、信托公司要求下，银行将前述汇票收款人变更为信托公司。航空集团破产未清偿信托公司贷款，信托公司要求银行承兑汇票金额时，银行以票据收款人和抵押人均系债权人为由主张抵押无效。

与信托公司签订贷款合同，形成银行承兑汇票抵押贷款的民事法律关系。银行应航空集团、信托公司要求，将银行承兑汇票的收款人由航空集团下属企业变更为信托公司，重新签发了以信托公司为收款人的银行承兑汇票，票面金额合计2000万元人民币，从而在银行与信托公司之间形成了银行承兑汇票的法律关系，即票据关系。鉴于票据是无因证券、文义证券，票据关系一经成立，即与票据取得的原因关系相脱离，无论其原因关系是否存在及是否有效，都不影响票据本身的效力。银行签发并承兑的汇票要素完整，信托公司取得该票据并无恶意，且支付了相当对价，故票据合法有效。银行作为本案银行承兑汇票的债务人，负有到期按票面记载金额无条件兑付的义务，不得以票据以外的民事法律关系为由拒绝付款。

1.1

1985-1994:749

7

1993

实务要点：票据是无因证券、文义证券，票据关系一经成立，即与票据取得的原因关系相脱离，无论其原因关系是否存在及是否有效，都不影响票据本身的效力。

案例索引：最高人民法院1993年11月11日判决“某银行诉某信托公司承兑汇票纠纷案”，见《中国农业银行西宁市支行东郊办事处诉中银信托投资公司银行承兑汇票纠纷上诉案》，载《最高人民法院公报·案例》（1985-1994:749）。

400 背书人与被背书人签章是否伪造，不影响票据效力

——票据上的绝对记载事项完全即为有效。背书人、被背书人签章是否伪造，并不影响票据本身及其他票据行为效力。

标签：票据 | 票据无因性 | 票据伪造 | 签章伪造

法院认为：基于票据行为的无因性和独立性，只要票据上绝对记载事项完全，就应认定票据有效。至于背书人、被背书人签章是否伪造，并不影响票据本身效力，亦不影响其他票据行为效力。案涉银行承兑汇票绝对记载事项完全，尽管实业公司公章为该公司更名前的公章，且系他人伪造，但基于票据行为无因性、独立性原则，并不影响票据本身效力，亦不影响其他票据行为效力。本案实质是出票人以贴现行为具有过错、给其造成损失为由，诉请贴现行赔偿其损失的票据贴现纠纷案件。本案特殊性在于，导致出票人所谓贴现款损失的根本原因是出票人与第三人合谋出具票据用以获得贴现款借给第三人使用，其损失是由于出票人自己的过错行为导致非法贴现、用款人未还款所致，而非

案情简介：2007年，裴某持收款人为实业公司的银行承兑汇票申请贴现，建行进行形式审查后办理了贴现业务。嗣后出票人贸易公司以实业公司及其他背书人签章系伪造，建行在贴现过程中违反操作规程未审查、未要求提交发票原件存在重大过失为由诉请赔偿。建行证据表明，贸易公司法定代

表人赵某与裴某系合意以出借银行承兑汇票为手段的借款行为。

贴现行为所致，故贴现行不应承担赔偿出票人贴现款损失的责任。

2.6

实务要点： 基于票据行为的无因性和独立性，只要票据上绝对记载事项完全，就应认定票据有效。至于背书人、被背书人签章是否伪造，并不影响票据本身效力，亦不影响其他票据行为效力。

v.7:352

2011

案例索引： 最高人民法院（2011）民提字第84号“某银行与某贸易公司等票据纠纷案”，见《票据贴现中各方的过错认定与责任承担——中国建设银行股份有限公司侯马支行与陕西侯马市亨丰贸易有限公司、侯马市天瑞鸿焦铁有限公司、侯马市经济技术开发区昌鑫炉料有限公司票据纠纷案》（审判长王宪森，审判员殷媛，代理审判员张雪楳），载《最高人民法院商事审判指导案例-7·公司与金融卷》（2012:352）。

401 直接交付方式下空白背书票据权利取得合法性认定

——持票人仅对其直接前手转让票据的合法性负责，无需对其前手取得票据的合法性或交易关系真实性承担举证责任。

标签： 票据 | 票据无因性 | 直接前手 | 空白背书

案情简介： 2008年，服饰公司向银行申请开立收款人为纤维公司、面额为300万元的承兑汇票一张。随后，张某受梁某委托将该被背书人栏空白的汇票转让给担保公司，担保公司收到后又空白转让给贸易公司，后又经工贸公司转给案外人，经案外人转给有合同关系的商贸公司。其后，服饰公司以不慎遗失汇票为由申请公示催告，商贸公司申报权利并取得承兑付款。服饰公司据此起诉工贸公司、商贸公司返还300万元及利息。商贸公司反诉服饰公司赔偿其利息损失及差旅费损失9万余元。

法院认为： 本案诉争汇票多次转让中，呈现了背书转让和直接交付两种方式。票据关系当事人既有背书人与被背书人，亦有实际参与了票据流转过程，而未在票据上记载其名称的主体，但这并不能否定后者实际参与了票据流转的当事人即票据占有人的资格。依《票据法》规定，票据当事人仅对其直接前手转让票据的合法性及交易的真实性负责。《票据法》第14条第2款规定：“票据上有伪造、变造的签章的，不影响票据上其他真实签章的效力。”故工贸公司及商贸公司均给予善意受让，并依合同关系向相对人支付了对价，即使纤维公司的背书签章属于伪造亦不影响持票人的票据权利。由于票据关系具有独立性和无因性，工贸公司从案外人贸易公司处取得空白背书的承兑汇票，并补记上自己签章，即完成了背书行为，工贸公司不必然与收款人纤维公司发生交易关系，只要工贸公司证明自己取得票据的行为合法、善意即可。《票据法》第12条规定：“以欺诈、偷盗或者胁迫等手段取得票据的，或者明知有前列情形，出于恶意取得票据的，不得享有票据权利。”本案中，张某、梁某、担保公司、贸易公司及工贸公司、商贸公司，其所获取票据均因相互之间的交易或买卖关系，且支付了对

3.1 价，其合法性不受质疑，均属于善意取得票据。故判决驳回服饰公司诉讼请求，服饰公司赔偿商贸公司利息损失及差旅费损失9万余元。

201401/87:287

2012

实务要点： 票据占有人在空白背书栏内补记自己名称与背书人记载具有同等法律效力。持票人仅对其直接前手转让票据的合法性及双方交易的真实性负责，无需对其前手取得票据的合法性或交易关系的真实性承担举证责任。

案例索引： 天津二中院（2012）二中民再字第23号“某服饰公司与某商贸公司等票据纠纷案”，见《浙江互喜鹤服饰有限公司诉天津市芳胜商贸有限公司、唐山市丰润区宝兴华泰工贸有限公司票据纠纷案——直接交付方式下空白背书票据权利的取得》（杜建杰、钟鸣，天津河东区法院），载《人民法院案例选》（201401/87:287）。

7

402 公安机关的冻结通知，不免除承兑行兑付本息义务

——合法持票人享有票据权利，其行使权利时不受越权公权行为限制。即使公安机关的冻结通知亦不免除其兑付义务。

标签： 票据 | 无因性 | 付款义务 | 越权公权行为 | 冻结通知

案情简介： 2011年，机床厂为支付货款，将出票人为纺织公司、收款人为实业公司的面额10万元的银行承兑汇票交予机械厂。2012年，取得该汇票的倪某向银行提示付款，银行以公安机关通知冻结为由拒绝付款。同年12月26日调解时，银行以冻结期满，同意倪某提示付款，因倪某坚持主张利息损失拒绝提示付款致调解不成。

法院认为： 票据具有无因性，公安机关虽向银行发出了冻结通知，但通知中记载的犯罪嫌疑人并非票据权利人，公安机关亦未收缴票据原件，故冻结行为并不妨碍票据继续以背书转让方式流通，机械厂作为合法持票人有权主张票据权利。银行已于2012年12月26日庭审时明确表示同意付款，但倪某仍以要求利息为由拒绝提示付款，故倪某自己扩大了损失应自行承担，判决银行给付倪某票款10万元，并偿付至2013年1月2日的利息，2013年1月3日即调解后7天合理期限倪某未提示付款，之后的利息应自行承担。

实务要点： 合法取得票据的持票人享有票据权利，其行使票据权利时不受越权公权行为限制。

案例索引： 上海一中院（2013）沪一中民六（商）终字第80号“倪春芳与中国银行张家港分行、上海冲剪机床厂票据纠纷案”，见《合法行使票据权利不受越权公权行为限制》（范德鸿），载《人民司法·案例》（201322:88）。

3.4

201322:88

403 后手接受前手票据，无需审查票据交付人真实身份

——票据的效力与签发票据的原因关系分离，只要票据具备法定形式，即使原因行为不合法或不存在，票据仍然有效。

标签：票据 | 票据无因性 | 公示催告 | 重大过失

案情简介：2006年，化工公司以其所持汇票被盗向法院申请公示催告，期间因材料公司和贸易公司申报权利而终结。随后化工公司提起诉讼，要求法院作出除权判决，确定案涉汇票属于其所有。材料公司从自称是钢铁公司职员李某处取得票据，而李某是何人不得而知，贸易公司因钢材交易从材料公司取得票据，且双方均在被背书人栏加盖公章予以补记，形成连续背书。

3.3

2007商:348

2006

法院认为：本案中汇票背书存在着签章连续，应认定为背书连续，而最后一次背书的被背书人是贸易公司，根据票据的文义性特征，贸易公司系涉案汇票的最后合法持票人，应为票据权利人，且其取得汇票具有真实的交易关系，有其与材料公司钢材买卖的结算清单为证，符合《票据法》第10条票据的取得须给付对价的规定。《票据法》第13条规定，票据债务人不得以自己与出票人或者与持票人的前手之间的抗辩事由，对抗持票人。但是持票人明知存在抗辩事由而取得票据的除外。可见前手与票据债务人之间的抗辩事由，因背书转让而被切断，对持票人无任何影响，这是由票据的无因性特征决定的。材料公司从自称是李某的人手中取得汇票未审查其身份，主观上可能存在过失，但贸易公司从材料公司手中背书取得该汇票时不存在恶意或重大过失。另外，最高人民法院《关于审理票据纠纷案件若干问题的规定》第49条规定，依据《票据法》第27条和第30条规定，背书人未记载被背书人名称即将票据交付他人的，持票人在票据被背书人栏内记载自己的名称与背书人记载具有同等法律效力。故贸易公司接受汇票后将汇票上被背书人栏的空白予以补记，与材料公司记载具有同等法律效力，涉案汇票背书是连续的。因化工公司在涉案汇票上无任何记载，依法不享有票据权利，如认为材料公司损害其公司权益，可提起票据侵权赔偿之诉。判决驳回化工公司诉讼请求。

实务要点：票据的效力与签发票据的原因分离，只要票据具备法定形式，即使原因行为不合法或不存在，票据仍然有效；持票人行使票据权利，以提示票据为要件，不需另行证明票据的原因。

案例索引：安徽巢湖中院（2006）巢民二终字第74号“某化工公司与某材料公司等票据纠纷案”，见《杭州萧山化工总厂有限公司诉芜湖市国源金属材料有限公司等票据权利案（票据确权）》（郑霞），载《中国审判案例要览》（2007商事:348）。

404 付款行不得以其与出票人间抗辩事由，对抗持票人

——银行作为出票人的债权人同时亦系票据付款人，不得以其与出票人或与持票人前手之间的抗辩事由，对抗持票人。

标签：票据 | 票据无因性 | 支票 | 抗辩权

案情简介： 1999年，机电公司持商贸公司送交的转账支票到付款行办理进账手续，银行审查后将已加盖了付款人印章的支票进账单第一联作为回单交给商贸公司，之后以商贸公司拖欠银行贷款为由要求商贸公司退票，机电公司认为侵犯其票据权利，起诉要求银行履行票据义务。

法院认为： 银行作为转账支票的付款人，在接收出票人商贸公司送交的支票后，经审查将已加盖付款人印章的支票进账单第一联作为回单交给商贸公司，至此，银行已受理转账支票，依法应向收款人机电公司承担付款义务。银行不按有关支付结算会计手续在进账单第一联加盖转讫章，不影响机电公司依法行使票据付款请求权，判决银行支付机电公司票据金额44万余元。

实务要点： 银行作为出票人的债权人，同时成为票据的付款人即票据债务人时，在持票人提示付款时，不得以自己与出票人或与持票人的前手之间的抗辩事由，对抗持票人。

案例索引： 河南郑州中院判决“某银行与某机电公司票据纠纷案”，见《收款人远洋机电有限公司诉付款人广东发展银行郑州分行出具进账单回执后又从出票人账户中扣款致支票空头而拒付要求支付票款案》（乔艳），载《人民法院案例选》（200302/44:287）。

7

3.1

200302/44:287

2003

票据交付

405 汇票委托书回单，只能证明出票，不能证明已付款

——汇票委托书银行回单及对账单只能证明签发人委托银行签

法院认为： 化工公司举示的汇票委托书回单只能

发汇票的行为，不足以证明汇票款已支付到相对方账户。

标签：票据 | 票据交付 | 举证责任 | 委托书回单

案情简介： 2005年，轮胎公司就旗下长期与化工公司有购销往来的橡胶厂债权，与化工公司进行对账。嗣后双方对化工公司是否返还一笔138万余元的款项存在争议。化工公司为此提供一张其委托银行签发、以“橡胶厂”为收款人、金额为138万余元的银行汇票委托书回单，并提供了银行关于该汇票未被退票、票款已付的证明及化工公司该款已支付出去的银行对账单。

证明其委托银行签发以“橡胶厂”为收款人、金额为138万余元的银行汇票，不能证明该汇票已交付给轮胎公司。化工公司的银行对账单及银行关于该汇票未被退票、票款已付的证明只能证明化工公司账户发生138万余元的资金付出，不足以证明票款已支付到轮胎公司银行账户。汇票票款从化工公司账户付出，存在多种可能性，并不能得出轮胎公司收到款项或行使了票据权利的唯一结论。化工公司提出轮胎公司已收到该汇票款或已行使票据权利，属于抗辩事实主张，因未就此举证，故应承担不利后果。判决确认该138万余元属于化工公司应支付给轮胎公司的货款。

实务要点： 汇票委托书银行回单及银行对账单只能证明汇票签发人委托银行签发汇票的行为，不足以证明汇票款已支付到相对方账户。汇票签发人提出相对方已收到该汇票款或已行使票据权利，属于抗辩事实主张，应就此举证，否则应承担不利后果。

2.6

v.9:311

2012

案例索引： 最高人民法院（2012）民提字第180号“某化工公司与某贸易公司等买卖合同纠纷案”，见《汇票委托书回单只能证明委托银行出票，尚不足以证明向收款人交付汇票或者收款人收到汇票款项——中国石油化工股份有限公司齐鲁分公司与青岛盛橡汇贸易有限公司、山东齐鲁石油化工联营开发总公司买卖合同纠纷案》（审判长刘敏，代理审判员杜军、骆勇），载《最高人民法院商事审判指导案例（2012）·公司与金融》（2013:311）。

406 贴现行对承兑汇票是否真正交付，无实质审查义务

——票据记载有收款人、且有收款人背书转让、背书亦连续的，贴现行可推定收款人已实际收到票据并进行背书转让。

标签：票据 | 票据交付 | 票据贴现 | 重大过失 | 出票行为

案情简介： 2007年6月，裴某持银行承兑汇票申请贴现，建行进行形式审查后办理了贴现业务。嗣后，出票人贸易公司以票据上载明的收款人实业公司并未实际收到票据主张建行存在

法院认为： 依我国《票据法》第20条规定，出票是指出票人签发票据并将其交付给收款人的票据行为。法定的出票行为包括两个环节，即出票人签发票据并将其交付给收款人。本案中，实业公司确未收到票据，但于贴现行而言，其对票据上记载事项的审查主要是进行形式上审查。基于票据的无因性，在票据记载有收款人、且有收款人将该票据背书转让、背书亦连续的情形下，贴现行可推定收款人已实际收到票据并进行背书转让。在无证据证明贴现行对出票行为未真正完成明知或应

重大过错诉请赔偿。

知的情形下，不能认定贴现行未尽审查义务，具有重大过失。

2.6

v.7:352

2011

实务要点： 汇票收款人未实际收到票据，但贴现行基于票据的无因性，在票据记载有收款人、且有收款人将该票据背书转让、背书亦连续的情形下，贴现行可推定收款人已实际收到票据并进行背书转让。在无证据证明贴现行对出票行为未真正完成明知或应知的情形下，不能认定贴现行未尽审查义务，具有重大过失。

案例索引： 最高人民法院（2011）民提字第84号“某银行与某贸易公司等票据纠纷案”，见《票据贴现中各方的过错认定与责任承担——中国建设银行股份有限公司侯马支行与陕西侯马市亨丰贸易有限公司、侯马市天瑞鸿焦铁有限公司、侯马市经济技术开发区昌鑫炉料有限公司票据纠纷案》（审判长王宪森，审判员殷媛，代理审判员张雪楳），载《最高人民法院商事审判指导案例·7·公司与金融卷》（2012:352）。

7

407 受让人以汇票支付股权价款真实性的司法审查边界

——股权受让人可以商业承兑汇票形式支付转让款。法院审理买卖合同纠纷案件不应对案外人票据民事权利作出决断。

标签： 票据 | 票据交付 | 股权转让 | 恶意串通 | 付款责任 | 股权转让款

案情简介： 2007年，贸易公司依与经贸公司所签购销合同支付了货款，收货无望情况下诉请解除，并以合同履行期间经贸公司将所持置业公司股权转让给投资公司，但投资公司未支付2亿元股权转让款为由，诉请经贸公司、投资公司连带清偿其2100万余元货款。原审法院以公安刑事侦查材料及该汇票在经贸公司、实业公司、投资公司及其他案外人之间的相关款项循环，认定2亿元最终回归投资公司账户，投资公司与经贸公司构成恶意串通，故判决投资公司应对经贸公

法院认为： 从票据关系看，投资公司为受让置业公司股权，以商业承兑汇票形式支付股权转让款，并不违反法律、行政法规禁止性规定。经贸公司将案涉汇票背书转让给实业公司，系其取得股权转让对价后自行处分行为。实业公司取得票据后，该票据又经过多次背书、回赎，并有诸多案外人参与，原审法院在上述案外人均未进入本案诉讼的情况下，以公安机关刑事侦查过程中取得的材料，或根据经贸公司、实业公司、投资公司及其他案外人之间相关款项的循环往来、银行对账单等证据材料，并通过数目、数字的演算，对包括案外人在内的民事主体之间资金往来事实作出认定，缺乏事实依据，有可能侵害案外人合法权益，故本案证据不足以认定投资公司与经贸公司恶意串通、未实际支付股权转让款。贸易公司如认为经贸公司将汇票背书转让给实业公司属恶意转让财产，或认为经贸公司与投资公司、实业公司及其他案外人等恶意串通，通过汇票形式侵害其合法权益，可以另案起诉。

司所欠贸易公司货款承担连带清偿责任。

实务要点： 股权受让人以商业承兑汇票形式支付股权转让款，并不违反法律、行政法规禁止性规定。法院审理买卖合同纠纷案件不应对案外人的票据民事权利作出决断。

2.6

v.9:284

2.7

2011:136

2011

案例索引： 最高人民法院（2011）民提字第103号“某贸易公司与某经贸公司等买卖合同纠纷案”，见《人民法院审理买卖合同关系案件不应对案外人的票据民事权利作出决断——绍兴县中柏贸易有限公司与上海兰生国际贸易有限公司、宁波保税区明正国际贸易有限公司买卖合同纠纷案》（审判长王闯，审判员李京平，代理审判员王富博），载《最高人民法院商事审判指导案例（2012）·公司与金融》（2013:284）；另参阅最高人民法院（2009）民申字第170号“某实业公司与某贸易公司等买卖合同纠纷案”，见《原告能否依不同法律关系诉不同被告、人民法院判决不应对案外人的民事权利义务作出决断——天津中能星光实业有限公司与上海兰生国际贸易有限公司、宁波保税区明正国际贸易有限公司买卖合同纠纷再审案》（李京平，最高院民二庭；审判长王东敏，审判员雷继平，代理审判员李京平），载《最高人民法院商事审判裁判规范与案例指导·案例指导》（2011:136）。

408 认定案外人参与恶意串通损害债权的，应证据充分

——第三人以商业承兑汇票形式支付股权转让款，在无充分证据证明情况下，不宜据此认定案外人与第三人恶意串通。

标签： 票据 | 票据交付 | 股权转让 | 恶意串通 | 付款责任 | 案外人利益

案情简介： 2007年，实业公司以贸易公司预收货款1700万余元而未发货起诉，同时认为贸易公司将持有置业公司的900万元股权转让给外贸公司，根据另案刑事侦查过程中取得的账目，证明外贸公司以商业承兑汇票方式支付股权转让款，贸易公司又将该汇票背书给开发公司，开发公司又背书给其他公司，多次周转后回到外贸公司，该转让行为属虚假转让，实为逃债，

法院认为： 外贸公司与贸易公司签订股权转让协议后，外贸公司向贸易公司开具了商业承兑汇票，在贸易公司背书将该汇票转让给开发公司后，开发公司又将汇票背书转让给其他公司。从票据关系看，外贸公司为受让公司股权，以商业承兑汇票形式支付股权转让款，并不违反国家法律、行政法规的禁止性规定。贸易公司将上述汇票背书转让给开发公司，是其取得股权转让对价之后自行处理的行为，开发公司取得票据后，涉案票据经过了多次背书、回赎，多家公司等案外人均参与了此过程，但其并未作为当事人进入本案诉讼。在案外人未参加诉讼情况下，仅以公安机关刑事侦查过程中取得的材料，或者根据多个公司之间相关款项的循环往来、银行对账单等证据材料，并通过账目、数字的演算，对包括案外人在内的民事主体之间资金往来事实作出认定，从而认定外贸公司与贸易公司恶意串通，缺乏事实依据，

故诉请外贸公司承担连带责任。

2.7

2011:136

2.6

v.7:341

2009

7

亦有可能侵犯案外人合法权益。实业公司如认为贸易公司将汇票背书转让给开发公司属恶意转让财产，或认为贸易公司与开发公司及其他公司等恶意串通，通过汇票形式侵害其合法权益，可另案起诉。

实务要点： 第三人受让债务人股权，并以商业承兑汇票形式支付股权转让款，并不违反国家法律、行政法规的禁止性规定。在无充分证据证明案外人参与债务人与第三人恶意逃废债务的情况下，不宜认定案外人存在与第三人恶意串通的行为。

案例索引： 最高人民法院（2009）民申字第170号“某实业公司与某贸易公司等买卖合同纠纷案”，见《原告能否依不同法律关系诉不同被告、人民法院判决不应对案外人的民事权利义务作出决断——天津中能星光实业有限公司与上海兰生国际贸易有限公司、宁波保税区明正国际贸易有限公司买卖合同纠纷再审案》（李京平，最高院民二庭；审判长王东敏，审判员雷继平，代理审判员李京平），载《最高人民法院商事审判裁判规范与案例指导·案例指导》（2011:136）；另见《人民法院判决不应对案外票据当事人的民事权利义务作出决断》，载《最高人民法院商事审判指导案例-7·公司与金融卷》（2012:341）；另参阅最高人民法院（2011）民提字第103号“某贸易公司与某经贸公司等买卖合同纠纷案”，见《人民法院审理买卖合同关系案件不应对案外人的票据民事权利作出决断——绍兴县中柏贸易有限公司与上海兰生国际贸易有限公司、宁波保税区明正国际贸易有限公司买卖合同纠纷案》（审判长王闯，审判员李京平，代理审判员王富博），载《最高人民法院商事审判指导案例（2012）·公司与金融》（2013:284）。

409 指定第三方账户进行交付，款项偿还责任如何认定

——合同在特定的合同当事人之间发生拘束力，指定第三方账户进行非直接交付款项的，仍应由借款人承担偿还责任。

标签： 票据 | 票据交付 | 借款合同 | 实际借款人 | 承兑汇票 | 指定交付

案情简介： 2003年，实业公司向工行申请金额为6000万元的银行承兑汇票，但到期拖欠票款3800万元。此

法院认为： 工行向农行单方出具的《承诺函》意思表示真实，不违反法律、行政法规的禁止性规定，应认定合法有效。农行依《承诺函》将资金转入工行指定的实业公司账户后，工行应按《承诺函》履行其应承担交付银行承兑汇票的义务。本案资金的流向、使用等事实虽表明实业公司为实际用资人，但鉴于农行一方面是依照《承诺函》起诉，而

时，农行借用贸易公司名义在工行开户，向信用社借款5000万元；同时，工行向农行开具《承诺函》，承诺其指定的实业公司账户在收到农行通过贸易公司交付的5000万元后开出等额汇票，否则返还等额资金到贸易公司账户。后工行未如约开出承兑汇票，但其仅向农行返还了1295万元。在农行起诉工行，追索本金3705万元时，工行抗辩称实际借款人为实业公司，应追加实业公司为当事人。

《承诺函》已明确约定了农行将5000万元资金转入实业公司账户后工行应承担的义务和责任；另一方面工行用5000万元中的3800万元支付的是其承兑的6000万元银行汇票，因此，工行未交付银行承兑汇票即应返回该5000万元，工行所应承担的民事责任是明确、具体的。加之农行并未直接与实业公司形成合同关系，为避免不必要的争议，农行享有诉讼上的选择权。工行与实业公司、农行与信用社之间如有纠纷，应另案解决，故判决工行归还农行欠款本息。

实务要点： 合同主要在特定的合同当事人之间发生法律约束力，一方当事人基于合同有权向对方提出请求或提起诉讼。

案例索引： 最高人民法院（2005）民二终字第167号“某工行与某农行欠款纠纷案”，见《中国工商银行长沙市司门口支行与中国农业银行汨罗市支行欠款纠纷上诉案》（审判长吴庆宝，代理审判员宫邦友、孔玲），载《民商事审判指导·判决书选登》（200601/9:298）；另见《双方的约定意思表示真实，不违反法律、行政法规的禁止性规定，应当认定合法有效》，载《最高人民法院商事审判指导案例·金融卷》（2011:124）。

2.1

200601/9:298

2.6

v.4:124

2005

410 以空白背书票据方式交付资金时，如何确定用资人

——以存单为表现形式的违法借贷中，银行将出资人以空白背书的承兑汇票形式交给用资人，应认定银行指定用资人。

标签：票据 | 票据交付 | 空白背书 | 存单 | 指定用资人

案情简介： 1996年，茶叶公司将4000万元的空白背书的承兑汇票交付给银行，银行与实业公司签订委托贷款协议，并将空白背书的承兑汇票转交给实业公司，实业公司在被背书栏补写其名称并加盖公章。该款到实业公司账户后支付给茶叶公司300万余元高息。1998年，茶叶公司持定期存

法院认为： 最高人民法院《关于审理存单纠纷案件的若干规定》的“交付”，明确指“出资人向金融机构转移现金的占有或出资人向金融机构交付注明出资人或金融机构为收款人的票据。出资人向金融机构交付有资金数额但未注明收款人的票据的，亦属于本条中所称交付”。本案茶叶公司将总额为4000万元的银行汇票交付银行，银行出具定期存单交付茶叶公司后，表明茶叶公司资金已交付银行。银行将茶叶公司交付空白背书的汇票转交实业公司，并由银行与实业公司签订委托贷款协议，实业公司在案涉汇票上补盖其公章，应认定本案用资人系银行指定。因本案属以存单为表现形式的违法借贷，银行存在明显过错，判决银行对实业公司不能偿还本金部分给茶叶公司造成的损失承担

单取款时遭拒。

2.4

200402/14:88

2004

80%赔偿责任。

实务要点： 以存单为表现形式的违法借贷中，金融机构将出资人以空白背书的承兑汇票转交给用资人后，向出资人出具存单，用资人向出资人支付高息的，金融机构应对用资人不能偿还本金部分给出资人造成的损失承担主要赔偿责任。

案例索引： 见《上海茶叶进出口公司与中国工商银行金华市婺城支行、浙江超三超集团有限公司存单纠纷再审案——审理存单纠纷案件的关键是如何确定“交付”和“指定”》（毛端稚），载《审判监督指导·案例评析》（200402/14:88）。

7

411 付款行按收款人指示，开出转账汇票，不构成侵权

——付款行未按出票人指定账号将汇票转账，而是按收款人财务人员指示，转入其他账户导致损失，不承担赔偿责任。

标签： 票据 | 票据交付 | 收款人意愿 | 违规行为

案情简介： 1995年，制革厂收到35万余元汇票，出票人注明由银行转至制革厂另一账号。制革厂会计陈某在银行办理入账手续后，银行又依陈某指示开出收款人为他人的转账汇票，被陈某提取未追回。法院判决由陈某返还该款后，制革厂又起诉银行要求赔偿未追回的35万余元损失。

3.1

200502/52:312

2000

法院认为： 作为制革厂财务人员，陈某办理进账、转账手续齐全完备，其行为系代表制革厂的行为，汇票中出票人意愿就是收款人意愿，款到银行后，收款人改变意愿将汇票金额进账到其他账户，并非银行所为，且两账户皆为制革厂所有，应制革厂要求转入另一账户，并未使该笔款项所有权发生转移，陈某利用特殊身份恶意将该款转走据为己有，造成制革厂损失，虽银行有截留资金和违反账户管理规定行为，这属于违反银行系统内部管理规定行为，与案涉款项损失无必然的内在联系，不具备法律上的因果关系，故判决驳回制革厂要求银行赔偿的诉讼请求。

实务要点： 付款行未按出票人指定账号将汇票转账，而是按收款人财务人员指示，转入其他账户，付款行虽有截留资金和违反账户管理规定行为，但与收款人损失无必然联系，不具有法律上的因果关系，不负赔偿责任。

案例索引： 湖南湘潭中院（2000）潭中经终字第14号“某银行与某制革厂侵权纠纷案”，见《湖南省湘乡市制革二厂诉中国银行湘乡支行赔偿案》（肖瑞芬），载《人民法院案例选》（200502/52:312）。

票据保证

412 汇票承兑合同无效形成的债权，保证人应承担责任

——即便汇票承兑协议无效，金融机构仍有权对其因有效票据而进行的承兑所产生的债务，向主债务人主张损害赔偿。

标签：票据 | 票据保证 | 保证 | 主合同效力 | 汇票承兑主合同

案情简介：2005年5月，轮胎公司与银行签订《最高额保证合同》，承诺为商贸公司未来1年内发生的最高额度为7000万元的授信提供连带保证担保。轮胎公司认为2005年10月25日，银行为商贸公司开立3000万元银行承兑汇票，本笔银行承兑汇票的收款人物流公司，注册资金仅为50万元、经营范围主要为普通货物仓储、且为商贸公司关联公司，该汇票并无真实交易背景，银行开立该笔银行承兑汇票加重了轮胎公司的保证责任，应免除相应款项的保证责任。

1.1

2008:291

2.1

法院认为：从目前有效的证据来看，虽然该汇票的收款人物流公司注册资金仅为50万元且为商贸公司关联公司，但并不意味着其不能从事3000万的商业交易。即使汇票项下没有真实交易背景，也不能认定票据行为无效。根据票据无因性理论，票据的基础关系独立于票据关系，票据基础关系（包括票据原因关系）的效力不影响票据关系的效力。根据《票据法》第10条规定“票据的签发、取得和转让，应当遵循诚实信用的原则，具有真实的交易关系和债权债务关系”，票据行为应有真实的票据原因关系，即真实的交易关系。但该条应属管理性规定，基础关系欠缺并不当然导致票据行为无效。根据《票据法》第13条规定“票据债务人不得以自己与出票人或者与持票人的前手之间的抗辩事由，对抗持票人”，票据基础关系（包括票据原因关系）的效力不影响票据关系本身。本案中3000万元银行承兑汇票项下即便不存在真实交易背景、票据基础关系无效，该汇票仍因符合《票据法》相关规定应为有效。即便银行与商贸公司之间的汇票承兑协议因不具有真实交易背景，违反《银行承兑汇票承兑协议》约定而无效，银行仍有权对其因有效票据关系而进行的承兑所产生的债务，对商贸公司主张损害赔偿，即对商贸公司仍享有债权。而《最高额保证合同》中轮胎公司向银行承诺，对2005年5月16日至2006年5月16日期间银行向商贸公司授信而形成的一系列债权提供最高额7000万元的最高额保证。该合同并未排除因银行与商贸公司合同无效而形成的债权提供保证。故轮胎公司关于银行违反审查真实交易背景的法定义务、该笔承兑协议无效，轮胎公司就相应的债务应免于承担保证责任的主张不

200801/13:281

2.7

2010:267

2007

能成立。

实务要点： 即便金融机构与主债务人之间的汇票承兑协议无效，金融机构仍有权对其因有效票据关系而进行的承兑所产生的债务，对主债务人主张损害赔偿，在最高额保证合同并未排除主合同无效形成的债权提供保证情况下，保证人不能免除保证责任。

案例索引： 最高人民法院（2007）民二终字第36号“某轮胎公司与某银行等借款担保合同纠纷案”，见《风神轮胎股份有限公司与中信银行股份有限公司天津分行、河北宝硕股份有限公司借款担保合同纠纷案》（审判长钱晓晨，代理审判员刘敏、杨征宇），载《最高人民法院公报·裁判文书选登》（2008:291）；另载《民商事审判指导·判决书选登》（200801/13:281）；载《最高人民法院商事审判裁判规范与案例指导·裁判文书》（2010:267）。

7

413 承兑行可以持票人违反约定的保证义务，拒绝付款

——对不履行约定保证义务的与自己有直接债权债务关系的持票人，汇票承兑行依法可以票据基础关系对抗票据关系。

标签： 票据 | 票据保证 | 基础关系

案情简介： 1998年3月，销售公司与物资公司签订购销合同，约定销售公司向物资公司供应货值1亿元的产品，以银行承兑汇票结算。为此，物资公司与银行签订20份银行承兑协议，每份承兑汇票金额均为500万元，约定物资公司应在汇票到期日前7日内将应付票款足额交付承兑银行，否则，不足部分转作逾期贷款。同日，物资公司、银行、销售公司签订银行承兑保证协议，约定销售公司为前述20份承兑协议承担连带保证责任，如物资公司违约，银行有权直接向保证人追偿，包括直接从销售公司账户扣划。

法院认为： 银行依照承兑协议对案涉9张汇票予以承兑，同时又注明“不得转让”字样，实质上是为物资公司向销售公司购货提供融资，而销售公司为物资公司的该融资向银行提供担保，并承诺银行有权直接扣划保证人的财产，从而将自己置于与出票人承担相同债务的连带债务人的地位上。银行正是以与持票人又系保证人的销售公司之间存在的这一基础关系作为抗辩事由拒绝付款，依据《票据法》第13条第2款规定：“票据债务人可以对不履行约定义务的与自己有直接债权债务关系的持票人进行抗辩”，银行作为票据当事人，可以票据基础关系对抗票据关系，在物资公司未在到期日前依约将相关资金划入银行账户上，可以资金关系来向持票人销售公司行使抗辩权，拒绝付款。本案银行行使抵销权符合《合同法》第99条规定。销售公司《退票说明》也表明双方达成对彼此之间的债务进行抵销的合意。销售公司在与银行票据关系中止后又提起诉讼，显属不当，其有关“票据保证与贷款保证是两个法律关系，本案所涉贷款未贷出，销售公司即无保证责任”的主张于法无据，故予驳回。

1998年9月，销售公司因未足额供货而将收到的11张共计5500万元的汇票退回给银行，在就持有的余下9张共计4500万元的汇票向银行提示付款时，银行以销售公司未承担保证责任为由扣留汇票。销售公司向银行出具的《退票说明》载明，销售公司未履行银行所承兑的4500万元汇票承兑保证协议约定的担保责任，故退回4500万元银行承兑汇票。

争议焦点：1.《退票说明》是否表明退票就是丧失票据权利？ 2.银行能否以销售公司违背保证义务的基础关系拒绝向销售公司付款？

实务要点： 根据《票据法》第13条第2款规定："票据债务人可以对不履行约定义务的与自己有直接债权债务关系的持票人进行抗辩"。在上述法律规定的情形出现时，票据当事人得以票据基础关系对抗票据关系。

案例索引： 最高人民法院（2000）经终字第72号"某销售公司与某银行票据兑付纠纷上诉案"，见《青岛澳柯玛集团销售公司与中国银行利津支行票据兑付纠纷上诉案》，载《最高人民法院公报·案例》（2000:239）

1.1

2000:239

2000

414 票据或粘单上未记载"保证"字样，不是票据保证

——当事人未在票据或粘单上记载"保证"字样，所出具的担保函不构成票据保证，而构成《担保法》上的保证担保。

标签： 票据 | 票据保证 | "保证"字样 | 商业承兑汇票

案情简介： 1999年，商贸公司与长期有业务往来并采取"滚动式"发货方式的电脑公司签订购销合同，由商贸公司开户银行向电脑公司开具以商贸公司为付款人、电脑公司为收款人的商业承兑汇票。银行同时向电脑公司出具担保函，载明对汇票项下的资金3000万余元支付提供担保，但未在票

法院认为： 《票据法》第46条规定：保证人必须在汇票或者粘单上记载表明"保证"的字样，才构成票据保证。最高人民法院《关于审理票据纠纷案件若干问题的规定》第62条规定："保证人未在票据或粘单上记载'保证'字样而另行签订保证合同或者保证条款的，不属于票据保证，人民法院应当适用《中华人民共和国担保法》的有关规定。"案涉商业承兑汇票由银行提供担保函，符合上述法律和司法解释规定的不属于票据保证的情形，故应认定本案担保函构成保证担保。从银行出具的担保函内容看，应认定担保的主合同法律关系是电脑公司与商贸公司之间的票据支付关系，而非买卖关系。银行应对商贸公司开具的商业承兑汇票的票据支付关系承担连带责任。本案的主合同是票据支付关系，

据或粘单上记载“保证”字样。汇票到期后，商贸公司未能如期兑付，电脑公司诉请商贸公司支付票款，银行承担连带责任。

2.2

200604/28:129

2.6

v.4:144

2005

7

根据《担保法》第20条规定，担保人的抗辩权应当主要针对主合同，但基于商贸公司可就基础关系提出抗辩的前提，尽管商贸公司未提起上诉，二审还是要审查基础关系履行的情况，即银行的抗辩权可以延伸到基础关系。考虑到商贸公司与电脑公司之间系长期的总代理销售关系，电脑公司依商业习惯采取了“滚动式”的连续发货方式向商贸公司履行供货义务，故根据本案双方的对账行为及结果合法有效的实际情况，法院审理中没有必要要求当事人再核对每一笔交易的小账，应根据双方对账情况，认定电脑公司已履行了相应的供货义务。判决银行对商贸公司不能给付票据款本息义务时承担连带清偿责任。

实务要点： 在票据基础关系和商业承兑汇票关系等多个法律关系并存时，当事人出具担保函承诺，当义务人（付款人）未按期履行商业承兑汇票的付款义务，其保证将全款支付给权利人（持票人），而未在票据或粘单上记载“保证”字样的，该担保函不构成票据保证，而构成《担保法》上的保证担保。

案例索引： 最高人民法院（2005）民二终字第181号“某银行与某电脑公司票据、债务纠纷案”，见《为票据支付关系提供保证担保的民事责任承担问题——成都市商业银行与中国长城计算机深圳股份有限公司、四川银通电脑系统有限公司票据、债务纠纷上诉案》（徐瑞柏，最高法院民一庭），载《民事审判指导与参考·最高人民法院二审案件解析》（200604/28:129）；另见《当事人未在票据或粘单上记载“保证”字样，不构成票据保证，保证人的抗辩权可以延伸到基础关系》（审判长徐瑞柏，审判员张树明，代理审判员张雪楳），载《最高人民法院商事审判指导案例·金融卷》（2011:144）。

415 担保票据支付的保证人抗辩权，可延伸到基础关系

——对商业承兑汇票承兑支付的保证人，基于主债务人可就基础关系提出抗辩的前提，其抗辩权可以延伸至基础关系。

标签：票据 | 票据保证 | 基础关系抗辩 | 商业承兑汇票

案情简介：1999年，商贸公司与长期有业务往来并采取“滚动式”发货方式的电脑公司签订购销合同，由商贸

法院认为： 案涉商业承兑汇票由银行提供担保函，根据《票据法》第46条、最高人民法院《关于审理票据纠纷案件若干问题的规定》第62条规定，该担保函因未在票据或粘单上记载“保证”字样，不属于票据保证而构成保证担保。从担保函内容看，应认定担保的主合同是电脑公司与商贸公司之间的票据支付关系，而非买卖关系。银行应对商贸公

公司开户银行向电脑公司开具以商贸公司为付款人、电脑公司为收款人的商业承兑汇票。银行同时向电脑公司出具担保函，载明对汇票项下的资金3000万余元支付提供担保，但未在票据或粘单上记载“保证”字样。汇票到期后，商贸公司未能如期兑付，电脑公司诉请商贸公司支付票款，银行承担连带责任。一审判决后，银行上诉并抗辩称商贸公司与电脑公司虽有对账单，但证据显示电脑公司有几笔货物并未实际供应。

2.2

200604/28:129

2.6

v.4:144

2005

司开具的商业承兑汇票的票据支付关系承担连带责任。本案的主合同是票据支付关系，根据《担保法》第20条规定，担保人的抗辩权应当主要针对主合同，但基于商贸公司可就基础关系提出抗辩的前提，尽管商贸公司未提起上诉，二审还是要审查基础关系履行的情况，即银行的抗辩权可以延伸到基础关系。考虑到商贸公司与电脑公司之间系长期的总代理销售关系，电脑公司依商业习惯采取了“滚动式”的连续发货方式向商贸公司履行供货义务，故根据本案双方的对账行为及结果合法有效的实际情况，法院审理中没有必要要求当事人再核对每一笔交易的小账，应根据双方对账情况，认定电脑公司已履行了相应的供货义务。判决银行在商贸公司不能给付票据款本息义务时承担连带清偿责任。

实务要点： 对商业承兑汇票的票据支付关系承担保证担保的保证人，基于主债务人可就基础关系提出抗辩的前提，即使在主债务人未出庭或未上诉时，其抗辩权仍可延伸到基础关系。

案例索引： 最高人民法院（2005）民二终字第181号“某银行与某电脑公司票据、债务纠纷案”，见《为票据支付关系提供保证担保的民事责任承担问题——成都市商业银行与中国长城计算机深圳股份有限公司、四川银通电脑系统有限公司票据、债务纠纷上诉案》（徐瑞柏，最高法院民一庭），载《民事审判指导与参考·最高人民法院二审案件解析》（200604/28:129）；另见《当事人未在票据或粘单上记载“保证”字样，不构成票据保证，保证人的抗辩权可以延伸到基础关系》（审判长徐瑞柏，审判员张树明，代理审判员张雪楳），载《最高人民法院商事审判指导案例·金融卷》（2011:144）。

416 贴现保证不属票据保证，应按《担保法》规定处理

——保证人承诺为票据贴现人的付款行为承担连带责任，该“贴现保证”非为票据保证，应按《担保法》的规定处理。

标签： 票据 | 票据保证 | 保证 | 保证类型 | 贴现保证 | 一般保证

案情简介： 1997年，贸易公司为履行购销合同，向实业公司签发面额490

法院认为： 诉争汇票系实业公司通过贴现贷款交付，该票据记载事项合法，银行享有的汇票权利应受保护。实业公司以该票据向银行取得贴现贷款，其作为银行的前手应保证票据到期承兑。现该汇票到期未能承兑，实业公司应承担支付票据金额和逾期利息的票据责任。贸易公司系该

万元的商业承兑汇票，并向银行出具了承兑确认书，工贸公司为该汇票贴现向银行出具了贴现保证单，汇票粘单上注明“贴现保证”。银行据此向实业公司办理贴现。贴现到期后，银行因贸易公司存款不足遭退票，银行以票据纠纷诉请实业公司、贸易公司返还票款，并要求工贸公司承担保证责任。

汇票的出票人和承兑人，在实业公司不能支付到期款项时，应对其付款义务承担连带责任。银行所持票据及粘单，在票据保证形式要件上有明显缺陷，且均无工贸公司关于票据保证的明确意思表示，根据最高人民法院《关于审理票据纠纷案件若干问题的规定》第62条，该保证不属于票据保证，应按《担保法》的规定处理，故工贸公司不承担票据保证责任。

实务要点： 保证人承诺为贴现人的付款行为承担连带责任，该“贴现保证”并非票据保证，应按《担保法》规定处理。

3.1

200101/35:185

1998

案例索引： 上海高院1998年10月26日判决“某银行与某实业公司等票据纠纷案”，见《黄河银行诉汇德丰公司贴现的汇票到期被退票以票据纠纷为由向贴现申请人、贴现保证人及出票人追索案》（上海高院），载《人民法院案例选》（200101/35:185）。

7

I

票据质押

417 以银行汇票出质并获银行确认的，应认定质押有效

——当事人以银行汇票为质押凭证，以书面形式另行设定了该汇票质权，且得到出票银行确认的，应认定该质押有效。

标签： 票据 | 票据质押 | 质押 | 汇票质押 | 质押合同效力

案情简介： 1997年，银行工作人员利用工作便利，在未收到任何款项情况

法院认为： 以票据出质的，质押背书是表明票据持有人享有票据质权的直接证据，如无质押背书，书面的质押合同就是票据持有人证明其享有票据质权的合法证据。在票据持有人持有票据，并有书面质押合同情况下，应认定持有人享有票据质权。煤厂未支付对价取得汇票，作为出票人

下，签发一张金额为75万元的银行汇票。煤厂以该汇票向信用社质押借款，并有银行签章的《权利质物质押声明书》，承诺“如贷款到期借款人不能清偿，贷款社可凭抵押协议，催收贷款通知书及本声明书支取本息”。后银行经办此汇票工作人员事发潜逃，信用社诉请银行支付汇票款项本息。

的银行可对煤厂进行抗辩，信用社以签订质押合同、交付权利凭证方式取得票据质权，本应继受出质人煤厂的票据权利瑕疵，因银行明确放弃抗辩权，该承诺有效，银行应依此向信用社支付票款本息。

实务要点： 以票据出质的，质押背书是表明票据持有人享有票据质权的直接证据，如无质押背书，书面的质押合同就是票据持有人证明其享有票据质权的合法证据。当事人以银行汇票为质押凭证，以书面形式另行设定了该汇票的质权，且得到出票银行确认的，应认定该汇票质押有效。

1.1

2004:419

2002

案例索引： 山东高院2002年6月18日判决“某信用社与某银行票据纠纷案”，见《滕州市城郊信用社诉建行枣庄市薛城区支行票据纠纷案》，载《最高人民法院公报·案例》(2004:419)。

418 信用证开立银行，可诉请确认申请人质押票据效力

——信用证开立申请人有权通过质押背书，将以其为收款人、标明“不得转让”的银行承兑汇票交付并设定权利质押。

标签： 票据 | 票据质押 | 质押 | 信用证 | 单据质押

案情简介： 1995年7月，贸易公司向投资银行申请开立信用证。投资银行收到国外议付行总金额为270万余美元的议付单据。贸易公司确认付款后，将总金额为2200万余元的6张承兑人为某工行的远期承兑汇票质押给投资银行。投资银行对议付单据承兑后，确定了1996年8月2日和8月14日为信用证付款日期。因投资银行担心贸易公司提供的质押票据效力存在问题，故诉请法院确认质押票据有效。

法院认为： 投资银行在取得票据时已向信用证议付行承兑付款，支付了对价，是该票据的善意持有人。贸易公司向投资银行申请开立信用证并委托其向国外付款，投资银行完成这些委托后，双方当事人之间形成新的债权债务关系。参照《担保法》规定，贸易公司为保证其付款义务的履行，有权通过质押背书，将以其为收款人、标明“不得转让”字样的工行承兑汇票交付给投资银行，形成权利质押。由于质押仅能使质权人占有质物，并未形成所有权的转移，故票面记载的“不得转让”字样不影响双方当事人之间设定质押合同的效力。在贸易公司不能履行其债务时，投资银行有权行使票据权利，并优先受偿。“不得转让”的约定以及贸易公司同案外人之间发生的合同纠纷，对通过质押占有票据的投资银行来说，是票据的原因关系。票据的原因关系不能对抗通过合法的渠道取得票据并为此支付了对价的善意持票人。故法院确认贸易公司以承兑汇票向投资银行设定的质押有效，投资银行可依质权行使票据权利。

1.1

1995-1999:625

1996

实务要点： 信用证开立申请人为保证其付款义务的履行，有权通过质押背书，将以其为收款人、标明“不得转让”字样的银行承兑汇票交付给银行，形成权利质押。银行作为质押权人有权诉请法院确认质押有效，银行可依质权行使票据权利。

案例索引： 天津高院1996年7月9日判决“某银行诉某贸易公司票据质押纠纷案”，见《中国投资银行天津分行诉天津市轻工业对外贸易公司票据质押纠纷案》，载《最高人民法院公报·案例》(1995-1999:625)。

419 金融机构接受禁止用作质押物的汇票，构成非善意

——金融机构接受明令禁止用作质押物的承兑汇票，且票面记载内容有瑕疵的，不应认定为善意，不应享有票据权利。

标签： 票据 | 票据质押 | 善意取得 | 质押 | 汇票质押 | 法律适用 | 非善意

7

案情简介： 1991年，实业公司向工行贷款500万元，并提供了一张从工贸公司取得，承兑行为农行，由收款人商场背书给实业公司的银行承兑汇票。票据金额为202.5万元。因实业公司到期未偿还贷款，且该票据被农行拒绝承兑，工行起诉实业公司和农行。

法院认为： 本案担保行为发生在1991年11月，故应适用《担保法》施行前的规定。根据同年11月1日起执行的中国人民银行《关于加强汇票管理的通知》(银发〔1991〕258号)第1条规定：“严禁承兑、贴现无商品交易的商业汇票，严禁利用银行承兑汇票进行资金拆借、贷款抵押和套取银行贴现资金。”工行作为金融机构，明知争议汇票禁止用作质押物而为之，显然不属于善意范畴。同时，工行与实业公司未签订书面质押合同，借款合同中均无以争议汇票作质押担保的内容记载，认定工行通过质押借款关系取得争议汇票证据不足。另，案涉汇票背书不连续，内容应视为不完整，工行持有其未被记载为被背书人的争议汇票，不应成为票据权利人。故判决实业公司支付工行借款本息，驳回工行要求农行支付案涉银行承兑汇票票面金额的诉讼请求。

2.4

200701/21:187

2006

实务要点： 金融机构违反中国人民银行禁止性规定，接受明令禁止用作质押物的承兑汇票，且票面形式记载内容存在瑕疵的，不应认定为善意持有票据，不应享有票据权利。

案例索引： 广东高院(2006)粤高法审监民再字第234号“某银行与某实业公司质押借贷合同纠纷案”，见《中国农业银行武汉市新火车站分理处与中国工商银行中山市石岐支行、中山市莲湖经济发展公司质押借贷合同纠纷再审案》(审判长张雪梅，代理审判员方

明、谭甄），载《审判监督指导·裁判文书选登》（200701/21:187）。

420 存单质押权人债权到期后，可向已核押行要求兑付

——质权人债权到期未获清偿，可直接向已对质押存单核押的金融机构要求兑付，其权利可不依赖出质人而独立行使。

标签：票据 | 票据质押 | 质押 | 存单 | 存单质押 | 核押

案情简介：1995年8月，租赁公司与信用社签订200万元的存款协议后，将扣除28万元利息的172万元汇入信用社指定的用资人账户，并获得信用社开具的200万元储蓄存款存单。租赁公司将该存单质押给银行，银行向信用社核押后，支付给租赁公司贷款150万元。因到期未付，银行诉请信用社兑付存单。

法院认为：本案所涉借款质押合同、质押合同所涉质物应属有效。银行作为贷款人亦质权人在借款人租赁公司到期未能归还借款情况下，根据最高人民法院《关于审理存单纠纷案件的若干规定》第8条第3款“以金融机构核押的存单出质，即使存单系伪造、变造、虚开，质押合同均为有效”的规定，对租赁公司质押的存单进行处分即兑付存款来实现债权依法应予支持。信用社作为质押存单出具人和核押人依法应向银行兑付存单所记载存款本息，其拒绝兑付行为致借款逾期，给银行造成损失，应承担相应赔偿责任。

实务要点：质权人债权到期未受清偿，质权人可直接向已对质押存单核押的金融机构要求兑付，质权人行使该权利可不依赖出质人而独立行使。

2.4

200601/19:119

2006

案例索引：山西高院再审判决“某银行与某租赁公司等借款担保合同纠纷案”，见《太原市商业银行北大街支行与山西省娄烦县信用合作社联合社、山西省中孚租赁有限公司借款担保纠纷再审案——金融机构应对经过其核押的质押存单承担兑付责任》（吉瑞田、郭志荣，山西高院），载《审判监督指导·案例评析》（200601/19:119）。

421 汇票未记载“质押”字样且基础合同无效时的处理

——银行接受无“质押”字样的票据能否取得质权不能一概而论。对因质押贷款造成损失，应按公平和过错原则处理。

标签：票据 | 票据质押 | 质押 | “质押”字样 | 合同无效

案情简介：1997年，实业公司员工高某通过伪造担保单位煤气公司印鉴，向银行申请开出了票额100万元、

法院认为：根据《票据法》第35条第2款、最高人民法院《关于审理票据纠纷案件若干问题的规定》第55条规定，以汇票设定质押时，出质人未在汇票、粘单上记载“质押”字样而另行签订质押合同、质押条款的，不构成票据质押。最高人民法院《关于适用〈担保法〉若干问题的解释》第98条规定：“以汇票、支票、本票出质，出质人与质权人

收款人为实业公司的承兑汇票。随后，高某在该骗取的汇票背书人栏加盖伪造的实业公司公章，以实业公司名义与信用社签订《质押担保借款合同》，信用社到银行查询确认系该行签发汇票后，向实业公司发放质押贷款95万元。信用社持有的汇票上未记载“质押”字样。因贷款到期后，信用社要求银行付款遭拒致诉。高某因诈骗罪被判有期徒刑14年。

2.4

200404/16:61

7

2001

没有背书记载‘质押’字样，以票据出质对抗善意第三人的，人民法院不予支持。”即质押背书为对抗要件而非生效要件：以票据质押的，质押背书是表明持票人权利的直接证据；在无质押背书的票据质押中，书面质押合同是证明持票人权利的合法证据。《票据法》与《担保法》对汇票设定质押的要求不尽一致，在这种情况下应着重审查持票人是否以欺诈、胁迫等手段取得汇票，是否出于恶意或因重大过失取得汇票，在此基础上确定持票人是否享有票据权利。对因质押贷款造成的损失，应按照公平原则和过错原则处理。本案中，高某伪造票据收款人和担保人印鉴，银行在开出汇票时未尽审查义务，银行应对质押贷款造成的损失承担主要的过错责任。案涉质押票据未记载“质押”字样，要使债权人取得票据质权须以合法有效的质押合同为依据，本案高某以实业公司名义与信用社所签贷款质押合同因印章伪造而无效，当质押合同成为诉讼法上的证据之后，票据的无因性并不能当然适用。故信用社在取得票据时虽向银行进行了查询，但因缺乏合法有效的质押合同仍无法取得票据质权，信用社对此亦有过错。判决银行承担质押贷款损失70%的责任，信用社承担30%责任。

实务要点： 银行接受无“质押”字样的票据能否取得票据质权，《票据法》和《担保法》有不同规定。司法实践中，应着重审查持票人是否以欺诈、胁迫等手段取得汇票，是否出于恶意或因重大过失取得汇票，在此基础上确定持票人是否享有票据权利。对因质押贷款造成的损失，应按公平原则和过错原则处理。

案例索引： 河北高院（2001）冀民再字第19号“某银行与某信用社汇票付款纠纷案”，见《中国银行唐山分行与唐山市古冶区信用合作社联合社汇票付款纠纷再审上诉案——无质押背书的票据质押的效力认定及处理》（王朝辉，最高人民法院审判监督庭），载《审判监督指导·案例评析》（200404/16:61）。

422 交付质押支票未载“质押”字样，属一般债权质押

——质押人以未记载“质押”字样的支票出质的，虽为交付，亦不符合票据质押的全部生效要件，应系一般债权质押。

标签： 票据 | 票据质押 | 质押 | “质押”字样 | 一般债权质押

法院认为： 《票据法》第35条规定：“汇票可以设定质押，质押时应当以背书记载‘质押’字样，被背书人依法实现其质权时，可以行使汇票

案情简介：2005年，网络公司因7名职员出国而向旅游公司出具70万元的转账支票作为担保金，网络公司在担保函中承诺“如团员逾期不归，每人我方负10万元担保”。后因其中一名团员逾期未归，旅游公司以支票系为全部团员进行担保，应支付70万元赔偿金，但该汇票系空头遭银行退票为由，诉请网络公司支付票据金额。

3.3

2007商:206

2006

权利。”《票据法》第81条、第94条分别规定本票和支票适用汇票的规定。最高人民法院《关于审理票据纠纷案件若干问题的规定》第55条规定：“……出质人未在汇票、粘单上记载‘质押’字样而另行签订质押合同、质押条款的，不构成票据质押。”由此可见，《票据法》对票据质押的生效要件强调的是背书记载“质押”字样与交付。案涉旅游公司出具的转账支票上并未记载“质押”字样，虽支票已交付，亦不完全符合票据质押的全部生效要件，故网络公司出票行为并非票据质押，而应系以票据为权利凭证的一般债权质押。因双方之间并不存在票据法律关系，而本案所涉支票又是在网络公司出具担保函后交付旅游公司的，可见支票不仅是一种网络公司欲以转账方式结算的支付工具，同时是与担保函共同构成担保法律关系的形式要件，故网络公司要求返还支票，不予支持。本案应属于担保合同纠纷，而非票据纠纷，且无论纠纷性质如何，本案赔偿数额确定，应依担保函的约定认定双方当事人的责任，因一名团员滞留国外，判决网络公司按其承诺向旅游公司支付赔偿金10万元。

实务要点：《票据法》对票据质押的生效要件强调的是背书记载“质押”字样与交付。质押人以未记载“质押”字样的支票出质的，虽为交付，亦不完全符合票据质押的全部生效要件，该出票行为并非票据质押，而应系以票据为权利凭证的一般债权质押。

案例索引：北京二中院（2006）二中民终字第17517号“某旅游公司与某信息公司担保合同纠纷案”，见《北京市华远国际旅游有限公司诉中纺网络信息技术有限责任公司旅游合同担保案（票据质押与以票据为权利凭证的一般债权质押的区别）》（柴杨、左媛媛），载《中国审判案例要览》（2007商事:206）。

票据托收

423 基于托收而持有商业承兑汇票，无权主张票据权利

——国际托收业务中，银行因办理业务需要而持有汇票，此时银行为托收当事人而非票据当事人，无权主张票据权利。

标签：票据 | 票据托收 | 票据权利

7

案情简介：2007年，韩国公司基于出售货物签发以纺织公司为付款人的商业汇票，并向韩国银行递交了出口汇票议付（托收）申请书，委托韩国银行收取该汇票款项48万余美元。韩国银行嗣后又委托中国银行代收该款。因中国银行在向纺织公司提示付款但到期未付后将涉案汇票通过快递公司寄送过程中丢失，韩国银行诉请纺织公司和中国银行连带承担付款责任。

3.4

201116:98

2008

法院认为：虽然韩国银行提交的汇票复印件及托收面函中均有"付款给韩国银行或其指定的人"的内容，在托收面函"付款指示"栏中亦有要求将款项付至韩国银行账户的内容，但付款指示内容表明的仅是付款人的汇款路径及金额，并非韩国银行为收款人的记载，且在韩国银行提交的中国银行制作的承兑通知书中记载的收款人为韩国公司而非韩国银行。且汇票复印件记载内容"或其指定的人"表明收款人并不确定，亦与交易习惯不符。另外，涉案汇票丢失，失票人应为票据的最后合法持票人，作为托收行，韩国银行并非票据权利人。中国银行在本案商业汇票的国际结算业务中处于代收行地位，是接受托收行委托，向付款人提示单据和承兑，依据《国际托收统一规则》第14条（a）项"银行对任何信息、信件或单据在传送中所发生的延误或丢失，或对任何电讯在传递中所发生的延误、残损或其它错误，或对技术条款的翻译及/或解释的错误，概不承担责任或对其负责"的规定，中国银行在本案中对单据和汇票在传送中丢失的后果应当免责，故裁定驳回韩国银行起诉。

实务要点：票据权利人是指通过出票或背书转让等方式取得票据的持票人，但持票人不当然是票据权利人。在国际托收业务中，银行因办理业务需要而持有汇票，此时银行为托收当事人而非票据当事人，其无权主张票据权利。

案例索引： 山东威海中院（2008）威民二外初字第63号“韩国大邱银行与威海纺织集团进出口有限责任公司、交通银行股份有限公司威海分行票据纠纷案”，见《银行基于托收持有汇票无权主张票据权利》（李慧东），载《人民司法·案例》（201116:98）。

424 托收行因快递原因，导致单据递交失误的赔偿责任

——债权人可选择不真正连带债务人中一个或多个债务人起诉，若选择多个起诉，法院应对不同债务人分别作出判决。

标签： 票据 | 票据托收 | 跟单托收 | 快递服务 | 不真正连带债务

案情简介： 2003年，进出口公司委托银行向国外买方以付款交单方式收取货款，银行将单据交由快递公司承运，但快递公司未依约投递到代收行，而是直接给买受人，导致买受人提货后未支付货款。2004年，进出口公司以银行和快递公司为被告起诉。

法院认为： 银行作为进出口公司的托收行，未依约将合同项下的单据交至代收行由买受人付款赎单，导致买受人在未支付货款情况下将货物提走，使进出口公司货款至今不能收回，构成违约。快递公司承运该批单据后，未尽应有的谨慎注意义务，在错误的地点将单据交给买受人，致使买受人提走货物而未向进出口公司支付货款，快递公司存在明显过错且侵害进出口公司利益，构成侵权。银行和快递公司分别基于违约行为和侵权行为而负同一内容债务，彼此之间并无连带关系，但其中一方履行债务后，另一方债务亦因债权实现而归于消灭，即银行与快递公司对进出口公司负不真正连带债务。

实务要点： 对于不真正连带债务案件，债权人可选择多个债务人或其中一个债务人起诉，若债权人选择多个债务人作为共同被告，法院应对不同债务人分别作出判决。

3.1

200703/61:284

2006

案例索引： 河南高院（2006）豫法民三终字第00065号“某银行与某运输公司等进出口代理合同纠纷案”，见《河南省豫星畜产品进出口有限责任公司诉广东发展银行郑州分行、中外运·敦豪国际航空快件有限公司河南分公司进出口代理合同纠纷案》（丁亮、谢颂琳），载《人民法院案例选》（200703/61:284）。

425 托收行填写地址错误，导致委托人损失的，应赔偿

——汇票托收行制作的汇票提示清单发生收件行地址错误导致托收事故，造成委托人损失的，托收行应承担赔偿责任。

标签： 票据 | 票据托收 | 托收事故 | 托收行责任

法院认为： 实业公司虽然在以往的托收中向香港银行指定了国外代收行，但未能举证证明其为本次托收行向银行指定了国外代收行，故不能认定

案情简介： 2000年，实业公司因履行外贸购销合同开具面额为14万余美元的承兑汇票，香港银行作为托收行并未按以往惯例将托收单据寄给代收行加州银行，而是因其制作的汇票提示清单发生收件行地址错误导致佛州银行收到托收单据。实业公司据此诉请香港银行赔偿其托收款及滞收托收款利息损失及相关经济利益损失。

香港银行有违反实业公司指令的行为。在实业公司未指定代收行情况下，香港银行可自行选择适当的银行作为国外代收行，但本案佛州银行并非香港银行选择妥当的代收行。佛州银行收取托收单据，系因香港银行制作的汇票提示清单发生收件行地址错误导致；汇票提示清单系托收重要文件，虽然不能否定香港银行是以善意目的投入制作，但发生收件行地址错误的疏忽事实证明该行未以合理的谨慎工作，并由于该疏忽导致发生托收事故的严重后果，造成实业公司托收款及滞收托收款利息损失及相关经济利益损失，故香港银行作为有偿委托合同受托方，依法负有向委托人赔偿经济损失的民事责任。经调解，香港银行赔偿实业公司托收货款9万余美元，实业公司开具的本案汇票项下托收款及相关债权转让给香港银行，香港银行在得到该债权后，享有对相关义务人的追索权，如经追索兑现债权超过前述赔偿款，则在追回款项与汇票金额的差额返还实业公司。

3.3

2002商:219

2001

7

实务要点： 汇票托收行制作的汇票提示清单发生收件行地址错误导致托收事故，造成委托人托收款及滞收托收款利息损失及相关经济利益损失的，托收行依法负有向委托人赔偿经济损失的民事责任。

案例索引： 上海一中院（2001）沪一中经终字第1066号“某香港银行与某实业公司委托合同纠纷案”，见《上海申达股份有限公司诉香港汇丰银行股份有限公司上海分行委托合同案》（杨品洁），载《中国审判案例要览》（2002商事:219）。

426 涉票据国际托收，不一定适用《票据法》冲突规范

——国际托收纠纷争议问题根本在于托收行和代收行是否违反托收指令，故应按债法而非票据法冲突规范确定准据法。

标签： 票据 | 票据托收 | 国际托收 | 法律适用 | 冲突规范

法院认为： 本案虽涉及商业汇票承兑和付款，但票据行为本身非本案争议问题。本案作为国际托收纠纷，各方当事人争议的焦点在于托收行和代收行是否违反了委托人的托收指令。鉴于托收行为从其本质上判断，属于当事人依合意而产生的特定条件下的委托代理行为，即委托人委托托收行，托收行转委托代收行，而非单纯的票据行为，故本案应按债法冲突规范确定准据法，亦即应按我国《民法通则》规定确定冲突规范。托收指示中“Where applicable subject to”结构是当事人在合同

案情简介： 1993年，实业公司因出口委托华侨银行托收货款，华侨银行又委托花旗银行代收，托收指示中“Where applicable subject to the Uniform Rule for Collections”。后因花旗银行

将远期D/P作D/A处理，导致实业公司货、款两空，实业公司起诉华侨银行和花旗银行。花旗提出票据接收、承兑交单行为发生在美国，应适用《美国统一商法典》。

3.3

2002商:462

2000

中订立法律适用条款时经常使用的一个结构，其含义的正确理解应为“凡是能够适用的地方，即应适用”，而非花旗银行所称“在适用的情况下，应适用（《托收统一规则》）”。鉴于实业公司与华侨银行对托收指示中约定适用《托收统一规则》并无异议，花旗银行收到华侨银行所寄交的托收指示后并未提出异议，托收指示已明示选择了适用《托收统一规则》等事实，故本案确定将该国际惯例作为处理本案争议的法律依据。

实务要点： 国际托收纠纷虽涉及汇票承兑和付款，但争议问题并非票据行为本身，而在于托收行和代收行是否违反托收指令，属于当事人之间的委托代理行为，故应按债法而非票据法冲突规范确定准据法。

案例索引： 上海高院（2000）沪高经终字第335号“某银行与某实业公司等票据纠纷案”，见《上海兰生股份有限公司诉华侨银行有限公司上海分行等票据国际托收赔偿案》（胡曙光），载《中国审判案例要览》（2002商事:462）。

票据贴现

427 委托办理民间票据贴现，票款被骗，损失谁来承担

——前手持票人因受托人的原因导致贴现票款流失的，无权向因办理贴现而善意取得票据的后手持票人主张票据权利。

标签：票据 | 票据贴现 | 民间票据贴现 | 善意取得

法院认为： ①民间票据贴现行为，其实质为民间资金融通的一种方式，在转让方式上，属于除“背书转让”以外的其他转让方式，故权利人无需

案情简介：2010年，物资公司将其1000万元的承兑汇票委托强某按以往操作方法，到贸易公司办理贴现。贸易公司法定代表人马某支付相应贴现款后，因强某未转交该款致诉。强某后被法院以非法经营罪判处刑罚。

2.1

201402/38:244

2014

以"背书连续"证明其享有票据权利。本案票据纠纷系由双方当事人从事涉案商业汇票贴现、转让行为引起，其交易的本质是民间借贷、融通资金活动。②此次交易前，物资公司找强某办理过类似汇票贴现，应知彼此交票、付款的操作方式及其风险。从与强某联系，到等待强某转款，物资公司始终是与强某进行汇票贴现交易。后因强某违反其转款承诺，致使物资公司未收到贴现款，故物资公司交易相对方系强某而非贸易公司。③贸易公司在与强某转让汇票时，核验了票据真伪，得到强某关于其合法持有汇票、无挂失止冻等书面保证，并依约向强某支付了2200万元票款，且无证据证明在其取得汇票时存在恶意或重大过失的情形，故依《票据法》相关规定，贸易公司已依法取得了案涉票据，并享有了票据权利，判决确认案涉汇票归贸易公司所有，驳回物资公司诉讼请求。

实务要点：前手持票人因受托人原因导致贴现票款流失的，无权向因办理票据贴现善意取得票据的后手持票人要求返还票据或追索票款。

7

案例索引：最高人民法院（2014）民二终字第17号"某物资公司与某商贸公司票据返还请求权纠纷案"，见《上诉人银川利丰物资贸易有限公司与被上诉人石嘴山瑞恒源商贸有限公司票据返还请求权纠纷案》（审判长王宪森，审判员殷媛，代理审判员张雪楳），载《商事审判指导·商事裁判文书选登》（201402/38:244）。

428 贴现行违反内部规程，未验发票原件，属重大过失

——贴现行未遵守内部贴现规定，应认定其未依据正常工作规程操作，未尽合理审查义务，有可能被认定为重大过失。

标签：票据 | 票据贴现 | 重大过失 | 内部操作规程 | 发票原件

案情简介：2007年6月，裴某持银行承兑汇票申请贴现，建行未按总行内部操作规程要求裴某提供增值税发票原件的情况下办理了贴现业务。嗣后出票人贸易公司以建行存在重大过错诉请赔偿。

法院认为：关于何为贴现人在贴现中的重大过失，我国《票据法》及其司法解释未作明文规定。依据法理，一般认为，就票据贴现行为而言，重大过失是指依其工作性质，按照一般的工作规程和工作经验，贴现人稍加合理注意即可知票据转让人无处分权，但因疏忽大意未加注意。关于贴现的工作规程，中国人民银行于1997年5月22日颁布的《商业汇票承兑、贴现与再贴现管理暂行办法》第18条、第19条，中国人民银行颁布并于1997年10月1日施行的《票据管理实施办法》第10条，及1997年12月1日施行的《支付结算办法》第92条，中国人民

2.6

v.7:352

2011

银行银发〔2005〕235号《关于完善票据业务制度有关问题的通知》第1条，中国建设银行2006年12月26日颁布实施的《中国建设银行商业承兑汇票贴现业务操作规程》第12条均有相关规定。内部规定是贴现行根据本行需求对相关贴现法律、行政法规、部门规章的细化，在不违反法律、行政法规和部门规章的立法目的的情形下，该内部规定对其相关业务活动具有规范作用。若贴现行未予遵守，则应认定其未依据正常工作规程进行操作，未尽到合理的审查义务。显然，增值税发票或普通发票原件较其复印件，对于证明“具有真实的交易关系和债权债务关系”更具证明力。正因如此，前述相关规定及建行内部操作规程才明确要求办理贴现业务时，申请人应提供增值税发票或普通发票原件及复印件。本案中，在申请人仅凭增值税发票复印件办理贴现业务时，建行在明确提出应提交增值税发票原件的同时仍在对方未能提交增值税发票原件的情形下办理了贴现，应认定其未按照正常工作规程尽到审查义务，建行具有重大过失。此外，国务院《关于国家行政机关、企业、事业单位印章规定》第1部分规定，国家行政机关和企业、事业单位、社会团体的印章一律为圆形。故作为内资企业，本案所涉银行承兑汇票上的实业公司的印章为椭圆形，明显不符合上述规定。

实务要点： 贴现行的内部规定是贴现行根据本行需求对相关贴现法律、行政法规、部门规章的细化，在不违反法律、行政法规和部门规章的立法目的的情形下，该内部规定对其相关业务活动具有规范作用。若贴现行未予遵守，则应认定其未依据正常工作规程进行操作，未尽到合理的审查义务，有可能被认定为重大过失。

案例索引： 最高人民法院（2011）民提字第84号“某银行与某贸易公司等票据纠纷案”，见《票据贴现中各方的过错认定与责任承担——中国建设银行股份有限公司侯马支行与陕西侯马市亨丰贸易有限公司、侯马市天瑞鸿焦铁有限公司、侯马市经济技术开发区昌鑫炉料有限公司票据纠纷案》（审判长王宪森，审判员殷媛，代理审判员张雪楳），载《最高人民法院商事审判指导案例-7·公司与金融卷》（2012:352）。

429 贴现行对承兑汇票是否真正交付，无实质审查义务

——票据记载有收款人、且有收款人背书转让、背书亦连续的，贴现行可推定收款人已实际收到票据并进行背书转让。

标签：票据 | 票据贴现 | 票据交付 | 重大过失 | 出票行为

案情简介：2007年6月，裴某持银行承兑汇票申请贴现，建行进行形式审查后办理了贴现业务。嗣后，出票人贸易公司以票据上载明的收款人实业公司并未实际收到票据主张建行存在重大过错诉请赔偿。

法院认为：依我国《票据法》第20条规定，出票是指出票人签发票据并将其交付给收款人的票据行为。法定的出票行为包括两个环节，即出票人签发票据并将其交付给收款人。本案中，实业公司确未收到票据，但于贴现行而言，其对票据上记载事项的审查主要是进行形式上审查。基于票据的无因性，在票据记载有收款人、且有收款人将该票据背书转让、背书亦连续的情形下，贴现行可推定收款人已实际收到票据并进行背书转让。在无证据证明贴现行对出票行为未真正完成明知或应知的情形下，不能认定贴现行未尽审查义务，具有重大过失。

实务要点：汇票收款人未实际收到票据，但贴现行基于票据的无因性，在票据记载有收款人、且有收款人将该票据背书转让、背书亦连续的情形下，贴现行可推定收款人已实际收到票据并进行背书转让。在无证据证明贴现行对出票行为未真正完成明知或应知的情形下，不能认定贴现行未尽审查义务，具有重大过失。

2.6

7

v.7:352

2011

案例索引：最高人民法院（2011）民提字第84号“某银行与某贸易公司等票据纠纷案”，见《票据贴现中各方的过错认定与责任承担——中国建设银行股份有限公司侯马支行与陕西侯马市亨丰贸易有限公司、侯马市天瑞鸿焦铁有限公司、侯马市经济技术开发区昌鑫炉料有限公司票据纠纷案》（审判长王宪森，审判员殷媛，代理审判员张雪楳），载《最高人民法院商事审判指导案例-7·公司与金融卷》（2012:352）。

430 贴现行有重大过错，但非损失根本原因，不应赔偿

——贴现款损失并非贴现行为所致，即使贴现行在贴现过程中存在重大过失行为，亦不应承担赔偿出票人损失的责任。

标签：票据 | 票据贴现 | 重大过错 | 因果关系 | 根本原因

案情简介：2007年，裴某持银行承兑汇票申请贴现，建行进行形式审查后

法院认为：根据《贷款通则》第9条、《商业汇票承兑、贴现与再贴现管理暂行办法》第2条规定，票据贴现实质是金融机构向持票人融通资金的一种方式，融通资金或称贷款关系、买卖票据关系是贴现人与持票人之间形成的票据基础关系。依据《支付结算办法》第93条规定，

办理了贴现业务。嗣后出票人贸易公司以建行在贴现过程中违反操作规程存在重大过失诉请赔偿。建行证据表明，贸易公司法定代表人赵某与裴某系合意以出借银行承兑汇票为手段的借款行为。

2.6

v.7:352

2011

贴现、转贴现、再贴现时，应作成转让背书，贴现行取得票据权利应以《票据法》上关于背书方式操作才能取得票据权利。按正常工作规程，贴现人在贴现过程中尽到了合理审查义务并支付了贴现款后成为合法持票人，享有票据权利，可要求付款人付款，票据贴现利益是其以贴现方式融通资金的合法收益。本案中，贸易公司在出具案涉票据前，即与裴某之间多次进行以出借银行承兑汇票为手段的借款行为。在出具票据时，贸易公司法定代表人赵某与裴某达成合意，出具本案汇票的真实目的是获得银行的贴现款给裴某使用。为达到该目的，贸易公司出具了本案所涉汇票；向承兑行提交了其单方填具的、未经实业公司认可的其与实业公司之间的工矿产品购销合同；在开出汇票后，其未将汇票交付给票载收款人实业公司，而是交给了与其合谋贴现获取现金的裴某，致使该汇票加盖虚假的背书人印章后得以在形式上进行合法流转。故贸易公司在本案汇票出票及请求承兑、流转过程中存在过错。导致出票人所谓贴现款损失的根本原因是出票人与第三人合谋出具票据用以获得贴现款借给第三人使用，其损失是由于出票人自己的过错行为导致非法贴现、用款人未还款所致，而非贴现行贴现行为所致，故贴现行不应承担赔偿出票人贴现款损失的责任。对于银行获得的贴现利息部分，其实质为贸易公司支付给银行的融资成本。贸易公司出票真实目的是进行贴现，故在贴现行为合法的情形下，贴现利息本应为贴现行进行融资的合法对价，但由于贴现行在贴现过程中亦存在过错，故综合考量出票人在出票、承兑、流通环节的过错，依据过失相抵原则，酌情由银行返还50%的贴现利息以及由该款项产生的利息，符合公平原则。

实务要点： 票据贴现过程中，出票人的贴现款损失根本上系因出票人与第三人合谋出具票据用以获得贴现款借给第三人使用，而非贴现行贴现行为所致，因此，即使贴现行在贴现过程中存在重大过失行为，亦不应承担赔偿出票人贴现款损失的责任。

案例索引： 最高人民法院（2011）民提字第84号“某银行与某贸易公司等票据纠纷案”，见《票据贴现中各方的过错认定与责任承担——中国建设银行股份有限公司侯马支行与陕西侯马市亨丰贸易有限公司、侯马市天瑞鸿焦铁有限公司、侯马市经济技术开发区昌鑫炉料有限公司票据纠纷案》（审判长王宪森，审判员殷媛，代理审判员张雪楳），载《最高人民法院商事审判指导案例-7·公司与金融卷》(2012:352)。

431 贴现行查询汇票真伪时间，可能早于申请贴现时间

——贴现行对汇票是否真实有效进行查询的时间早于申请贴现时间，该事实不足以认定贴现行在贴现时存在重大过失。

标签：票据 | 票据贴现 | 重大过失 | 口头申请贴现

法院认为： 本案虽存在"贴现申请在后，查询在前"的事实，但在申请人口头先行申请贴现，在其提交书面贴现文书之前先行查询的情形亦可能存在，故该事实不足以认定贴现行具有重大过失。

案情简介：2007年，裴某持银行承兑汇票申请贴现，建行进行形式审查并向出票银行查实票据真实性后办理了贴现业务。嗣后出票人贸易公司以查询时间系6月14日，而票据申请贴现时间6月15日，提出建行存在重大过失。

实务要点： 贴现行对汇票是否真实有效进行查询的时间早于票据申请贴现时间，该事实不足以认定贴现行在贴现过程中存在重大过失。

7

2.6

v.7:352

2011

案例索引： 最高人民法院(2011)民提字第84号"某银行与某贸易公司等票据纠纷案"，见《票据贴现中各方的过错认定与责任承担——中国建设银行股份有限公司侯马支行与陕西侯马市亨丰贸易有限公司、侯马市天瑞鸿焦铁有限公司、侯马市经济技术开发区昌鑫炉料有限公司票据纠纷案》(审判长王宪森，审判员殷媛，代理审判员张雪楳)，载《最高人民法院商事审判指导案例-7·公司与金融卷》(2012:352)。

432 贴现行就汇票到期支付与转贴现行的约定，应有效

——贴现银行就转贴现的承兑汇票在到期无法收到票款时享有的追索权，与转贴现银行的相关违约责任约定应为有效。

标签：票据 | 票据贴现 | 违约责任

法院认为： 案涉转贴现协议有效。中行向承兑农行首次提示付款被拒绝后，依该协议向工行发出追索函，工行应依约履行给付票据款项义务，此时工行可主张中行交付票据。工行实际并未依约支付构成违约。中行就承兑银行未支付的延期付款利息及违约金等主张权利，是要求工行依转贴现协议的约定承担相应的违约责任。此时中行是否持有票据、是否能够退还票据，与中行的诉请业已无关。故本案工行应依约定支付承兑汇票到期后的逾期利息及违约金共400万余元。

案情简介：2005年3月，中行接受工行1亿元贴现银行承兑汇票的转贴现，所签转贴现协议约定了中行在到期无法收到票款时对工行的追索权，及相应的逾期利息、违约责任。同年8月，中行向承兑农行提示付款，农行以该汇票签发、承兑涉及经济犯罪而暂停

付款。同年9月，中行向工行发函追索并在随后收到承兑农行汇票金额1亿元后，依转贴现协议诉请工行支付逾期利息、违约金共400万余元。

实务要点： 贴现银行就承兑汇票的未到期支付与转贴现银行的相关违约责任约定应为有效。

案例索引： 最高人民法院（2009）民提字第113号“某中行与烟台银行票据纠纷案”，见《中国银行股份有限公司四川省分行与烟台银行股份有限公司转帖现合同纠纷案》（审判长王东敏，代理审判员李京平、雷继平），载《最高人民法院商事审判裁判规范与案例指导·裁判文书》（2011:123）；另见《涉案的〈商业汇票转贴现协议〉系双方当事人真实意思表示且不违反法律法规的规定，双方当事人均应遵守该协议》，载《最高人民法院商事审判指导案例·金融卷》（2011:79）；另见《转贴现行遭承兑行二次拒付后，依据其与贴现行签订的〈转贴现协议〉主张逾期利息及违约金，构成合同违约之诉，与是否持有或返还票据无关》，载《最高人民法院商事审判指导案例-7·公司与金融卷》（2012:388）。

2.7

2011:123

2.6

v.4:79

2.6

v.7:388

2009

433 贴现银行未审查基础交易材料，不影响其票据权利

——贴现银行在接受票据贴现时，未按相关规定审查可以证明签发票据真实贸易背景的书面材料，不影响其票据权利。

标签： 票据 | 票据贴现 | 重大过失 | 真实交易关系

案情简介： 2003年，投资公司持出票人为实业公司、承兑付款人为工行、收款人为投资公司的590万元银行承兑汇票向民生银行申请贴现。民生银行支付对价后，实业公司以未收到货物报案并起诉。因工行拒绝付款，民生银行起诉。工行以民生银行办理贴现时未审查真实交易关系存在重大过失，主张民生银行不享有票据权利。

法院认为： 根据《票据法》第10条第2款、第31条之规定，票据持有人支付了相应对价并能够以背书的连续证明其票据权利的，即享有请求付款人按期付款的权利。本案中，民生银行在接受投资公司票据贴现时未按相关规定审查可以证明签发票据真实贸易背景的书面材料，不影响其票据权利。《支付结算办法》、中国人民银行《关于切实加强商业汇票承兑贴现和再贴现业务管理的通知》虽然规定了在办理贴现业务时要审查贴现申请人提交的增值税发票、贸易合同复印件等足以证明该票据具有真实贸易背景的书面材料，但仅仅审查这些书面材料的复印件并不能保证贴现申请人与其直接前手之间具有真实的交易关系。即使通过审查增值税发票、贸易合同原件等书面材料能够判断背书人与其直接前手之间具有真实的交易关系，法律法规亦未规定被背书人在受让票据时要审查背书人与背书人的直接前手之间具有真实的交易关系的义务，因为如果这样规定显然有违票据行为的无因性原则，极不利于票据的流通。而贴现属于票据转让的形式之一，本质上亦为票据

2.7

2011:108

2.6

v.4:66

2009

转让。中国人民银行的前述规定，系从维护金融安全、防范金融风险的角度出发而制定的部门规章，贴现行为违反此规定并不构成《票据法》第12条所规定的“重大过失”。民生银行在为投资公司贴现时向工行查询了汇票的真实性，尽到了谨慎注意义务。工行、实业公司并无证据证明民生银行在办理贴现业务过程中明知投资公司系通过诈骗手段取得汇票，故民生银行系善意持票人。

实务要点： 根据《票据法》第10条第2款、第31条之规定，票据持有人支付了相应对价并能够以背书的连续证明其票据权利的，即享有请求付款人按期付款的权利。故贴现银行在接受票据贴现时未按相关规定审查可以证明签发票据真实贸易背景的书面材料，不影响其票据权利。

7

案例索引： 最高人民法院（2009）民提字第74号“某银行与某汽车服务公司等票据纠纷案”，见《苏州新区新裕汽车服务有限公司、中国工商银行股份有限公司苏州高新技术产业开发区支行与中国民生银行股份有限公司总行营业部票据追索权纠纷案》（审判长王东敏，代理审判员雷继平、李京平），载《最高人民法院商事审判裁判规范与案例指导·裁判文书》（2011:108）；另见《票据法律关系与票据基础关系互相独立，票据持有人支付对价且背书连续的，即可享有票据权利》，载《最高人民法院商事审判指导案例·金融卷》（2011:66）。

434 贴现行受让记载“禁止背书转让”汇票，仍合法

——在汇票背面记载“不得背书转让”，在无法确定该内容真实记载人的情况下，不应认定贴现行有重大过失或故意。

标签： 票据 | 票据贴现 | 重大过失 | 不得背书转让

案情简介： 2003年，投资公司持出票人为实业公司、承兑付款人为工行、收款人为投资公司的590万元银行承兑汇票向民生银行申请贴现。民生银行支付对价后，实业公司以未收到货物报案并起诉。因工行拒绝付款，民

法院认为： 案涉票据背面虽有“本票不得转让”之记载，但因该记载缺少记载人签章，且工行与实业公司无充分证据证明投资公司经办人在办理贴现业务时曾告知民生银行上述禁止转让内容系由出票人实业公司记载，故认定民生银行明知贴现申请人与其前手存在抗辩事由仍受让票据事实依据不足。投资公司在贴现协议中虽与民生银行明确约定背书时不得附加任何条件，但根据《票据法》第33条“背书不得附有条件。背书时附有条件的，所附条件不具有汇票上的效力”规定，法律并不禁止票据当事人为不具汇票上的效力的附条件背书行为，且前述

生银行起诉。工行以民生银行办理贴现时明知背面记载有“本票不得背书转让”应认定存在重大过失，不应享有票据权利。民生银行与投资公司的贴现协议约定“投资公司应真实有效地完成票据背书转让行为，且背书时不得附加任何条件”。

2.7

2011:108

2.6

v.4:66

2009

规定“背书不得附有条件”之“条件”通常并不包含《票据法》第34条所规定的“不得转让”记载。故认定民生银行根据贴现协议有关贴现不得附条件的约定即应推知前述“本票不得背书转让”之记载不可能由投资公司所做，理由不足。相反，基于《支付结算办法》所倡导的出票人应在票据正面记载“不得转让”的交易习惯，民生银行有理由相信前述禁止背书转让的记载非出票人实业公司所做。民生银行虽可通过逐一询问票据前手等方式查清禁止背书转让内容的真实记载人，但该银行在支付贴现款受让票据时并无此种法定查询义务。实业公司在真实交易未实际发生前即签发票据又不按交易习惯进行票据记载导致最终未能如愿防止票据流通，对因此造成的损失理应自行承担。故判决工行应向民生银行支付590万元及利息。

实务要点： 未按交易习惯在汇票正面记载而是在汇票背面记载“不得背书转让”，在无法确定该内容真实记载人，且贴现银行有理由相信该记载非出票人而系持票人所做的情况下，贴现银行取得票据不应认定为存在重大过失或故意。

案例索引： 最高人民法院（2009）民提字第74号“某银行与某汽车服务公司等票据纠纷案”，见《苏州新区新裕汽车服务有限公司、中国工商银行股份有限公司苏州高新技术产业开发区支行与中国民生银行股份有限公司总行营业部票据追索权纠纷案》（审判长王东敏，代理审判员雷继平、李京平），载《最高人民法院商事审判裁判规范与案例指导·裁判文书》（2011:108）；另见《票据法律关系与票据基础关系互相独立，票据持有人支付对价且背书连续的，即可享有票据权利》，载《最高人民法院商事审判指导案例·金融卷》（2011:66）。

435 银行为无基础交易关系申请人承兑贴现，实为借贷

——银行在明知申请贴现人无基础交易背景情况下，对其尚未持有的承兑汇票办理贴现，应认定为事实上的借贷关系。

标签： 票据 | 票据贴现 | 借款合同 | 合同性质 | 汇票贴现 | 基础关系

案情简介： 2004年，商行、农行在明知实业公司为偿还所欠商行旧债，并

法院认为： 中国人民银行《支付结算办法》第93条规定：“符合条件的商业汇票的持票人可持未到期的商业汇票连同贴现凭证向银行申请贴现。贴现银行可持未到期的商业汇票向其他银行转贴现，也可向中国人民银行申请再贴现。贴现、转贴现、再贴现时，应作成转让背书，并提

无真实交易的情况下，以先贴现后开票的方式为实业公司办理了贴现业务。农行贴现后，因商行拒绝对事先开出的银行承兑汇票样票进行承兑致诉。

供贴现申请人与其直接前手之间的增值税发票和商品发运单据复印件。”持票人申请银行贴现，应持未到期的商业汇票，且持票人应向贴现银行证明其与出票人、前手之间具有基础关系，即真实的交易关系和债权债务关系。农行在实业公司无基础交易背景的情况下对该公司尚未持有的银行承兑汇票进行贴现不符合规定，是严重违反商业银行操作规范的违规行为，其与实业公司之间不构成《票据法》意义上的银行承兑汇票贴现关系，应认定为事实上的无书面借款合同的借贷关系。农行存在主要过错，应自行承担60%的民事责任。

2.1

200902/18:259

2.7

2010:755

2.6

v.3:393

2008

7

实务要点： 银行在申请贴现人无基础交易背景的情况下，对其尚未持有的银行承兑汇票进行贴现，系违规操作。银行与贴现人之间不构成《票据法》意义上的银行承兑汇票贴现关系，双方之间的法律关系是事实上的、无书面借款合同的借贷关系。

案例索引： 最高人民法院（2008）民二终字第3号“某银行与某实业公司侵权纠纷案”，见《广州市商业银行越秀支行与中国农业银行岳阳市云溪支行、广州名鑫实业发展有限公司、珠海协利租赁有限公司侵权纠纷上诉案》（审判长张树明，代理审判员王华菊、沙玲），载《民商事审判指导·民商裁判文书选登》（200902/18:259）；另载《最高人民法院商事审判裁判规范与案例指导·裁判文书》（2010:755）；另见《银行承兑汇票的贴现》，载《最高人民法院商事审判指导案例·公司卷》（2011:393）。

436 以汇票贴现套取资金致合同无效，应承担过错责任

——贴现行工作人员与犯罪嫌疑人以汇票业务套取银行资金，导致贴现协议无效的，应根据各方的过错合理分担损失。

标签： 票据 | 票据贴现 | 银行过错

案情简介： 2002年，农行与工行签订一份《商业承兑汇票转贴现（回购）协议》，约定由工行向农行申请办理8000万元的票据贴现业务。农行据此向机电公司转入贴现款后，发现工行汇票专用章系伪造。农行部门负责

法院认为： 本案证据及刑事裁定书认定的事实能够证明工行与农行签订并履行案涉《商业承兑汇票转贴现（回购）协议》真实目的并非为解决工行的头寸不足问题，而是为范某违法套取银行资金。依《合同法》第52条第3项关于“恶意串通，损害国家、集体或者第三人利益的，合同无效”规定，案涉协议无效。因协议无效造成农行损失，依法应根据各方过错合理分担。因穆某行为代表工行，其为票据进行贴现直接为本案低信用的涉案票据增加了银行信用，为涉案票据转贴现增加了信用基础，故工行行为是造成涉案款项被骗的主要原因，应承担主

人史某遂找到工行负责人穆某、实际收款人投资公司总经理范某，在票据上补盖了真实公章，范某承诺及时还款。生效刑事裁判文书认定穆某构成伪造金融票证罪，范某犯票据诈骗罪。2003年，农行起诉工行要求支付回购资金8000万元及利息。

2.6

v.4:87

2003

要责任。农行应知工行并未实际贴现，转贴现款是交给范某使用；在发现工行加盖非真实印章后，未去报案，而是找到范某、穆某，要求穆某补盖真实印章。在办理该笔业务过程中，农行还存在违反银发〔1997〕143号《关于进一步加强银行结算管理的通知》中规定的审查并留存贴现申请人与其前手之间的增值税发票和发运单据复印件、向承兑银行查询，违反《金融企业会计制度》、《支付结算会计核算手续》中规定的转贴现款应通过人民银行转帐，违规将转贴现款由其转贴现资金核算科目直接划入工行开具的转帐支票上记载的收款人即机电公司帐户，违规为工行预留银行帐号等行为。上述事实表明农行及史某对涉案款项被骗也存在过错。但由于工行贴现在先，农行属于次要责任，故对因涉案款项被骗而形成的本金部分的损失及因款项被占用而产生的贴现利息损失由工行承担赔偿责任；对因涉案款项被骗而形成的利息损失由农行自行承担。

实务要点： 贴现行负责人、转贴现行经办人员与犯罪嫌疑人之间存在以汇票业务套取银行资金的共同意思表示，导致涉案协议无效造成转贴现行的损失，依法应根据各方的过错合理分担。

案例索引： 最高人民法院（2003）民二终字第183号“某中信银行与某工行转贴现纠纷案”，见《双方当事人之间的转帖现协议因违反合同法规定而无效，由此造成的转贴现行的损失，由双方根据过错合理分担——中信银行股份有限公司郑州分行与中国工商银行股份有限公司定兴支行承兑汇票转贴现协议纠纷案》（审判长曹士兵，代理审判员雷继平、王涛），载《最高人民法院商事审判指导案例（4）·金融卷》（2011:87）。

437 银行为背书不连续的汇票办贴现，不享有票据权利

——金融机构对持票人持有的背书不连续的银行承兑汇票办理贴现业务，应该认定金融机构取得该票据存在重大过失。

标签： 票据 | 票据贴现 | 质押 | 票据质押 | 基础关系 | 背书连续

案情简介： 1999年，电子公司持1000万元金额的承兑汇票向工行申请贴现，工行将贴现款970万余元支付给既非

法院认为： 我国《票据法》规定，以背书转让的票据，背书应当连续，持票人以背书的连续，证明其票据权利。非经背书转让，而以其他合法方法取得票据的，持票人应依法举证，证明其票据权利。根据票据所具有的文义性，票据的合法流转应见之于票据本身的记载，合法持票人是在票据上进行权利记载并持有票据的人。电子公司既非汇票记载的

背书人亦非被背书人的电子公司后，在被背书栏加盖了工行公章，交付给承兑的农行，农行以协助公安办理刑事案件为由不予兑付，并在2000年时以协助刑事追赃为由，将兑付款扣划给法院转给作为受害人的汇票质押权人。工行诉请判令农行及出票人化工公司兑付1000万元票据款。

背书人又非被背书人，且本案审理时电子公司亦未举证证明其以其他合法方法取得案涉汇票，故电子公司非本案承兑汇票合法持票人，不能凭借该汇票主张票据权利。工行在办理贴现时，未根据中国人民银行《商业汇票承兑、贴现与再贴现管理暂行办法》和《支付结算办法》规定对背书连续性进行审查，故其为非合法持票人不享有票据权利的电子公司办理票据贴现，应认定存在重大过失。依《票据法》第12条规定，工行因重大过失取得不符合《票据法》规定的票据的，对该票据不享有票据权利。虽然工行贴现后完善了背书手续，但汇票因涉嫌犯罪为公安机关调取并冻结止付，农行依此拒绝向工行支付并在其后依刑事追赃程序向执行法院扣划票款，均系履行法律规定的协助执行义务，并无不当。故本案应驳回工行要求农行、化工公司兑付票据款的诉讼请求。

2.4

200601/19:79

实务要点： 金融机构违反有关操作规定，对持票人持有背书不连续不享有票据权利的承兑汇票办理贴现，因金融机构取得票据存在重大过失，依法亦不能取得票据权利。

2.3

200601/12:121

7

2001

案例索引： 最高人民法院（2001）民二监字第441-1号“某银行与某化工公司等汇票纠纷申请再审案”，见《中国农业银行南通市经济技术开发区支行与华夏银行济南分行、中国电子进出口山东公司、南通市蓝泽精细化工公司银行承兑汇票纠纷再审案——如何确定票据持有人的票据权利》（贾静，最高人民法院），载《审判监督指导·案例评析》（200601/19:79）；另见《中国农业银行南通市经济开发区支行与华夏银行济南分行、中国电子进出口山东公司、南通蓝泽精细化工公司银行承兑汇票纠纷申请再审案》（肖宝英，最高院立案庭），载《立案工作指导·申诉与申请再审疑案评析》（200601/12:121）。

438 贴现行不能同时以票据追索权和侵权损害赔偿起诉

——票据贴现行行使追索权时，又起诉因除权判决获得票据金额的申请失票人，因涉不同法律关系，故不应一案起诉。

标签： 票据 | 票据贴现 | 票据追索权 | 管辖 | 票据纠纷 | 混同法律关系

案情简介： 2009年，银行以物资公司向其贴现的汇票被实业公司申请除权

法院认为： 起诉是否符合法律规定，系法院审理判决的前提要件。银行以物资公司向其贴现的票据被付款行拒付为由起诉物资公司要求返还贴现款，与其以实业公司并非票据权利人却虚构事实获得票据款为由要求实业公司承担损害赔偿责任，涉及两种不同的法律关

判决为由，起诉物资公司返还贴现款。同时，银行起诉因除权判决获得票据金额的实业公司，要求物业公司与实业公司连带返还票据款300万元。实业公司提出管辖异议。

3.4

201018:34

2010-104

系，其权利基础亦完全不同。银行称物资公司和实业公司应共同承担赔偿责任，未陈述相应理由或提供证据证明，且经释明后仍不予确定其具体选择行使何种权利，故其起诉不符合法律规定，裁定驳回。

实务要点： 票据贴现银行向前手行使追索权同时，又起诉因除权判决获得票据金额的申请失票人，因起诉混同票据追索权和侵权损害赔偿请求两种不同法律关系而不符合法律规定，法院进行释明后仍不予改正的，在管辖权纠纷中可直接驳回起诉。

案例索引： 江苏无锡中院（2010）锡商辖终字第0073号“澳洋集团有限公司与江苏江阴农村商业银行股份有限公司、江阴市辰华物资有限公司票据纠纷案”，见《当事人在起诉时混同不同法律关系的处理》（严奇荣），载《人民司法·案例》（201018:34）。

439 贴现行已审查基本交易背景材料，不构成重大过失

——持票人申请贴现时，提交增值税发票事后证明系伪造，但因贴现行已尽基本的审慎注意义务，故仍享有票据权利。

标签： 票据 | 票据贴现 | 贴现审查 | 重大过失 | 内部流程要求

案情简介： 2008年12月11日，建行签发以贸易公司为出票人、销售公司为收款人的金额600万元的远期银行承兑汇票。2008年12月12日，经物流公司背书取得该票据的石化公司持票向工行办理贴现，工行向建行查询无误后办理贴现。2009年，建行以销售公司背书给物流公司的签章系伪造、工行审核时未按其总行网站的规定，要求贴现申请人提交具体背景材料、物流公司提交的增值税发票系伪造为由拒绝付款。

法院认为： 根据中国人民银行《商业汇票承兑、贴现与再贴现管理暂行办法》第19条、《支付结算办法》第93条规定，持票人申请贴现时，须提交贴现申请书、经其背书的未到期商业汇票、持票人与出票人或其前手之间的增值税发票和商品交易合同复印件。石化公司申请贴现时已按上述相关规定提供了增值税发票和商品交易合同复印件，满足了上述规定的最低要求，但与工行总行网站上关于贴现业务公布的所需资料有较大差距，事后证实发票为假发票且其作为卖方提交的却是买方记账联。案涉增值税发票可以网上查询，亦简单易行，但并非所有地区税务机关均有此项服务。对发票真伪的查询程序，法律法规只有原则规定，尤其是没有硬性规定必须向税务机关核实。另一方面，在买卖关系实践中存在未付货款而先开发票，实际没有交付发票的情况，故工行关于系因石化公司提交错误不能据此判断发票本身真伪的解释，并非完全不合逻辑。工行总行网站中关于该行承兑汇票贴现业务，确实有需提交的具体背景材料的相关内容，但该网页上同时有如下特别注明：“本页面仅供参考，具体业务以当地网点的公告与规定为准。”可见仅是其内部对票据贴现业务相关流程的一种介绍，作为一种参考

3.4

201304:91

2010

和指引，旨在鼓励和引导当事人和银行工作人员办理相关业务时从严要求，从而方便多方判断有无真实的交易关系，但并不是具有法律属性的规范性文件。综上，虽然工行作为从事金融服务的商业银行，理应具有比较专业的知识，熟悉票据贴现的流程及相关规定，但其在办理票据贴现业务时，时间仓促，对申请人与前手的交易背景审查不严，确实存在疏忽大意的过失。然而，本案石化公司申请贴现时提交的与前手物流公司的交易背景材料，形式上达到了前述法律法规的最低要求，审查时亦尽到了基本的审慎注意义务，其贴现行为并不构成《票据法》意义上的重大过失，作为持票人不因此丧失票据权利。另外，《票据法》第14条规定：“票据上有伪造、变造的签章的，不影响票据上其他真实签章的效力。”故销售公司的印章即使是伪造的，亦不能据此认定涉案汇票背书不连续，故建行关于背书不连续的拒付理由亦不成立，其拒付行为违反商业惯例和诚信原则，判决建行兑付工行涉案票据金额本息。

7

实务要点： 持票人申请贴现时，提交了贴现申请书、经其背书的未到期商业汇票、持票人与出票人或其前手之间的增值税发票和商品交易合同复印件。虽然增值税发票事后证明系伪造，且持票人提交的材料不符合贴现银行总行网站上关于背景材料提交的要求，但因贴现行已尽基本的审慎注意义务，故享有票据权利。

案例索引： 广东深圳中院（2010）深中法民二终字第1239、1240号“中国工商银行股份有限公司抚州文昌支行与中国建设银行股份有限公司深圳福田支行票据纠纷案”，见《票据取得中重大过失的司法认定》（秦拓），载《人民司法·案例》（201304:91）。

440 贴现行应审查申请人与其前手之间基础交易真实性

——银行办理票据贴现时须对申请贴现人与其前手之间是否具有真实的商品交易即该申请是否符合贴现条件进行审查。

标签： 票据 | 票据贴现 | 审查义务 | 真实的商品交易关系

案情简介： 2000年，服装公司为购货向棉纺厂开具300万元的银行承兑汇票。同年8月，棉纺厂向银行办理贴

法院认为： 银行承兑汇票作为一种高度信用的无因性有价证券，为保障票据各方当事人合法权益促进其流通转让，法律法规对票据活动，作了严格规定。虽然票据关系一经产生即与基础关系相分离，但并不表示票据的流转即可以不受约束，而是同样须依法进行。有关商业汇票的票据贴现，中国人民银行1997年公布并实施的《票据管理实施办法》第

现。2003年，服装公司以银行违规贴现诉请确认银行不享有票据权利。银行为证明其尽到贴现审查义务，提交了棉纺厂增值税发票，但发票日期显示是2001年3月。

3.3

2005商:331

2004

10条规定："向银行申请票据贴现的商业汇票持票人，必须具备下列条件：（一）在银行开立存款账户；（二）与出票人、前手之间具有真实交易关系和债权债务关系。"《支付结算办法》第92条规定："商业汇票的持票人向银行办理贴现必须具备下列条件：（一）在银行开立存款账户的企业法人以及其他组织；（二）与出票人或者直接前手之间具有真实的商品交易关系；（三）提供与其直接前手之间的增值税发票和商品发运单据复印件。"商业汇票贴现的这些条件规定，是商业汇票贴现当事人必须遵守执行的。通过对申请贴现人与其直接前手之间的增值税发票和商品发运单据复印件的审查，确认其与出票人或直接前手之间具有真实的商品交易关系，就是为了保证票据贴现的合法有效性，保障票据活动当事人的合法权益，维护社会经济秩序。中国人民银行是我国的国家中央银行，依照法律规定作出的行政规章，与法律法规不抵触的，在我国境内进行相关票据业务活动的企业、个人均应遵守执行。本案银行依上述法律法规及行政规章要求，进行贴现时必须对申请贴现人与其前手之间是否具有真实的商品交易关系即申请人的申请是否符合贴现条件进行审查。虽然银行与棉纺厂签订了贴现协议，核实了票据的真实性，但银行在棉纺厂未提供增值税发票及商品发运单据复印件的情况下，明知棉纺厂未支付对价，无权处分票据而进行违规贴现，协助棉纺厂套取银行资金，恶意取得票据，故判决确认银行不应享有案涉票据付款、追索请求权。

实务要点： 依法律法规及行政规章要求，银行办理票据贴现业务时必须对申请贴现人与其前手之间是否具有真实的商品交易关系即申请人的申请是否符合贴现条件进行审查。

案例索引： 福建泉州中院（2004）泉民终字第441号"某银行与某服装公司票据纠纷案"，见《石狮市百汇针织服装有限公司诉中国银行武汉市阳逻开发区支行票据案（恶意抗辩）》（施棋璇），载《中国审判案例要览》（2005商事:331）。

441 贴现行依伪造汇票和查询电报办理贴现，应担损失

——贴现行依犯罪嫌疑人伪造的查询电报办理贴现后，因其在贴现过程中存在重大过失，应自负贴现汇票的付款责任。

标签：票据 | 票据贴现 | 重大过失 | 伪造汇票

法院认为： 依最高人民法院《关于在审理经济纠纷案件中涉及经济犯罪嫌疑若干问题的规定》第5条，行为人

案情简介：1997年，贸易公司持花60万元购买的200万元面额、付款行标注“农行县支行”的承兑汇票到工行办理贴现，电信局职工陈某截留工行致农行的查询电报，并以农行名义拍发该承兑汇票“系我行签发”的查复电报。工行据此办理贴现。经查，该汇票系农行职工李某偷盖该行“汇票专用章”钢印，伪造法定代表人私章、出票人单位名称、账号及公章形成。

3.1

200001/31:195

7

1998

盗窃、盗用单位的公章签订经济合同，骗取财物构成犯罪的，单位对行为人该犯罪行为所造成的经济损失不承担民事责任，因此，农行对伪造票据被贴现造成的损失不承担民事责任。工行贴现的银行承兑汇票，系犯罪嫌疑人采用偷盖农行汇票专用章后伪造的票据。持票人购买该伪造票据，在与被背书人无基础关系的情况下，将汇票背书转让，并由被背书人申请贴现后取得票款，显系欺诈行为。被贴现汇票属无效票据，持票人并无票据上的权利。工行在审查贴现时，由于犯罪嫌疑人截获查询电报，导致该汇票被贴现，农行与此并无行为上的因果关系。该汇票中对付款行仅注明“农行县支行”，不构成票据付款文义要求，不能视为明确的付款行名称，工行对该汇票被贴现有重大过失，应自行向伪造、使用无效汇票的犯罪嫌疑人追索骗取贴现的票款。农行并未对该汇票进行承兑，且对该汇票被贴现亦无过错，不应承担付款责任。犯罪嫌疑人截获查询电报，拍发假电报行为不能视为电信局行为，该局对无效汇票不构成侵权，本案中亦不应承担民事责任，判决工行自负其贴现汇票的200万元付款责任。

实务要点：　持票人在无基础关系情况下以低价取得伪造的承兑票据后申请贴现，贴现行依犯罪嫌疑人伪造的查询电报办理贴现后，因其在办理贴现过程中存在重大过失，故应自负贴现汇票的付款责任。

案例索引：　青海高院1998年12月24日判决“某银行与某电信局等票据纠纷案”，见《农行民和支行诉工行龙泉驿支行贴现伪造的银行承兑汇票不能向其请求付款案》（宋效国），载《人民法院案例选》（200001/31:195）。

票据承兑

442 承兑汇票到期日超授信期限，不影响保证责任承担

——授信额度使用期限不是承兑汇票兑付期限，故承兑汇票的到期日超出授信额度使用期限并不影响保证责任的承担。

标签：票据 | 票据承兑 | 保证 | 保证期间 | 承兑汇票到期日 | 授信期限

案情简介： 2006年8月，银行为实业公司开具票面金额为5800万元、付款期限为2007年3月的承兑汇票，实业公司为此提供了1950万元和950万元的保证金。银行与制管公司所签《最高额保证合同》约定保证范围为实业公司与银行“自2006年9月20日起至2007年2月24日止所发生的授信债权余额”，银行与实业公司所签《授信额度协议》约定“已经发生的授信余额视为该授信额度协议内发生的授信；实业公司能够提供足额保证金2900万元做质押担保的，不占用授信额度”。

法院认为： 尽管本案争议的承兑汇票开出之日在银行与制管公司所签订的保证合同之前，但根据《最高额保证合同》和《授信额度协议》约定，该承兑汇票应属于制管公司保证范围。尽管银行开出了总计为5800万元的承兑汇票，但实业公司已按约定向银行支付了2900万元的足额保证金，保证金的数额符合承兑协议约定，该2900万元保证金不占用授信额度。故制管公司认为保证金数额应与承兑汇票票面金额一致才为足额的理由不能成立。授信额度使用期限是授信银行向客户授予办理相关授信业务的期限，而不是授信业务项下债务履行的期限即承兑汇票的兑付期限，故承兑汇票的到期日超出授信额度使用期限并不影响保证责任的承担。本案承兑汇票到期日虽超过了授信额度使用期限，但并不属于授信额度使用期限的延展情形，故制管公司认为承兑汇票到期日超过了授信额度使用期限的理由亦不能成立。本案保证合同虽为格式合同，但关于保证责任范围、期间、方式等内容的约定具体明确，虽有部分专有名词，亦不影响制管公司保证责任范围的确定，故制管公司应承担连带清偿的保证责任。

实务要点： 授信额度使用期限是授信银行向客户授予办理相关授信业务的期限，而不是授信业务项下债务履行的期限即承兑汇票的兑付期限，故承兑汇票的到期日超出授信额度使用期限并不影响保证责任的承担，最高额保证人以承兑汇票到期日超过了授信额度使用期限的理由亦不能成立。

2.7

2011:411

2.6

v.2:405

2009

案例索引： 最高人民法院（2009）民提字第82号"某银行与某实业公司等借款担保合同纠纷案"，见《唐山京华制管有限公司与中国银行股份有限公司唐山分行、河北滦河实业集团有限公司借款担保合同纠纷案》（审判长付金联，代理审判员王涛、李相波），载《最高人民法院商事审判裁判规范与案例指导·裁判文书》（2011:411）；另见《承兑汇票的到期日超出授信额度使用期限并不影响保证责任的承担》，载《最高人民法院商事审判指导案例·借款担保卷（上）》（2011:405）。

443 票据承兑协议因欺诈无效时，保证人应负过错责任

——以欺诈手段办理银行承兑汇票，导致承兑协议及保证合同无效的，保证人违规提供担保，依法应当承担过错责任。

标签： 票据 | 票据承兑 | 基础关系 | 过错责任

7

案情简介： 2003年，信用联社在未对科技公司与信用社签约真实目的及科技公司资信情况进行审查的情况下，为科技公司向信用社申请承兑汇票3000万元提供了保证担保。生效刑事判决认定科技公司法定代表人孙某伪造虚假的企业资产负债表、利润表和虚构的购销合同，在多家金融机构办理银行承兑汇票贴现，因其主要用于还贷及生产经营，并未抽逃、隐匿、转移、挥霍资金，故检察机关指控的票据诈骗罪不成立。2005年，因科技公司逾期未偿汇票垫款，信用社诉请信用联社承担连带责任。

2.6

v.4:132

2005

法院认为： 生效刑事判决认定孙某所属公司采取了一定的欺诈手段获取承兑，因其目的系为骗取信用社资金，该行为不但使信用社作出了不真实意思表示，且扰乱了社会经济秩序，故依《合同法》第52条规定，应认定承兑协议无效。根据票据无因性原则，票据基础关系与票据关系分离。本案中，孙某所骗资金虽系其以先在信用社办理银行承兑汇票，后再到其他金融机构进行贴现方式取得，但因案涉汇票已背书转让，被背书人已办理委托收款，信用社已付款，且无证据证明信用社明知出票人科技公司与收款人农业公司之间不具有真实的交易关系，故不能因票据基础关系即银行承兑协议无效而认定票据关系无效。因本案所涉主合同即承兑协议无效，根据《担保法》第5条规定，本案所涉保证合同亦应认定无效。信用联社违反《农村信用联社章程》和授权管理制度规定，在未对科技公司与信用社签订银行承兑协议真实目的及科技公司资信情况进行审查的情况下，违规为科技公司提供担保，上述行为使信用社对科技公司与其签订银行承兑协议的真实目的和科技公司的资信情况作出错误判断。信用社亦未尽到认真审慎义务，对主合同无效负有过错，应承担相应责任。根据最高人民法院《关于适用〈担保法〉若干问题的解释》第8条关于"主合同无效而导致担保合同无效，担保人无过错的，担保人不承担民事责任；担保人有过错的，担保人承担民事责任的部分，不应超过债务人不能清偿部分的1/3"的规定，信用联社应对信用社尚未收回的款项及利息（自最后一次还款之次日起至款项付清之日止）承担1/3的赔偿责任。

实务要点： 以欺诈手段办理银行承兑汇票，虽不构成刑事犯罪，但因欺诈行为损害国家利益导致承兑协议无效，因此造成保证合同无效的，保证人未对主合同签订真实目的及主债务人资信情况进行审查的情况下，违规提供担保，应承担过错责任。

案例索引： 最高人民法院（2005）民二终字第171号“某银行与某信用社票据纠纷案”，见《以欺诈手段所签订的合同，若只是使对方违背真实意思属于可变更可撤销合同——泰安市商业银行股份有限公司与沂南县农村信用合作社联合社返还票据垫付款纠纷案》（审判长叶小青，审判员王洪光，代理审判员王涛），载《最高人民法院商事审判指导案例（4）·金融卷》（2011:132）。

444 基础交易关系真实性不影响承兑形成债务的合法性

——银行与承兑汇票申请人之间是否存在真实的基础交易关系，并不影响汇票承兑行为形成的承兑票款债务的合法性。

标签： 票据 | 票据承兑 | 基础交易真实性

案情简介： 1997年4月至11月，工贸公司与银行签订承兑协议，银行依约开具18份银行承兑汇票并代为支付票款4400万余元，并依约转为逾期贷款。后工贸公司以汇票签发无真实的交易关系主张承兑协议无效。

法院认为： 银行与工贸公司签订的18份银行承兑协议是双方当事人的真实意思表示，不违反法律禁止性规定，应为有效。基础交易是否存在并不影响汇票承兑行为形成债务的合法性。上述银行承兑协议签订后，银行依约开具了18份银行承兑汇票，工贸公司在汇票到期后未能交付票款，银行依约代为支付，票款按约定转为逾期贷款，工贸公司应承担偿还责任。

实务要点： 银行与承兑汇票申请人是否存在真实的基础交易关系，并不影响汇票承兑行为形成债务的合法性。

2.1

200302/4:250

2002

案例索引： 最高人民法院（2002）民二终字第225号“某银行与某园艺场等借款担保合同纠纷案”，见《中国农业银行南宁市邕江支行与南宁市朝阳园艺场等欠款担保纠纷上诉案》（审判长姜伟，代理审判员钱晓晨、杨征宇），载《民商审判指导与参考·裁判文书选登》（200302/4:250）。

445 银行疏于审查致持票人损失扩大的，应负赔偿责任

——银行受托办理票据查询业务时疏于审查，未能发现伪造票据，造成持票人损失扩大，应就扩大损失承担赔偿责任。

标签：票据 | 票据承兑 | 疏于审查 | 过错责任

案情简介：1997年，汽车公司与旅游公司签订购车合同。汽车公司收到票面价值共计1992万元的汇票后，委托开户银行对汇票和保兑函真实性进行查询。黄某受人指使截获电报后，冒充承兑行回复查实的电报，银行将存有诸多疑点的该电报通知汽车公司取走后，汽车公司继续发货并就未发货车退款420万余元。汇票到期后，汽车公司将汇票提交银行，银行加盖转讫章后又因失误，未转到承兑行，耽误了1个多月时间，期间汽车公司继续发货。后查证汇票系伪造时，汽车公司已损失1992万元。

法院认为：本案系由犯罪嫌疑人利用合同和伪造的银行承兑汇票、保兑函、查复电报等进行诈骗而引发的损害赔偿纠纷。因汇票系伪造，故不产生《票据法》上的权利和义务。银行在受托办理汇票查询业务时，因疏于职守，未能及时发现汇票上存在的问题，特别是犯罪嫌疑人发回假查复电报时，银行未就一系列疑问进一步查询，亦未将上述情况向汽车公司说明，致使汽车公司误以为汇票、保兑函及查复电报真实，并继续错误发车及退款，故对造成汽车公司损失扩大的部分应承担相应的赔偿责任。

实务要点：银行在受托办理票据查询业务时，因疏于审查，未能及时发现伪造票据，造成持票人损失扩大的，应就扩大损失承担相应的赔偿责任。

案例索引：最高人民法院判决“某银行与某销售公司赔偿纠纷案”，见《云南上海汽车工业销售有限公司与中国银行昆明市高新支行赔偿纠纷上诉案——银行对汇票疏于审查应当承担的民事责任》（高珂），载《民事审判指导与参考·最高人民法院二审案件解析》（200003/3:214）。

2.2

200003/3:214

2000

446 只有对外付款或承兑通知而无签章不构成付款承诺

——付款人只有在汇票上加盖相关印章后才构成承兑，之前其所作出的任何承诺与保证均不能令其成为汇票的承兑人。

标签：票据 | 票据承兑 | 承兑字样及签章 | 付款通知

案情简介：2007年，韩国公司基于出售货物，签发以纺织公司为付款人的

法院认为：承兑是要式法律行为，《票据法》第42条规定：“付款人承兑汇票的，应当在汇票正面记载‘承兑’字样和承兑日期并签章。”因此只有付款人在汇票上加盖相关印章后才构成承兑，之前其作出的任何承诺与保证均不能令其成为汇票的承兑人。本案中，韩国银行提交的对

商业汇票。纺织公司在代收行制作的对外付款/承兑通知书中“付款人”一栏加盖了财务专用章及法定代表人私人印章，表示同意承兑并到期付款。代收行遂通过SWIFT系统向托收行发出承兑电文，称付款人纺织公司已承兑汇票金额。外付款/承兑通知书及承兑电文，均不能证明纺织公司在涉案汇票上实施了签章承兑的行为，故不能认定纺织公司对汇票进行了承兑，因而其无需承担票据上的付款责任。

实务要点： 承兑是要式法律行为，根据《票据法》第42条规定，只有付款人在汇票正面记载“承兑”字样、承兑日期并加盖印章后才构成承兑，之前其作出的任何承诺与保证均不能令其成为汇票的承兑人。

3.4

201116:98

2008

案例索引： 山东威海中院（2008）威民二外初字第63号“韩国大邱银行与威海纺织集团进出口有限责任公司、交通银行股份有限公司威海分行票据纠纷案”，见《银行基于托收持有汇票无权主张票据权利》（李慧东），载《人民司法·案例》（201116:98）。

一

票据伪造

447 折角核对未能鉴别假章，致存款损失，银行应赔偿

——银行以其工作人员已按规定折角核对，但没有发现印章系伪造为由，主张其对存款被冒领无过错的，理由不成立。

标签：票据 | 票据伪造 | 储蓄合同 | 内部规定 | 折角核对

案情简介： 1995年，犯罪嫌疑人利用伪造的公司财务章和法定代表人私章，通过转账支票方式冒领建筑公司在银行的存款65.7万元，银行以其已履行

法院认为： 建筑公司在银行开户存款，双方权利、义务关系明确。银行既接受建筑公司存款，就有义务保障该存款安全。建筑公司存款现已被他人冒领，说明银行未尽责任，存在过错。依《民法通则》第106条规定，银行对被冒领存款，及该存款按活期存款利率应得利息，应予赔偿。折角核对是现行《银行结算会计核算手续》规定的鉴别印章真伪方法。该规定属银行内部规定，只对银行工作人员有约束作用。随着科技发

折角核对义务主张免责。

展，犯罪分子作案手段越来越多。银行须针对现状，不断改进、提高自己防伪鉴别能力，以充分保障客户存款安全。银行自愿接受客户存款，这些存款一旦被他人以伪造印章冒领，银行必须承担赔偿责任。银行以其工作人员已按规定履行了折角核对的工作制度，未发现印章系伪造，对存款被冒领主观上没有过错为由，拒绝承担赔偿责任，理由不能成立。判决银行赔偿建筑公司65.7万元本息。

1.1

2000:250

3.3

1999民:241

1997

实务要点： 存款人在银行开户存款，银行就有义务保障该存款安全。存款被他人冒领，说明银行未尽到自己的责任，存在过错，银行依法应予赔偿。银行以其工作人员已按规定履行了折角核对的工作制度，未发现印章系伪造，对存款被冒领主观上没有过错为由，拒绝承担赔偿责任的，理由不成立。

案例索引： 海南海口新华区法院（1997）新民初字第525号“某建筑公司诉某银行存单纠纷案”，见《上海市第七建筑工程公司诉交通银行海南分行存款被冒领损害赔偿纠纷案》，载《最高人民法院公报·案例》（2000:250）；另见《上海市第七建筑工程公司海南分行损害赔偿案》（王晓），载《中国审判案例要览》（1999民事:241）。

7

448 银行按内部规定折角核对方法错误付款，不能免责

——银行按内部规章要求的折角核对方法核对印鉴未能识别出伪造、变造的票据或身份证件而错误付款，应承担责任。

标签： 票据 | 票据伪造 | 储蓄合同 | 内部规定 | 折角核对

案情简介： 2007年，生效刑事判决认定商贸公司法定代表人余某以假货骗取黄金公司转账支票，其中1350万元系余某用事先购买的支票加盖伪造印鉴从黄金公司的银行账户转款，最终导致黄金公司900万余元损失。黄金公司以伪造印鉴不同于预留印鉴，银行未识别诉请赔偿。银行称已按内部操作规程进行了折角核对。

法院认为： 《银行结算会计核算手续》虽被中国人民银行《支付结算会计核算手续》废止，但新规定仍延续了旧规定中折角核对印鉴的操作规程。由于该规定仅为部门规范性文件，并非法律、行政法规，只能作为银行工作人员支付结算会计核算手续的操作规程，不具有对外拘束力。尤其在《票据法》及其司法解释已明确规定付款人未能识别出伪造、变造的票据或身份证件而错误付款即为重大过失的情况下，该内部规定不能作为付款人免责依据。最高人民法院《关于银行以折角核对方法核对印鉴后应否承担客户存款被骗取的民事责任问题的复函》（法函〔1996〕65号）中答复认为，折角核对虽是《银行结算会计核算手续》规定的方法，但该规定属于银行内部规章，只对银行工作人员有约束作用，以此作为核对方法核对印鉴未发现存在的问题而造成客户

2.3
201301/36:146
3.4
201310:35
2011

存款被骗取的，银行有过错，应对不能追回的被骗款项承担民事责任。银行付款人作为专业金融机构，提供有偿的支票存款业务，应根据《票据法》规定，完善操作规程和签章鉴别设备。在客户已预留印鉴情况下，付款人应尽可能避免因其不能够识别出伪造的印鉴而导致客户存款被骗情况发生。因此，基于权利义务相统一原理和诚实信用原则，付款人应根据其过错对由此造成的客户资金损失承担赔偿责任。

实务要点： 银行按其内部规章要求的折角核对方法核对印鉴未能识别出伪造、变造的票据或身份证件而错误付款的情况下，该内部规定不能作为免责依据。

案例索引： 最高人民法院（2011）民申字第774号“某银行与某黄金公司结算合同纠纷案”，见《付款人未能识别出伪造印鉴的支票而错误付款的责任承担——内蒙古乾坤金银精炼股份有限公司与中国农业银行兰州市七里河区支行财产损害赔偿纠纷申请再审案》（朱婧），载《立案工作指导·申诉与申请再审疑案评析》（201301/36:146）；另见《付款人未能识别出伪造印鉴的支票而付款的责任承担》（朱婧，最高院立案庭），载《人民司法·案例》（201310:35）。

449 银行未识别伪造印鉴错误付款，应负相应过错责任

——为平衡各方利益，第三人及受害人过错属于减免付款人责任的事由，应根据各方过错在票据当事人之间分配损失。

标签： 票据 | 票据伪造 | 过错责任 | 受害人过错

案情简介： 2007年，生效刑事判决认定黄金公司长期固定客户、商贸公司法定代表人余某以假货骗取黄金公司空白转账支票，其中1350万元系余某用事先购买的支票加盖伪造印鉴从黄金公司的银行账户转款，最终导致黄金公司900万余元损失。黄金公司以伪造印鉴不同于预留印鉴，银行未识别为由诉请赔偿。

法院认为： 过错责任在民事领域普遍适用，票据行为虽有其特殊性，但出票人、持票人也有过错的，可相应减轻付款人责任。本案中，余某是黄金公司固定客户，且长期、多次到银行办理转账业务，案涉1350万元空白支票，黄金公司在未验货情况下向余某出具，由余某在该支票上加盖伪造印鉴后转走，说明黄金公司在财务管理及货物交易中存在过错，为余某犯罪行为提供了有利条件。由于余某在银行与黄金公司之间结算业务的行为具有连续性，不同于偶然一次办理业务情形，且鉴定结论显示涉案支票上的伪造印鉴与真实印鉴之间存在的仅为细节性特征差异，增加了银行进行票据审核的难度，故考虑双方过错，判决银行与黄金公司各自承担50%责任，即银行赔偿黄金公司450万余元。

2.3

201301/36:146

3.4

201310:35

2011

实务要点： 最高人民法院《关于审理票据纠纷案件若干问题的规定》第69条关于付款人未能识别出伪造、变造的票据即属重大过失的规定，实际上对付款人加诸了审查签章和背书真伪的实质义务，从而使伪造票据的损失和风险完全由付款人承担。为平衡各方利益，根据《票据法》及其司法解释关于持票人有过错的亦应承担相应民事责任的规定，依法理和法律规定，第三人过错、受害人过错属于减免付款人责任的事由，故应根据双方过错在票据当事人之间分配损失。

案例索引： 最高人民法院（2011）民申字第774号“某银行与某黄金公司结算合同纠纷案”，见《付款人未能识别出伪造印鉴的支票而错误付款的责任承担——内蒙古乾坤金银精炼股份有限公司与中国农业银行兰州市七里河区支行财产损害赔偿纠纷申请再审案》（朱婧），载《立案工作指导·申诉与申请再审疑案评析》（201301/36:146）；另见《付款人未能识别出伪造印鉴的支票而付款的责任承担》（朱婧，最高院立案庭），载《人民司法·案例》（201310:35）。

7

450 背书人与被背书人签章是否伪造，不影响票据效力

——票据上的绝对记载事项完全即为有效。背书人、被背书人签章是否伪造，并不影响票据本身及其他票据行为效力。

标签：票据 | 票据伪造 | 票据无因性 | 签章伪造

案情简介： 2007年，裴某持收款人为实业公司的银行承兑汇票申请贴现，建行进行形式审查后办理了贴现业务。嗣后出票人贸易公司以实业公司及其他背书人签章系伪造，建行在贴现过程中违反操作规程未审查、未要求提交发票原件存在重大过失为由诉请赔偿。建行证据表明，贸易公司法定代表人赵某与裴某系合意以出借银行承兑汇票为手段的借款行为。

法院认为： 基于票据行为的无因性和独立性，只要票据上绝对记载事项完全，就应认定票据有效。至于背书人、被背书人签章是否伪造，并不影响票据本身效力，亦不影响其他票据行为效力。案涉银行承兑汇票绝对记载事项完全，尽管实业公司公章为该公司更名前的公章，且系他人伪造，但基于票据行为无因性、独立性原则，并不影响票据本身效力，亦不影响其他票据行为效力。本案实质是出票人以贴现行贴现行为具有过错、给其造成损失为由，诉请贴现行赔偿其损失的票据贴现纠纷案件。本案特殊性在于，导致出票人所谓贴现款损失的根本原因是出票人与第三人合谋出具票据用以获得贴现款借给第三人使用，其损失是由于出票人自己的过错行为导致非法贴现、用款人未还款所致，而非贴现行贴现行为所致，故贴现行不应承担赔偿出票人贴现款损失的责任。

2.6

v.7:352

2011

实务要点： 基于票据行为的无因性和独立性，只要票据上绝对记载事项完全，就应认定票据有效。至于背书人、被背书人签章是否伪造，并不影响票据本身效力，亦不影响其他票据行为效力。

案例索引： 最高人民法院（2011）民提字第84号“某银行与某贸易公司等票据纠纷案”，见《票据贴现中各方的过错认定与责任承担——中国建设银行股份有限公司侯马支行与陕西侯马市亨丰贸易有限公司、侯马市天瑞鸿焦铁有限公司、侯马市经济技术开发区昌鑫炉料有限公司票据纠纷案》（审判长王宪森，审判员殷媛，代理审判员张雪楳），载《最高人民法院商事审判指导案例-7·公司与金融卷》（2012:352）。

451 银行未能识别伪造印鉴致错误付款，属于重大过失

——认定付款人的过错和责任，应依《票据法》和最高人民法院《关于审理票据纠纷案件若干问题的规定》规定处理。

标签： 票据 | 票据伪造 | 储蓄合同 | 存取凭证 | 伪造印鉴 | 重大过失

案情简介： 1998年，商贸公司受成某高息诱惑，在银行存款2500万元。成某采用电脑扫描、喷涂等高科技手段伪造汇票委托书、转账支票等凭证，分数次从银行冒领2400万余元。对不能追回被骗款项，银行应否承担民事责任成为争议焦点。

法院认为： 对于假存单，银行未能审查清楚，即以无瑕疵为由予以兑付，理由不能成立。即审查不严，责任在银行。最高人民法院《关于审理票据纠纷案件若干问题的规定》第69条规定：付款人或者代理付款人未能识别出伪造、变造的票据或者身份证件而错误付款，属于票据法第57条规定的“重大过失”，给持票人造成损失的，应当依法承担民事责任。付款人或者代理付款人承担责任后有权向伪造者、变造者依法追偿。故依该规定，付款人应承担法律责任。

实务要点： 认定付款人的过错和责任，应依《票据法》第57条和最高人民法院《关于审理票据纠纷案件若干问题的规定》第69条规定处理。存款人是否应承担民事责任，应根据其过错一并处理。

2.1

200201/1:110

2001

案例索引： 最高人民法院《关于天津市旭帝商贸有限公司、天津开发区迈柯恒工贸有限公司与建行天津分行南开支行存款纠纷二案如何适用法律的请求的答复》（〔2001〕民二他字第13号）“某银行与某商贸公司等存款纠纷案”，见《审查不严导致存单项下存款被骗，银行是否承担民事责任》（吴庆宝），载《民商审判指导与参考·请示与答复》（200201/1:110）。

452 持票人对空白背书汇票补记他人名称，属伪造票据

——持票人对空白背书的汇票进行补记仅限自己名称，如持票人补记其前手之前的空白被背书人，则应视为票据伪造。

标签：票据 | 票据伪造 | 空白票据 | 补记 | 背书连续

案情简介： 2008年，金属公司以其持有的汇票遗失申请公示催告，包装厂申请权利，金属公司遂起诉并以前手出具的证明信证明其系非经背书合法取得。包装厂举证证明其从包装公司受让票据，但包装公司从电力公司背书不连续，且电力公司之后"被背书人"栏空白，包装厂在二审期间添加了所有前手名称。

7

3.1

201102/76:195

2009

法院认为： 诉争汇票显示其中三处被背书人栏为空白，而最高人民法院《关于审理票据纠纷案件若干问题的规定》第49条规定持票人仅有权就其作为被背书人的空白背书进行补记，否则应视为背书不连续。《票据法》第31条第1款明确规定："以背书转让的汇票，背书应当连续。持票人以背书的连续，证明其汇票权利；非经背书转让，而以其他合法方式取得汇票的，依法举证，证明其汇票权利。"因包装厂所持诉争汇票背书不连续情形下未提供实质上连续的证据以证明其票据权利，而金属公司提供了具有连续性的证明信证明其以非背书转让方式取得诉争汇票且为最后合法持票人，故确认案涉汇票权利归金属公司所有，包装厂应予返还。

实务要点： 持票人对空白背书的汇票进行补记仅限自己名称，如持票人补记其前手之前的空白被背书人，则视为票据伪造。同时取得背书不连续的票据的持票人将视为恶意持票人不得享有票据权利。

案例索引： 福建福州中院（2009）榕民终字第888号"某金属公司与某包装厂票据纠纷案"，见《台州市路桥有色金属市场有限公司诉台州市路桥康威包装厂票据返还请求权案》（陈学辉、林枚），载《人民法院案例选》（201102/76:195）。

453 伪造签章的假背书，与包含错别字背书连续性认定

——银行承兑汇票上被背书人的名称与签章显示的相应背书人是否具有同一性，应以一般公众是否认可作为判断标准。

标签：票据 | 票据伪造 | 名称瑕疵 | 背书连续 | 错别字 | 背书同一性

案情简介： 2007年，信用社持50万元金额、出票人为工程公司的承兑汇票要求银行兑付，被银行以第三手和第六手被背书人背书问题要求补正。

法院认为： 判断诉争被背书人与签章的相应背书人是否具有同一性，应以一般公众是否认可作为判断标准。实业公司、展通公司分别作为第三手、第六手被背书人记载于票据粘单上时，只是全称中的"展"字多加了一笔"丿"，显然系错别字，一般公众不会因此而误认为被背书人与签章进行背书转让的背书人是两个公司。据此该两处文字错误不构成背书不连续。信用社接受银行补正要求后，提供了相关证明，银行认

第三手“展通公司”的“展”字多写一“丿”，核实第六手手写“实业公司”文字时，发现实业公司前手煤电公司签章系展通公司经办人伪造，后由经侦出具证明最后持票人系信用社。因银行依然以背书不连续拒绝承兑致诉。

3.3

2009商:312

2008

可第三手被背书人不规范问题已经解决。尽管信用社未能就第六手被背书人不规范问题进行补正，且在补正过程中发现展通公司前手煤电公司签章不真实，但依票据无因性、文义性、流通性特点，《票据法》要求持票人必须审查背书在形式上是否连续，既不要求持票人审查背书的实质原因，亦不要求持票人审查背书真假（对其直接前手的背书除外）。由此应认为在转让过程中，每一次背书的真假原则上不影响持票人的票据权利，除非持票人取得票据时在假背书问题上有恶意或重大过失。现无证据证明信用社取得票据时明知或应知煤电公司签章不真实，故信用社未就第六手被背书人展通公司书写不规范进行补正，并不导致背书不连续。连续背书具有权利证明效力，信用社可凭此票据行使票据权利。汇票到期被拒绝付款的，持票人可对背书人、出票人以及汇票的其他债务人行使追索权。判决银行给付信用社承兑汇票金额50万元及利息，工程公司、实业公司等出票人、前手背书人承担连带责任。

实务要点： 《票据法》要求持票人必须审查背书在形式上是否连续，既不要求持票人审查背书的实质原因，亦不要求持票人审查背书真假（对其直接前手的背书除外）。银行承兑汇票上被背书人与签章的相应背书人是否具有同一性，应以一般公众是否认可作为判断标准。

案例索引： 北京二中院（2008）二中民终字第04548号“某银行与某信用社等票据纠纷案”，见《邯郸市峰峰矿区义井农村信用合作社诉交通银行股份有限公司北京三元支行等票据案（背书连续）》（李有光、李方），载《中国审判案例要览》（2009商事:312）。

I

票据变造

454 银行对应发现而未识别的变造票据付款的，应赔偿

——金融机构对应当发现而未识别的变造票据进行付款的，应认定为存在重大过失，依法应承担相应的民事赔偿责任。

标签：票据 | 票据变造 | 变造支票 | 重大过失

7 **案情简介：**2005年，回收公司应案外人以支票付款400元的要求，找到与其存在债权债务关系的实业公司，由实业公司开具了以自身为收款人的400元现金支票一张交回收公司，回收公司交予案外人。案外人将金额变造为4.94万元后，到银行成功取款。实业公司诉请银行赔偿损失4.9万元。

法院认为：银行未能发现无须借助其他设备和仪器便可发现的支票多处变造瑕疵，向他人支付变造金额，未尽到善良管理人的审查义务，根据最高人民法院《关于审理票据纠纷案件若干问题的规定》第69条规定，付款人或者代理付款人未能识别出伪造、变造的票据或者身份证而错误付款，属于《票据法》第57条规定的重大过失，给持票人造成损失的，应依法承担民事责任。实业公司应回收公司要求，以收回对价方式开具400元的现金支票，属于广义的交易行为，符合《票据法》第10条规定，且实业公司以自己为收款人开出支票符合《票据法》第86条规定，不存在过错责任。判决银行赔偿实业公司损失4.9万元。

实务要点：金融机构对应当发现而未识别出的变造票据进行付款，应认定为存在重大过失，应承担相应民事赔偿责任。

3.4

200701:61

2005

案例索引：湖北宜昌中院（2005）宜中民二终字第46号“宜昌华久实业有限公司与中国工商银行三峡分行江南支行票据纠纷案”，见《变造的支票被兑付，付款银行承担什么责任？》（何云），载《人民司法·案例》（200701:61）。

455 未写单位及大写金额的支票被变造的损失责任承担

——出票人出具的留白支票给持票人变造支票提供了可乘之机，应依法与付款银行依各自过错分别承担相应民事责任。

法院认为：招待所开出的两张票据，金额被更改，变造的票据应为无效，但银行在

标签：票据 | 票据变造 | 变造支票 | 留白支票

案情简介：2000年，招待所为支付货款，向销售处开具两张金额分别为270元、1095元的转账支票，但只写时间和小写金额，未写收款单位和大写金额。销售处涂改掉小写前面的"¥"符号并添加数字，冒领5.1万元并下落不明。2001年，招待所诉请银行赔偿。

付款时，对变造后的票据未认真核对，未能识别出变造的票据，属于重大过失，给招待所造成的损失，应依法承担民事责任。招待所给销售处出具的支票，只写时间和小写金额，虽然在小写金额前面加了限制符号，但未写收款单位和大写，给经销商变造支票提供了可乘之机，对此招待所亦应承担一定责任，判决本案损失5.1万元，各自承担2.55万元。

实务要点：出票人出具的支票，虽然在小写金额前面加了限制符号，但未写收款单位和大写金额，给持票人变造支票提供了可乘之机，对此出票人亦应承担一定责任。付款银行对变造后的票据未认真核对，未能识别，属于重大过失，给出票人造成损失的，应依法承担相应民事责任。

3.3

2002商:455

2001

案例索引：陕西榆林中院（2001）榆中法经二终字第54号"某银行与某招待所票据纠纷案"，见《榆林市人民政府招待所诉中国工商银行榆林市分行榆阳区支行票据损害赔偿案》（刘静妮），载《中国审判案例要览》（2002商事:455）。

456 银行形式审查，看不出变造票据的，非为重大过失

——银行办理付款结算业务中，只对票据进行形式审查，用肉眼从票面上看不出变造痕迹的，银行仍应办理结算业务。

标签：票据 | 票据变造 | 票据解付 | 形式审查 | 重大过失

案情简介：1998年，医院为汪有全开出用途为退住院费、票面金额为130余元的转账支票一张。随后，汪有全将变造后金额为9.85万元的转账支票交其开户行信用社委托收款，代理付款行办理付款手续后，信用社将款项转入汪有全账户并被取走。嗣后医院以支款人"汪有金"、"氿江县"不存在、从身份证号码看应为女性等为由，诉请信用社和代理付款行赔偿。

法院认为：医院开出的转账支票虽被犯罪分子变造，但该支票绝对记载事项齐全，票面清洁，无被涂改痕迹，印鉴真实，根据票据无因性特征，该支票对付款行系有效票据，银行作为医院的代理付款行没有过错。信用社是否按规定开户及是否按规定让持票人填写进账单与医院款项被骗无必然因果关系。依《支付结算办法》有关规定，持票人委托银行收款背书时，持票人的身份证号码及发证机关名称非必需背书内容，且从身份证号码尾数上辨别男女及通晓氿江县是否我国的地名名称并非银行工作人员必备的业务知识，故信用社工作人员对此知识的欠缺非其法定过错。金融机构在办理储户支取款手续时，只负有审查存折的真实性和有效性的义务，并无对存折持有人身份审查的义务，"汪有金"在输入密码正确的情况下，信用社准其支款并无过错，不构成重大过失，故判决驳回医院诉讼请求。

3.3

2000商:270

1999

实务要点： 根据票据要式性、无因性、文义性和独立性特征，银行在办理承兑、付款结算业务中，只对票据进行形式审查，不审查持票人取得票据是否合法，如票据系被变造的，但用肉眼从票面上看不出变造痕迹，银行仍应办理结算业务。

案例索引： 河北衡水中院（1999）衡经终字第135号“某银行与某信用社等损害赔偿纠纷案”，见《衡水市第三人民医院诉中国农业银行衡水市大庆路办事处、衡水市红旗大街城市信用合作社违规解付赔偿案》（窦彩霞、韩德芳），载《中国审判案例要览》（2000商事:270）。

457 银行对有明显污迹的变造支票付款，构成重大过失

——付款行对支票被变造后出现的明显污迹未能发现，应认定重大过失，不能解除其对真正的出票人所应承担的责任。

7

标签： 票据 | 票据变造 | 重大过失 | 明显污迹

案情简介： 1997年，医院为患者钱某开具150元的转账支票。后钱某持变造的票据支取37.9万元。经鉴定，该票据存在明显变造的污迹。

3.3

1999经:236

1998

法院认为： 支票作为一种设权证券，在出票前不存在权利，出票人一旦签发并交付支票，便产生了支票权利。票据具有独立性和文义性，行为人只要在票据上签章，签章人即应对票据所记载的事项承担责任。依《票据法》第93条规定，支票付款人因恶意或者重大过失付款的，不能解除其对真正的出票人所承担委托的责任，也不能解除其对真正的持票人所承担的付款责任。本条中所谓重大过失，指付款人应当审查必要记载事项是否记载完全，核对签名或印章以及预留签名样式、预留印鉴及有无伪造、变造等，未经审查或未查出问题的。本案转账支票经鉴定，存在变造，正常的自然人只要稍加注意，即可发现异常情况。作为银行工作人员受理该支票时，未尽到应当注意的审查义务，导致受理转付该款，造成资金流失，该行为属重大过失，应承担赔偿责任。判决银行赔偿医院全部损失。

实务要点： 付款行对支票被变造后出现的明显污迹未能发现，应认定对外付款存在重大过失，不能解除其对真正的出票人所承担委托的责任，也不能解除其对真正的持票人所承担的付款责任。

案例索引： 河南高院（1998）豫经二终字第248号“某银行与某医院票据纠纷案”，见《南阳市第一人民医院诉中国工商银行南阳市卧龙区支行票据变造赔偿案》（阎泉水），载《中国审判案

例要览》(1999经济：236)。

公示催告

458 非权利凭证的空白存单遗失，不适用公示催告程序

——空白存单不属于法定票据范畴，亦非法定可申请公示催告事项，不具有权利凭证特征，不符合公示催告受理范围。

标签：票据 | 公示催告 | 适用范围 | 空白存单

案情简介： 1997年12月，银行以不慎遗失空白整存整取储蓄存单为由，向法院申请宣告存单无效。

法院认为： 根据《民事诉讼法》规定，可以向法院申请公示催告的范围，须为“按照规定可以背书转让的票据”或“依照法律规定可以申请公示催告的其他事项”。我国《票据法》规定，票据是指汇票、本票和支票。汇票、本票和支票除出票人记载“不得转让”字样的，均可背书转让。“依照法律规定可以申请公示催告的其他事项”，适用范围取决于实体法的规定。本案银行申请公示催告的存单既不属于法律规定的票据范畴，也不属于法律规定可以申请公示催告的事项，且本案存单系空白存单，不具有权利凭证的特征，不符合公示催告的受理范围。

2.4

200303/11:126

2003

实务要点： 空白存单因既不属于法律规定的票据范畴，也不属于法律规定可以申请公示催告的事项，不具有权利凭证的特征，故不符合公示催告的受理范围。

案例索引： 最高人民法院(2003)民二提字第12号“某银行申请公示催告案”，见《中国工商银行陆丰市支行申请宣告存单无效提审案——遗失空白存单能否申请公示催告》(王云飞、毛端稚)，载《审判监督指导与研究·案例评析》(200303/11:126)。

459 失票人主张票据返还但不能证明失票合理情形处理

——失票人要求他人返还票据，有义务说明票据丧失的合理情形，并举证证实自己不持有票据确属被盗、遗失或灭失。

标签：票据 | 公示催告 | 票据丧失 | 票据返还 | 说明义务

案情简介：2011年，经贸公司以其通过买卖合同从物流公司非背书取得的金额为1000万元的银行承兑汇票丢失申请公示催告，该程序因背书取得案涉汇票的轮胎公司申报权利而终结。几天后，经贸公司诉请轮胎公司返还票据。经贸公司不能说明票据丢失的基本事实，且其主张丢失与其在公示催告申请中所称转让一节时间上相互矛盾。后查明该汇票在丢失期间，曾由王某转给耿某办理票据贴现。

7

法院认为：经贸公司所提供的买卖合同、履行凭证、增值税发票和物流公司证明，能相互印证其曾持有本案汇票。但物流公司未将经贸公司记载为被背书人，经贸公司收到汇票后亦未将自己补记为被背书人。经贸公司无法以背书的连续性来证明其享有票据权利。根据最高人民法院《关于审理票据纠纷案件若干问题的规定》第38条规定："失票人向人民法院提起诉讼的，除向人民法院说明曾经持有票据及丧失票据的情形外，还应当提供担保。"本案中，经贸公司不能说明票据丢失的基本事实，且其主张丢失与其在公示催告申请中所称转让一节时间上相互矛盾，对此，经贸公司不能作出合理解释。经贸公司在发现汇票丢失后，并未向公安机关报案，亦未及时向法院申请公示催告，而是多天后才申请。公示催告程序终结后，经贸公司亦未及时提起诉讼。在涉案金额巨大情况下，经贸公司上述行为不合情理。且丢失汇票经查证，由王某转给耿某办理票据贴现，故认定经贸公司伪报票据丢失存在合理理由，故判决驳回经贸公司诉讼请求。

3.1

201303/85:292

2012

实务要点：失票人要求他人返还票据，有义务说明票据丧失的合理情形，证实自己不持有票据确属被盗、遗失或灭失。属于自己委托他人办理票据"贴现"等产生的票据不能收回的风险，要求他人返还票据的，法院不予支持。

案例索引：河北高院（2012）冀民二终字第85号"某银行与某经贸公司等票据纠纷案"，见《武安市凯德经贸有限公司诉广州市石桥轮胎有限公司、中国农业银行股份有限公司邯郸县支行票据返还请求权纠纷案——票据丢失与要求返还票据》（苑秀霞），载《人民法院案例选》（201303/85:292）。

460 最后合法持票人享有的票据权利优于失票人的权利

——善意第三人通过前手合法取得票据，在票据被背书人栏内记载自己名称，应认定与背书人记载具有同等法律效力。

标签：票据 | 公示催告 | 票据文义性 | 票据返还请求权 | 失票人

法院认为：法院未作出除权判决，故本案工贸公司实际系行使票据返还请求权，属于《票据法》调整的非票据关

案情简介：2012年，工贸公司以其丢失银行承兑汇票申请公示催告，其曾合法持有票据证据为票据上科技公司给其出具的证明。公告期间，港口公司申报权利，出具的汇票显示科技公司之后，系纺织公司、港口公司的连续背书。

系。港口公司持有涉案汇票且为该记名汇票记载的最后被背书人，汇票签章完整、背书连续，应依法认定港口公司为合法权利人并享有票据权利。即使工贸公司确实曾持有票据后又遗失，其也只能向拾得票据的人或基于《票据法》第12条规定主张返还，然而港口公司并非拾得票据的人，亦无证据证明其以偷盗、欺诈等非法手段取得票据，而工贸公司认为港口公司取得涉案汇票存在恶意或重大过失确无相关证据证明，相反，港口公司对取得涉案汇票的来源、事由等能合理解释并有证据加以佐证，故应认定港口公司系善意取得涉案票据，判决驳回工贸公司诉请。

3.4

201224:85

2012

实务要点：合法持票人享有的票据权利优于失票人的权利。失票人丧失票据后，一旦被第三人善意取得，其即丧失了票据上的权利。善意第三人通过前手合法取得票据，在票据被背书人栏内记载自己名称与背书人记载具有同等法律效力。

案例索引：江苏扬州中院（2012）扬商终字第0121号“浙江省宁波浩盟工贸有限公司与江苏省扬州港口污泥发电有限公司、江苏省扬州金苹果纺织有限公司、江苏省扬州利祥纺织有限公司票据纠纷案”，见《失票人无权要求票据善意受让人返还票据》（徐金余），载《人民司法·案例》（201224:85）。

461 空白支票未记载票面金额又未补记，仍可公示催告

——未记载票面金额，又未经出票人授权补记的空白支票，理论上应为无效，但实践中，仍可适用公示催告程序处理。

标签：票据 | 公示催告 | 空白票据 | 空白支票

案情简介：2001年，持票人商贸公司不慎将印章齐全的空白支票丢失，遂向法院申请公示催告。

法院认为：案涉票据系空白支票，理论上可以补记，但该支票未记载票面金额，又未经出票人授权补记，应为无效，不得适用公示催告程序。但实践中，为不使恶意拾票人、恶意持有人利用票据损害合法持有人的利益，常常将此类纠纷予以受理。故本案法院应予受理，并向支付地银行发出停止支付通知书，同时发出公告，告知利害关系人在公告之日起60日内申报权利，届时如无人申报权利，法院将依法作出判决，宣告案涉票据无效。在公示催告期间，转让该票据权利的行为无效。因公告期满1个月后无人申报，故裁定终止商贸公司催告程序。

3.3

2002商:619

2001

实务要点： 未记载票面金额，又未经出票人授权补记的空白支票，仍可适用公示催告程序。

案例索引： 新疆乌鲁木齐东山区法院（2001）东民催字第2号“某商贸公司公示催告案”，见《乌鲁木齐维特商贸有限公司因支票遗失申请公示催告案》（鲁秀兰），载《中国审判案例要览》（2002商事:619）。

462 支票失票人登报作废的，对持票人并不产生约束力

——支票出票人失票后挂失止付，但未申请公示催告或起诉，而是采取登报作废方法，该行为对合法持票人无约束力。

标签：票据 | 公示催告 | 登报作废

7

案情简介： 1997年，美术社空白转账支票被盗，随即到银行挂失并更换印鉴，并在当地报纸上登报作废。随后，商行因销售货物获得该金额为2.5万余元的转账支票到银行支款时遭拒致诉。

法院认为： 美术社出票时未按《票据法》规定填写支票必须记载的事项，致使该票据被他人冒用后造成商行损失，根据《票据法》第85条、第89条规定，该支票上的印鉴与美术社更换后的印鉴虽不符，但责任亦应由出票人即美术社承担。而美术社登报作废支票的行为，不符合《票据法》第15条第3款规定，即失票人应当在通知挂失止付后三日内，或在票据丧失后，依法向人民法院申请公示催告，或者向人民法院提起诉讼。故其登报作废行为对商行无约束力，判决美术社支付商行货款2.5万余元。

3.3

1999民:189

1998

实务要点： 支票出票人失票后挂失止付，但未向法院申请公示催告或提起诉讼，而是采取登报作废方法，该行为对合法持票人不产生约束力。

案例索引： 云南昆明中院（1998）昆民终字第247号“某工贸公司与某服务社等票据纠纷案”，见《昆明盘龙汇林工贸商行诉昆明五华云岭美术服务社等票据争议案》（曹军），载《中国审判案例要览》（1999民事:189）。

除权判决

463 合法持票人在除权判决后可依基础关系行使抵销权

——汇票持票人因法院除权判决丧失票据权利，仍可依基础合同主张其民事权利，行使基础合同履行中的债务抵销权。

标签：票据 | 除权判决 | 抵销权 | 基础关系抗辩

案情简介：2010年，贸易公司花29万元从郭某处购买了一张30万元、其直接前手为商贸公司的银行承兑汇票。贸易公司将该汇票用于支付电器集团的预付款，电器集团又背书给电器公司，电器公司又到银行申请贴现。嗣后，因商贸公司申请公示催告，法院作出除权判决。银行退票给电器公司，电器公司退款给银行后又将票据退给电器集团，电器集团将票据退给贸易公司，并出具说明，然后在贸易公司预付款中做了30万元债务抵销。贸易公司起诉认为电器集团无权依法院除权判决扣除其预付款。

法院认为：银行在公示催告前取得案涉承兑汇票，其应系最后合法持票人。票据自法院除权判决公告之日起即丧失票据权利，但持票人丧失票据权利，并不意味着基础民事权利丧失，其仍有权依基础合同主张民事权利，故银行可依贴现合同约定向电器公司追索贴现所得。同样，因除权判决丧失票据权利后，电器公司可依基础关系向电器集团，电器集团可依买卖合同关系向贸易公司行使追索权。本案中，电器集团从贸易公司预付款中扣除30万元，退还案涉汇票并出具退票说明，系其为解决与贸易公司之间买卖合同履行中的问题而行使债务抵销权，符合《合同法》相关规定。贸易公司如确有基础民事交易关系，持有该汇票后仍可向交易相对人主张权利，以获得法律上救济。故本案判决驳回贸易公司诉请。

实务要点：汇票持票人因法院除权判决而丧失票据权利，但并不意味着持票人丧失基础关系的民事权利。持票人依基础合同主张其民事权利，行使基础合同履行中的债务抵销权，并不损害基础合同相对方的合法权益。

1.1

2011:521

3.1

案例索引：江苏南京鼓楼区法院（2011）鼓商初字第133号“某电器公司与某贸易公司票据纠纷案”，见《长治市达洋电器有限公司诉博西家用电器（中国）有限公司票据纠纷案》，载《最高人民法院公报·案例》（2011:521）；另见《长治市达洋电器有限公司诉博西家用电器（中国）有限公司票据纠纷》（张旭），载《人民法

201102/76:201

3.4

201114:33

3.6

201103/15:51

2011

院案例选》(201102/76:201);另见《票据除权后合法持票人行使权利之途径》(张旭),载《人民司法·案例》(201114:33);另见《达洋公司因票据被除权诉博西公司买卖合同纠纷案》,载《江苏省高级人民法院公报》(201103/15:51)。

464 票据除权后,持票人不能向其前手行使票据追索权

——票据除权后,公示催告后受让票据的持票人,而非公示催告前受让的持票人可依基础关系向其前手主张民事权利。

标签: 票据 | 除权判决 | 票据追索权 | 基础关系

7

案情简介: 2011年,科技公司因向贸易公司供货,获得出票人为机床公司的银行承兑汇票一张,但被背书人空白,随后科技公司直接转给锻造公司,最后至投资公司,投资公司补记空白背书后再转让给木业公司。2012年,因法院依收款人机械公司申请作出除权判决后,科技公司后手持票人因无法获得票款依次退票,科技公司在向其直接后手支付票款后收回票据,但向贸易公司要求退票时遭拒致诉。

法院认为: 票据被法院判决除权后,票据自除权判决公告之日起即丧失效力,持票人即丧失票据权利,其中包括追索权。持票人科技公司依据已除权的票据项相关票据债务人请求支付票据金额的票据权利亦不存在。同时,公示催告前已受让票据的科技公司不能依据基础合同关系向其前手贸易公司主张民事权利。票据在公示催告前依法转让,票据权利完整无瑕疵,受让人已合法取得票据权利,与其对应的是,票据基础关系即已结算完毕。科技公司因票据被除权而无法实现票据利益,亦不能行使追索权,但其仍可依相关法律规定,另行寻求救济途径。《民事诉讼法》第223条规定,利害关系人因正当理由不能在除权判决前向人民法院申报的,自知道或者应当知道判决公告之日起一年内,可以向作出判决的人民法院起诉。对于申请人谎称票据被盗、遗失或恶意申请公示催告、导致法院作出除权判决的,持票人可以以票据侵权为由要求申请人承担损害赔偿责任,故判决驳回科技公司诉讼请求。

3.4

201316:53

2013

实务要点: 票据除权后,持票人不能向支付对价的前手以除权判决生效为由行使追索权。公示催告后受让票据的持票人可依基础关系向其前手主张民事权利,但公示催告前受让票据的持票人不能依基础关系向其支付对价的前手主张民事权利。

案例索引: 江苏南京中院(2013)宁商终字第392号"江苏省江阴市劲松科技有限公司与江苏省南京物特贸易有限公司票据纠纷案",见《票据除权后持票人能否向其前手行使追索权》(陆正

勤、樊荣禧），载《人民司法·案例》（201316:53）。

465 谎称遗失，申请公示催告，获除权判决，构成侵权

——当事人谎称票据遗失，滥用公示催告申请除权判决侵害持票人合法权利，主观上存在过错，应承担侵权民事责任。

标签：票据 | 除权判决 | 错误除权判决 | 侵权赔偿

案情简介：2010年，钢材公司经连续背书转让获得金额为1000万元的银行承兑汇票，之后又转让给实业公司、纺织公司，纺织公司到信用社贴现后，因实业公司仅支付钢材公司800万元票款，钢材公司以汇票遗失为由向法院申请公示催告，法院公告后就该汇票作出除权判决。在信用社就该汇票转贴现时遭退票。纺织公司退还1000万元票款给信用社后持该汇票以钢材公司恶意除权诉请赔偿。

法院认为：本案属一般侵权法律纠纷，案涉汇票转贴现时因钢材公司不当除权原因，委托收款遭到付款行拒付。该票据正常流转的破坏责任在钢材公司，该票据项下持票人已因此丧失了持票人应享有的票据权利。银行各方已从纺织公司收回票款，而纺织公司却因票据拒付本应获得的票款，遭受了损失。钢材公司仅因实业公司支付的800万元未满足其要求即谎称票据遗失申请公示催告进而申请除权判决，主观上存在过错，应承担侵权赔偿责任。银行各方在办理贴现及转贴现时，该票据公示催告申请尚未受理，付款银行尚未接到停止支付通知，纺织公司通过贴现本已取得相应票款，故案涉票据在流转过程中是否存在违规与本案对钢材公司民事侵权认定并无关联性，判决钢材公司支付纺织公司损失赔偿金1000万元及利息。

实务要点：票据无因性特点决定了交易双方不能轻易因基础法律关系原因，阻碍票据的正常流转，影响票据的流通性。滥用公示催告申请除权判决侵害持票人合法权利，应承担侵权民事责任。

案例索引：内蒙古高院（2011）内民二终字第15号“某纺织公司诉某钢材公司侵权纠纷案”，见《常州亚泰纺织染整有限公司诉包头市欣荣钢材交易有限公司侵权责任纠纷案》（图雅），载《人民法院案例选》（201202/80:237）。

3.1

201202/80:237

2011

466 虚构失票事实并凭除权判决获得汇票金额构成侵权

——最后的合法持票人的前手虚构失票事实，导致法院作出除权判决，从而影响合法持票人权利的，应承担侵权责任。

标签：票据 | 除权判决 | 虚构失票事实

案情简介：2009年，钢铁公司以汇票遗失为由申请公示催告，并凭法院除

法院认为：钢铁公司作为案涉票据最后持有人，其所持票据背书连续，且举证证明其获得票据时支付了相应对价，故应认定其系合法持有人，享有票据权利。钢铁公司将票据空白背书后交予周某，其在明知涉案票据流向的情况下，虚构失票事实向法院提起公示催告程序，并最终凭除

权判决领取了汇票金额10万元。2010年，纺织公司以其有偿从上手获得背书连续的汇票，钢铁公司恶意进行公示催告，致其丧失票据权利为由诉请赔偿。钢铁公司后称系周某骗走该空白汇票。

权判决获得该汇票金额，将本属于纺织公司的票款据为己有，侵害了合法持票人合法权益，故持票人有权在知道该侵权事实起2年内向法院提起侵权之诉。依《民事诉讼法》第200条规定，被盗、遗失或灭失的票据持有人申请法院作出除权判决后，利害关系人因正当理由不能在判决前向人民法院申报的，可以向人民法院起诉。该种诉讼是普通的民事诉讼，法律并未限定为撤销除权判决之诉，且本案中所涉票据并非被盗、遗失或灭失，其适用该法条前提亦不存在。故判决钢铁公司赔偿纺织公司损失10万元，并按银行同期贷款利率支付利息。

3.1

201201/79:310

3.4

201114:29

2010

7

实务要点： 提起公示催告理由须是可背书转让的票据被盗、遗失或灭失三种情形，除此之外，持票人无权申请公示催告。最后的合法持票人的前手虚构提起公示催告理由，导致法院作出除权判决，从而影响合法持票人权利的，应向合法持票人承担侵权赔偿责任。

案例索引： 江苏淮安中院（2010）淮中商终字第218号“某纺织公司与某钢铁公司票据损害赔偿纠纷案”，见《常州市峥妍纺织品有限公司诉淮安市淮都特钢有限公司票据权利损害赔偿纠纷案》（马作彪、李玲），载《人民法院案例选》（201201/79:310）；另见《汇票被恶意除权时真正权利人可提起民事侵权之诉》（马作彪），载《人民司法·案例》（201114:29）。

467 除权判决不能对抗利害关系人按普通程序起诉权利

——经公示催告程序作出除权判决并非创设新的票据权利，非为失票申请人对利害关系人按普通程序起诉的抗辩依据。

标签： 票据 | 除权判决 | 普通程序

案情简介： 2009年，实业公司以丢失汇票申请公示催告，并凭法院作出的除权判决从承兑银行领取了汇票金额30万元。嗣后，电子公司以背书连续的票据起诉实业公司。

法院认为： 法律并未否认公示催告期满后除权判决作出前背书取得票据的效力。依最高人民法院《关于审理票据纠纷案件若干问题的规定》第34条规定，在此期间因票据质押、贴现取得该票据的持票人有权主张票据权利，故此期间通过背书取得票据并不违反该条规定的精神。公示催告程序目的在于将票据丧失的事实通过公示方式向占有票据的利害关系人进行告知并催促利害关系人行使权利，其实质是寻找票据的过程。公示催告期满后，票据已不再处于公示状态，在除权判决作出前，票据权利仍然存在，电子公司基于合法的基础关系支付了合理对价通过背书取得汇票，应为有效。票据是一种设权证券，票据上的

3.4

201016:99

3.6

201002/8:70

2010

权利只能依票据上记载的内容为准，而不允许以票据记载以外的证据来变更、推翻票据上的权利，否则将有违票据的流通性。即使实业公司确系失票人，但丧失票据后一旦被善意第三人取得，则实业公司在这一时刻即失去票据上的权利，此后即使是除权判决，亦只使失票人恢复到原持有票据同一地位而已，并不恢复其票据上的实质权利。判决实业公司返还电子公司票据金额30万元及利息。

实务要点： 法院经公示催告程序作出除权判决并非创设新的票据权利，不能作为失票申请人对利害关系人按普通程序起诉的抗辩依据。如果利害关系人能证明其在除权判决作出前享有票据权利，失票申请人应将依除权判决取得的汇票金额及利息返还该利害关系人。

案例索引： 江苏无锡中院（2010）锡商终字第007号“某电子公司与某实业公司票据纠纷案”，见《票据除权判决能否对抗普通程序》（姜丽丽、刘刚），载《人民司法·案例》（201016:99）；另见《上海华冠电子设备公司诉澳洋集团公司申请票据除权损害赔偿纠纷案》，载《江苏省高级人民法院公报》（201002/8:70）。

468 票据债务人以伪报遗失方式获取除权判决，应撤销

——票据债务人以伪报票据遗失的方式获取除权判决，阻碍票据债权人行使票据权利的，法院应依法撤销该除权判决。

标签： 票据 | 除权判决 | 质押 | 票据质押 | 伪报遗失

案情简介： 2006年，材料公司以银行承兑汇票作为质押向信用社贷款，信用社在查询通知止付后发放了贷款，同时进行了质押背书。2007年，该票据的出票人向法院申请公示催告，法院在期满作出除权判决，宣告系争汇票无效。因信用社向银行提示付款遭拒致诉，信用社诉请撤销除权判决，恢复票据权利。

法院认为： 信用社作为最后一次背书的被背书人，是系争汇票的最后持有人。信用社在接受该票据时，已尽必要的审核义务，且已支付相应对价，属于系争汇票的善意持有人，票据权利应受到保护。材料公司取得票据是否合法，不属于本案审查范围，亦不影响信用社应享有的票据权利。信用社向付款行提示付款遭退票时，才知道除权判决等事实，未在公示催告期间申报权利具有正当理由。故判决撤销除权判决，恢复系争汇票的票据权利。

实务要点： 票据债务人以伪报遗失方式获取除权判决，阻碍票据债权人行使票据权利的，法院应依法撤销除权判决。

3.3

2009商:319

3.4

200908:82

2008

案例索引： 上海一中院（2008）沪一中民三（商）终字第292号“中国民生银行股份有限公司上海分行与上海檀溪实业发展有限公司、上海傲尔墙体材料有限公司、上海京伟金属材料有限公司票据纠纷案”，见《中国民生银行股份有限公司上海分行诉上海檀溪实业发展有限公司其他票据权益案（公示催告、票据质押）》（王永亮），载《中国审判案例要览》（2009商事:319）；另见《撤销除权判决实务研究》（王永亮、张哲、高丽宏），载《人民司法·案例》（200908:82）。

469 善意持票人因除权判决丧失票据权利后的救济途径

——善意持票人在除权判决作出后，其因此将已办理贴现的贴现款退还的，可以票据损害赔偿向付款人提起侵权之诉。

标签： 票据 | 除权判决 | 合法持票人 | 票据权利 | 票据损害赔偿请求权

7

案情简介： 2006年7月，铸造公司因销售合同自配件厂取得一张10万元的承兑汇票并向银行办理了贴现。同年12月，银行以该汇票被法院作出除权判决为由，要求铸造公司退还10万元。经查，2006年10月，依物资公司持纺织公司出具的基础关系证明所作申请，法院作出除权判决。铸造公司在返还银行10万元票款后诉请物资公司和纺织公司赔偿其损失。

法院认为： 铸造公司汇票的取得、贴现及返还给银行贴现所得均符合法律规定，系正当的汇票持票人。根据《民事诉讼法》规定，票据遗失后，在公告催告期间，如果没有人在法院指定的申报期间申报的，或者申报被法院驳回的，申请人应自申报权利届满之日起1个月申请法院作出除权判决，公告票据无效。除权判决自公告之日起生效，申请人遗失的票据自此失效，申请人丧失对遗失票据的权利，票据债务人在该票据上的责任解除。如果有人持该票据主张票据权利，票据债务人可以除权判决作为抗辩拒绝付款。法院的除权判决是不可逆转的，物资公司实际已取得该汇票的票面金额，致使铸造公司已贴现所得仍返还给银行，其合法财产遭受损失，鉴于物资公司向法院申请公示催告材料与事实不符，物资公司无证据证明自己系该汇票的正当持票人，纺织公司在本案中虽有过错，考虑到本案实际情况，具体赔偿责任应由物资公司承担。至于物资公司如确有基础民事交易关系，仍可有权向交易相对人主张基础民事权利，以获得法律上救济，故判决物资公司赔偿铸造公司10万元。

3.4

200824:86

2007

实务要点： 善意持票人因不可逆转的除权判决导致票据无效的法律后果而无法再依票据主张票据权利，其因此将已办理贴现的贴现款退还给贴现银行的，可以票据损害赔偿向付款人提起侵权之诉。

案例索引： 浙江湖州吴兴区法院（2007）湖吴民二初字第113号"常州市绿岛铸造有限公司与常州商汇物资有限公司、常州市盛鹏纺织有限公司票据纠纷案"，见《票据除权后合法持票人的权利保护》（程烨、施同生），载《人民司法·案例》（200824:86）。

470 持票人在除权判决被撤销后，可向付款行请求兑付

——按公示催告程序审理并作出错误的除权判决，可按审判监督程序由院长提起再审，撤销除权判决后，汇票仍有效。

标签： 票据 | 除权判决 | 复效 | 审判监督程序

案情简介： 1999年，工行受理制造公司办理贴现的银行承兑汇票，作为付款行的建行隐瞒该汇票已被出票人橡胶公司申请公示催告并被法院通知止付的情况，回电工行予以确认票据真实性。工行办理贴现后，法院就该汇票作出除权判决。2000年，工行起诉建行要求兑付。审理中，案涉汇票的除权判决经审判监督程序被撤销。

法院认为： 橡胶公司将汇票交给收款人销售公司后，又以票据遗失为由向法院申请公示催告，骗取法院除权判决，法院依审判监督程序撤销除权判决后，案涉承兑汇票仍为有效票据。工行依票据结算规定对该汇票予以贴现，在汇票到期日经提示付款遭拒后，将承兑银行确定为追索对象，符合《票据法》规定。建行承担清偿责任后，可向其他汇票债务人行使再追索权。判决建行支付工伤承兑汇票款项50万元及利息。

实务要点： 按照公示催告程序审理并作出错误的除权判决，可按审判监督程序由院长提起再审。

案例索引： 河南郑州中院2001年5月25日判决"某银行诉某橡胶公司等票据纠纷案"，见《重庆高科技开发区工行在知悉除权判决后诉郑州陇海路广发支行等向其支付银行承兑汇票款案》（李留聚、张彦鹏），载《人民法院案例选》（200204/42:251）。

3.1

200204/42:251

2001

非背书取得

471 以承兑汇票方式非法融资，应依各自过错承担责任

——当事人以商业承兑汇票方式进行融资，应依案件客观事实确定用资人，并在认定各方当事人过错基础上明确责任。

标签：票据 | 非背书取得 | 非法融资 | 过错责任

7

案情简介：2003年，银行给投资公司5000万元的商业承兑汇票授信额度。随即，由投资公司开出承兑汇票给银行指定的单位，银行贴现后，再由该指定单位用银行本票开出，通过证券公司指定的公司过账后最后转入证券公司，证券公司支付融资期间的所有贴现费、手续费等费用。期间，银行对投资公司书面承诺“协助收回资金”。后因证券公司进入清算程序，银行诉请投资公司、证券公司偿付5000万元票据承兑资金。

2.1

201003/23:153

2004

法院认为：本案事实上是银行、投资公司、证券公司三方共同参与的融资行为：证券公司支付融资成本借入资金，投资公司为得到利益使用其授信额度开具商业承兑汇票，银行为得到贴现利息贴现融出资金。为了完成融资行为，当事人在法律形式上以商业承兑汇票的方式实施，故各方当事人之间实际上是以无真实交易关系的票据为表现形式的非法融资关系。证券公司作为资金实际使用人，应承担返还该笔资金的责任。投资公司在无真实交易关系的情况下开出商业承兑汇票，违反了《票据法》第10条第1款“票据的签发、取得和转让，应当遵循诚实信用的原则，具有真实的交易关系和债权债务关系”的规定，依法应承担相应的民事责任。银行作为非法融资行为的付款行，其参与了非法融资的全过程，按照当时的约定银行是协助投资公司收回承兑资金，故对证券公司不能偿还的资金造成的损失，应由银行和投资公司分担，即投资公司承担证券公司不能偿还银行资金二分之一的赔偿责任。

实务要点：当事人以开具商业承兑汇票方式进行融资，应依据案件客观事实确定用资人，并在认定各方当事人过错的基础上明确其民事责任。

案例索引：最高人民法院（2004）民二终字第206号“某银行与某投资公司等欠款纠纷案”，见《上诉人招商银行股份有限公司重庆上清寺支行、重庆市能源投资集团公司与被上诉人德恒证券有限责任公司欠款纠纷案》（审判长钱晓晨，代理审判员刘敏、杨

征宇），载《商事审判指导·商事裁判文书选登》（201003/23:153）。

472 非经出票或背书，而是售货取得支票，亦有票据权

——持票人能证明其持票的合法性，系通过一般法律行为直接交付、占有而合法取得票据，仍可认定其享有票据权利。

标签：票据 | 非背书取得 | 票据权利 | 法律行为 | 直接交付 | 支票

案情简介：2012年，周某持出票人和收款人均为科技公司的支票向科技公司主张票据权利。另案生效判决认定陈某租借科技公司厂房以实业公司名义经营，陈某向科技公司借款，科技公司将案涉支票交付陈某。周某提供的证人刘某亦陈述其介绍陈某向周某购买案涉货物，陈某曾向证人表示已以支票支付了周某货款。

法院认为：案涉支票为周某持有，但支票背书栏并未写明被背书人，周某亦确认上述支票不是通过背书取得，则周某应证明其正当取得案涉支票。周某主张陈某以案涉支票支付拖欠的货款而取得该支票，并提供了送货单、称量单、收款收据、刘某的证人证言等，虽上述证据科技公司不予确认，但从另案生效判决中科技公司陈述可知，陈某租借科技公司厂房以实业公司名义经营，科技公司将案涉支票交付陈某，刘某亦陈述其介绍陈某向周某购买案涉货物，陈某曾向证人表示已以支票支付了周某货款。由此可知，周某提供的证据与科技公司在另案中陈述相互印证，应认定周某正当取得案涉支票。科技公司作为出票人，应按照支票金额向周某承担支付支票款项和利息的义务。

实务要点：票据权利取得不仅限于通过出票、背书等法定形式，若持票人能证明其持票的合法性，则对通过一般法律行为直接交付、占有而合法取得票据的持票人，仍可认定其享有票据权利。

3.1

201303/85:287

2013

案例索引：广东东莞中院（2013）东中法民二终字第239号“周某与某科技公司票据追索权纠纷案”，见《周克林诉东莞市莲盈无纺科技有限公司票据追索权纠纷案——以合法方式取得非经背书转让票据的票据权利认定》（杨浩），载《人民法院案例选》（201303/85:287）。

473 债权人不享有出票人因代偿债务而出具票据的权利

——出票人因代偿债务向债权人出具票据，因无对价，亦不存在真实交易和债权债务关系，故债权人不享有票据权利。

标签：票据 | 非背书取得 | 票据权利 | 对价 | 代偿债务

案情简介：2009年，装饰公司为替实业公司偿还生效判决认定的债务40

法院认为：票据的签发、取得和转让，应当遵循诚实信用原则，具有真实的交易关系和债权债务关系。票据的取得，必须给付对价，即应给付票据双方当事人认可的相应的对价。工贸公司在取得诉争票据时未向装饰公司给付任何对价，双方之间亦不存在真实的交易关系和债权债务

万元，向债权人工贸公司出具转账支票一张，金额为34.5万元，因账户余额不足，工贸公司诉请装饰公司支付34.5万元。

3.4

201018:40

2010

关系，故工贸公司向装饰公司主张票据权利，于法无据，判决驳回其诉讼请求。

实务要点： 票据的取得，必须给付对价。债权人不享有出票人因代偿债务为其出具的票据权利。

案例索引： 北京通州区法院（2010）通民初字第674号“北京京华国伟工贸有限公司与北京维杰通宝装饰有限公司票据纠纷案”，见《债权人不享有出票人因代偿债务为其出具的票据权利》（熊伟、许多清），载《人民司法·案例》（201018:40）。

7

474 票据取得须给付票据双方当事人认可的相对应代价

——票据的合法取得须给付对价。对于对价的界定及如何视为已给付对价，法律未明确规定，实务审判中应严格把握。

标签：票据｜非背书取得｜对价

案情简介： 2009年，市政公司、建设公司协议约定，生效判决认定建设公司应给付给案外人开发公司的诉讼费、违约金、执行费9万余元由市政公司给付，建设公司将相应的款项以支票方式支付给市政公司。建设公司据此开具支票后，因支票账户存款不足被退票，市政公司遂将支票款以现金方式支付给开发公司，随后诉请建设公司给付。

3.4

201108:45

2009

法院认为： 市政公司取得案涉支票，系基于与建设公司及案外人开发公司所签协议约定，即建设公司应付开发公司的诉讼费、违约金、执行费由建设公司支付给市政公司，再由市政公司支付给开发公司，该约定属当事人意思自治范畴，合法有效。市政公司已将上述费用支付给开发公司，故市政公司取得案涉支票已给付了对价，应享有票据权利，判决建设公司支付市政公司票据款9万余元及利息。

实务要点： 《票据法》第10条第2款规定，票据的合法取得必须以对价的给付为条件，即应给付票据双方当事人认可的相对应的代价，否则持票人将不享有票据权利。但对于对价的界定及如何视为已给付对价，法律未明确规定，实务审判中应严格把握。

案例索引： 上海浦东新区法院（2009）浦民二（商）初字第7640号“上海金桥市政建设发展有限公司与浙江德盛建设集团有限公司票据纠纷案”，见《票据对价给付的认定》（陆燕、郁双爽），载《人民司法·案例》（201108:45）。

475 最后持票人丧失票据，可主张不当得利返还请求权

——非背书受让的持票人失票后，可主张票据权利，亦可主张不当得利，但应就其合法持有票据承担严格的举证责任。

标签：票据 | 非背书转让 | 公示催告 | 不当得利

案情简介： 2008年，配件公司合法取得一张200万元的银行承兑汇票后丢失，公示催告期间，钢铁公司进行权利申报。该汇票显示的第一背书人物资公司签章经鉴定系伪造，第一被背书人为材料公司，其后流转8次后回到材料公司。期间，罗某将该汇票以192万元卖给梁某，梁某以193万元卖给朱某，朱某以195万元卖给材料公司，上述交易均无真实基础关系，罗某、梁某、朱某均未在票据上签章，罗某如何取得票据无法证明。配件公司遂诉请材料公司返还不当得利200万元。

法院认为： 系争票据记载的背书转让不连续，实际交付转让的合法性亦无法得到确认，材料公司作为第一被背书人和提示付款人，最终取得了系争票据项下款项，构成不当得利。尽管罗某、梁某与朱某分别从系争票据转让中赚取了差价，但根据不当得利构成要件，一方获得的利益必须和另一方受到的损失之间具有因果联系，故并非所有从票据违规流转中获利的人均系适格的不当得利被告，而是只有获利行为与最后持票人的损失存在直接因果联系的人才是适格的不当得利被告。本案中，材料公司提示付款行为直接导致了配件公司票据权利丧失，与配件公司损失具有直接的因果联系，故应被认定为适格的不当得利被告，判决材料公司返还配件公司不当得利200万元。

实务要点： 最后持票人在丧失票据后，既可主张票据权利，亦可主张不当得利等民事权利，但民事权利的行使应以票据权利的穷尽为前提。票据转让方式对权利人主张权利具有直接的影响，非经背书转让取得票据的人，应就其合法持有票据承担严格的举证责任。

3.4

201022:28

2009

案例索引： 上海一中院（2009）沪一中民四（商）终字第1749号"台州市盈佳车辆配件有限公司与上海融高金属材料有限公司、玉环县才宇物资有限公司票据纠纷案"，见《涉票据不当得利案件的审理难点剖析》（王永亮、李菁），载《人民司法·案例》（201022:28）。

476 不能以非法借贷获得的票据对抗背书连续的持票人

——申请公示催告的失票人以非法借贷取得银行承兑汇票的事实和理由，不能对抗申报权利且背书连续的合法持票人。

标签：票据 | 非背书取得 | 企业间借贷 | 债权债务 | 基础关系

案情简介： 2009年，工贸公司以银行承兑汇票丢失申请公示催告。期间，

法院认为： 票据具有文义性，应以票据上所显示的内容来证明权利人及其权利内容和债务人及其债务内容。票据法上的票据权利规则不仅要求占有，且要求在票据内容上有所显示，权利和义务的判断以票据的内容为判断标准和依据。没有票据内容的记载和显示，不能证明享有票据

电器公司以其系背书连续的持票人申报权利。工贸公司起诉电器公司时，提供了工贸公司与电器公司前手及案外人之间的连环企业借贷合同，主张其取得票据存在债权债务关系的真实性。

3.6

201001/7:85

2009

上所记载的票据权利。票据来源于交易和债权债务等基础关系。票据的签发、取得和转让，应遵守诚实信用原则，具有真实合法的交易关系和债权债务关系。企业之间未经中国人民银行批准，擅自从事资金拆借活动，为非法金融业务活动，以借款方式取得汇票，因取得方式不合法，不能享有票据权利。本案诉争汇票并未记载工贸公司名称，其以借款方式取得诉争汇票，根据最高人民法院《关于对企业借贷合同借款方逾期不归还借款的应如何处理问题的批复》（法复〔1996〕15号）规定，应为无效，同时根据《非法金融机构和非法金融业务活动取缔办法》第4条规定，企业之间买卖银行承兑汇票和从事所谓票据承兑或贴现属于违法行为。借款行为是产生新的债权债务关系的基础，但《票据法》中规定的真实交易关系和债权债务关系须在签发、取得和转让票据之前就存在，而不是通过取得票据再形成债权债务关系，故工贸公司不享有票据权利，判决驳回工贸公司诉讼请求。

7

实务要点： 申请公示催告人以非法借贷取得银行承兑汇票的事实和理由，不能对抗申报权利且背书连续的持票人。

案例索引： 江苏常州市天宁区法院（2009）天民二初字第1038号“某工贸公司与某电器公司票据纠纷案”，见《淮南市多联工贸公司诉山东一统电器公司票据返还请求权纠纷案》，载《江苏省高级人民法院公报》（201001/7:85）。

477 未经背书受让并转让票据由此导致经济损失的承担

——持票人未经背书受让票据，且又非背书转让给后手，造成背书缺陷的，应认定其在票据流转过程中存在一定过失。

标签： 票据 | 非背书取得 | 除权判决 | 过错责任

案情简介： 2007年，材料公司职员陈某通过非背书合法受让承兑汇票一张，随即以非背书转让给杜某，杜某嗣后转让给电器公司，电器公司转让给后手均以非背书方式进行。因材料公司听信陈某票据丢失说法，向法院申请

法院认为： 电器公司合法持有票据，有正当理由不能在判决前向法院申报，且在判决公告之日起1年内向法院起诉，故电器公司起诉要求撤销除权判决，符合《民事诉讼法》相关规定，有权申请撤销除权判决。材料公司未在票据上签章背书转让，陈某转让票据属超越职权范围，电器公司主张材料公司伪报票据遗失不成立。同时，陈某称票据丢失后，材料公司未认真核实，且在陈某离开公司联系不上后，仍未核实票据丢失的真伪，主观臆断票据丢失，并向法院申请公示催告和除权判决，这是造成电器公司损失的主要原因。另外，材料公司未经背书受让票

公示催告并获得除权判决，造成电器公司后手向电器公司追索。电器公司据此诉请撤销除权判决，并赔偿其律师费、交通费、住宿费、伙食费等共1万余元。

3.3

2008民:480

2007

据，但在申请除权判决时称其通过背书转让而取得，以致除权判决作出，故材料公司这一行为亦系导致电器公司损失的原因之一。可见，材料公司在公示催告过程中存在重大过失，应对电器公司经济损失承担主要责任。电器公司未经背书受让票据，且转让人亦非被背书人，其在接受票据后应当知道票据存在背书缺陷而未及时调查，而是又非背书转让给后手。依《票据法》规定，非经背书转让而以其他合法方式取得汇票的，应当依法举证，以证明其汇票权利。可见，电器公司行为在票据流转过程中存在一定过失，亦为造成票据被不正当申请公示催告及除权判决的原因之一，应自行承担一部分经济损失。判决撤销案涉除权判决，材料公司赔偿电器公司经济损失80%即8000余元。

实务要点： 持票人根据经办职员所述臆断票据丢失，并向法院申请公示催告和除权判决，应对由此造成后手合法持票人的经济损失承担主要责任。后手合法持票人未经背书受让票据，且又非背书转让给后手，是制造背书缺陷的原因之一，在票据流转过程中存在一定过失，亦系造成票据被不正当申请公示催告及除权判决的原因之一，应自行承担一部分经济损失。

案例索引： 浙江杭州萧山区法院（2007）萧民初字第0857号“某电器公司与某材料公司撤销权纠纷案”，见《邯郸市双联电器有限公司诉孟县北娄宏泰耐火材料有限公司撤销权案（除权判决的撤销）》（夏传胜、谢睿智），载《中国审判案例要览》（2008民事:480）。

478 前后手无直接业务关系不影响后手成为票据权利人

——汇票争议双方当事人虽无直接业务关系，但持票人通过受让合法取得票据且背书连续的，应认定其享有票据权利。

标签：票据 | 非背书转让 | 合法受让票据

案情简介：2006年，器具公司以其持有出票人为电器公司、收款人为玻璃公司的银行承兑汇票丢失向法院申请公示催告。期间因管业公司申报权利程序终止。器具公司遂诉请管业公司

法院认为： 汇票系出票人签发，委托付款人在见票时或在指定日期无条件支付确定的金额给收款人或持票人的票据，持票人可将汇票权利转让给他人或将一定的汇票权利授予他人行使。无因性及流通性是汇票的主要特点及重要功能。汇票的无因性是指只要汇票具备《票据法》上规定的条件，票据权利就成立，而不需考虑票据权利发生的原因或基础，持票人不必证明其取得票据的原因，仅依据其持有票据的事实等即可证明其享有票据权利，并可依法行使票据权利。本案中，依器具公司提

返还票据。管业公司提交器具公司法定代表人叶某出具的收条，证明叶某以支付公司货款而交付票据。

3.3

2007商:354

2006

供的汇票复印件及其法定代表人出具给管业公司的收条，可认定器具公司对本案诉争汇票去向及器具公司向管业公司交付汇票的用途系明知，器具公司已将汇票权利背书转让给管业公司，双方之间无直接业务关系并不影响管业公司成为合法的票据权利所有人，故判决驳回器具公司诉讼请求。

实务要点： 汇票上载明的出票人和收款人虽均非票据纠纷双方当事人，且争议双方当事人无直接业务关系，但持票人通过受让合法取得票据且背书连续，应认定享有票据权利。

案例索引： 浙江嵊州法院（2006）嵊民二初字第785号“某器具公司与某制管公司票据纠纷案”，见《浙江中集集装器具有限公司诉马鞍山市当涂飞翔制管有限公司票据返还案（票据的无因性、流通性）》（舒肖玲），载《中国审判案例要览》（2007商事:354）。

7

善意取得

479 明知票据系违规套现而非善意取得不享有票据权利

——银行明知票据系违规套现，仍违反银行结算制度受理该票据承兑付款业务，依法不应享有票据无因性抗辩的权利。

标签： 票据 | 善意取得 | 非善意取得 | 票据权利

案情简介： 1994年，建材公司与物资公司订立虚假购销合同以套现。承兑行发现后给收款人物资公司的开户银

法院认为： 建材公司与物资公司之间并无真实的购销合同关系，双方合谋订立虚假购销合同套现。银行明知建材公司、物资公司违规套现，仍违反银行结算制度受理了本案所涉银行承兑汇票，并以扣贴现款，并在在汇票到期后，利用另行设立的账户强行扣贷的方式，将大部分票载款项扣收旧贷，从而转嫁金融风险，取得票据不属善意，依法不享有票据权利。

行发电报告知。在法院已通知止付情况下，开户银行仍受理票据并通过扣贴现款，并在汇票到期后，利用另设账户强行扣贷方式，将票载款项扣收旧贷。

实务要点： 银行明知票据违规，仍然受理该违规票据业务，依法不享有票据无因性抗辩的权利。

案例索引： 最高人民法院（2008）民二提字第25号“某银行与某物资公司票据纠纷提审案”，见《中国建设银行股份有限公司常州分行、中国建设银行股份有限公司常州清凉路支行、中国农业银行股份有限公司常州天宁支行、交通银行股份有限公司常州分行与河北省永清县实业建材物资总公司、中国包装物资常州有限公司、中国银行股份有限公司廊坊分行票据纠纷提审案》（审判长于松波，审判员贺褆，代理审判员张能宝），载《审判监督指导·裁判文书选登》（200903/29:108）。

2.4

200903/29:108

2008

480 金融机构接受禁止用作质押物的汇票，构成非善意

——金融机构接受明令禁止用作质押物的承兑汇票，且票面记载内容有瑕疵的，不应认定为善意，不应享有票据权利。

标签：票据 | 善意取得 | 票据质押 | 质押 | 汇票质押 | 法律适用 | 非善意

案情简介： 1991年，实业公司向工行贷款500万元，并提供了一张从工贸公司取得，承兑行为农行，由收款人商场背书给实业公司的银行承兑汇票。票据金额为202.5万元。因实业公司到期未偿还贷款，且该票据被农行拒绝承兑，工行起诉实业公司和农行。

法院认为： 本案担保行为发生在1991年11月，故应适用《担保法》施行前的规定。根据同年11月1日起执行的中国人民银行《关于加强汇票管理的通知》（银发〔1991〕258号）第1条规定：“严禁承兑、贴现无商品交易的商业汇票，严禁利用银行承兑汇票进行资金拆借、贷款抵押和套取银行贴现资金。”工行作为金融机构，明知争议汇票禁止用作质押物而为之，显然不属于善意范畴。同时，工行与实业公司未签订书面质押合同，借款合同中均无以争议汇票作质押担保的内容记载，认定工行通过质押借款关系取得争议汇票证据不足。另，案涉汇票背书不连续，内容应视为不完整，工行持有其未被记载为被背书人的争议汇票，不应成为票据权利人。故判决实业公司支付工行借款本息，驳回工行要求农行支付案涉银行承兑汇票票面金额的诉讼请求。

2.4

200701/21:187

2006

实务要点： 金融机构违反中国人民银行禁止性规定，接受明令禁止用作质押物的承兑汇票，且票面形式记载内容存在瑕疵的，不应认定为善意持有票据，不应享有票据权利。

案例索引： 广东高院（2006）粤高法审监民再字第234号“某银行与某实业公司质押借贷合同纠纷案”，见《中国农业银行武

汉市新火车站分理处与中国工商银行中山市石岐支行、中山市莲湖经济发展公司质押借贷合同纠纷再审案》（审判长张雪梅，代理审判员方明、谭甄），载《审判监督指导·裁判文书选登》（200701/21:187）。

481 持票人证明其合法取得票据或补记，视为背书连续

——非因背书而是依善意取得制度取得票据的持票人，只要持票人能够证明其取得票据的合法性，亦应视为背书连续。

标签：票据 | 善意取得 | 质押 | 票据质押 | 背书连续

案情简介：1997年，实业公司员工高某伪造担保单位煤气公司公章和法定代表人印章，银行据此开出票额100万元、收款人为实业公司的承兑汇票。随后，高某在该骗取的汇票背书人栏加盖伪造的实业公司公章，以实业公司名义与信用社签订《质押担保借款合同》，信用社到银行查询确认系该行签发汇票后，向实业公司发放质押贷款95万元。因贷款到期后，信用社要求银行付款遭拒致诉。高某因诈骗罪被判有期徒刑14年。

法院认为：根据最高人民法院《关于审理票据纠纷案件若干问题的规定》第49条规定："背书人未记载被背书人名称，即将票据交付他人的，持票人在票据被背书人栏内记载自己的名称与背书人记载具有同等法律效力。"司法实践中，对于持票人将自己的背书补记后，视为背书连续。本案由于持票人票据不是因背书取得，而是根据善意取得制度取得票据权利，故只要持票人能够证明其取得票据的合法性，就应当视为背书连续。何况本案信用社已对背书进行了补记。由于票据行为的独立性，真实签章人的票据行为不会因伪造行为而无效，本案信用社作为善意持票人，有权向真实签章的出票银行请求付款。因银行在开出该汇票时未尽到审查义务，且信用社向银行查询时，银行答复此汇票确为其签发，银行应对质押贷款造成的损失承担主要的过错责任。信用社在办理质押贷款中，虽对该银行承兑汇票进行了查询，但因缺乏合法有效的质押合同仍无法取得票据质权，信用社对此亦有过错。判决银行承担质押贷款损失70%的责任，信用社承担30%责任。

实务要点：司法实践中，对于持票人将自己的背书补记后，视为背书连续。非因背书而是根据善意取得制度取得票据权利的持票人，只要持票人能够证明其取得票据的合法性，同样应视为背书连续。

案例索引：河北高院（2001）冀民再字第19号"某银行与某信用社汇票付款纠纷案"，见《中国银行唐山分行与唐山市古冶区信用合作社联合社汇票付款纠纷再审上诉案——无质押背书的票据质押的效力认定及处理》（王朝辉，最高人民法院审判监督庭），载《审判监督指导·案例评析》（200404/16:61）。

7

2.4

200404/16:61

2001

482 持有合法善意取得背书连续的票据，系合法持票人

——持票人给付相应对价后，以合法手段善意取得表面形式上背书连续的票据，应认定系合法持票人，享有票据权利。

标签：票据 | 善意取得 | 票据返还 | 合法持票人 | 背书连续

案情简介：2007年，电缆公司因买卖合同关系从制造公司获得银行承兑汇票，并提供了制造公司出具的证明，以汇票遗失为由申请公示催告。法院公告期间，药业公司申报权利，公示催告程序终结，电缆公司起诉。药业公司提供的汇票显示由制造公司到制药公司、医疗公司，再到药业公司的连续背书。

法院认为：《票据法》第31条第1款规定："以背书转让的汇票，背书应当连续。持票人以背书的连续，证明其汇票权利；非经背书转让，而以其他合法方式取得汇票的，依法举证，证明其汇票权利。"本案中，从药业公司所持诉争汇票表面形式看，背书连续，故药业公司享有该汇票权利。因电缆公司与药业公司之间不存在汇票前、后手背书转让关系，故电缆公司主张其丢失票据后的后手为制药公司，而药业公司前手为医疗公司，药业公司从其前手取得票据背书连续同时又具有交易关系，依《票据法》第13条第1款关于"票据债务人不得以自己与出票人或者与持票人的前手之间的抗辩事由对抗持票人。但是，持票人明知存在抗辩事由而取得票据的除外"规定，电缆公司在无证据证明药业公司明知其前手与电缆公司之间存在抗辩事由取得票据情况下，不能以与药业公司前手之间的事由对抗持票人。因电缆公司曾拥有过涉案汇票，或为此支付了相应对价，故享有其他法律关系中的合法权益，可通过提起其他民事法律关系诉讼，或通过刑事报案、刑事追究等方式，向真正非法取得汇票，并非法转让汇票权利的当事人主张和追究相应责任，补偿其损失，但不属于本案审理范围，故判决驳回电缆公司诉讼请求。

3.1

201003/73:244

2008

实务要点：持票人给付对价，以合法手段善意取得背书连续的票据，应认定是合法持票人，享有票据权利。

案例索引：北京大兴法院（2008）大民初字第5916号"某电缆公司与某药业公司票据纠纷案"，见《沈阳市卡安特电缆材料销售有限公司诉悦康药业集团有限公司票据返还请求权纠纷案》（夏林林），载《人民法院案例选》（201003/73:244）。

483 无记名支票合法持票人，有权要求出票人给付款项

——持票人以其他合法方式取得无记名支票，出票人不能以与其发生基础关系的当事人之间的债权债务关系作为抗辩。

标签：票据 | 善意取得 | 无记名支票 | 合法取得

法院认为：货运公司以其他合法方式取得票据，并能证明其票据权利，故木业公司作为出票人，应支付货运公司

案情简介：1997年，樊某以出票人为木业公司的无记名转账支票抵销其所欠货运公司的债务6万余元。因支票账户存款不足遭退票，货运公司诉请木业公司给付期间，樊某死亡。木业公司以其将支票交给孟某，樊某与孟某存在债权债务关系为由拒绝支付。

票据金额。至于木业公司与孟某间的购销关系即孟某与樊某间的借贷关系，与本案无关，故不予处理，判决木业公司给付货运公司票据金额及利息。

实务要点：持票人以其他合法方式取得无记名支票，并能证明其票据权利，出票人不能以与其发生基础关系的当事人之间的债权债务关系对抗持票人。

3.1

200004/34:226

1999

案例索引：辽宁大连中院1999年6月16日判决“某货运公司与某木业公司等票据纠纷案”，见《锦程公司取得欠款人交付的向第三人所借的无记受名支票后诉签发人华德公司给付票款案》（郭延德），载《人民法院案例选》（200004/34:226）。

7

直接抗辩权

484 出票人有权向具有直接基础法律关系的持票人抗辩

——持票人请求付款时遭拒，可向出票人行使票据追索权。此时，出票人有权以双方之间的基础法律关系无效来抗辩。

标签：票据 | 直接抗辩权 | 基础法律关系无效

案情简介：2008年，物流公司因购买商贸公司货物而开具金额为2000万元的支票，因支票被挂失止付，商贸公司起诉物流公司要求支付票款、利

法院认为：票据权利分为票据付款请求权和票据追索权。《票据法》第61条规定：“汇票到期被拒绝付款的，持票人可以对背书人、出票人以及汇票的其他债务人行使追索权。”第93条规定：“支票的背书、付款行为和追索权的行使，除本章规定外，适用本法第二章有关汇票的规定。”本案中，持票人商贸公司在向银行请求支付票款时，因被拒付，其票据付款请求权未能实现，故转而向出票人物流公司请

息及赔偿金。物流公司举证证明双方并无真实的购销关系，系名为购销实为借贷的无效合同，故其不应支付票款。

2.6

v.6:401

2011

求支付票款、利息及赔偿金，故其行使的是票据追索权。依2008年4月1日起施行的《民事案件案由规定》规定，本案应定性为票据追索权纠纷。由于本案持票人与出票人为直接具有票据基础法律关系的当事人，故作为票据债务人的物流公司可以票据基础法律关系对商贸公司进行抗辩。由于本案基础法律关系名为买卖实为企业间借贷而无效，该合同不具有可履行性，故双方依据该无效合同所约定的内容不受法律保护。即物流公司无需承担给付合同项下出借资金的义务，相应地，其亦无需履行票据付款义务，故判决驳回商贸公司诉讼请求。

实务要点： 持票人在请求银行支付票款时被拒付，转而向出票人请求支付票款、利息及赔偿金，其行使的是票据追索权，案由应为票据追索权纠纷。出票人有权向具有直接基础法律关系的持票人以基础法律法律关系无效为由进行抗辩。

案例索引： 最高人民法院（2011）民提字第227号“某物流公司与某商贸公司票据纠纷案”，见《企业之间以签订买卖合同为名，进行企业间借贷，应认定合同无效——河北中储物流中心与河北金鲲商贸有限公司票据追索权纠纷案》（审判长王宪森，审判员殷媛，代理审判员张雪楳），载《最高人民法院商事审判指导案例·合同与借贷担保卷（6）》（2012:401）。

485 票据债务人可以基础关系对其后手持票人进行抗辩

——票据无因性是相对的，不及于票据直接前后手关系，持票人应对自己一方履行了基础关系中的约定义务进行举证。

标签： 票据 | 直接抗辩权 | 直接前手 | 基础原因关系

案情简介： 2010年，袁某以装饰公司转账支票8万元因装饰公司存款不足无法承兑起诉。装饰公司称其交付袁某的购材料款实际仅2万余元，转账支票原系空白，应袁某要求押在袁某处，8万元金额系袁某私自填写。

法院认为： 《票据法》第10条第1款规定：“票据的签发、取得和转让，应当遵循诚实信用的原则，具有真实的交易关系和债权债务关系。”最高人民法院《关于审理票据纠纷案件若干问题的规定》第10条规定：“票据债务人依照票据法第13条的规定，对与其有直接债权债务关系的持票人提出抗辩，人民法院合并审理票据关系和基础关系的，持票人应当提供相应证据证明已经履行了约定义务。”故票据债务人可以对不履行约定义务的与自己有直接债权债务关系的持票人进行抗辩。本案双方存在买卖合同关系，袁某虽有装饰公司出具的转账支票，但装饰公司对票据金额真实性提出异议，袁某作为供货方，有义务对其

3.1

201302/84:304

2011

供货事实承担举证责任，以确定双方之间真实的债权债务关系，因袁某未履行相应举证责任，故应承担不利后果，判决驳回袁某诉请。

实务要点： 持票人行使票据权利时，其直接前手可以基础原因关系进行抗辩。票据无因性是相对的，不及于票据直接前后手关系，在举证责任分配上，持票人应对自己一方履行了基础关系中约定的义务承担举证责任。

案例索引： 北京一中院（2011）一中民终字第10563号"袁某与某建筑公司票据纠纷案"，见《袁占友诉北京市紫阳福源建筑装饰有限责任公司票据追索权案——票据的无因性及其举证责任的分配》（徐敏敏），载《人民法院案例选》（201302/84:304）。

7

486 票据当事人直接前后手之间，应存在真实基础关系

——票据债务人对与其有直接债权债务关系的持票人提出抗辩，持票人应提供相应的证据证明其已履行了约定的义务。

标签： 票据 | 直接抗辩权 | 票据无因性 | 基础关系

案情简介： 2003年，建筑公司将从房产公司取得的一张5万元的支票补记签章后交给张某，但未背书，随后流转到贸易公司的该支票经补记签章后到银行提示付款，因存款余额不足遭退票，贸易公司以票据纠纷起诉房产公司，经调解实现了票据权利。2005年，建筑公司以贸易公司未支付该支票对价为由，起诉贸易公司返还不当得利。

法院认为： 票据无因性是票据流通的基础，但在票据当事人的直接前后手之间应当存在真实的民事基础关系，被背书人不得以票据无因性对抗背书人主张的对价请求，除非有相反证据可以证明其取得票据支付了对价。贸易公司称其从他人处取得该支票，但无证据证明，且支票上反映是建筑公司连续背书转让给贸易公司，贸易公司作为直接后手，在《票据法》上视为其从建筑公司直接得到票据，故不得以票据无因性及支票取自他人对抗其直接前手即建筑公司，贸易公司应返还不当得利。

实务要点： 票据债务人依照《票据法》规定对与其有直接债权债务关系的持票人提出抗辩，法院合并审理票据关系和基础关系的，持票人应提供相应的证据证明已履行了约定义务。即作为票据前后手之间应遵循诚实信用原则，具有真实的交易关系和债务关系。

3.1

200604/58:300

2005

案例索引： 广东广州中院（2005）穗中民二终字第1779号"某建筑公司与某贸易公司票据纠纷案"，见《佛山市业兴建筑工程有限公司诉广州富伸贸易有限公司票据纠纷案》（蒋华胜），载《人民法院案例选》（200604/58:300）。

487 支票出票人可对其直接后手持票人以基础关系抗辩

——未经背书转让的票据，作为票据债务人即出票人可对与其存在直接债权债务关系的持票人的基础关系来进行抗辩。

标签：票据 | 直接抗辩权 | 支票 | 基础关系抗辩 | 对价

案情简介：2004年，建材厂依自称商贸中心职工薛某的指示，将货送至薛某指定的工地并收取9360元的转账支票一张，但因支票被银行退回致诉。商贸公司称该支票丢失，但未申请公示催告。

法院认为：根据最高人民法院《关于审理票据纠纷若干问题的规定》第9条："票据诉讼的举证责任由提出主张的一方当事人承担。依照票据法第四条第二款、第十条、第十二条、第二十一条的规定，向人民法院提起诉讼的持票人有责任提供诉争票据。该票据的出票、承兑、交付、背书转让涉嫌欺诈、偷盗、恐吓、暴力等非法行为的，持票人对持票的合法性应当负责举证。"本案中商贸中心以票据丢失为抗辩理由，建材厂应对其所持票据的合法性提供证据，即证明其已支付了对价或其与出票人之间存在基础关系，现建材厂不能提供证据证明其与商贸中心之间存在基础关系，亦不能提供证据证明其为取得涉案票据而向商贸中心支付了对价，故判决驳回建材厂诉讼请求。

3.3

2006商:316

2005

实务要点：未经背书转让的票据，作为票据债务人即出票人可对与其存在直接债权债务关系的持票人以基础关系进行抗辩，持票人不能证明其已支付对价或其与出票人之间存在基础关系的，不享有票据权利。

案例索引：北京一中院（2005）一中民终字第3326号"某供销公司与某商贸中心票据纠纷案"，见《北京湾子京丰建材供销经理部诉北京欣世博商贸中心票据付款请求权案（票据的无因性及票据抗辩权即无因性的例外）》（宁勃），载《中国审判案例要览》（2006商事:316）。

488 票据前后手原因债务部分履行，致票据款分割给付

——票据直接前手后之间，在具备对票据款分割给付的基础时，法院可就原因债务的部分履行支持票据款的分割给付。

标签：票据 | 直接抗辩权 | 票据追索权 | 原因债务 | 票据款分割给付

案情简介：2003年，实业公司经销商物资公司向实业公司开具一张210万余元的支票，因存款不足退票。实业

法院认为：实业公司合法取得本案系争票据，依法享有票据权利。根据我国《票据法》第13条第2款规定，票据债务人可以对不履行约定义务的与自己有直接债权债务关系的持票人，进行抗辩。根据双方当事人所签协议，系争票据债务人物资公司与持票人实业公司之间具有直接以库存冲抵结算货款的债权债务关系，故当实业公司向物资公司主张票

公司诉请物资公司支付票据金额时，物资公司以另案生效判决认定实业公司依双方协议应回收的库存产品价款金额为38万余元，主张抵扣票据金额。

据权利时，物资公司有权提出抗辩，要求实业公司按双方协议履行约定义务，在其主张的票据金额中扣除因库存产品的回收而冲抵的货款。根据另案生效判决，实业公司应回收的库存产品价款金额为38万余元，该款项在其主张的票款金额扣除后，判决物资公司还应支付实业公司款项170万余元。

3.3

2005商:325

2004

实务要点： 票据的直接前手后之间，一方得以双方之间的原因关系提出抗辩，在具备必要性和可行性的情况下，法院可就原因债务的部分履行支持票据款的分割给付。

案例索引： 上海一中院（2004）沪一中民三（商）终字第77号“某实业公司与某物资公司票据纠纷案”，见《和成（中国）有限公司上海分公司诉上海巨象物资有限公司票据追索权案（票据款分割）》（李盛），载《中国审判案例要览》（2005商事:325）。

7

489 持票人可基于真实交易关系向出票人主张票据金额

——持票人通过真实交易关系取得支票，在付款请求权无法行使并追索不能时，可基于出票原因关系主张价金请求权。

标签： 票据 | 直接抗辩权 | 支票

法院认为： 建材公司诉讼请求所依据的转账支票为有效票据，依《票据法》规定，建材公司对该票据享有票据权利，因工程公司不能证明其已支付了诉争转账支票上的票据金额，故建材公司享有的票据权利消灭，工程公司对该支票的票据责任不能解除，判决工程公司支付建材公司票据金额9万余元本息。

案情简介： 2001年，工程公司向建材公司购买钢材，货值9万余元，随后开具空白转账支票一张，因账号清户问题导致银行退票，建材公司诉请工程公司按支票票面金额支付货值本息。

实务要点： 通过真实交易关系取得支票的持票人，在付款请求权无法行使并追索不能时，可基于出票的原因关系主张价金请求权。

3.1

2004商:326

2004

案例索引： 山东济南市中区法院判决“某建材公司与某工程公司票据纠纷案”，见《强达公司诉济大公司票据追索权案》（马福林、梁伟），载《人民法院案例选》（2004/商事·知识产权专辑:326）。

票据利益返还

490 票据返还请求权纠纷，应由被告住所地的法院管辖

——票据返还请求权纠纷，因其未直接涉及票据付款请求权和追索权，应属非票据权利纠纷，由被告住所地法院管辖。

标签：票据 | 票据利益返还 | 管辖 | 票据纠纷 | 被告住所地

案情简介：2012年，投资公司以失票人身份在汇票支付地即邯郸中院起诉要求“恶意取得票据”的持票人贸易公司返还票据，贸易公司以该案属于非票据权利纠纷应由其住所地即无锡中院管辖提出管辖异议。

法院认为：根据《票据法》第4条第4款规定：“本法所称票据权利，是指持票人向票据债务人请求支付票据金额的权利，包括付款请求权和追索权。”而《票据法》上的非票据权利纠纷，往往是指因为票据的签发、取得、转让等引发的，非因直接行使票据权利产生的纠纷，包括票据交付请求权纠纷、票据返还请求权纠纷、票据损害赔偿请求权纠纷、票据利益返还请求权纠纷和汇票回单签发请求权纠纷。根据投资公司起诉状载明的案由、诉讼请求及事实理由分析，本案系票据返还请求权纠纷，因其并未直接涉及票据付款请求权和追索权，故应认定属于票据纠纷中的非票据权利纠纷，而不属于票据权利纠纷。根据最高人民法院《关于审理票据纠纷案件若干问题的规定》第7条：“因非票据权利纠纷提起的诉讼，依法由被告住所地人民法院管辖。”故本案应移送江苏无锡中院处理。

2.3

201203/21:187

2012-100

实务要点：票据返还请求权纠纷，因其并未直接涉及票据付款请求权和追索权，故应认定属于票据纠纷中的非票据权利纠纷，根据最高人民法院《关于审理票据纠纷案件若干问题的规定》第7条规定，依法由被告住所地人民法院管辖。

案例索引：最高人民法院裁定“某银行与某投资公司等票据纠纷申请再审案”，见《票据返还请求权纠纷的管辖确定——北京京通海投资有限公司与江阴市恒之元贸易有限公司、原审第三人苏州冬子草金属材料有限公司、中国建设银行邯郸滏东支行票据返还

请求权纠纷管辖权异议申请再审一案》（厉文华，最高院立案庭），载《立案工作指导·诉讼管辖》（201203/34:117）。

491 票据利益返还请求权不以存在基础关系为必要条件

——行使票据利益返还请求权不以存在基础关系为必要条件，除非债务人能够证明其与持票人之间有直接的基础关系。

标签：票据 | 票据利益返还请求权 | 基础关系

案情简介：2009年，家具公司三来一补企业家具厂开具金额为10万余元的转账支票一张，注明的收款人为木业行，木业行作为个体工商户，一审时已注销，负责人为何某。后支票因超过提示付款期限而无法实现票据权利，后家具厂支付了4万余元现金，就尚欠6万元货款，何某诉请家具厂、家具公司共同清偿。家具厂称票据真实，但因系其管理不善流落到何某手上。

法院认为：何某所持转账支票记载事项符合法律规定，系有效票据。因木业行系个体工商户，其债权债务均应由其投资人何某承担，何某作为该支票的权利人，因支票超过提示付款期限而无法实现票据权利，故何某有权要求家具厂返还其与未交付的票据金额相当的利益。由于何某自认家具厂已支付4万余元，故尚欠6万元，应由家具厂支付。家具厂作为家具公司三来一补企业，家具厂经营所发生的债务，家具公司应与其共同清偿。鉴于未及时主张票据权利在何某，故其利息主张不予支持。家具厂称与木业行之间不存在业务关系，但其未向法庭合理解释支票开具原因，故对其抗辩理由不予支持，判决家具厂、家具公司共同支付何某6万元。

实务要点：行使票据利益返还请求权不以存在基础关系为必要条件，如果票据债务人欲以持票人不履行约定义务作为抗辩理由，则其须证明与持票人之间有直接的基础关系。

3.4

201318:99

2012

案例索引：广东深圳中院（2012）深中法涉外终字第163号“广东省深圳市龙岗区龙东龙达家私厂与何鹏立票据纠纷案”，见《票据利益返还请求权基础关系举证责任辨析》（林建益），载《人民司法·案例》（201318:99）。

492 超过票据权利时效，仍可主张票据利益返还请求权

——持票人因超过票据权利时效而丧失票据权利的，仍可请求出票人或承兑人返还其与未支付的票据金额相当的利益。

标签：票据 | 票据利益返还请求 | 诉讼时效

案情简介：2005年，农机公司以其系物资公司2001年背书转让票据的受

法院认为：银行对案涉汇票权利及汇票记载的收款人出具的证明予以认可，可推定该汇票及背书转让的真实性与合法性，故农机公司系合法持有人。农机公司在《人民日报》公告及近4年无人向银行主张票据权利的事实足以证明农机公司系该汇票的最后持有人。《票据法》第18条

让人，但因该到期日为2002年1月25日的汇票丢失，其未向银行提示承兑又未及时行使公示催告程序而丧失票据权利，诉请承兑银行支付票据金额相当的利益。农机公司为此提供了几个月前的《人民日报》公告、物资公司证明。

3.3

2006商:320

2005

规定："持票人因超过票据权利时效或者因票据记载事项欠缺而丧失票据权利的，仍享有民事权利，可以请求出票人或者承兑人返还其与未支付的票据金额相当的利益。"农机公司作为持票人，银行系承兑人，且农机公司对该汇票仍享有民事权利，故农机公司可要求银行返还其与未支付的票据金额相当的利益。因持票人将汇票提示承兑是其权利而非义务，故是否将汇票提示承兑应由持票人自由决定，承兑人的身份确定是以其作出承兑行为为依据，并非以农机公司是否提示承兑为依据，同时，因农机公司行使的是利益返还请求权，而利益返还请求权行使不以公示催告为先决条件，故银行以农机公司未提示承兑和未经公示催告为由拒绝付款的理由，不予采信。民事权利的时效从票据权利丧失时起算，持票人对票据承兑人的权利时效自票据到期日起2年，民事权利时效从票据权利时效到期日后2年，即从2004年1月25日开始计算，到2006年1月25日，故本案农机公司超过了票据权利时效，但未超过诉讼时效。

实务要点： 持票人因超过票据权利时效而丧失票据权利的，仍享有民事权利，可以请求出票人或者承兑人返还其与未支付的票据金额相当的利益。

案例索引： 浙江绍兴越城区法院（2005）越民二初字第1421号"某银行与某农机公司票据纠纷案"，见《寿光市农机总公司诉中国银行股份有限公司绍兴市分行票据利益返还请求权案（票据权利）》（邓平平），载《中国审判案例要览》（2006商事:320）。

493 持票人在利益返还请求权诉讼中，应证明基础关系

——票据债务人对与其有直接债权债务关系的持票人提出抗辩的，持票人应当提供相应的证据证明其履行了约定义务。

标签： 票据 | 利益返还请求权 | 支票退票

案情简介： 1998年，装饰部持贸易公司签发的支票委托银行收款时，因贸易公司账户余额不足退票。2000年，装饰部起诉贸易公司主张利益返还请求权，但未举证证明双方之间存在购

法院认为： 依《票据法》第10条规定，票据的签发、取得和转让，应当遵循诚实信用的原则，具有真实的交易关系和债权债务关系；票据的取得，必须给付对价，即应当给付票据双方当事人认可的相对应的代价。本案中，装饰部陈述该支票的取得，系基于与贸易公司之间的购销关系。在贸易公司否认双方之间存在交易关系情况下，依《票据法》第13条规定，票据债务人贸易公司可以对与自己有直接债权债务关系的不履行约定义务的持票人装饰部进行抗辩。又依最高人民法

销合同关系，支票上收款人系装饰部在空白支票上补填。

院《关于审理票据纠纷案件若干问题的规定》第10条规定，在上述情形下，人民法院合并审理票据关系和基础关系的，持票人应当提供相应的证据证明其履行了约定义务。故在装饰部未提供相应证据证明其履行约定义务情况下，判决驳回装饰部诉讼请求。

3.1

200201/39:241

2001

实务要点： 票据债务人依照《票据法》第13条规定，对与其有直接债权债务关系的持票人提出抗辩，人民法院合并审理票据关系和基础关系的，持票人应当提供相应的证据证明其履行了约定义务。

案例索引： 广东广州中院2001年4月4日判决“某材料厂与某贸易公司票据纠纷案”，见《新城装饰材料经营部诉金丰江贸易有限公司开出的支票被银行退票行使利益返还请求权因原因关系欠缺被驳回案》（王天喜），载《人民法院案例选》（200201/39:241）。

7

494 向恶意持票人主张票据利益返还，非票据侵权纠纷

——第三人以欺骗手段取得票据，不享有票据权利；持票人因票据记载事项欠缺而丧失票据权利的，仍享有民事权利。

标签： 票据 | 票据利益返还 | 案由时效 | 欺骗取得 | 票据侵权

案情简介： 1998年，合金厂将其收到的10万元汇票交给财务挂靠企业铸造厂要求背书后办理承兑。因铸造厂财务人员对票据记载事项不熟悉，只在背书人栏加盖该厂财务章后交给合金厂。后实业公司以欺骗手段取得该汇票并补填被背书人后办理承兑付款。合金厂诉请实业公司返还，一审以票据侵权立案。

法院认为： 《票据法》第18条规定：“持票人因超过票据权利时效或者因票据记载事项欠缺而丧失票据权利的，仍享有民事权利，可以请求出票人或者承兑人返还其与未支付的票据金额相当的利益。”本案合金厂因其财务挂靠企业铸造厂财务人员不懂如何背书转让票据，致使合金厂所持票据出现被背书人一栏空白的情况，即出现票据应该记载的事项欠缺而使其丧失该票据的所有权。实业公司为了取回与铸造厂在购销合同上所欠的货款，以欺骗行为，在未经背书人同意情况下，由自己在票据被背书人栏记名，取得汇票所有权，其行为不构成善意取得，依《票据法》第12条、第18条规定，实业公司负有返还票据的义务。故本案系票据利益返还纠纷，而非票据侵权案件。

3.3

2000商:265

实务要点： 第三人以欺骗手段取得票据，不得享有票据权利，持票人因票据记载事项欠缺而丧失票据权利的，仍享有民事权利，可以请求出票人或者承兑人返还其与未支付的票据金额相当的利益。

1999 **案例索引**：青海高院（1999）青经终字第16号“某银行与某实业公司等票据纠纷案”，见《青海省乐都县昌兴铁合金厂诉中国银行乐都县支行、青海省中发实业公司第二分公司票据利益返还案》（余慧玲、仙艳荣），载《中国审判案例要览》（2000商事:265）。

票据解付

495 指定收款人与实际收款人名称不符，结算行有无责

——指定收款人与实际收款人名称之间表面上不完全一致，但根据法律规定，并不导致产生歧义的，不应认定为不符。

标签：票据 | 票据解付 | 结算合同 | 错误汇款 | 收款人名称

案情简介：2009年，香港公司通过中行向农行汇款500万美元，写明收款人为“青岛荣星投资管理有限公司”，农行将该款解付至指定账号，但收款人名称实际应为“青岛荣星投资管理有限责任公司”。事后，香港公司因与青岛荣星投资管理有限责任公司发生纠纷，要求农行退汇未果，导致其最终损失371万美元，遂诉请农行赔偿。

法院认为：本案属美元跨境结算，故中国人民银行《支付结算办法》不适用本案。《中国农业银行外汇汇款业务操作规程》非法律法规，亦非行政规章，即使违反，亦不当然构成对法定义务的违反。该规程并未并入本案跨境结算条款，并不当然成为本案合同内容的组成部分。在指定收款账号与实际收款账号一致的情况下，指定收款人与实际收款人名称之间虽在表面上不完全一致，但根据《公司法》第8条第1款“依照本法设立的有限责任公司，必须在公司名称中标明有限责任公司或者有限公司字样”的规定，并不导致相互之间存在收款人不符或不明的情形，故亦不存在不尽主动查询、主动退汇义务的问题。由于农行已办理解付，则无论是汇款人还是汇出行再要求退汇，均需征得收款人同意，农行方可办理。至于解付后的结汇，则无关乎行为性质。需指出的是，尽管农行作为汇入行，在办理结算时的确不需要联系基础交易来判断其是否正确履行义务，但在纠纷发生后认定是非责任时，有必要联系基础交易来审查判断，毕竟国际结算是为清偿国际间由于

1.1 各种往来而产生的债权债务关系，通过银行并借助某种信用工具，将

201412/218:39

2013

货币资金转移到另一个国家（地区）的支付方式。通过生效判决可发现，基础交易发生在汇款人与实际收款人之间，足以说明指定收款人与实际收款人名称的表面不完全一致，未导致歧义是有事实根据的，且在香港公司通过汇出行向农行首次提出退汇要求时，香港公司是以收款公司无经营范围为申请退汇原因的。导致本案香港公司损失的直接原因在于基础交易债务人的行为，尽管本案跨境结算行为构成基础交易的条件，但结算行为本身并不必然导致损失，结算行为与损失之间缺乏客观、必然的联系，故农行不承担赔偿责任，判决驳回香港公司诉讼请求。

实务要点： 指定收款人与实际收款人名称之间表面上不完全一致，但根据法律规定，并不导致产生歧义的，不应认定为不符。跨境结算行为仅构成基础交易的条件，导致损失的直接原因在于基础交易债务人的行为，结算行为与损失之间缺乏客观、必然联系的，结算银行不承担赔偿责任。

7

案例索引： 山东青岛中院2013年9月22日判决“某银行与香港某公司结算合同纠纷案”，见《喜宝集团控股有限公司诉中国农业银行股份有限公司青岛城阳支行银行结算合同纠纷案》，载《最高人民法院公报·案例》（201412/218:39）。

496 银行解付汇票时未尽必要审查义务，应负赔偿责任

——代理付款银行解付汇票过程中，未审查汇票背书连续性及提示付款身份，导致资金流失的，应承担相应赔偿责任。

标签：票据 | 票据解付 | 非票据权利纠纷 | 审查义务

案情简介： 1997年7月，王某为获取高息，以票额400万元、444.7万元的汇票形式委托臧某、工程公司刘某到建行办理存款手续，并获得建行一张1000万元存单。建行收到持票人为王某的汇票后，将其中400万元汇票通过内部转账变为存单并交付刘某，将另一张444.7万元显示背书人不连续、

法院认为： 建行未按照人民银行有关规定对王某提供的400万元汇票办理存款、解付、支取手续，一味满足王某以汇票形式存款的要求，且未将汇票办理凭证和存单直接交付王某的存款代理人，而是将上述存单交由刘某转交，事实上为第三人及刘某诈骗并将该款转走提供了便利，有一定过错，应承担相应民事责任。在受理444.7万元汇票进行票据交换时，在该汇票背书不连续及在收款人提示付款栏内已有王某签章的情况下，建行却给人民银行提供了收款人是本案第三人的账户，致使人民银行兑付后该款转入第三人账户，被第三人提走，导致资金流失，建行对此亦具有一定过错。人民银行在解付过程中，其作为代理付款人对汇票背书连续性及提示付款身份未进行必要审查，与建行具

收款人为工程公司的汇票交由银行解付后直接汇入工程公司账户。全部款项后被工程公司转出。王某持1000万元存单到建行取款时遭拒付，经鉴定系工程公司刘某伪造。

有共同过错，应承担相应赔偿责任。

实务要点： 金融机构对存款人以汇票形式办理存款、解付、支取手续过程中违反操作规程，通过第三人转交相关凭证或存单，而非直接交付存款人或其代理人；代理付款银行解付汇票过程中，未审查汇票背书连续性及提示付款身份，导致资金流失的，应承担相应赔偿责任。

2.3

200303/4:104

2001

案例索引： 最高人民法院（2001）民二监字第312号“某银行与某开发公司等票据兑付纠纷申请再审案”，经最高人民法院调解，工程公司偿付王某844.7万元本息，建行、人民银行对本金660万元承担连带赔偿责任，并给付王某利息损失260万元。见《中国建设银行鱼台县支行、中国人民银行鱼台县支行与王炳礼、第三人鱼台县工程开发集团总公司票据兑付纠纷申请再审案》（湛雄辉，最高院立案庭），载《立案工作指导与参考·再审复查案例评析》（200303/4:104）。

497 银行向虚假股东注册的公司解付款不承担责任情形

——汇票解付行解付时已尽审查义务，即使提示付款人系以虚假股东身份注册成立的公司，解付行亦不承担民事责任。

标签： 票据 | 票据解付 | 重大过失 | 虚假身份 | 代理付款人 | 审核义务

案情简介： 1999年，生资公司向农行申请签发收款人为其经理许某、金额为126万元的汇票，该汇票由许某背书转让给经贸公司。经贸公司加盖印章后向其开户行即建行提示付款。建行审查签章与预留印鉴相符后委托工行解付。随后经贸公司以现金支票将解付款全部支取。2002年，生资公司以经贸公司系唐某等人以虚假身份证注册成立的公司，骗取其款项为由，诉请工行、建行、工商局赔偿其损失。

法院认为： 《票据法》第57条规定：“付款人及其代理付款人付款时，应当审查汇票背书的连续，并审查提示付款人的合法身份证明或者有效证件。付款人及其代理付款人以恶意或者有重大过失付款的，应当自行承担责任。”最高人民法院《关于审理票据纠纷案件若干问题的规定》进一步明确：“付款人或者代理付款人未能识别出伪造、变造的票据或者身份证件而错误付款，属于票据法第五十七条规定的重大过失……”“付款人或者代理付款人未依照票据法第五十七条的规定对提示付款人的合法身份证明或者有效证件以及汇票背书的连续性履行审查义务而错误付款的，应当自行承担责任。”本案诉争汇票收款人及在背书栏上签章的均为许某，被背书人为经贸公司，签章依次衔接，符合《票据法》关于背书连续的规定。对于提示付款人经贸公司有效证件的审查，工行依据的是建行审查后加盖的业务章，不存在前述司法解释中付款人及其代理付款人未能识别出伪造、变造的票据或身份证件而错误付款，亦无“重大过失”及恶意付款行为。故工行作为代

3.3

2003商:420

2002

理付款人，只是审查经贸公司在汇票上的签章与预留印章是否一致，本案无证据证实提示付款人经贸公司的签章与预留印章不一致，建行已尽到审查提示付款人有效身份证件的义务。至于工商局核准经贸公司成立的行为属于具体行政行为，不属于民事诉讼范围，故判决驳回生资公司诉讼请求。

实务要点： 付款人及其代理付款人付款时，对汇票背书连续性及提示付款人的合法身份证明或有效证件已尽审查义务的，即使提示付款人系以虚假股东身份注册成立的公司，付款人或代理付款的汇票解付行亦不应承担民事责任。

案例索引： 广西高院（2002）桂民二终字第152号“某银行与某制品公司等票据纠纷案”，见《河南省卫辉市农业生产资料公司诉中国工商银行卫辉支行等票据损害赔偿案》（何国斌），载《中国审判案例要览》（2003商事:420）。

7

498 付款银行违法解付汇票，应承担全部损失赔偿责任

——付款行未审查汇票背书连续性及提示付款人合法身份证明或有效证件，恶意或重大过失付款的，应自行承担责任。

标签： 票据 | 票据解付 | 违法解付 | 除权判决

案情简介： 1999年，银行应宁某申请，开出90万元的银行汇票。该汇票在未经任何背书情况下，信用社接受提示付款人贸易公司请求，予以解付。4天后，宁某向法院提出公示催告申请，法院随后作出除权判决。因宁某向银行申请付款遭拒致诉。期间，宁某因涉嫌票据诈骗被公安机关立案。

法院认为： 信用社在案涉银行汇票未经任何背书的情况下，亦未审查持票人贸易公司是否合法取得该两张汇票，便接受了贸易公司请求，将90万元汇票款全部转入贸易公司账户，故信用社应承担本案汇票款损失的全部赔偿责任。至于本案是否涉嫌犯罪，并不影响信用社承担因自己违法解付行为所造成损失的民事责任。银行作为案涉汇票出票人，其出票行为并无过错，判决信用社赔偿宁某汇票款90万元。

实务要点： 付款银行付款时，未审查汇票背书连续性及提示付款人的合法身份证明或有效证件，恶意或重大过失付款的，应自行承担责任。

3.1

200202/40:233

案例索引： 新疆高院2000年7月28日判决“某信用社与宁某等票据纠纷案”，见《宁兵海申请公示催告获得除权判决后诉出票人恰萨信用社给付汇票票款案》（杨善明），载《人民法院案例选》（200202/40:233）。

499 银行形式审查，看不出变造票据的，非为重大过失

——银行办理付款结算业务中，只对票据进行形式审查，用肉眼从票面上看不出变造痕迹的，银行仍应办理结算业务。

标签：票据 | 票据解付 | 票据变造 | 形式审查 | 重大过失

案情简介：1998年，医院为汪有全开出用途为退住院费、票面金额为130余元的转账支票一张。随后，汪有全将变造后金额为9.85万元的转账支票交其开户行信用社委托收款，代理付款行办理付款手续后，信用社将款项转入汪有全账户并被取走。嗣后医院以支款人"汪有金"、"氿江县"不存在、从身份证号码看应为女性等为由，诉请信用社和代理付款行赔偿。

法院认为：医院开出的转账支票虽被犯罪分子变造，但该支票绝对记载事项齐全，票面清洁，无被涂改痕迹，印鉴真实，根据票据无因性特征，该支票对付款行系有效票据，银行作为医院的代理付款行没有过错。信用社是否按规定开户及是否按规定让持票人填写进账单与医院款项被骗无必然因果关系。依《支付结算办法》有关规定，持票人委托银行收款背书时，持票人的身份证号码及发证机关名称非必需背书内容，且从身份证号码尾数上辨别男女及通晓氿江县是否我国的地名名称并非银行工作人员必备的业务知识，故信用社工作人员对此知识的欠缺非其法定过错。金融机构在办理储户支取款手续时，只负有审查存折的真实性和有效性的义务，并无对存折持有人身份审查的义务，"汪有金"在输入密码正确的情况下，信用社准其支款并无过错，不构成重大过失，故判决驳回医院诉讼请求。

3.3

2000商:270

1999

实务要点：根据票据要式性、无因性、文义性和独立性特征，银行在办理承兑、付款结算业务中，只对票据进行形式审查，不审查持票人取得票据是否合法，如票据系被变造的，但用肉眼从票面上看不出变造痕迹，银行仍应办理结算业务。

案例索引：河北衡水中院（1999）衡经终字第135号"某银行与某信用社等损害赔偿纠纷案"，见《衡水市第三人民医院诉中国农业银行衡水市大庆路办事处、衡水市红旗大街城市信用合作社违规解付赔偿案》（窦彩霞、韩德芳），载《中国审判案例要览》（2000商事:270）。

I

付款义务

500 承兑行因第三方申请查封，致逾期付款，仍应赔偿

——承兑汇票因第三人申请查封导致到期不能向持票人兑付，承兑银行履行清偿义务后，可向其他汇票债务人再追索。

标签：票据 | 付款义务 | 第三方查封 | 逾期付款

7 **案情简介：**2003年，投资公司持出票人为实业公司、承兑付款人为工行、收款人为投资公司的590万元银行承兑汇票向民生银行申请贴现。民生银行支付对价后，实业公司以未收到货物报案并起诉。因工行拒绝付款，民生银行起诉并要求赔偿行使追索权产生的合理费用。

法院认为：工行承兑本案争议汇票后应承担按期兑付票款的义务，该行主张其未能如期兑付系因他人申请查封票据所致，但根据《合同法》第121条规定，上述理由不能对抗民生银行要求其支付逾期付款利息损失的主张。民生银行未采取寄送信函而直接委派人员向工行索取拒付证明，以及为证明其向投资公司、实业公司发出追索通知而进行公证等行为均不违反法律规定和商业习惯，民生银行因此而支出的正常旅差费、公证费均应认定属于为取得拒绝证明和发出通知而支付的合理费用，均可向工行追索。工行履行清偿义务后，可以向其他汇票债务人行使再追索权。

实务要点：银行承兑汇票因第三人申请查封导致到期不能向持票人兑付，持票人为取得拒绝证明和向其他债务人发出追索通知而支付的合理费用，均可向承兑行追索。承兑行履行清偿义务后，可以向其他汇票债务人行使再追索权。

2.7

2011:108

2.6

v.4:66

2009

案例索引：最高人民法院（2009）民提字第74号“某银行与某汽车服务公司等票据纠纷案”，见《苏州新区新裕汽车服务有限公司、中国工商银行股份有限公司苏州高新技术产业开发区支行与中国民生银行股份有限公司总行营业部票据追索权纠纷案》（审判长王东敏，代理审判员雷继平、李京平），载《最高人民法院商事审判裁判规范与案例指导·裁判文书》（2011:108）；另见《票据法律关系与票据基础关系互相独立，票据持有人支付对价且背书连续的，

即可享有票据权利》，载《最高人民法院商事审判指导案例·金融卷》（2011:66）。

501 公安机关的冻结通知，不免除承兑行兑付本息义务

——合法持票人享有票据权利，其行使权利时不受越权公权行为限制。即使公安机关的冻结通知亦不免除其兑付义务。

标签：票据 | 付款义务 | 无因性 | 越权公权行为 | 冻结通知

案情简介：2011年，机床厂为支付货款，将出票人为纺织公司、收款人为实业公司的面额10万元的银行承兑汇票交予机械厂。2012年，取得该汇票的倪某向银行提示付款，银行以公安机关通知冻结为由拒绝付款。同年12月26日调解时，银行以冻结期满，同意倪某提示付款，因倪某坚持主张利息损失拒绝提示付款致调解不成。

法院认为：票据具有无因性，公安机关虽向银行发出了冻结通知，但通知中记载的犯罪嫌疑人并非票据权利人，公安机关亦未收缴票据原件，故冻结行为并不妨碍票据继续以背书转让方式流通，机械厂作为合法持票人有权主张票据权利。银行已于2012年12月26日庭审时明确表示同意付款，但倪某仍以要求利息为由拒绝提示付款，故倪某自己扩大了损失应自行承担，判决银行给付倪某票款10万元，并偿付至2013年1月2日的利息，2013年1月3日即调解后7天合理期限倪某未提示付款，之后的利息应自行承担。

实务要点：合法取得票据的持票人享有票据权利，其行使票据权利时不受越权公权行为限制。

案例索引：上海一中院（2013）沪一中民六（商）终字第80号“倪春芳与中国银行张家港分行、上海冲剪机床厂票据纠纷案”，见《合法行使票据权利不受越权公权行为限制》（范德鸿），载《人民司法·案例》（201322:88）。

3.4

201322:88

2013

502 银行因过错未完成转账支票指示付款义务，应赔偿

——银行受理支票转账业务后，发现收款人名称有误仍加盖转讫章，因其过错未完成指示付款义务的，应负赔偿责任。

标签：票据 | 付款义务 | 指示付款 | 非票据关系 | 损害赔偿

案情简介：1999年，实业公司向银行借款695万元，随后开具金额为695万元、收款人为“美联公司”的转账支票。银行受理并加盖转讫章。2004

法院认为：本案出票人实业公司在制作填写完毕转账支票后，将支票交由银行办理转账业务，作为支付结算的中介机构亦系支票付款人，银行受理后应当审查，当发现出票人实业公司填写的转账支票所记载的收款人名称有误，不能将转账支票款项支付到出票人所指向的目标收款人情形时，银行应按《支付结算办法》第119条和《票据法》第87条规定，要求出票人授权补记或补记，但却将实业公司转账支票上加盖了

年，另案诉讼中，实业公司得知“美联制药公司”当时并未收到款项，遂诉请银行赔偿。

3.3

2007商:357

2006

转讫章，表明银行已收到支票上所记载的票面金额并支付到出票人指向的目标收款人，为实业公司办理完成了转账事宜。因银行过错未完成指示付款义务，占有并使用了诉争款项，造成实业公司损失，银行应承担相应损害赔偿责任。实业公司2004年才得知银行并未完成转账支票业务，随后提起侵权诉讼，并未超过诉讼时效。判决银行赔偿实业公司转账支票损失695万元。

实务要点： 金融机构作为支付结算的中介机构受理支票转账业务后，发现出票人填写的收款人名称有误，不能将转账支票款项支付到出票人所指向的目标收款人情形时，未按《支付结算办法》第119条和《票据法》第87条规定，要求出票人授权补记或补记，而是加盖转讫章，因其过错未完成指示付款义务的，应承担相应损害赔偿责任。

案例索引： 重庆高院（2006）渝高法民终字第33号“某银行与某实业公司支票合同纠纷案”，见《重庆联生实业发展有限公司诉重庆市商业银行八一路支行支票合同案（非票据关系的甄别）》（张小明），载《中国审判案例要览》（2007商事:357）。

7

503 持票人未在到期日前提示付款，票据权利并未丧失

——远期商业承兑汇票的持票人未在规定期限提示付款的，在持票人作出说明后，承兑人或付款人仍应承担付款责任。

标签： 票据 | 付款义务 | 商业汇票 | 提示付款 | 付款请求权 | 到期日

案情简介： 2001年，贸易公司因供货，收到网络公司开具的金额60万元，到期日为2001年8月24日的商业承兑汇票。2001年8月23日，网络公司表示账户资金不足要求延期付款。为此，贸易公司未在汇票到期日前提示付款。2002年4月26日，贸易公司起诉网络公司偿付票款60万元。

法院认为： 根据票据法理论，远期汇票持票人行使票据权利的方法为先按期提示承兑，再按期提示付款。若未按期提示承兑或提示付款，则丧失对前手的追索权。我国《票据法》第53条第2项规定：“定日付款、出票后定期付款或见票后付款的汇票、自到期日起十日内向承兑人提示付款。持票人未按照前款规定期限提示付款的，在作出说明后，承兑人或者付款人仍应当继续对持票人承担付款责任……”由此，从我国《票据法》的该规定可以推出，逾期提示付款消灭的仅仅是追索权，而非付款请求权。本案中，鉴于贸易公司在诉讼中对未按时提示付款作出说明，故网络公司理应就其承兑的票据承担付款责任。从票据权利消灭的时效看，对于汇票，持票人对票据的出票人和承兑人的权利行使期为自票据到期日起两年，本案汇票到期日为2001年8月24日，贸易公司于2002年4月26日向法院起诉，尚处于票据权利存续期间，

3.3
2003商:424
2002

故尽管贸易公司逾期提示付款，在作出说明后，其继续享有请求网络公司支付票款的权利，判决网络公司支付贸易公司票款60万元。

实务要点： 远期商业承兑汇票持票人未在规定期限提示付款的，并不因此丧失票据权利，在持票人作出说明后，承兑人或付款人仍应继续对持票人承担付款责任。

案例索引： 上海二中院（2002）沪二中民三（商）终字第348号“某贸易公司与某网络公司票据纠纷案”，见《艾利斯特国际贸易（上海）有限公司诉长城宽带网络服务上海有限公司票据付款请求权案》（糜丽芳、张颖），载《中国审判案例要览》（2003商事:424）。

504 支票付款银行不得以持票人与他人债务纠纷而拒付

——支票付款银行不得以持票人与他人存在债务纠纷而拒付款项，并以该应付票据款顶抵该他人所欠银行的逾期贷款。

标签： 票据 | 付款义务 | 支票 | 拒付 | 抗辩理由

案情简介： 2001年，基金会持15万元现金支票到银行取款，银行以该款要支付给电影公司，而电影公司尚拖欠其贷款为由加盖现金付讫章，将基金会款项下账后转抵电影公司贷款。

法院认为： 支票是出票人签发的，委托办理支票存款业务的银行在见票时无条件支付确定的金额给收款人或持票人的票据。根据《票据法》规定，票据债务人不得以自己与出票人或与持票人前手之间的抗辩事由，对抗持票人。本案中，基金会到银行取款，但银行未支付款项，而是将该现金支票上盖了现金付讫章，将基金会款项下账后转抵其他单位贷款，银行行为违法，判决银行返还基金会15万元及利息。

实务要点： 支票付款银行不得以持票人与他人存在债务纠纷，而拒付款项并以之顶抵该他人所欠银行贷款。

3.3
2003民:461
2002

案例索引： 云南易门法院（2002）易民二初字第3号“某银行与某基金会票据纠纷案”，见《易门县六街镇农村合作基金会清偿领导小组办公室诉中国农业银行易门县支行票据付款请求权案（票据付款请求权）》（郭成仁），载《中国审判案例要览》（2003民事:461）。

505　银行受理支票提示付款申请后又退票给出票人违法

——银行受理支票后出示加盖业务公章的受理回单，银行与持票人之间形成票据法律关系，不应再以非法定理由退票。

标签： 票据 | 付款义务 | 支票 | 提示付款 | 退票

案情简介： 1997年，租赁公司持医疗公司出具的200万元转账支票向银行提示付款，银行在业务受理回单上加盖公章。次日，银行以支票号码不符将票据退还给医疗公司。租赁公司诉请银行支付票据金额。

法院认为： 银行在受理回单上加盖业务受理章，表明其已接受出票人医疗公司委托其在见票时无条件支付支票所确定的金额给收款人或持票人的支付义务。银行和租赁公司之间形成票据法律关系。但银行受理后，以出票人所使用的支票号码不符为由，将支票退票给出票人，却未向持票人租赁公司出具退票理由书或拒绝证明，其行为违反《票据法》和中国人民银行《支付结算办法》关于退票应通知持票人的规定，对租赁公司未能实现其票据权利存在过错，判决银行应支付租赁公司支票金额。

3.1

7

200003/33:199

1999

实务要点： 银行受理支票后，出示加盖业务公章的受理回单，表明其已接受出票人委托其在见票时无条件支付支票所确定的金额给持票人的支付义务，银行与持票人之间形成票据法律关系。

案例索引： 福建厦门中院1999年3月31日判决“某银行与某租赁公司票据纠纷案”，见《华信公司诉厦门兴业银行受理其提示付款后退票给出票人使其不获付款票据纠纷案》(刘友国)，载《人民法院案例选》(200003/33:199)。

506　支票付款银行不能以出票人存款涉嫌诈骗案而拒付

——支票付款行在出票人有足够存款情况下，仅以其认为该款属诈骗案范围拒付，应对由此产生的票据纠纷承担责任。

标签： 票据 | 付款义务 | 涉嫌诈骗

案情简介： 1997年，装配公司开出30万元的支票，付款银行以装配公司存款账户33万元系工程公司涉嫌诈骗转入的赃款拒付。

法院认为： 银行作为已对装配公司开展支票存款业务的商业银行，在装配公司有足够存款情况下提出支票请求其付款时，仅以其认为该款属诈骗案范围为由拒绝，违反了《商业银行法》第33条和《票据法》第90条第1款规定，是无法定依据的拒付行为，对因此产生的票据纠纷应负完全责任，判决银行给付装配公司存款30万元及利息。

实务要点： 支票付款银行在出票人有足够存款情况下，仅以其认为该款属诈骗案范围为由拒绝，违反了《商业银行法》第

3.3

2000民:534

1998

33条和《票据法》第90条第1款规定，是无法定依据的拒付行为，对因此产生的票据纠纷应负完全责任。

案例索引： 海南高院（1998）琼高法民再字第19号“某银行与某汽车公司票据纠纷案”，见《洋浦杰米莱汽车装配有限公司诉中国投资银行海南省分行票据案》（韩若超），载《中国审判案例要览》（2000民事:534）。

票据追索权

507 因同一票据流转所生纠纷，应合并由一地法院审理

——基于同一票据流转产生的票据追索权和票据侵权纠纷，被两地法院分别受理的，应合并由先受理的一地法院审理。

标签： 票据 | 票据追索权 | 管辖 | 票据纠纷 | 同一票据流转

案情简介： 1999年3月，物资公司申请签发了票面金额300万元、付款人为银行的承兑汇票。酒厂、实业公司、轧钢厂依次背书转让该票据，最后持有人为钢铁公司。银行在向钢铁公司兑付后，因金属公司就同一张汇票提示付款而报案。经鉴定，钢铁公司持有并获兑付的汇票系伪造，犯罪嫌疑人系物资公司经理和银行副科长。钢铁公司汇票兑付款被冻结，银行则就

法院认为： 钢铁公司的票据权利因款项被冻结而未能实现，其提起诉讼系基于票据追索权，被追索者应作为共同被告，案由应确定为票据纠纷，太原为轧钢厂所在地，太原中院依法有管辖权。濮阳中院审理的银行诉钢铁公司案件，银行要求钢铁公司返还票据款项及利息，实质是认为其票据所有权受到侵害，其诉讼请求是保护票据款项的所有权，故该案应定为票据侵权纠纷，濮阳为侵权行为地，濮阳中院有管辖权。由于上述相关案件系基于同一票据的流转而产生的纠纷，故两案应合并由一地法院审理。因太原中院立案在先，故濮阳中院应将案件移送至太原中院一并审理，银行在此案件中作为第三人具有独立请求权。由于该票据纠纷案件涉及经济犯罪，其民事责任的确认有待于公安机关的侦查结果，故上述案件合并后应中止审理。

真实汇票向金属公司予以再次兑付。1999年7月，钢铁公司在轧钢厂所在地的太原中院起诉，并列其他前手为第三人，要求支付货款及利息。2000年，银行以票据纠纷在银行住所地的濮阳中院起诉钢铁公司，要求返还兑付款及利息，钢铁公司提出管辖权异议。

实务要点： 基于同一票据的流转而产生的票据追索权和票据侵权纠纷，应合并由一地法院审理。侵权行为地与被告住所地法院均受理的，后受理的法院应将案件移送至先受理的法院。

案例索引： 最高人民法院法民二〔2001〕1号“某银行与某钢铁公司等票据纠纷案”，见《关于山西新临钢钢铁有限公司与太原钢铁（集团）有限公司初轧厂、中国银行濮阳分行等票据纠纷案件的指定管辖》（李京平），载《民商审判指导与参考·管辖》（200201/1:122）。

2.1

200201/1:122

2001

7 508 票据除权后，持票人不能向其前手行使票据追索权

——票据除权后，公示催告后受让票据的持票人，而非公示催告前受让的持票人可依基础关系向其前手主张民事权利。

标签： 票据 | 票据追索权 | 除权判决 | 基础关系

案情简介： 2011年，科技公司因向贸易公司供货，获得出票人为机床公司的银行承兑汇票一张，但被背书人空白，随后科技公司直接转给锻造公司，最后至投资公司，投资公司补记空白背书后再转让给木业公司。2012年，因法院依收款人机械公司申请作出除权判决后，科技公司后手持票人因无法获得票款依次退票，科技公司在向其直接后手支付票款后收回票据，但向贸易公司要求退票时遭拒致诉。

法院认为： 票据被法院判决除权后，票据自除权判决公告之日起即丧失效力，持票人即丧失票据权利，其中包括追索权。持票人科技公司依据已除权的票据项相关票据债务人请求支付票据金额的票据权利亦不存在。同时，公示催告前已受让票据的科技公司不能依据基础合同关系向其前手贸易公司主张民事权利。票据在公示催告前依法转让，票据权利完整无瑕疵，受让人已合法取得票据权利，与其对应的是，票据基础关系即已结算完毕。科技公司因票据被除权而无法实现票据利益，亦不能行使追索权，但其仍可依相关法律规定，另行寻求救济途径。《民事诉讼法》第223条规定，利害关系人因正当理由不能在除权判决前向人民法院申报的，自知道或者应当知道判决公告之日起一年内，可以向作出判决的人民法院起诉。对于申请人谎称票据被盗、遗失或恶意申请公示催告、导致法院作出除权判决的，持票人可以以票据侵权为由要求申请人承担损害赔偿责任，故判决驳回科技公司诉讼请求。

实务要点： 票据除权后，持票人不能向支付对价的前手以除权判决生效为由行使追索权。公示催告后受让票据的持票人可依基础关系向其前手主张民事权利，但公示催告前受让票据的持票人

3.4

201316:53

2013

不能依基础关系向其支付对价的前手主张民事权利。

案例索引： 江苏南京中院（2013）宁商终字第392号“江苏省江阴市劲松科技有限公司与江苏省南京物特贸易有限公司票据纠纷案”，见《票据除权后持票人能否向其前手行使追索权》（陆正勤、樊荣禧），载《人民司法·案例》（201316:53）。

509 贴现行不能同时以票据追索权和侵权损害赔偿起诉

——票据贴现行行使追索权时，又起诉因除权判决获得票据金额的申请失票人，因涉不同法律关系，故不应一案起诉。

标签： 票据 | 票据追索权 | 管辖 | 票据贴现 | 票据纠纷 | 混同法律关系

案情简介： 2009年，银行以物资公司向其贴现的汇票被实业公司申请除权判决为由，起诉物资公司返还贴现款。同时，银行起诉因除权判决获得票据金额的实业公司，要求物业公司与实业公司连带返还票据款300万元。实业公司提出管辖异议。

法院认为： 起诉是否符合法律规定，系法院审理判决的前提要件。银行以物资公司向其贴现的票据被付款行拒付为由起诉物资公司要求返还贴现款，与其以实业公司并非票据权利人却虚构事实获得票据款为由要求实业公司承担损害赔偿责任，涉及两种不同的法律关系，其权利基础亦完全不同。银行称物资公司和实业公司应共同承担赔偿责任，未陈述相应理由或提供证据证明，且经释明后仍不予确定其具体选择行使何种权利，故其起诉不符合法律规定，裁定驳回。

3.4

201018:34

2010

实务要点： 票据贴现银行向前手行使追索权同时，又起诉因除权判决获得票据金额的申请失票人，因起诉混同票据追索权和侵权损害赔偿请求两种不同法律关系而不符合法律规定，法院进行释明后仍不予改正的，在管辖权纠纷中可直接驳回起诉。

案例索引： 江苏无锡中院（2010）锡商辖终字第0073号“澳洋集团有限公司与江苏江阴农村商业银行股份有限公司、江阴市辰华物资有限公司票据纠纷案”，见《当事人在起诉时混同不同法律关系的处理》（严奇荣），载《人民司法·案例》（201018:34）。

510 因背书不连续而代偿前手，享有对其前手再追索权

——银行承兑汇票因背书不连续而遭拒付，前手在被追索而清偿汇票金额并取得票据后，可向出票人等债务人再追索。

标签： 票据 | 票据追索权 | 背书不连续

法院认为： 案涉承兑汇票形式上和文义上均符合《票据法》规定，应认定为有效票据。本案中包装公司提交的退票理由书及玻璃公司出具的收据

案情简介：2008年，玻璃公司所持银行承兑汇票因背书不连续遭拒付，其前手包装公司赔偿玻璃公司后，持汇票向出票人实业公司索赔并要求银行承担连带责任。

3.1

201002/72:154

2009

证明诉争汇票因背书不连续被银行拒付，同时包装公司接受持票人追索并已向持票人清偿了该票据债务，故包装公司作为持票人依法有权向其他汇票债务人行使再追索权。判决实业公司支付汇票金额30万元及利息，银行承担连带责任。

实务要点： 银行承兑汇票因背书不连续而遭拒付，持票人向前手行使追索权，前手在依法清偿汇票金额并取得票据后，可向出票人等汇票债务人行使再追索权。

案例索引： 福建厦门思明区法院（2009）思民初终字第5933号“某银行与某实业公司等票据纠纷案”，见《厦门兴宁士包装设备有限公司诉厦门蒙特实业有限公司及东亚银行（中国）有限公司厦门分行票据追索权纠纷案》（沈澜），载《人民法院案例选》（201002/72:154）。

7

511 已获拒付证明持票人退票后，不得主张票据追索权

——票据权利行使须以权利人现实占有票据为前提。已获拒绝证明的持票人在自愿转移票据占有后不享有票据追索权。

标签：票据 | 票据追索权 | 拒绝证明 | 持有票据

案情简介：2004年，装饰公司以汇票支付所欠建材公司货款，但建材公司在提示付款时因出票人存款不足而遭银行退票，遂在装饰公司承诺调换票据后将该汇票退回，随后持银行先前出示的拒绝付款证明主张票据追索权。

3.1

200702/60:320

2005

法院认为： 票据是设权证券，票据权利则是一种体现在票据上的权利，该权利与票据本身不可分割，故票据权利行使须以权利人现实地占有票据为前提。《票据法》第62条规定，持票人行使追索权时，应提供被拒绝承兑或被拒绝付款的有关证明，依最高人民法院《关于审理票据纠纷案件若干问题的规定》第9条，向人民法院起诉的持票人有责任提供诉争票据。建材公司因向装饰公司供货而收取了商业承兑汇票，并持汇票向银行提示付款，但在遭银行退票后，自愿将汇票退还给装饰公司，从而丧失了对该汇票的实际占有，在提起本案诉讼时未能提供系争汇票原件，故其向装饰公司行使票据追索权已于法无据，不予支持。

实务要点： 票据权利行使须以权利人现实地占有票据为前提。已获拒绝证明的持票人在自愿转移票据占有后依法不得主张票据追索权。

案例索引： 上海一中院（2005）沪一中民三（商）终字第243号“某建材公司与某装饰公司票据纠纷案”，见《汇晋建材有限公司诉上海大华装饰工程有限公司票据追索权纠纷案》（李盛），载《人民法院案例选》（200702/60:320）。

512 银行办理汇票贴现后，有权向贴现人和出票人追索

——金融机构对商业承兑汇票办理贴现，给付对价后，未获出票人付款，有权请求贴现人和出票人连带承担付款义务。

标签： 票据 | 票据追索权 | 追索对象 | 商业承兑汇票 | 贴现

案情简介： 1997年，百货公司向制鞋厂签发80万元的商业承兑汇票，银行接受并办理制鞋厂贴现申请后，因未获百货公司付款诉请制鞋厂连带清偿。

3.1

200003/33:208

1998

法院认为： 百货公司对其签发的形式完备、要素齐全的有效商业承兑汇票，依法负有到期无条件付款的义务。信用社对其商业承兑汇票予以贴现，给付了相应对价，已成为该汇票合法持有人，依法有权向百货公司、制鞋厂行使票据追索权。

实务要点： 金融机构对商业承兑汇票办理贴现后未获出票人付款，有权请求贴现人和出票人连带承担付款义务。

案例索引： 浙江台州中院1998年12月7日判决“某信用社与某百货公司等票据纠纷案”，见《海陵城市信用合作社贴现后不获出票人付款诉贴现人泰州市制鞋厂和出票人江苏省百货总公司给付票款案》（田志友），载《人民法院案例选》（200003/33:208）。

刑民交叉

513 银行负责人犯票据诈骗罪，不免除单位的民事责任

——银行负责人持伪造手续办理转贴现构成票据犯罪，银行不因相对人对该负责人职务行为合理信赖而免除民事责任。

标签：票据 | 刑民交叉 | 票据诈骗 | 表见代表 | 职务行为

7

案情简介：2010年，生效刑事判决认定银行副行长张某等人持全套伪造的商业承兑汇票、贴现凭证、增值税专用发票、介绍信、营业执照、金融许可证并加盖伪造的公章到信用社办理转贴现，造成信用社损失，故以票据诈骗罪判处张某有期徒刑15年。信用社诉请银行返还票据回购本金2900万余元及利息。

法院认为：刑事法律规范与民事法律规范具有不同的立法目的，对行为人行为在刑法上的评价并不能取代对该行为在民法上的处理。故行为人行为构成刑事犯罪，不意味着其所在法人当然无须承担民事责任。至于民事责任如何承担，应根据民事法律规范及相关案件事实进行认定。根据生效刑事判决，张某等人出具的票据转贴现材料均系伪造，公章虚假，张某构成票据诈骗罪。可见，实施票据诈骗行为的是张某等人，而非信用社，且无证据证明信用社参与该票据诈骗行为，或知道该票据诈骗行为。本案中，张某等人以银行名义与信用社办理票据贴现业务，信用社尽到相应审查义务，有理由相信张某行为系银行行为，银行公章可能系伪造的情况不足以推翻信用社对张某代表银行办理票据贴现业务的信赖，故银行应对张某行为承担责任。

2.6

实务要点：金融机构工作人员持伪造的全套手续办理转贴现构成票据诈骗犯罪的，该金融机构不因相对人对该犯罪嫌疑人职务行为的合理信赖而免除民事责任。

v.9:296

2012

案例索引：最高人民法院（2012）民提字第36号“某银行与某实业公司等合同纠纷案”，见《行为人的借款行为构成刑事犯罪，该行为人及其所在法人仍应根据民事法律规范承担相应的民事责任——西安银行股份有限公司兴庆南路支行与山东东营胜利农村合作银行票据回购纠纷案》（审判长宫邦友，审判员朱海年，代理审判员林海权），载《最高人民法院商事审判指导案例（2012）·公司与

金融》(2013:296)。

514 金融机构为企业非法吸储提供便利的，应过错赔偿

——金融机构为非法吸储活动提供办公场所，并为票据交换提供方便的，应根据其过错程度承担相应的民事赔偿责任。

标签：票据 | 刑民交叉 | 储蓄合同 | 过错责任 | 存单 | 内部银行

案情简介：1993年，银行为争取存款大户实业公司，同意实业公司挂靠银行组建公司"内部银行"性质的结算中心，以负责本省卫生系统各单位的存款、支取、汇兑、信贷等业务。银行同意提供场所及票据交换便利。2001年，因结算中心高息揽储，实业公司法定代表人谢某被以擅自设立金融机构罪、非法吸收公众存款罪等被判处有期徒刑12年。1999年，贸易公司起诉结算中心和银行要求返还存款3000万余元。

法院认为：国务院1998年7月13日颁布施行的《非法金融机构和非法金融业务活动取缔办法》第18条规定："因参与非法金融业务活动受到的损失，由参与者自行承担。"第19条规定："非法金融业务活动所形成的债务和风险，不得转嫁给未参与非法金融业务活动的国有银行和其他金融机构以及其他任何单位。"故处理本案纠纷应考虑业已生效刑事判决结果，并根据民法过错原则和有关行政法规规定，判令有关当事人承担相应民事责任。结算中心系实业公司非法开办的金融机构，其非法吸储并挪用，具有重大过错，应承担返还责任。贸易公司收取高息不受法律保护，应予扣除。因结算中心主体不适格，故其民事责任应由其开办单位承担。贸易公司知道或应知款项系存在结算中心而非存在银行，但为获取非法高息，仍将款项存在结算中心，对资金损失亦有过错，故其应自行承担利息损失。银行与实业公司签订协议，虽只是把结算中心当作一个存款大户对待，但结算中心从事本案非法活动时，银行为其提供了办公场所，为其票据交换提供了方便，故存在过错，应按其过错程度承担相应赔偿责任。判令银行在实业公司不能偿还的范围内承担10%的民事赔偿责任。

2.6

v.4:230

2005

实务要点：一方以内部银行形式从事非法吸储活动，金融机构为其提供办公场所，并为其票据交换提供方便的，应根据金融机构过错程度承担相应的赔偿责任。

案例索引：最高人民法院（2005）民二终字第225号"某银行与某贸易公司等存单纠纷案"，见《一方从事违法行为，第三人为其行为提供便利，根据过错的大小承担赔偿责任——河北达盛贸易有限公司与交通银行石家庄分行和平西路支行、河北省卫生产业企业集团公司清算组存单纠纷案》(审判长徐瑞柏，代理审判员张雪楳、苑多然)，载《最高人民法院商事审判指导案例（4）·金融卷》(2011:230)。

515 票据贴现行负责人涉嫌犯罪，不免除单位民事责任

——承兑汇票贴现行负责人以本单位名义对外签订汇票转贴现协议，不因该负责人涉嫌犯罪而影响民事法律关系成立。

标签：票据 | 刑民交叉 | 贴现行负责人

案情简介：2002年，农行与工行签订一份商业承兑汇票转贴现（回购）协议，约定由工行向农行申请办理8000万元的票据贴现业务。农行据此支付贴现款后发现工行汇票专用章系伪造。生效刑事裁判文书认定工行负责人穆某构成伪造金融票证罪，收款人投资公司总经理范某犯票据诈骗罪。2003年，农行起诉工行要求支付回购资金8000万元及利息。工行以本案涉嫌经济犯罪为由，主张应中止审理。

7

2.6

v.4:87

2003

法院认为：根据最高人民法院《关于在审理经济纠纷案件中涉及经济犯罪嫌疑若干问题的规定》第1条关于“同一公民、法人或其他经济组织因不同的法律事实，分别涉及经济纠纷和经济犯罪嫌疑的，经济纠纷案件和经济犯罪嫌疑案件应当分开审理”、第3条关于“单位直接负责的主管人员和其他直接责任人员，以该单位的名义对外签订经济合同，将取得的财物部分或全部占为已有构成犯罪的，除依法追究行为人的刑事责任外，该单位对行为人因签订、履行经济合同造成的后果，依法应当承担民事责任”的规定，本案中工行负责人穆某伪造票证涉嫌金融犯罪与该行和农行商业承兑汇票转贴现行为引发的经济纠纷，依法应予分开审理。工行负责人以工行名义对外签订商业承兑汇票转贴现协议形成了工行与相对人的民事法律关系，该行负责人涉嫌犯罪的事实并不影响该民事法律关系成立，本案的民事法律关系与工行有关人员的涉嫌犯罪是两个不同的法律事实。生效刑事裁定书认定事实，未能证明农行工作人员参与穆某等人的涉嫌犯罪，根据《民事诉讼法》等相关规定，本案不属于中止审理范围。追究穆某刑事责任并不能免除其单位依法应承担的民事责任。本案中，因穆某行为代表工行，其为票据贴现的行为直接为本案低信用的票据增加了银行信用，为涉案票据转贴现增加了信用基础，故工行行为是造成涉案款项被骗的主要原因，应承担主要责任。

实务要点：承兑汇票贴现行负责人以本单位名义对外签订汇票转贴现（回购）协议形成了该行与相对人之间的民事法律关系，该行负责人涉嫌犯罪的事实并不影响该民事法律关系的成立，该民事法律关系与贴现行有关人员的涉嫌犯罪是两个不同的法律事实。在不能证明转贴现行的工作人员涉嫌参与犯罪的情况下，贴现行主张民事案件中止审理的，法院不应支持。

案例索引：最高人民法院（2003）民二终字第183号“某中信银行与某工行转贴现纠纷案”，见《双方当事人之间的转帖现协议因违反合同法规定而无效，由此造成的转贴现行的损失，由双方根据过错合理分担——中信银行股份有限公司郑州分行与中国工商

银行股份有限公司定兴支行承兑汇票转贴现协议纠纷案》（审判长曹士兵，代理审判员雷继平、王涛），载《最高人民法院商事审判指导案例（4）·金融卷》（2011:87）。

516 以背书转让他人汇票换存单，应认定存款关系虚假

——存款人将已背书转让给他人的银行汇票作为存款，金融机构在汇票解付前开出储蓄存单的，应认定存款关系虚假。

标签： 票据 | 刑民交叉 | 个人行为 | 虚假存款关系

案情简介： 1995年11月，银行将4张金额共计3000万元的银行汇票存入信用社，获得信用社出具的定期储蓄存单。1996年，银行取款遭拒，信用社拒付理由：案涉汇票显示收款人系银行工作人员，被背书人栏加盖了建材商店公章，信用社并未收到汇票款项，储蓄存单系信用社主任侯某与银行工作人员勾结套取金融机构信用所致。

法院认为： 案涉银行汇票收款人在汇票背书人栏签章，并在被背书人栏加盖了被背书人单位公章，在背书要件上符合银行结算的有关规定，应认定背书有效。银行将已背书给被背书人的汇票金额作为银行存款，且案涉存单在汇票解付之前开具，应认定存款关系虚假，信用社开出存单系纯粹承担责任，而无利益而言。银行一方面将资金背书转让，直接交给建材商店，另一方面又通过侯某套取信用社的金融机构信用，让侯某为其开出存单，具有明显损害他人利益，转嫁金融风险的恶意，故帮助违法借贷的行为应属侯某个人行为，信用社不应承担赔偿责任。

实务要点： 存款人将已背书转让给他人的银行汇票作为存款，金融机构在汇票解付之前开出储蓄存单的，应认定存款关系虚假，金融机构不承担兑付责任。

案例索引： 最高人民法院2002年4月1日再审通知“某银行与某信用社存款合同纠纷案”，见《中国光大银行大连分行与中国银行辽阳分行存款合同纠纷案——如何认定虚假的存款关系》（谭红），载《审判监督指导与研究·案例评析》（200203/7:161）。

2.4

200203/7:161

2002

517 经办人伪造担保单位印章，不影响银行的出票效力

——出票是创设票据权利的唯一票据行为。经办人伪造担保单位印章骗取银行开具承兑汇票的，不影响出票行为效力。

标签： 票据 | 刑民交叉 | 票据签发 | 质押 | 票据质押 | 骗取汇票

案情简介： 1997年，实业公司员工高某伪造担保单位煤气公司公章和法定

法院认为： 出票是创设票据权利的唯一票据行为，出票行为包括签章和交付，一旦出票行为完成，票据又无绝对不得记载事项，该票据权利便有效设立。本案中高某虽伪造担保单位煤气公司的公章和法定代表人的印章骗取银行承兑汇票，但该伪造行为属民法上的担保，属于另一法律

代表人印章，银行据此开出票额100万元、收款人为实业公司的承兑汇票。随后，高某在该骗取的汇票背书人栏加盖伪造的实业公司公章，以实业公司名义与信用社签订《质押担保借款合同》，信用社到银行查询确认系该行签发汇票后，向实业公司发放质押贷款95万元。因贷款到期后，信用社要求银行付款遭拒致诉。高某因诈骗罪被判有期徒刑14年。

关系，并不影响出票行为的效力。出票人已经有效创设了100万元的票据权利。因银行在开出该汇票时未尽到审查义务，且信用社向银行查询时，银行答复此汇票确为其签发，银行应对质押贷款造成的损失承担主要的过错责任。信用社在办理质押贷款中，虽对该银行承兑汇票进行了查询，但因缺乏合法有效的质押合同仍无法取得票据质权，信用社对此亦有过错。判决银行承担质押贷款损失70%的责任，信用社承担30%责任。

实务要点： 出票行为完成，无绝对不得记载事项，票据权利有效设立。经办人伪造担保单位印章骗取银行开具承兑汇票，不影响出票行为的效力。

2.4

200404/16:61

7

2001

案例索引： 河北高院（2001）冀民再字第19号“某银行与某信用社汇票付款纠纷案”，见《中国银行唐山分行与唐山市古冶区信用合作社联合社汇票付款纠纷再审上诉案——无质押背书的票据质押的效力认定及处理》（王朝辉，最高人民法院审判监督庭），载《审判监督指导·案例评析》（200404/16:61）。

518 汇票因涉犯罪被公安机关调取，不能作为拒付理由

——银行承兑汇票经出票、承兑后，即与票据原因关系相分离，并不因涉嫌犯罪被公安机关调取而成为银行拒付理由。

标签： 票据 | 刑民交叉 | 善意取得 | 基础关系 | 无因性

案情简介： 1998年，化工公司持银行承兑汇票请求付款行付款时，银行称：因出票人实业公司报案，收款人实业公司经办人朱某涉嫌诈骗，已被公安机关通知止付并调取该票据原件作为刑事案件证据，故拒绝支付。

法院认为： 票据一经出票、转让，即与基础关系相脱离，故诉争银行承兑汇票因贸易公司朱某涉嫌诈骗被公安机关调取，但无证据证明化工公司取得汇票系出于恶意，故银行以实业公司出具退票理由书、公安机关调取上述汇票为由，拒绝向化工公司付款，无法律依据，判决银行支付化工公司案涉汇票项下票款100万元。

实务要点： 银行承兑汇票经出票、承兑后，即与票据原因关系相分离，一般而言，非为直接前后手的票据当事人之间，无论原因关系有效与否，对于票据权利的效力，均不产生影响。

3.1

200202/40:226

案例索引： 江苏高院1999年12月18日判决“某银行与某化工公司票据纠纷案”，见《经背书转让的最后持票人上海石化公司诉承兑人宜兴中行在承兑后以公安机关因收款人涉嫌诈骗

1999

扣押票据为由拒付请求付款案》(俞宏雷),载《人民法院案例选》(200202/40:226)。

管辖

519 因同一票据流转所生纠纷，应合并由一地法院审理

——基于同一票据流转而产生的由两地法院分别受理的票据追索权和票据侵权纠纷，应合并由先受理的一地法院审理。

标签：票据 | 管辖 | 票据纠纷 | 票据追索权 | 同一票据流转

案情简介：1999年3月，物资公司申请签发了票面金额300万元、付款人为银行的承兑汇票。酒厂、实业公司、轧钢厂依次背书转让该票据，最后持有人为钢铁公司。银行在向钢铁公司兑付后，因金属公司就同一张汇票提示付款而报案。经鉴定，钢铁公司持有并获兑付的汇票系伪造，犯罪嫌疑人系物资公司经理和银行副科长。钢铁公司汇票兑付款被冻结，银行则就真实汇票向金属公司予以再次兑付。1999年7月，钢铁公司在轧钢厂所在地的太原中院起诉，并列其他前手为第三人，要求支付货款及利息。2000年，银行以票据纠纷在银行住所

法院认为：钢铁公司的票据权利因款项被冻结而未能实现，其提起诉讼系基于票据追索权，被追索者应作为共同被告，案由应确定为票据纠纷，太原为轧钢厂所在地，太原中院依法有管辖权。濮阳中院审理的银行诉钢铁公司案件，银行要求钢铁公司返还票据款项及利息，实质是认为其票据所有权受到侵害，其诉讼请求是保护票据款项的所有权，故该案应定为票据侵权纠纷，濮阳为侵权行为地，濮阳中院有管辖权。由于上述相关案件系基于同一票据的流转而产生的纠纷，故两案应合并由一地法院审理。因太原中院立案在先，故濮阳中院应将案件移送至太原中院一并审理，银行在此案件中作为第三人具有独立请求权。由于该票据纠纷案件涉及经济犯罪，其民事责任的确认有待于公安机关的侦查结果，故上述案件合并后应中止审理。

实务要点：基于同一票据的流转而产生的票据追索权和票据侵权纠纷，应合并由一地法院审理。侵权行为地与被告住所地法院均受理的，后受理的法院应将案件移送至先受理的法院。

地的濮阳中院起诉钢铁公司，要求返还兑付款及利息，钢铁公司提出管辖权异议。

案例索引： 最高人民法院法民二〔2001〕1号“某银行与某钢铁公司等票据纠纷案”，见《关于山西新临钢钢铁有限公司与太原钢铁（集团）有限公司初轧厂、中国银行濮阳分行等票据纠纷案件的指定管辖》（李京平），载《民商审判指导与参考·管辖》（200201/1:122）。

2.1

200201/1:122

2001

520 票据返还请求权纠纷，应由被告住所地的法院管辖

——票据返还请求权纠纷，因其未直接涉及票据付款请求权和追索权，应属非票据权利纠纷，由被告住所地法院管辖。

标签： 票据 | 管辖 | 票据利益返还 | 票据纠纷 | 被告住所地

7

案情简介： 2012年，投资公司以失票人身份在汇票支付地即邯郸中院起诉要求“恶意取得票据”的持票人贸易公司返还票据，贸易公司以该案属于非票据权利纠纷应由其住所地即无锡中院管辖提出管辖异议。

2.3

201203/21:187

2012

法院认为： 根据《票据法》第4条第4款规定：“本法所称票据权利，是指持票人向票据债务人请求支付票据金额的权利，包括付款请求权和追索权。”而《票据法》上的非票据权利纠纷，往往是指因为票据的签发、取得、转让等引发的，非因直接行使票据权利产生的纠纷，包括票据交付请求权纠纷、票据返还请求权纠纷、票据损害赔偿请求权纠纷、票据利益返还请求权纠纷和汇票回单签发请求权纠纷。根据投资公司起诉状载明的案由、诉讼请求及事实理由分析，本案系票据返还请求权纠纷，因其并未直接涉及票据付款请求权和追索权，故应认定属于票据纠纷中的非票据权利纠纷，而不属于票据权利纠纷。根据最高人民法院《关于审理票据纠纷案件若干问题的规定》第7条：“因非票据权利纠纷提起的诉讼，依法由被告住所地人民法院管辖。”故本案应移送江苏无锡中院处理。

实务要点： 票据返还请求权纠纷，因其并未直接涉及票据付款请求权和追索权，故应认定属于票据纠纷中的非票据权利纠纷，根据最高人民法院《关于审理票据纠纷案件若干问题的规定》第7条规定，依法由被告住所地人民法院管辖。

案例索引： 最高人民法院裁定“某银行与某投资公司等票据纠纷申请再审案”，见《票据返还请求权纠纷的管辖确定——北京京通海投资有限公司与江阴市恒之元贸易有限公司、原审第三人

苏州冬子草金属材料有限公司、中国建设银行邯郸滏东支行票据返还请求权纠纷管辖权异议申请再审一案》(厉文华，最高院立案庭)，载《立案工作指导·诉讼管辖》(201203/34:117)。

521 企业间以电汇方式借贷，按一般债务纠纷确定管辖

——企业间以电汇方式借贷，不属票据请求权纠纷，亦不属借款合同纠纷，应按一般债务纠纷由被告住所地法院管辖。

标签： 票据 | 管辖 | 借款合同 | 借款主体 | 一般债务纠纷

法院认为： 开发公司作为收款人，已收到出票人服饰公司签发的汇票项下所应支付的全部款项。可见，服饰公司虽系以电汇支付方式向开发公司履行贷款义务，但当事人之间就票据行为和票据权利的实现并未产生争议，本案不属于票据付款请求权纠纷。同时，由于本案中服饰公司不具有金融机构主体资格，故本案亦非借款合同纠纷，而是一般债务纠纷。依《民事诉讼法》一般管辖规定，应由被告住所地法院即开发公司住所地北京法院管辖。

案情简介： 1999年12月，湖北的服饰公司以借款合同纠纷在湖北法院起诉北京的开发公司主张返还贷款本息。开发公司提出管辖异议被驳回后，二审法院认为贷款以汇票形式发放，案由为票据纠纷，票据支付地即湖北的法院仍有权管辖，故裁定维持。湖北高院请示最高人民法院处理。

实务要点： 企业之间以电汇方式借贷，不属于票据请求权纠纷，亦不属于借款合同纠纷，应按一般债务纠纷由被告住所地法院管辖。

2.3

200501/10:93

2005

案例索引： 最高人民法院裁定“开发公司与某服饰公司等管辖异议案”，见《北京盛世兆业房地产开发有限责任公司与黄石康赛集团股份有限公司、黄石康赛服饰实业有限公司、黄石康赛有限公司借款合同纠纷管辖权异议申诉案》(冯萍，最高院立案庭)，载《立案工作指导·申诉与申请再审疑案评析》(200501/10:93)。

522 票据背书转让后，出票人不能依票据关系诉收款人

——票据收款人将出票人交付的票据背书质押给银行后，出票人只能依据基础合同关系起诉收款人并以此来确定管辖。

标签： 票据 | 管辖 | 票据纠纷 | 质押 | 票据质押 | 背书质押 | 被告住所地

法院认为： 银行诉开发公司等票据纠纷一案，被告住所地在聊城，依《民事诉讼法》关于“因票据纠纷提起的诉讼，由票据支付地或者被告住所地人民法院管辖”规定，聊城中院对该案享有管辖权。工程公司诉开发公司返还票据、赔偿损失案，依据的是双方签订的施工合同，该合同履行地或被告住所地均不在北

案情简介： 2001年，北京的工程公司为保证履行与山东聊城的开发公司签

订的施工合同，交付给开发公司一张600万元的承兑汇票，北京的科技公司提供担保。随后，开发公司以该汇票向银行质押贷款600万元。借款到期，因开发公司法定代表人汪某涉嫌诈骗被逮捕。银行行使质权未果，在聊城中院以票据纠纷起诉开发公司、工程公司、承兑行。2002年，工程公司在北京法院以侵权之诉要求被告开发公司、科技公司，第三人银行返还票据并赔偿损失。

2.3

200302/3:108

7

2002

京，故北京法院以侵权纠纷受理，定性错误，管辖不当。工程公司交付开发公司作为担保的汇票，因票据未载明“不可转让”字样，收款人开发公司将该票据背书质押给银行后，出票人与收款人之间的票据上的关系因票据背书转让已不存在。银行依据借款质押合同取得案涉汇票，在开发公司到期不归还借款情况下，作为持票人依法行使票据权利，基于此，银行在该诉讼中不仅有独立的诉讼请求，而且具有独立的诉讼地位，银行已支付了对价，即使北京法院有管辖权，亦不应追加为无独立请求权的第三人。故本案应由山东聊城中院管辖。

实务要点： 因票据纠纷提起的诉讼，由被告住所地法院或票据支付地法院管辖。收款人将出票人交付的票据背书质押给银行后，出票人与收款人之间的票据关系因票据背书转让已不存在，出票人只能依基础合同关系起诉并确定管辖。

案例索引： 最高人民法院《关于中国农业银行东阿县支行、东阿华运网络农业开发有限公司、中国民生银行北京西坝河支行、北京房修一建筑工程有限公司、北京华运高科激光科技发展有限公司票据纠纷一案指定管辖的通知》（2002年12月16日〔2002〕民立他字第17号），见《关于中国农业银行东阿县支行、东阿华运网络农业开发有限公司、中国民生银行北京西坝河支行、北京房修一建筑工程有限公司、北京华运高科激光科技发展有限公司票据纠纷案件的指定管辖》（肖宝英，最高院立案庭），载《立案工作指导与参考·管辖》（200302/3:108）。

523 以汇票质押作担保，引起的借款纠纷管辖确定原则

——借款质押合同纠纷中，虽然承兑银行作为利害关系人参加诉讼，但并不影响本案依据借款担保合同纠纷确定管辖。

标签： 票据｜管辖｜质押｜票据质押｜借款合同

案情简介： 1991年，实业公司向工行贷款500万元，并质押了一张从工贸公司取得、承兑行为农行并由收款人商场背书给实业公司的银行承兑汇票。

法院认为： 汇票作为一种有价证券，是一种特殊的流通物。另案法院在商场与工贸公司的购销合同纠纷中，责成工贸公司返还涉案汇票的判项，并非已确认案涉汇票权利归商场所有，故本案受理工行与实业公司、农行之间的质押担保借款合同纠纷未违反“一事不再理”原则，亦未违反“一物一权”原则。工行依借款合同起诉主债务人实业公司和依质押担保从合同起诉利害关系人农行，工行在该法律关系中的相对人

票据金额为202.5万元。1992年，另案判决确认工贸公司应返还商场货款337万余元，并将尚未兑付的案涉汇票返还。因实业公司到期未偿还贷款，且该票据被农行拒绝承兑，工行以借款担保合同纠纷起诉实业公司和农行。农行认为本案属票据纠纷，应由票据支付地或被告住所地法院管辖，且本案汇票已由另案法院确权给商场，本案审理违反“一事不再理”和“一物一权”原则。

2.4

200701/21:187

2006

仅是质押担保借款合同中的债务人和出质人实业公司，农行仅系质押汇票的承兑人，而非出质担保人。农行因拒绝承兑争议汇票与工行之间形成的票据纠纷，与本案质押担保借款关系不是同一法律关系，两者不能并案审理。故本案应以借款担保纠纷确定管辖，而非以票据纠纷按票据支付地或被告住所地确定管辖。

实务要点： 债务人以承兑汇票出质，逾期未清偿债务，债权人以借款质押合同起诉时，虽然承兑银行作为利害关系人参加诉讼，但并不影响本案依据借款担保合同纠纷确定管辖。

案例索引： 广东高院（2006）粤高法审监民再字第234号“某银行与某实业公司质押借贷合同纠纷案”，见《中国农业银行武汉市新火车站分理处与中国工商银行中山市石岐支行、中山市莲湖经济发展公司质押借贷合同纠纷再审案》（审判长张雪梅，代理审判员方明、谭甄），载《审判监督指导·裁判文书选登》（200701/21:187）。

524 贴现行诉请兑付票据不能同时向持票人追索贴现款

——贴现行因票据被冻结而向持票人主张退款，同时向承兑银行请求兑付票款，两者属不同法律关系，不应合并审理。

标签：票据 | 管辖 | 质押 | 票据质押 | 票据纠纷 | 合并审理

案情简介： 1999年，电子公司持1000万元金额的承兑汇票向工行申请贴现，工行将贴现款970万余元支付电子公司后，完善了被背书人连续的要求，交付给承兑的农行，农行以协助公安办理刑事案件为由不予兑付，并在2000年时以协助刑事追赃，将兑付款扣划给法院转给作为受害人的汇票质押权人。工行在自己住所地山东济南中院，诉请判令电子公司返还970万余元贴现款，或由农行及出票人化

法院认为： 工行诉请判令农行及出票人兑付票据款系基于票据关系产生的付款请求，而诉请判令电子公司退回贴现款系基于债务关系产生的返还请求，两种属于不同的诉讼请求，基于完全不同的法律关系，两者不能合并审理。原审既确定本案为票据纠纷，就应依《民事诉讼法》及相关司法解释规定，由票据支付地或被告住所地法院管辖。本案票据付款行是农行南通支行，票据支付地在江苏南通，票据付款请求权针对的被告住所地亦在江苏南通，故本案票据纠纷，应由江苏南通中院管辖。山东济南中院应将该案移送至江苏南通中院。

实务要点： 金融机构向持票人办理贴现后，因票据被另案刑事案件扣押而向持票人主张退回贴现款，同时向承兑银行请求兑付票据款，两者属于不同的法律关系，不应合并审理。

工公司兑付1000万元票据款。农行提出票据关系的被告住所地和票据支付地均在江苏南通，本案应移送江苏南通中院审理。

案例索引： 最高人民法院（2001）民二监字第441-1号“某银行与某化工公司等汇票纠纷申请再审案”，见《中国农业银行南通市经济技术开发区支行与华夏银行济南分行、中国电子进出口山东公司、南通市蓝泽精细化工公司银行承兑汇票纠纷再审案——如何确定票据持有人的票据权利》（贾静，最高人民法院），载《审判监督指导·案例评析》（200601/19:79）；另见《中国农业银行南通市经济开发区支行与华夏银行济南分行、中国电子进出口山东公司、南通蓝泽精细化工公司银行承兑汇票纠纷申请再审案》（肖宝英，最高院立案庭），载《立案工作指导·申诉与申请再审疑案评析》（200601/12:121）。

2.4

200601/19:79

2.3

200601/12:121

2001

7

525 贴现行不能同时以票据追索权和侵权损害赔偿起诉

——票据贴现行行使追索权时，又起诉因除权判决获得票据金额的申请失票人，因涉不同法律关系，故不应一案起诉。

标签： 票据 | 管辖 | 票据贴现 | 票据追索权 | 票据纠纷 | 混同法律关系

案情简介： 2009年，银行以物资公司向其贴现的汇票被实业公司申请除权判决为由，起诉物资公司返还贴现款。同时，银行起诉因除权判决获得票据金额的实业公司，要求物业公司与实业公司连带返还票据款300万元。实业公司提出管辖异议。

法院认为： 起诉是否符合法律规定，系法院审理判决的前提要件。银行以物资公司向其贴现的票据被付款行拒付为由起诉物资公司要求返还贴现款，与其以实业公司并非票据权利人却虚构事实获得票据款为由要求实业公司承担损害赔偿责任，涉及两种不同的法律关系，其权利基础亦完全不同。银行称物资公司和实业公司应共同承担赔偿责任，未陈述相应理由或提供证据证明，且经释明后仍不予确定其具体选择行使何种权利，故其起诉不符合法律规定，裁定驳回。

实务要点： 票据贴现银行向前手行使追索权同时，又起诉因除权判决获得票据金额的申请失票人，因起诉混同票据追索权和侵权损害赔偿请求两种不同法律关系而不符合法律规定，法院进行释明后仍不予改正的，在管辖权纠纷中可直接驳回起诉。

案例索引： 江苏无锡中院（2010）锡商辖终字第0073号“澳洋集团有限公司与江苏江阴农村商业银行股份有限公司、江阴市辰华物资有限公司票据纠纷案”，见《当事人在起诉时混同不同法律关系的处理》（严奇荣），载《人民司法·案例》（201018:34）。

3.4

201018:34

2010

案由时效

526 担保函至债务全部履行即自动失效，视为约定不明

——对汇票项下资金支付提供保证的担保函约定保证人承担责任“直至主债务本息还清时为止”的，应视为约定不明。

标签：票据 | 案由时效 | 保证 | 保证期间 | 约定不明

案情简介：1999年1月，商贸公司与电脑公司签订购销合同，由商贸公司开户银行向电脑公司开具以商贸公司为付款人、电脑公司为收款人的商业承兑汇票。银行同时向电脑公司出具担保函，载明对汇票项下的资金3000万余元支付提供担保，“担保函自本行签发之日起生效，至本行全部履行上述义务即告自动失效”，但未在票据或粘单上记载“保证”字样。汇票到期后，电脑公司经由其开户行向商贸公司办理了委托收款手续，并于2000年3月向银行发出了《对外担保情况调查表》。因商贸公司未能如期兑付，2000年7月，电脑公司诉请商贸公司支付票款，银行承担连带责任。是否超过诉讼时效成为争议焦点。

法院认为：案涉商业承兑汇票由银行提供担保函，根据《票据法》第46条、最高人民法院《关于审理票据纠纷案件若干问题的规定》第62条规定，该担保函因未在票据或粘单上记载“保证”字样，不属于票据保证而构成保证担保。依最高人民法院《关于适用〈担保法〉若干问题的解释》第32条规定：“保证合同约定保证人承担保证责任直至主债务本息还清时为止等类似内容的，视为约定不明，保证期间为主债务履行期届满之日起二年。”本案担保函约定内容应属于保证期间约定不明，依法应适用2年保证期间。本案事实表明，商业承兑汇票到期后，电脑公司经由其开户行向商贸公司办理了委托收款手续，并向银行发出了《对外担保情况调查表》，均构成诉讼时效中断，故电脑公司于2000年7月向法院起诉，未超过诉讼时效。

实务要点：保证合同约定保证人承担保证责任直至主债务本息还清时为止等类似内容的，视为约定不明，保证期间为主债务履行期届满之日起二年。

案例索引：最高人民法院（2005）民二终字第181号“某银行与某电脑公司票据、债务纠纷案”，见《为票据支付关系提供保证担保的民事责任承担问题——成都市商业银行与中国长城计算机深圳股份有限公司、四川银通电脑系统有限公司票据、债务纠纷上诉案》（徐瑞柏，最高法院民一庭），载《民事审判指导与参考·最高人民法院二审案件解析》（200604/28:129）；另见《当事人未在票据或

2.2

200604/28:129

2.6

v.4:144

2005

粘单上记载“保证”字样，不构成票据保证，保证人的抗辩权可以延伸到基础关系》（审判长徐瑞柏，审判员张树明，代理审判员张雪楳），载《最高人民法院商事审判指导案例·金融卷》（2011:144）。

527 超过票据权利时效，仍可主张票据利益返还请求权

——持票人因超过票据权利时效而丧失票据权利的，仍可请求出票人或承兑人返还其与未支付的票据金额相当的利益。

标签：票据 | 案由时效 | 票据利益返还请求

7

案情简介：2005年，农机公司以其系物资公司2001年背书转让票据的受让人，但因该到期日为2002年1月25日的汇票丢失，其未向银行提示承兑又未及时行使公示催告程序而丧失票据权利，诉请承兑银行支付票据金额相当的利益。农机公司为此提供了几个月前的《人民日报》公告、物资公司证明。

3.3

2006商:320

2005

法院认为：银行对案涉汇票权利及汇票记载的收款人出具的证明予以认可，可推定该汇票及背书转让的真实性与合法性，故农机公司系合法持有人。农机公司在《人民日报》公告及近4年无人向银行主张票据权利的事实足以证明农机公司系该汇票的最后持有人。《票据法》第18条规定：“持票人因超过票据权利时效或者因票据记载事项欠缺而丧失票据权利的，仍享有民事权利，可以请求出票人或者承兑人返还其与未支付的票据金额相当的利益。”农机公司作为持票人，银行系承兑人，且农机公司对该汇票仍享有民事权利，故农机公司可要求银行返还其与未支付的票据金额相当的利益。因持票人将汇票提示承兑是其权利而非义务，故是否将汇票提示承兑应由持票人自由决定，承兑人的身份确定是以其做出承兑行为为依据，并非以农机公司是否提示承兑为依据，同时，因农机公司行使的是利益返还请求权，而利益返还请求权行使不以公示催告为先决条件，故银行以农机公司未提示承兑和未经公示催告为由拒绝付款的理由，不予采信。民事权利的时效从票据权利丧失时起算，持票人对票据承兑人的权利时效自票据到期日起2年，民事权利时效从票据权利时效到期日后2年，即从2004年1月25日开始计算，到2006年1月25日，故本案农机公司超过了票据权利时效，但未超过诉讼时效。

实务要点：持票人因超过票据权利时效而丧失票据权利的，仍享有民事权利，可以请求出票人或者承兑人返还其与未支付的票据金额相当的利益。

案例索引：浙江绍兴越城区法院（2005）越民二初字第1421号“某银行与某农机公司票据纠纷案”，见《寿光市农机总

公司诉中国银行股份有限公司绍兴市分行票据利益返还请求权案（票据权利）》（邓平平），载《中国审判案例要览》（2006商事:320）。

528 银行在承兑付款后，以错账冲正扣回的，构成侵权

——代理付款行对汇票持票人提示付款票据审查后予以兑付，整个票据行为结束，嗣后以错账冲正扣回的，构成侵权。

标签： 票据 | 案由时效 | 侵权行为 | 错账冲正

案情简介： 1997年，实业公司因履行与进出口公司的购销合同取得第一背书人为贸易公司的承兑汇票。代理付款行审查后支付了票款200万元，嗣后以粘单未加盖骑缝章，背书不连续进行错账冲正，直接从实业公司账户扣划200万元。1998年，实业公司诉请银行赔偿。贸易公司提起公示催告程序后又撤诉，作为本案有独立请求权的第三人主张案涉汇票权利。

法院认为： 《票据法》规定在票据和粘单之间要加盖骑缝章的立法本意，主要是防止汇票与粘单相脱节。如果票据和粘单均由同一前手持有且一并交出，并无汇票与粘单相脱节情况，粘单未加盖骑缝章并不必然导致票据无效，难以构成空白背书和背书不连续，该票据经代理付款银行审查并无足以拒付的重大瑕疵。此外，该汇票经公示催告程序和诉讼，除实业公司申报权利和贸易公司要求除权外，并无第三人主张权利，足以说明汇票与粘单系连为一体的。实业公司善意取得该汇票，且支付了对价，票据承兑人对其承兑的银行汇票负有兑付票面金额的义务。本案银行作为代理付款行，对实业公司提示付款票据进行审查后，兑付了票款，整个票据行为也就终结，实业公司对已划入其账户的款项拥有所有权和支配权。银行嗣后以该兑付不妥，自行从实业公司账户扣款行为，构成侵权。在票据款项兑付后，贸易公司再针对票据提起独立的请求权，无事实依据和法律依据。判决银行返还扣划的实业公司款项200万元，并赔偿相应利息。

3.3

2000商:257

1999

实务要点： 代理付款行对汇票持票人提示付款票据进行审查后，兑付了票款，整个票据行为也就终结，实业公司对已划入其账户的款项拥有所有权和支配权。付款行嗣后以该兑付不妥，自行从实业公司账户扣款行为的，构成侵权。

案例索引： 江苏高院（1999）苏经终字第325号“某银行与某实业公司等票据纠纷案”，见《南京外经韩江实业公司诉中国工商银行南京市城北支行、中国工商银行富阳市支行、第三人杭州广发贸易公司票据侵权案》（于静明），载《中国审判案例要览》（2000商事:257）。

529 向恶意持票人主张票据利益返还，非票据侵权纠纷

——第三人以欺骗手段取得票据，不得享有票据权利，持票人可向恶意持票人主张票据利益返还，而非票据侵权纠纷。

标签：票据 | 案由时效 | 票据利益返还 | 欺骗取得 | 票据侵权

案情简介：1998年，合金厂将其收到的10万元汇票交给财务挂靠企业铸造厂要求背书后办理承兑。因铸造厂财务人员对票据记载事项不熟悉，只在背书人栏加盖该厂财务章后交给合金厂。后实业公司以欺骗手段取得该汇票并补填被背书人后办理承兑付款。合金厂诉请实业公司返还，一审以票据侵权立案。

7

3.3

2000商:265

1999

法院认为：《票据法》第18条规定："持票人因超过票据权利时效或者因票据记载事项欠缺而丧失票据权利的，仍享有民事权利，可以请求出票人或者承兑人返还其与未支付的票据金额相当的利益。"本案合金厂因其财务挂靠企业铸造厂财务人员不懂如何背书转让票据，致使合金厂所持票据出现被背书人一栏空白的情况，即出现票据应该记载的事项欠缺而使其丧失该票据的所有权。实业公司为了取回与铸造厂在购销合同上所欠的货款，以欺骗行为，在未经背书人同意情况下，由自己在票据被背书人栏记名，取得汇票所有权，其行为不构成善意取得，依《票据法》第12条、第18条规定，实业公司负有返还票据的义务。故本案系票据利益返还纠纷，而非票据侵权案件。

实务要点：第三人以欺骗手段取得票据，不得享有票据权利，持票人因票据记载事项欠缺而丧失票据权利的，仍享有民事权利，可以请求出票人或者承兑人返还其与未支付的票据金额相当的利益。

案例索引：青海高院（1999）青经终字第16号"某银行与某实业公司等票据纠纷案"，见《青海省乐都县昌兴铁合金厂诉中国银行乐都县支行、青海省中发实业公司第二分公司票据利益返还案》（余慧玲、仙艳荣），载《中国审判案例要览》（2000商事:265）。

图书在版编目(CIP)数据

中国商事诉讼裁判规则.7，金融卷/蒋勇，陈枝辉主编.--北京：法律出版社，2016.1
ISBN 978-7-5118-9063-4

Ⅰ.①中… Ⅱ.①蒋… ②陈… Ⅲ.①商法－民事诉讼－审判－中国 ②金融法－民事诉讼－审判－中国 Ⅳ.① D923.99

中国版本图书馆CIP数据核字(2016)第014853号

责任编辑/孙慧　　书籍设计/刘晓翔工作室　李瞻

出版：法律出版社
总发行：中国法律图书有限公司　　经销：新华书店
印刷：固安华明印业有限公司　　责任印制：沙磊

开本：880毫米×1230毫米 1/16　　印张：37.25　字数：959千
版本：2016年5月第1版　　印次：2016年5月第1次印刷

法律出版社：北京市丰台区莲花池西里7号(100073)
电子邮件：info@lawpress.com.cn　销售热线：010-63939792/9779
网址：www.lawpress.com.cn　咨询电话：010-63939796　无讼热线：4000105353

中国法律图书有限公司　　北京市丰台区莲花池西里7号(100073)
全国各地中法图分、子公司电话：
第一法律书店：010-63939781/9782　西安分公司：029-85388843
上海公司：021-62071010/1636　北京分公司：010-62534456
深圳公司：0755-83072995　重庆公司：023-65382816/2908

书号：ISBN 978-7-5118-9063-4　　定价：103.00元
(如有缺页或倒装，中国法律图书有限公司负责退换)